Zur Sanierung von Krisenunternehmen

Schriften zum Controlling,
Finanz- und Risikomanagement

Herausgegeben von Andreas Brieden, Thomas Hartung,
Bernhard Hirsch und Andreas Schüler

Band 14

Sebastian Karl Wünsche

Zur Sanierung von Krisenunternehmen

Eine empirische Analyse der Anwendung finanzwirtschaftlicher Sanierungsmaßnahmen und ihrer Erfolgsdeterminanten

PETER LANG

Berlin - Bruxelles - Chennai - Lausanne - New York - Oxford

Bibliografische Information der Deutschen Nationalbibliothek
Die Deutsche Nationalbibliothek verzeichnet diese Publikation in der Deutschen Nationalbibliografie; detaillierte bibliografische Daten sind im Internet über http://dnb.d-nb.de abrufbar.

Zugl.: München, Univ. der Bundeswehr, Diss., 2024

D 706
ISSN 1867-027X
ISBN 978-3-631-92723-6 (Print)
E-ISBN 978-3-631-92811-0 (E-PDF)
E-ISBN 978-3-631-92812-7 (E-PUB)
10.3726/b22447

Verlegt durch:

Peter Lang GmbH, Berlin, Deutschland
info@peterlang.com www.peterlang.com

Diese Publikation wurde begutachtet.

Geleitwort

Ziel der von Herrn Sebastian K. Wünsche vorgelegten Dissertation ist es, „*die Anwendungshäufigkeit und Erfolgsbilanz finanzieller Sanierungsmaßnahmen*" in deutschen börsennotierten Unternehmen zu erheben und zu analysieren sowie „*die für einen Sanierungserfolg relevanten Einflussgrößen zu identifizieren*". Die Arbeit widmet sich also der wichtigen Frage, wie Unternehmen in finanziellen Schwierigkeiten saniert werden können. Dazu untersucht Herr Wünsche über 300 Sanierungsfälle und erzielt für Theorie und Praxis wertvolle Ergebnisse.

Die empirische Untersuchung besteht aus drei Teilen. Zunächst wird der Beitrag verschiedener finanzieller Sanierungsmaßnahmen zum kurz- und langfristigen Sanierungserfolg sowohl uni- als auch multivariat analysiert. Dann untersucht Herr Sebastian K. Wünsche, was Fremdkapitalgeber dazu bewegt, zur (versuchten) finanziellen Sanierung beizutragen und wie erfolgsversprechend dieser Beitrag ist. Ausgangs des Kapitels testet Herr Wünsche die Prognosegüte seines Regressionsmodells, die er begründet als sehr gut einstuft. Abschließend verarbeitet er seine Ergebnisse zu sehr interessanten Empfehlungen an das Management von Schuldnerunternehmen, an Kapitalgeber und auch an den Gesetzgeber, wenn er Schlussfolgerungen mit Blick auf die Einführung des ESUG und des noch jungen StaRUG zieht. Im dritten Teil wird dann folgerichtig gefragt, was Eigenkapitalgeber zu Kapitalerhöhungen in der Krise motiviert. Die Erhebung der relevanten Sanierungsmaßnahmen und Verfahrensverläufe beginnend mit einer validen Identifikation von Krisenunternehmen war zwar außerordentlich aufwändig aber unverzichtbar für diese gründliche und für Wissenschaft und Praxis aufschlussreiche Arbeit.

Herr Dr. Wünsche liefert mit dieser Schrift einen wichtigen Forschungsbeitrag. Ich wünsche der Arbeit eine weite Verbreitung.

München, im August 2024

Prof. Dr. Andreas Schüler

Vorwort

Das Verfassen einer Dissertationsschrift ist ein Prozess, der von zahlreichen akademischen Höhen und Tiefen geprägt ist. Gerade in den schwierigen Momenten ist es von unschätzbarem Wert, auf den Rat und die Hilfe zahlreicher Unterstützer zurückgreifen zu können, um das Ziel nicht aus den Augen zu verlieren.

Der erste Dank gilt meinem akademischen Lehrer und Doktorvater, Herrn Univ.-Prof. Dr. Andreas Schüler, der mir nicht nur die Möglichkeit zur Promotion eröffnet hat, sondern auch während des gesamten Arbeitsprozesses ein verlässlicher Begleiter, wertvoller Ratgeber und vorbildlicher Vorgesetzter war. Ebenso danke ich Herrn Univ.-Prof. Dr. Andreas Brieden für seine Beratung in statistischen Fragen und die Übernahme des Zweitgutachtens. Ein herzlicher Dank gilt auch meinen ehemaligen Kollegen, Herrn Dr. Sean Wiesinger und Herrn Johannes Baumgartner, für die wertvolle und bereichernde gemeinsame Zeit an der Professur für Finanzierung und Unternehmensbewertung der Universität der Bundeswehr München sowie für ihre Bereitschaft, die Arbeit Korrektur zu lesen.

Meinen Eltern, meiner Familie und meinen Freunden möchte ich meinen aufrichtigen Dank für ihre unbeirrte Unterstützung während der Erstellung dieser Dissertation aussprechen. Ihre Ermutigungen und notwendigen, außeruniversitären Ablenkungen haben mir geholfen, in schwierigen Zeiten motiviert zu bleiben. Meinen Eltern danke ich besonders für die wertvolle Förderung meiner akademischen Ausbildung, ohne die ich diese Arbeit nicht hätte verfassen können.

Mein tiefster Dank gebührt meiner lieben Frau Verena, die mich während meiner Promotionszeit unermüdlich unterstützt und mir stets den Rücken freigehalten hat. Ihr und unserer Tochter Josefine widme ich diese Arbeit.

München, im August 2024

Dr. Sebastian Karl Wünsche

Inhaltsverzeichnis

Abbildungsverzeichnis

Tabellenverzeichnis

Anhangsverzeichnis

Abkürzungsverzeichnis

a.F.	alte Fassung
Abb.	Abbildung
Abs.	Absatz
AG	Aktiengesellschaft
AIC	Akaike-Informationskriterium
AktG	Aktiengesetz
AME	Average Marginal Effects
AUC	Area under the curve
BaFin	Bundesanstalt für Finanzdienstleistungsaufsicht
BE	Bruttoemissionserlös
BGB	Bürgerliches Gesetzbuch
BGH	Bundesgerichtshof
BIC	Bayes'sches Informationskriterium
BICS	Bloomberg Industry Classification System
BIP	Bruttoinlandsprodukt
bspw.	beispielsweise
bzgl.	bezüglich
bzw.	beziehungsweise
ca.	circa
CDAX	Composite Dax
COVInsAG	COVID-19-Insolvenzaussetzungsgesetz
DRS	Deutsche Rechnungslegungsstandards
EBIT	Earnings before Interest and Taxes
EBITDA	Earnings before Interest, Taxes, Depreciation and Amortization
EK	Vor Beginn des Sanierungsprozesses bestehende Eigenkapitalgeber
ESUG	Gesetz zur weiteren Erleichterung der Sanierung von Unternehmen
EV	Eigenverwaltung
evtl.	eventuell
EXEK	Vor Beginn des Sanierungsprozesses externe Eigenkapitalgeber
EXFK	Vor Beginn des Sanierungsprozesses externe Fremdkapitalgeber
EZB	Europäische Zentralbank
FF-Quote	Fortführungsquote

FK	Vor Beginn des Sanierungsprozesses bestehende Fremdkapitalgeber
Fn.	Fußnote
GEE	Generalized-Estimating-Equations-Modell
gem.	gemäß
ggü.	gegenüber
GmbH	Gesellschaft mit beschränkter Haftung
HGB	Handelsgesetzbuch
i.d.R.	in der Regel
i.e.S.	im engeren Sinne
i.H.v.	in Höhe von
i.V.m.	in Verbindung mit
IA-Quote	Insolvenzabwendungsquote
IDW	Institut der Wirtschaftsprüfer
IDW S 11	IDW Standard: Beurteilung des Vorliegens von Insolvenzeröffnungsgründen (IDW S 11)
IDW S 6	IDW Standard: Anforderungen an Sanierungskonzepte (IDW S 6)
InsO	Insolvenzordnung
KE	Kapitalerhöhung
KE-Vorgang	Kapitalerhöhungsvorgang
Lev	Leverage
M&A	Mergers & Acquisitions
M.a.W.	Mit anderen Worten
m.w.N.	mit weiteren Nachweisen
MEM	Marginal Effect At The Mean
Mio.	Millionen
Nr.	Nummer
OCF	Rendite des operativen Cashflows
ProspektVO	Prospektverordnung
QIC	Quasilikelihood under the Independence Model criterion
ROA	Return on Assets
ROC-Kurve	Receiver-Operating-Characteristic-Kurve
S.	Seite bzw. Satz
SanInsKG	Sanierungs- und insolvenzrechtliches Krisenfolgenabmilderungsgesetz
SchVG	Gesetz über Schuldverschreibungen aus Gesamtemissionen
SEC	United States Securities and Exchange Commission
SS	Schutzschirm

Tab.	Tabelle
u.a.	unter anderem
u.U.	unter Umständen
Vgl.	Vergleiche
VIF	Varianz-Inflationsfaktor
vorl.	vorläufig
vs.	versus
W.-M.-W.-Test	Wilcoxon-Mann-Whitney-Test
WpPG	Wertpapierprospektgesetz
WpÜG	Wertpapiererwerbs- und Übernahmegesetz
WpÜG-AV	WpÜG-Angebotsverordnung
ZD	Zinsdeckungsquote
ZP	Zeitpunkt im definierten Sanierungsprozess

Symbolverzeichnis

*	Signifikantes Ergebnis bei einem Signifikanzniveau von 10 %
**	Signifikantes Ergebnis bei einem Signifikanzniveau von 5 %
***	Signifikantes Ergebnis bei einem Signifikanzniveau von 1 %
a	Kombinationen der ersten Merkmalsausprägung
b	Kombinationen der zweiten Merkmalsausprägung
β	Zu schätzende Koeffizienten
D	Marktwert des Fremdkapitals
d	Euklidische Distanz
d_1	1. Faktor des Merton-Modells
d_2	2. Faktor des Merton-Modells
DD	Entfernung des Unternehmenswertes von der Ausfallgrenze
df_{Welch}	Freiheitsgrade des Welch-Tests
E	Marktwert des Eigenkapitals
e	Exponentialfunktion
ε	Fehlerterm
F	Nominalwert des Fremdkapitals
F_S	Nominalwert des Fremdkapitals der besicherten Gläubiger
g(.)	Dichtefunktion der logistischen Verteilung
i	Stetiger risikoloser Zinssatz
L_{nS}	Liquidationswert nach gescheitertem Sanierungsversuch
L_{vS}	Liquidationswert vor Sanierungsversuch
μ_V	Erwartete Rendite des Unternehmensvermögens
N(.)	Verteilungsfunktion der Standardnormalverteilung
n	Umfang der (Teil-)Stichprobe

$\pi(x)$	Bedingte Wahrscheinlichkeit
π_{Merton}	Ausfallwahrscheinlichkeit auf Basis des Merton-Modells
$r_{i,t}$	Kursrendite der Aktie i
R	Rangwert der Teilstichprobe
S	Fortführungswert des Unternehmens nach erfolgreicher Sanierung
s	Stichprobenvarianz
σ_V	Standardabweichung der Unternehmenswertrendite
σ_V^2	Varianz der Unternehmenswertrendite
σ_E	Standardabweichung der Eigenkapitalrendite
σ_E^2	Varianz der Eigenkapitalrendite
σ_D	Standardabweichung der Fremdkapitalrendite
σ_D^2	Varianz der Fremdkapitalrendite
t	Zeitpunkt
T	Endzeitpunkt bzw. (Rest-)Laufzeit
t_{Welch}	Teststatistik des Welch-Tests
V	Unternehmensmarktwert bzw. Fortführungswert vor Sanierungsversuch
V_{FoS}	Wert der Ansprüche der unbesicherten Gläubiger
x_j	Ausprägung der Prädikatoren bzw. Wert der Variablen
X	Vektor der exogenen Prädikatoren
$\bar{x}$	Mittelwert
χ^2	Teststatistik des Chi²-Tests
Y	Abhängige Variable
z	Systematische Komponente der logistischen Regression
$\hat{z}_{WMW}$	Teststatistik des Wilcoxon-Mann-Whitney-Tests

1 Einleitung

Die vorliegende Studie befasst sich mit der finanzwirtschaftlichen Sanierung von Krisenunternehmen in Deutschland. Zu Beginn werden die Motivation zur Bearbeitung des Forschungsthemas sowie dessen wissenschaftliche Relevanz erläutert. Anschließend erfolgt die Eingrenzung des Forschungsbereichs und die Formulierung der Forschungsziele. Das erste Kapitel schließt mit einer Beschreibung des Forschungsansatzes und einem Überblick über den Verlauf der Arbeit. Dabei werden insb. der Inhalt der folgenden Kapitel kurz dargestellt und Querverbindungen aufgezeigt.

1.1 Motivation und Relevanz

Unternehmenskrisen markieren entscheidende Phasen im Lebenszyklus von Unternehmen, die aufgrund ihrer weitreichenden und schwerwiegenden Folgen besondere Aufmerksamkeit erfordern. Obwohl sie eher als Ausnahmeerscheinungen betrachtet werden,[1] stellen sie im Eintrittsfall enorme Herausforderungen an das Management, welches – meist mit wenig Know-How hinsichtlich der Durchführung von Unternehmensrestrukturierungen oder -sanierungen ausgestattet – diese wohl anspruchsvollste Aufgabe der Unternehmensführung zu bewältigen hat.[2] Die enorme Herausforderung resultiert dabei aus dem oft komplexen Zusammenspiel verschiedener betriebswirtschaftlicher Ursachen, und insb. auch der rechtlichen Rahmenbedingungen aus dem Steuer-, Arbeits- und Insolvenzrecht. Der Druck der Stakeholder, der sich mit dem Fortschreiten der Krise verstärkt, bringt zusätzliche Belastungen mit sich. Es sind zudem zahlreiche haftungsrechtliche Fallstricke und strafrechtliche Risiken zu beachten.[3]

Trotz dem Umstand, dass Unternehmenskrisen häufig mit einer drohenden Insolvenz in Verbindung gebracht werden, ist zu berücksichtigen, dass der Bedrohungsgrad des Unternehmensfortbestands je nach Ausmaß der Schieflage variiert.[4] Erst im fortgeschrittenen Krisenstadium entsteht typischerweise

---

1 Die nachfolgenden empirischen Untersuchungen werden zeigen, dass Unternehmenskrisen und -insolvenzen kaum als Ausnahmeerscheinungen zu bezeichnen sind. Siehe hierzu u.a. Kapitel 4.2.4.

2 Vgl. Krystek/Moldenhauer (2007), S. 23; Tobies (2019), Rn. 4.

3 Vgl. Institut der Wirtschaftsprüfer (2018), S. 835.

4 Vgl. Institut der Wirtschaftsprüfer (2023), Rn. 32; Kudla (2005), S. 90; Gless (1996), S. 129.

Sanierungsbedarf,[5] da operative Liquiditätsschwierigkeiten auftreten und die finanziellen Reserven erschöpft sind. Scheitert der Sanierungsversuch, droht die Liquidation und damit verbunden erhebliche Verluste für die verschiedenen Anspruchsgruppen des Unternehmens. Die Eigentümer scheiden ohne Kompensation aus, da ihre Anteile i.d.R. wertlos sind.[6] Banken und andere Finanzgläubiger müssen beträchtliche Ausfälle auf den Nominalwert ihrer Forderungen hinnehmen, sofern nicht ausreichend Sicherheiten bestellt sind, ebenso wie die Lieferanten. Mitarbeiter verlieren ihre Arbeitsplätze, während Kunden möglicherweise mit dem Verlust ihrer Anzahlung konfrontiert werden und sich nach alternativen Anbietern für benötigte Produkte umsehen müssen. Schließlich kann das Ausbleiben steuerlicher Einnahmen aufgrund der Zerschlagung zu empfindlichen Folgewirkungen führen, insb. wenn das Krisenunternehmen einen bedeutenden Wirtschaftsfaktor für eine Region oder Kommune darstellt.

Obwohl die Stakeholder üblicherweise divergierende Bedürfnisse und Interessen haben, verbindet sie in diesem Zusammenhang das Ziel, Wertverluste ihrer finanziellen Ansprüche zu minimieren, welches mit einer Unternehmensrettung verknüpft sein kann.[7] Sollte eine Fortführung angestrebt werden, sind üblicherweise Sanierungsmaßnahmen oder Kombinationen von Sanierungsmaßnahmen notwendig. Diese sind aus der Bandbreite an potenziell verfügbaren Instrumenten zu wählen und umzusetzen. In diesem Zusammenhang ist die Frage, wie ein effektiver Sanierungsansatz konzipiert sein sollte und welche Einflussfaktoren im Rahmen eines Sanierungsversuchs zu beachten sind, für alle genannten Gruppen von außerordentlicher Relevanz.

Ein Blick in die Praxis untermauert die Bedeutung des Themas. Gesamtwirtschaftliche Krisen wie die Dotcom-, Finanz- und Eurokrise sowie die Covid-19-Pandemie brachten zahlreiche Unternehmen in Schwierigkeiten. Gleichzeitig sind eine Vielzahl an Insolvenzen zu verzeichnen, die auf unternehmensinterne Krisenursachen zurückzuführen sind. Beides zeigt, dass die Thematik der Unternehmenssanierung in den vergangenen Jahren keineswegs an Relevanz verloren hat. So wurden seit der Einführung der Insolvenzordnung (InsO) im Jahr 1999 mehr als 650.000 Unternehmensinsolvenzen in

5 Vgl. Simon/Brünkmans (2018), S. 364; Knecht et al. (2018), S. 27

6 Es wird von Kapitalgesellschaften bzw. Unternehmen mit haftungsbeschränkter Rechtsform ausgegangen.

7 Vgl. Knecht et al. (2018), S. 35–36.

Deutschland verzeichnet.[8] Die drastischen Ausmaße einiger Großinsolvenzen, wie etwa der Arcandor AG in 2009, der Praktiker AG in 2013 oder der Adler Modemärkte AG in 2021, verdeutlichen die Bedeutung des Themas zusätzlich.

Im Widerspruch zu dieser Darstellung scheint der in Abb. 1 zu beobachtende, rückläufige Trend der beantragten und eröffneten Unternehmensinsolvenzverfahren seit 1999 zu stehen. Der Rückgang der Unternehmensinsolvenzen seit dem Höhepunkt der Finanzkrise, insb. in der jüngeren Vergangenheit, mindert den Stellenwert erfolgreicher Unternehmenssanierung jedoch nicht. Die Covid-19-Pandemie und die durch sie verursachten Unternehmensschieflagen haben exemplarisch demonstriert, wie wichtig ein erfolgreiches Krisenmanagement ist – selbst für Unternehmen, die unter normalen wirtschaftlichen Bedingungen kaum von einer Insolvenz bedroht wären. Zudem bleibt abzuwarten, inwiefern faktisch eingetretene Insolvenzen durch staatliche Interventionen wie die Aussetzung von Insolvenzantragsgründen durch das COVID-19-Insolvenzaussetzungsgesetz (COVInsAG) und umfassende staatliche Finanzhilfen überwunden oder lediglich verzögert wurden und infolgedessen tatsächlich noch angemeldet werden müssen.[9] Nicht zu vernachlässigen ist auch der Einfluss des historischen Niedrigzinsumfelds der vergangenen Jahre, das eine Marktbereinigung zumindest beeinträchtigt hat.[10] Der Anstieg der Unternehmensinsolvenzen auf 14.590 Fälle in 2022 sowie die laut

---

8 Die angemeldeten Insolvenzforderungen inkl. der durch Absonderungsrechte gesicherten Forderungen betrug im Zeitraum 1999 bis 2022 über 700 Mrd. €. Vgl. Statistisches Bundesamt (2023a). Im Rahmen von Unternehmensinsolvenzen lag die Insolvenz- bzw. Deckungsquote, also das Verhältnis des Verteilungsbetrags zu den quotenberechtigten Forderungen, für Insolvenzen, die 2011 eröffnet und bis 2018 beendet wurden, bei lediglich 6,1 %. Vgl. Statistisches Bundesamt (2020). Damit ist der volkswirtschaftliche Schaden allein mit Blick auf die äußerst geringen Befriedigungsquoten bereits enorm.

9 Das COVInsAG wurde 2022 vor dem Hintergrund der Energie- und Rohstoffkrise infolge des Ukraine-Kriegs abgeändert und firmiert nun unter dem Namen Sanierungs- und insolvenzrechtliches Krisenfolgenabmilderungsgesetz (SanInsKG). Vgl. Gesetz zur Abschaffung des Güterrechtsregisters und zur Änderung des COVID-19-Insolvenzaussetzungsgesetze vom 31.10.2022, BGBl. I S. 1968. Vgl. zu den wesentlichen Änderungen etwa Ballmann (2022).

10 Vgl. Undritz (2022), Rn. 1. Die fehlende Marktbereinigung hat weltweit zu einer Zunahme sog. Zombieunternehmen, also Unternehmen, die nicht profitabel arbeiten und nur durch günstige Kreditvergabe „künstlich" am Leben gehalten werden, geführt. Vgl. hierzu z.B. Albuquerque/Iyer (2023), S. 12–13; McGowan et al. (2018), S. 697–699.

vorl. Schätzungen signifikante Zunahme um ca. 24 % auf 18.100 Fälle[11] in 2023 deuten darauf hin, dass lediglich ein Verzögerungseffekt stattgefunden hat, der nun von den wirtschaftlichen Realitäten infolge der Inflationsentwicklung sowie der Zinswende im Zuge der seit Mitte 2022 veränderten Politik der europäischen Zentralbank (EZB) eingeholt wird. Im Bereich der Großinsolvenzen ist bereits von 2015 bis 2020 sowie seit 2021 ein deutlicher Anstiegstrend zu verzeichnen gewesen.[12] Daneben gilt es zu bedenken, dass erfolgreiche Sanierungen, die im außergerichtlichen Bereich stattfinden, gerade zu einem Rückgang der Insolvenzanmeldungen führen, sodass Unternehmen, die sich in finanzieller Schieflage befunden haben, nicht in der Insolvenzstatistik abgebildet werden. Die Zahl der Insolvenzanträge stellt lediglich die „Spitze des Eisbergs“ dar, wenn es um Unternehmen geht, die möglicherweise in eine Krise geraten sind.[13]

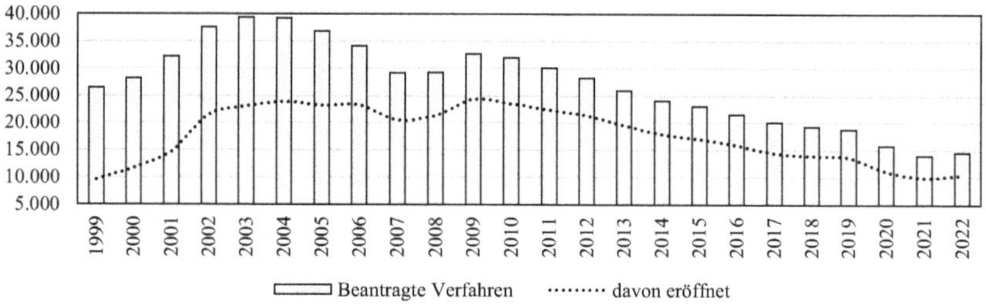

Abb. 1: Unternehmensinsolvenzen in Deutschland

Die Abb. zeigt eine Darstellung von Unternehmensinsolvenzen in Deutschland im Zeitraum 1999 bis 2022. Eigene Darstellung auf Basis der Daten von Statistisches Bundesamt (2023b).

In Anbetracht der theoretischen Überlegungen und der praktischen Bedeutung erscheint es wichtig, im Rahmen einer eingehenden Analyse effektive und ineffektive Maßnahmen sowie deren Kombinationen zu identifizieren und entscheidende Einflussfaktoren im Kontext von Sanierungsversuchen zu ermitteln. Der angestrebte Erkenntnisgewinn kann wertvolle Schlüsse für die Sanierungspraxis ermöglichen, insb. vor dem Hintergrund der gegenwärtigen und zukünftigen wirtschaftlichen Gegebenheiten, die eine besondere Bedeutung von Sanierungsmaßnahmen erwarten lassen.

11 Vgl. Creditrefom (2023).

12 Siehe FINANCE Magazin, 5 nach 12 Insolvenzreport Q3/2023, S. 2–3.

13 Vgl. Kudla (2005), S. 1.

1.2 Eingrenzung des Forschungsbereichs und Formulierung der Forschungsziele

Der zentrale Weg zur Rettung eines Unternehmens ist die außergerichtliche bzw. freie Sanierung, durch welche die Mehrheit der Unternehmensschieflagen überwunden wird.[14] Diese Form der Sanierung unterliegt keiner spezialgesetzlichen Regelung und gewährt den Sanierungsbeteiligten einen erheblichen Spielraum, sowie eine flexible Handhabung bei der Auswahl von Sanierungsinstrumenten und der Ausgestaltung des gesamten Sanierungsprozesses.[15] Ihr Primärziel ist es, eine Insolvenz zu beheben bzw. abzuwenden und die im Sanierungsplan festgelegten Maßnahmen ohne eine Insolvenzantragstellung durchzuführen.[16] Gelingt der Sanierungsversuch nicht, wird i.d.R. ein Insolvenzantrag gestellt werden müssen.

Das Schicksal des Unternehmens ist damit jedoch noch nicht besiegelt. Die InsO bietet die rechtliche Grundlage, um den vormalig fast unüberwindbaren Kausalzusammenhang zwischen Insolvenz und Unternehmenszerschlagung zu lösen: Ob das insolvente Unternehmen liquidiert oder fortgeführt wird, hängt davon ab, welche Alternative der gemeinschaftlichen Befriedigung der Gläubiger bestmöglich dient.[17] Sanierungsmaßnahmen, die zum Erhalt des Unternehmens i.S. des bestehenden Rechtsträgers beitragen, sind daher auch im Insolvenzverfahren möglich. Dennoch ist trotz der gesetzgeberischen Reformen der vergangenen Jahre, welche eine Erleichterung der Sanierung von insolventen Unternehmen zum Ziel hatten, im Insolvenzverfahren oft mit einer Liquidation des Unternehmens zu rechnen. Ein häufig genannter Grund hierfür ist, dass die Insolvenzantragsstellung in der Regel zu spät erfolgt.[18] Dies kann darauf zurückzuführen sein, dass das Management versucht, das Stigma der Insolvenz zu vermeiden, welches selbst im Fall einer erfolgreichen Sanierung unter den Regelungen der InsO den zukünftigen wirtschaftlichen Erfolg des Unternehmens beeinträchtigen kann.[19] Um diesen Nachteil zu umgehen,

14 Vgl. Knecht et al. (2018), S. 38. Vgl. für einen empirischen Nachweis Kapitel 4.3.

15 Vgl. Lieser/Jüchser (2019), Rn. 12; Knecht et al. (2018), S. 38.

16 Vgl. Goetker (2018), S. 1624. Im Rahmen einer Sanierung stellt die Sicherung der Fortführungsfähigkeit lediglich den ersten Schritt dar. Im darauf folgenden Schritt ist die Wiederherstellung der Wettbewerbsfähigkeit erforderlich. Vgl. Institut der Wirtschaftsprüfer (2023), Rn. 17–18 sowie Kapitel 2.2.2.

17 Vgl. § 1 S. 1 InsO.

18 Vgl. z.B. Drukarczyk/Schüler (2021), S. 337.

19 Vgl. Lieser/Jüchser (2019), Rn. 4.

stellt seit 2021 der Stabilisierungs- und Restrukturierungsrahmen[20] eine zusätzliche institutionalisierte Lösung dar, um die Erfolgsaussichten einer Sanierung zu steigern, ohne formal in ein Insolvenzverfahren eintreten zu müssen. Der Rahmen beabsichtigt außerdem, wesentliche Schwächen der außergerichtlichen Sanierung anzugehen, die größtenteils auf der Konsensbindung dieses Vorgehens beruhen.[21] Allerdings zeigen erste Erfahrungen, dass das Verfahren die Bedeutung der außergerichtlichen Sanierung als prominentesten Weg zur Unternehmensrettung kaum schmälern wird.[22] Aufgrund ihrer herausgehobenen Stellung bildet die freie Sanierungsoption daher den Fokus der Studie.

Neben dem zu betrachtenden Sanierungsweg ist es wichtig, die zu analysierenden Sanierungsmaßnahmen zu präzisieren. In diesem Kontext ist zu betonen, dass es im fortgeschrittenen Krisenstadium üblicherweise notwendig ist, durch finanzielle Sanierungsmaßnahmen kurzfristig die Stabilisierung des Unternehmens zu erreichen und mittel- bis langfristig eine Neugestaltung der Finanzierungsstruktur vorzunehmen, um die Unternehmensrettung zu gewährleisten.[23] Zudem sollten operative und strategische Sanierungsmaßnahmen eingeleitet werden, um die Leistungsfähigkeit eines sanierungsfähigen bzw. sanierungswürdigen Unternehmens wiederherzustellen und das Überleben des Unternehmens nachhaltig zu sichern.[24] In diesem Verbund zeigt sich, dass finanzielle Instrumente die primären Rettungsmaßnahmen und damit die Ausgangsbasis einer nachhaltigen Sanierung darstellen und somit von übergeordneter Bedeutung für die Unternehmenssanierung sind. Daher konzentrieren sich die nachfolgenden Untersuchungen auf den Einsatz finanzwirtschaftlicher Sanierungsmaßnahmen im Rahmen der freien Sanierung.

---

20 Siehe Gesetz über den Stabilisierungs- und Restrukturierungsrahmen für Unternehmen (StaRUG).

21 Vgl. Fritz (2022), Rn. 1; Wieland-Blöse/Oberle (2022), Rn. 126; Schluck-Amend (2023c), Rn. 9.5.

22 In 2021 und 2022 wurden 22 bzw. 27 StaRUG-Verfahren angezeigt. Siehe Hielscher (2023).

23 Vgl. Böckenförde (1996), S. 138.

24 Vgl. Hommel et al. (2018), S. 1252; Wieland-Blöse/Oberle (2022), Rn. 84; Kudla (2005), S. 111. Ein ineffizienter Einsatz von Produktionsfaktoren, wie z.B. Kapital und Mitarbeitern, in nicht sanierungsfähigen Unternehmen ist vor dem Hintergrund des Marktmechanismus wertlos. Vgl. Böckenförde (1996), S. 3. Das Ausscheiden von nicht wettbewerbsfähigen Unternehmen aus dem Wirtschaftskreislauf ist essenziell für den Erfolg von wettbewerbsfähigen Unternehmen, unternehmerische Innovationen, die erfolgreiche Anpassung an mögliche Strukturveränderungen und die Zukunftsfähigkeit der gesamten Wirtschaft. Vgl. BT-Drs. 19/24181, S. 86.

Auch der Stand der Literatur zeigt, dass eine Untersuchung der finanziellen Instrumente wissenschaftlich geboten und relevant ist. Zum einen beschränken sich viele empirische Studien zur finanziellen Schieflage von Krisenunternehmen auf den US-amerikanischen Raum.[25] Die Übertragbarkeit dieser Studien ist jedoch aufgrund der unterschiedlichen Strukturen der Rechts- und Finanzsysteme limitiert.[26] Des Weiteren liegen keine empirischen Untersuchungen vor, die sich detailliert und auf breiter Basis mit dem Einsatz finanzieller Sanierungsmaßnahmen zur Rettung von angeschlagenen Gesellschaften befassen. Die Literatur umfasst für deutsche Unternehmen einerseits Fallstudien zur finanziellen Sanierung,[27] und andererseits Analysen finanzieller Maßnahmen als Teil einer Gesamterhebung aller in einer Sanierung eingesetzten Maßnahmen.[28] Erstere weisen geringe Fallzahlen auf, während letztere finanzielle Sanierungen eher oberflächlich erfassen und analysieren. Der Grund hierfür liegt in der außerordentlichen Komplexität bei der Erhebung außergerichtlicher Sanierungsmaßnahmen. Zum einen besteht kein allgemeingültiges Kriterium der Unternehmensschieflage, das es ermöglichen würde sanierungsbedürftige Unternehmen systematisch zu identifizieren. Zum anderen ist die Ermittlung mit einer erheblichen Arbeitsbelastung für die Auswertung qualitativer Informationen zu jedem Sanierungsfall, u.a. in Geschäftsberichten, Ad-hoc-Mitteilungen oder Nachrichtenartikeln, verbunden. Die vorliegende Arbeit verfolgt das Ziel, diese Forschungslücke zu schließen.

In diesem Zusammenhang werden zwei Kernpunkte verfolgt. Erstens, soll die Anwendungshäufigkeit und Erfolgsbilanz finanzieller Sanierungsmaßnahmen dokumentiert werden. Hierzu ist es notwendig, eine manuelle Datenerhebung durchzuführen und die gewonnene Datenbasis statistisch auszuwerten. Zweitens gilt es, die für einen Sanierungserfolg relevanten Einflussgrößen zu identifizieren. Dafür müssen die Sanierungsmaßnahmen sowie die potenziellen Faktoren in- und außerhalb des Unternehmens, deren theoretische und praktische Relevanzen je nach Sichtweise der Kapitalgeber(gruppen) variieren können, modelliert und geprüft werden.

---

25 Vgl. z.B. Demiroglu/James (2015); Gilson et al. (1990); Ofek (1993).

26 Vgl. Jostarndt (2007), S. 2. Bspw. reduziert die schuldnerfreundliche Insolvenzgesetzgebung der USA, die Kosten, die mit finanziellen Schieflagen von Krisenunternehmen verbunden sind. Vgl. Pindado/Rodrigues (2005), S. 354.

27 Siehe z.B. Kudla (2005).

28 Siehe z.B. Nothardt (2001), Buschmann (2006) und Jostarndt (2007). Diese Studien unterscheiden, wohl auch aufgrund der Masse an abzubildenden Maßnahmen, finanzwirtschaftliche Instrumente sowie den Kontext ihrer Einsätze nicht im Detail.

1.3 Gang der Untersuchung

Die vorliegende Studie startet in Kapitel 2 mit dem theoretischen Rahmen und Bezugspunkt für die empirischen Abschnitte. Hier werden zunächst die Grundlagen der Unternehmenskrise und -sanierung präsentiert. Besonderes Augenmerk liegt auf den finanziellen Sanierungsinstrumenten und ihren Wirkungsweisen, deren relevante ökonomische und rechtliche Rahmenbedingungen ausführlich erörtert werden. Zudem werden die Sanierungsoptionen, nämlich die freie Sanierung, die Sanierung gem. dem StaRUG sowie die Sanierung im Insolvenzverfahren, detailliert dargestellt. Eine präzise Kenntnis dieser Verfahren ist von großer Bedeutung, da sie Merkmale und Bestimmungen enthalten, die die Erfolgsaussichten des Sanierungsversuchs eines Unternehmens maßgeblich beeinflussen können. Insb. die gesetzlichen Vorschriften zur gerichtlichen Sanierung bilden den Hintergrund vor dem die Kalküle der Kapitalgebergruppen und die auf ihnen basierenden außergerichtlichen Sanierungsentscheidungen, derer sich die empirischen Teile der Arbeit widmen, zu betrachten sind. Kapitel 3 enthält die Grundlagen der statistischen Verfahren, die in den empirischen Analysen Verwendung finden. In diesem Zusammenhang erfolgt eine Darlegung der uni- und multivariaten Verfahren sowie der Vorgehensweisen zur Prüfung der jeweiligen Modellrobustheit.

Kapitel 4 befasst sich anfänglich mit der Identifikation von sanierungsbedürftigen Krisenunternehmen. Wie angesprochen, liegt in der Literatur kein allgemeingültiger Sanierungsindikator vor, weshalb für die Untersuchung finanzieller Instrumente im außergerichtlichen Kontext ein solcher zu kreieren und einer Untersuchung seiner Validität zu unterziehen ist. Diesem Vorgehen kommt in Bezug auf die Repräsentativität der Analyseergebnisse eine zentrale Rolle zu. Außerdem wird die Untersuchungsgrundlage vorgestellt, d.h. es werden detaillierte Kennzahlen der erfassten Sanierungsprozesse, z.B. in Bezug auf die Ausgänge der Sanierungsversuche dargelegt. Auf Basis der identifizierten und untersuchten Krisenunternehmen teilt sich der eigentliche empirische Teil der Arbeit in drei zentrale Kapitel: den Einsatz finanzwirtschaftlicher Sanierungsmaßnahmen, Gläubigerverhandlungen, sowie Eigenkapitalerhöhungen in finanzieller Schieflage.

Im ersten Hauptteil der empirischen Untersuchung in Kapitel 5 wird der Maßnahmeneinsatz quantifiziert. In diesem Zusammenhang werden deskriptive Ergebnisse zu Einsatzhäufigkeiten und Erfolgsquoten der Einzelmaßnahmen aus über 300 Sanierungsversuchen präsentiert. Im Anschluss an eine Gesamtbetrachtung erfolgt eine Auswertung der Erhebungen nach Einsatzzeitpunkten und Kapitalgebergruppen, um Erkenntnisse hinsichtlich der

Effektivität der Maßnahmen zu unterschiedlichen Einsatzzeitpunkten und des Verhaltens der Kapitalgeber im Sanierungsprozess zu gewinnen. Nach der deskriptiven Analyse wird eine multivariate Untersuchung durchgeführt, die den Erfolgsbeitrag der Einzelmaßnahmen im Kontext der Sanierungsprozesse analysiert. Da finanzielle Sanierungsmaßnahmen primär auf die Unternehmensrettung und sekundär auf die nachhaltige Krisenbewältigung gerichtet sind, findet hierbei eine Differenzierung zwischen der kurzfristigen Stabilisierungsphase sowie dem Gesamtausgang der Sanierungsversuche statt. Zudem werden Kombinationen von Sanierungsmaßnahmen identifiziert, die für bestimmte Unternehmensgruppen regelmäßig mit einem Sanierungserfolg verknüpft sind.

Wie der Abschnitt bestätigen wird, sind üblicherweise spezifische Sanierungslösungen, d.h. individuell zugeschnittene Maßnahmenkataloge, notwendig, um den Fortbestand und die nachhaltige Sanierung von Krisenunternehmen zu sichern.[29] Es ist daher entscheidend, sich mit den entsprechenden Kapitalgebergruppen auf ein abgestimmtes Vorgehen zu einigen. Hierbei sind insb. Fremd- und Eigenkapitalgeber zu unterscheiden, die auf Basis ihrer oftmals divergierenden Kalküle eine Sanierungsentscheidung treffen müssen. Hier setzen die nachfolgenden Abschnitte an.

Der zweite Hauptteil der empirischen Untersuchung in Kapitel 6 behandelt Gläubigerverhandlungen in finanzieller Schieflage, und betrachtet somit die Fremdkapitalseite der krisengebeutelten Unternehmen. Diese Finanziers spielen eine herausragende Rolle, da in Krisensituationen die Bereitstellung von Sanierungsbeiträgen durch sie oft die letzte Möglichkeit ist, den Fortbestand des Unternehmens zu sichern. Dies kann z.B. durch Sanierungskredite oder die Stundung vereinbarter Tilgungszahlungen erfolgen. Der Abschnitt umfasst die Analyse von knapp 400 Gläubigerverhandlungen, welche zunächst anhand ihrer individuellen Charakteristiken, wie z.B. dem (vorläufigen) Verhandlungsausgang und den gewährten Sanierungsmaßnahmen, ausgewertet werden. Den Kernteil der Arbeit bildet die Identifikation empirisch relevanter Erfolgsdeterminanten hinsichtlich des Verhandlungsausgangs. Hierzu werden auf Basis der vorhandenen Literatur verschiedene Forschungshypothesen abgeleitet und mittels einer Regressionsanalyse überprüft. Die Ergebnisse tragen zu einem tieferen Verständnis des Verhaltens der Fremdkapitalgeber bei finanziellen Schwierigkeiten eines Kreditnehmers bei und ermöglichen Rückschlüsse auf einen verbesserten Verhandlungsprozess in der Sanierungspraxis.

29 Vgl. Dirschedl (2015), S. 5.

Der dritte und abschließende Hauptteil der Untersuchung in Kapitel 7 analysiert Kapitalerhöhungen und damit die Eigenkapitalseite der Unternehmen. Kapitalerhöhungen sind von besonderer Relevanz, da sie einerseits die gängigste Maßnahme in Bezug auf die finanzielle Sanierung von Unternehmen darstellen, die in der untersuchten Grundlage beobachtet wird, und andererseits zu den wenigen Maßnahmen gehören, die in der Lage sind, den Ausgang der Sanierung signifikant zu beeinflussen.[30] Die Datenbasis bilden hierbei mehr als 350 Sanierungskapitalerhöhungen, welche im Detail ausgewertet werden. Zunächst werden Charakteristiken hinsichtlich der Kapitalerhöhungsvorgänge präsentiert. In einem weiteren Schritt erfolgt eine Untersuchung der relevanten Einflussgrößen auf die Emissionstätigkeit der Krisenunternehmen. Hierzu wird zunächst das theoretische Rahmengerüst aufgespannt und anschließend einer empirischen Untersuchung unterzogen. Dabei wird zwischen Faktoren unterschieden, die die Umsetzung von Sanierungskapitalerhöhungen prägen, und solchen, die die Emissionserlöse durchgeführter Kapitalerhöhungen determinieren. Die Ergebnisse sollen die Hindernisse aufzeigen, denen Unternehmen in finanziellen Schwierigkeiten bei der Emission von Eigenkapital gegenüberstehen, und Lösungsansätze darlegen.

Kapitel 8 bildet den letzten Abschnitt, in welchem die zentralen Ergebnisse aus den vorstehenden Untersuchungen zusammengefasst werden. Es erfolgt eine kurze Darlegung des abgehandelten Forschungsansatzes und der Erkenntnisgewinne, sowie die Formulierung der Handlungsempfehlungen. Zudem werden bestehende Forschungslücken vor dem Hintergrund aktueller Entwicklungen im Forschungsbereich benannt.

30 Dies werden die Erkenntnisse aus Kapitel 5 bestätigen.

2 Grundlagen der Unternehmenskrise und der Unternehmenssanierung

Das zweite Kapitel behandelt die Grundlagen der Unternehmenskrise und -sanierung, die als Ausgangspunkt und theoretischer Bezugsrahmen für die empirischen Studien in den folgenden Kapiteln dienen. Zunächst wird der Begriff der Unternehmenskrise erläutert sowie häufige Krisenursachen beleuchtet. Darauf aufbauend wird der typische Verlauf einer Unternehmenskrise detailliert beschrieben. Dabei werden charakteristische Merkmale verschiedener Stadien dargestellt, und der Zeitpunkt, an dem Sanierungsmaßnahmen unumgänglich werden, im genannten Verlauf verortet. Im nächsten Schritt wird der Begriff der Unternehmenssanierung detailliert erörtert und ein Überblick über mögliche Sanierungsmaßnahmen gegeben, wobei insb. die finanzwirtschaftlichen Maßnahmen detailliert dargestellt werden, da sie i.d.R. den Grundbaustein der Unternehmensrettung bilden. Abschließend werden die zentralen Aspekte und Regelungen der unterschiedlichen Sanierungswege behandelt. Diese umfassen die außergerichtliche Sanierung, welche nicht spezialgesetzlich geregelt ist, sowie die gerichtlichen Sanierungsverfahren, die nach dem Insolvenzrecht oder gem. dem StaRUG durchgeführt werden. Obwohl sich die Bandbreite der einsetzbaren Sanierungsmaßnahmen grundsätzlich nicht unterscheidet, enthalten die Verfahren Vor- und Nachteile, die für das individuelle Krisenmanagement eines Unternehmens und die jeweiligen Maßnahmeneinsätze von entscheidender Bedeutung sein können.

2.1 Unternehmenskrise

Im vorliegenden Unterkapitel werden zunächst der Krisenbegriff erläutert und gängige Krisenursachen präsentiert. Daran schließt die Skizzierung des typischen Verlaufs einer Unternehmenskrise an.

2.1.1 Krisenbegriff und -ursachen

Für den betriebswirtschaftlichen Begriff der Unternehmenskrise liegen in der Literatur zahlreiche Definitionsansätze vor.[31] Durchgesetzt hat sich in diesem Zusammenhang die Definition von Krystek (1987):[32]

---

31 Vgl. Krystek (1987), S. 6–7; Klein (2008), S. 13.
32 Krystek (1987), S. 6–7.

„Unternehmungskrisen sind ungeplante und ungewollte Prozesse von begrenzter Dauer und Beeinflußbarkeit sowie mit ambivalentem Ausgang. Sie sind in der Lage, den Fortbestand der gesamten Unternehmung substantiell und nachhaltig zu gefährden oder sogar unmöglich zu machen. Dies geschieht durch die Beeinträchtigung bestimmter Ziele (dominanter Ziele[33]*), deren Gefährdung oder gar Nichterreichung gleichbedeutend ist mit einer nachhaltigen Existenzgefährdung oder Existenzvernichtung der Unternehmung als selbstständig und aktiv am Wirtschaftsprozess teilnehmender Einheit mit ihren bis dahin gültigen Zweck- und Zielsetzungen.“*

In diesem Kontext ist zu beachten, dass die Unternehmenskrise je nach Sachlage und Handlungsmöglichkeiten einen Wendepunkt zur Rückkehr zur normalen Leistungsfähigkeit oder ein Fanal für die bevorstehende Insolvenz darstellen kann,[34] wobei das Ausscheiden aus dem Markt auch auf freiwilliger Basis erfolgen kann. Soll eine Fortführung des Unternehmens im Insolvenzverfahren erreicht werden, so umfasst die Krise bzw. deren Bewältigung zusätzlich den Zeitraum nach der eingetretenen Insolvenz.[35] Mit Blick auf die obige Krisendefinition darf eine Notsituation in einem Unternehmen allerdings nicht als Unternehmenskrise betrachtet werden, wenn bereits feststeht, dass die Auflösung des Unternehmens unvermeidbar ist.[36] Zudem ist die Unternehmenskrise von den Begriffen Konflikt, Störung, Katastrophe und Risiko zu unterscheiden.[37]

Die Unternehmenskrise wird durch die spezifischen Krisenursachen eines Unternehmens ausgelöst. Diese sind im Rahmen der Unternehmensrestrukturierung bzw. -sanierung zu identifizieren, zu verstehen und zu beheben, und bilden daher den Ausgangspunkt für die Auswahl und Umsetzung angemessener Maßnahmen.[38] Sie werden typischerweise in endogene und exogene

---

33 Dominante Ziele stellen bspw. die Sicherstellung der Liquidität, die Erzielung eines mittel- oder langfristigen Mindestgewinns sowie der Aufbau und Erhalt von Erfolgspotenzialen dar. Vgl. Krystek (1987), S. 6–7; Crone/Werner (2021a), S. 15.

34 Der etymologische Ursprung liegt im altgriechischen Wort „krisis“, das als Wende- bzw. Höhepunkt oder Entscheidungssituation vor dem Hintergrund einer bedrohlichen Entwicklung verstanden wird. Vgl. Knecht et al. (2018), S. 10; Crone/Werner (2021a), S. 15; Krystek (1987), S. 3.

35 Vgl. Lafrenz (2004), S. 12.

36 Vgl. Knecht et al. (2018), S. 10.

37 Vgl. hierzu z.B. Klein (2008), S. 14–16; Krystek/Moldenhauer (2007), S. 28–30 m.w.N.

38 Vgl. Wieland-Blöse/Oberle (2022), Rn. 4. Die tatsächlichen Krisenursachen sind nicht mit den Krisensymptomen zu verwechseln. Vgl. Kudla (2005), S. 85; Institut der Wirtschaftsprüfer (2018), S. 840. Krisensymptome deuten zwar auf eine

Krisenursachen unterschieden. Endogene Ursachen sind solche, die innerhalb des Unternehmens und in dessen Einflussbereich zu verorten sind. Hierzu zählen bspw. Führungsmängel des Managements, Gesellschafterkonflikte, nicht wettbewerbsfähige Produkte und Technologien, fehlende oder falsch qualifizierte Mitarbeiter, ineffiziente Produktionsprozesse oder eine falsche Unternehmensstrategie. Im Zusammenhang mit diesen Ursachen ist nicht die fehlende Beeinflussbarkeit, sondern die Reaktionsfähigkeit des Unternehmens der kritische Punkt zur Krisenbehebung. Allerdings kann diese z.B. durch unternehmensinterne Begrenzungen der Handlungsmöglichkeiten oder durch Finanzierungsengpässe limitiert sein.[39] Exogene Ursachen wirken dagegen aus dem Umfeld auf das Unternehmen und sind von diesem bzw. durch das Management nicht oder kaum beeinflussbar. Als Beispiele für solche externen Einflüsse sind gesamtwirtschaftliche Krisen, branchenspezifische Entwicklungen, regulatorische und technologische Änderungen, Pandemien oder Naturkatastrophen zu nennen. Es ist für das jeweilige Unternehmen essenziell, flexibel und zeitnah auf exogene Einflüsse reagieren zu können, sei es durch Anpassungen in der Unternehmensführung, im Geschäftsmodell oder in den Produktionsfaktoren. Dies verhütet die Entstehung endogener Krisenursachen und/oder die Aktivierung bzw. Verstärkung bereits vorhandener endogener Krisenursachen.[40]

Auf Basis dieser Ausführung zeigt sich bereits, dass eine Unternehmenskrise i.d.R. durch Multikausalität, Mehrstufigkeit, Multilokalität und Multitemporalität der Krisenursachen geprägt ist. D.h. Krisen sind nicht ausschließlich auf einen einzelnen Faktor zurückzuführen, sondern resultieren zumeist aus einer Vielzahl von Ursachen, die zahlreiche Querverbindungen und Wechselwirkungen aufweisen. Unternehmen befinden sich daher oft in Krisensituationen, die sowohl interne als auch externe Faktoren umfassen, und deren Prozesse sich

---

potenzielle Krisensituation hin, sind jedoch nicht zwingend für ihr Eintreten verantwortlich. Hierzu zählen bspw. Unterbilanzen, Liquiditätsengpässe oder negative Absatz- und Umsatzentwicklungen. Vgl. Crone/Werner (2021a), S. 18.

39 Vgl. Wieland-Blöse/Oberle (2022), Rn. 6; Crone/Werner (2021a), S. 17.

40 Vgl. Wieland-Blöse/Oberle (2022), Rn. 7–8; Crone/Werner (2021a), S. 17; Rödl/Mohr (2018), S. 147. Finanzielle Notlagen aufgrund externer Ursachen sind oft lediglich die sichtbare Konsequenz von langfristigen Fehlentwicklungen im strategischen und operativen Bereich innerhalb eines Unternehmens. Vgl. Hommel et al. (2018), S. 1252.

mit unterschiedlichen Geschwindigkeiten entwickeln.[41] Dieser Komplexität der Krisenursachen ist im Rahmen ihrer Feststellung, die Teil des Sanierungskonzepts ist, Rechnung zu tragen. Besonders wichtig ist es allerdings, die Ursachen einer drohenden Insolvenz aufzudecken. Es ist zu klären, ob diese ausschließlich auf Finanzierungsprobleme zurückzuführen sind, oder ob der Betrieb generell unwirtschaftlich ist, wenn z.B. nicht kostendeckend gearbeitet oder mit Verlusten operiert wird.[42] Bspw. ist eine reine Schuldenreduzierung durch den (Teil-) Verzicht der Gläubiger üblicherweise nicht aussichtsreich für eine Sanierung, wenn dadurch die zugrundeliegenden Ursachen der Krise nicht behoben werden und unverändert bestehen bleiben. Die Beseitigung dieser Ursachen bildet daher die essenzielle Grundlage für eine erfolgversprechenden Sanierungsversuch, sofern die Krise nicht lediglich auf einem Zahlungsausfall basiert.[43]

2.1.2 Krisenverlauf

Unternehmenskrisen treten in vielfältigen Erscheinungsformen auf, welche anhand unterschiedlicher Kriterien klassifiziert werden.[44] Sie werden üblicherweise in verschiedene, zeitlich aufeinanderfolgende Phasen bzw. Stadien eingeteilt.[45] Das trägt dem Umstand Rechnung, dass eine Krise zumeist nicht ruckartig auftritt, sondern das Ergebnis einer Verschlechterung der

41 Vgl. Krystek/Moldenhauer (2007), S. 50–51. Eine Messung der Häufigkeiten der Einzelursachen oder der Ursachentypen gestaltet sich empirisch schwierig, da diese u.a. von schwer zu beschaffenden Informationen, verschiedenen Definitionen und/oder dem Beobachtungszeitraum abhängen. Einige Autoren weisen den endogenen Faktoren eine gewichtigere Rolle zu. Vgl. Crone/Werner (2021a), S. 15, 17; Krystek/Moldenhauer (2007), S. 50; Rödl/Mohr (2018), S. 146. Ein Blick auf die nachfolgend untersuchte Stichprobe an sanierungsbedürftigen Unternehmen, die zu großen Teilen in gesamtwirtschaftlichen Krisensituationen mit dem jeweiligen Sanierungsprozess beginnen, deutet darauf hin, dass exogene Ursachen zumindest als Verstärker endogener Ursachen keinesfalls zu vernachlässigen sind. Siehe hierzu Kapitel 4.3.

42 Vgl. Institut der Wirtschaftsprüfer (2023), Rn. 61; BGH-Urteil vom 12.05.2016 – IX ZR 65/14, Rn. 35.

43 Vgl. BGH-Urteil vom 21.02.2013 – IX ZR 52/10, Rn. 13; BGH-Urteil vom 12.05.2016 – IX ZR 65/14, Rn. 40.

44 Vgl. Müller (1986), S. 53.

45 Für einen ausführlichen tabellarischen Überblick unterschiedlicher Modelle siehe z.B. Krystek/Moldenhauer (2007), S. 35.

betrieblichen Erfolgsindikatoren über einen längeren Zeitraum ist.[46] Folglich bauen die Krisenstadien aufeinander auf und sind nicht unabhängig.[47] Dennoch muss ein Unternehmen in einer Krise nicht zwangsläufig alle Phasen durchlaufen, da zum einen der plötzliche Eintritt eines singulären (fortgeschrittenen) Krisenstadiums möglich ist, und zum anderen Krisenstadien parallel oder überlappend auftreten können.[48]

Das Institut der Wirtschaftsprüfer (IDW) unterscheidet im *IDW Standard: Anforderungen an Sanierungskonzepte (IDW S 6)* in chronologischer Reihenfolge zwischen sechs verschiedenen Krisenstadien: Stakeholderkrise, Strategiekrise, Produkt- und Absatzkrise, Erfolgskrise, Liquiditätskrise und Insolvenzreife.[49] Durchläuft ein Unternehmen diese Krisen, nehmen der Bedrohungsgrad, der Handlungsdruck und die Aufgabenkomplexität im Zeitablauf zu. Gleichzeitig wird die Krise immer offensichtlicher und lässt sich schließlich auch unternehmensextern kaum noch verbergen.[50] Abb. 2 präsentiert die graphische Darstellung des beschriebenen Phasenmodells.

---

46 Vgl. Crone/Werner (2021a), S. 15.

47 Vgl. Institut der Wirtschaftsprüfer (2023), Rn. 32.

48 Vgl. Crone/Werner (2021a), S. 20. Gem. Müller (1986) beginnen 60 % der Unternehmenskrisen mit der Strategie-, 30 % mit der Erfolgs- und nur 10 % mit der Liquiditätskrise. Das bedeutet, dass existenzielle Unternehmenskrisen typischerweise einen schrittweisen Verlauf nehmen und nur selten abrupt eintreten. Der Autor nutzt ein Modell mit lediglich vier Phasen. Vgl. Müller (1986), S. 56.

49 Vgl. Institut der Wirtschaftsprüfer (2023), Rn. 31–32. Das Modell des IDW baut auf demjenigen von Müller (1986), S. 53–56, auf. Es stellt jedoch eine Vertiefung dar und ist aufgrund der Bedeutung des IDW S 6 für die Unternehmenssanierung ein prominentes Grundlagenmodell für Krisenunternehmen in Deutschland.

50 Die Wahrnehmung einer Krise verläuft oft entgegengesetzt zu ihrer Entstehung. Frühe Anzeichen bleiben unbeachtet und negative Veränderungen werden z.B. durch allgemeine, externe Faktoren wie konjunkturelle Schwankungen begründet. Wenn finanzielle Schwierigkeiten auftreten, d.h. im fortgeschrittenen Krisenstadium, kann die Krise allerdings nicht mehr ignoriert werden. Vgl. Crone/Werner (2021a), S. 19. Gem. § 1 Abs. 1 StaRUG sind Geschäftsführer von juristischen Personen verpflichtet, Frühwarnsysteme zu etablieren und ggfs. Maßnahmen zur Krisenabwendung einzuleiten. Zusätzlich sind sie dazu angehalten, frühzeitig auf die aktive Auseinandersetzung der Gesellschafter und Gremien mit der Krise hinzuwirken.

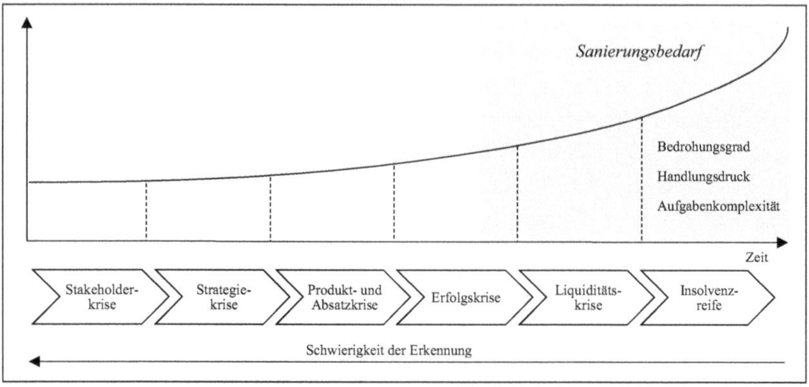

Abb. 2: Typisierter Krisenverlauf eines Unternehmens

Die Abb. zeigt den typisierten Krisenverlauf eines Unternehmens. Eigene Darstellung in Anlehnung an Institut der Wirtschaftsprüfer (2023), Rn. 32 und Knecht et al. (2018), S. 12.

Die Ermittlung des Krisenstadiums dient gem. IDW S 6 dazu, die Inhalte und den erforderlichen Detaillierungsgrad für ein zu erstellendes Sanierungskonzept abzuleiten. Dennoch sind auch die vorangegangenen Krisenstadien zu berücksichtigen, deren Ursachen aber meist zeitlich gegenläufig zu ihrem Auftreten zu beheben sind, da z.B. die Insolvenzabwendung und Sicherstellung der Liquidität in der Liquiditätskrise Vorrang ggü. der Erreichung einer nachhaltigen Wettbewerbsfähigkeit hat.[51] In diesem Kontext ist ein frühzeitiges Krisenmanagement, das vorhandene Probleme erkennt und gezielt entsprechende Maßnahmen ergreift, mit höheren Erfolgschancen verbunden.[52]

In einer *Stakeholderkrise* treten Konflikte zwischen den Mitgliedern einer Anspruchsgruppe und/oder verschiedenen Anspruchsgruppen eines Unternehmens auf, wie bspw. der Geschäftsführung, den Gesellschaftern, den Arbeitnehmern, den Kreditinstituten und anderen Gläubigern.[53] Diese Konflikte entstehen aufgrund unterschiedlicher Interessen und Zielausrichtungen,[54] die wiederum auf eine unzureichende Wahrnehmung, Akzeptanz und

51 Vgl. Institut der Wirtschaftsprüfer (2023), Rn. 32–33; Wieland-Blöse/Oberle (2022), Rn. 10. Probleme bzgl. der nachhaltigen Wettbewerbsfähigkeit sind typisch für die Strategiekrise. Vgl. Institut der Wirtschaftsprüfer (2018), S. 838.

52 Vgl. Knecht et al. (2018), S. 13; Crone/Werner (2021a), S. 19–20.

53 Vgl. Institut der Wirtschaftsprüfer (2018), S. 838.

54 Vgl. Wieland-Blöse/Oberle (2022), Rn. 14.

Kommunikation hinsichtlich der erforderlichen Veränderungen im Unternehmen zurückzuführen sein können.[55] In der Folge kommt es regelmäßig zu einem veränderten und zunehmend nachlässigen Führungsverhalten,[56] sowie zu Reibungsverlusten, und Verzögerungen bzw. Verhinderungen wichtiger Entscheidungen. Damit geht oftmals eine Vertrauenskrise einher, da die Glaubwürdigkeit der handelnden Personen sowie das Vertrauen der Stakeholder in die Organe der Unternehmung Schaden nehmen.[57] Stakeholderkrisen können im Gegensatz zur typisierten Krisenabfolge auch erst am Ende eines Sanierungsprozesses entstehen, wenn z.B. Banken Gesellschafterbeiträge einfordern und hierzu unterschiedliche Auffassungen zwischen den Gesellschaftergruppen bestehen.[58]

Die *Strategiekrise* ist dadurch gekennzeichnet, dass die langfristigen Erfolgspotenziale eines Unternehmens entweder gefährdet bzw. aufgebraucht sind, oder dass versäumt wurde, neues Erfolgspotenzial aufzubauen. Dazu zählen z.B. profitable Produkte, eine qualifizierte und engagierte Belegschaft, rationelle Fertigungsverfahren, der Markenname, loyale Kunden und die richtige Standortwahl.[59] Folglich kommt es zu einem Verlust an Wettbewerbsfähigkeit und Marktanteilen. Ursächlich hierfür sind bspw. Fehleinschätzungen hinsichtlich der Markt-, Branchen- und Wettbewerbsbedingungen, die zunächst zu unangemessenen oder ineffektiven Innovationen und Investitionen führen, und in strategischen Lücken und strukturellen Defiziten münden. Die Wettbewerbsfähigkeit hängt stark von der Wettbewerbssituation der Branche ab, einschließlich der Branchenstruktur (z.B. Wettbewerber, Anbieter von Alternativprodukten, Lieferanten, Kunden), der horizontalen und vertikalen Kooperationen und Interaktionen zwischen den Akteuren sowie den verschiedenen Marktphasen (Expansion, Stagnation oder Kontraktion). Schwächen im Personalmanagement können sowohl Auslöser als auch eine Konsequenz einer Strategiekrise sein.[60]

Eine *Produkt- und Absatzkrise* liegt vor, wenn ein erheblicher und dauerhafter Rückgang der Nachfrage nach den Hauptumsatzträgern zu verzeichnen ist. Dieser kann von sinkenden Margen begleitet werden. In der Folge kommt es zu erhöhter Kapitalbindung aufgrund steigender Vorratsbestände, sowie Ergebnisrückgängen infolge von Unterauslastungen der Produktionskapazitäten.

55 Vgl. Institut der Wirtschaftsprüfer (2018), S. 838.
56 Vgl. Crone/Werner (2021a), S. 20; Wieland-Blöse/Oberle (2022), Rn. 14.
57 Vgl. Institut der Wirtschaftsprüfer (2018), S. 838.
58 Vgl. Häger/Hiltner (2018), S. 317.
59 Vgl. Crone/Werner (2021a), S. 22; Wieland-Blöse/Oberle (2022), Rn. 18.
60 Vgl. Institut der Wirtschaftsprüfer (2018), S. 838.

Ursächlich hierfür können z.B. qualitativ mangelhafte Produkte, Sortimentsschwächen oder nicht ausreichende Vertriebs- und Werbekonzepte sein.[61] Außerdem mangelt es in dieser Phase regelmäßig an einer Fokussierung auf deckungsbeitragsstarke Kunden und Produkte.[62] Absatzkrisen treten oft als Ergebnis einer Produktkrise auf, aber nicht jede Absatzkrise ist zwangsläufig mit einer Produktkrise verbunden. Das ist bspw. der Fall, wenn eine unzureichende Marketing- oder Vertriebsstrategie verfolgt wird.[63]

Von einer *Erfolgskrise* wird gesprochen, wenn das Unternehmen einen Renditeverfall erfährt in dessen Folge es zunächst nicht mehr in der Lage ist, die Eigenkapitalkosten zu decken. Diese Entwicklung kann im Rückgang der Nachfrage, einem Preissturz oder in Kostensteigerungen begründet sein. Im weiteren Zeitablauf entstehen Gewinnrückgänge und Verluste, die nach und nach das Eigenkapital aufzehren und die Kreditwürdigkeit des Unternehmens verringern. Die Liquidität ist grundsätzlich gewährleistet, jedoch mangelt es an finanziellen Mitteln für eine nachhaltige Sanierung, die bspw. Investitionen oder Sozialpläne erfordert.[64] Die Eigenkapitalgeber sind in dieser Situation oft nicht bereit, zusätzliche Mittel zur Verfügung zu stellen, da das Unternehmen aus den laufenden Erträgen kein attraktives Ausschüttungsvolumen erwirtschaften kann. Gleichzeitig sind aufgrund der niedrigen Bonität die Chancen einer Kapitalzufuhr durch Fremdkapitalgeber begrenzt, und es besteht sogar das Risiko einer Kündigung bestehender Kreditverträge.[65]

In der *Liquiditätskrise* bzw. in Insolvenznähe ist der Fortbestand des Unternehmens stark gefährdet. Es sind nur noch unzureichende finanzielle Mittel vorhanden, entweder weil die historische Gewinnsituation diese aufgebraucht hat oder aufgrund einer mangelhaften Finanzplanung.[66] Durch Ausbleiben geeigneter Sanierungsmaßnahmen besteht ein erhöhtes Insolvenzrisiko, welches u.U. durch die gewählte Finanzierungsstruktur zusätzlich gesteigert wird. Ursächlich hierfür kann z.B. die Komplexität der Struktur, eine mangelnde Fristenkongruenz zwischen Kapitalbindung und -bereitstellung oder unzureichendes Working-Capital-Management sein.[67] Eine Liquiditätskrise

---

61 Vgl. Institut der Wirtschaftsprüfer (2018), S. 839; Crone/Werner (2021a), S. 23.

62 Vgl. Crone/Werner (2021a), S. 23–24.

63 Vgl. Wieland-Blöse/Oberle (2022), Rn. 20.

64 Vgl. Institut der Wirtschaftsprüfer (2018), S. 839.

65 Vgl. Wieland-Blöse/Oberle (2022), Rn. 21.

66 Vgl. Müller (1986), S. 54.

67 Vgl. Institut der Wirtschaftsprüfer (2018), S. 839; Wieland-Blöse/Oberle (2022), Rn. 22.

kann sich schleichend oder plötzlich entwickeln. Letzteres wird verursacht durch ungünstige, kurzfristige Ereignisse wie z.B. einem unerwarteten Preisverfall, drastischen Preissteigerungen notwendiger Rohstoffe, Ausfall von Forderungen ggü. bedeutenden Kunden oder schwerwiegenden finanziellen Fehlentscheidungen.[68]

Im letzten Stadium der Unternehmenskrise, der *Insolvenzreife*, geht die betriebswirtschaftliche Krise in die rechtliche Insolvenz über.[69] Hierzu muss ein Insolvenzantragsgrund gem. §§ 17 bis 19 InsO vorliegen.[70] Dies kann der Fall sein, wenn bspw. Banken keine Sanierungskredite bereitstellen und/oder bestehende Kredite aufgrund von Verstößen gegen die im Finanzierungsvertrag festgelegten Bedingungen (Covenants) gekündigt werden.[71] Die Insolvenzreife kann u.U. durch schnelle und geeignete Maßnahmen überwunden werden,[72] jedoch ist zu beachten, dass gem. § 15a InsO bei Vorliegen von Zahlungsunfähigkeit innerhalb von drei Wochen, und im Fall von Überschuldung innerhalb von sechs Wochen ein Insolvenzantrag zu stellen ist. Andernfalls drohen straf- und zivilrechtliche Rechtsfolgen und Haftungsrisiken.[73] Im Zustand der drohenden Zahlungsunfähigkeit bietet sich möglicherweise eine Sanierung per StaRUG-Verfahren an. Darüber hinaus kann die Erstellung eines Insolvenzplans unter Nutzung eines sog. Schutzschirms in Betracht gezogen werden.[74]

Es bleibt festzuhalten, dass die dargestellte Abfolge eine vereinfachte, chronologische Klassifikation darstellt, da die verschiedenen Stadien einer Unternehmenskrise aufgrund ihrer fließenden Übergänge oft nicht exakt voneinander abzugrenzen sind.[75] Sie dient dazu, die spezifischen Merkmale von Unternehmen in Krisensituationen zu vergleichen und gezielte Maßnahmen zur Prävention und Bewältigung von Unternehmenskrisen abzuleiten. Der Bezug des IDW S 6 auf den gesamten Krisenverlauf ist dennoch nicht vollumfänglich

68 Vgl. Müller (1986), S. 54; Dirschedl (2015), S. 12.

69 Vgl. Crone/Werner (2021a), S. 25.

70 Vgl. Institut der Wirtschaftsprüfer (2018), S. 839; Wieland-Blöse/Oberle (2022), Rn. 24. Vgl. für die Prüfung der Insolvenzantragsgründe Kapitel 2.2.4.2.2.

71 Vgl. Dirschedl (2015), S. 13; Knecht et al. (2018), S. 13.

72 Vgl. Institut der Wirtschaftsprüfer (2018), S. 839.

73 Vgl. hierzu im Detail Wieland-Blöse/Oberle (2022), Rn. 70–77 m.w.N.

74 Vgl. dazu Kapitel 2.2.4.2 und 2.2.4.3. Das Verfahren mittels Insolvenzplan ohne Schutzschirm kann auch bei Vorliegen von Zahlungsunfähigkeit oder Überschuldung angestrebt werden. Vgl. Kapitel 2.2.4.2.

75 Eine grobe Einordnungshilfe in Bezug auf die Krisenursachen stellt die Matrix der Krisenstadien dar. Vgl. Hermanns (2022), Rn. 130.

gelungen. Erstens erfolgt in der Praxis i.d.R. keine Beauftragung zur Erstellung eines Sanierungskonzeptes oder -gutachtens in einer singulären Stakeholder- oder Strategiekrise, die zudem auch als Krisenursachen und nicht als Krisenstadien betrachtet werden können, welche z.B. eine Liquiditätskrise verschärfen.[76] Zweitens ist bekannt, dass erst im fortgeschrittenen Krisenstadium, d.h. im Bereich des Übergangs von der Erfolgs- zur Liquiditätskrise, von einem sanierungsbedürftigen Unternehmen zu sprechen ist.[77] In dieser Phase besteht neben den operativen und strategischen Problemen, v.a. finanzieller Sanierungsbedarf.[78] Die nachfolgenden Untersuchungen sanierungsbedürftiger Unternehmen konzentrieren sich daher auf die Phasen der Liquiditätskrise und Insolvenzreife. In diesen Phasen müssen üblicherweise finanzwirtschaftliche Sanierungsmaßnahmen vonseiten der unterschiedlichen Kapitalgebergruppen eingesetzt werden, um den Erhalt des Unternehmens sicherzustellen.

2.2 Unternehmenssanierung

Liegt eine fortgeschrittene Unternehmenskrise vor, ist zu prüfen, ob eine Sanierung angestrebt werden soll, welche Maßnahmen hierfür erforderlich sind und welches Sanierungsverfahren zu wählen ist. In diesem Zusammenhang werden im Folgenden der Sanierungsbegriff, grundlegende Aspekte der Sanierungsprüfung und des -konzepts, potenzielle Sanierungsmaßnahmen, und die verschiedenen Verfahrensarten der Unternehmenssanierung, innerhalb derer die vereinbarten Maßnahmen des Sanierungskonzepts umgesetzt werden, erläutert.

2.2.1 Sanierungsbegriff

Generell erfordert eine Unternehmenskrise das Ergreifen geeigneter Maßnahmen, um dem fortlaufenden Verlust an Unternehmenswert entgegenzuwirken und die Kontinuität des Geschäftsbetriebs zu gewährleisten. Vor dem Hintergrund des Krisenstadiums sind dabei die oftmals synonym verwendeten Begriffe Turnaround, Restrukturierung und Sanierung klar voneinander abzugrenzen.[79] Die Verwendung der beiden erstgenannten Begriffe wird zwar

---

76 Vgl. Häger/Hiltner (2018), S. 330.

77 Vgl. Knecht et al. (2018), S. 12; Böckenförde (1996), S. 8. Vgl. zum Sanierungsbegriff die nachfolgenden Ausführungen in Kapitel 2.2.

78 Vgl. Hommel et al. (2018), S. 1252.

79 Vgl. anstelle vieler Böckenförde (1996), S. 6; Knecht et al. (2018), S. 12.

nicht ausschließlich, aber v.a. durch Praktiker, wie z.B. Unternehmensberater, geprägt. Trotz des in diesen Situationen u.U. sinnvollen und hehren Wunsches, durch die Vermeidung des negativ konnotierten Begriffs der Sanierung Wertneutralität auszustrahlen, folgt hierdurch eine Begriffsverwirrung.[80]

Konkret bezeichnet der Turnaround eine Situation, in der Maßnahmen zur Krisenbewältigung in einem frühen Stadium der Krise eingeleitet werden, ohne dass zwingend eine Existenzbedrohung vorliegt.[81] Der Beginn der Turnaround-Situation ist durch das Unterschreiten des minimal akzeptablen Unternehmenserfolgs gekennzeichnet, der durch die jeweiligen Unternehmensziele bestimmt wird, und damit bereits im Bereich der strategischen Krise anzusiedeln.[82] Der Restrukturierungsbegriff entspricht weitgehend demjenigen des Turnarounds, da er ebenso Maßnahmen bezeichnet, die in einem vergleichsweise frühen Stadium des Krisenverlaufs ergriffen werden, umfasst dabei jedoch nur einzelne Teilbereiche wie bspw. Gruppen oder Abteilungen, während sich der Turnaround auf die gesamte Wertschöpfung eines Unternehmens bezieht.[83] Zusätzlich ist in der Literatur umstritten, ob der Begriff der Restrukturierung ausschließlich der Unternehmenskrise zuzuordnen ist, oder ob er nicht vielmehr allgemein im Zusammenhang mit der wertorientierten Unternehmensführung, und damit dem Erhalt bzw. der Steigerung des Unternehmenswertes, zu verwenden ist.[84] Letzterer Meinung folgend, besteht auch bei gesunden Unternehmen Restrukturierungbedarf, bspw. zur Prophylaxe latenter Risiken, ohne dass ein Krisenbezug besteht.[85] Trotz nicht immer einheitlicher Begriffsdefinitionen, kann damit festgehalten werden, dass sich die Begriffe Turnaround und Restrukturierung eher auf die Anpassung bzw. Neuordnung bestehender interner Strukturen an sich verändernde Rahmenbedingungen beziehen, um die Prosperität des Unternehmens sicherzustellen und eine (schwere) Krisensituation zu vermeiden.[86] Hiervon ist der Begriff der Sanierung zu unterscheiden.

---

80 Vgl. Vogt (1999), S. 50; Böckenförde (1996), S. 6.
81 Vgl. Gless (1996), S. 45–46; Knecht et al. (2018), S. 11; Krystek/Moldenhauer (2007), S. 139 m.w.N.
82 Vgl. Böckenförde (1996), S. 8.
83 Vgl. Krystek/Moldenhauer (2007), S. 141; Knecht et al. (2018), S. 11.
84 Vgl. Vogt (1999), S. 49 m.w.N.
85 Vgl. Hohberger/Damlachi (2019), S. 2; Knecht et al. (2018), S. 41.
86 Vgl. Liebig (2010), S. 70.

Der betriebswirtschaftliche Sanierungsbegriff bezeichnet im Allgemeinen die Rettung eines Unternehmens aus der Krise.[87] Er stellt im Vergleich zum Turnaround und der Restrukturierung aber auf einen späteren Zeitpunkt im Verlauf der Unternehmenskrise ab, denn er setzt im akuten, d.h. existenzgefährdenden, Krisenstadium an.[88] Im Hinblick auf den typisierten Krisenverlauf wird der Begriff der Liquiditätskrise bzw. dem Übergang zwischen Erfolgs- und Liquiditätskrise zugeordnet, in welcher die Krisensymptome Illiquidität und überhöhte Verschuldung zutage treten.[89] Ein Sanierungsversuch wird demnach in einer Situation durchgeführt in der die Insolvenzantragsgründe der (drohenden) Zahlungsunfähigkeit und Überschuldung die Existenz des Unternehmens bedrohen.

Neben dem Ansatzpunkt der Sanierung, stellt sich die Frage nach dem Umfang des Sanierungsbegriffs. Für diesen liegen in der Literatur eine engere und eine weitere Auslegung vor, wobei beiden Definitionen der Wille zur Fortführung des Unternehmens als rechtlich selbstständige Wirtschaftseinheit sowie zur Beseitigung der Bedrohungspotenziale gemein ist:[90]

- *Sanierung im engeren Sinne:* Diese Definition umfasst alle Formen der finanzwirtschaftlichen Maßnahmen, die zur Gesundung des Unternehmens beitragen.[91]
- *Sanierung im weiteren Sinne:* Hierunter wird die Gesamtheit aller, aus ganzheitlicher strategischer Perspektive entstammender, führungsorientierter, organisatorischer, finanz-, leistungs- und sozialwirtschaftlicher Maßnahmen

---

87 Vgl. Krystek/Moldenhauer (2007), S. 140. Der Begriff Sanierung leitet sich vom lateinischen „sanare“, das mit „heilen“, „beruhigen“ oder „gesund machen“ übersetzt werden kann, ab. Vgl. Knecht et al. (2018), S. 11; Kudla (2005), S. 91.

88 Vgl. Gless (1996), S. 44; Knecht et al. (2018), S. 11.

89 Vgl. Böckenförde (1996), S. 8; Knecht et al. (2018), S. 12–13. Ebenso ist die finanzielle Sanierung von der finanziellen Restrukturierung zu unterscheiden. Beide Bezeichnungen werden meist synonym verwendet und enthalten ähnliche Ziele und Handlungsmöglichkeiten, jedoch ist die Restrukturierung nicht zwangsläufig an existenzbedrohende Krisensituationen gebunden. Vgl. Hommel et al. (2018), S. 1252. Siehe für die Darstellung des typisierten Krisenverlaufs Kapitel 2.1.2.

90 Vgl. z.B. Gless (1996), S. 44; Becker (1986), S. 7, 62; Böckenförde (1996), S. 7. Der Begriff des Krisenmanagements umfasst dagegen alle Formen der Krisenreaktion und damit auch die Einleitung einer Liquidation. Vgl. Vogt (1999), S. 45; Krystek (1987), S. 213.

91 Die Sanierung i.e.S. bildet das Pendant zum englischsprachigen „Financial Distressed Restructuring“. Vgl. Kudla (2005), S. 93.

verstanden, die notwendig sind, um ein Unternehmen in einer Krise zu stabilisieren und dessen langfristige Existenz zu sichern.[92]

Die Sanierung i.e.S. kann als finanzielle Sanierung beschrieben werden und bildet den Grundstein der nachhaltigen Krisenüberwindung, d.h. der durchgreifenden Sanierung, und ist zentraler Bestandteil eines Sanierungskonzepts.[93] Sie dient dazu, die Liquidität eines durch Überschuldung und/oder Zahlungsunfähigkeit in seiner Existenz bedrohten Unternehmens durch Verbesserungen von Cashflow und Bilanzstruktur sicherzustellen, wobei langfristigen Nutzen- und Rentabilitätsabwägungen zunächst eine untergeordnete Rolle zukommt. Für die mittel- bis langfristige Unternehmensfortführung ist das Gelingen der finanziellen Sanierung daher zumeist eine notwendige, aber nicht hinreichende Bedingung.[94] Eine durchgreifende Sanierung benötigt eine umfassende Neuausrichtung unterschiedlicher Unternehmensbereiche. Nach der Stabilisierung des Unternehmens in der akuten Krisensituation besteht das Hauptziel der finanziellen Sanierung v.a. darin, leistungswirtschaftliche und strategische Maßnahmen zu begleiten oder zu ermöglichen, die zunächst finanzielle Mittelabflüsse verursachen. Hierzu zählen z.B. Werksschließungen oder der Abbau von Personal.[95] In der betriebswirtschaftlichen Forschung hat sich infolgedessen der weitere Sanierungsbegriff durchgesetzt.[96] Nachfolgend wird der Begriff der finanziellen bzw. finanzwirtschaftlichen Sanierung verwendet, da Unternehmen im fortgeschrittenen Krisenstadium und ihre Krisenreaktionen, insb. in Form von finanzwirtschaftlichen Sanierungsmaßnahmen, untersucht werden.

2.2.2 Sanierungsprüfung und -konzept

Der potenzielle Einsatz von Sanierungsmaßnahmen ist einer Sanierungsprüfung zu unterziehen. Diese dient der Beurteilung, ob ein Krisenunternehmen durch einen Sanierungsversuch die existenzielle Notlage überwinden kann und

---

92 Vgl. Böckenförde (1996), S. 7. Die Maßnahmen können in strategische, leistungswirtschaftliche und finanzwirtschaftliche Maßnahmen zusammengefasst werden. Vgl. Kudla (2005), S. 92. Dieser Zusammenfassung folgt die Darstellung der Sanierungsmaßnahmen in Kapitel 2.2.3.

93 Vgl. Kudla (2005), S. 94.

94 Vgl. Hommel et al. (2018), S. 1252; Wieland-Blöse/Oberle (2022), Rn. 84; Kudla (2005), S. 111.

95 Vgl. Bilstein (2007), S. 232; Kudla (2005), S. 111.

96 Siehe z.B. Böckenförde (1996), S. 7; Gless (1996), S. 44; Krystek/Moldenhauer (2007), S. 140.

dies im Interesse der beteiligten Anspruchsgruppen ist. Hierzu hat sich in der betriebswirtschaftlichen Literatur das Modell von Mann (1970) durchgesetzt.[97] Dieses sieht folgende drei chronologische Beurteilungsschritte vor:

- Prüfung der Sanierungsbedürftigkeit
- Prüfung der Sanierungsfähigkeit
- Prüfung der Sanierungswürdigkeit

Die Literatur weist zum Begriff der Sanierungsbedürftigkeit eine Reihe an unterschiedlichen Begriffsbestimmungen auf.[98] Die herrschende Meinung definiert ein Unternehmen als sanierungsbedürftig, wenn sich dieses in einer Krise befindet, die eine Fortführung ohne Sanierung ausschließt, d.h. wenn davon ausgegangen werden kann, dass in absehbarer Zeit Grund zur Beantragung eines Insolvenzverfahrens oder Liquidation gegeben ist.[99] Wie bereits im Kontext des typisierten Krisenverlaufs angesprochen, liegt Sanierungsbedarf ab dem Bereich der Erfolgs- und Liquiditätskrise vor.[100] Er wird durch die Analyse des aktuellen Zustands des betroffenen Unternehmens festgestellt.[101]

Für die Prüfung der Sanierungsfähigkeit ist ein nachvollziehbares und schlüssiges Sanierungskonzept zu erstellen.[102] Dieses ist ein schriftlich festgelegter Handlungsrahmen, der nach Überzeugung des Autors bei sachgerechter

---

97 Vgl. Mann (1970), S. 241–253; Brandstätter (1993), S. 7; Meyer (2003), S. 28. Zur Kritik an dieser Vorgehensweise siehe Meyer (2003), S. 30–31.

98 Vgl. hierzu bspw. Mann (1970), S. 239, 242; Bretzke (1984), S. 41; Böckenförde (1996), S. 13. Weit verbreitet ist der unterstellte Zusammenhang zwischen dem Vorliegen einer Unternehmenskrise und der damit einhergehenden Sanierungsbedürftigkeit, welcher das Vorliegen des Sanierungsbedarfs von dem Krisenbegriff abhängig macht, der seinerseits wiederum zahlreiche Definitionen aufweist, die als gemeinsamen Nenner lediglich die Bedrohung des Unternehmens aufweisen. Vgl. Becker (1986), S. 43, 50–51.

99 Vgl. Simon/Brünkmans (2018), S. 364; Knecht et al. (2018), S. 27.

100 Vgl. hierzu die Ausführungen in Kapitel 2.1.2.

101 Vgl. Knecht et al. (2018), S. 27.

102 Vgl. Institut der Wirtschaftsprüfer (2023), Rn. 11–12; Crone (2021), S. 84 sowie BGH-Urteil vom 12.11.1992 – IX ZR 236/91, S. 18 und BGH-Urteil vom 12.05.2016 – IX ZR 65/14, Rn. 15. Die Begriffe Sanierungskonzept und Sanierungsgutachten werden oft synonym verwendet, da sie i.d.R. zwei Teile eines Werkes sind. Das Sanierungskonzept i.e.S. umfasst das Leitbild und die Maßnahmen zur Krisenbewältigung, während das Sanierungsgutachten i.e.S. die Beurteilung der Sanierungsfähigkeit auf Basis der geplanten Maßnahmen vornimmt. Unabhängig von den verwendeten Begrifflichkeiten ist für die Stakeholder die Aussage zur

Anwendung dazu geeignet ist, eine existenzielle Unternehmenskrise dauerhaft zu bewältigen. M.a.W. soll die Leistungs- und Ertragsfähigkeit wiederhergestellt und die nachhaltige Überlebensfähigkeit eines Krisenunternehmens sichergestellt werden.[103] Typischerweise wird im Rahmen der Auftragsdurchführung zunächst geprüft, ob eine Insolvenzreife vorliegt, und ggfs. Maßnahmen zu deren Überwindung durchgeführt werden können, die auch den Eintritt der Insolvenzreife während des Erstellungszeitraums ausschließen (Vorstufe).[104] Erst dann erfolgt die eigentliche Konzepterstellung, die den Entwurf, die Beratung bzw. Zustimmung der Stakeholder sowie das finale Konzept umfasst. Ein solches besteht aus der Beschreibung des Auftragsgegenstands und -umfangs, der Darstellung der wirtschaftlichen und rechtlichen Ausgangslage des Unternehmens, der Analyse des Krisenstadiums und der -ursachen sowie der Insolvenzgefährdung. Weiter enthalten sind die Darstellung des Leitbilds des sanierten Unternehmens, die Darstellung der Maßnahmen zur Abwendung einer Insolvenzgefahr sowie zur Herstellung des Leitbilds des sanierten Unternehmens, und ein integrierter Unternehmensplan. Das Konzept schließt mit der zusammenfassenden Einschätzung bzgl. der Sanierungsfähigkeit.[105]

Gem. IDW S 6 sind für die Beurteilung der Sanierungsfähigkeit die Aspekte der Fortführungsfähigkeit (Stufe 1) sowie die nachhaltige Fortführungsfähigkeit bzw. Wettbewerbsfähigkeit (Stufe 2) getrennt zu betrachten. Die Fortführungsfähigkeit ist gegeben, wenn eine Durchfinanzierung i.S. einer positiven insolvenzrechtlichen Fortbestehensprognose während des Prognosezeitraums des Konzepts mit überwiegender Wahrscheinlichkeit sichergestellt ist. Die Wettbewerbsfähigkeit hingegen setzt die Wiedererlangung eines tragfähigen Geschäftsmodells sowie die Finanzierbarkeit der Unternehmung am Markt durch die Vornahme geeigneter Sanierungsmaßnahmen am Ende des Prognosezeitraums voraus.[106] Ein Unternehmen gilt nicht als saniert, wenn es lediglich in der Lage ist, seine Zahlungsverpflichtungen zu erfüllen, jedoch nicht

Sanierungsfähigkeit zentral, um über die Sanierungswürdigkeit entscheiden zu können. Vgl. Kemper (2022), Rn. 54.

103 Vgl. Braun (1989), S. 683–684; Hermanns (2022), Rn. 1.

104 Vgl. Institut der Wirtschaftsprüfer (2023), Rn. 13. Siehe hierzu den *IDW Standard: Beurteilung des Vorliegens von Insolvenzeröffnungsgründen (IDW S 11).*

105 Vgl. Institut der Wirtschaftsprüfer (2023), Rn. 11 m.w.N.

106 Vgl. Institut der Wirtschaftsprüfer (2023), Rn. 18, 24–27. Gem. den Autoren sind z.B. eine branchenübliche Eigenkapitalausstattung und Renditefähigkeit Anzeichen der Wettbewerbsfähigkeit.

langfristig am Markt bestehen und sich ggü. seinen Wettbewerbern behaupten kann.[107] Dieser Ansatz folgt der höchstrichterlichen Rechtsprechung des Bundesgerichtshofs (BGH), welcher betont, dass die „[...] konkret in Angriff genommenen Maßnahmen zusammen objektiv geeignet sein [müssen], die Gesellschaft in überschaubarer Zeit durchgreifend zu sanieren [...]"[108]. Es ist entscheidend, nicht nur den aktuellen Schuldenstand zu reduzieren, sondern auch die uneingeschränkte Zahlungsfähigkeit wiederherzustellen. Andernfalls ist ein wiederholter Anstieg der Schulden unvermeidlich, was zu erneuter Insolvenzgefahr führt. Nach der Maßnahmendurchführung müssen wieder Erfolgsaussichten bestehen und die Rentabilität der unternehmerischen Tätigkeit wiederhergestellt sein.[109]

Im ökonomischen Sinn ist die Sanierungsfähigkeit aus Gesamtsicht der Kapitalgeber gegeben, wenn der Fortführungswert den Liquidationswert des Unternehmens übersteigt. M.a.W. muss der Barwert der zukünftig erzielbaren und ausschüttungsfähigen Ergebnisse nach Abzug der Sanierungskosten die Erlöse aus einer Liquidation bzw. Veräußerung der Vermögensgegenstände übersteigen.[110] Ob insb. die involvierten Kapitalgebergruppen am Sanierungsversuch tatsächlich teilnehmen, wird durch die Prüfung der Sanierungswürdigkeit festgestellt. Diese dient den Anspruchsgruppen unter Berücksichtigung ihrer individuellen Interessenlagen zur Bewertung, ob Sanierungsmaßnahmen ergriffen werden sollen.[111] Anders ausgedrückt, sind nun nicht mehr nur objektive Kriterien maßgeblich, sondern es werden auch subjektive Wertungselemente hinsichtlich einer Sanierungsbeteiligung einbezogen.[112] Folglich kann diese Beurteilung unterschiedlich ausfallen, da die persönlichen Interessenslagen zwischen entscheidungsbefugten und anderen Stakeholdern, sowie unter den Entscheidungsträgern divergieren können. Vor dem Hintergrund der vertraglichen und gesetzlichen Rahmenbedingungen sind daher die jeweiligen Vermögenspositionen bei Fortführung und Liquidation zu prüfen.[113]

---

107 Vgl. Institut der Wirtschaftsprüfer (2018), S. 840–841.

108 BGH-Urteil vom 21.11.2005 – II ZR 277/03, Rn. 14 m.w.N. Siehe auch Institut der Wirtschaftsprüfer (2018), S. 831.

109 Vgl. BGH-Urteil vom 12.05.2016 – IX ZR 65/14, Rn. 29–30, 36

110 Vgl. Knecht et al. (2018), S. 30; Schüler (2013), S. 391.

111 Vgl. Mann (1970), S. 250

112 Vgl. Institut der Wirtschaftsprüfer (2023), Rn. 22; Böckenförde (1996), S. 45; Knecht et al. (2018), S. 27.

113 Vgl. Schüler (2013), S. 391.

Des Weiteren können auch außerökonomische Interessen, wie bspw. die Reputation der Kapitalgeber oder die Erhaltung des Lebenswerks bzw. des Familienerbes eine Rolle spielen.[114] Problematisch sind zudem unterschiedliche Risikoeinstellungen, Informationsasymmetrien und die sog. Akkordstörer- bzw. Trittbrettfahrerproblematik,[115] v.a. im außergerichtlichen Verfahren.[116] In diesem Zusammenhang erfordert die Beurteilung der Sanierungswürdigkeit, ebenso wie diejenige der Sanierungsfähigkeit, ein gründliches Verständnis und die Auswahl geeigneter Sanierungsmaßnahmen, die im folgenden Abschnitt näher erläutert werden.

2.2.3 Maßnahmen der Unternehmenssanierung

Im traditionellen Sanierungsmanagement werden die Sanierungsmaßnahmen anhand der strategischen, operativen und finanziellen Dimension kategorisiert.[117] Ein ganzheitliches Sanierungskonzept umfasst Instrumente aus diesen interdependenten Bereichen und berücksichtigt dabei neben der Sicherstellung der Zahlungsfähigkeit in der kurzen Frist, die mittel- bis langfristige Entwicklung in Richtung des Zielbildes des sanierten Unternehmens.[118] Wie oben erwähnt, werden die Krisenstadien und die zugehörigen Ursachen dabei i.d.R. in umgekehrter Reihenfolge ihrer Entstehung bearbeitet.[119] Das bedeutet, dass kurzfristig finanzwirtschaftliche, mittelfristig leistungswirtschaftliche und langfristig strategische Aspekte und Maßnahmen tendenziell im

114 Vgl. Meyer (2003), S. 38; Klein (2008), S. 84–85; Dirschedl (2015), S. 27.

115 Trittbrettfahrer verweigern im Rahmen eines Sanierungsversuchs eigene Beiträge in der Erwartung, dass andere die Initiative ergreifen (sog. Holdout). Vgl. Drukarczyk/Schöntag (2020), Rn. 3. Akkordstörer sind Gläubiger, die versuchen ihre Ansprüche gegen den Schuldner uneingeschränkt durchzusetzen, auch wenn die Mehrheit der Gläubiger einen Vergleich befürwortet. Diese Problematik kann dazu führen, dass einzelne Gläubiger eine konsensuale Lösung verhindern. Vgl. Löser (2019), Rn. 132; Schluck-Amend (2023c), Rn. 9.21; Crone/Werner (2021b), S. 5; Undritz (2022), Rn. 33.

116 Vgl. Liebig/Witt (2011), S. 1931. Im Gegensatz dazu bestehen im Rahmen des Sanierungsverfahrens nach StaRUG sowie im Insolvenzverfahren Möglichkeiten, Informationsasymmetrien zu senken und opponierende Minderheiten durch das Obstruktionsverbot (§ 26 StaRUG bzw. § 245 InsO) an den Sanierungs- oder Insolvenzplan zu binden. Vgl. zu den unterschiedlichen Sanierungsverfahren die Ausführungen in Kapitel 2.2.4.

117 Vgl. Giessler (2018), S. 117; Knecht/Hermanns (2022), Rn. 11; Müller (1986), S. 57.

118 Vgl. Haghani/Kraus (2004), S. 22; Knecht/Hermanns (2022), Rn. 12.

119 Vgl. Hermanns (2022), Rn. 175–176; Institut der Wirtschaftsprüfer (2023), Rn. 70.

Vordergrund stehen. Es muss jedoch daraufhin hingewiesen werden, dass eine zeitliche Abgrenzung – ebenso wie im Fall der Krisenstadien bzw. Krisenverläufe[120] – nicht immer eindeutig vorgenommen werden kann und zahlreiche inhaltliche Verbindungen bestehen. Der Sanierungserfolg hängt in diesem Zusammenhang aber essenziell von der Einhaltung der zeitlichen und finanziellen Vorgaben des Maßnahmenprogramms ab, weshalb im Sanierungskonzept die zeitlichen und finanziellen Effekte und Erfordernisse, sowie die für die Maßnahmenumsetzung Verantwortlichen klar zu benennen sind.[121] Nachfolgend werden die strategischen und leistungswirtschaftlichen Maßnahmen im Überblick, und die finanzwirtschaftlichen Maßnahmen im Detail dargestellt.

2.2.3.1 Strategische Sanierungsmaßnahmen

Strategische Maßnahmen dienen der Sicherung, Wiedererlangung und dem Auf- bzw. Ausbau der Erfolgspotenziale einer Unternehmung in der langen Frist.[122] Sie leiten sich v.a. aus der Entwicklung der Unternehmensbranche und der Position des Unternehmens innerhalb dieser ab,[123] und sind auf die nachhaltige Überwindung der Krise ausgerichtet.[124] Sie bestimmen damit das Leitbild des sanierten Unternehmens.[125] Im Rahmen der Umsetzung von Sofortmaßnahmen (sog. Quick-wins) im operativen und finanziellen Bereich erfolgt meist eine Aufhebung des Primats der strategischen Planung, doch bildet dieses gleichzeitig die Grundlage für die mittel- bis langfristigen operativen und finanziellen Maßnahmen. Das liegt z.B. daran, dass im operativen Bereich die nachhaltige Umsatz- und Kostenstruktur wesentlich von der strategischen Neuausrichtung abhängig ist. Auch im finanzwirtschaftlichen Bereich sind nach der unverzüglichen Unternehmensstabilisierung, Finanzierungsvolumen und -struktur an die Anforderungen der neuen bzw. überarbeiteten Unternehmensstrategie anzupassen.[126] Die strategische

---

120 Siehe hierzu Kapitel 2.1.2.

121 Vgl. Buth/Hermanns (2022a), Rn. 55; Institut der Wirtschaftsprüfer (2023), Rn. 73.

122 Vgl. Kudla (2005), S. 103–104; Knecht/Hermanns (2022), Rn. 11.

123 Vgl. Institut der Wirtschaftsprüfer (2018), S. 837.

124 Vgl. Moldenhauer (2021), S. 133.

125 Vgl. Buth/Hermanns (2022c), Rn. 1.

126 Vgl. Knecht/Hermanns (2022), Rn. 12–15. Eine empirische Erfassung strategischer Sanierungsmaßnahmen gestaltet sich aufgrund relativ großer definitorischer Spielräume und einer zumeist intransparenten Datenlage für umfassende Erhebungen schwierig. Empirische Studien mit hoher Fallzahl befassen sich v.a.

Grundsatzentscheidung erfolgt in der Sanierungspraxis frühzeitig, d.h. unmittelbar nach der Liquiditätssicherung.[127]

Die Neuausrichtung der Unternehmensstrategie betrifft die Produkt- und Marktbereiche in denen das Unternehmen aktiv sein soll, d.h. das Gesamtunternehmen, das in mehreren Geschäftsfeldern tätig sein kann.[128] Abb. 3 zeigt eine Systematisierung der verschiedenen Stoßrichtungen möglicher Krisenbewältigungsstrategien und deren Umsetzungsformen.

Abb. 3: Systematische Darstellung typischer Sanierungsausrichtungen

Die Abb. zeigt eine systematische Darstellung typischer Sanierungsausrichtungen. Eigene Darstellung in Anlehnung an Kraus/Simon (2022), Rn. 53; Moldenhauer (2021), S. 140–141; Müller (1986), S. 93.

Die Ausrichtungen können nach strategischer Grundhaltung (Offensiv oder Defensiv) und Tätigkeitsbereichen (Marktwechsel oder Marktbehauptung) unterschieden werden. Es ist allerdings zu berücksichtigen, dass die grundsätzliche Ausrichtung meist defensiv ist, d.h. es werden Aufgabe- oder Konsolidierungsstrategien verfolgt. Offensive Ansätze, wie z.B. Diversifikations- oder Verdrängungsstrategien, sind i.d.R. erst nach gelungener Neuausrichtung und Refinanzierung umsetzbar.[129] Die Sanierungsstrategien können zusätzlich in

---

mit der Erhebung sowie Diskussion des Verkaufs bzw. der Schließung bestimmter Geschäftsbereiche. Vgl. z.B. Ofek (1993), S. 8; Jostarndt (2007), S. 22; Eichner (2010), S. 138; Sudarsanam/Lai (2001), S. 189, 192.

127 Vgl. Moldenhauer (2021), S. 132–133.

128 Vgl. Knecht/Hermanns (2022), Rn. 13; Kudla (2005), S. 104 m.w.N.

129 Vgl. Kraus/Simon (2022), Rn. 53.

Kooperations- und Autonomiestrategien, d.h. Strategien mit bzw. ohne Beteiligung Dritter, unterteilt werden.[130]

Insb. bei größeren Unternehmen ist eine Differenzierung hinsichtlich der einzelnen Geschäftsfelder vorzunehmen.[131] Im Rahmen der Festlegung der Geschäftsfeldstrategie ist der Aufbau bzw. die Form des nachhaltigen Wettbewerbsvorteils sowie die regionale Ausrichtung, d.h. die Marktbearbeitung, zu prüfen.[132] Sie kann wiederum hinsichtlich der Positionierung (Beibehaltung vs. Neu-/Umpositionierung), der Stimulierung (Preis-Mengen-Strategie vs. Präferenzstrategie) sowie des Marktumfangs (Nischenanbieter vs. Marktführerschaft) unterteilt werden, und hat daher jeweils eine eher defensive oder offensive Grundausrichtung.[133]

2.2.3.2 Leistungswirtschaftliche Sanierungsmaßnahmen

Die leistungswirtschaftlichen Sanierungsmaßnahmen werden zur Optimierung der Wertschöpfungskette sowie der Wettbewerbsfähigkeit, und damit der Wiederherstellung der Ertragskraft des Unternehmens, eingesetzt.[134] Es steht demnach eine Effizienz- und Effektivitätssteigerung der primären betrieblichen Funktionsbereiche, d.h. Logistik, Produktion, Marketing/Absatz und Kundendienst, im Vordergrund, wobei jedoch auch die Sekundäraktivitäten bzw. unterstützenden Prozesse einer Prüfung und Optimierung zu unterziehen sind.[135] Besondere Bedeutung kommt in diesem Zusammenhang der Kostensenkung, z.B. durch Personalabbau sowie der Reduktion der Materialkosten und sonstigen Aufwendungen zu, wobei jedoch die umsatzseitige Sanierung, z.B. durch eine Anpassung der Vertriebsstrukturen, der Marktbearbeitung, des Produktportfolios und der -positionierung, nicht zu vernachlässigen ist.[136] Die operative Sanierung kann daneben auch eine Qualitätssteigerung oder die Beschleunigung von Prozessen verfolgen.[137]

---

130 Vgl. Moldenhauer (2021), S. 141.
131 Vgl. Hermanns (2022), Rn. 144.
132 Vgl. Knecht/Hermanns (2022), Rn. 13; Kudla (2005), S. 104 m.w.N.
133 Vgl. Hermanns (2022), Rn. 144. Für eine ausführliche Darlegung der Strategierichtungen siehe Hermanns (2022), Rn. 145–151.
134 Vgl. Müller (1986), S. 205; Knecht/Hermanns (2022), Rn. 11, 14; Hermanns (2022), Rn. 184.
135 Vgl. Knecht/Hermanns (2022), Rn. 14.
136 Vgl. Giessler (2018), S. 119–120.
137 Vgl. Knecht/Hermanns (2022), Rn. 14.

Wie zuvor dargestellt, werden die eingesetzten Maßnahmen mittel- bis langfristig von der gewählten Strategie bestimmt, während Sofortmaßnahmen unabhängig von dieser durchgeführt werden (müssen).[138] Grundsätzlich sind die operativen Maßnahmen allerdings kurz- bis mittelfristig ausgerichtet.[139] Die Effizienz der Maßnahmen hängt im fortgeschrittenen Krisenstadium von den noch vorhanden Ausschöpfungspotenzialen ab. Sie sollten daher je nach Wertbeiträgen, Fristigkeit und Krisenstadium priorisiert werden.[140] Die Literatur liefert eine Reihe von Maßnahmenkataloge, deren wiederholende Aufzählungen an dieser Stelle vermieden werden sollen, da die leistungswirtschaftlichen – ebenso wie die strategischen – Maßnahmen nicht Gegenstand der vorliegenden Studie sind.[141] Es wird sich auf eine überblickartige Kategorisierung der Maßnahmen beschränkt.[142] Abb. 4 bietet einen Überblick anhand der betrieblichen Funktionsbereiche eines Unternehmens i.S. der Wertschöpfungskette nach Michael Porter.[143]

138 Vgl. Kudla (2005), S. 105; Knecht/Hermanns (2022), S. 12.

139 Vgl. Buth/Hermanns (2022c), Rn. 3.

140 Vgl. Hermanns (2022), Rn. 191.

141 Siehe hierfür z.B. Baur (1978), S. 130–131; Hermanns (2022), Rn. 192–347; Krystek (1987), S. 234, 240. Eine abschließende, vollumfängliche Liste ist ohnehin kaum zu kreieren. Vgl. Hermanns (2022), Rn. 190.

142 Eine exakte Erfassung leistungswirtschaftlicher Sanierungsmaßnahmen im Rahmen empirischer Studien ist – ebenso wie für die strategischen Sanierungsmaßnahmen – aufgrund der vergleichsweise großen definitorischen Spielräume und einer intransparenten Datenlage, aber auch aufgrund der Vielzahl an potenziell relevanten leistungswirtschaftlichen Maßnahmen, höchst kompliziert. Empirische Studien beschränken sich daher meist auf wenige und relativ einfach zu erfassende Maßnahmen wie z.B. den Personalabbau. Vgl. z.B. Ofek (1993), S. 8; Jostarndt (2007), S. 22; Eichner (2010), S. 138; Sudarsanam/Lai (2001), S. 189, 192.

143 Vgl. hierzu Porter (2014), S. 65–85. Neben der dargestellten Gliederung der Maßnahmen nach den betrieblichen Funktionsbereichen findet sich in der Literatur oft auch eine Unterteilung nach erlöserhöhender oder kostensenkender Wirkungsrichtung. Vgl. Dirschedl (2015), S. 50.

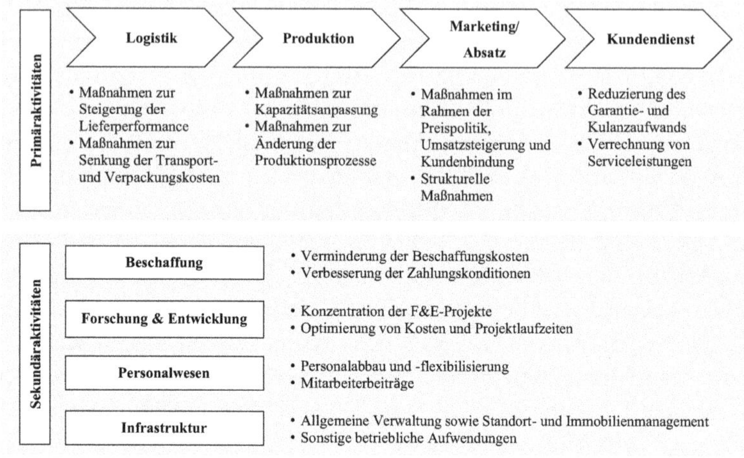

Abb. 4: Leistungswirtschaftliche Sanierungsmaßnahmen nach betrieblichen Funktionsbereichen

Die Abb. zeigt leistungswirtschaftliche Sanierungsmaßnahmen auf Basis der Funktionsbereiche eines Unternehmens i.S. der Wertschöpfungskette nach Michael Porter. Eigene Darstellung in Anlehnung an Kudla (2005), S. 106.

2.2.3.3 Finanzwirtschaftliche Sanierungsmaßnahmen

Finanzielle bzw. finanzwirtschaftliche Sanierungsmaßnahmen werden auf Basis des aktuellen Finanzstatus (inkl. der Finanzierungsreserven), sowie eines zu erarbeitenden Liquiditäts- und Tilgungsplans abgeleitet.[144] Sie dienen v.a. der kurzfristigen Sicherstellung der Existenz des Krisenunternehmens durch Vermeidung der Insolvenztatbestände der (drohenden) Zahlungsunfähigkeit und Überschuldung, mittelfristig aber auch der Sicherstellung der Sanierungsfinanzierung, sowie langfristig zur Schaffung einer wettbewerbsfähigen Kapitalstruktur.[145] Dies beinhaltet die Bereitstellung des für die leistungswirtschaftliche Sanierung erforderlichen Kapitals, da diese Maßnahmen i.d.R. die finanziellen Ressourcen des Unternehmens zunächst belasten.[146] Zudem ist zu berücksichtigen, dass für eine nachhaltige Sanierung einzelne finanzielle Maßnahmen

144 Vgl. Giessler (2018), S. 117.

145 Vgl. Crone/Kreide (2021), S. 218; Knecht/Hermanns (2022), Rn. 11, 15; Böckenförde (1996), S. 138.

146 Vgl. Beckmann/Pausenberger (1961), S. 79; Brandstätter (1993), S. 253; Kudla (2005), S. 111.

häufig nicht genügen. Vielmehr bedarf es einer Zusammenstellung verschiedener Instrumente innerhalb eines ganzheitlichen Sanierungskonzepts.[147] Dennoch sind finanzwirtschaftliche Maßnahmen von herausragender Bedeutung, da sie bei entsprechender Ausgestaltung unmittelbar zu Insolvenzabwendung und Stabilisierung eines Krisenunternehmens beitragen und als Aufsatzpunkt der weiteren Maßnahmen den Sanierungsausgang entscheidend beeinflussen.

Eine Kategorisierung der finanziellen Sanierungsmaßnahmen kann nach Mittelherkunft, d.h. nach der Innen- und Außenfinanzierung erfolgen. Die Maßnahmen der Innenfinanzierung nutzen die unternehmensinternen Potenziale, v.a. bestehende Vermögenswerte, während diejenigen der Außenfinanzierung unter Beteiligung externer Finanziers durchgeführt werden.[148] Sie können

147 Vgl. Crone/Kreide (2021), S. 219.

148 Vgl. Hermanns (2022), Rn. 350; Crone/Kreide (2021), S. 217. Neben dieser Systematisierung ist auch eine Unterteilung in autonome und heteronome Maßnahmen geläufig. Die Literatur beschreibt autonome Maßnahmen als diejenigen, die durch die Unternehmensführung bzw. die Eigentümer selbstständig durchgeführt werden und keiner Berücksichtigung externer Interessensgruppen bedürfen. Heteronome Maßnahmen können dagegen lediglich unter Beteiligung der Gläubiger oder neuer Investoren umgesetzt werden. Vgl. Kudla (2005), S. 124–125; Haghani/Holzamer (2022), Rn. 51. Dieser Unterteilung sollte nicht gefolgt werden, da ein Großteil der autonomen Maßnahmen keinesfalls autonom, d.h. eigenständig bzw. unabhängig, durchgeführt werden kann. Z.B. ist eine oft genannte Maßnahme dieser Art der Verkauf nicht betriebsnotwendigen Vermögens. Dieses kann jedoch Verfügungsbeschränkungen im Rahmen von Kreditsicherungen oder Eigentumsvorbehalten unterliegen. Ein Verkauf kann in der Unternehmenskrise daher regelmäßig nur mit der Zustimmung der Finanziers erfolgen. Vgl. Hermanns (2022), Rn. 354. Auch Sanierungsbeiträge durch Alteigentümer, bspw. durch eine Kapitalerhöhung, werden als autonom bezeichnet. Eine Kapitalerhöhung kann aber nicht ohne weiteres vom Unternehmen vollzogen werden, da sie der Zustimmung und Beteiligung der Gesellschafter bedarf, soweit nicht von vornherein eine Identität zwischen Management und Eigentümern vorliegt. Die Teilnahme der Gesellschafter ist fraglich, wenn sie z.B. aufgrund der Risiken der Sanierung kein weiteres Investment tätigen möchten – aufgrund des Residualanspruchs partizipieren sie erst nach den Gläubigern am Sanierungserfolg – oder ihre finanziellen Mittel aufgebraucht sind. Zudem werden Sanierungskapitalerhöhungen oftmals von bestehenden und neuen Investoren gezeichnet und wären damit gleichzeitig autonom und heteronom. Konsequenterweise klassifizieren Eichner (2010) und Dirschedl (2015) die Kapitalerhöhung als nicht-autonome bzw. heteronome Maßnahme. Vgl. Eichner (2010), S. 109; Dirschedl (2015), S. 51, 54–55. Dieses Kalkül kann auf weitere Maßnahmen wie z.B. Gesellschafterdarlehen angewendet werden.

auch in liquiditätsfördernde und bilanzbereinigende Maßnahmen gruppiert werden. Erstere dienen dazu, die Zahlungsfähigkeit aufrechtzuerhalten bzw. wiederzuerlangen. Dies geschieht dadurch, dass dem Unternehmen frische Mittel zugeführt werden, oder Kapital im Unternehmen belassen wird. Dagegen steht bei letzteren die Beseitigung einer drohenden bzw. bestehenden ökonomischen und/oder insolvenzrechtlichen Überschuldung im Vordergrund.[149] Eine trennscharfe Abgrenzung ist allerdings nicht immer möglich. So bereinigt bspw. ein Debt-Equity-Swap zum einen die Passivseite der Bilanz, senkt aber ebenso die Liquiditätsbelastung, da fixe Zins- und Tilgungsverpflichtungen entfallen. Die Maßnahmen werden nachfolgend hinsichtlich ihrer Haupteffekte gegliedert. Abb. 5 zeigt eine Auswahl zentraler finanzieller Maßnahmen und ihre zugehörige Einordnung.

149 Vgl. Dirschedl (2015), S. 52, 58; Böckenförde (1996), S. 139, 151.

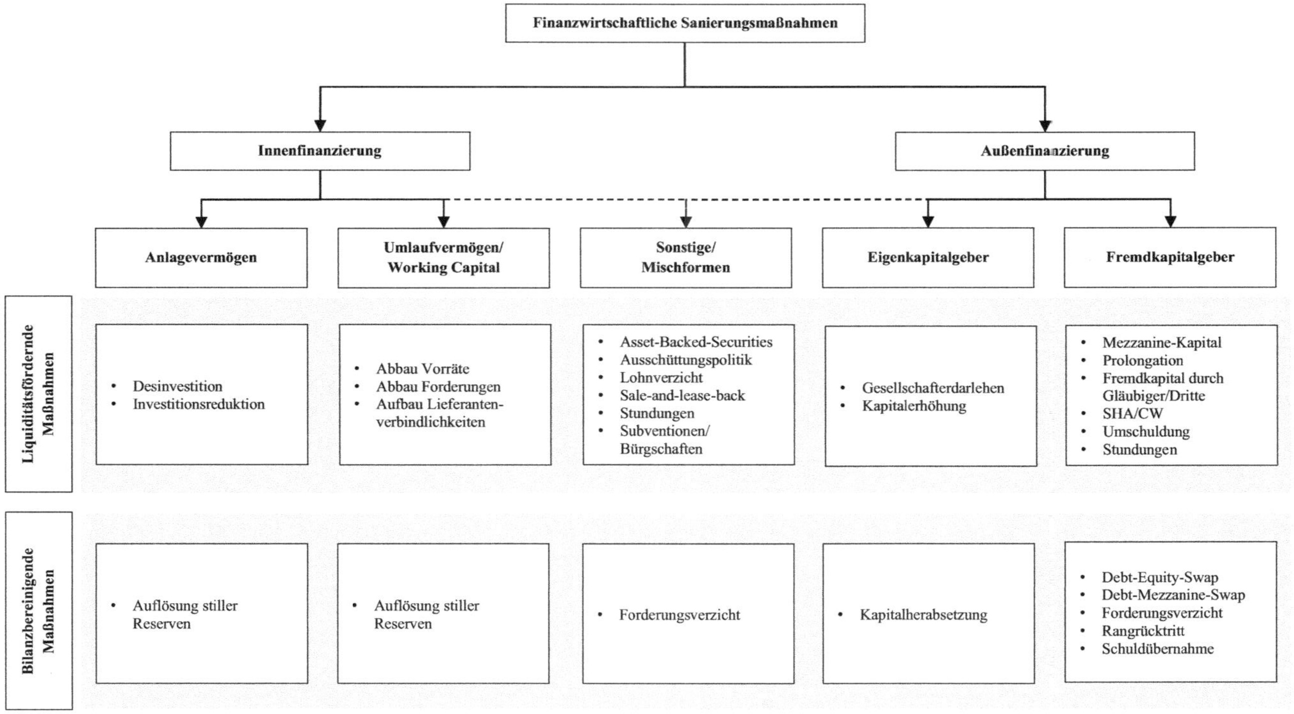

Abb. 5: Finanzwirtschaftliche Sanierungsmaßnahmen nach Mittelherkunft

Die Abb. zeigt eine Auswahl finanzwirtschaftliche Sanierungsmaßnahmen gegliedert nach Mittelherkunft. Eigene, modifizierte Darstellung in Anlehnung an Hermanns (2022), Rn. 350.

2.2.3.3.1 *Maßnahmen der Innenfinanzierung*

Maßnahmen der Innenfinanzierung dienen dazu, Kapital innerhalb des Unternehmens freizusetzen, und können liquiditätsfördernde sowie bilanzbereinigende Wirkung entfalten. Eine wichtige Maßnahme in diesem Bereich bildet die Veräußerung nicht betriebsnotwendigen Vermögens. Dieses ist in der Krise schnellstmöglich zu liquidieren, wobei es zu beachten gilt, dass sich die Generierung adäquater Verkaufspreise unter Zeit- und Liquiditätsdruck schwierig gestalten kann,[150] und möglicherweise Verluste realisiert werden, wenn Erlöse unter dem Buchwert der Aktiva erzielt werden.[151] Außerdem liegen regelmäßig Verfügungsbeschränkungen vor, die eine Abstimmung mit den Gläubigern erforderlich machen.[152]

Innerhalb der Aktiva sind Verkäufe des Anlagevermögens weniger schnell umzusetzen, da einerseits eine entsprechende Nachfrage vorhanden sein muss, und andererseits z.B. produktionsnotwendige Vermögensgegenstände nicht veräußert werden können.[153] Durch den Verkauf von Vermögensgegenständen, die Teil einer fortgeführten Wertschöpfungskette des Unternehmens sind, können u.U. erhebliche Komplexitätsrisiken entstehen, weshalb z.B. eher der Verkauf operativ unabhängiger Tochtergesellschaften infrage kommt.[154] Von herausragender Bedeutung für die Liquiditätsfreisetzung ist daher die effiziente Verwaltung des Umlaufvermögens (sog. Working-Capital-Management).[155] Durch den Abbau von Vorräten und Forderungen, sowie den Aufbau von Lieferantenverbindlichkeiten können vergleichsweise einfache und schnelle Erfolge

150 Vgl. Crone/Kreide (2021), S. 229.

151 Vgl. Buth/Hermanns (2022b), Rn. 52; Löser (2019), Rn. 26. Gegenteilig kann die Aufdeckung stiller Reserven auch zu einem steuerpflichtigen Gewinn führen. Vgl. Krumbholz (2022b), Rn. 108.

152 Vgl. Hermanns (2022), Rn. 354; Krumbholz (2022b), Rn. 106.

153 Hier wäre der Einsatz einer Sale-and-Lease-Back-Transaktion denkbar, welche eine Mischform zwischen Innen- und Außenfinanzierung darstellt. Deren adäquate Umsetzung ist in der Unternehmenskrise jedoch äußerst herausfordernd, da der Leasinggeber ähnliche Bonitätsanforderungen stellt wie z.B. eine Bank. Transaktionen kommen daher u.U. nur zu niedrigen Verkaufspreisen und stark liquiditätsbelastenden Leasingraten zustande. Vgl. Buth/Hermanns (2022b), Rn. 54.

154 Vgl. Hommel et al. (2018), S. 1264.

155 Hier kann eine Analyse der Umschlagskennziffern hilfreich sein. Vgl. Hermanns (2022), Rn. 360. Das Potenzial eines konsequenten Net-Working-Capital-Managements zeigt sich allein dadurch, dass bspw. deutsche börsennotierte Unternehmen im Jahr 2018 eine Kapitalbindungsdauer von 54 Tagen hatten. Vgl. PwC (2020): Working-Capital-Report 2019/20, S. 9.

erzielt werden. Konkret kann bspw. ein konsequentes Forderungsmanagement, welches eine Liquiditätskrise durch ein funktionierendes Mahnwesen, eine rechtzeitige Fakturierung und kurze Zahlungsziele verhindern kann, oder Factoring, also der Verkauf ausstehender Forderungen an einen Factor, durchgeführt werden. In letzterem Zusammenhang muss aber berücksichtigt werden, dass der Verkauf unter Abschlägen auf den Nominalwert erfolgt und die Forderungen nicht als Sicherheiten abgetreten sein dürfen. Allerdings ist vorteilhaft, dass der Factor die Bonität des Debitors und nicht die Bonität des kriselnden Kreditors berücksichtigt und daher so eine kurzfristige Liquiditätsgewinnung sichergestellt werden kann.[156]

Maßnahmen, die ausschließlich darauf abzielen, die Bilanz zu bereinigen, wie die Auflösung stiller Reserven oder Rücklagen, haben im Kontext der Unternehmenssanierung nur eine nachgeordnete Bedeutung. Zum einen werden sie meist in der frühen Phase einer Unternehmenskrise zur bilanziellen Sanierung eingesetzt und müssen einer formal-juristischen Prüfung standhalten, wie z.B. dem Wegfall des Grundes für die Rückstellungsbildung gem. § 249 Abs. 2 HGB oder Zuschreibungen auf das Warenlager.[157] Zum anderen werden regelmäßig frische finanzielle Mittel benötigt, die diese Maßnahmen nicht bereitstellen.

Zusätzlich existieren Maßnahmen, die als Mischformen betrachtet werden können, da sie nicht eindeutig der Innen- oder Außenfinanzierung, der Liquiditätsförderung oder der Bilanzbereinigung zugeordnet werden können. Hierzu zählen z.B. Asset-Backed-Securities, Veränderungen in der Ausschüttungspolitik (z.B. Dividendenkürzungen), Lohnverzichte der Mitarbeiter, Subventionen oder staatliche Bürgschaften in Kombination mit zusätzlichen Mitteln. Die Maßnahmen der Innenfinanzierung werden im weiteren Verlauf der Arbeit nicht detaillierter behandelt.

2.2.3.3.2 Maßnahmen der Außenfinanzierung

Im fortgeschrittenen Stadium einer Krise sind externe finanzielle Sanierungsmaßnahmen unabdingbar, um die finanzielle Stabilität des betroffenen Unternehmens sicherzustellen. Sie leisten meist die entscheidenden Sanierungsbeiträge, da das Potenzial interner Instrumente im akuten Krisenstadium

---

156 Vgl. Crone/Kreide (2021), S. 241.

157 Vgl. Hommel et al. (2018), S. 1262–1263. Stille Reserven werden auch beim Verkauf von Vermögenswerten über ihrem Buchwert realisiert, wobei dies jedoch bilanzielle und liquiditätsfördernde Auswirkungen hat.

i.d.R. bereits ausgeschöpft sein wird, weil z.B. sämtliche nicht betriebsnotwendige Vermögenswerte bereits veräußert wurden.[158] Sie bilden daher den Schwerpunkt der vorliegenden Studie und werden im Folgenden gem. ihrer liquiditätsfördernden und bilanzbereinigenden Haupteffekte strukturiert behandelt, indem die wichtigsten ökonomischen Wirkweisen und rechtlichen Regelungen dargestellt werden.[159]

2.2.3.3.2.1 Liquiditätsfördernde Maßnahmen

Kapitalgebern, die sich am Sanierungsprozess beteiligen möchten, steht eine große Bandbreite an Maßnahmen zur Verfügung, um die Liquidität des Unternehmens zu stärken. Die Auflistung beginnt mit den Maßnahmen, die typischerweise von Eigenkapitalgebern gewährt werden, und geht dann in die Maßnahmen über, die üblicherweise von Fremdkapitalgebern durchgeführt werden. Die dargestellten Regelungen beziehen sich auf Kapital- bzw. Aktiengesellschaften.

2.2.3.3.2.1.1 Kapitalerhöhung durch Gesellschafter/Dritte[160]

Die Stärkung des Eigenkapitals kann durch die Zuführung liquider Mittel über eine Barkapitalerhöhung oder durch die Einbringung anderer einlagefähiger Vermögenswerte im Rahmen einer Sachkapitalerhöhung erfolgen.[161] Sachkapitalerhöhungen haben i.d.R. keine unmittelbare Liquiditätswirkung und sind daher in Sanierungssituationen – mit Ausnahme von Debt-Equity- oder Debt-Mezzanine-Swaps – weniger relevant. Wird eine Barkapitalerhöhung durchgeführt, erfolgt dagegen eine Verbesserung der Liquidität und der Bilanzrelationen, weil frische Mittel zufließen und die Eigenkapitalquote steigt.[162] Die

---

158 In der Literatur wird zumeist von heteronomen Sanierungsmaßnahmen als entscheidende Instrumente gesprochen. Vgl. Hommel et al. (2018), S. 1253; Dirschedl (2015), S. 51. Diese Definition ist allerdings kritisch zu sehen, siehe hierzu Fn. 148. Gemeint sind meist die Maßnahmen der Außenfinanzierung.

159 Die genannten Instrumente bilden den Katalog der erfassten Instrumente im Rahmen der nachfolgenden empirischen Studien.

160 Die nachfolgenden Ausführungen zur Kapitalerhöhung stellen einen Überblick dar. Für eine ausführliche Erläuterung der Grundlagen und rechtlichen Voraussetzungen der (Sanierungs-)Kapitalerhöhung wird an dieser Stelle auf die Ausführungen in Kapitel 7.2.1 verwiesen. Für die Regelungen in Bezug auf Gesellschaften mit beschränkter Haftung siehe z.B. Raschke/Warneke (2019), Rn. 176–182, 189–193.

161 Im Gegenzug für die Einlage werden die neu ausgegebenen Aktien durch Gesellschafter und/oder externe Investoren gezeichnet. Vgl. § 185 Abs. 1 AktG.

162 Vgl. Haghani/Holzamer (2022), Rn. 59–60; Raschke/Warneke (2019), Rn. 175.

Kapitalerhöhung kann damit zur Vermeidung der Insolvenzantragsgründe der Zahlungsunfähigkeit und Überschuldung beitragen und die Bonität des Unternehmens soweit wiederherstellen, dass eine Kreditgewährung durch Banken und Dritte wieder möglich ist.[163] Des Weiteren kann durch die eingeworbenen Mittel die strategische und leistungswirtschaftliche Sanierung finanziert, oder bestehende Verbindlichkeiten zurückgeführt werden.[164] Ggü. einer weiteren Fremdfinanzierung besteht zudem der Vorteil, dass die Bedienung der Eigenkapitalgeberansprüche nicht durch einen fixen Kapitaldienst, sondern variabel bzw. residual erfolgt. Die Kapitalerhöhung wird in Sanierungssituationen oftmals in Kombination mit einer Kapitalherabsetzung (sog. Kapitalschnitt) umgesetzt, um eine bilanzielle Bereinigung vorzunehmen, und hierdurch die Attraktivität der Zeichnung der Anteile zu erhöhen.[165]

Den Vorteilen der Kapitalerhöhung sind einige Nachteile gegenüberzustellen. Hierzu zählen insb. die verschiedenen Spannungsfelder zwischen den Anteilseignern und Fremdkapitalgebern, sowie den bestehenden und neuen Gesellschaftern. Diese bewirken möglicherweise eine starke Verzögerung der Durchführung oder gar deren Scheitern. Einerseits können in finanziellen Schieflagen durch die Aufnahme neuen Eigenkapitals u.U. Vermögenstransfers an (Alt)Gläubiger geschehen, weshalb alte und neue Investoren möglicherweise vor einer Zeichnung der Aktien zurückschrecken. Das ist deshalb der Fall, da der Unternehmenswert vor Sanierung regelmäßig unterhalb der Nominalansprüche der Gläubiger liegen wird, und das neue Eigenkapital daher zunächst lediglich das Risiko der Fremdkapitalgeber senkt bzw. deren Ansprüche auffüllt. In diesem Zusammenhang könnten kapitalwertpositive Investitionen des Unternehmens unterbleiben.[166] Andererseits besteht die Möglichkeit, dass der Anteil potenzieller Neuinvestoren am zukünftigen Residualeinkommen des Unternehmens zu gering ist, um eine Sanierungsinvestition zu tätigen. Grund hierfür ist, dass die nicht an der Kapitalerhöhung teilnehmenden Altaktionäre ebenfalls von der Investition der Neugesellschafter im Fall eines Sanierungserfolgs profitieren.[167]

Ein weiteres Problem kann die Verwässerung der Anteile der Altaktionäre bei Nichtteilnahme an der Kapitalerhöhung darstellen. Aus diesem Grund könnten diese eine Genehmigung, sofern ein Hauptversammlungsbeschluss notwendig

---

163 Vgl. Raschke/Warneke (2019), Rn. 175.
164 Vgl. Haghani/Holzamer (2022), Rn. 61.
165 Vgl. hierzu im Detail die Ausführungen in Kapitel 2.2.3.3.2.2.1.
166 Vgl. Höll/Jostarndt (2008), S. 180. Siehe hierzu auch Myers (1977), S. 164–165.
167 Vgl. Höll/Jostarndt (2008), S. 186–187.

ist, eventuell behindern. Soll eine Kapitalerhöhung teilweise oder ausschließlich durch bestehende Gesellschafter gezeichnet werden, ist zudem zu berücksichtigen, dass deren finanzielle Reserven bereits aufgebraucht sein können.[168] Des Weiteren können steuerliche Risiken aus dem Untergang von Verlustvorträgen gem. § 8c KStG drohen,[169] sowie ein Pflichtangebot gem. §§ 35 Abs. 2, 29 Abs. 2 WpÜG notwendig werden.[170] Eine Vermeidung der Risiken ist allerdings möglich, wenn die Transaktion entsprechend gestaltet wird.[171]

2.2.3.3.2.1.2 Gesellschafterdarlehen

Durch Gesellschafterdarlehen wird dem Unternehmen vonseiten der Eigenkapitalgeber Fremdkapital zugeführt, und damit die Liquidität erhöht. Sie werden v.a. zur Vermeidung der drohenden Zahlungsunfähigkeit eingesetzt.[172] Problematisch ist, dass die weiteren Stakeholder in der Krise eigentlich eine Stärkung des Eigenkapitals von Seiten der Eigentümer erwarten. Gesellschafterdarlehen ohne Rangrücktritt erhöhen jedoch die Verbindlichkeiten.[173] Aus Gesellschaftersicht besteht zudem wesentliches Verlustpotenzial, da diese Darlehen in der Insolvenz grundsätzlich den Forderungen der Gläubiger gem. § 39 Abs. 1 Nr. 5 InsO nachgeordnet sind.[174] Das Instrument hat jedoch zahlreiche Vorteile: Es

168 Vgl. Böckenförde (1996), S. 150; Dirschedl (2015), S. 54; Hermanns (2022), Rn. 348. Infrage kommen daher oftmals externe Kapitalgeber, d.h. strategische Investoren und Finanzinvestoren. Zusätzlich zu den finanziellen Mitteln stellen erstere eher Branchen- und letztere eher Prozess-Know-How und Managementressourcen bereit. Des Weiteren können durch die Zusammenarbeit mit strategischen Investoren möglicherweise Synergien gehoben werden. Vgl. Hermanns (2022), Rn. 371; Fröhlich (2022), Rn. 41–42a. Ein Gesellschafter muss allerdings einer Sanierungskapitalerhöhung und einer damit einhergehenden Verwässerung seiner Anteile zustimmen, sofern er nicht an dieser teilnehmen kann oder will. Vgl. Lieser/Jüchser (2019), Rn. 14; Hermanns (2022), Rn. 365 sowie BGH-Urteil vom 19.10.2009 - II ZR 240/08.

169 Vgl. hierzu im Detail Krumbholz (2022a), Rn. 12–13.

170 Vgl. Raschke/Warneke (2019), Rn. 187.

171 Vgl. hierzu § 8c Abs. 1a KStG (sog. Sanierungsklausel), § 8d KStG und § 9 S. 1 Nr. 3 WpÜG-AV. Vgl. zu den genannten körperschaftssteuerlichen Vorschriften z.B. Geiwitz (2022), Rn. 215–228.

172 Vgl. Krumbholz (2022b), Rn. 47.

173 Gesellschafterdarlehen werden oftmals mit einem Rangrücktritt versehen, um eine Passivierung der Verbindlichkeit im Überschuldungsstatus und in der Folge eine Insolvenzantragsstellung zu verhindern. Vgl. Raschke/Warneke (2019), Rn. 143. Siehe zum Rangrücktritt die Ausführungen in Kapitel 2.2.3.3.2.2.4.

174 Vgl. Hermanns, Rn. 370; Crone/Kreide (2021), S. 244.

ist flexibel, löst weniger Kosten als eine Kapitalerhöhung aus, ist frei vom Risiko der verdeckten Sacheinlage, kann im Rahmen der steuerlichen Regelungen zinsvergünstigt oder zinslos zur Verfügung gestellt werden, und verringert die Interessensdivergenz zwischen Gesellschaftern und Gläubigern.[175] Darüber hinaus sind nicht geschäftsführende Gesellschafter mit einer Beteiligung von weniger als 10 % (Kleinstbeteiligungsprivileg; § 39 Abs. 5 InsO), sowie Gläubiger, die bei drohender oder eingetretener Zahlungsunfähigkeit der Gesellschaft oder bei Überschuldung Anteile zum Zweck der Sanierung erwerben (Sanierungsprivileg; § 39 Abs. 4 S. 2 InsO), von der Nachrangigkeit befreit.[176] Dies gilt bis zur nachhaltigen Sanierung des Unternehmens.[177] Eine Rückgewährung von Gesellschafterdarlehen gem. § 135 Abs. 1 Nr. 2 InsO ist allerdings anfechtbar, wenn die Handlung im letzten Jahr vor dem Eröffnungsantrag oder danach vorgenommen worden ist.[178]

2.2.3.3.2.1.3 Mezzanine-Kapital

Eine Zwischenform aus Eigen- und Fremdkapital stellt das sog. Mezzanine-Kapital dar, welches im Rang nach dem Fremdkapital, aber vor dem Eigenkapital steht.[179] Es umfasst im Wesentlichen Instrumente wie stille Beteiligungen, nachrangige Darlehen, Genussscheine, Options- und Wandelanleihen.[180] Der

175 Vgl. Drukarczyk/Schöntag (2020), Rn. 131.

176 Vgl. Krumbholz (2022b), Rn. 51; Drukarczyk/Schöntag (2020), Rn. 132; Crone/Kreide (2021), S. 244. Der Sanierungszweck einer Übernahme liegt vor, wenn der Sanierungswille gegeben ist und eine Einschätzung zum Zeitpunkt des Anteilserwerbs ergibt, dass das Unternehmen objektiv sanierungsfähig ist. Zusätzlich müssen die eingeleiteten Maßnahmen nach objektiver Beurteilung dazu geeignet sein, das Unternehmen innerhalb einer absehbaren Zeit durchgreifend zu sanieren. Vgl. BGH-Urteil vom 21.11.2005 – II ZR 277/03.

177 Zur Diskussion des Begriffs der nachhaltigen Sanierung vgl. Raschke/Warneke (2019), Rn. 99–100.

178 Vgl. Raschke/Warneke (2019), Rn. 84. Die Bestellung von Sicherheiten für Gesellschafterdarlehen kann gem. § 135 Abs. 1 Nr. 1 InsO angefochten werden, wenn sie innerhalb der letzten zehn Jahre vor dem Insolvenzantrag oder danach vorgenommen wurde.

179 Vgl. Bilstein (2007), S. 236; Raschke/Warneke (2019), Rn. 217. Maßnahmen dieses Typs werden auch als hybride Finanzierungsformen bezeichnet.

180 Vgl. Hermanns (2022), Rn. 372; Raschke/Warneke (2019), Rn. 217. Gesellschafterdarlehen mit Rangrücktritt stellen ebenfalls Mezzanine-Kapital dar. Für eine detaillierte Unterscheidung der Einzelinstrumente in Public- und Private-Mezzanine, sowie eigen- und fremdkapitalnahes Mezzanine siehe Kudla (2005), S. 32.

Hauptvorteil dieser äußerst flexiblen Finanzierungsform besteht darin, dass sie vergleichsweise günstige Liquidität bereitstellt, während sie (teilweise) als Eigenkapital in der Bonitätsbeurteilung durch Banken und Ratingagenturen betrachtet wird.[181] Des Weiteren ist Mezzanine-Kapital im Überschuldungsstatus nicht zu passivieren, wenn es nachrangig ist.[182] Gleichzeitig wird die Haftungsbasis erweitert, ohne dass weitreichende Entscheidungsbefugnisse an die neuen Finanziers abgegeben werden müssen. Das übernommene Risiko, welches sich auch dadurch kennzeichnet, dass die Finanzierungen i.d.R. unbesichert sind, wird den Kapitalgebern zumeist durch eine fixe und eine erfolgsabhängige Zahlungskomponente entgolten, die es ihnen ermöglicht, am Unternehmenserfolg eigenkapitalähnlich zu partizipieren.[183] Durch entsprechende Ausgestaltungen können somit die Vorteile von Eigen- und Fremdfinanzierung miteinander verbunden werden. Problematisch kann sein, dass die Ausgabe von Genussscheinen, Wandel- und Gewinnschuldverschreibungen einen möglicherweise schwierig zu erreichenden und/oder zeitaufwendigen Hauptversammlungsbeschluss gem. § 221 Abs. 1, 3 AktG erfordert.[184] Weiter sind bei einer Kapitalmarktplatzierung u.U. Haftungsrisiken, z.B. aus der Prospekthaftung, zu berücksichtigen.[185]

2.2.3.3.2.1.4 Fremdkapital durch Gläubiger/Dritte

Bestehende und externe Fremdkapitalgeber haben die Möglichkeit, zusätzliche Mittel zur Sanierungsfinanzierung bereitzustellen. Insb. bereits im Unternehmen engagierte Kreditinstitute spielen eine zentrale Rolle in diesem Prozess. Sie sollten am besten mit der ökonomischen Lage des Schuldnerunternehmens vertraut sein und sehen ihr bestehendes Kreditengagement angesichts der Krisensituation bedroht.[186] Sanierungsbeiträge anderer Gläubigergruppen, wie z.B. Lieferanten und Arbeitnehmer, sind aufgrund der Vielzahl an Betroffenen dagegen nur schwer im notwendigen Umfang zu organisieren.[187] Auch

181 Vgl. Kudla (2005), S. 31.
182 Vgl. Steffan (2022), Rn. 160.
183 Vgl. Kudla (2005), S. 30–31; Raschke/Warneke (2019), Rn. 223.
184 Dieser Beschluss erfordert i.d.R. eine Dreiviertelmehrheit gem. § 221 Abs. 1 AktG. Für eine ausführliche Darstellung der in Sanierungssituationen besonders relevanten Genussrechte und Wandel- bzw. Optionsanleihen siehe Dirschedl (2015), S. 56–58.
185 Vgl. Sax/Amer (2019), Rn. 507.
186 Vgl. Drukarczyk/Schöntag (2020), Rn. 82.
187 Vgl. Krumbholz (2022b), Rn. 58.

sind externe Kreditgeber nach Bekanntwerden der Krise nur vereinzelt für eine Sanierungsfinanzierung zu gewinnen, u.a. deswegen, weil im fortgeschrittenen Stadium oftmals bereits alle beleihbaren Vermögensgegenstände als Sicherheiten durch die Altgläubiger vereinnahmt sind.[188]

Stellen die Banken bspw. neue Kreditlinien zur Verfügung, kann durch die zusätzliche Liquidität oft zeitnah die Zahlungsfähigkeit des Unternehmens wiederhergestellt werden.[189] Es bleiben jedoch zwei wesentliche Probleme bestehen: Zum einen steigen die Finanzierungskosten des Krisenunternehmens aufgrund der additionalen Zinslast. Zum anderen behebt diese Maßnahme nicht das Ungleichgewicht auf der Passivseite, d.h. die i.d.R. überhöhte Verschuldung und die damit verbundenen zukünftigen Zahlungsverpflichtungen. Des Weiteren ist zu berücksichtigen, dass Kreditinstitute nicht zu Sanierungsbeiträgen gezwungen werden können.[190]

Bei der Vergabe von Fremdkapital ist zwischen Überbrückungs- und Sanierungskrediten zu unterscheiden. Der Überbrückungskredit dient zur Beseitigung eines Liquiditätsengpasses, ohne dass ein abschließendes Urteil hinsichtlich der Sanierungsfähigkeit des Krisenunternehmens vorliegt.[191] Er kann also gewährt werden, um die Zeit bis zur Fertigstellung des Sanierungsgutachtens zu überbrücken, ohne Gefahr zu laufen, als sittenwidrig eingestuft zu werden. Dabei muss darauf geachtet werden, dass dieser Kredit ausschließlich dem genannten Zweck in Höhe und Laufzeit dient,[192] und eine Sanierung nicht von vornherein als unwahrscheinlich oder ausgeschlossen gilt.[193] Liegt ein positives Prüfungsurteil vor, wird dieser Kredit zurückgeführt und ein Sanierungskredit gewährt, um die Refinanzierung bestehender Verbindlichkeiten und die Sanierung des Unternehmens sicherzustellen.[194] Fremdkapitalgebern, die Kredite nicht mit dem Ziel gewähren, eine Sanierung des Unternehmens voranzutreiben, sondern um im Rahmen einer sittenwidrigen Insolvenzverschleppung

188 Vgl. Knops (2019), Rn. 7, 23. In jüngerer Vergangenheit kommen allerdings zunehmend auch sog. Distressed-Debt-Investoren als Kapitalgeber infrage. Vgl. Knecht/Hermanns (2022), Rn. 37; Judenhahn/Hug (2014), S. 110.

189 Vgl. Kuder/Unverdorben (2023b), Rn. 7.86–7.87.

190 Vgl. Krumbholz (2022b), Rn. 57–58.

191 Vgl. Sax/Amer (2019), Rn. 263.

192 Vgl. Kemper (2022), Rn. 26.

193 Vgl. Sax/Amer (2019), Rn. 406 m.w.N.

194 Vgl. Kemper (2022), Rn. 31; Crone/Kreide (2021), S. 245. Das Sanierungskonzept muss bestätigen, dass die Kreditvergabe dem Sanierungsversuch dient und dazu objektiv geeignet ist, wobei keine ernsthaften Zweifel am Sanierungserfolg bestehen dürfen. Vgl. Krumbholz (2022b), Rn. 58.

z.B. bestehende Kredite zurückzuführen, sich zusätzliche Sicherheiten zu verschaffen, Anfechtungsfristen zu umgehen oder die bereits bestellten Sicherheiten zu verwerten, drohen potenzielle Schadensersatzansprüche gem. § 826 BGB oder Anfechtungsklagen gem. §§ 129 ff. InsO.[195] Ein Kredit, der im Rahmen eines echten Bemühens der Bank zur Rettung eines in Not geratenen Unternehmens gewährt wird, ist jedoch nicht als sittenwidrig anzusehen, selbst wenn der Sanierungsversuch scheitert und dadurch die Möglichkeit einer Schädigung anderer Gläubiger besteht.[196] Als Sanierungskredit kann nicht nur ein Neukredit betrachtet werden, sondern auch die Verlängerung ausgelaufener Kreditlinien oder die Erhöhung bestehender Kreditlinien.[197]

2.2.3.3.2.1.5 Anleiheemission

Eine weitere Option zur Beschaffung von Fremdkapital besteht in der Ausgabe von Anleihen. Diese bieten den Vorteil, dass sie Unternehmen in Phasen, in denen Geschäftsbanken ihre Kreditvergaberichtlinien zunehmend verschärfen, Zugang zu einem breiten Investorenkreis ermöglichen. Daneben weisen sie üblicherweise längere Laufzeiten auf und bieten durch die freie Gestaltung der Anleihebedingungen größere Flexibilität. Problematisch ist hier, dass die Emittenten u.U. rechtlichen Risiken, z.B. aus der Prospekthaftung, ausgesetzt sind und die Platzierung zeitaufwendig ist. Sollte im weiteren Sanierungsverlauf eine Anpassung der Anleihebedingungen notwendig sein, ist zudem ein langwieriger Prozess unumgänglich, der die Erfüllung von Quoten und Mehrheiten erfordert.[198] Zudem gilt es zu beachten, dass zwar Liquidität gewonnen wird, aber das Problem eines überhöhten Verschuldungsgrads weiterhin fortbesteht.

---

195 Vgl. Kuder/Unverdorben (2023b), Rn. 7.89; Löser (2019), Rn. 32; Drukarczyk/Schöntag (2020), Rn. 82; Sax/Amer (2019), Rn. 460. Vgl. hierzu auch BGH-Urteil vom 08.01.1970 – VII ZR 130/68. In Bezug auf einen Sicherungsvertrag kann § 138 Abs. 1 BGB relevant sein, wenn sittenwidrige Einschränkungen oder eine Gefährdung der Gläubiger vorliegen. Vgl. hierzu Kuder/Unverdorben (2023a), Rn. 4.152 ff. Die Bestellung dinglicher Sicherheiten im Gegenzug für die Gewährung eines Sanierungskredits kann ein unanfechtbares Bargeschäft i.S. von § 142 InsO darstellen, sofern die Voraussetzungen des § 133 Abs. 1 InsO nicht gegeben sind. Vgl. Kulke (2019), Rn. 32.

196 Vgl. BGH-Urteil vom 11.11.1985 – II ZR 109/84.

197 Vgl. Sax/Amer (2019), Rn. 459.

198 Vgl. Westpfahl/Seibt (2019), Rn. 1–2. Trotzdem kann auch argumentiert werden, dass im Gegensatz zu anderen Fremdfinanzierungsformen zumindest Möglichkeiten bestehen, opponierende Gläubigergruppen in außergerichtlichen Sanierungen zu binden. Siehe hierzu § 5 SchVG sowie die Ausführungen in Kapitel 2.2.4.1.

Abschließend sei darauf hingewiesen, dass die Emissionsfähigkeit in Bezug auf Schuldverschreibungen in der Praxis nur für vergleichsweise große Unternehmen gegeben ist.[199] Daher stellt die Anleiheemission für viele Unternehmen keine echte Alternative im Rahmen der Sanierung dar.[200]

2.2.3.3.2.1.6 Prolongation

Die Prolongation ist eine Verlängerung eines Kreditvertrags. Es kann sich hier um die (automatische) Verlängerung eines Roll-Over-Kredits oder eines befristeten Kredits handeln. Durch die Verlängerung wird Liquidität im Unternehmen belassen, sofern ein Kredit ganz oder teilweise in Anspruch genommen wurde. Ist der Kredit nicht oder nur partiell genutzt, besteht die Möglichkeit frische Mittel aufzunehmen.[201] Während der Fall des Roll-Over-Kredits in Sanierungssituationen weitgehend unproblematisch ist,[202] kann es sich bei der Verlängerung eines befristeten Kreditvertrags um einen Sanierungskredit handeln, der ohne positives Sanierungsgutachten unzulässig ist. In der Literatur liegt hierzu teilweise die Ansicht vor, dass die Verlängerung eines zu einem erheblichen Teil ausgezahlten Kredits vor Laufzeitende kein neues Kapitalnutzungsrecht entstehen lässt. Die Frage ist allerdings strittig und höchstrichterlich nicht entschieden.[203]

2.2.3.3.2.1.7 Stillhalteabkommen/Covenant Waiver

Im Rahmen einer Stillhaltevereinbarung verzichten die Gläubiger darauf, von ihren kreditvertraglichen Rechten Gebrauch zu machen, indem sie z.B. trotz eines Bruchs von Covenants von einer Kreditkündigung absehen, oder die Inanspruchnahme eines noch nicht ausgeschöpften Kreditrahmens dulden.[204] Hierdurch kann die Berücksichtigung der Forderung im Rahmen der Prüfung einer Zahlungsunfähigkeit möglicherweise entfallen.[205] Der Effekt des

199 Vgl. Perridon et al. (2022), S. 475. Eine Ausnahme bildet hier der Markt für sog. Mittelstandsanleihen. Diese Anleihen gelten allerdings als besonders ausfallgefährdet. Vgl. hierzu Westpfahl/Seibt (2019), Rn. 2, sowie für eine empirische Studie Schüler/Aschauer (2017).

200 Vgl. Sax/Amer (2019), Rn. 507.

201 Eine Verbesserung der Bilanzrelationen erfolgt dagegen nicht.

202 Vgl. hierzu Sax/Amer (2019), Rn. 383–395.

203 Vgl. Kuder/Unverdorben (2023b), Rn. 7.77. Siehe zur Diskussion Obermüller (2011), Rn. 5.29 und anders Kulke (2019), Rn. 8.

204 Vgl. Crone/Kreide (2021), S. 224. Aufgrund des engen Zusammenhangs wird nicht detailliert zwischen Stillhalteabkommen und Covenant Waiver differenziert.

205 Vgl. BGH-Urteil vom 20.12.2007 – IX ZR 93/060; BGH-Beschluss vom 19.06.2007 – IX ZB 36/07.

Stillhaltens ist ähnlich zu demjenigen der Stundung, jedoch sollte eine klare Unterscheidung zwischen den Maßnahmen vorgenommen werden, da sie unterschiedlichen Regelungen unterliegen.[206] Das Stillhalteabkommen bietet den Vorteil, dass die damit erreichte Suspendierung eines Gestaltungsrechts ein eher geringes Zugeständnis von Gläubigerseite darstellt, und dadurch einfacher zu erreichen ist.[207] Ebenso wie der Sanierungskredit oder die Stundung unterliegt dieses Sanierungsinstrument allerdings u.U. Haftungsrisiken aus Insolvenzverschleppung.[208] Es ist nicht geeignet, eine nachhaltige Krisenüberwindung zu bewerkstelligen, aber kann zur Deckung des Liquiditätsbedarfs, und damit zur Gewinnung von Zeit für weitere Verhandlungen oder die Umsetzung anderer Maßnahmen beitragen.[209] Sollte die Fremdfinanzierung mindestens teilweise einer sog. Cross-Default-Klausel unterliegen, ist darüber hinaus darauf zu achten, nicht nur die Ausübung des Kündigungsrechts, sondern auch den Kündigungsgrund, z.B. durch Anpassung oder Verzicht bestimmter Covenants, zu beseitigen, um Folgekündigungen zu vermeiden.[210]

2.2.3.3.2.1.8 Stundung[211]

Durch eine Stundung von Forderungen kann die Unternehmensliquidität kurzfristig verbessert werden.[212] Hierzu wird die Fälligkeit der Forderung über den vertraglich festgelegten oder gesetzlich verpflichtenden Rückzahlungszeitpunkt durch eine Vereinbarung von Schuldner und Gläubiger(n) hinausgeschoben.[213] Die Stundung wird i.d.R. zunächst bis zum Zeitpunkt der Vorlage des Sanierungsgutachtens gewährt, und im Anschluss an die entsprechenden

---

206 Vgl. Sax/Amer (2019), Rn. 349.

207 Vgl. Gessner (2019), Rn. 7.

208 Vgl. Sax/Amer (2019), Rn. 352; Drukarczyk/Schöntag (2020), Rn. 90; Simon/Brünkmans (2018), S. 355; Lichtenthäler (2018), S. 1441. Problematisch ist insb. die Abgrenzung zwischen aktivem und passivem Tun. Insb. das Tätigwerden i.S. einer Zustimmung zu einem Covenant Waiver kann insolvenzrechtlich problematisch sein, weshalb im Zeitpunkt der Bewilligung die Voraussetzungen zur Gewährung eines Überbrückungs- oder Sanierungskredits vorliegen sollten. Vgl. Sax/Amer (2019), Rn. 347.

209 Vgl. Gessner (2019), Rn. 7; Lichtenthäler (2018), S. 1440.

210 Vgl. Crone/Kreide (2021), S. 226.

211 Stundungen können Tilgungs- und/oder Zinszahlungen umfassen. In der nachfolgenden Untersuchung werden Tilgungsstundungen als Stundung (T) und Zinsstundungen als Stundung (Z) gekennzeichnet.

212 Vgl. Schneider/Loszynski (2019), Rn. 63–64; Crone/Kreide (2021), S. 223.

213 Vgl. Krumbholz (2022b), Rn. 62.

Erfordernisse gem. des Sanierungskonzepts angepasst.[214] Die gestundeten Fremdkapitaldienste werden für die Prüfung einer (drohenden) Zahlungsunfähigkeit und im Rahmen der Fortbestehensprognose der Überschuldungsprüfung nicht angesetzt, soweit sie nach Ablauf des Prognosezeitraums fällig werden. Stundungen, bspw. durch die Verzögerung von Zahlungen an Lieferanten oder die vorübergehende Aussetzung von Zins- und Tilgungszahlungen bei Banken, verschaffen dem Unternehmen Zeit, um eine umfassende außergerichtliche Lösung zu erreichen.[215] Die nachhaltige Überwindung der Unternehmenskrise und/oder der Insolvenz ist durch dieses Instrument jedoch nicht möglich.[216] Es ist zudem darauf zu achten, dass nur echte und ausdrückliche Stundungen – im Gegensatz zu erzwungenen Stundungen – im Rahmen der Zahlungsunfähigkeitsprüfung unberücksichtigt bleiben dürfen. Eine faktische Stundung, die das Merkmal des ernsthaften Einforderns nicht erfüllt, kann jedoch ebenfalls eine Fälligkeit i.S. des Insolvenzrechts verhindern.[217] Außerdem muss beachtet werden, dass bei Abschluss einer nachträglichen Stundungsvereinbarung gem. § 311 Abs. 1 BGB ein Sanierungskonzept zumindest erarbeitet wird, um Haftungsrisiken im Rahmen einer Insolvenzverschleppung aus dem aktiven Handeln zu vermeiden.[218]

2.2.3.3.2.1.9 Umschuldung

Im Fall einer eingeschränkten Kapitaldienstfähigkeit der Unternehmen eignet sich die Umschuldung alter Kredite, um Tilgungen und/oder Zinszahlungen zeitlich zu strecken und/oder zu senken.[219] Hierdurch wird die Liquidität des Unternehmens erhöht, jedoch keine unmittelbare Bereinigung der Passivseite vorgenommen. Ein mittelbarer Effekt kann z.B. durch Umwandlung von kurz- bzw. mittelfristigen Überziehungs- oder Kontokorrentkrediten in langfristige Festsatzkredite erreicht werden, um freie Mittel für den Schuldenabbau („Tilgung statt Zinsen“) zu generieren. Die Maßnahme ist damit zwar ähnlich, aber i.d.R. umfassender als Stundungen oder Prolongationen. Unter Beachtung der oben angesprochenen Prüfungspflichten für die Vergabe von Sanierungskrediten stellt die Umfinanzierung kein Risiko aus insolvenzrechtlicher Sicht dar, jedoch sollte zur Verhinderung eines Erlöschens bzw. der Freigabe von

---

214 Vgl. Lichtenthäler (2018), S. 1442.

215 Vgl. Drukarczyk/Schöntag (2020), Rn. 100.

216 Vgl. Dirschedl (2015), S. 52; Krumbholz (2022b), Rn. 63.

217 Vgl. Schneider/Loszynski (2019), Rn. 64–65 m.w.N.

218 Vgl. Lichtenthäler (2018), S. 1442; Sax/Amer (2019), Rn. 364.

219 Vgl. Lützenrath et al. (2006), S. 119; Böckenförde (1996), S. 160.

Sicherheiten, lediglich eine Abänderung des Kreditvertrags, und keine Novation i.S. eines neuen Schuldverhältnisses, erfolgen.[220]

2.2.3.3.2.2 Bilanzbereinigende Maßnahmen

Im Vergleich zur Liquiditätsförderung steht den Kapitalgebern zur Bilanzbereinigung eine geringere Auswahl an potenziellen Sanierungsmaßnahmen zur Verfügung. Diese werden nachfolgend dargestellt, wobei zunächst das einzige Instrument der Eigenkapitalseite – die Kapitalherabsetzung – und im weiteren Verlauf die Fremdkapitalinstrumente dargestellt werden.

2.2.3.3.2.2.1 Kapitalherabsetzung

Typischerweise erfolgt eine Kapitalherabsetzung im Sanierungsprozess über eine vereinfachte Kapitalherabsetzung,[221] die die aufgelaufenen Bilanzverluste ausgleicht und eine Unterbilanz bereinigt sowie im Optimalfall im Zusammenspiel mit einer Kapitalerhöhung gleichzeitig Eigenkapital zuführt (Kapitalschnitt).[222] Für die Herabsetzung ist gem. § 222 Abs. 1 Satz 1 AktG ein Hauptversammlungsbeschluss erforderlich, der mindestens drei Viertel des bei der Beschlussfassung vertretenen Grundkapitals umfassen muss. Die vereinfachte Kapitalherabsetzung führt zu keinem Kapitalabfluss, und ist lediglich zulässig, wenn kein Gewinnvortrag vorhanden ist, die Rücklagen entsprechend den gesetzlichen Vorschriften vorweg aufgelöst sind und sie mit dem Ziel durchgeführt wird, Wertminderungen auszugleichen, sonstige Verluste zu decken oder Beträge in die Kapitalrücklage einzustellen.[223]

Da eine Ausgabe unter Nennwert bzw. unter dem anteiligen Betrag am gezeichneten Kapital (Stückaktien) gem. § 9 Abs. 1 AktG unzulässig ist, ermöglicht sie zudem einen Emissionspreis über bzw. zum Nennwert.[224] Gem. § 228 Abs. 1 AktG kann dabei das Grundkapital auf null herabgesetzt werden, wenn der Mindestbetrag durch eine Kapitalerhöhung wieder erreicht wird, die zugleich mit der Kapitalherabsetzung beschlossen ist und bei der keine

---

220 Vgl. Lützenrath et al. (2006), S. 119–120.

221 Die relevanten rechtlichen Regelungen der vereinfachten Kapitalherabsetzung sind in §§ 229–236 AktG kodifiziert.

222 Vgl. Buth/Hermanns (2022b), Rn. 8; Haghani/Holzamer (2022), Rn. 57. Die Kapitalherabsetzung selbst ist selbstverständlich keine Maßnahme der Außenfinanzierung.

223 Vgl. § 229 Abs. 1, 2, 230 AktG sowie Reger (2018), S. 1277–1280; Krumbholz (2022a), Rn. 18.

224 Vgl. Reger (2018), S. 1273–1275; Witt (2019), Rn. 31.

Sacheinlage erfolgt. Dies ist u.a. darauf zurückzuführen, dass Sacheinlagen, wie z.B. immaterielle Vermögenwerte oder Gläubigerforderungen, zu Bewertungsproblemen führen können, und die Liquiditätsprobleme oft nicht nachhaltig lösen, weil keine frischen Mittel zur Verfügung gestellt werden.[225] Durch die Reduktion des Grundkapitals, welches durch Absenkung des Nennwerts oder durch die Zusammenlegung von Aktien erfolgen kann, erhöht sich außerdem die Attraktivität für neue Investoren, frische Mittel zur Verfügung zu stellen, da hierdurch aufgelaufene Verluste den bisherigen Gesellschaftern zugerechnet werden und ein größerer Anteil am gezeichneten Kapital des Krisenunternehmens erworben wird.[226]

Des Weiteren ist zu beachten, dass infolge der Kapitalherabsetzung die Schwellenwerte für Ausschüttungssperren gem. §§ 57 Abs. 3, 150 Abs. 2 i.V.m. § 158 Abs. 1 S. 1 AktG verringert werden. Dadurch sind im Vergleich zur Situation vor der Kapitalherabsetzung frühere oder umfangreichere Ausschüttungen an die Investoren zu erwarten. Bei einer vereinfachten Kapitalherabsetzung besteht zwar eine zusätzliche Ausschüttungssperre gem. § 233 Abs. 1 AktG, die besagt, dass Gewinne erst ausgeschüttet werden dürfen, wenn die gesetzliche Rücklage und die Kapitalrücklage 10 % des dann verminderten Grundkapitals ausmachen, jedoch sinkt auch dieser Schwellenwert je geringer das Grundkapital ist.[227] Die Kapitalherabsetzung kann grundsätzlich als oftmals notwendige, aber nicht hinreichende Maßnahme bezeichnet werden, da keine liquiditäts- oder eigenkapitalstärkende Wirkung erzielt wird. Sie dient vielmehr der Vorbereitung der Zuführung liquider (Eigen)Mittel über eine Barkapitalerhöhung.[228]

2.2.3.3.2.2.2 Debt-Equity-Swap

Der Debt-Equity-Swap ist eine Kapitalmaßnahme, die mittels Passivtausch, eine Umwandlung von Forderungen gegen die Schuldnergesellschaft in gezeichnetes Kapital bewirkt.[229] Insofern erfolgt ein Tausch von schuldrechtlichen Ansprüchen in gesellschaftsrechtliche.[230] Für die technische Umsetzung wird hierzu i.d.R. das Eigenkapital in einem ersten Schritt durch vereinfachte

---

225 Vgl. Buth/Hermanns (2022b), Rn. 10.

226 Vgl. Haghani/Holzamer (2022), Rn. 57; Reger (2018), S. 1274–1275. M.a.W. wird eine Quersubventionierung des im Wert geminderten Eigenkapitals der Altgesellschafter durch die Kapitalerhöhung der Neugesellschafter verhindert. Vgl. Krumbholz (2022a), Rn. 17.

227 Vgl. Reger (2018), S. 1273.

228 Vgl. Haghani/Holzamer (2022), Rn. 57, 59; Baur (1978), S. 145; Reger (2018), S. 1274.

229 Vgl. Schillerwein (2014), S. 70; Raschke/Warneke (2019), Rn. 199.

230 Vgl. Hermanns (2022), Rn. 382.

Kapitalherabsetzung an das bestehende Reinvermögen angepasst und in einem zweiten Schritt die Forderung im Rahmen einer Sachkapitalerhöhung eingebracht.[231] Hierdurch wird zwar keine Liquidität zugeführt, jedoch kommt es zu einer unmittelbaren liquiditätsseitigen Entlastung, da fixe Zins- und Tilgungszahlungen ganz oder teilweise entfallen und durch Residualansprüche ersetzt werden.[232] Zudem erfolgt auch eine Verbesserung der Bilanzrelationen bzw. die Beseitigung der ökonomischen und/oder insolvenzrechtlichen Überschuldung.[233]

Trotz der genannten Vorteile spielt der Debt-Equity-Swap in der Sanierungspraxis eine untergeordnete Rolle.[234] Dies liegt u.a. daran, dass der Einsatz des Instruments außerhalb eines Insolvenzverfahrens risikobehaftet ist, weil die Werthaltigkeit von Forderungen in der Unternehmenskrise schwer zu ermitteln ist und daher Risiken aus der Differenzhaftung nach § 46 AktG vorliegen.[235] Zudem haben Banken i.d.R. kein Interesse daran, Beteiligungen an einem Krisenunternehmen einzugehen.[236] Gründe hierfür sind z.B. aufsichtsrechtliche Probleme, eine Abneigung ggü. der Beteiligungskonsolidierung in der eigenen Bilanz, das Fehlen von nötigen Ressourcen oder die Bindung teuren Eigenkapitals.[237] Klassische Fremdkapitalgeber trennen sich daher oftmals von ihren Kreditengagements.[238] Im Gegensatz dazu stellt der Debt-Equity-Swap z.B. für sog. Loan-to-own-Investoren, die meist keine bestehenden Gläubiger sind, ein vielversprechendes Instrument dar, um über den Erwerb und die anschließende Wandlung von notleidenden Krediten am Sanierungserfolg

231 Vgl. Sax/Amer (2019), Rn. 493.

232 Vgl. Drukarczyk/Schöntag (2020), Rn. 65; Raschke/Warneke (2019), Rn. 201.

233 Vgl. Crone/Kreide (2021), S. 249; Dirschedl (2015), S. 1; Bilstein (2007), S. 252–253.

234 Vgl. Sax/Amer (2019), Rn. 491. Siehe auch die empirischen Ergebnisse in den Kapiteln 5 und 6.

235 Vgl. Hermanns (2022), Rn. 383; Crone/Kreide (2021), S. 250. Für einen Formelapparat zur Ermittlung der Werthaltigkeit der Sacheinlage sowie der weiteren Kapitalgeberansprüche siehe Dirschedl (2015). Die Differenzhaftung ist für Debt-Equity-Swaps gem. § 254 Abs. 4 InsO nach der gerichtlichen Bestätigung des Insolvenzplans nicht möglich, und daher mit weit geringeren Unsicherheiten verbunden.

236 Vgl. Kudla (2005), S. 162; Hermanns (2022), Rn. 382. Das gilt v.a. für deutsche und europäische Banken, jedoch nicht für US-amerikanische. Vgl. Judenhahn/Hug (2014), S. 110.

237 Vgl. Sax/Amer (2019), Rn. 494; Crone/Kreide (2021), S. 250; Allert (2022), S. 62.

238 Vgl. Bücker/Petersen (2013), S. 804.

der Unternehmung zu partizipieren.[239] Positiv ist in diesem Zusammenhang die bereits oben angesprochene Regelung des § 39 Abs. 4 S. 2 InsO: Erwirbt ein Gläubiger bei drohender oder eingetretener Zahlungsunfähigkeit der Gesellschaft oder bei Überschuldung Anteile zum Zweck ihrer Sanierung, führt dies bis zur nachhaltigen Sanierung nicht zur Anwendung von Abs. 1 Nr. 5 InsO (Nachrangigkeit) auf seine Forderungen aus bestehenden oder neu gewährten Darlehen oder auf Forderungen aus Rechtshandlungen, die einem solchen Darlehen wirtschaftlich entsprechen (Sanierungsprivileg). Für Gesellschafter mit einer Beteiligung von weniger als 10 % findet gem. § 39 Abs. 5 InsO (Kleinstbeteiligungsprivileg) der § 39 Abs. 1 Nr. 5 InsO ebenfalls keine Anwendung.[240] Ein „unechter" Debt-Equity-Swap kann auch durch Ausgabe von Gesellschafteranteilen im Gegenzug für einen (Teil-)Verzicht auf Kreditforderungen mittels Anteilskauf- und Erlassvertrag durchgeführt werden.[241]

Des Weiteren kann auch ein sog. Debt-Mezzanine-Swap in Betracht gezogen werden. Hierbei wird Fremd- in Mezzanine-Kapital, also z.B. Wandel- und Optionsanleihen, stille Beteiligungen oder Genussrechte getauscht. Bei entsprechender Ausgestaltung kann eine handelsbilanzielle Qualifizierung des Kapitals als Eigenkapital erreicht werden und der Gläubiger eigenkapitalähnlich am Sanierungserfolg partizipieren, während Zinszahlungen steuerlich geltend gemacht werden können. Im Gegensatz zum Debt-Equity-Swap bestehen zudem keine Risiken aus der Differenzhaftung.[242] Zur Sicherstellung der Steuerfreiheit der entstehenden Sanierungsgewinne sei auf die grundlegenden Ausführungen im Rahmen des Forderungsverzichts verwiesen, welche auch hier Anwendung finden.

2.2.3.3.2.2.3 Forderungsverzicht[243]

Der Verzicht eines Gläubigers oder Gesellschafters auf die Geltendmachung seiner Ansprüche ggü. der Gesellschaft wird durch einen Erlassvertrag gem.

239 Vgl. Sax/Amer (2019), Rn. 491; Crone/Kreide (2021), S. 250; Hermanns (2022), Rn. 382; Altman et al. (2019), S. 19–20. Der Debt-Equity-Swap wurde durch das Schuldverschreibungsgesetz von 2009 (durch Mehrheitsbeschluss der Gläubiger) und das Gesetz zur weiteren Erleichterung der Sanierung von Unternehmen (ESUG; Eingriff in die Aktionärsrechte) wesentlich erleichtert. Vgl. Bücker/Petersen (2013), S. 806.

240 Vgl. Hermanns (2022), Rn. 383; Crone/Kreide (2021), S. 250.

241 Vgl. Sax/Amer (2019), Rn. 492.

242 Vgl. Bilstein (2007), S. 255–256; Raschke/Warneke (2019), Rn. 213 m.w.N.

243 Der Forderungsverzicht wird auch als „Haircut" bezeichnet. Vgl. Schneider/Loszynski (2019), Rn. 66. In einigen Sanierungsfällen der nachfolgenden empirischen

§ 397 BGB begründet und bewirkt sowohl eine bilanzielle, als auch eine liquiditätsseitige Entlastung.[244] Dies erfolgt durch einen Passivtausch, wobei sich das Fremdkapital durch das Erlöschen der Forderung mindert und das Eigenkapital in entsprechender Höhe steigt.[245] Infolge des Verzichts werden dann zukünftige Liquiditätsbelastungen aus etwaigen Zins- und Tilgungszahlungen ganz oder teilweise gemindert.[246] Damit ist der Forderungsverzicht zur Behebung einer (drohenden) Zahlungsunfähigkeit und Überschuldung geeignet.

Erfolgt der Forderungsverzicht durch einen Gläubiger, handelt es sich um einen außerordentlichen Ertrag. Wird er durch einen Gesellschafter gewährt, ist er in Höhe des werthaltigen Teils als erfolgsneutrale Einlage und in Höhe des nicht werthaltigen Teils als Ertrag zu bewerten.[247] Gem. § 3a Abs. 1 EStG kann der Ertrag aus einem Schuldenerlass im Rahmen einer Sanierung allerdings steuerfrei vereinnahmt werden. Eine Sanierung liegt gem. § 3a Abs. 2 EStG dann vor, „[…] wenn der Steuerpflichtige für den Zeitpunkt des Schuldenerlasses die Sanierungsbedürftigkeit und die Sanierungsfähigkeit des Unternehmens, die Sanierungseignung des betrieblich begründeten Schuldenerlasses und die Sanierungsabsicht der Gläubiger nachweist“[248]. Diese Informationen können von der Finanzbehörde aus dem Sanierungskonzept entnommen werden.[249]

Der Forderungsverzicht gilt als sehr effektive Maßnahme,[250] der jedoch ein beträchtliches Engagement seitens der Gläubiger erfordert. Er ist daher als unpopulär, aber häufig alternativlos anzusehen („ultima ratio“).[251] Die Gläubiger werden einen Forderungsverzicht nur tolerieren, wenn dieser gem. Sanierungskonzept für die zukünftige Rentabilität bzw. den Fortbestand des Unternehmens zwingend notwendig ist, der Verwertungserlös der ggfs.

Untersuchung wurde explizit nur auf ausstehende Zinszahlungen verzichtet, weshalb diese Maßnahme als Zinserlass/-verzicht gesondert ausgewiesen wird.

244 Vgl. Crone/Kreide (2021), S. 248; Hermanns (2022), Rn. 378.

245 Vgl. Haghani/Holzamer (2022), Rn. 67; Krumbholz (2022b), Rn. 71.

246 Vgl. Bilstein (2007), S. 246; Lichtenthäler (2018), S. 1447; Haghani/Holzamer (2022), Rn. 67.

247 Vgl. Krumbholz (2022b), Rn. 74, 78; Hermanns (2022), Rn. 378 m.w.N.

248 Diese Kodifizierung beruht auf dem sog. Sanierungserlass: BMF-Schreiben vom 27.03.2003 – IV A 6-S 2140–8/0. Vgl. zur rechtlichen Entwicklung bspw. Haghani/Holzamer (2022), Rn. 72–74.

249 Vgl. Allert (2022), S. 307.

250 Vgl. Lichtenthäler (2018), S. 1447; Haghani/Holzamer (2022), Rn. 54; Hermanns (2022), Rn. 379.

251 Vgl. Sax/Amer (2019), Rn. 479; Allert (2022), S. 62; Haghani/Holzamer (2022), Rn. 69.

bestehenden Sicherheiten die ausstehenden Forderungen nicht deckt, und der Schuldner bzw. die Gesellschafter und/oder weitere Gläubiger Zugeständnisse bewilligen.[252] Ein einseitiger Forderungsverzicht würde sonst Vermögenstransfers zu den Anteilseignern bzw. den nicht oder kaum verzichtenden Gläubigern bewirken. Ein solches Zugeständnis seitens der Gesellschaft bildet der sog. Besserungsschein, der in diesem Kontext oftmals vom Schuldner gewährt wird.[253] Werden die Voraussetzungen des Besserungsscheins, wie bspw. eine Rückkehr zu einer branchenüblichen Rentabilität, erreicht, lebt die Forderung im vereinbarten Umfang erneut auf.[254] Es ist dann notwendig, Fremdkapital in entsprechender Höhe zu bilden.[255] Problematisch ist, dass im Falle des Verzichts eine bestehende Besicherung der Forderung erlischt und im Fall des Scheiterns der Sanierung keine Verbindlichkeit des Unternehmens besteht.[256]

2.2.3.3.2.2.4 Rangrücktritt

Der Rangrücktritt eines Gläubigers kommt durch gegenseitigen Vertrag gem. § 311 Abs. 1 BGB zustande und bewirkt die Abstufung der entsprechenden Forderung im Rang ggü. Forderungen von anderen (zuvor gleichrangigen) Gläubigern.[257] Dies hat zur Folge, dass die jeweilige Forderung ggü. der Gesellschaft im Insolvenzverfahren erst nach denjenigen der anderen Gläubiger bedient wird. Ziel ist die Abwendung einer Überschuldung i.S. des § 19 InsO und/oder die Schaffung wirtschaftlichen Eigenkapitals,[258] wobei das Fremdkapital weiterhin als solches in der Steuerbilanz ausgewiesen werden soll. Um die

---

252 Vgl. Bilstein (2007), S. 246; Lichtenthäler (2018), S. 1447; Haghani/Holzamer (2022), Rn. 69.

253 Vgl. Hermanns (2022), Rn. 378; Hommel et al. (2018), S. 1265.

254 Vgl. Bilstein (2007), S. 246. Die Besserungsverpflichtung umfasst bis zu ihrer Erfüllung i.d.R. nur ein Teil des Jahresüberschusses, sodass ein Anteil am Gewinn zur Motivation der (geschäftsführenden) Gesellschafter verbleibt. Vgl. Crone/Kreide (2021), S. 249

255 Vgl. hierzu im Detail Krumbholz (2022b), Rn. 75.

256 Vgl. Drukarczyk/Schöntag (2020), Rn. 107. In der Praxis ist es jedoch üblich, mit den Sicherungsgebern eine abweichende Vereinbarung zu treffen. Durch diese werden die Sicherheiten von ihrer direkten Bindung an die betroffene Forderung gelöst und stattdessen als Haftungsgrundlage für die verbleibende Finanzierung verwendet. Vgl. Crone/Kreide (2021), S. 248.

257 Vgl. Thielemann (2019), Rn. 114.

258 Vgl. Sax/Amer (2019), Rn. 368. Bei der Prüfung der Sanierungsfähigkeit kann wirtschaftliches Eigenkapital ebenfalls berücksichtigt werden, „[…] wenn die dem Unternehmen gewährten Finanzierungen entsprechend den Anforderungen des BGH nachrangig ggü. anderen Gläubigern sind und dem Unternehmen

Nichtberücksichtigung dieser Verbindlichkeiten im Rahmen der Überschuldungsprüfung zu erreichen, ist gem. § 19 Abs. 2 InsO ein Rücktritt hinter die Forderungen gem. § 39 Abs. 1 Nr. 1 bis 5 InsO notwendig.[259] Die Bedienung der entsprechenden Gläubigeransprüche auch außerhalb eines Insolvenzverfahrens darf nur durch zukünftige Gewinne, aus einem Liquidationsüberschuss oder aus anderem freien Vermögen erfolgen.[260] Die Befristung eines Rangrücktritts sollte vermieden werden, da sonst lediglich Stundungswirkung erzielt wird und somit eine Passivierungspflicht im Überschuldungsstatus vorliegt.[261] Die Rangrücktrittsvereinbarung sollte nicht nur Tilgungs-, sondern auch Zinszahlungen umfassen, um den über die Vermeidung der bilanziellen Überschuldung hinausgehenden Sanierungscharakter zu untermauern.[262] Der Rangrücktritt beseitigt u.U. dabei nicht nur die bilanzielle Überschuldung im insolvenzrechtlichen Sinn, sondern entlastet die Liquidität des Schuldners durch die Beseitigung der Fälligkeit der Verbindlichkeit.[263] Es verbleibt jedoch das Problem einer zu hohen ökonomischen Verschuldung.[264]

Rangrücktrittserklärungen besitzen in der Praxis eine besondere Relevanz im Hinblick auf Gesellschafterdarlehen, jedoch kann dieser in Bezug auf jede Forderung eines Dritten, wie z.B. Kreditforderungen der Banken, ausgesprochen werden.[265] Der Rangrücktritt gilt als vergleichsweise schwache Sanierungsmaßnahme, da Zins und Tilgung immer noch geschuldet werden.[266] Er kann aber einen wichtigen Beitrag im Sanierungsprozess leisten.[267] Das gilt v.a. deshalb, da der Rangrücktritt im Gegensatz zum Forderungsverzicht nicht zu einem Erlöschen der Forderung führt und daher grundsätzlich keine Besteuerung infolge des Passivierungsverbots gem. § 5 Abs. 2a EstG erfolgt.[268]

---

einschließlich etwaiger Vergütungsansprüche für deren Überlassung ungeschmälert solange zur Verfügung gestellt werden, wie sie zur Herstellung eines angemessenen Eigenkapitals benötigt werden“ Institut der Wirtschaftsprüfer (2023), Rn. 29.

259 Vgl. Lichtenthäler (2018), S. 1448–1449; Sax/Amer (2019), Rn. 369.

260 Vgl. Sax/Amer (2019), Rn. 370.

261 Vgl. BGH-Urteil vom 05.03.2013 – IX ZR 133/14, Rn. 31; Steffan (2022), Rn. 165; Bitter (2021), Rn. 88.

262 Vgl. Drukarczyk/Schöntag (2020), Rn. 102.

263 Vgl. Lichtenthäler (2018), S. 1449.

264 Vgl. Dirschedl (2015), S. 58.

265 Vgl. Eilers (2018), S. 1388; Sax/Amer (2019), Rn. 368.

266 Vgl. Haghani/Holzamer (2022), Rn. 54.

267 Vgl. Drukarczyk/Schöntag (2020), Rn. 101.

268 Vgl. Drukarczyk/Schöntag (2020), Rn. 103; Sax/Amer (2019), Rn. 375; Krumbholz (2022b), Rn. 86.

2.2.3.3.2.2.5 Schuldübernahme

Ein sehr effektives Sanierungsinstrument stellt die Schuldübernahme gem. §§ 414 ff. BGB dar.[269] Hierbei tritt ein Dritter – i.d.R. ein Ankeraktionär oder Alleingesellschafter – ab dem Zeitpunkt der Wirksamkeit der Vereinbarung an die Stelle des bisherigen Schuldners.[270] Im Ergebnis einer solchen Schuldübernahme erhält der Gläubiger einen neuen Schuldner, wobei der bisherige Schuldner vollständig von der Verbindlichkeit entbunden wird. Es ist jedoch zu beachten, dass die Wirksamkeit von der Genehmigung des Gläubigers abhängt.[271] Diese Maßnahme wirkt v.a. bilanzsanierend, aber durch den Wegfall des Kapitaldienstes auch liquiditätsfördernd, obwohl keine liquiden Mittel zufließen. Auf Gesellschaftsebene stellt die Schuldübernahme eine erfolgsneutrale Einlage dar, wenn von vornherein und unbedingt auf Rückgriffsansprüche gegenüber dem Altschuldner verzichtet wurde und der Freistellungsanspruch vollständig werthaltig ist.[272]

2.2.4 Sanierungsverfahren

Die deutsche Rechtsordnung eröffnet einem Unternehmen in finanzieller Schieflage mehrere Möglichkeiten zur Durchführung eines Sanierungsverfahrens. Erstens besteht die Möglichkeit eine außergerichtliche Sanierung (sog. freie Sanierung) anzustreben. Zweitens kann eine Sanierung im Insolvenzverfahren in Betracht gezogen werden, wenn antragsberechtigende drohende Zahlungsunfähigkeit (§ 18 InsO) oder antragspflichtige Zahlungsunfähigkeit (§ 17 InsO) bzw. Überschuldung (§ 19 InsO) vorliegt.[273] Drittens ist es möglich, das Unternehmen bei Vorliegen drohender Zahlungsunfähigkeit im Rahmen eines gerichtlichen, aber vorinsolvenzlichen Sanierungsverfahrens gem. dem StaRUG zu sanieren.

Festzustellen ist, dass zwar alle Verfahren eine Sanierungsfähigkeit, d.h. kurzfristig eine Fortführungsfähigkeit und langfristig die Wiederherstellung der Wettbewerbsfähigkeit, vorausetzen, sich aber in ihrer Ausgestaltung erheblich unterscheiden.[274] Je nach individueller Situation eines Krisenunternehmens

269 Hiervon ist der Schuldbeitritt als nichtakzessorisches Sicherungsinstrument zu unterscheiden. Siehe hierzu z.B. Crone/Kreide (2021), S. 256–257.

270 Vgl. Lenger (2019), Rn. 42–43.

271 Vgl. § 415 Abs. 1 BGB.

272 Vgl. Lenger (2019), Rn. 45 m.w.N.

273 Vgl. Krystek/Moldenhauer (2007), S. 261; Schluck-Amend (2023c), Rn. 9.1; Lieser/Jüchser (2019), Rn. 3.

274 Vgl. Lieser/Jüchser (2019), Rn. 2.

kann der Nutzen der Verfahren daher divergieren. Um eine fundierte Entscheidung hinsichtlich Verfahrenswahl treffen zu können, ist eine Kenntnis der Prozedere, sowie deren Vor- und Nachteile unabdingbar.[275] Da die Beteiligten eines Sanierungsversuchs die Auswirkungen gesetzlicher Regelungen und gerichtlicher Verfahrensarten auf ihre eigene finanzielle Lage berücksichtigen,[276] gilt es diese auch im Rahmen der Durchführung empirischer Studien zur Unternehmenssanierung zu beachten. Aus diesen Gründen werden zunächst die zentralen Aspekte des außergerichtlichen Sanierungsverfahrens erläutert, gefolgt von einer Darstellung der beiden gerichtlichen Sanierungsverfahren.

2.2.4.1 Außergerichtliche Unternehmenssanierung

Bevor eine Sanierung mittels gerichtlicher Verfahren angestrebt wird bzw. werden muss, erfolgt i.d.R. der Versuch einer freien Sanierung. Diese kann definiert werden „[…] als ein von wem auch immer angestoßener Prozess außerhalb eines [gerichtlichen Verfahrens], dessen Ziel es ist, in Verhandlungen mit den Kapitalgebern die finanzielle Schieflage des Unternehmens zu analysieren und finanzielle Entscheidungen zu treffen, deren Ergebnis eine Kapitalstruktur sein soll, das dem Unternehmen erlaubt, seine finanziellen Verpflichtungen zu erfüllen“[277]. Sie ist ggü. den gerichtlichen Verfahren von herausragender Bedeutung, da die Mehrheit der Unternehmensschieflagen durch diese Sanierungsform überwunden wird.[278] Dies ist u.a. darauf zurückzuführen, dass durch die frühere Einleitung die Erfolgsaussichten und Kapitalwerte im Vergleich zu den gerichtlichen Alternativen erhöht sind.[279] Ein besonderes Kennzeichen dieser Verfahrensart ist zudem, dass sie keiner spezialgesetzlichen Regelung unterliegt. D.h. soweit sich aus den Bestimmungen des Gesellschafts-, Privat- und Wirtschaftsrechts sowie des Verfahrensrechts keine Beschränkungen ergeben, haben die Beteiligten im Rahmen der Privatautonomie die Freiheit, individuelle Regelungen zu vereinbaren.[280] Die umfassende Gestaltungsfreiheit und Flexibilität im Hinblick auf die Wahl der Sanierungsinstrumente und der Prozessgestaltung stellt den ersten zentralen Vorteil dar.

---

275 Vgl. Uhlenbruck (2007), S. 261.
276 Vgl. Drukarczyk/Schöntag (2020), Rn. 8–9; Kuder/Unverdorben (2023b), Rn. 7.71.
277 Drukarczyk/Schöntag (2020), Rn. 1.
278 Vgl. Knecht et al. (2018), S. 37.
279 Vgl. Drukarczyk/Schöntag (2020), Rn. 1.
280 Vgl. Lieser/Jüchser (2019), Rn. 12; Knecht et al. (2018), S. 38.

Als weiterer gewichtiger Vorteil wird in der Literatur auf die geringeren Kosten der außergerichtlichen Sanierung im Vergleich zur Sanierung im Insolvenzverfahren hingewiesen.[281] Diese Kosten werden i.d.R. unter dem Begriff *Cost of Financial Distress* subsumiert,[282] und enthalten indirekte Kosten, die z.B. aufgrund des Vertrauensverlustes von Kunden und Zulieferern, dem Abgang von wichtigen Mitarbeitern, oder dem Unterlassen profitabler Investitionsgelegenheiten (Unterinvestition) entstehen, aber auch direkte Kosten, wie z.B. die Kosten für den Insolvenzverwalter, Sanierungsberater oder aus der Transaktionsdurchführung.[283] Die indirekten Kosten sind im Vergleich zu den direkten Kosten zwar erheblich schwieriger zu quantifizieren, es wird jedoch angenommen, dass sie beträchtlich höher ausfallen.[284] Gemein ist beiden Kostenarten, dass sie in der freien Sanierung deutlich geringer als in den gerichtlichen Verfahren sind. Hierbei fallen v.a. die indirekten Kosten in das Gewicht,

---

281 Siehe u.a. Uhlenbruck (2001), S. 1643–1646; Liebig/Witt (2011), S. 1934; Altman et al. (2019), S. 83; Drukarczyk/Schöntag (2020), Rn. 1. Bzgl. der Kosten der finanziellen Schieflage wird sich auf die Gegenüberstellung der freien und der insolvenzrechtlichen Sanierung beschränkt, da für das StaRUG-Verfahren keine Daten vorliegen. Die Gesamtkosten dürften wohl zwischen denjenigen der erstgenannten Sanierungswege liegen.

282 In der deutschsprachigen Literatur werden die *Cost of Financial Distress* oftmals mit dem Begriff „Insolvenzkosten" übersetzt. Dies liegt wohl daran, dass diese Kosten in der englischsprachigen Literatur zuvor als „Bankruptcy costs" bezeichnet wurden. Doch letzterer Begriff bezog sich per definitionem auch auf den Zeitraum vor der Insolvenz: „Indirect bankruptcy costs are not limited to firms which actually do fail. Firms which have high probabilities of bankruptcy, whether they eventually fail or not, still can incur these costs" Altman (1984), S. 1071. Es wird daher ausschließlich der Begriff „Kosten der finanziellen Schieflage" verwendet.

283 Vgl. Schüler (2016b), S. 330; Senbet/Seward (1995), S. 944–945; Warner (1977), S. 338. Die indirekten Kosten können als Opportunitätskosten verstanden werden, die den Unternehmenswert schmälern. Vgl. Warner (1977), S. 339; Altman et al. (2019), S. 72. Eine Auflistung von Studien zu den indirekten Kosten findet sich bei Altman et al. (2019), S. 72–81. Eine der bekanntesten Studien von Andrade und Kaplan (1998) beziffern sie auf 10-20 % des Unternehmenswerts vor dem Beginn des *Financial Distress.* Die direkten Kosten im Insolvenzverfahren betragen etwa 1-2 % des Marktwertes vor dessen Start. Vgl. Drukarczyk (1995), S. 40; Drukarczyk/Schüler (2006), S. 734. Wruck (1990) resümiert, dass die direkten Kosten im Insolvenzverfahren in etwa zehn Mal so hoch seien wie die außergerichtlichen. Vgl. Wruck (1990), S. 436.

284 Vgl. Drukarczyk/Schüler (2021), S. 382; Liebig/Witt (2011), S. 1934; Berk/DeMarzo (2019), S. 555.

welche außergerichtlich umgangen oder reduziert werden können, da keine öffentliche Bekanntmachung der Sanierungsbedürftigkeit bzw. des Sanierungsversuchs erfolgt. Da das Stigma der Insolvenz vermieden wird, nimmt die Reputation des Unternehmens weniger Schaden oder bleibt sogar unversehrt.[285] Stattdessen wird versucht, die Geschäftsbeziehungen zu Kunden, Lieferanten, Mitarbeitern und Banken weitgehend ungestört aufrechtzuerhalten. Die freie Sanierung kann also diskreter ablaufen als eine Sanierung im Insolvenzverfahren.[286] Das Bekanntwerden der finanziellen Schieflage und des Sanierungsversuchs wird sich jedoch nur dann verhindern lassen, wenn eher wenige, aber dafür maßgebliche Stakeholder an den Verhandlungen beteiligt sind bzw. an ihnen beteiligt werden müssen. Sollte es zu einer Veröffentlichung von Informationen hinsichtlich der Sanierungsaktivitäten kommen, wovon insb. im Fall eines größeren, börsennotierten Unternehmens auszugehen ist, bleibt dieser Vorteil dennoch teilweise erhalten. Der Grund hierfür ist, dass die Stakeholder die Überlebensfähigkeit eines Krisenunternehmens im Fall eines außergerichtlichen Sanierungsversuchs regelmäßig positiver beurteilen als im Fall einer gerichtlichen Sanierung.[287] Eine weitere Erklärung für die niedrigeren Kosten besteht darin, dass Insolvenzverwalter, die die Unternehmensleitung im Insolvenzverfahren übernehmen, wenig Anreiz haben, das Unternehmen fortzuführen. Dies liegt daran, dass sie oft nur begrenzte Kenntnisse bzgl. des unternehmensspezifischen Geschäftsmodells besitzen, möglicherweise in Haftung genommen werden können und aus der Insolvenzmasse vorrangig bedient werden. Dies kann insb. im Falle von sanierungsfähigen Unternehmen mit guten Investitionsmöglichkeiten zu hohen indirekten Kosten durch Unterinvestition bzw. Liquidation führen.[288]

Die Vorteile der freien Sanierung werden jedoch von erheblichen Nachteilen begleitet. Tritt die Insolvenzreife ein, entweder in Form von Zahlungsunfähigkeit

285 Siehe u.a. Uhlenbruck (2001), S. 1643; Liebig/Witt (2011), S. 1934; Seefelder (2012), S. 210; Drukarczyk/Schöntag (2020), Rn. 1. Die öffentliche Bekanntmachung eines Sanierungsverfahren unter der InsO erfolgt nach § 9 InsO. Unter dem StaRUG erfolgt eine öffentliche Bekanntmachung nur, wenn der Schuldner dies beantragt, vgl. § 84 Abs. 1 StaRUG.

286 Vgl. Drukarczyk/Schöntag (2020), Rn. 1.

287 Vgl. Altman et al. (2019), S. 83. Das könnte auch damit begründet werden, dass Stakeholder wie z.B. Lieferanten oder Kunden das Ausmaß der Schieflage möglicherweise nicht vollumfänglich erkennen, und die indirekten Opportunitätskosten daher niedriger ausfallen.

288 Vgl. Jostarndt/Sautner (2010), S. 630.

oder Überschuldung, und somit eine Insolvenzantragspflicht nach § 15a InsO, bleibt oft nur die Option einer gerichtlichen Sanierung. Andernfalls drohen Geschäftsführung, Gläubigern und Sanierungsberatern Haftungsrisiken aus Insolvenzverschleppung.[289] Obwohl der Gesetzgeber eine maximale Frist von drei Wochen im Fall der Zahlungsunfähigkeit und sechs Wochen bei Überschuldung gewährt, um die Insolvenzreife zu beseitigen, kann diese Fristnutzung nur erfolgen, wenn unverzüglich gehandelt wird und Erfolgsaussichten für die Sanierung innerhalb der Frist bestehen, d.h. ohne schuldhaftes Zögern.[290] Für bereits im Vorfeld geplante und eingeleitete Sanierungsmaßnahmen kann dies eine Gnadenfrist darstellen. Jedoch sind Sanierungsbemühungen, die erst nach dem Eintritt der Insolvenzantragsgründe beginnen, aufgrund der festgelegten Fristen regelmäßig nicht von Erfolg gekrönt.[291]

Ein weiterer Nachteil ist, dass keine Möglichkeit besteht, von sanierungserleichternden Regelungen Gebrauch zu machen, wie sie im StaRUG oder der InsO vorgesehen sind.[292] Problematisch ist in diesem Zusammenhang v.a., dass jeder Kapitalgeber einem Eingriff in seine Rechtsposition zustimmen muss, was die Möglichkeit einer außergerichtlichen Lösung vereiteln kann, selbst wenn eine ökonomisch rationale Sanierungslösung erreichbar wäre.[293] Die Verweigerung finanzieller Sanierungsbeiträge ergibt sich hauptsächlich aus Interessenkonflikten und Informationsunterschieden der beteiligten Stakeholder,[294] vorausgesetzt, dass ausreichende finanzielle Ressourcen seitens der Finanziers vorhanden sind. Konflikte zwischen Gläubigern und Eigentümern

---

289 Siehe hierzu Lieser/Jüchser (2019), Rn. 17–30.

290 Vgl. Klöhn (2019), Rn. 121, 130; Institut der Wirtschaftsprüfer (2022), Rn. 1. Vgl. hierzu auch BGH-Urteil vom 09.07.1979 – II ZR 118/77, Rn. 41.

291 Vgl. Schillerwein (2014), S. 53. Eine außergerichtliche Sanierung ist trotz des Vorliegens eines Insolvenzantrags nicht ausgeschlossen, wenn bis zur Verfahrenseröffnung die Antragsgründe entfallen und der Antrag zurückgenommen wird. Sogar im gerichtlichen Verfahren kann gem. § 212 S. 1 InsO eine außergerichtliche Sanierung erfolgen, wenn sich die Schuldner auf dieses Verfahren verständigen, ein Antrag des Schuldners auf Einstellung des Insolvenzverfahrens gestellt wird, und gewährleistet ist, dass weder drohende Zahlungsunfähigkeit, Zahlungsunfähigkeit oder Überschuldung vorliegt. Vgl. Seefelder (2012), S. 207.

292 Vgl. hierzu die Ausführungen in Kapitel 2.2.4.2 und 2.2.4.3.

293 Vgl. für mögliche Ausnahmen auf Gesellschafterseite Fn. 168, sowie auf Gläubigerseite die nachfolgenden Ausführungen zu § 5 SchVG.

294 Vgl. Hommel et al. (2018), S. 1252.

sowie innerhalb verschiedener Gläubigergruppen spielen hierbei eine entscheidende Rolle.[295]

Zur Verdeutlichung der Interessenkonflikte sei zunächst angenommen, dass sowohl eine Liquidation, als auch ein Sanierungsversuch durchführbar ist.[296] Wird erstere Option gewählt, erhalten die Gläubiger den Liquidationswert (L_{vS}), der allerdings unterhalb ihrer Nominalansprüche (F) liegt. Im Fall einer erfolgreichen Sanierungsstrategie übersteigt der Fortführungswert nach Sanierungskosten (S) die Gläubigeransprüche ($S > F$). M.a.W. erfolgt eine volle Befriedigung der Fremdkapitalgeber. Sollte die Unternehmensrettung jedoch scheitern, liegt der Liquidationswert unter dem Wert, der durch Verwertung der Vermögensgegenstände vor dem Sanierungsversuch realisiert werden kann ($L_{nS} < L_{vS}$). Dies ist bspw. darauf zurückzuführen, dass der Wert der Vermögenswerte, die liquidiert werden könnten, durch weitere Inanspruchnahme und im Laufe der Zeit regelmäßig abnimmt. Die Zahlungsverteilung sei zudem derart, dass der erwartete Unternehmenswert bei Durchführung des Sanierungsversuchs (V) niedriger als der Liquidationswert vor der Sanierung ist, sodass gilt: $F > L_{vS} > V$. Es liegt beschränkte Haftung vor.

Der Interessenkonflikt zwischen Eigentümern und Gläubigern entsteht nun aufgrund der Tatsache, dass der Wert des Eigenkapitals vor dem Sanierungsversuch und bei Liquidation nahezu wertlos und das Risiko der Eigenkapitalgeber begrenzt ist. Glückt die Umsetzung der Sanierungsmaßnahmen, profitieren diese daher einseitig. Die Ansprüche der Fremdkapitalgeber sind dagegen gefährdet, da sie (nahezu) das gesamte Verlustrisiko tragen. Ihre Partizipation am Sanierungserfolg ist auf ihre vertraglichen Nominalansprüche begrenzt. Da für einen erfolgreichen Sanierungsversuch i.d.R. die Mitwirkung der Gläubiger erforderlich ist, der sofort realisierbare Liquidationswert allerdings oberhalb des Erwartungswertes liegt ($L_{vS} > V$), ist es möglich, dass trotz eines potenziell realisierbaren Fortführungswertes über dem Liquidationswert ($S > L_{vS}$), eine Zerschlagung vorgenommen wird. Maßgeblich für die Möglichkeit der

---

295 Grundsätzlich sollten im Rahmen des Stakeholdermanagements nicht nur die Kapitalgeber, sondern auch alle anderen relevanten Interessengruppen einbezogen werden. Durch eine gezielte Kommunikation gilt es, die Bereitschaft zur Beteiligung an Sanierungsbeiträgen zu erhöhen. Vgl. Knecht et al. (2018), S. 35.

296 Die nachfolgenden Ausführungen des Abschnitts beruhen auf den Beiträgen von Drukarczyk/Schöntag (2020), Rn. 5 sowie Fischer (1999), S. 17–25. Auf eine Unterscheidung zwischen risikoarmer und risikoreicher Sanierungsstrategie, wie sie Fischer (1999) vornimmt, wird nachfolgend verzichtet, da sie für die hier vorgebrachten Überlegungen nur geringfügige Relevanz hat.

Gesellschafter, die Gläubiger von einer Fortführung zu überzeugen, ist v.a. die Informationsverteilung unter den Finanziers.

Der zweite Interessenkonflikt ergibt sich zwischen besicherten und unbesicherten Gläubigern. In diesem Zusammenhang sei zusätzlich angenommen, dass der Liquidationswert vor dem Sanierungsversuch über den Ansprüchen der gesicherten Gläubiger liegt ($L_{vS} > F_S$). Diese erhalten im Fortführungsfall lediglich die vereinbarten Zins- und Tilgungsleistungen, deren Werte im Liquidationsszenario durch Verwertung sofort und risikofrei realisiert werden können. Sie haben daher wenige bzw. keine Anreize, Sanierungsbeiträge zu leisten. Ungesicherte Gläubiger würden bei Liquidation ohne Sanierungsversuch und bei Scheitern der Sanierung eine i.d.R. sehr niedrige Quote erhalten, weshalb ihr zusätzliches Verlustrisiko im Fall des Scheiterns der Sanierung ggü. dem sofortigen Liquidationsszenario begrenzt ist. Im Fortführungsfall haben sie dagegen die Chance auf eine erhebliche bis vollständige Wertaufholung ihrer Ansprüche. Liegt der Erwartungswert ihrer Ansprüche aus einem Sanierungsversuch oberhalb der Quote ($V_{FoS} > L_{vS} - F_S$ bzw. $L_{nS} - F_S$), werden sie einen Sanierungsversuch bevorzugen. Damit kann das Abstimmungsverhalten der Gläubigergruppen aufgrund der unterschiedlichen Rechtsausstattung divergieren.[297] Nachfolgend stellt Tab. 1 einen Überblick über die genannten Konflikte dar.

Tab. 1: Interessenkonflikte zwischen Eigen- und Fremdkapitalgebern im Rahmen der Sanierung von Kapitalgesellschaften

		Liquidation	**Sanierungsversuch**	
			Erfolg	**Misserfolg**
Eigenkapitalgeber		i.d.R. wertlos	Wertsteigerung	i.d.R. wertlos
Fremdkapitalgeber	**Ungesichert**	Hoher Wertverlust	Wertsteigerung	Hoher Wertverlust
	Gesichert	Anspruch wird erfüllt	Wert unverändert	Möglicher Wertverlust

Die Tab. zeigt die Interessenkonflikte zwischen Eigen- und Fremdkapitalgebern im Rahmen der Sanierung von Kapitalgesellschaften. Eigene, modifizierte Darstellung in Anlehnung an Drukarczyk/Schöntag (2020), Rn. 5; Fischer (1999), S. 11–23; Schulte (2016), S. 38.

297 Liegt der gesamte erwartete Fortführungswert über dem Liquidationswert vor der Sanierung ($V > L_{vS}$), bestehen möglicherweise Probleme aus der quotalen Verlustzuteilung ($V - F$) zwischen un- und besicherten Gläubigern. Vgl. Drukarczyk/Schöntag (2020), Rn. 5.

Ein weiteres Problem ergibt sich bzgl. der Gläubigerkoordination. Es besteht auch bei gleicher Rechtsstellung der Gläubiger und resultiert daraus, dass die Möglichkeit besteht, dass Trittbrettfahrer bzw. Akkordstörer innerhalb des Gläubigerkollektivs eigene Leistungen verweigern und auf Sanierungsbeiträge anderer Kapitalgeber hoffen, um ihre individuelle Vermögensposition zur stärken. Da in der freien Sanierung meist keine Möglichkeit besteht, eine opponierende Minderheit zu einem von der Mehrheit gewünschten Verhalten zu zwingen, können einzelne Gläubiger die konsensuale Lösung durch die Forderung von Sonderkonditionen oder durch Verweigerung zum Scheitern bringen.[298] Grundsätzlich wird davon ausgegangen, dass die Wahrscheinlichkeit einer außergerichtlichen Sanierung konträr zur Anzahl der Gläubiger sowie der Interessen(sgruppen) verläuft.[299]

Koordinationskonflikte können zwischen und innerhalb der jeweiligen Gruppen entstehen. Mit Blick auf die drei typischen Gläubigergruppen Anleihegläubiger, Banken bzw. institutionelle Gläubiger und Lieferanten, sowie unter Ausblendung etwaiger divergierender Rechtsstellungen können folgende Feststellungen getroffen werden: Für Anleihen besteht theoretisch die Möglichkeit, wesentliche Änderungen der Anleihebedingungen, wie bspw. der Hauptforderung und der Zinszahlungen, durch einen Mehrheitsbeschluss der Gläubiger gem. § 5 SchVG durchzuführen.[300] Angesichts der steigenden Bedeutung von

---

298 Vgl. Drukarczyk/Schöntag (2020), Rn. 3; Schluck-Amend (2023c), Rn. 9.21; Crone/Werner (2021b), S. 5; Löser (2019), Rn. 131. Gem. dem BGH-Urteil vom 12.12.1991 – IX ZR 178/91 entfaltet ein außergerichtlicher Sanierungsvergleich eine Bindungswirkung nur für die Gläubiger, die ihn geschlossen haben. Akkordstörer sind grundsätzlich auch dann nicht gehindert, ihre Ansprüche gegen den Schuldner uneingeschränkt durchzusetzen, wenn die Mehrheit der Gläubiger einen Vergleich befürwortet. Neben der Möglichkeit, die eigene Vermögensposition auf Kosten anderer zu erhöhen, sind auch individuelle Risikoeinstellungen und Informationsasymmetrien der Gläubigerkoordination abträglich. Vgl. Liebig/Witt (2011), S. 1931.

299 Vgl. Liebig/Witt (2011), S. 1934.

300 Für die Beschlüsse, durch welche der wesentliche Inhalt (wie z.B. eine Veränderung der Hauptforderung oder eine Verringerung der Zinszahlungen) der Anleihebedingungen geändert wird, ist eine Mehrheit von mindestens 75 % der teilnehmenden Stimmrechte (qualifizierte Mehrheit) zu ihrem Wirksamwerden nötig. Des Weiteren ist die Gläubigerversammlung nur beschlussfähig, wenn die Anwesenden wertmäßig mindestens die Hälfte der ausstehenden Schuldverschreibungen vertreten. In einer zweiten Versammlung sind nur noch 25 % nötig. Vgl. § 5 Abs. 4 i.V.m. § 15 Abs. 3 SchVG. Das Erreichen dieser Quoren bereitet

Anleihen aufgrund der verschärften Eigenkapitalvorschriften für Banken[301] ist dies besonders erwähnenswert. Im Zusammenhang mit der Neuordnung von Schulden werden Lieferanten als Gläubiger besonders kritisch betrachtet. Dies liegt daran, dass die Anzahl der Gläubiger und die Vielfalt ihrer Ansprüche oft sehr hoch sind,[302] was bspw. eine einheitliche Tauschofferte, wie sie bei Anleihegläubigern möglich ist, ausschließt.[303] Darüber hinaus werden Lieferanten oft als unnachgiebig charakterisiert.[304] Im Gegensatz dazu gelten Banken als erfahrene oder fortgeschrittene Gläubiger, deren Darlehen stärker konzentriert sind und eine größere Einheitlichkeit aufweisen. Dadurch werden Koordinationsprobleme, z.B. durch die Bildung von Interessengemeinschaften (sog. Bankenpools), reduziert, wodurch eine außergerichtliche Sanierung wahrscheinlicher wird.[305] Dieses Kalkül kann auch auf andere institutionelle Gläubiger wie Versicherungen übertragen werden, die z.B. im Rahmen von Schuldscheindarlehen Fremdkapital zur Verfügung stellen.

Positiv zu erwähnen ist, dass nach der Verabschiedung des StaRUG die Akkordstörerproblematik tendenziell von geringerer Bedeutung sein dürfte. Denn zum einen ermöglicht das StaRUG-Verfahren, die Obstruktion einzelner Gläubiger durch die Einleitung eines tatsächlichen Verfahrens zu überwinden. Zum anderen wirkt der rechtliche Rahmen auch auf die freie Sanierung, da das Drohpotenzial der Einleitung eines solchen Verfahrens das Verhalten der Gläubiger im außergerichtlichen Verhandlungsraum beeinflusst.[306]

2.2.4.2 Unternehmenssanierung nach der InsO

Falls ein außergerichtlicher Sanierungsversuch scheitert oder generell nicht möglich ist, kann unter Berücksichtigung der gesetzlichen Voraussetzungen eine

---

bei Publikumsanleihen allerdings oftmals massive Schwierigkeiten. Anleihen, die einem nicht deutschen Rechtsrahmen unterliegen, sind nicht Bestandteil der Betrachtung.

301 Vgl. Tyroller/Nienstedt (2015), S. 67.

302 Vgl. Gilson et al. (1990), S. 323; Jostarndt (2007), S. 82.

303 Vgl. Jostarndt (2007), S. 82.

304 Vgl. Gilson et al. (1990), S. 323.

305 Vgl. Jostarndt (2007), S. 82.

306 Vgl. Fritz (2022), Rn. 136. Es ist natürlich zu beachten, dass gem. § 29 Abs. 1 StaRUG erst im Fall der drohenden Zahlungsunfähigkeit ein StaRUG-Verfahren möglich ist. Vgl. Schluck-Amend (2023c), Rn. 9.21. Allerdings liegt die Hürde u.a. wegen dem relativ langen Prognosezeitraum von i.d.R. 24 Monaten gem. § 18 Abs. 2 S. 2 InsO relativ niedrig.

Sanierung nach der InsO in Betracht gezogen werden. Im Folgenden werden der Zweck und die Funktionsweise der InsO sowie die grundlegende Ausgestaltung des Insolvenzverfahrens erläutert.[307]

2.2.4.2.1 Zweck und Funktionsweise der InsO

Schuldner und/oder Gläubiger haben die Möglichkeit, die freien Sanierungsverhandlungen abzubrechen und in ein Insolvenzverfahren einzutreten. Bei Vorliegen drohender Zahlungsunfähigkeit kann lediglich der Schuldner diese Option nutzen. Bei bestehender Zahlungsunfähigkeit und Überschuldung steht diese Möglichkeit auch den Gläubigern offen. Liegen letztere Antragsgründe (noch) nicht vor, können Gläubiger i.d.R. ihre außerordentlichen Kündigungsrechte nutzen, um das Verfahren auszulösen.[308]

Die Ziele des Insolvenzverfahrens finden sich in § 1 S. 1 InsO: „Das Insolvenzverfahren dient dazu, die Gläubiger eines Schuldners gemeinschaftlich zu befriedigen, indem das Vermögen des Schuldners verwertet und der Erlös verteilt oder in einem Insolvenzplan eine abweichende Regelung insb. zum Erhalt des Unternehmens getroffen wird.“ Das zentrale Element bildet damit die Gewährleistung der bestmöglichen gemeinschaftlichen Befriedigung der Insolvenzgläubiger.[309] Es herrscht ein Wettbewerb um die effizienteste Verwertungsart, indem die Verfahrensziele Liquidation, Sanierung und übertragende Sanierung vom Gesetzgeber als gleichrangig erachtet werden.[310] Die Entscheidungsbefugnis liegt im Rahmen der Gläubigerautonomie bei den Fremdkapitalgebern. Sie beschließen in der Gläubigerversammlung bzw. im Gläubigerausschuss, ob das Unternehmen des Schuldners stillgelegt oder (vorübergehend) fortgeführt werden soll.[311] Sofern die Finanziers ökonomisch rational handeln, werden sie ihre Entscheidung am Vergleich zwischen dem ihnen zustehenden Wert bei Fortführung und dem bei Liquidation bzw. Zerschlagung ausrichten: Übersteigt der Fortführungswert nach Sanierungskosten den Liquidationswert so ist es i.S. einer optimalen Gläubigerbefriedigung schlüssig, Maßnahmen zum Erhalt bzw. der Sanierung des Unternehmens einzuleiten und auf eine Liquidation zu

---

307 Vorübergehende Eingriffe durch das COVInsAG bzw. SanInsKG sind nicht Gegenstand der Betrachtung.

308 Vgl. Drukarczyk/Schöntag (2020), Rn. 8.

309 Vgl. Steffan (2022), Rn. 191; Undritz (2022), Rn. 9.

310 Vgl. BT-Drs. 12/2443, S. 77–78; Uhlenbruck (2007), S. 259; Krystek/Moldenhauer (2007), S. 168. Das bedeutet auch, dass die Unternehmenssanierung kein Selbstzweck ist. Vgl. Undritz (2022), Rn. 9.

311 Vgl. § 157 Abs. 1 InsO.

verzichten.[312] Eine Unternehmensfortführung erfolgt i.d.R. im sog. Insolvenzplanverfahren, während eine Liquidation üblicherweise im sog. Regelverfahren stattfindet.[313]

Im Regelverfahren besteht zudem die Möglichkeit, durch eine übertragende Sanierung Teile des Geschäftsbetriebes durch einen Asset Deal zu erhalten.[314] Jene ist entgegen ihres Wortlautes allerdings keine Sanierung i.S. einer Rettung oder Gesundung eines Krisenunternehmens. Es handelt sich hierbei um die (Teil-)Veräußerung und Übertragung der zu einem Geschäftsbetrieb gehörenden wesentlichen Vermögensgegenstände an einen bestehenden oder neu zu gründenden Rechtsträger mit dem Ziel, den (Teil-)Betrieb ohne Altlasten, die beim zu liquidierenden insolventen Rechtsträger verbleiben, aufrechtzuerhalten.[315] Es kommt somit zu einer Aufspaltung der Aktiva und Passiva des alten Rechtsträgers, wobei der Kaufpreis für die Auffanggesellschaft oder der direkt übernommenen Vermögenswerte als Teil der Insolvenzmasse zur Befriedigung der Gläubiger verwendet wird.[316] Neben der Übernahme eines weitgehend unbelasteten Geschäftsbetriebs, stellen die zügige Abwicklung, sowie die weitgehende Außerkraftsetzung von hinderlichen Haftungsvorschriften, wie z.B. die Haftung für die im bisherigen Geschäftsbetrieb begründeten Verbindlichkeiten gem. § 25 HGB, zentrale Vorteile der übertragenden Sanierung dar. Nachteilig kann sich erweisen, dass aufgrund des neuen Rechtsträgers grundsätzlich alle vertraglichen Verhältnisse neu abgeschlossen werden müssen, und daher u.U. Vertragsverhältnisse mit vergleichsweise guten Konditionen zu Lieferanten und Kunden oder Lizenzen und Genehmigungen verloren gehen können.[317]

---

312 Vgl. Dirschedl (2015), S. 35.

313 Der Begriff „Insolvenzplanverfahren" stammt aus der Sanierungspraxis, ist jedoch terminologisch unscharf. Tatsächlich stellt der Insolvenzplan keine eigenständige Verfahrensart dar. Vgl. Abel (2021), S. 403.

314 Innerhalb des Insolvenzverfahrens stellt die übertragende Sanierung die gängigste Vorgehensweise zur Erhaltung des Geschäftsbetriebs dar. Vgl. Steffan (2022), Rn. 451. Eine übertragende Sanierung ist prinzipiell auch außergerichtlich möglich, jedoch mit rechtlichen Risiken verbunden. Vgl. Lieser/Jüchser (2019), Rn. 9–11.

315 Vgl. Abel (2021), S. 402–403; Steffan (2022), Rn. 451. Die Gründung des neuen Rechtsträgers erfolgt durch den Insolvenzverwalter oder einen Investor. Wenn der Insolvenzverwalter keinen zeitnahen Verkauf durchführt, bspw. aufgrund ungünstiger Marktaussichten oder unzureichender Renditen, kann er ungewollt in die Rolle des Unternehmers gedrängt werden. Vgl. Steffan (2022), Rn. 454.

316 Vgl. Steffan (2022), Rn. 452; Schillerwein (2014), S. 38.

317 Vgl. Schluck-Amend (2023b), Rn. 5.11–5.12; Friel (2019), Rn. 7.

In solchen Fällen kann die Sanierung eines Unternehmens per Insolvenzplan vorzugswürdig sein. Der Insolvenzplan eröffnet die Möglichkeit, die Befriedigung der absonderungsberechtigten Gläubiger und der Insolvenzgläubiger, die Verwertung der Insolvenzmasse und deren Verteilung an die Beteiligten sowie die Verfahrensabwicklung und die Haftung des Schuldners nach der Beendigung des Insolvenzverfahrens abweichend von den gesetzlichen Vorschriften zu regeln.[318] Er dient dazu Insolvenzen auf der Grundlage der Gläubigerautonomie in einer kooperativen, flexiblen und wirtschaftlich effektiven Weise abzuwickeln.[319] Die optimale Verwertungsform kann die erwähnte Unternehmensfortführung, d.h. eine bilanzielle Entschuldung und operative Restrukturierung des Rechtsträgers, sein. In diesem Zusammenhang erfolgt zudem oft eine Eigenverwaltung gem. §§ 270 ff. InsO, also die Berechtigung des Schuldners, unter Aufsicht eines Sachwalters die Insolvenzmasse zu verwalten und über sie zu verfügen. Im Fortführungsfall werden die Gläubiger dann aus den zukünftigen Überschüssen des Unternehmens befriedigt.[320]

Die beschriebenen Verknüpfungen müssen allerdings nicht zwangsläufig bestehen. Einerseits kann ein Insolvenzplan sowohl im Insolvenzverfahren unter Eigenverwaltung als auch unter Fremdverwaltung durchgeführt werden.[321] Andererseits muss am Ende des Insolvenzplanverfahrens nicht zwangsläufig die Fortführung des „alten" Unternehmens stehen, sondern es können auch von gesetzlichen Regelungen differierende Vereinbarungen getroffen werden, die die Liquidation oder die übertragende Sanierung des Geschäftsbetriebs zum Ziel haben. Es handelt sich dann nicht um Sanierungs-, sondern um Übertragungs- oder Liquidationspläne.[322] Abb. 6 ordnet die beschriebenen Vorgehensweisen in einen Überblick ein.

---

318 Vgl. § 217 InsO. Vgl. für den Insolvenzplan im Detail z.B. Reichelt (2022), Rn. 1–60.

319 Vgl. BT-Drs. 12/2443, S. 90.

320 Vgl. Riggert (2022), Rn. 6. Der Schutzschirm und die Eigenverwaltung sind Teil der Ausführung in Kapitel 2.2.4.2.2.

321 Vgl. Abel (2021), S. 403.

322 Vgl. Reichelt (2022), Rn. 7; Schluck-Amend (2023b), Rn. 5.15; Friel (2019), Rn. 13. Für die Besprechung der Vorteile einer übertragende Sanierung oder Liquidation im Insolvenzplanverfahren siehe Reichelt (2022), Rn. 9–11.

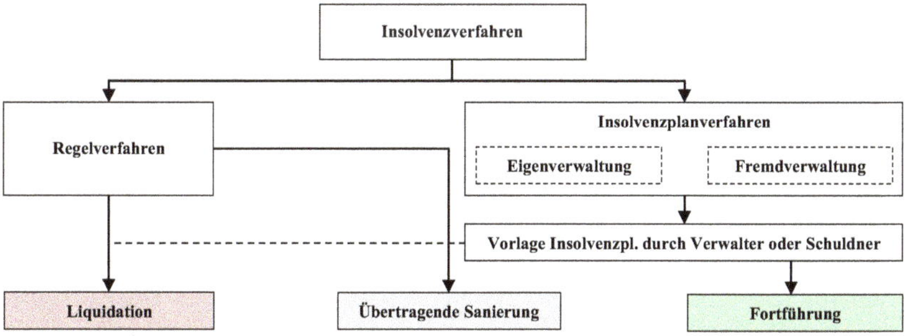

Abb. 6: Überblick zum Insolvenzverfahren und zu möglichen Ausgestaltungen
Die Abb. zeigt einen Überblick zum Insolvenzverfahren und möglichen Ausgestaltungen. Eigene, modifizierte Darstellung in Anlehnung an Abel (2021), S. 404.

Obwohl die Sanierung im Insolvenzverfahren meist erst nach dem Scheitern eines außergerichtlichen Versuchs in Betracht gezogen wird, kann sie für viele Unternehmen vorteilhaft sein, weil die Gestaltungsmöglichkeiten eine besonders effektive Maßnahmendurchführung ermöglichen.[323] Die InsO gewährt dem insolventen Unternehmen eine Vielzahl an Erleichterungen, d.h. die gesetzlich möglichen Maßnahmen, die im Rahmen der gerichtlichen Sanierung durchgeführt werden können, gehen über jene der freien Sanierung hinaus.[324] Das gerichtliche Sanierungsverfahren bietet z.B. den großen Vorteil, dass keine Zustimmung aller Anspruchsinhaber zu einem Sanierungskonzept notwendig ist (sog. Obstruktionsverbot), und somit Koordinationsprobleme überwunden werden können. Weitere Vorteile bestehen insb. durch den Schutz vor Einzelvollstreckungsmaßnahmen, die Gewährung des Insolvenzgeldes, die mögliche Beendigung von unvorteilhaften Verträgen, die Aufhebung bestimmter Arbeitnehmerschutzgesetze sowie die Anfechtung von nachteiligen Geschäften.[325] Diese Vorzüge des Verfahrens werden nachfolgend dargelegt.

Das Obstruktionsverbot gem. § 245 InsO zielt darauf ab, die fehlende Zustimmung einer Gruppe zu einem Plan zu kompensieren, wenn diese als

---

323 Vgl. Steffan (2022), Rn. 99.
324 Vgl. Institut der Wirtschaftsprüfer (2023), Rn. 3; Liebig/Witt (2011), S. 1932.
325 Vgl. Liebig/Witt (2011), S. 1932–1933; Uhlenbruck (2007), S. 263–264; Friel (2019), Rn. 6.

obstruktiv betrachtet wird.[326] Die Gruppenbildung erfolgt nach § 222 InsO. Es ist prinzipiell zu unterscheiden zwischen

- den absonderungsberechtigten Gläubigern, wenn durch den Plan in deren Rechte eingegriffen wird,
- den nicht nachrangigen Insolvenzgläubigern,
- den einzelnen Rangklassen der nachrangigen Insolvenzgläubiger, soweit deren Forderungen nicht nach § 225 InsO als erlassen gelten sollen,
- den am Schuldner beteiligten Personen, wenn deren Anteils- oder Mitgliedschaftsrechte in den Plan einbezogen werden,
- und den Inhabern von Rechten aus gruppeninternen Drittsicherheiten.[327]

Gem. § 244 Abs. 1 InsO ist für die Annahme des Insolvenzplans durch die Gläubiger erforderlich, dass in jeder Gruppe die Mehrheit der abstimmenden Gläubiger dem Plan zustimmt (Kopfmehrheit) und dass die Gesamtforderungen der zustimmenden Gläubiger mehr als die Hälfte der Gesamtforderungen der abstimmenden Gläubiger (Summenmehrheit) ausmachen. Für die Anteilsinhaber des Schuldners genügt es gem. § 244 Abs. 3 InsO, wenn die Summe der Beteiligungen der zustimmenden Anteilsinhaber mehr als die Hälfte der Summe der Beteiligungen der abstimmenden Anteilsinhaber beträgt.

Im Rahmen der Abstimmungen kann es dazu kommen, dass Entscheidungen getroffen werden, die den Eindruck eines strategischen Manövers erwecken, das darauf abzielt, besondere Vorteile zu erlangen, jedoch ökonomisch unbegründet ist. Diese Situation kann aus der heterogenen Rechtsausstattungen der Gläubiger oder der unterschiedlichen Informationsqualität der Kapitalgeber resultieren.[328] Doch auch wenn die erforderlichen Mehrheiten nicht erreicht werden, wird die Zustimmung einer Abstimmungsgruppe gem. § 245 Abs. 1 InsO als erteilt betrachtet, wenn drei Bedingungen erfüllt sind: Erstens, die Mitglieder dieser Gruppe werden durch den Insolvenzplan voraussichtlich nicht schlechter gestellt, als wenn es keinen Plan gäbe. Zweitens, die Mitglieder dieser Gruppe partizipieren angemessen am wirtschaftlichen Wert, der gem.

---

326 Gem. § 243 InsO stimmt jede Gruppe der stimmberechtigten Beteiligten gesondert über den Insolvenzplan ab. Vgl. für das Obstruktionsverbot im Detail z.B. Drukarczyk/Schüler (2019b) oder Kaldenbach (2019).

327 Es können auch Gruppen für Arbeitnehmer, Kleingläubiger und geringfügig beteiligte Anteilsinhaber gebildet werden. Zudem ist es möglich, aus den Beteiligten mit gleicher Rechtsstellung Gruppen zu bilden, in denen Beteiligte mit gleichartigen wirtschaftlichen Interessen zusammengefasst werden. Vgl. § 222 Abs. 2, 3 InsO.

328 Vgl. Drukarczyk/Schüler (2019b), Rn. 1–2.

dem Plan den Beteiligten zugewiesen werden soll.[329] Drittens, die Mehrheit der abstimmenden Gruppen hat dem Plan mit den erforderlichen Mehrheiten zugestimmt. Hierdurch können insb. Eingriffe in die Rechte der Anteilseigner und Debt-Equity-Swaps vorgenommen,[330] und ein Kernproblem der außergerichtlichen Sanierung – die Akkordstörer bzw. Trittbrettfahrerproblematik – überwunden werden.[331]

Der Schutz vor individueller Zwangsvollstreckung zielt darauf ab, die gleichmäßige Befriedigung sämtlicher Insolvenzgläubiger sicherzustellen. Dies wird durch das gesetzliche Verbot der Einzelzwangsvollstreckung im Zusammenhang mit der Insolvenzeröffnung gewährleistet. Ebenso soll das Vermögen, das für den fortwährenden Betrieb eines Unternehmens von Bedeutung ist, unberührt bleiben, um eine Sanierung ohne Entnahme betriebsnotwendiger Ressourcen durch den Schuldner zu ermöglichen.[332] Gem. § 89 InsO sind Zwangsvollstreckungen während der Dauer des Insolvenzverfahrens in die Insolvenzmasse sowie das sonstige Vermögen des Schuldners nicht zulässig.[333] Zudem untersagt § 90 InsO eine Zwangsvollstreckung wegen Masseverbindlichkeiten, wenn diese nicht durch eine Rechtshandlung des Insolvenzverwalters begründet worden sind, für sechs Monate ab der Eröffnung des Insolvenzverfahrens. Zusätzlich ist laut § 88 InsO jede Sicherungsmaßnahme an Vermögen, das zur Insolvenzmasse des Schuldners gehört, unwirksam, wenn sie von einem Insolvenzgläubiger im letzten Monat vor dem Antrag auf Eröffnung des Insolvenzverfahrens erlangt wird (sog. Rückschlagsperre).

Das Insolvenzgeld gem. § 165 ff. SGB III dient als Lohnersatz für die Arbeitnehmer. Der wesentliche Vorteil im Rahmen der Betriebsfortführung besteht darin, dass das Insolvenzgeld vorfinanziert wird und daher eine Schonung der Unternehmensliquidität im Insolvenzeröffnungsverfahren bewirkt.[334] Arbeitnehmer haben gem. § 165 Abs. 1 Satz 1 SGB III Anspruch auf Insolvenzgeld, wenn sie innerhalb des Landes beschäftigt sind und im Zeitpunkt des Insolvenzereignisses noch ausstehende Ansprüche auf Arbeitsentgelt aus den

329 Die angemessene Beteiligung wird für Gläubiger in § 245 Abs. 2 InsO und für Anteilseigner in § 245 Abs. 3 InsO definiert.

330 Vgl. § 225a Abs. 2, 3 InsO.

331 Vgl. Undritz (2022), Rn. 33.

332 Vgl. Abel (2021), S. 412, 418; Liebig/Witt (2011), S. 1932.

333 Im Insolvenzeröffnungsverfahren können Maßnahmen der Zwangsvollstreckung gegen den Schuldner gem. § 21 Abs. 2 Nr. 3 InsO untersagt oder einstweilen eingestellt werden.

334 Vgl. Buchalik (2015), S. 12; Liebig/Witt (2011), S. 1932; Abel (2021), S. 414.

vorherigen drei Monaten haben. Der Zeitraum für die Gewährung des Insolvenzgeldes erstreckt sich somit auf die letzten drei Monate vor der Eröffnung des Insolvenzverfahrens bzw. der Ablehnung mangels Masse.[335] Das Unternehmen kann seine betriebliche Tätigkeit demnach bis zu drei Monate fortsetzen, ohne Löhne sowie Lohnsteuern und Sozialabgaben zahlen zu müssen. Des Weiteren können die Mitarbeiter, die zur Sicherstellung der Leistungsfähigkeit der Unternehmung benötigt werden, leichter im Unternehmen gehalten sowie die Arbeitsmotivation bewahrt werden, da die Lohnzahlung gesichert ist.[336]

Die gesetzliche Grundlage für die Beendigung von unvorteilhaften Verträgen bilden §§ 103 ff. InsO.[337] Sie versetzen den Insolvenzverwalter in die Lage, noch nicht vollständig erfüllte gegenseitige Verträge einseitig zu beenden.[338] Gem. § 103 Abs. 2 InsO kann der Vertragspartner eine Forderung wegen Nicht-Erfüllung nur als Insolvenzgläubiger geltend machen. Ein prominentes Beispiel für unvorteilhafte Verträge sind langfristige Mietverträge für zu große und teure Immobilien, die nicht betriebsnotwendig sind und nun ohne Rücksicht auf die Vertragsdauer gekündigt werden können.[339] Die Aufhebung bestimmter Arbeitnehmerschutzgesetze ermöglicht dem Unternehmen ebenso eine Beendigung von (Arbeits-)Verträgen und daher eine einfachere Sanierung. Zum einen werden die Kündigungsfristen für Arbeitnehmer gem. § 113 InsO auf maximal drei Monate verkürzt, während zum anderen die Sozialplanansprüche der Arbeitnehmer durch eine gesetzlich geregelte absolute und relative Obergrenze gem. § 123 InsO begrenzt werden. Zudem ist zu beachten, dass die Verhandlungsposition des Schuldners durch eine größere Bereitschaft der Arbeitnehmer und Gewerkschaften zu Zugeständnissen im Insolvenzverfahren gestärkt wird.[340]

Die Anfechtung von nachteiligen Geschäften gem. den §§ 129 ff. der InsO verfolgt das Ziel, unrechtmäßige Transaktionen, die vor der Eröffnung des Insolvenzverfahrens stattfanden, rückgängig zu machen. Diese Maßnahme soll dazu beitragen, das Vermögen des Schuldners bzw. die Insolvenzmasse zu sichern, und Liquiditätsabflüsse zurückzuerlangen.[341] Bspw. sind

---

335 Vgl. Abel (2021), S. 412–413.

336 Vgl. Buchalik (2015), S. 12, 75; Liebig/Witt (2011), S. 1932; Abel (2021), S. 412.

337 Im Fall der Eigenverwaltung ist § 279 InsO zu beachten.

338 Vgl. Buchalik (2015), S. 11; Liebig/Witt (2011), S. 1932; Abel (2021), S. 421–422.

339 Vgl. Liebig/Witt (2011), S. 1933; Abel (2021), S. 422 Siehe hierzu auch § 109 InsO.

340 Vgl. Liebig/Witt (2011), S. 1933; Buchalik (2015), S. 11.

341 Vgl. Liebig/Witt (2011), S. 1933. Siehe für weitere Vorteile im Rahmen des Insolvenzverfahrens z.B. Uhlenbruck (2001), S. 1646; Buchalik (2015), S. 11–12.

Rechtshandlungen, die einem Insolvenzgläubiger innerhalb der letzten drei Monate vor dem Antrag auf Eröffnung des Insolvenzverfahrens Sicherung oder Befriedigung gewährt oder ermöglicht haben, anfechtbar. Dies ist der Fall, wenn zum Zeitpunkt der Handlung der Schuldner zahlungsunfähig war und der Gläubiger zu diesem Zeitpunkt von der Zahlungsunfähigkeit wusste.[342] Unter diese Vorschriften fallen insb. auch unzulässige Vermögensverschiebungen durch das Management.[343]

Den Vorteilen der Sanierung im Rahmen des Insolvenzverfahrens sind die Nachteile ggü. zu stellen. Im Insolvenzverfahren fallen direkte und indirekte Insolvenzkosten an.[344] Beide Kostenarten sind im Insolvenzverfahren höher als im Rahmen eines freien Sanierungsversuchs.[345] Problematisch sind dabei v.a. die indirekten Kosten, welche durch die immer noch bestehende Stigmatisierung des Insolvenzverfahrens und dem damit einhergehenden Reputations- und Vertrauensverlust sowie den negativen Reaktionen der Stakeholder, wie z.B. Gläubigern, Kunden, Lieferanten oder Arbeitnehmern, ausgelöst werden.[346] Ein weiterer Nachteil ergibt sich für die Eigentümer daraus, dass ihre Kontrollmöglichkeiten eingeschränkt werden. Die Leitung des Unternehmens obliegt dem Insolvenzverwalter oder der Geschäftsführung, während kritische Entscheidungen im Verfahren von den Gläubigern getroffen werden.[347] Zudem bestehen im Insolvenzplanverfahren u.U. Haftungsrisiken für den sanierenden Insolvenzverwalter bzw. die Geschäftsführung bei Eigenverwaltung.[348]

342 Vgl. § 130 Abs. 1 Nr. 1 InsO.

343 Vgl. Liebig/Witt (2011), S. 1933.

344 Hier kann tatsächlich von Insolvenzkosten und nicht von Kosten der finanziellen Schieflage gesprochen werden. Siehe hierzu Fn. 282.

345 Vgl. Drukarczyk/Schöntag (2020), Rn. 10. Siehe für eine ausführliche Diskussion Kapitel 2.2.4.1.

346 Vgl. Wieland-Blöse/Oberle (2022), Rn. 99. In diesem Zusammenhang ist es unerlässlich, dass der (vorläufige) Insolvenzverwalter bzw. der eigenverwaltende Schuldner aufgrund des Erwartungsdrucks frühzeitig Aussagen zur Sanierungsfähigkeit trifft und die erforderlichen Verfahrensschritte einleitet. Positive Nachrichten, wie z.B. zur Sicherung der Löhne und Gehälter oder zu aussichtsreichen Gesprächen mit Stakeholdern und/oder mit potenziellen Investoren, können dazu beitragen, die Beteiligten für den eingeschlagenen Sanierungsweg zu gewinnen. Vgl. Undritz (2022), Rn. 36.

347 Vgl. Lieser/Jüchser (2019), Rn. 8 sowie hierzu im Detail Goetker (2018), S. 1635–1643. Gem. § 276a Abs. 1 InsO haben der Aufsichtsrat, die Gesellschafterversammlung oder entsprechende Organe keinen Einfluss auf die Geschäftsführung des Schuldners.

348 Vgl. Undritz (2022), Rn. 41 m.w.N.; Abel (2021), S. 407.

In der Gesamtschau führen die genannten Punkte in vielen Fällen dazu, dass ein außergerichtlicher Sanierungsversuch unternommen wird. Allerdings wird im Fall seines Scheiterns oftmals eine gerichtliche Sanierung aufgrund der dann weiter fortgeschrittenen Aufzehrung des Unternehmenswerts verhindert.

2.2.4.2.2 Ausgestaltung des Insolvenzverfahrens[349]

Das Insolvenzverfahren eines Krisenunternehmens beginnt mit dem Insolvenzantrag, wobei ein Eröffnungsgrund vorliegen muss, damit das Verfahren tatsächlich eröffnet wird.[350] Bei Vorliegen von Zahlungsunfähigkeit gem. § 17 InsO oder Überschuldung gem. § 19 InsO sind die Gläubiger antragsberechtigt.[351] Der Antrag ist zuzulassen, sofern der Gläubiger ein rechtliches Interesse an der Eröffnung des Insolvenzverfahrens hat und seine Forderungen sowie das Vorliegen eines Eröffnungsgrundes glaubhaft macht.[352] Der Schuldner hingegen ist zur Antragsstellung ohne schuldhaftes Zögern, spätestens aber drei Wochen nach Eintritt der Zahlungsunfähigkeit oder sechs Wochen nach Eintritt der Überschuldung, verpflichtet.[353] Diese Fristen sind nur insofern auszunutzen, „[...] wenn Maßnahmen zur Beseitigung der Insolvenzeröffnungsgründe eingeleitet sind oder werden, die mit hinreichender Wahrscheinlichkeit innerhalb der jeweiligen Frist zum Erfolg führen"[354]. Droht der Schuldner zahlungsunfähig zu werden, besteht seinerseits ein Antragsrecht gem. § 18 Abs. 1 InsO.

Für die Prüfung des Eröffnungsgrundes der Zahlungsunfähigkeit gilt es Folgendes zu beachten: Der Schuldner ist zahlungsunfähig, wenn er die fälligen Zahlungspflichten nicht erfüllen kann. Das ist auch anzunehmen, wenn der Schuldner seine Zahlungen eingestellt hat.[355] Für die Prüfung ist zunächst

---

349 Aufgrund der Komplexität der Materie wird an dieser Stelle darauf hingewiesen, dass eine übersichtliche, schematische Darstellung des Ablaufs am Ende des Kapitels zu finden ist.

350 Vgl. §§ 13 Abs. 1, 16 InsO.

351 Vgl. § 13 Abs. 1 i.V.m. § 18 Abs. 1 InsO sowie Drukarczyk/Schöntag (2020), Rn. 8; Steffan (2022), Rn. 7.

352 Vgl. § 14 Abs. 1 InsO.

353 Vgl. § 15a Abs. 1 InsO.

354 Institut der Wirtschaftsprüfer (2022), Rn. 1.

355 Vgl. § 17 InsO. Fälligkeit kann durch gesetzliche Regelungen, Vereinbarung oder einseitige Parteierklärung eintreten, wobei gestundete Verbindlichkeiten nicht in den Finanzstatus aufzunehmen sind. Zahlt der Schuldner nicht, weil er das Bestehen der Verpflichtung dem Grunde oder der Höhe nach mit begründeten Einwendungen bestreitet, liegt keine Zahlungseinstellung vor. Vgl. Institut der Wirtschaftsprüfer (2022), Rn. 22, 26, 29.

ein Finanzstatus zur Ermittlung der Stichtagsliquidität zu erstellen. Kann der Schuldner seine fälligen Zahlungsverpflichtungen erfüllen, ist keine Zahlungsunfähigkeit gegeben und kein Finanzplan nötig.[356] Wenn sich dagegen zeigt, dass der Schuldner die fälligen Verbindlichkeiten nicht begleichen kann, hat er die im dreiwöchigen Prognosezeitraum erwarteten Ein- und Auszahlungen in eine Liquiditätsplanung einzupflegen.[357] Ist es dem Schuldner möglich, seine Liquiditätslücke innerhalb des Zeitraums von drei Wochen komplett zu schließen, liegt lediglich eine Zahlungsstockung und keine Zahlungsunfähigkeit vor.[358] Wenn diese Liquiditätslücke am Ende der drei Wochen unter 10 % der fälligen Gesamtverbindlichkeiten liegt, ist ebenfalls von einer Zahlungsstockung auszugehen. In diesen Fällen ist weiterhin per Liquiditätsplan zu prüfen, ob die Liquiditätslücke demnächst 10 % oder mehr betragen wird, und damit dennoch Zahlungsunfähigkeit vorliegt.[359] Eine geringe, aber dauerhafte Unterdeckung ist zu vermeiden, weshalb auch eine geringe Liquiditätslücke, die nicht innerhalb von drei bis sechs Monaten vollständig geschlossen werden kann, eine Zahlungsunfähigkeit bedeutet.[360] Sollte die Liquiditätslücke am Ende der drei Wochen bei 10 % oder mehr liegen, gilt die Ausnahme, dass keine Zahlungsunfähigkeit vorliegt, „[…] wenn mit an Sicherheit grenzender Wahrscheinlichkeit zu erwarten ist, dass die Liquiditätslücke demnächst vollständig oder fast vollständig beseitigt werden wird und den Gläubigern ein Zuwarten nach den besonderen Umständen des Einzelfalls zuzumuten ist“[361]. Ist dies nicht der Fall, liegt Zahlungsunfähigkeit, und somit Antragsrecht der Gläubiger bzw. Antragspflicht des Krisenunternehmens vor.

---

356 Der Finanzstatus enthält eine Gegenüberstellung der verfügbaren liquiden Finanzmittel und der fälligen Verbindlichkeiten des Unternehmens. Der Finanzplan hingegen ist eine Weiterentwicklung des Finanzstatus. Er basiert auf einer detaillierten Darstellung der erwarteten Ein- und Auszahlungen, die wiederum auf einer sorgfältig durchgeführten und ausreichend dokumentierten betriebswirtschaftlichen Unternehmensplanung beruht. Längerfristige Finanzpläne enthalten neben der Liquiditäts- auch eine Erfolgs- und Vermögensplanung. Vgl. Institut der Wirtschaftsprüfer (2022), Rn. 26, 34.

357 Vgl. Institut der Wirtschaftsprüfer (2022), Rn. 24–25.

358 Vgl. BGH-Urteil vom 24.05.2005 – IX ZR 123/04, Abschn. II. 2. a.

359 Vgl. BGH-Urteil vom 12.10.2006 – IX ZR 228/03, Rn. 27 unter Verweis auf das BGH-Urteil vom 24.05.2005 – IX ZR 123/04.

360 Vgl. Institut der Wirtschaftsprüfer (2022), Rn. 17.

361 BGH-Urteil vom 24.05.2005 – IX ZR 123/04. Der sich an das Ende des Dreiwochenzeitraums anschließende weitere Zeitraum kann in Ausnahmefällen drei bis sechs Monate betragen. Vgl. Institut der Wirtschaftsprüfer (2022), Rn. 16.

Eine Überschuldung liegt vor, „[…] wenn das Vermögen des Schuldners die bestehenden Verbindlichkeiten nicht mehr deckt, es sei denn, die Fortführung des Unternehmens in den nächsten zwölf Monaten ist nach den Umständen überwiegend wahrscheinlich“[362]. Die Prüfung erfolgt formal in einem zweistufigen Vorgehen. Zunächst werden im Rahmen einer Fortbestehensprognose die Überlebenschancen des Unternehmens geprüft. Sie ist eine Zahlungsfähigkeitsprognose,[363] deren Grundlage ein mehrwertiger Finanzplan darstellt, welcher die Unsicherheit in Bezug auf die Fortführung erkennbar macht.[364] Ist die Aufrechterhaltung der Zahlungsfähigkeit innerhalb des Prognosezeitraums wahrscheinlicher als der Eintritt einer Zahlungsunfähigkeit, liegt ein positives Prüfungsurteil und damit keine Überschuldung vor.[365] Ist das Ergebnis negativ, ist auf der zweiten Prüfungsstufe ein stichtagsbezogener Überschuldungsstatus, d.h. eine Gegenüberstellung der Vermögensgegenstände und Verbindlichkeiten, zu erstellen. Vermögenswerte bzw. Schulden werden im Überschuldungsstatus mit Liquidationswerten bzw. Erfüllungsbeträgen angesetzt.[366] Im Fall einer negativen Fortbestehensprognose liegt regelmäßig auch rechnerische Überschuldung vor, weil eine Bilanz, die alle verfügbaren Vermögensgegenstände erfasst und zu Liquidationswerten bewertet, das Kreditvolumen anzeigt, das Gläubiger, die auf dinglichen Sicherungen bestehen, mindestens zu gewähren bereit wären.[367] Selbst bei positivem Reinvermögen besteht ein Antragsrecht des Schuldners, da eine drohende Zahlungsunfähigkeit vorliegt.[368]

Der Insolvenzgrund der drohenden Zahlungsunfähigkeit ist gegeben, wenn am Beurteilungsstichtag keine Liquiditätslücke vorhanden ist, aber der Schuldner – auch unter Berücksichtigung von finanziellen Dispositionen und Kapitalbeschaffungsmaßnahmen – gem. Finanzplan mit überwiegender

---

362 § 19 Abs. 2 S. 1 InsO. Durch die Verabschiedung des SanInsFoG wurde der Prognosezeitraum verkürzt. Zuvor beschränkte sich die Betrachtung i.d.R. auf das laufende und folgende Geschäftsjahr. Vgl. Institut der Wirtschaftsprüfer (2022), Rn. 61, 101.

363 Vgl. Institut der Wirtschaftsprüfer (2022), Rn. 54, 60–61.

364 Vgl. Drukarczyk/Schüler (2019c), Rn. 58.

365 Vgl. Steffan (2022), Rn. 106; Institut der Wirtschaftsprüfer (2022), Rn. 65

366 Vgl. Institut der Wirtschaftsprüfer (2022), Rn. 70, 75; Drukarczyk/Schüler (2019c), Rn. 115, 129.

367 Vgl. Drukarczyk/Schöntag (2020), Rn. 47–49. Siehe hierzu im Detail Drukarczyk/Schüler (2019c).

368 Vgl. Institut der Wirtschaftsprüfer (2022), Rn. 92, 96.

Wahrscheinlichkeit nicht in der Lage sein wird, die bestehenden Zahlungspflichten im Zeitpunkt der Fälligkeit zu erfüllen, wobei i.d.R. ein Prognosezeitraum von 24 Monaten ab dem Beurteilungsstichtag zugrunde zu legen ist.[369] Ausschlaggebend für die mehrwertige Zahlungsprognose sind dabei subjektive Wahrscheinlichkeiten, welche lediglich eine eingeschränkte Nachprüfbarkeit aufweisen und daher im Interesse der Antragssteller in begrenztem Umfang angepasst werden können.[370] Dieses relativ flexible Antragsrecht erlaubt dem Schuldner insb. in ein Verfahren gem. StaRUG einzutreten, sowie einen Schutzschirm unter der InsO zu beantragen.[371] Trotzdem zeigt sich, dass eine Antragsstellung gem. § 18 InsO deutlich vor den Zeitpunkten gem. § 17 oder § 19 InsO erfolgen muss, weshalb der Zeitbedarf für einen außergerichtlichen Sanierungsversuch den möglichen Zeitraum zur Nutzung dieser Möglichkeit verkürzt.[372] Problematisch ist, dass dieser Insolvenzantragsgrund nach wie vor kaum genutzt wird und hierdurch Sanierungschancen, die durch eine frühzeitige Einleitung eines Verfahrens bestehen, vergeben werden. Ursächlich hierfür sind das bereits erwähnte Stigma der Insolvenz sowie die Angst des Kontrollverlustes vonseiten der Unternehmensführung. Hinzu kommen oftmals mangelnde Krisenerfahrung, Realitätsflucht und Beratungsresistenz des Managements.[373]

Es folgt das Insolvenzantrags- bzw. Insolvenzeröffnungsverfahren.[374] In diesem prüft das Insolvenzgericht das Vorliegen der Eröffnungsvoraussetzungen. Zu diesem Zweck wird das zuständige Gericht alle für das Insolvenzverfahren

---

369 Vgl. § 18 Abs. 2 InsO; Institut der Wirtschaftsprüfer (2022), Rn. 94; Steffan (2022), Rn. 183. Die Zahlungsfähigkeitsprognose nach § 18 Abs. 2 InsO entspricht in den ersten zwölf Monaten der Planung der Fortbestehensprognose gem. § 19 Abs. 2 InsO. Vgl. Institut der Wirtschaftsprüfer (2022), Rn. 95. Nach Erlass des SanInsFoG beträgt der Zeitraum nun i.d.R. 24 Monate nach dem Beurteilungsstichtag. Zuvor wurde regelmäßig nur das laufende und folgende Geschäftsjahr betrachtet. Vgl. Institut der Wirtschaftsprüfer (2022), Rn. 94, 101; Steffan (2022), Rn. 183.

370 Vgl. Drukarczyk/Schüler (2019a), Rn. 36, 55. Die Wahrscheinlichkeit einer drohenden Zahlungsunfähigkeit überwiegt, wenn die kumulierte Wahrscheinlichkeit für nicht ausgleichbare Finanzplandefizite über derjenigen für mindestens ausgeglichene liegt. Vgl. Drukarczyk/Schüler (2019a), Rn. 51, 56.

371 Vgl. § 29 Abs. 1 StaRUG und § 270d Abs. 1 InsO.

372 Vgl. Drukarczyk/Schöntag (2020), Rn. 42.

373 Vgl. Undritz (2022), Rn. 4.

374 Dieses hat regelmäßig eine Dauer von bis zu drei Monaten. Vgl. Undritz (2022), Rn. 12.

bedeutenden Umstände ermitteln.[375] Sollte das Vermögen des Schuldners, die sog. Insolvenzmasse,[376] die u.U. erheblichen Kosten[377] eines Verfahrens nicht decken, wird der Eröffnungsantrag gem. § 26 Abs. 1 S. 1 InsO abgewiesen, da eine Verfahrensdurchführung allein im Interesse der Gläubiger, nicht jedoch im öffentlichen Interesse wäre.[378] Während der Antragsprüfung muss das Insolvenzgericht alle Maßnahmen durchführen, die erforderlich erscheinen, um eine für die Gläubiger nachteilige Veränderung in der Vermögenslage des Schuldners zu verhindern.[379] Als wichtigste Maßnahme gilt dabei die Bestellung eines vorl. Insolvenzverwalters gem. § 21 Abs. 2 S. 1 Nr. 1 InsO.[380] Er ist dafür verantwortlich, das Vermögen des Schuldners zu sichern und zu erhalten. Darüber hinaus führt er das vom Schuldner betriebene Unternehmen bis zur Entscheidung über die Eröffnung des Insolvenzverfahrens weiter, es sei denn, das Insolvenzgericht stimmt einer Stilllegung zu, um eine erhebliche Verminderung des Vermögens zu vermeiden. Zusätzlich prüft er, ob das Vermögen des Schuldners ausreicht, um die Kosten des Verfahrens zu decken.[381] Von besonderer Relevanz kann auch die Einsetzung eines vorl. Gläubigerausschusses sein, dessen Aufgaben im Wesentlichen denen des Gläubigerausschusses im eröffneten Verfahren entsprechen.[382]

---

375 Vgl. § 5 Abs. 1 InsO.

376 Vgl. § 35–37 InsO.

377 Die Kosten des Verfahrens sind gem. § 54 InsO die Gerichtskosten für das Insolvenzverfahren, sowie die Vergütungen und die Auslagen des vorl. Insolvenzverwalters gem. §§ 26a, 63 Abs. 3 InsO, des Insolvenzverwalters gem. § 63 Abs. 1, 2 InsO und der Mitglieder des Gläubigerausschusses gem. § 73 InsO.

378 Vgl. Bork (2019), Rn. 117. Eine Ausnahme besteht für Unternehmensinsolvenzen gem. § 26 Abs. 1 S. 2 InsO im Fall eines Vorschusses der Kosten.

379 Vgl. § 21 Abs. 1 InsO. Der Katalog in § 21 Abs. 2 InsO nennt die zentralen Maßnahmen.

380 Vgl. Bork (2019), Rn. 125. Wird gem. § 22 Abs. 2 InsO ein vorl. Insolvenzverwalter bestellt, ohne dass dem Schuldner ein allgemeines Verfügungsverbot auferlegt wird, so wird von einem „schwachen“ Insolvenzverwalter gesprochen. In diesem Fall bestimmt das Gericht die Pflichten des vorl. Insolvenzverwalters. Wird ein Verfügungsverbot auferlegt, spricht man von einem „starken“ Insolvenzverwalter, da er die Verwaltungs- und Verfügungsbefugnis über das Schuldnervermögen besitzt. Vgl. Abel (2021), S. 406.

381 Vgl. § 22 Abs. 1 InsO.

382 Vgl. Undritz (2022), Rn. 13. Eine Ausnahme bildet die Möglichkeit, an der Bestellung des Insolvenzverwalters mitzuwirken. Vgl. § 56a InsO. Siehe für die Bestellung des Sachwalters bei Anordnung der Eigenverwaltung § 274 Abs. 1 InsO. Die Aufgaben des Gläubigerausschusses sind in § 69 InsO kodifiziert.

Sollte keine Masseunzulänglichkeit vorliegen wird das Insolvenzverfahren durch einen Beschluss eröffnet, welcher gem. § 30 InsO sofort öffentlich bekanntzumachen und den Gläubigern und Schuldnern des Schuldners und dem Schuldner selbst zuzustellen ist. Im Eröffnungsbeschluss werden die Gläubiger aufgefordert, ihre Forderungen beim Insolvenzverwalter anzumelden und kundzutun, welche Sicherungsrechte sie an beweglichen Sachen oder an Rechten des Schuldners in Anspruch nehmen, während die Schuldner aufgefordert werden, Zahlungen nunmehr an den Insolvenzverwalter zu leisten.[383] Gem. § 80 InsO geht das Verwaltungs- und Verfügungsrecht durch die Eröffnung des Insolvenzverfahrens auf den Insolvenzverwalter über. Des Weiteren werden die Termine der Gläubigerversammlungen für die Abstimmung auf Basis des Insolvenzverwalterberichts über den Fortgang des Verfahrens (Berichtstermin) sowie die Prüfung der angemeldeten Forderungen (Prüfungstermin) festgelegt, wobei die Termine verbunden werden können.[384]

Der Insolvenzverwalter hat nach § 29 Abs. 1 Nr. 1 InsO die Verpflichtung, den Gläubigern im Berichtstermin eine Einschätzung hinsichtlich der Entscheidung zwischen Fortführung und Liquidation darzulegen. Gem. § 157 Abs. 1 InsO obliegt die endgültige Entscheidung darüber dann den Gläubigern.[385] Es besteht die Möglichkeit, den Verwalter damit zu beauftragen, einen Insolvenzplan auszuarbeiten, wobei die Gläubiger das Ziel des Plans vorgeben.[386] Sollte dies nicht der Fall sein, ist der Insolvenzverwalter dazu verpflichtet, das zur Insolvenzmasse gehörende Vermögen umgehend zu verwerten.[387] Gem. § 174 Abs. 1 InsO sind die Gläubiger verpflichtet, ihre Forderungen schriftlich beim Insolvenzverwalter anzumelden, welcher gem. § 175 InsO dazu angehalten ist, eine Tabelle der angemeldeten Forderungen zu erstellen. Im Prüfungstermin werden gem. § 176 InsO die angemeldeten Forderungen hinsichtlich ihres Betrags und Rangs überprüft. Hiernach folgt die Befriedigung der

383 Vgl. § 28 InsO.

384 Vgl. § 29 InsO.

385 Vgl. Steffan (2022), Rn. 3

386 Vgl. § 157 Abs. 1, 2 InsO. Der Insolvenzverwalter sowie der Schuldner sind berechtigt, einen Insolvenzplan beim Insolvenzgericht einzureichen. Der Schuldner kann die Vorlage des Plans gleichzeitig mit dem Antrag auf Eröffnung des Insolvenzverfahrens verknüpfen. Vgl. § 218 Abs. 1, 2 InsO. Letzteres wird als sog. „Prepackaged Plan“ bezeichnet, der vor der Antragstellung ausgearbeitet wird. Vgl. Liebig/Witt (2011), S. 1931–1932.

387 Vgl. § 159 InsO.

Insolvenzgläubiger.[388] Nach der Schlussverteilung beschließt das Insolvenzgericht die Beendigung des Insolvenzverfahrens.[389]

Abweichend vom beschriebenen Vorgehen kann eine Sanierung mittels Insolvenzplan gem. §§ 217 ff. InsO erfolgen.[390] Hierzu kann bereits im Insolvenzeröffnungsverfahren ein Schutzschirm gem. § 270d InsO oder eine vorl. Eigenverwaltung gem. § 270b InsO beantragt werden.[391] In beiden Fällen wird zunächst ein vorl. Sachwalter bestellt,[392] und der Schuldner bzw. das Management behält die Verwaltungs- und Verfügungsbefugnis. Der Schutzschirm kann nur beantragt werden, wenn keine Zahlungsunfähigkeit vorliegt. Seine zentralen Vorteile sind, dass der Sachwalter frei ausgesucht werden kann und eine verbesserte Außenwirkung aufgrund der erhöhten Anforderungen und der grundsätzlichen Sanierungsausrichtung besteht. Weitere, nach früherer Rechtslage bestehende Vorteile, wie die Begründung von Masseverbindlichkeiten § 270b Abs. 3 InsO a.F., wurden dagegen seit Inkrafttreten des SanInsFoG egalisiert.[393]

Problematisch ist, dass der Schutzschirm i.d.R. mit einem erhöhten Vorbereitungsaufwand und zeitlichen Risiken aufgrund des zusätzlichen gerichtlichen Prüfungsumfangs einhergeht.[394] Nachteilig erweist sich zudem, dass der Zeitraum zur Vorlage eines Insolvenzplans im Schutzschirm auf drei Monate begrenzt ist.[395]

---

388 Vgl. §§ 187 ff. InsO.

389 Vgl. § 200 Abs. 1 InsO.

390 Vgl. für eine detaillierte Übersicht zum Ablauf des Insolvenzplanverfahrens z.B. Abel (2021), S. 427–432; Weber (2022), Rn. 93.

391 Vgl. für einen ausführlichen Vergleich der beiden Vorgehensweisen Hofmann (2023). Siehe für die Voraussetzungen § 270b Abs. 1 InsO.

392 Vgl. §§ 270b Abs. 1 S. 1, 270d Abs. 2 InsO. Die Aufgaben des vorl. Sachwalters entsprechen denjenigen des endgültigen Sachwalters. Vgl. Steffan (2022), Rn. 402. Vorbehaltlich der Ausnahmen in § 270b Abs. 2 InsO bestellt das Gericht im Zusammenhang mit der vorl. Eigenverwaltung einen vorl. Sachwalter, wenn die Eigenverwaltungsplanung des Schuldners vollständig und schlüssig ist und keine Umstände bekannt sind, aus denen sich ergibt, dass die Eigenverwaltungsplanung in wesentlichen Punkten auf unzutreffenden Tatsachen beruht. An einen die vorl. Eigenverwaltung unterstützenden einstimmigen Beschluss des vorläufigen Gläubigerausschusses ist das Gericht gebunden. Stimmt der vorl. Gläubigerausschuss einstimmig gegen die vorl. Eigenverwaltung, unterbleibt die Anordnung. Vgl. § 270b Abs. 1, 3 InsO.

393 Vgl. Hofmann (2023), Rn. 17 sowie § 270d Abs. 1, 2 InsO. Die freie Wahl des Sachwalters ist auch durch einstimmigen Gläubigerbeschluss im vorl. Eigenverwaltungsverfahren möglich. Vgl. § 56a Abs. 2 InsO.

394 Vgl. Hofmann (2023), Rn. 17.

395 Vgl. § 270d Abs. 1 S. 2 InsO.

Im Schutzschirm hat das Gericht Maßnahmen zur Untersagung oder Einstellung von Zwangsvollstreckung gegen den Schuldner nach § 21 Abs. 2 S. 1 Nr. 3 InsO anzuordnen, wenn der Schuldner dies beantragt.[396] In der vorl. Eigenverwaltung kann das Gericht diese anordnen.[397] Beide Verfahren enden, sofern die Voraussetzungen vorliegen, mit der Eröffnung des Insolvenzverfahrens in Eigenverwaltung, weshalb sie keine eigenen Insolvenzverfahrensarten darstellen.

Wird eine Eigenverwaltung angeordnet,[398] so erfolgt die Bestellung eines Sachwalters anstelle eines Insolvenzverwalters, welcher gem. § 274 Abs. 2 InsO die wirtschaftliche Lage des Schuldners zu prüfen und die Geschäftsführung zu überwachen hat. Des Weiteren unterrichtet er z.B. den Gläubigerausschuss und das Insolvenzgericht, wenn er Umstände feststellt, die erwarten lassen, dass die Fortsetzung der Eigenverwaltung zu Nachteilen für die Gläubiger führen wird,[399] und hat die Verzeichnisse und die Vermögensübersicht zu prüfen und jeweils schriftlich zu erklären, ob nach dem Ergebnis seiner Prüfung

---

396 Vgl. § 270d Abs. 3 InsO

397 Vgl. § 270c Abs. 3 InsO.

398 Die Eigenverwaltung wird auf Antrag des Schuldners angeordnet, es sei denn, eine vorl. Eigenverwaltung wäre nach § 270b nicht anzuordnen oder nach § 270e aufzuheben. Vgl. § 270 f Abs. 1 InsO. Der Schuldner hat dem Antrag auf Eigenverwaltung eine Eigenverwaltungsplanung sowie weitere Erklärungen beizufügen. Vgl. § 270a InsO. Nach der Insolvenzrechtsreform durch das ESUG stieg der Anteil der Eigenverwaltung an allen eröffneten Insolvenzverfahren von 0,9 % (1999 bis 2011) auf 1,9 % (2012 bis 2022). Vgl. Institut für Mittelstandsforschung (2023), S. 1. Der überschaubare Anteil an Eigenverwaltungen ist u.a. darauf zurückzuführen, dass nur ein Bruchteil der Unternehmen unmittelbar vor oder bei Insolvenzanmeldung sanierungsfähig und -würdig ist. Vgl. Institut für Mittelstandsforschung (2020), S. 4. Für diese Unternehmen finden i.d.R. außergerichtliche Sanierungsverhandlungen mit bereits engagierten Kapitalgebern, wie z.B. den Hausbanken, und/oder externen Kapitalgebern, wie z.B. speziellen Distressed-Debt-Investoren, statt, bevor ein insolvenzrechtliches Verfahren in Betracht gezogen wird. Andererseits sind die gerichtlichen Verfahren für kleine Unternehmen, z.B. aufgrund der Prüfung des Sanierungskonzepts durch das Gericht oder der Vergütung für Berater und Sachwalter, oft zu kompliziert und kostenintensiv. Vgl. Institut für Mittelstandsforschung (2020), S. 4; Kranzusch/Icks (2018), S. 19. Es gilt allerdings zu beachten, dass der Anteil der Eigenverwaltungen an den 50 größten Insolvenzen von 23 % im Jahr 2013 auf 61 % im Jahr 2017 gestiegen ist. Die Eigenverwaltung scheint sich daher als Standardverfahren bei Großinsolvenz etabliert zu haben. Vgl. The Boston Consulting Group (2018), S. 6.

399 Ist ein Gläubigerausschuss nicht bestellt, so hat der Sachwalter an dessen Stelle die Insolvenzgläubiger, die Forderungen angemeldet haben, und die absonderungsberechtigten Gläubiger zu unterrichten. Vgl. 274 Abs. 3 InsO.

Einwendungen zu erheben sind.[400] Außerdem muss er im Berichtstermin den Bericht des Schuldners bestätigen.[401]

Die Entscheidung des Gerichts soll innerhalb von zwei Wochen nach Vorlage des Plans verkündet werden. Wird der Plan nicht gem. § 231 InsO zurückgewiesen, so ist dem Gläubigerausschuss, wenn ein solcher bestellt ist, dem Betriebsrat und dem Sprecherausschuss der leitenden Angestellten, dem Schuldner, wenn der Insolvenzverwalter den Plan vorgelegt hat, und dem Verwalter, wenn der Schuldner den Plan vorgelegt hat, eine i.d.R. zweiwöchige Frist zur Abgabe einer Stellungnahme zu gewähren.[402] Es folgt der Erörterungs- und Abstimmungstermin in dem der Insolvenzplan und das Stimmrecht der Beteiligten erörtert werden und anschließend über den Plan abgestimmt wird. Dieser soll nicht später als einen Monat nach Planniederlegung stattfinden.[403] Zum selben Zeitpunkt kann der Prüfungstermin stattfinden, indem die angemeldeten Forderungen ihrem Betrag und ihrem Rang nach geprüft werden.[404]

Die nächsten Schritte stellen die Planbestätigung gem. §§ 248 ff. InsO und die Rechtskraft des Plans bzw. der im gestaltenden Teil festgelegten Wirkungen gem. § 254 Abs. 1 InsO dar, soweit keine sofortige Beschwerde gem. § 253 InsO eingelegt wurde. Im Planverfahren erfolgt die Aufhebung durch Beschluss des Insolvenzgerichts, sobald die Bestätigung des Insolvenzplans rechtskräftig ist, wobei der Plan etwas anderes vorsehen kann.[405] Ist im Insolvenzplan nichts anderes bestimmt, so wird der Schuldner gem. § 227 InsO mit der im gestaltenden Teil vorgesehenen Befriedigung der Insolvenzgläubiger von seinen restlichen Verbindlichkeiten gegenüber diesen befreit. Ein Verfahren per Insolvenzplan kann innerhalb weniger Monate und damit i.d.R. deutlich schneller als ein Regelverfahren abgeschlossen werden.[406] Abb. 7 zeigt eine schematische Darstellung des Insolvenzverfahrens.

400 Vgl. § 281 Abs. 1 InsO.
401 Vgl. § 281 Abs. 2 InsO.
402 Vgl. § 232 Abs. 1, 2 InsO.
403 Vgl. § 235 Abs. 1 InsO.
404 Vgl. § 176 Abs. 1 InsO i.V.m. § 236 InsO.
405 Vgl. § 258 Abs. 1 InsO.
406 Vgl. Friel (2019), Rn. 11.

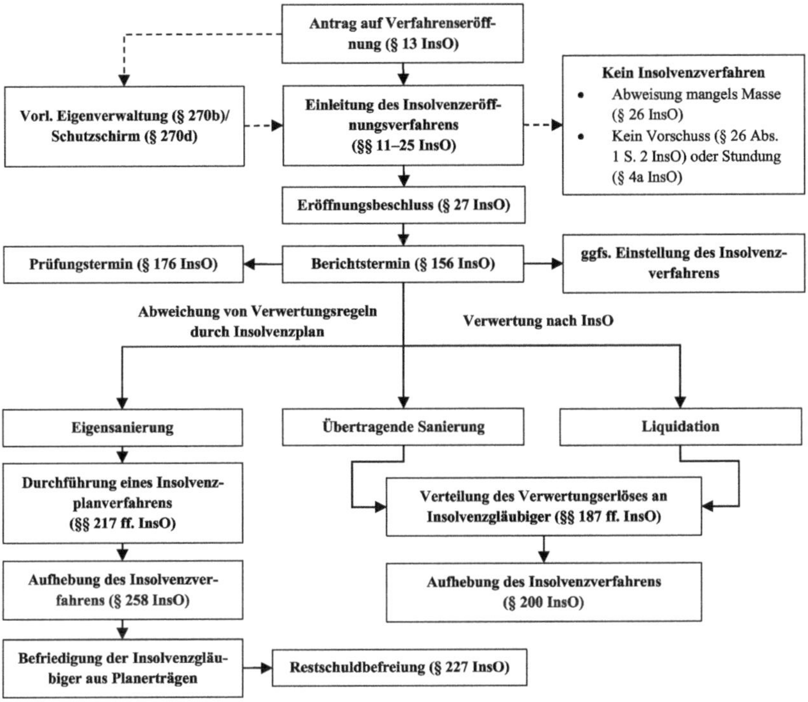

Abb. 7: Schematische Darstellung des Unternehmensinsolvenzverfahrens
Schematische Darstellung des strukturellen Ablaufs eines Verfahrens gem. der Insolvenzordnung. Eigene Darstellung in Anlehnung an Schultze & Braun (2023).

2.2.4.3 Unternehmenssanierung nach dem Stabilisierungs- und Restrukturierungsrahmen (StaRUG)[407]

Die Umsetzung der EU-Richtlinie 2019/1023 durch das StaRUG bildet den aktuellsten Bestandteil in der Evolution des nationalen Rechtsrahmens, sowie der damit einhergehenden Insolvenzkultur, welche nicht mehr die schnellstmögliche Zerschlagung, sondern die Erhaltung bestandsfähiger Unternehmen in den Vordergrund stellen soll.[408] Der Kern dieser Reform ist der Stabilisierungs- und

407 Analog zu den Erläuterungen zum Insolvenzverfahren sei darauf hingewiesen, dass aufgrund der Komplexität dieses Themas am Ende des Abschnitts eine transparente Übersicht des Ablaufs bereitgestellt ist.

408 Vgl. Krystek/Evertz (2020), S. 2361.

Restrukturierungsrahmen. Dieses neue gesetzliche, aber vorinsolvenzliche Verfahren schließt die Lücke zwischen konsensualer freier Sanierung und der verfahrensgebundenen, aber mit zahlreichen Nachteilen behafteten gerichtlichen Sanierung unter den Regelungen der InsO.[409] Im Rahmen der finanziellen Sanierung bietet es selbstbestimmte Lösungsoptionen zur Überwindung von Krisen an, insb. dann, wenn Blockadehaltungen der für den Sanierungsprozess wesentlichen Finanziers, sei es aus rationalen oder emotionalen Gründen, vorliegen, und dadurch konsensuale Lösungen nicht erreichbar sind. Gleichzeitig können die Kosten- und Effizienzvorteile der Privatautonomie genutzt, und die immer noch vorhandene Stigmatisierung im Fall eines Eintritts in ein Insolvenzverfahren potenziell vermieden werden.[410]

Die Instrumente des Stabilisierungs- und Restrukturierungsrahmens können gem. § 30 Abs. 1 StaRUG von jedem insolvenzfähigen Schuldner i.S. § 11 InsO in Anspruch genommen werden, wobei diese im Fall von natürlichen Personen unternehmerisch tätig sein müssen. Der Rahmen erstreckt sich außerdem nicht auf Unternehmen der Finanzbranche.[411] Des Weiteren muss drohende Zahlungsunfähigkeit gem. § 18 Abs. 2 InsO vorliegen.[412] Sind diese Kriterien erfüllt, hat gem. § 31 Abs. 1 StaRUG eine Anzeige des Restrukturierungsvorhabens bei dem zuständigen Restrukturierungsgericht zu erfolgen, welche die in § 31 Abs. 2 StaRUG genannten Informationen enthalten muss. Diese setzen sich v.a. aus einem Restrukturierungskonzept oder einem Entwurf eines Restrukturierungsplans,[413] einer Darstellung des Stands von Verhandlungen mit den zentralen Stakeholdern,

---

409 Vgl. BT-Drs. 19/24181, S. 1, 87; Vallender (2021), Rn. 2.

410 Vgl. Fritz (2022), Rn. 1; Wieland-Blöse/Oberle (2022), Rn. 126; Schluck-Amend (2023c), Rn. 9.5.

411 Vgl. § 30 Abs. 2 StaRUG. Diese fallen in den Bereich der europäischen Richtlinie 2014/59/EU. Vgl. Fritz (2022), Rn. 26.

412 Vgl. § 29 Abs. 1 StaRUG. Das gilt nicht für die Sanierungsmoderation gem. §§ 94 ff. StaRUG. Diese erfordert allerdings wiederum einen Konsens unter den an der Moderation Beteiligten. Vgl. Fritz (2022), Rn. 125.

413 Die Anforderungen an ein Restrukturierungskonzept entsprechen nicht denjenigen nach IDW S 6. Das Konzept soll auf Basis der identifizierten Krisenursachen die zur Erreichung des Restrukturierungsziels notwendigen Maßnahmen in groben Zügen darstellen. Auch der Entwurf eines Restrukturierungsplans muss nur im Wesentlichen den Anforderungen gem. §§ 5–16 StaRUG entsprechen. Vgl. Fritz (2022), Rn. 28. Der Restrukturierungsplan besteht aus einem darstellenden und einem gestaltenden Teil, vgl. § 5 StaRUG. Der erste Teil umfasst die Erläuterungen zu den Grundlagen und den Auswirkungen des Restrukturierungsplans gem. § 6 StaRUG. Der zweite Teil konkretisiert, wie sich der Plan auf die Rechtspositionen

einer Darstellung der Vorkehrungen, welche der Schuldner getroffen hat, um seine Fähigkeit sicherzustellen, seine Schuldnerpflichten gem. § 32 StaRUG zu erfüllen, sowie einer Angabe der berührten Rechte besonders schützenswerter Gläubiger, wie z.B. Kleinstunternehmen, zusammen.

Um die drohende Zahlungsunfähigkeit nachhaltig zu überwinden, stehen durch den Rahmen gem. § 29 Abs. 2 StaRUG folgende Instrumente zur Verfügung:[414]

1. *Vorprüfung:* Die gerichtliche Vorprüfung von Fragen, die für die Bestätigung des Restrukturierungsplans erheblich sind (§ 29 Abs. 2 Nr. 2 i.V.m. §§ 46–48 ff. StaRUG)
2. *Stabilisierung:* Die gerichtliche Anordnung von Regelungen zur Einschränkung von Maßnahmen der individuellen Rechtsdurchsetzung (§ 29 Abs. 2 Nr. 3 i.V.m. §§ 49 ff. StaRUG)
3. *Gerichtliche Planabstimmung:* Die Durchführung eines gerichtlichen Planabstimmungsverfahrens (§ 29 Abs. 2 Nr. 1 i.V.m. §§ 45 ff. StaRUG)[415]
4. *Planbestätigung:* Die gerichtliche Bestätigung eines Restrukturierungsplans (§ 29 Abs. 2 Nr. 4 i.V.m. §§ 60 ff. StaRUG)

Ggü. der freien Sanierung besteht der zentrale Vorteil des Verfahrens darin, dass nicht alle Gläubiger in das Verfahren miteingebunden werden müssen, und dass für die Planumsetzung im Rahmen des gerichtlichen Planabstimmungsverfahrens lediglich eine 75 %-qualifizierte Summenmehrheit der Stimmrechte in den gebildeten Gruppen notwendig ist.[416] Unter den Voraussetzungen des § 26 StaRUG ist ein sog. Cross-class Cram-down möglich, um eine opponierende Gruppe, darunter auch die Gesellschafter, an den Plan zu binden.[417] Des Weiteren kann das Restrukturierungsgericht gem. § 49 StaRUG auf Antrag des Schuldners

der Inhaber von Restrukturierungsforderungen, der Absonderungsanwartschaften, der Rechte aus gruppeninternen Drittsicherheiten sowie der Anteils- oder Mitgliedschaftsrechte (Planbetroffenen) gem. § 7 StaRUG auswirkt. Siehe für die gestaltbaren Rechtsverhältnisse auch § 2 StaRUG.

414 Siehe für einen Überblick zum zeitlichen Ablauf des Verfahrens und der zugehörigen gerichtlichen Maßnahmen zur Umsetzung Weber (2022), Rn. 96.

415 Vor der ggfs. notwendigen gerichtlichen Planannahme wird dem Schuldner die Möglichkeit gegeben, mit den Gläubigern einen Restrukturierungsplan abzustimmen und eine außergerichtliche Planabstimmung gem. §§ 17 bis 22 StaRUG durchzuführen. Da die außergerichtliche Planabstimmung keine bindende Wirkung erzielt, oder um Verzögerungen zu vermeiden, kann die gerichtliche Bestätigung gem. §§ 45 ff. StaRUG erforderlich sein. Vgl. Andres (2022), Rn. 108.

416 Vgl. §§ 8, 24–25 StaRUG.

417 Vgl. Fritz (2022), Rn. 77, 135; Weber (2022), Rn. 107–109.

anordnen, dass Zwangsvollstreckungsmaßnahmen gegen den Schuldner unterbunden oder vorübergehend ausgesetzt werden (Vollstreckungssperre). Ebenso kann es festlegen, dass Rechte an beweglichen Vermögenswerten, die im Fall der Insolvenzeröffnung als Absonderungs- oder Aussonderungsrechte geltend gemacht werden könnten, nicht durch den Gläubiger durchgesetzt werden dürfen. Zusätzlich kann das Gericht bestimmen, dass diese Vermögenswerte für die Fortführung des Unternehmens des Schuldners genutzt werden können, sofern sie für diesen Zweck von erheblicher Bedeutung sind (Verwertungssperre). Diese Maßnahmen werden angeordnet, soweit sie notwendig sind, um die Erfolgschancen der Restrukturierungsziele zu wahren.[418] Ein weiterer Vorteil besteht in der Möglichkeit der Bestellung eines Restrukturierungsbeauftragten, welcher unter den Voraussetzungen des § 73 StaRUG oder auf Antrag des Schuldners bzw. der Gläubiger gem. § 77 StaRUG vom Restrukturierungsgericht bestellt wird. Dieser hat u.a. die Aufgabe, den Schuldner und die Gläubiger bei der Ausarbeitung und Aushandlung des Restrukturierungskonzepts und des auf ihm basierenden Plans zu unterstützen.[419] Er kann damit als neutrale und sachkundige Vermittlungsinstanz wesentlich zum Gelingen des Verfahrens beitragen.[420] Zusätzlich wird in der Literatur als weiterer wichtiger Vorteil die Nichtöffentlichkeit des Verfahrens genannt.[421] Dieser dürfte für eher große und börsennotierte Unternehmen, wie sie z.B. in der Untersuchungsgrundlage der empirischen Studie vorliegen, u.a. aufgrund der öffentlichen Berichterstattung – wie im Fall der außergerichtlichen Sanierung – eher moderat ausfallen.[422] Allerdings sind die Verfahrenskosten üblicherweise geringer als im Insolvenzverfahren.[423] Nachteilig erweist sich im Gegensatz zum Verfahren unter der InsO, dass z.B. kein Eingriff in Arbeitnehmerrechte oder die Auflösung von bestehenden Dauerschuldverhältnissen möglich ist.[424] Sollten leistungswirtschaftliche Maßnahmen erforderlich sein, erscheint das Insolvenzplanverfahren i.d.R. vielversprechender.[425]

418 Die Stabilisierungsanordnung kann maximal für eine Dauer von drei Monaten ergehen, vgl. § 53 Abs. 1 StaRUG. Die Anordnungshöchstdauer kann unter den Vorrausetzungen der § 53 Abs. 2 bis 4 StaRUG verlängert werden.

419 Vgl. § 76 Abs. 2 Nr. 4 StaRUG.

420 Vgl. Andres (2022), Rn. 154.

421 Vgl. Fritz (2022), Rn. 135.

422 Erste Erfahrungen aus der Sanierungspraxis zeigen allerdings, dass das Verfahren aufgrund des zu leistenden Aufwands für eher große Fälle geeignet ist. Vgl. Börsen-Zeitung vom 01.09.2023, S. 3.

423 Vgl. Wieland-Blöse/Oberle (2022), Rn. 126.

424 Vgl. Andres (2022), Rn. 1; Wieland-Blöse/Oberle (2022), Rn. 127.

425 Vgl. Fritz (2022), Rn. 136.

Abb. 8 stellt den Gesamtablauf eines Verfahrens gem. StaRUG schematisch dar. Vor der Anzeige des Restrukturierungsvorhabens kann die Sanierungsmoderation beantragt und für drei Monate, sowie ggfs. für weitere drei Monate, in Anspruch genommen werden.[426] In Folge der Anzeige des Verfahrens ruht die Insolvenzantragspflicht, jedoch hebt das zuständige Gericht die Restrukturierungssache auf, „[…] wenn der Schuldner seine Zahlungsunfähigkeit oder Überschuldung nach § 32 Abs. 3 angezeigt hat oder andere Umstände bekannt sind, aus denen sich ergibt, dass der Schuldner insolvenzreif ist, es sei denn eine Insolvenzeröffnung ist mit Blick auf den Verhandlungsstand offensichtlich nicht im Interesse der Gesamtheit der Gläubiger, oder wenn Zahlungsunfähigkeit oder Überschuldung aus der Kündigung oder sonstigen Fälligstellung einer Forderung resultiert, die nach dem angezeigten Restrukturierungskonzept einer Gestaltung durch den Plan unterworfen werden soll, sofern die Erreichung des Restrukturierungsziels überwiegend wahrscheinlich ist […]“[427]. Während des Verfahrens ist die Geschäftsführung von Kapitalgesellschaften und Personengesellschaften ohne unbeschränkt haftende Personen zur Prüfung der Zahlungsunfähigkeit und Überschuldung verpflichtet, welche bei Eintritt dem zuständigen Gericht angezeigt werden müssen.[428] Nach der Erstellung des Plans und den Verhandlungen mit den Planbeteiligten kann eine (privat autonome) außergerichtliche oder gerichtliche Planbestätigung gem. §§ 45 ff. StaRUG erfolgen.[429] Zuletzt treten die im gestaltenden Teil des Restrukturierungsplans festgelegten Wirkungen, d.h. die Neuordnung der Passivseite und der Verhältnisse der Gläubiger untereinander, in Kraft. Diese gelten auch für diejenigen, die gegen den Plan gestimmt haben oder an der Abstimmung nicht teilgenommen haben.[430] Hauptaufgabe des Gerichts ist die Entscheidung hinsichtlich der vom Schuldner beantragten Werkzeuge, aber auch die Aufhebung des Verfahrens und die Bestellung bzw. Bestätigung des Restrukturierungsbeauftragten.[431]

Insgesamt lässt sich feststellen, dass das StaRUG-Verfahren besonders geeignet ist, das Drohpotenzial von Minderheiten im Rahmen finanzieller Sanierungen gegenüber konstruktiven Gläubigern und dem Unternehmen zu reduzieren. Dies resultiert aus der Möglichkeit, opponierende Gruppen (Akkordstörer bzw. Trittbrettfahrer) durch ein gerichtliches Planabstimmungsverfahren zu binden, wenn

426 Vgl. §§ 94, 95 StaRUG; Vallender (2021), Rn. 29.

427 § 33 Abs. 2 S. 1 StaRUG. Für die weiteren Aufhebungsgründe vgl. § 33 StaRUG.

428 Vgl. Wieland-Blöse/Oberle (2022), Rn. 127.

429 Siehe hierzu §§ 17 ff. bzw. 45 ff. StaRUG.

430 Vgl. § 67 Abs. 1 StaRUG.

431 Vgl. Fritz (2022), Rn. 115–117.

die entsprechenden Voraussetzungen vorliegen. Dies führt allerdings zur paradoxen Situation, dass die Effektivität des Verfahrens das Verfahren selbst obsolet macht, da eine Einigung dann außerhalb erfolgen sollte.[432] Die geringe Anzahl der bislang durchgeführten Verfahren scheint dieses Kalkül zu bestätigen.[433]

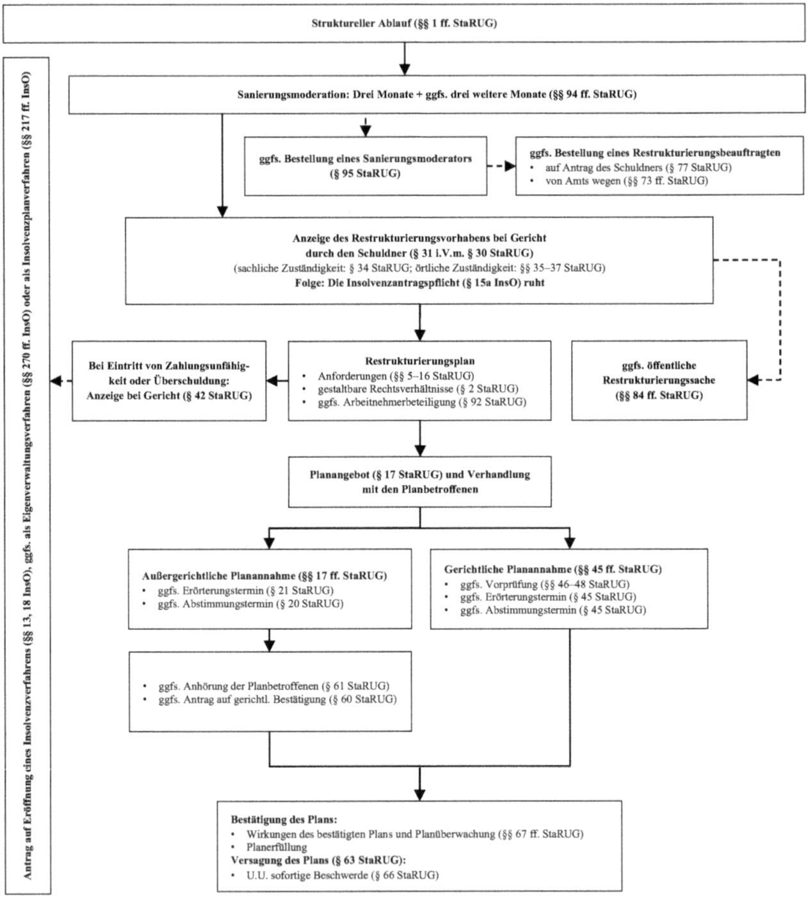

Abb. 8: Schematische Darstellung des strukturellen Ablaufs eines Verfahrens gem. StaRUG

Schematische Darstellung des strukturellen Ablaufs eines Verfahrens gem. StaRUG. Eigene Darstellung in Anlehnung an Schultze & Braun (2021), S. 58.

432 Vgl. Schluck-Amend (2023a), S. 8.
433 Vgl. hierzu Fn. 22.

3 Statistische Methodik

Für die Prüfung der verschiedenen Forschungshypothesen sind uni- und multivariate Testverfahren notwendig, um z.B. signifikante Unterschiede und Einflüsse zu analysieren und relevante Ergebnisse abzuleiten. Im folgenden Kapitel werden die angewandten quantitativen Methoden dargestellt, sowie deren Auswahl begründet. Diese enthalten gängige univariate (t-Test und Wilcoxon-Mann-Whitney-Test) und multivariate (logistische und lineare Regression, Clusteranalyse) Verfahren. Außerdem werden die jeweiligen Anwendungsvorrausetzungen präsentiert, sowie die korrespondierenden Testverfahren und mögliche Lösungsmöglichkeiten für den Fall, dass die notwendigen Vorausetzungen nicht oder eingeschränkt vorliegen, systematisch zugeordnet.

3.1 Univariate Datenanalyse

Um Unterschiede in der Variablenausprägung bzw. zentraler Tendenzen zwischen (Teil-)Stichproben festzustellen, wird in der empirischen Forschung oftmals auf den Zweistichproben-t-Test zurückgegriffen. Dieser dient dazu, signifikante Unterschiede in den Mittelwerten verschiedener Variablen zu prüfen. Dabei gilt es, die Nullhypothese der gleichen Mittelwerte zu prüfen, und im Fall der Ablehnung zu verwerfen.[434] Der parametrische t-Test setzt allerdings eine Normalverteilung, sowie Varianzhomogenität voraus. Für Teilstichproben größer 30 kann aufgrund des zentralen Grenzwertsatzes eine Normalverteilung angenommen werden.[435] Eine Prüfung der Varianzhomogenität ist dennoch geboten. Deshalb wird der t-Test in der vorliegenden Studie durch den Welch-t-Test ersetzt, der eine Durchführung ohne diese Voraussetzung und ohne wesentlichen Verlust der Trennschärfe erlaubt.[436]

434 An wenigen Stellen werden auch Einstichprobentests, sowie gepaarte Tests durchgeführt. Siehe hierzu z.B. Bortz/Schuster (2010), S. 118–120, 124–125.

435 Vgl. Fahrmeir et al. (2016), S. 421; Auer/Rottmann (2020), S. 370. Andere Autoren geben einen Stichprobenumfang von mindestens 50 vor, siehe z.B. Eckstein (2013), S. 330.

436 Vgl. Welch (1938). Siehe z.B. auch Bortz/Schuster (2010), S. 123–124; Auer/Rottmann (2020), S. 370. Für Beiträge, die für die generelle Anwendung und Vorzugswürdigkeit des Welch-t-Tests ggü. dem normalen t-Test plädieren siehe Kubinger et al. (2009), S. 26–27; Ruxton (2006), S. 688–690.

Die Teststatistik (t_{Welch}) sowie die Freiheitsgrade (df_{Welch}) werden wird wie folgt ermittelt:[437]

$$t_{Welch} = \frac{\bar{x}_1 - \bar{x}_2}{\sqrt{\frac{s_1^2 + s_2^2}{n_1 + n_2}}} \tag{3.1}$$

Wobei

$$df_{Welch} = \frac{\left(\frac{s_1^2}{n_1} + \frac{s_2^2}{n_2}\right)^2}{\frac{s_1^4}{n_1^2 \cdot (n_1 - 1)} + \frac{s_2^4}{n_2^2 \cdot (n_2 - 1)}} \tag{3.2}$$

mit

$\bar{x}_u$: Mittelwert der Teilstichprobe $u \in \{1,2\}$
s_u: Geschätzte Stichprobenvarianz der Teilstichprobe $u \in \{1,2\}$
n_u: Umfang der Teilstichprobe $u \in \{1,2\}$

Als nicht-parametrische Ergänzung wird außerdem der Wilcoxon-Mann-Whitney-Test bzw. Mann-Whitney-U-Test verwendet, dem keine Normalverteilungsannahme zugrunde liegt.[438] Wenn ausreichend große Umfänge der Teilstichproben vorliegen (in etwa $n_u \geq 10$), kann dessen Teststatistik durch die Standardnormalverteilung approximiert werden. Vor deren Berechnung sind allerdings Rangwerte zu bilden. Hierzu werden die Messwerte der Stichproben gepoolt, die Ränge in aufsteigender Reihenfolge zugeordnet und anschließend Rangsummen gebildet. Die Prüfgröße berechnet sich dann schrittweise anhand folgender Gleichungen:[439]

$$U_1 = n_1 \cdot n_2 + \frac{n_1 \cdot (n_1 + 1)}{2} - R_1 \tag{3.3}$$

437 Vgl. Wilker (2018), S. 153; Bortz/Schuster (2010), S. 123.

438 Vgl. Wilcoxon (1945); Mann/Whitney (1947). Siehe auch Bortz/Schuster (2010), S. 130–133.

439 Vgl. Wilker (2018), S. 159; Bortz/Schuster (2010), S. 130–131.

$$U_2 = n_1 \cdot n_2 + \frac{n_2 \cdot (n_2 + 1)}{2} - R_2 \tag{3.4}$$

$$U = \min(U_1, U_2) \tag{3.5}$$

$$\hat{z}_{WMW} = \frac{U - \frac{n_1 \cdot n_2}{2}}{\sqrt{\frac{n_1 \cdot n_2 \cdot (n_1 + n_2 + 1)}{12}}} \tag{3.6}$$

mit

R_U: Rangwert der Teilstichprobe $u \in \{1,2\}$
n_u: Umfang der Teilstichprobe $u \in \{1,2\}$

Im Fall von Indikatorvariablen wird der Wilcoxon-Mann-Whitney-Test durch den χ^2-Test ersetzt, da es sich hierbei um eine Analyse von Häufigkeiten dichotomer Merkmale handelt. Voraussetzung ist, dass die erwartete Häufigkeit für 80 % der Kategorien größer als fünf sein sollte.[440] Die Teststatistik wird dann anhand der nachfolgenden Formel ermittelt:[441]

$$\chi^2 = \frac{n \cdot (a_1 \cdot b_2 - a_2 \cdot b_1)^2}{(a_1 + a_2)(b_1 + b_2)(a_1 + b_1)(a_2 + b_2)} \tag{3.7}$$

mit

a_U: Kombinationen der ersten Merkmalsausprägung $u \in \{0,1\}$
b_U: Kombinationen der zweiten Merkmalsausprägung $u \in \{0,1\}$
n: Summe der Beobachtungen

440 Diese berechnet sich als Produkt der jeweiligen Spalten- und Zeilensumme dividiert durch die Anzahl der Beobachtungen.

441 Vgl. Wilker (2018), S. 90–91; Bortz/Schuster (2010), S. 137–141.

Für die Signifikanzniveaus der uni- und multivariaten Analyse wird auf die in den Wirtschaftswissenschaften verbreitete Konvention zurückgegriffen, signifikante Ergebnisse auf dem 10 %-Signifikanzniveau (*), 5 %-Signifikanzniveau (**), und 1 %-Signifikanzniveau (***) zu kennzeichnen.

3.2 Multivariate Datenanalyse

Das Unterkapitel befasst sich mit der Methodik der multivariaten Datenanalyse der vorliegenden Studie. Diese umfasst die logistische Regression, die lineare Regression und die Clusteranalyse.

3.2.1 Logistische Regression

Für eine abhängige Indikatorvariable wird die logistische Regression angewandt. Im Folgenden werden die Vorgehensweise sowie die Überprüfung der zugrundeliegenden Annahmen erläutert.

3.2.1.1 Spezifikation der logistischen Regression

Die Ableitung kausaler Zusammenhänge erfordert eine multivariate Datenanalyse, da eine univariate Datenanalyse, ebenso wie eine Untersuchung von Korrelationen, hierfür nicht ausreichend ist. Wooldridge (2010) führt hierzu aus: „The notion of ceteris paribus – that is, holding all other (relevant) factors fixed – is at the crux of establishing a causal relationship. Simply finding that two variables are correlated is rarely enough to conclude that a change in one variable causes a change in another. […] Instead we can use econometric methods to effectively hold other factors fixed."[442] Für die nachfolgenden Analysen der Effektivität des Einsatzes finanzieller Sanierungsmaßnahmen, sowie der Gläubigerverhandlungen und Eigenkapitalerhöhungen in finanzieller Schieflage werden daher multivariate Verfahren angewendet, deren unabhängige Variablen sich aus hypothesierten Einflussgrößen und Drittvariablen zusammensetzen. Beide Typen der unabhängigen Variablen können auf Basis logischer und theoretischer Argumente identifiziert werden,[443] jedoch sind die Kontroll- oder Drittvariablen inhaltlich von geringerer Relevanz und werden in das Forschungsdesign aufgenommen, um deren Einfluss zu eliminieren.[444]

---

442 Wooldridge (2010), S. 3.
443 Vgl. Backhaus et al. (2021), S. 47, 93; Bortz/Schuster (2010), S. 7.
444 Vgl. Bortz/Schuster (2010), S. 7.

Der Großteil der Untersuchungen verschiedener Forschungshypothesen der vorliegenden Studie befasst sich mit dem Einfluss unabhängiger Variablen auf abhängige dichotome Variablen, und damit Regressanden, die exakt zwei Ausprägungen haben.[445] Das schließt die Anwendung einer linearen Regression meist aus, da aufgrund der Modellannahmen einerseits nicht alle vorhergesagten Werte inhaltlich interpretiert werden können, und andererseits keine korrekten inferenzstatistischen Aussagen getroffen werden können.[446] Zur Untersuchung eignen sich aber z.B. die Diskriminanzanalyse, das Logit-Modell,[447] sowie das Probit-Modell. Auf Basis ihrer superioren Eigenschaften gegenüber den anderen Methoden, ist oftmals eine Vorzugswürdigkeit der logistischen Regression als Analysemethode gegeben, weshalb diese ausgewählt wird.[448] Die logistische Regression ist ein verallgemeinertes lineares Modell und beschreibt den Einfluss metrischer und/oder kategorialer Regressoren auf die Eintrittswahrscheinlichkeit eines Ereignisses. D.h. die Einflüsse werden durch die zu schätzenden Koeffizienten gewichtet und linear kombiniert. Dies ermöglicht eine Analyse ihrer Wirkrichtungen.[449] Die bedingte Wahrscheinlichkeit π (x), dass die abhängige Variable Y den Wert eins annimmt, d.h. dass ein Ereignis eintritt, kann für einen gegebenen Wert der Variable x zunächst ausgedrückt werden als:

$$\pi(x) = P(Y = 1 \mid x) = 1 - P(Y = 0 \mid x) \tag{3.8}$$

Außerdem müssen im Rahmen des logistischen Regressionsmodells die systematische Komponente und die logistische Funktion berücksichtigt werden.

445 Bspw. hat die Response-Variable im Rahmen der multivariaten Analyse der Gläubigerverhandlungen in finanzieller Schieflage (Kapitel 6.3.3) den Wert eins für alle Unternehmen, die durch eine erfolgreiche Gläubigerverhandlung die Insolvenz abwenden können, und für alle anderen Unternehmen den Wert null.

446 Vgl. Rohrlack (2009), S. 267; Kohler/Kreuter (2017), S. 355.

447 Vgl. Backhaus et al. (2021), S. 14–15.

448 Für eine ausführliche Begründung der Vorzüge der logistischen Regression und eine Diskussion der aufgeführten, sowie weiterer Modelle vor dem Hintergrund eines ähnlichen Forschungsthemas siehe Eichner (2010), S. 150–155. Z.B. setzt die Diskriminanzanalyse eine Normalverteilung der unabhängigen Variablen voraus, welche hier in zahlreichen Fällen nicht gegeben ist. Vgl. Backhaus et al. (2021), S. 257. Die Probit-Regression ist z.B. weniger stabil für Verteilungen mit schweren Rändern. Vgl. Amemiya (1981), S. 1487.

449 Vgl. Scheid (2017), S. 163; Backhaus et al. (2021), S. 294.

Für eine multiple logistische Regression nimmt die systematische Komponente unter Berücksichtigung des konstanten Terms β_0 folgende Form an:[450]

$$z(X) = \beta_0 + \beta_1 x_1 + \ldots + \beta_J x_J = \mathbf{x}'\beta \tag{3.9}$$

mit

X: Vektor der exogenen Prädikatoren x_1 bis x_J
β_j: Zu schätzende Koeffizienten $j \in \{1 \text{ bis } J\}$
x_j: Ausprägung der Prädikatoren $j \in \{1 \text{ bis } J\}$

Wie aus Gleichung (3.9) erkennbar ist, kann die Funktion beliebige Werte zwischen $-\infty$ und $+\infty$ annehmen. Zur Modellierung der bedingten Wahrscheinlichkeit π (X) wird daher die logistische Funktion benötigt, welche die systematische Komponente in eine Wahrscheinlichkeit im Wertebereich zwischen null und eins transformiert. Das sog. Logit-Modell bzw. die logistische Funktion (Term auf der linken Seite) kann durch Einsetzen von Gleichung (3.9) zum binären logistischen Regressionsmodell vereinfacht werden (Term auf der rechten Seite):[451]

$$\pi(X) = \frac{e^{z(X)}}{1+e^{z(X)}} = \frac{1}{1+e^{-(\beta_0+\beta_1 x_1+\ldots+\beta_J x_J)}} = \frac{1}{1+e^{-(\mathbf{x}'\beta)}} \tag{3.10}$$

mit

e: Exponentialfunktion

Zur Vereinfachung der Berechnung und Interpretation des Modells finden häufig sog. Odds und Logits Anwendung. Sie werden folgendermaßen definiert:[452]

$$\text{odds}\ (\pi) = \frac{\pi}{1-\pi} \text{ mit } 0 \leq \text{odds} < \infty \tag{3.11}$$

---

450 Vgl. Backhaus et al. (2021), S. 294; Kohler/Kreuter (2017), S. 350.
451 Vgl. Backhaus et al. (2021), S. 293–294; Rohrlack (2009), S. 268–270.
452 Vgl. Backhaus et al. (2021), S. 294–295; Tutz (2012), S. 31–32; Long/Freese (2001), S. 103.

$$\text{logit}\,(\pi) \equiv \ln\left(\frac{\pi}{1-\pi}\right) \text{ mit } -\infty < \text{logit} < \infty \tag{3.12}$$

Die Odds bezeichnen das Chancenverhältnis, also das Verhältnis von Erfolg (π) zu Misserfolg (1-π). Der natürliche Logarithmus der Odds wird als Logit bezeichnet. Dieser ist im Gegensatz zu den Odds nicht nach unten begrenzt und symmetrisch um den Ursprung, was wiederum eine Darstellung als Linearkombination ermöglicht und so sehr gut als Zielgröße im Modell verwendet werden kann.[453] Das logistische Regressionsmodell lässt sich nun vereinfacht wie folgt ausdrücken:[454]

$$\text{odds}\left[\pi(X)\right] = e^{z(X)} \tag{3.13}$$

$$\text{logit}\left[\pi(X)\right] = z(X) \tag{3.14}$$

Um Regressionskoeffizienten zu schätzen, wird typischerweise die Maximum-Likelihood-Schätzung verwendet.[455] Hierzu werden auf Basis iterativer Verfahren die Schätzwerte für die unbekannten Parameter so bestimmt, „[...] dass die realisierten Daten die maximale Plausibilität (Likelihood) erlangen."[456]

Nach der Schätzung der Koeffizienten erfordert deren Interpretation aufgrund des nicht-linearen Zusammenhangs zwischen den unabhängigen, erklärenden Variablen und der abhängigen, erklärten Variable besondere Aufmerksamkeit.[457] Die folgende Darstellung von Backhaus et al. (2021) zeigt einen kurzen und prägnanten Überblick hinsichtlich der Schlüsselinterpretationen für den Fall, dass sich die Variable x um eine Einheit erhöht:

---

453 Vgl. Kohler/Kreuter (2017), S. 359.

454 Vgl. Backhaus et al. (2021), S. 295. Logit (π) ist die sog. Linkfunktion, welche dazu dient, einen linearen Zusammenhang zwischen dem Erwartungswert der abhängigen Variablen und der systematischen Komponente herzustellen.

455 Vgl. Scheid (2017), S. 172; Kohler/Kreuter (2017), S. 360; Backhaus et al. (2021), S. 316.

456 Backhaus et al. (2021), S. 316. Für eine ausführliche Darstellung der Maximum-Likelihood-Methodik siehe z.B. Backhaus et al. (2021), S. 316–318; Scheid (2017), S. 172–183; Kohler/Kreuter (2017), S. 360–364.

457 Vgl. Eichner (2010), S. 157.

Tab. 2: Logistische Regression: Auswirkungen der Erhöhung von x um eine Einheit

	β > 0	**β < 0**
π	Erhöhung um ca. $\pi(1-\pi)\beta$	Reduzierung um ca. $\pi(1-\pi)\lvert\beta\rvert$
Odds	Erhöhung um den Faktor e^{β}	Reduzierung um den Faktor $1/e^{\lvert\beta\rvert}$
Logit	Erhöhung um den Wert β	Reduzierung um den Wert $\lvert\beta\rvert$
Odds-ratio	$e^{\beta} > 1$	$e^{\beta} < 1$

Die Tab. zeigt die Interpretationen zentraler Größen der logistischen Regression. Eigene Darstellung in Anlehnung an Backhaus et al. (2021), S. 324.

Es zeigt sich, dass positive Koeffizienten mit einer Erhöhung der jeweiligen Wahrscheinlichkeit einhergehen, während negative Koeffizienten mit einer Reduktion der jeweiligen Wahrscheinlichkeit verbunden sind. Damit ist die Wirkrichtung der Koeffizienten direkt erkennbar, wohingegen die Effektstärke aufgrund der Nicht-Linearität erst noch ermittelt werden muss. Dazu werden zur vereinfachten Interpretation der Einflüsse der unabhängigen auf die abhängige Variable durchschnittliche marginale Effekte (Average Marginal Effects; AME) berechnet.[458] Diese beschreiben für einzelne Prädikatoren, wie sich die Wahrscheinlichkeit $P(Y=1|x)$ ändert, wenn die unabhängige Variable geringfügig verändert wird. Die AME ermöglichen eine intuitive Interpretation, wobei jedoch zu berücksichtigen ist, dass sie Durchschnittseffekte darstellen, die den nichtlinearen Verlauf der Wahrscheinlichkeitskurve unberücksichtigt lassen. Die partielle Ableitung der logistischen Funktion (3.10) stellt sich wie folgt dar:[459]

$$\frac{\partial P(Y=1 \mid X)}{\partial x_j} = g(\mathbf{x}'\beta)\beta_j \tag{3.15}$$

mit

g(.): Dichtefunktion der logistischen Verteilung

---

458 Die AME sind den häufig verwendeten Odds Ratios hinsichtlich Robustheit, Interpretierbarkeit und Additivität überlegen. Vgl. Best/Wolf (2010), S. 840.

459 Vgl. Best/Wolf (2010), S. 839; Wooldridge (2002), S. 466.

Aus der Gleichung ist ersichtlich, dass der marginale Effekt der Variable x_j von den Ausprägungen von x_j selbst, sowie der anderen unabhängigen Variablen beeinflusst ist.[460] Die AME können wie folgt beschrieben werden:

$$AME_j = \frac{\sum_{i=1}^{N} g(\mathbf{x}_i'\beta)}{N}\beta_j \tag{3.16}$$

Eine zweite geläufige Spezifikation der durchschnittlichen Effekte stellen die marginalen Effekte am Mittelwert der Variablen (Marginal Effect at the Mean; MEM) dar. Diese geben an, wie sich die Wahrscheinlichkeit bei einer geringfügigen Wertänderung entwickelt, wenn der Mittelwert der Variablen in der Ableitung der Effekte verwendet wird. Sie können wie folgt formalisiert werden:[461]

$$MEM_j = g(\bar{\mathbf{x}}'\beta)\beta_j \tag{3.17}$$

3.2.1.2 Modellrobustheit der logistischen Regression

Die logistische Regression muss auf ihre Robustheit geprüft werden, um Fehlspezifikationen des Modells zu vermeiden und somit gültige Rückschlüsse treffen zu können. Diese Regressionsart stellt im Vergleich zu anderen Modellen relativ geringe statistische Anforderungen an die zugrundeliegenden Daten.[462] Es besteht allerdings das Problem, dass die Standardliteratur zur multiplen logistischen Regression i.d.R. nur Teilaspekte für die Prüfung der Modellannahmen bespricht und daher keine Leitlinien i.S. eines Prüfungskatalogs vorgibt. Auf Basis dieser Beobachtung hat Eichner (2010) ein detailliertes Vorgehen zur Prüfung der Annahmen und möglicher Problematiken entwickelt. Diese sind zusammen mit potenziellen Vorgehensweisen zur Problemlösung bzw. Verhinderung in Tab. 3 dargestellt und werden in der Folge für die jeweiligen Spezifikationen geprüft.[463] Auf ausführliche Erläuterungen der einzelnen

460 Vgl. Best/Wolf (2010), S. 839; Long/Freese (2001), S. 127, 198.

461 Vgl. Best/Wolf (2010), S. 839–840; Wooldridge (2002), S. 466.

462 Vgl. Backhaus et al. (2021), S. 379.

463 Eine ähnliche Übersicht in Bezug auf die Anforderungen an das Datenmaterial findet sich bei Backhaus et al. (2021), S. 379–380.

Voraussetzungen bzw. mögliche Verletzungen der Modellrobustheit, sowie der jeweiligen Tests, wird an dieser Stelle verzichtet und auf die angegebene Literatur verwiesen.

Tab. 3: Prüfung der Voraussetzungen des logistischen Modells

Voraussetzung	Prüfung	Lösungsmöglichkeiten
Exogenität der erklärenden Variablen	• Durbin-Wu-Hausman-Test [a] • Qualitative Analyse des Modells im Hinblick auf ausgelassene einflussreiche Variablen	Änderung der Modellspezifikation, z.B. Inklusion von Kontrollvariablen oder Instrumentalvariablen
Linearität des Logits [b]	• Graphische Analyse • Box-Tidwell-Test [c]	Transformation von Variablen ohne linearen Zusammenhang
Additivität	Testung theoriebasierter Interaktionseffekte	Addition signifikanter Interaktionseffekte
Keine (starke) Multikollinearität	• Korrelationsmatrix (Korrelationen < 0,7) • Varianz-Inflationsfaktoren (VIF) [d] < 5	• Vermeidung von Redundanz in der Modellspezifikation • Eliminierung von stark korrelierten Daten, wenn nötig
Keine Ausreißer [e]	• Auswertung von Ausreißern mit standardisierten Residuen > 2 sowie einem Pregibon-Beta [f] > 1 • Prüfung des Residuen-Diagramms	Identifikation, Prüfung und mögliche Eliminierung von Ausreißern [g]
Kein Overfitting [h]	Berücksichtigung von Grenzwerten: • n > 100 • n > 25 pro Kategorie der abhängigen Variable • n > 10 pro unabhängiger Variable • n > 4 pro Variable und Kategorie	• Beobachtung der Grenzwerte • Sparsamkeit im Hinblick auf die Anzahl der unabhängigen Variablen • Eliminierung nicht-signifikanter Variablen

Die Tab. zeigt Voraussetzungen, Prüfungsmethoden und Lösungsmöglichkeiten im Rahmen der logistischen Regression. Eigene Darstellung in Anlehnung an Eichner (2010), S. 171–174.

[a] Vgl. Davidson/MacKinnon (1993), S. 237–242; Eichner (2010), S. 173.

[b] Die logistische Regression unterstellt einen linearen Zusammenhang zwischen der

Tab. 3: Fortsetzung

logarithmierten Chance und jeder unabhängigen kontinuierlichen Variable. Vgl. Kohler/Kreuter (2017), S. 379.
[c] Vgl. Menard (2001), S. 70.
[d] Vgl. Backhaus et al. (2021), S. 122–123; Auer/Rottmann (2020), S. 512–514; Bortz/Schuster (2010), S. 350.
[e] Einzelne Datenpunkte können die Koeffizienten des logistischen Regressionsmodells stark beeinflussen. Hierbei handelt es sich um Beobachtungen, die eine außergewöhnliche Kombination an unabhangigen Variablen („Leverage") sowie eine ungewöhnliche Ausprägung der abhängigen Variable („Diskrepanz") enthalten. Vgl. Kohler/Kreuter (2017), S. 383.
[f] Eichner (2010) spricht von der sog. Cook's Distance. Dieses Maß ist allerdings für die lineare Regression konzipiert. Das Pregibon Beta stellt das Äquivalent im Rahmen der logistischen Regression dar. Vgl. Long/Freese (2001), S. 80, 117; Jann (2009), S. 116–117. Auch hier sollten Werte über eins einer Prüfung unterzogen werden. Vgl. Menard (2001), S. 91; Menard (2010), S. 143.
[g] Liegt kein Ausschlussgrund vor, sind die Ausreißer in die Analyse einzubeziehen, da sonst eine Manipulation der Regressionsergebnisse vorliegt. Vgl. Backhaus et al. (2021), S. 335–336; Long/Freese (2001), S. 114–116.
[h] Das sog. Overfitting bezeichnet eine Überanpassung des Modells an die vorhandenen Daten. Kerninteresse der Analyse ist jedoch die Vorhersage eines noch nicht beobachteten Werts, zu welchem ein einfaches Modell u.U. besser geeignet ist als ein komplexes Modell, dass zu viele erklärende Variablen enthält. Gegenteilig hierzu ist die Unteranpassung bzw. Underfitting. Hier fehlen relevante Variablen im Modell, was zu systematischen Fehlern und Prognosefehlern führen kann. Vgl. Backhaus et al. (2021), S. 93.

3.2.2 Lineare Regression

Im Fall einer abhängigen metrischen Variable findet die lineare Regression Anwendung. Es werden nachfolgend die Vorgehensweise sowie die Robustheitstests präsentiert.

3.2.2.1 Spezifikation der linearen Regression

Neben der zuvor dargestellten logistischen Regression wird auch die lineare Regression in der empirischen Untersuchung verwendet. Sie dient der Analyse der Bruttoemissionserlöse, die durch die Durchführung von Sanierungskapitelerhöhungen eingenommen werden.[464] Sie ist eine der am häufigsten eingesetzten statistischen Verfahren und ermöglicht eine Beziehung zwischen mehreren Prädiktorvariablen und einer Kriteriumsvariable zu modellieren. Sie dient damit zur Schätzung der sog. Regressionskoeffizienten, d.h. der Steigungen und

---

464 Siehe Kapitel 7.3.3.

des Achsenabschnitts.[465] Die Regressionsfunktion hat im multivariaten Fall für J Prädikatoren folgende Form zur Vorhersage der Kriteriumsvariable Y:[466]

$$Y = \beta_0 + \beta_1 x_1 + \ldots + \beta_J x_J + \varepsilon \quad (3.18)$$

mit

Y: Abhängige Variable
β_0: Konstanter Term
β_j: Zu schätzende Koeffizienten $j \in \{1 \text{ bis } J\}$
x_j: Ausprägung der Prädikatoren $j \in \{1 \text{ bis } J\}$
ε: Fehlerterm

Zur Schätzung der Funktion wird das Standardverfahren der kleinsten Quadrate verwendet, d.h. die Summe der quadrierten Residuen wird minimiert.[467] Die hypothesierten Einflussgrößen sind aus der Theorie abzuleiten. Wird ein signifikanter Einfluss berichtet, kann die Nullhypothese abgelehnt und von der Richtigkeit der theoretischen Argumentation ausgegangen werden, auch wenn die empirische Analyse keine absolute Richtigkeit nachweisen kann.[468] Ebenso wie im Fall der logistischen Regression, wirken sich positive Koeffizienten positiv auf die abhängige Variable aus und vice versa. Gegenteilig kann jedoch die Effektstärke aufgrund der Linearität einfacher berechnet und interpretiert werden.

3.2.2.2 Modellrobustheit der linearen Regression

Um unverzerrte und effiziente lineare Schätzungen der Parameter zu erhalten, müssen im Wesentlichen die in Tab. 4 dargestellten zentralen Annahmen bzw. Voraussetzungen der linearen Regression vorliegen.[469] Ebenso sind die in der Literatur gängigen Verfahren zu deren Prüfung, sowie Möglichkeiten zur

---

465 Vgl. Bortz/Schuster (2010), S. 342.
466 Vgl. Bortz/Schuster (2010), S. 346; Backhaus et al. (2021), S. 81.
467 Vgl. Bortz/Schuster (2010), S. 190; Backhaus et al. (2021), S. 78–80.
468 Vgl. Backhaus et al. (2021), S. 12.
469 Vgl. Backhaus et al. (2021), S. 101; Auer/Rottmann (2020), S. 442–450. Autokorrelation spielt aufgrund der Querschnittsdaten für die nachfolgende Analyse keine Rolle. Vgl. Backhaus et al. (2021), S. 144. Auf eine Darstellung der Annahme, dass die unabhängigen Variablen ohne Fehler gemessen sein sollten, wird ebenfalls verzichtet.

Verhinderung bzw. Behebung möglicher Annahmeverletzungen abgetragen. Diese werden für die nachfolgende Analyse systematisch angewandt. Für die jeweiligen Erläuterungen und Formelapparate sei an dieser Stelle ebenfalls auf die angegebene Literatur verwiesen.

Tab. 4: Prüfung der Voraussetzungen des linearen Modells

Voraussetzung	**Prüfung**	**Lösungsmöglichkeiten**
Exogenität [a]	Ramsey-Regression-Specification-Error-Test [b]	Hypothesenbildung auf Basis der theoretischen Literatur
Linearität in den Parametern	• Plot der Residuen • Ramsey-Regression-Specification-Error-Test	• Transformationen • Indikatorvariablen
Homoskedastizität	• Breusch-Pagan-Test • White-Test [c]	Robuste Standardfehler
Normalverteilung der Residuen	• Q-Q-Plot • Shapiro-Wilk-Test [d]	I.d.R. aufgrund zentralem Grenzwertsatz bei großen Stichproben weniger relevant
Keine (starke) Multikollinearität	• Korrelationsmatrix (Korrelationen < 0,7) • VIF [e] < 5	• Vermeidung von Redundanz in der Modellspezifikation • Eliminierung von stark korrelierten Daten, wenn nötig
Keine Ausreißer	Auswertung von Ausreißern mit einer Cook's Distance [f] > 1	• Spezifikationsänderung • Ausschluss

Die Tab. zeigt Voraussetzungen, Prüfungsmethoden und Lösungsmöglichkeiten im Rahmen der linearen Regression.

[a] D.h. dass der Erwartungswert des stochastischen Störterms gleich null ist und der stochastische Störterm nicht mit den erklärenden Variablen korreliert. Vgl. Auer/Rottmann (2020), S. 443–445.

[b] Vgl. Auer/Rottmann (2020), S. 482–486. Die Exogenität kann mit diesem Test nicht statistisch getestet werden, allerdings liefert der Test Hinweise auf eine Fehlspezifikation.

[c] Vgl. Auer/Rottmann (2020), S. 528–532.

[d] Vgl. Backhaus et al. (2021), S. 119–121.

[e] Vgl. Backhaus et al. (2021), S. 122–123; Auer/Rottmann (2020), S. 512–514; Bortz/Schuster (2010), S. 350.

[f] Vgl. Backhaus et al. (2021), S. 133; Kohler/Kreuter (2017), S. 304.

3.2.3 Clusteranalyse

Um erfolgreiche finanzielle Sanierungsstrategien bzw. -kombinationen zu identifizieren, wird eine Clusteranalyse angewendet. Dieses Verfahren dient dazu, heterogene Daten in Gruppen (Cluster) aufzuteilen und zählt daher zu den explorativen Datenanalyseverfahren.[470] Entscheidend dabei ist, dass die Cluster intern eine hohe Homogenität aufweisen und sich extern optimal voneinander unterscheiden lassen sollen.[471] Mithilfe dieser Analyse lassen sich die Sanierungsmaßnahmen oder -kombinationen identifizieren, die von verschiedenen Unternehmenstypen ergriffen werden. Dies ermöglicht es, Erkenntnisse hinsichtlich erfolgversprechender Strategien für die Sanierungspraxis abzuleiten. Es sei betont, dass diese Analyse keine Trennung zwischen erfolglosen und erfolgreichen Sanierungen vornimmt, sondern vielmehr die unterschiedlichen Sanierungsstrategien erfolgreicher Unternehmen differenziert.

Zur Durchführung der Analyse sind folgende Schritte notwendig: Erstens müssen die relevanten Variablen oder Merkmale für die Clusterbildung ausgewählt werden. Zweitens ist zu entscheiden, mittels welcher Methode (sog. Proximitätsmaße) die Ähnlichkeit oder Unähnlichkeit (Distanz) zwischen den zu untersuchenden Objekten berechnet wird. Drittens, ist der sog. Cluster-Algorithmus auszuwählen, mit dessen Hilfe die Clusterung vorgenommen wird. Viertens, muss die Anzahl der für die Analyse verwendeten Cluster bestimmt werden. Als letztes, und damit fünftens, erfolgt die inhaltliche Interpretation der identifizierten Gruppen.[472]

In den genannten Schritten sind verschiedene kritische Aspekte für die Durchführung einer validen Untersuchung zu beachten. Im Rahmen der Variablenauswahl ist es von großer Bedeutung, ausschließlich jene Variablen zu berücksichtigen, die aufgrund theoretischer oder sachlogischer Argumente als relevant für den zu untersuchenden Sachverhalt betrachtet werden. Des Weiteren sollen sie keine hohen Korrelationen untereinander aufweisen.[473] Dies wird durch die Untersuchung einer Korrelationsmatrix sichergestellt.[474]

---

470 Vgl. Backhaus et al. (2021), S. 490–491; Cleff (2015), S. 190.
471 Vgl. Bortz/Schuster (2010), S. 453.
472 Vgl. Backhaus et al. (2021), S. 493.
473 Vgl. Backhaus et al. (2021), S. 495.
474 Eichner (2010) schlägt einen Korrelationskoeffizienten von 0,7 als Grenzwert vor. Vgl. Eichner (2010), S. 178. Eine Standardisierung der Variablen ist dagegen nicht notwendig, da keine metrischen Variablen, sondern nur dichotome Variablen, d.h. Variablen auf der gleichen Messskala, verwendet werden. Vgl. hierzu z.B. Backhaus et al. (2021), S. 496.

An möglichen Proximitätsmaßen steht eine große Bandbreite zur Auswahl. In dieser Untersuchung wird das binäre quadrierte Euklidische Distanzmaß angewendet, wie es in vergleichbaren Studien üblich ist.[475] Diese Methode wird häufig verwendet, um den Vergleich unter Verwendung binärer Merkmale zu ermöglichen und ist besonders geeignet, wenn der Ward-Algorithmus angewendet wird.[476] Zusätzlich belegen Simulationsstudien, dass zahlreiche Algorithmen die besten Resultate erzielen, wenn sie die quadratische Euklidische Distanz verwenden.[477] Das Maß wird durch die Quadrierung der (einfachen) Euklidischen Distanz berechnet, welche wie folgt definiert ist:[478]

$$d_{k,l} = \sqrt{\sum_{j=1}^{J} \left(x_{kj} - x_{lj}\right)^2} \tag{3.19}$$

Mit

$d_{k,l}$: Distanz zwischen den Objekten k und l
x_{kj}, x_{lj}: Wert der Variablen j für die Objekte k und l wobei $j \in \{1 \text{ bis } J\}$

Für die Clusterung, d.h. die Bildung von Gruppen auf Basis des Proximitätsmaßes, stehen hierarchische und partitionierende Verfahren zur Verfügung. In ähnlich gelagerten Studien hat sich die Verwendung des Ward-Algorithmus etabliert.[479] Dieses Verfahren zeichnet sich durch seine hohe Effizienz als Fusionierungsalgorithmus aus, da es in den meisten Fällen erstklassige Partitionen erzeugt und die Elemente den Gruppen meist präzise zuordnet.[480] Das Verfahren wird auch als Minimum-Varianz-Methode bezeichnet und fusioniert als hierarchisches Verfahren sukzessive diejenigen Elemente (Cluster), mit deren Fusion der geringste Anstieg der Fehlerquadratsumme erfolgt.[481] Da das

---

475 Vgl. z.B. Lafrenz (2004), S. 225; Eichner (2010), S. 176–178; Schmuck (2013), S. 81.

476 Vgl. Eichner (2010), S. 178. Siehe hierzu auch Bortz/Schuster (2010), S. 464–465.

477 Vgl. Backhaus et al. (2021), S. 501.

478 Vgl. Backhaus et al. (2021), S. 500–501; Bortz/Schuster (2010), S. 456. Die Formel vereinfacht sich für den binären Fall. Siehe für eine Übersicht ausschließlich binärer Distanz- und Ähnlichkeitsmaße Choi et al. (2010), S. 44.

479 Vgl. u.a. Lafrenz (2004), S. 225–226; Eichner (2010), S. 176–177; Schmuck (2013), S. 81.

480 Vgl. Backhaus et al. (2021), S. 521 m.w.N.

481 Für eine ausführliche Darstellung des Verfahrens siehe z.B. Bortz/Schuster (2010), S. 462–465; Backhaus et al. (2021), S. 517–520.

Verfahren als anfällig für Ausreißer gilt, wird das Single-Linkage-Verfahren vorgeschaltet, welches dazu geeignet ist, diese zu erkennen. Besonders markante Ausreißer sind ggfs. zu eliminieren.[482]

Für die Auswahl der Anzahl der Cluster kann ein sog. Dendrogramm sowie ein sog. Struktogramm verwendet werden. Ersteres ist eine grafische Darstellung der Clusterbildung anhand eines Baumdiagramms, wobei mit fortschreitender Fusionierung ein Heterogenitätsanstieg einhergeht. Auf Basis der Grafik können die bedeutendsten Cluster identifiziert werden und so eine passende Gruppenanzahl gewählt werden.[483] Das Strukturgramm zeigt dagegen an, welcher Zuwachs der Fehlerquadratsumme mit den einzelnen Fusionsstufen bzw. Clustern einhergeht. Es wird dann i.d.R. diejenige Lösung gewählt, welche mit dem größten Rückgang des Fusionskoeffizienten verbunden ist und gleichzeitig ein zusätzlicher Fusionierungsschritt nur mit einer relativ kleinen Reduktion der Fehlerquadratsumme verbunden ist (sog. Elbow-Kriterium).[484]

Zur Prüfung der Ergebnisgüte der Clusteranalyse liegen ggü. der Regressionsanalyse nur wenige Verfahren vor.[485] Für die Modellprüfung kommen die bereits erwähnte Prüfung von Korrelationen der zur Clusterbildung verwendeten Variablen, sowie sog. F-Tests zum Einsatz, die die Homogenität der gebildeten Gruppen prüfen.[486] Letztere stellen die Varianz der jeweiligen Variablen im entsprechenden Cluster derjenigen der Variable in der Erhebungsgesamtheit gegenüber. Der F-Wert zeigt für Werte kleiner eins eine vergleichsweise gute Homogenität einer Clusterlösung an.[487]

482 Vgl. Backhaus et al. (2021), S. 522, 531. Dieses Vorgehen entspricht demjenigen, der in Fn. 479 genannten Studien. Vgl. für eine ausführliche Darstellung des Verfahrens Backhaus et al. (2021), S. 511–516.

483 Siehe hierzu z.B. Backhaus et al. (2021), S. 523–527.

484 Vgl. Bortz/Schuster (2010), S. 464; Backhaus et al. (2021), S. 528–529.

485 Vgl. Eichner (2010), S. 261.

486 Vgl. Backhaus et al. (2021), S. 521, 533.

487 Vgl. Backhaus et al. (2021), S. 533.

4 Datengrundlage

Das vierte Kapitel ist der Darstellung der Erhebungsmethodik und der Beschreibung der Untersuchungsgrundlage gewidmet. Hierzu werden zunächst die Datenquellen der quantitativen und qualitativen Informationen vorgestellt. Im weiteren Verlauf erfolgt die Begründung der Wahl der Unternehmen des Composite DAX (CDAX) als Ausgangspunkt der Untersuchung, eine Beschreibung des Vorgehens zur Identifikation von sanierungsbedürftigen Unternehmen aus ebendieser, sowie die empirische Definition des Beobachtungszeitraums der Krisenunternehmen, d.h. des Sanierungsprozesses. Eine solche Definition wird benötigt, um eine systematische Erhebung von Sanierungsunternehmen und der eingesetzten Sanierungsmaßnahmen durchführen zu können, da sowohl der Beginn als auch das Ende einer außergerichtlichen Sanierung – mit Ausnahme einer möglichen Insolvenzanmeldung – keiner Anzeigepflicht unterliegen. Am Beispiel der Loewe AG wird die Anwendung der Erhebungsmethodik erläutert. Anschließend werden der gewählte Sanierungsindikator, sowie der sich anschließende Sanierungsprozess, einer Prüfung hinsichtlich ihrer Validität, d.h. der Eignung, Unternehmen in finanzieller Schieflage aus der Gesamtheit der CDAX-Unternehmen zu identifizieren, unterzogen. Abschließend erfolgt die Vorstellung der Untersuchungsgrundlage.

4.1 Datenquellen

Das Ziel der vorliegenden Studie ist die empirische Analyse finanzieller Sanierungsmaßnahmen, die in Krisenunternehmen durch die jeweiligen Kapitalgebergruppen eingesetzt werden, sowie die Untersuchung der Erfolgsdeterminanten der finanziellen Sanierung. Um diese Untersuchung durchführen zu können, sind qualitative Informationen zum Sanierungsprozess nötig. Bspw. ist festzustellen, in welchen Unternehmen eine finanzielle Schieflage vorliegt, welche Maßnahmen in der Folge angewandt werden und mit welchem Ergebnis der Sanierungsprozess abgeschlossen wird. Diese qualitativen Daten bzgl. der Sanierungsaktivitäten können über keine Datenbank abgerufen werden und es besteht darüber hinaus keine Möglichkeit einer automatisierten Erhebung. Auch sind Informationen von an Sanierungsprozessen beteiligten Banken oder Unternehmensberatungen nicht frei verfügbar. Daher muss für diese Daten eine Erhebung auf Basis öffentlich zugänglicher Quellen durchgeführt werden. Anders verhält es sich mit den ebenfalls erforderlichen quantitativen Kennzahlen, z.B. zur operativen Leistungsfähigkeit, zur Verschuldung und zur Eigentümerstruktur von sanierungsbedürftigen Unternehmen. Für diese Informationen stehen Finanzdatenbanken zur Verfügung, die für börsennotierte Unternehmen einen weitgehend automatisierten Datenabruf ermöglichen. Der folgende Abschnitt gibt einen Überblick hinsichtlich der verschiedenen Datenquellen und -typen:

Sanierungsaktivitäten

Für die Identifikation und Erhebung der eingesetzten Sanierungsmaßnahmen werden im Wesentlichen folgende drei Quellen verwendet: die Nachrichtendatenbank Nexis Uni von LexisNexis, Unternehmenspublikationen (Geschäftsberichte und sonstige Unternehmensmitteilungen), sowie die Publikationen von EQS-News.[488] Nexis Uni bietet aktuelle und historische Datenbestände aus über 15.000 Nachrichtenquellen, darunter lokale, regionale, nationale und internationale Zeitungen und Zeitschriften, Pressemeldungen, Newsletter und Rechtsquellen, und erlaubt damit eine umfangreiche Recherche bzgl. möglicher Sanierungsaktivitäten, oder auch Insolvenzverfahren. Die Datenbank ermöglicht eine Stichwortsuche, sowie darüber hinaus die Anwendung von Filtermöglichkeiten (z.B. nach Jahren oder Publikationsart) oder den Einsatz sog. boolescher Suchoperatoren.[489] Für die Untersuchungsgrundlage werden Nachrichten bzgl. der Krisenunternehmen während ihres Sanierungsprozesses gesucht, gefiltert und anschließend die gefundenen Berichte manuell ausgewertet.[490]

Das beschriebene Vorgehen ist etabliert, kann aber problembehaftet sein, da viele Sanierungsaktivitäten nicht durch Nachrichtenartikel belegt werden, weil bspw. bestimmte börsennotierte Unternehmen nicht im Fokus der öffentlichen Wahrnehmung stehen oder die Nachrichtendatenbank eine limitierte Zahl an Primärquellen beinhaltet. In diesem Zusammenhang bieten Geschäftsberichte der jeweiligen Unternehmen eine Lösungsmöglichkeit.[491] Dies liegt einerseits in

488 EQS-News ist die vormalige Deutsche Gesellschaft für Ad-hoc-Publizität (DGAP).

489 Für weitere Informationen siehe: https://www.lexisnexis.de/loesungen/research/akademische-recherche-nexis-uni

490 Das Vorgehen wurde in ähnlicher Form in zahlreichen empirischen Studien verwendet, siehe z.B. Asquith et al. (1994), S. 630; Jostarndt/Sautner (2010), S. 639; Demiroglu/James (2015), S. 196; Elsas/Mielert (2010), S. 28.

491 Ein ähnlicher Ansatz wird auch von Roberts/Sufi (2009) verfolgt, die die standardisierten Formen von Quartalsberichten (10-Q) und Jahresberichten (10-K), sowie Ad-hoc-Mitteilungen (8-K), die bei der United States Securities and Exchange

den rechtlichen Vorgaben begründet. So sind z.B. große und mittlere Kapitalgesellschaften gem. § 264 Abs. 1 i.V.m. § 289 HGB, sowie Kapitalgesellschaften, die als Mutterunternehmen eines Konzerns agieren gem. § 290 Abs. 1 i.V.m. § 315 HGB, zur Erstellung eines (Konzern)Lageberichts verpflichtet. Dieser muss eine Analyse des Geschäftsverlaufs und der Lage der Gesellschaft/des Konzerns beinhalten, welche die bedeutsamsten finanziellen Leistungsindikatoren beinhaltet und die wesentlichen Chancen und Risiken beurteilt und erläutert (§§ 289 Abs. 1, 315 Abs. 1 HGB).[492] Folglich sind Sanierungsbemühungen in den jeweiligen Lagebericht aufzunehmen. Außerdem bieten Geschäftsberichte generell eine inhaltlich kompakte Darstellung der Vorfälle des Geschäftsjahres.[493] Sie stellen damit eine verlässlichere und prägnantere Informationsquelle dar als eine zumeist unvollständige Anzahl von Nachrichtenartikeln. Für den Zeitraum des Sanierungsprozesses werden daher alle jährlichen Geschäftsberichte und vereinzelt Quartalsberichte ausgewertet. Hierfür sind die Berichte aus dem Krisenzeitraum der Unternehmen über die Datenbank hv-info.de herunterzuladen und per Stichwortsuche zu durchsuchen. Des Weiteren erfolgt eine detaillierte Auswertung der Lageberichte bzw. der Ausführungen zur Finanzlage.

Die zuvor genannten Quellen werden durch (Pflicht-)Mitteilungen der DGAP- bzw. EQS-News-Datenbank ergänzt.[494] Diese bietet Zugriff auf Ad-hoc- sowie Presse- bzw. Unternehmensmitteilungen, deren Einbeziehung ein Gesamtbild des jeweiligen Ablaufs der Unternehmenssanierung entstehen lassen.[495] Es werden alle Unternehmensnachrichten aus dieser Quelle während des Krisenzeitraums bzw. des Sanierungsprozesses jedes Unternehmens aufgerufen und ausgewertet.

Die qualitativen Informationen werden in einem Excel-Spreadsheet kodifiziert und mit den quantitativen Daten zu einer eigenen Datenbank verarbeitet. Insgesamt basiert die Untersuchungsgrundlage auf manuell erhobenen Daten aus über 8.000 Dokumenten der drei Datenquellen.

Commission (SEC) eingereicht werden müssen, hinsichtlich Kreditnachverhandlungen analysieren.

492 In diesem Zusammenhang sind von Mutterunternehmen die Regelungen des DRS 20 zu beachten.

493 Das gilt i.d.R. auch für wichtige Vorfälle, die sich zwischen dem Geschäftsjahresende sowie dem Publikationstermin ereignen.

494 Bspw. reguliert der Art. 17 der Marktmissbrauchsverordnung (MMVO) Ad-hoc-Publizitätsverpflichtungen von Emittenten hinsichtlich Insiderinformationen.

495 Für weitere Informationen siehe: https://www.eqs-news.com/de

Finanzinformationen

Für die Stichprobenerhebung sowie die empirische Bearbeitung der Fragestellungen werden zahlreiche Finanzdaten benötigt. Das gilt einerseits für die (zu identifizierenden) Krisenunternehmen der Untersuchungsgrundlage, anderseits aber auch für alle anderen CDAX-Unternehmen, um z.B. industrieadjustierte Werte einiger Kennzahlen berechnen zu können. Die Datenerhebung basiert auf drei unterschiedlichen Quellen. Die Hauptquelle ist die Finanzdatenbank Bloomberg. Diese Datenbank inkludiert u.a. historische und Echtzeit-Finanzmarktdaten, Nachrichten, eigene und Fremdanalysen, sowie Funktionen zur eigenständigen Analyse von Daten. Sie ist zum Zeitpunkt der Erhebung die weltweit führende Finanzdatenbank.[496] Als Ergänzung vereinzelt fehlender Datenpunkte dienen die Geschäftsberichte der Unternehmen. Einige Informationen, die nicht verfügbar sind, wie z.B. die Höhe der Verbindlichkeiten ggü. Kreditinstituten, das Vorliegen eines Konsortialkredits als Hauptfinanzierungsquelle oder die Besicherung der Verbindlichkeiten eines Unternehmens, werden grundsätzlich den Geschäftsberichten entnommen.[497]

Aktienkurse

Die täglichen Aktienkurse werden aus der Datenbank Refinitv Datastream, welche ähnliche Datentypen wie Bloomberg zur Verfügung stellt, abgerufen und an einigen Stellen ergänzt.[498] Der Vorzug dieser Datenbank für diesen Datentyp ggü. Bloomberg erfolgt deshalb, da speziell für ältere Datenpunkte eine bessere Verfügbarkeit vorliegt. Da der Beobachtungszeitraum vor der Jahrtausendwende beginnt, ist dieser Vorteil zentral. Die historischen Aktienkurse in Refinitiv werden automatisiert entsprechend nominaler Veränderungen der Preisnotierung im Zeitablauf, z.B. durch Kapitalherabsetzungen oder Aktiensplits, angepasst. Es ist jedoch auch ein Datenabruf nicht angepasster historischer Preise möglich.

---

496 Vgl. hierzu z.B. die Marktanteilsanalyse im Bereich Finanzdaten von Taylor/Milton (2019), S. 6. Für weitere Informationen siehe: https://www.bloomberg.com/professional/solution/bloomberg-terminal/

497 Die Datenbank Bloomberg offeriert zwar einen Abrufbefehl für die Höhe der besicherten Verbindlichkeiten, der Output im Rahmen des Datenabrufs war allerdings für kein Unternehmen der Stichprobe befüllt.

498 Für weitere Informationen siehe: https://www.refinitiv.com/en/products/datastream-macroeconomic-analysis

Eigentümerstrukturen

Für einige Analysen sind Informationen hinsichtlich der Eigentümerstruktur der Unternehmen für alle Jahre im Sanierungsprozess notwendig. Als Datenbank wird das Hoppenstedt-Aktienführer-Datenarchiv der Universitätsbibliothek Mannheim verwendet.[499] Es enthält die Daten der Printausgaben des Hoppenstedt-Aktienführers der Jahre 1956 bis 2018. Für nachfolgenden Jahre wird auf die Geschäftsberichte der Unternehmen zurückgegriffen. Letztlich hat auf Basis dieser Informationen nur die Eigentümerkonzentration Eingang in die Analyse gefunden. Hierzu wird der sog. Herfindahl-Index auf Basis aller Aktionäre mit einer Beteiligung von 5 % oder mehr berechnet.[500]

4.2 Darstellung der Datenerhebung

Dieses Unterkapitel stellt den Prozess der Datenerhebung vor. Hierzu wird zunächst die Wahl der CDAX-Unternehmen als Untersuchungsgegenstand begründet, sowie eine Übersicht der in der bestehenden Literatur angewandten Kriterien zur Identifikation von Krisenunternehmen präsentiert. Es folgt die Vorstellung des in der vorliegenden Studie angewandten Sanierungskriteriums, des technischen Sanierungsprozesses und deren Validitätsprüfung. Zur Verdeutlichung der genutzten Methodik wird diese am Beispiel der Loewe AG ausführlich dargestellt.

4.2.1 Ausgangspunkt der Datenerhebung

Um eine Untersuchung finanzieller Sanierungen durchzuführen, ist zunächst (1) eine adäquate Gesamtheit an Unternehmen, sowie ein Beobachtungszeitraum, zu definieren und (2) aus der Gesamtheit eine Identifikation von Unternehmen in finanzieller Schieflage vorzunehmen. Den Forschungsfokus für die vorliegende Studie bilden Unternehmen, die zwischen 1999 und 2020 im Composite DAX der deutschen Börse gelistet waren.[501] Die Erhebung der

---

499 Für weitere Informationen siehe: https://digi.bib.uni-mannheim.de/aktienfuehrer/data/index.php

500 Es liegen z.B. auch Daten für das Bestehen von Ankeraktionären für die Niveaus 25 %, 30 % sowie 50 % vor. Außerdem erfolgt eine Zuordnung der Eigentümer zu den verschiedenen Investorentypen Management, Banken, sowie institutionelle, strategische oder private Investoren. Für ein ähnliches Vorgehen vgl. Jostarndt (2007), S. 38–41. Management-Daten werden ebenfalls dem Hoppenstedt-Aktienführer-Datenarchiv entnommen.

501 Im Jahr 2020 ist die Ausgangsliste der ehemaligen und zu diesem Zeitpunkt im CDAX gelisteten Unternehmen aus der Datenbank Refinitiv abgerufen worden.

Sanierungsaktivitäten umfasst den Zeitraum 1999 bis Mitte 2023. Banken, Versicherungsgesellschaften und Finanzdienstleistungsunternehmen werden aufgrund ihrer speziellen Charakteristiken ausgeschlossen. Hierzu gehört u.a., dass für diese ein vergleichsweise hoher Schuldenstand zum Geschäftsmodel gehört, während dies für Unternehmen, die nicht in der Finanzbranche tätig sind, ein Hinweis auf eine Schieflage oder Krisensituation sein kann.[502] Aufgrund der starken Regulation der Industrie werden außerdem Versorgungsunternehmen eliminiert.[503]

Der CDAX Index, der alle deutschen Unternehmen des Prime Standard und General Standard enthält, wird aus folgenden drei Gründen als Ausgangspunkt ausgewählt: Erstens handelt es sich um Unternehmen, die ihren Sitz in Deutschland haben und damit den gleichen gesetzlichen Vorschriften, die im Zusammenhang mit (außer-)gerichtlichen Sanierungsbemühungen von Relevanz sind (z.B. InsO) unterliegen. Wie oben dargestellt, haben die gesetzlichen Vorschriften wesentlichen Einfluss auf die Sanierungsentscheidung, sowie die mit dem Sanierungsprozess verbundenen Maßnahmen. Um eine adäquate Untersuchung der Erfolgsdeterminanten von Unternehmenssanierungen durchzuführen, ist die Homogenität der gesetzlichen Rahmenbestimmungen notwendig, welche hierdurch sichergestellt wird.[504] Zweitens stellen Prime Standard und General Standard diejenigen Börsensegmente mit den strengsten Transparenzstandards dar.[505] Das ist v.a. in Bezug auf freie, aber auch auf gerichtliche Sanierungsaktivitäten von Vorteil, da davon auszugehen ist, dass Krisenunternehmen mit strengen Publizitätspflichten eher über vorgenommene Maßnahmen berichten und dies in einer detaillierteren Form tun als bspw. Unternehmen mit niedrigeren Transparenzstandards oder nicht-börsennotierte Unternehmen. Drittens handelt es sich bei CDAX-Unternehmen meist um vergleichsweise große Firmen, welche aufgrund des öffentlichen Interesses im Fokus der medialen Berichterstattung stehen. Eine

---

502 Vgl. Fama/French (1992), S. 429

503 Für ein ähnliches Vorgehen siehe z.B. John et al. (1992), S. 894, sowie Elsas/Mielert (2010), S. 24. Das hohe Ausmaß der Regulation trifft auch auf die Finanzbranche zu.

504 Das Sample enthält kein durchgeführtes Insolvenzverfahren unter einem ausländischen Insolvenzrechtsregime.

505 Vgl. Deutsche Börse AG (2023b). Emittenten im regulierten Markt können zwischen Prime und General Standard wählen. Der regulierte Markt löste am 1. November 2007 die bestehende Unterteilung in amtlichen und geregelten Markt ab. Vgl. Deutsche Börse AG (2023a).

Berichterstattung bzgl. der Sanierungsbemühungen von großen, gar börsennotierten Unternehmen findet tendenziell eher und umfangreicher statt als für vergleichsweise kleine Unternehmen. Auch dies trägt zur Exaktheit der Datengrundlage bei. Auf Basis der vorgenannten Gründe stellt der CDAX einen optimalen Ausgangspunkt für die Bearbeitung der Forschungsthematik dar.

In einem nächsten Schritt ist der Beobachtungszeitraum zu begründen. Der Beginn wird auf den Zeitpunkt der Einführung der InsO im Jahr 1999 gelegt, um einheitliche rechtliche Rahmenbedingungen zu gewährleisten.[506] Darüber hinaus ist zu beachten, dass die Präzision der erforderlichen Nachrichtensuche, z.B. aufgrund unzugänglicher Artikel, tendenziell geringer wird, je weiter der Beginn des Untersuchungszeitraums in der Vergangenheit liegt, und daher ein (noch) früherer Beginn wenig sinnvoll ist. Das Ende des Beobachtungszeitraums im ersten Halbjahr 2023 korrespondiert dagegen mit dem Ende der Erhebungsaktivitäten.

Der vergleichsweise lange Beobachtungszeitraums sowie die Vielzahl an Unternehmen erfordern eine umfassende und zeitintensive Recherche. Dies stärkt jedoch die Repräsentativität der Untersuchungsgrundlage. Auch ist z.B. die Beobachtung von Krisenunternehmen in verschiedenen Konjunkturphasen und -zyklen nachfolgend von besonderem Interesse. Um diese Analyse durchführen zu können, müssen in einem weiteren Schritt aus der Gesamtheit der CDAX-Unternehmen Firmen in finanzieller Schieflage identifiziert werden.

4.2.2 Identifikation von Unternehmen in finanzieller Schieflage

Die Identifikation von Unternehmen in einer finanziellen Schieflage bzw. sanierungsbedürftigen Unternehmen ist nicht trivial. Während die Krise eines Unternehmens spätestens durch die Insolvenzantragsstellung und die – für große bzw. börsennotierte Unternehmen – damit einhergehende Berichterstattung ex-post offenbar wird, ist die Sanierungsbedürftigkeit, die i.d.R. vor dem Zeitpunkt der Insolvenzantragsstellung eintritt, nicht anzeigepflichtig.[507] Ein

506 Das Inkrafttreten des ESUG sowie die Einführung des vorinsolvenzlichen Sanierungsrahmens gem. StaRUG haben diese zwar ebenfalls wesentlich geändert, allerdings in geringerem Ausmaß.

507 Die Verlustanzeige gem. § 92 Abs. 1 AktG kann eine Ausnahme darstellen. Sie greift allerdings erst im Fall einer relativ ausgeprägten Krisensituation, in der eine Sanierung aufgrund des fortgeschrittenen Erosionsprozesses regelmäßig geringe Erfolgsaussichten hat. Außerdem zeigen zahlreiche Unternehmen im Vorfeld der Insolvenz keinen Verlust in Höhe der Hälfte des Grundkapitals an.

zentraler Vorteil der freien Sanierung besteht eben darin, dass sie geräuschloser ablaufen kann als eine Sanierung im Insolvenzverfahren.[508] Gleichzeitig ist die Insolvenzantragsstellung meist die Folge des Scheiterns außergerichtlicher Sanierungsbemühungen. In der Vergangenheit bestand für Unternehmen, die einen Insolvenzantrag unter deutscher Insolvenzrechtsgesetzgebung stellten, jedoch ein sog. Liquidation-Bias, d.h. es wurde meist eine Zerschlagung im Insolvenzverfahren vorgenommen.[509] U.a. hieraus speist sich der herausragende Stellenwert der außergerichtlichen Sanierung als zentrale Lösungsvariante zum Erhalt des Unternehmens.[510] Es stellt sich die Frage, wie ex-ante die Sanierungsbedürftigkeit von Krisenunternehmen mit in der Folge erfolgreichen und gescheiterten Sanierungen festgestellt werden kann.

Ein allgemein gültiger Sanierungsindikator, d.h. eine Kennzahl oder ein Kennzahlensystem, der den Beginn der Sanierungsbedürftigkeit markiert, liegt in der Literatur nicht vor. Der Schwerpunkt ähnlich gelagerter Forschungsbeiträge ist die Insolvenzprognose von Unternehmen, während die sog. *Distress Classification* als kaum erforscht gilt.[511] In empirischen Studien, die unterschiedliche Forschungsfragen im Bereich der finanziellen Schieflage von Unternehmen bearbeiten, behelfen sich die jeweiligen Autoren mit verschiedenen qualitativen Definitionen und technischen Kennzahlen zur Identifikation von Krisenunternehmen. In der Folge ist eine vergleichsweise große Bandbreite an möglichen Indikatoren zur Approximation des *Financial Distress* entstanden.[512] Die verwendeten Definitionen können im Wesentlichen in ereignisorientierte und technische Indikatoren bzw. deren Kombination eingeteilt werden.[513]

Ereignisorientierte Indikatoren stellen auf den Eintritt eines qualitativen Ereignisses ab, um den Übergang des Unternehmens vom Zustand der

508 Vgl. Drukarczyk/Schöntag (2020), Rn. 1.

509 Vgl. z.B. Drukarczyk/Schüler (2021), S. 337.

510 Die übertragende Sanierung stellt die populärste Vorgehensweise zur Fortführung des Geschäftsbetriebs in der Insolvenz dar. Vgl. Fn. 314.

511 Vgl. Elsas/Mielert (2010), S. 19. Das liegt auch daran, dass sich z.B. die Krisenursachenforschung in der Vergangenheit auf die Insolvenzursachenforschung beschränkt hat, während sanierte, ehemalige Krisenunternehmen bei der Untersuchung außen vor blieben. Vgl. Knecht et al. (2018), S. 14.

512 Eine umfangreiche Liste findet sich z.B. bei Eichner (2010), S. 279–280, sowie in der Literaturübersicht von Habib et al. (2020).

513 Die Klassifikation beruht auf dem Beitrag von Outecheva (2007), S. 14–19. Diese nennt zusätzlich eine prozessorientierte Definition, die jedoch in empirischen Studien keine wesentliche Rolle spielt.

finanziellen Gesundheit in den Zustand der finanziellen Schieflage zu markieren. Beispiele hierfür sind u.a. Delistings, Ratingherabstufungen, Covenantbrüche, Zahlungsausfälle oder Insolvenzanmeldungen.[514] Obwohl das Vorliegen einer finanzielle Schieflage für große Datenmengen grundsätzlich nur Annäherungsweise festgestellt werden kann, werden diese Ansätze aus den nachfolgenden Gründen verworfen.

Das Delisting von Unternehmen kann Teil eines positiv oder negativ verlaufenden Sanierungsprozesses sein, ein simultanes Auftreten von Delisting und finanzieller Schieflage ist jedoch nur schwer vorstellbar. Auch erfolgen Delistings oft aus anderen Gründen, wie bspw. im Zusammenhang mit dem Abschluss von Beherrschungs- und Gewinnabführungsverträgen oder Squeeze-Outs. Der Zahlungsausfall ist als Distress-Kriterium ebenso wenig geeignet, da er tendenziell in einem weit fortgeschrittenen Stadium der finanziellen Krisensituation anzusiedeln ist.[515] Zudem ist die direkte Beobachtung von Zahlungsausfällen oder Covenantbrüchen in größerem Umfang für deutsche Unternehmen kaum möglich, da sich diese aufseiten des Fremdkapitals zu großen Teilen über Bankverbindlichkeiten finanzieren, sodass ein Ausfall oder ein Covenantbruch zunächst nur den Vertragsparteien bekannt ist.[516] Darüber hinaus sind Herabstufungen von Unternehmen aufgrund der vergleichsweise geringen Anzahl an Unternehmen mit Rating nicht ratsam. Eine Insolvenzanmeldung ist ebenfalls nicht als Beginn der finanziellen Schieflage einzuordnen, wie dies v.a. einige US-amerikanische Studien propagieren.[517] Das kann auf die in den USA etablierte Sanierung in der Insolvenz gem. Chapter 11 zurückzuführen sein.[518] Der Zeitpunkt ist jedoch besonders für deutsche Krisenunternehmen zu spät gewählt. Vor dem Hintergrund des deutschen Rechtsrahmens ist ein Sanierungsversuch im Insolvenzverfahren vielmehr das letzte Mittel vor der Liquidation des Unternehmens. Gemein ist allen hier genannten

514 Der Anh. 1 zeigt beispielhaft einige Studien mit ereignisorientiertem Kriterium zur Identifikation der finanziellen Schieflage.

515 Siehe z.B. auch Knabe (2012), S. 12.

516 Deutsche Unternehmen emittieren in eher geringem Umfang öffentlich gehandelten Anleihen, deren Zahlungsausfall oder Covenantbruch beobachtbar wäre. Vgl. Jostarndt (2007), S. 12.

517 Vgl. hierzu z.B. Gilson (1990), S. 357–358; Campbell et al. (2008), S. 2903–2904.

518 Morse/Shaw (1988) berichten von einer Fortführungsquote im Verfahren gem. Chapter 11 von ca. 60 %. Vgl. Morse/Shaw (1988), S. 1198. Im Sample von Weiss (1990) melden 95 % aller insolventen Unternehmen ein Verfahren gem. Chapter 11 an, wovon 86 % fortgeführt werden. Vgl. Weiss (1990), S. 291.

Indikatoren, dass der Beginn einer finanzielle Schieflage zeitlich i.d.R. nicht mit dem Eintritt der qualitativen Kriterien übereinstimmt.

Technische Indikatoren ordnen den Zustand eines Unternehmens über bestimmte quantitative Indikatoren als finanziell angespannt ein.[519] Diese Indikatoren können aus den Geschäftsberichten des Unternehmens (rechnungslegungsbasiert), aber auch aus am Markt beobachtbaren Kennzahlen (marktbasiert) abgeleitet werden.[520] Ein rechnungslegungsbasiertes Beispiel stellt – trotz ihrer definitorischen Schwächen – die sehr häufig verwendete Zinsdeckungsquote dar.[521] So klassifiziert Jostarndt (2007) in seiner Untersuchung Unternehmen als in einer Krise befindlich, wenn diese in zwei aufeinanderfolgenden Jahren ein EBIT erwirtschaften, das unter dem zu leistenden Zinsaufwand liegt. Der Autor stützt seine Auswahlentscheidung v.a. auf die Einfachheit und gleichzeitige universelle Anwendbarkeit des Kriteriums auf alle Unternehmenstypen.[522] Eine Kombination aus rechnungslegungs- und marktbasierten Kennzahlen nutzen z.B. Demiroglu/James (2015). Sie gehen davon aus, dass sich ein Unternehmen in einer finanziellen Schieflage befindet, wenn sich dieses auf Basis der kumulierten dreijährigen Aktienkursrendite im untersten 5 %-Perzentil der Querschnittverteilung eines Beobachtungsjahres der Untersuchungsgrundlage befindet, und in den drei Jahren zuvor nicht durchgehend eine Verschuldung zu Buchwerten kleiner 30 % und eine Zinsdeckungsquote größer als drei aufweist. Die letzten beiden Schritte werden dadurch begründet, dass Unternehmen mit diesen Kennzahlenausprägungen sich wahrscheinlich nicht in finanzieller Schieflage befinden.[523] Die genannten Studien zeigen stellvertretend für zahlreiche weitere Beiträge, dass, ebenso wie

519 Der Anh. 2 enthält eine Liste an Studien mit technischen Indikatoren.

520 Eichner (2010) unterscheidet in seiner Literaturübersicht zwischen rechnungslegungs- und marktbasierten Kennzahlen, sowie deren Kombinationen. Zusätzlich wird eine Unterscheidung in Bezug auf deren zeitliche Ausgestaltung vorgenommen. Die Variablen können im Quer- bzw. Längsschnitt gemessen werden, oder als abrupte Veränderung (z.B. Unternehmensverlust im aktuellen Jahr nach Unternehmensgewinn im Vorjahr) ausgestaltet werden. Vgl. Eichner (2010), S. 48.

521 Zumeist wird diese Kennzahl definiert als EBITDA/Zinsaufwand oder EBIT/Zinsaufwand. Sie dient der Prüfung, ob die operative Leistungsfähigkeit zur Bedienung der Fremdkapitalzinsen ausreicht.

522 Vgl. Jostarndt (2007), S. 11–12. Der Autor folgt mit seinem Indikator den Arbeiten von Hoshi et al. (1990) sowie Asquith et al. (1994). Diese setzen für zwei Folgejahre das operative Ergebnis bzw. das EBITDA in das Verhältnis zum jeweiligen Zinsaufwand. Vgl. Hoshi et al. (1990), S. 75; Asquith et al. (1994), S. 628.

523 Vgl. Demiroglu/James (2015), S. 196.

im Bereich der ereignisorientierten Indikatoren, keine einheitliche technische Definition der finanziellen Schieflage vorliegt. Auch sind Kritikpunkte hinsichtlich der genannten Definitionen denkbar. So z.B. die Tatsache, dass der Bestand an finanziellen Reserven keine Rolle spielt. Auch ist es im Rahmen der Untersuchung von finanziellen Schieflagen sinnvoll, auf Cashflows und den gesamten Kapitaldienst des Fremdkapitals abzustellen. Hierzu eignet sich z.B. die Debt Service Coverage, die bei einem Wert von eins anzeigt, dass Zins und Tilgung gerade noch aus dem Cashflow geleistet werden können.[524] Darüber hinaus kann Kritik in Bezug auf die Repräsentativität formuliert werden, da z.B. nicht geprüft wird, ob tatsächlich ein wesentlicher Teil der Unternehmen in finanzieller Schieflage identifiziert wird, und dies tatsächlich zum Zeitpunkt des Eintritts der Sanierungsbedürftigkeit erfolgt.

Insgesamt ist festzuhalten, dass verschiedene ereignisorientierte und technische Definitionen für die Approximation der finanziellen Schieflage in empirischen Studien vorliegen. Diese sind zwar inhaltlich grundsätzlich nachvollziehbar, da sie auf Kennzahlen(systemen) oder Ereignissen beruhen, die mit Krisenunternehmen in Verbindung gebracht werden. Jedoch besteht einerseits das Problem der Beobachtbarkeit einiger Indikatoren, andererseits liegen teilweise definitorische Schwächen vor. Ein Indikator sollte daher einer Prüfung seiner Validität unterzogen werden. Wie eine solche Prüfung aussehen kann, wird Kapitel 4.2.4 auf Basis des in dieser Untersuchung gewählten Indikators zeigen.

4.2.3 Indikatorauswahl und Erhebung der Sanierungsaktivitäten

Für die Identifikation sanierungsbedürftiger Unternehmen wird in der vorliegenden Studie zweistufig vorgegangen. Einerseits wird ein technischer bzw. quantitativer Indikator, andererseits ein ereignisorientierter bzw. qualitativer Indikator genutzt. Der Erste stellt den Beginn des Sanierungsprozesses dar, während der Zweite vorliegen muss, um die Sanierungsbedürftigkeit zu bestätigen.

Als technischer Indikator wird die naïve Distance-to-Default (DD), die auf dem Beitrag von Bharath/Shumway (2008) beruht, verwendet.[525] Diese stellt eine Vereinfachung des sog. Merton-Modells dar.[526] Letzteres bildet das

524 Siehe hierzu Schulte (2016), S. 198. Bei eingeschränkter Datenverfügbarkeit könnte auf das EBITDA als Zählergröße zurückgegriffen werden.

525 Vgl. Bharath/Shumway (2008), S. 1347–1348.

526 Das ursprüngliche Modell beruht auf dem berühmten Beitrag von Robert C. Merton aus dem Jahr 1974, welcher wiederum auf dem ebenfalls berühmten Beitrag

zentrale strukturelle Modell zur Bestimmung von Unternehmensausfallwahrscheinlichkeiten. Das Modell stellt sich im Wesentlichen wie folgt dar:[527]

Das Eigenkapital (E) wird als europäische Kaufoption auf die Aktiva des Unternehmens (V) modelliert, deren Basispreis der Nominalwert des Fremdkapitals (F) ist. Das ist deshalb möglich, da (I) das gesamte Fremdkapital als ein Zerobond mit Fälligkeit zum Zeitpunkt T modelliert wird, und (II) zusätzlich die Annahme der beschränkten Haftung der Eigenkapitalgeber gilt. Der Ausfall tritt ein, wenn der Marktwert der Unternehmensaktiva am Ende der Bondlaufzeit T, also bei Fälligkeit, unter dem Nominalwert des Fremdkapitals liegt. Ist der Wert der Aktiva hingegen größer als der Nominalwert des Fremdkapitals, so wird die Nullkuponanleihe aus dem Vermögen des Unternehmens getilgt und die Eigenkapitalgeber erhalten den verbleibenden Unternehmenswert, d.h. es gilt:

$$E_T = \max(V_T - F, 0) \tag{4.1}$$

Mit

E_T = Marktwert des Eigenkapitals zum Zeitpunkt T
V_T = Marktwert des Unternehmensvermögens zum Zeitpunkt T
F = Nominalwert des Fremdkapitals

Auf Basis der Black-Scholes-Merton-Formel ist der Marktwert des Eigenkapitals zum Zeitpunkt t_0 gem. folgender Formel definiert. $N(d_2)$ stellt die risikoneutrale Ausfallwahrscheinlichkeit dar:[528]

$$E_0 = V_0 \cdot N(d_1) - F \cdot e^{-iT} \cdot N(d_2)$$
$$\text{mit } d_1 = \frac{\ln\left(\frac{V_0}{F}\right) + \left(i + \frac{\sigma_V^2}{2}\right) \cdot T}{\sigma_V \cdot \sqrt{T}} \text{ und } d_2 = d_1 - \sigma_V \cdot \sqrt{T} \tag{4.2}$$

von Fischer Black und Myron Scholes aus dem Jahr 1973 aufbaut. Vgl. Merton (1974), S. 449–470; Black/Scholes (1973), S. 637–654. Die wohl bekannteste Weiterentwicklung und kommerzielle Anwendung stellt das sog. Moody's KMV-EDF-Modell dar. Dieses wird z.B. in Crosbie/Bohn (2019), S. 485–491, beschrieben.

527 Vgl. z.B. Hull (2022), S. 673–674; Veronesi (2016), S. 546–549; Bharath/Shumway (2008), S. 1342–1346.

528 Vgl. Black/Scholes (1973), S. 644; Hull (2022), S. 673.

Mit

N(.) = Verteilungsfunktion der Standardnormalverteilung
e = Exponentialfunktion
i = Stetiger risikoloser Zinssatz
σ_V = Standardabweichung der Unternehmenswertrendite

In der empirischen Anwendung des Modells, besteht die Problematik darin, dass V und σ_V nicht direkt beobachtbar sind, und daher i.d.R. über Zielwertsuchen oder Iterationen gelöst werden müssen. Gem. Itôs Lemma gilt die hierzu notwendige zweite Formel des Gleichungssystems:

$$\sigma_E E_0 = N(d_1)\sigma_V V_0 \tag{4.3}$$

Mit

σ_E = Standardabweichung der Eigenkapitalrendite

Nach der Ersetzung des risikolosen Zinssatzes (i) durch die erwartete Rendite des Unternehmensvermögens (μ_V) gibt die DD dann den Abstand zwischen dem erwarteten Wert der Aktiva des Unternehmens und der Ausfallgrenze in Standardabweichungen der Unternehmensaktiva an.[529] Auf dieser Basis kann die Ausfallwahrscheinlichkeit π_{Merton} berechnet werden:

$$DD = \frac{\ln\left(\frac{V_0}{F}\right) + \left(\mu_V - \frac{\sigma_V^2}{2}\right) \cdot T}{\sigma_V \cdot \sqrt{T}} \tag{4.4}$$

$$\pi_{Merton} = N(-DD) \tag{4.5}$$

529 Im Gegensatz zum Wert der Option basiert die DD auf der erwarteten Rendite des Unternehmensvermögens (μ_V), da der Ausfall vom zukünftigen Unternehmenswert abhängt. Vgl. Vassalou/Xing (2004), S. 836. Die Unternehmenswertentwicklung über die Zeit wird in dem Modell durch den stochastischen Prozess einer geometrisch Brown'schen Bewegung beschrieben. Vgl. Hartmann-Wendels et al. (2019), S. 500, 507; Bharath/Shumway (2008), S. 1343.

Mit

μ_V = Erwartete Rendite des Unternehmensvermögens
T = Restlaufzeit des Fremdkapitals
DD = Entfernung des Unternehmenswertes von der Ausfallgrenze
π_{Merton} = Ausfallwahrscheinlichkeit auf Basis des Merton-Modells

Abb. 9 stellt die Funktionsweise des Merton-Modells grafisch dar. Der Unternehmenswert (V_t) verändert sich im Zeitablauf. Fällt der Marktwert des Unternehmens unter den nominalen Wert des Fremdkapitals, tritt der Ausfall ein. Der Abstand zwischen dem erwarteten Wert der Aktiva des Unternehmens und der Ausfallgrenze ist die DD. Die Ausfallwahrscheinlichkeit (PD) wird durch die die schraffierte Fläche dargestellt.

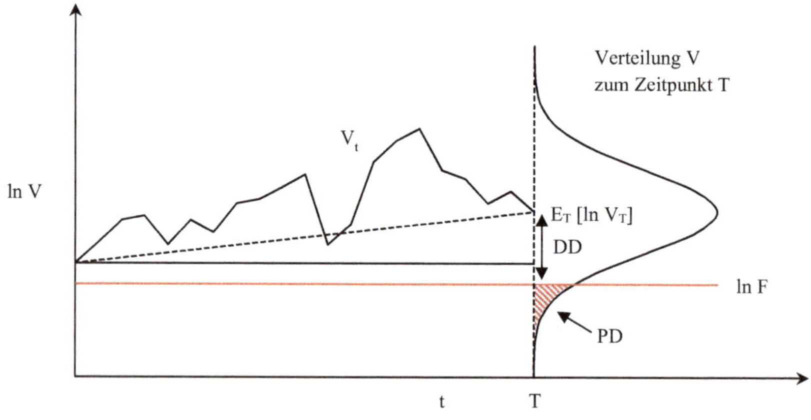

Abb. 9: Graphische Darstellung der Funktionsweise des Merton-Modells

Die Abb. zeigt die Funktionsweise des Merton-Modells. V_t/V_T: Marktwert des Unternehmensvermögens zum Zeitpunkt t/T; E_T: Marktwert des Eigenkapitals zum Zeitpunkt T; *F*: Nominalwert des Fremdkapitals; *DD*: Distance-to-Default; *PD*: Ausfallwahrscheinlichkeit. Eigene Darstellung in Anlehnung an Crosbie/Bohn (2019), S. 483.

Wie erwähnt sind der Marktwert des Unternehmensvermögens und dessen Volatilität nicht beobachtbar, was die Lösung des Modells erschwert. Bharath/Shumway (2008) schlagen in ihrem Beitrag eine vereinfachte Lösungsmöglichkeit des Modells vor, welche Eingang in die Forschungsliteratur als

Approximation der Ausfallwahrscheinlichkeit gefunden hat.[530] Die Autoren untersuchen in ihrem Beitrag die Prognosegenauigkeit des Models von Merton (1974) und vergleichen diese u.a. mit einer selbst vorgeschlagenen und einfacher zu kalkulierenden Kennzahl (Naïve DD bzw. naïve π). Die sog. naïve Alternative besteht in einer simplen Umgehung der Kalkulation der nicht beobachtbaren Variablen V und σ_V. Das geschieht im Wesentlichen durch eine vereinfachte Kalkulation der Standardabweichung des Marktwertes des Fremdkapitals (σ_D) und des Unternehmensvermögens (σ_V). Darüber hinaus wird die erwartete Rendite (μ_V) der Aktienkursrendite über das vergangene Jahr ($r_{i,t-1}$) gleichgesetzt. Die zu lösenden Gleichungen stellen sich wie folgt dar:[531]

$$\text{naïve } D = F \tag{4.6}$$

$$\text{naïve } \sigma_D = 0{,}05 + 0{,}25 \cdot \sigma_E \tag{4.7}$$

$$\begin{aligned} \text{naïve } \sigma_V &= \frac{E}{E+F}\sigma_E + \frac{F}{E+F} \cdot \text{naïve } \sigma_D \\ &= \frac{E}{E+F}\sigma_E + \frac{F}{E+F} \cdot \left(0{,}05 + 0{,}25 \cdot \sigma_E\right) \end{aligned} \tag{4.8}$$

$$\text{naïve } \mu_V = r_{i,t-1} \tag{4.9}$$

$$\text{naïve } DD = \frac{\ln\left[\left(E+F\right)/F\right] + \left(r_{i,t-1} - 0{,}5 \cdot \text{naïve } \sigma_V^2\right)T}{\text{naïve } \sigma_V \sqrt{T}} \tag{4.10}$$

---

530 Anstelle vieler sei z.B. auf die Studien von Acharya et al. (2012); Valta (2012); Farre-Mensa/Ljungqvist (2016); Ho et al. (2016); Sautner/Vladimirov (2018) verwiesen.

531 Vgl. Bharath/Shumway (2008), S. 1347–1348. F = kurzfristige Schulden + 0,5 · langfristige Schulden; T =1. Die Modellierung der Verschuldung erfolgt in Studien meist mit diesem Ansatz, da empirische Modellprüfungen gezeigt haben, dass Unternehmen i.d.R. nicht ausfallen, wenn der Unternehmenswert den Wert der gesamten Verschuldung unterschreitet, sondern die Ausfallgrenze zwischen der kurzfristigen und der gesamten Verschuldung verläuft. D.h. der langfristige Teil gewährt den Unternehmen (noch) eine Verschnaufpause. Vgl. Crosbie/Bohn (2019), S. 474. Für ein Anwendungsbeispiel siehe Vassalou/Xing (2004), S. 837.

$$\pi_{\text{naïve}} = N(-\text{naïve DD}) \quad (4.11)$$

Mit

D = Marktwert des zinstragenden Fremdkapitals
σ_D = Standardabweichung der Fremdkapitalrendite
$r_{i,t-1}$ = Aktienkursrendite über das vergangene Jahr

Die Autoren erkennen an, dass der Ansatz zur Schätzung von σ_D, σ_V und μ_V durchaus kritisiert werden kann, da die Approximationen über kein detailliertes theoretisches oder praktisches Fundament verfügen. Ziel der Autoren ist allerdings nicht primär die Erstellung eines verbesserten Modells, sondern das Aufzeigen der Nützlichkeit der funktionalen Form des Merton-Modells und die Konstruktion eines einfach(er) zu kalkulierenden Indikators mit signifikanter Prognosegüte. Auf Basis ihrer Untersuchungen attestieren die Autoren dem Modell aber sogar eine superiorer Leistung ggü. dem Merton-Modell.[532]

Für die eigene Kalkulation wird vom oben beschriebenen Modell wie folgt abgewichen: Erstens werden die zinstragenden Verbindlichkeiten durch die gesamten Verbindlichkeiten ersetzt. Das ist u.a. deshalb zentral, da Unternehmen auch im Hinblick auf nicht zinstragendes Fremdkapital, wie z.B. Verbindlichkeiten aus Lieferungen und Leistungen, ausfallen können.[533] Zweitens, wird die Ausfallwahrscheinlichkeit taggenau berechnet, und nicht auf Monatswerte abgestellt.[534]

Insgesamt werden so mehr als 1,8 Millionen tägliche Ausfallwahrscheinlichkeiten über den Zeitraum 1999 bis 2019 berechnet.[535] Aus diesen Wahrscheinlichkeiten erfolgt zunächst eine technische Identifikation von Unternehmen in finanzieller Schieflage. Unternehmen werden in dem Jahr (t_0) als in finanzieller

532 Vgl. Bharath/Shumway (2008), S. 1348, 1356.

533 Die Kalkulation folgt dem Beispiel von Elsas/Mielert (2010), S. 23.

534 Für die Berechnung der Rendite über das vergangene Jahr sowie die Renditevolatilität werden nur Unternehmen mit ausschließlich börsennotierten Stammaktien berücksichtigt. In einigen Fällen wurden Vorzugs- vollständig in Stammaktien umgewandelt bzw. getauscht. Diese Unternehmen werden ab dem Zeitpunkt der Wandlung in die Untersuchung einbezogen. Dieses Vorgehen ist notwendig, da nicht alle Informationen vorliegen um z.B. volumengewichtete oder nach Anzahl der Aktien gewichtete Kennzahlen zu berechnen. Rendite und Volatilität beziehen sich jeweils auf die vorangegangen 250 Handelstage und werden aufgrund unvollständiger Datenreihen nicht um Dividendenzahlungen bereinigt.

535 Zum Zeitpunkt der Erstellung der Ausgangsliste der ehemaligen und zu diesem Zeitpunkt im CDAX gelisteten Unternehmen im Jahr 2020 liegen die notwendigen Kennzahlen nur bis 2019 vor.

Schieflage und damit sanierungsbedürftig eingestuft, wenn folgender technischer Indikator erfüllt ist:[536]

I. Die tägliche naïve Distance-to-Default (naïve DD) liegt im untersten 10 %-Perzentil der Querschnittsverteilung der CDAX-Unternehmen.
II. Die tägliche Distance-to-Default ist kleiner als null.[537]
III. Die Kriterien I. und II. werden an mindestens 10 Tagen in Folge erfüllt.

Abb. 10 zeigt die technischen Anschläge der naïve Distance-to-Default für die Untersuchungsgrundlage auf Basis des 10-Tage-Kriteriums im Zeitablauf. Mehrere dieser Alarmsignale können für dasselbe Unternehmen in verschiedenen Jahren auftreten. Es wird deutlich, dass der Indikatoranschlag zeit- und konjunkturabhängig ist. Außerdem ist zu beobachten, dass der Höhepunkt der technischen Indikatoranschläge mit über 40 Stück nach dem Platzen der Dotcom-Blase zu verzeichnen ist. Auch in Folge der Finanzkrise sind über mehrere Tage mehr als 30 Anschläge zu beobachten. Erwähnenswert ist, dass jeweils eine vergleichsweise hohe Anzahl an technischen Anschlägen im Zeitraum 2004 bis 2005 und 2012 bis 2013 erfasst wird, d.h. in den Jahren nach der vermeintlichen Überwindung der gesamtwirtschaftlichen Krisensituationen.

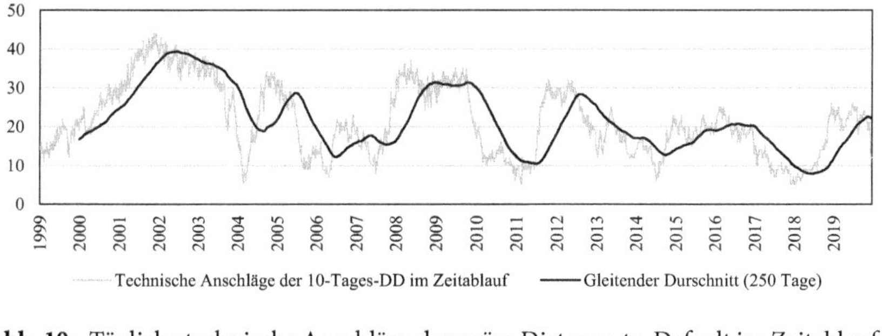

Abb. 10: Tägliche technische Anschläge der naïve Distance-to-Default im Zeitablauf auf 10-Tages-Basis

Die Abb. zeigt die täglichen technischen Anschläge auf Basis der CDAX-Unternehmen ohne Finanzunternehmen und Versorger. Ein Anschlag liegt nach zehn aufeinanderfolgenden Tagen mit einer naïve DD im untersten 10 %-Perzentil der Querschnittsverteilung der CDAX-Unternehmen sowie kleiner null vor. Technische Anschläge markieren den Beginn eines Sanierungsprozesses, wenn das Krisenunternehmen sich nicht bereits im Sanierungsprozess befindet. Eigene Darstellung in Anlehnung an Elsas/Mielert (2010), S. 27.

536 Das Vorgehen lehnt sich an jenes von Elsas/Mielert (2010) an. Vgl. Elsas/Mielert (2010), S. 26.
537 Das entspricht einer Ausfallwahrscheinlichkeit über ein Jahr i.H.v. 50 %.

Neben dem Beginn muss auch das Ende der finanziellen Schieflage für fortgeführte, d.h. sanierte, Unternehmen definiert werden. Es liegt nahe, auf den Zeitpunkt abzustellen, an dem das Primärziel der Unternehmenssanierung – die Liquiditätssicherung – erreicht ist. Eine durchgreifende Sanierung, i.S. einer Widerherstellung der nachhaltigen Wettbewerbsfähigkeit, umfasst i.d.R. auch operative und strategische Maßnahmen. Kernpunkt der vorliegenden Untersuchung ist aber die finanzielle Sanierung, die v.a. die leistungswirtschaftlichen Maßnahmen begleiten bzw. ermöglichen soll.[538] Ein Unternehmen wird daher im ersten Jahr (T) als nicht mehr in finanzieller Schieflage und damit genesen eingestuft, wenn gleichzeitig folgende Kriterien erfüllt sind:

I. Der technische Indikator auf Basis der naïve DD liegt konsekutiv über zwei Jahre (T und T_{+1}) nicht vor.
II. Die Zinsdeckungsquote beträgt in zwei aufeinander folgenden Jahren (T und T_{+1}) über eins.[539]

Die vom Krisenbeginn abweichende Definition des Krisenendes bedarf einer Begründung. Einerseits ist die Bedingung einer konsekutiven Absenz über zwei Jahre zu begründen, andererseits die zusätzliche Verwendung der Zinsdeckungsquote. Die konsekutive Absenz wird verwendet, um dauerhafte und nicht temporäre Sanierungserfolge zu erfassen. Es soll die tatsächliche Krisenlänge festgestellt werden und keine verfrühte Entlassung aus der „Intensivstation" der Sanierungsbedürftigkeit erfolgen. Diese Argumentation liegt auch der Verwendung der Zinsdeckungsquote zugrunde. Es ist zu bedenken, dass der technische Indikator zum Anschlag eine 10-tägige naïve Distance-to-Default im untersten 10 %-Perzentil der Querschnittsverteilung benötigt. Zur Identifikation einer finanziellen Schieflage i.S. einer fortgeschrittenen Krise bzw. Liquiditätskrise und dem damit verbundenen Sanierungsbedarf ist dieser Indikator zwar geeignet. Jedoch nicht, um festzustellen, ob die Unternehmenskrise tatsächlich überwunden ist, oder trotz kurzfristiger Sanierungserfolge latent weiterhin fortexistiert und zu einer erneuten Krisensituation mit akutem Sanierungsbedarf führt. Es wird daher zusätzlich auf die weitverbreitete Zinsdeckungsquote abgestellt.[540]

---

538 Vgl. Bilstein (2007), S. 232.

539 Die Zinsdeckungsquote wird definiert als EBIT/Zinsaufwand.

540 Eine Prüfung des Verhältnisses von Free Cashflow bei Eigenfinanzierung zu gezahlten Zinsen oder gesamtem Fremdkapitaldienst wäre zwar vorziehungswürdig, scheidet aufgrund von fehlenden Datenpunkten hier jedoch aus. Jostarndt (2007) geht von einer Äquivalenz von CAPEX und Abschreibungen aus, und nutzt

Neben der Sanierung bzw. Fortführung sind auch andere Ausgänge im Sanierungsprozess, d.h. während des Beobachtungszeitraums der Krisenunternehmen, möglich. Den offensichtlichsten alternativen Endpunkt stellt die Insolvenz dar. Unternehmen, die während des Beobachtungszeitraums einen Insolvenzantrag stellen, werden dieser Gruppe zugeordnet. Es wird außerdem erhoben, ob eine übertragende Sanierung oder eine Fortführung im Insolvenzverfahren zu beobachten ist. In der Gruppe der sonstigen Krisenausgänge (*Sonstige*) findet eine Berücksichtigung von Delistings, Squeeze-Outs und Verschmelzungen statt, da diese zu einem Ende der Beobachtbarkeit führen.[541] Eine weitere Gruppe stellen freiwillige Liquidationen dar.[542] Unternehmen, für die zum Ende der Datenerhebung kein Ende des Sanierungsprozesses beobachtet wird, sind der Gruppe *Nicht abgeschlossen* zugeordnet. Die Unternehmensübernahme stellt im Gegensatz zu anderen Studien kein Krisenende dar.[543] Die Aufnahme neuer Gesellschafter bzw. deren Übernahme des Unternehmens ist zwar oftmals ein wesentliches Element eines Sanierungskonzepts.[544] Eine Sanierung ist hierdurch jedoch nicht garantiert, d.h. der Krisenausgang von Unternehmen, die z.B. durch Distressed-M&A-Investoren übernommen werden, ist nach erfolgter Übernahme weiterhin offen.

Zwischen dem technischen Anschlag und den genannten Enden werden die Unternehmen beobachtet, um einen qualitativen Krisenindikator zu identifizieren. Als ein solcher Indikator wird die Durchführung einer finanziellen Sanierung oder die Durchführung einer Restrukturierung in Kombination mit mindestens einem Vorstandswechsel gewertet.[545] Die finanzielle Sanierung wird definiert als der Einsatz finanzieller Sanierungsinstrumente bzw. von Sanierungsinstrumenten der Außenfinanzierung. Die Restrukturierung

---

daher die EBIT-basierte Definition der Zinsdeckungsquote. Eine Zinsdeckungsquote größer eins kann als Minimalanforderung für die Identifikation bzw. Absenz einer finanziellen Schieflage bezeichnet werden, da z.B. fixe Zahlungsansprüche aus Tilgungszahlungen, Lieferantenverbindlichkeiten oder der Bruch von Covenants keine Berücksichtigung finden. Vgl. Jostarndt (2007), S. 12.

541 Die Beobachtbarkeit endet, da meist keine Informationen mehr aus den Datenbanken abgerufen werden können.

542 Freiwillige Liquidationen werden im weiteren Verlauf der Untersuchung – wenn nicht anders gekennzeichnet – den Unternehmen mit sonstigem Krisenausgang zugeordnet. Vgl. für die Begründung nachfolgend Fn. 613.

543 Vgl. Jostarndt (2007), S. 22.

544 Vgl. Schmidt (2023c), Rn. 6.241.

545 Die Insolvenzantragsstellung repräsentiert ebenfalls einen qualitativen Indikator. Vgl. auch Elsas/Mielert (2010), S. 28.

dagegen als der Einsatz aller sonstigen Sanierungsmaßnahmen.[546] Insgesamt muss daher ein technischer/quantitativer und ein ereignisorientierter/qualitativer Indikator vorliegen, um das Unternehmen in die Untersuchungsgrundlage aufzunehmen. Der ereignisorientierte Indikator fungiert dabei gleichzeitig als Prüfung für die Validität des technischen Indikators.

Im Zusammenhang mit der Erhebung der Sanierungsmaßnahmen wird außerdem der Einsatzzeitpunkt berücksichtigt. Dem liegt folgendes Kalkül zugrunde: Wenn eine finanzielle Schieflage vorliegt, sollte die Geschäftsleitung mit (finanziellen) Sanierungsinstrumenten reagieren. Unterbleibt das Einleiten von Maßnahmen, kann von einer geringeren Wirksamkeit der Instrumente ausgegangen werden. Grund hierfür ist, dass mit dem Fortschreiten der Krise die Erfolgspotenziale bzw. die Unternehmenssubstanz weiter erodieren, während der Handlungsdruck steigt.[547] Es liegt jedoch die Vermutung nahe, dass Gläubiger erst im Fall absoluter Notwendigkeit bzw. nach Ausschöpfung aller anderen möglichen Maßnahmen größere Sanierungsbeiträge, wie z.B. einen Forderungsverzicht oder einen Sanierungskredit, leisten.[548] Sollte der kritische Zeitpunkt für den Einsatz eines Forderungsverzichts aber verpasst und dieser zu spät ausgesprochen werden, kann dies dazu führen, dass die theoretische Wirksamkeit des Instruments eingeschränkt wird, und die Maßnahme letztlich keine Sanierungswirkung entfaltet. Ein ähnliches Kalkül kann in abgewandelter Form für weitere Sanierungsmaßnahmen abgeleitet werden. Daher sollte die Wirksamkeit früher Sanierungsmaßnahmen tendenziell über derjenigen ihrer späteren Äquivalente liegen. Zu beachten bleibt jedoch, dass die grundsätzliche Sanierungswirkung der jeweiligen Maßnahmen wohl divergiert, da z.B. ein Forderungsverzicht ohne Besserungsschein aufgrund dauerhaft verringerter Zins- und Tilgungszahlungen ceteris paribus eine größere Wirkung entfaltet als eine vorübergehende Tilgungsstundung.

Des Weiteren ist zu beachten, dass finanzielle Sanierungsmaßnahmen das Ziel haben, die Liquidität eines von Überschuldung und/oder Zahlungsunfähigkeit bedrohten Unternehmens zu sichern, indem Verbesserungen im Cashflow und in der Bilanzstruktur erreicht werden. Jedoch steht kurzfristig die Existenzsicherung im Vordergrund, während mittel- bis langfristig die

---

546 Ebenso wie in Elsas/Mielert (2010), werden Vorstandswechsel auf pensionierungs- und mutterschutzbedingte Rückzüge kontrolliert. Vgl. Elsas/Mielert (2010), S. 28. Für die Datenquellen siehe Kapitel 4.1.

547 Vgl. Knecht et al. (2018), S. 13.

548 Die beteiligten Kapitalgeber agieren i.d.R. mit höchster Vorsicht, um „[...] schlechtem Geld nicht noch gutes Geld hinterherzuwerfen" Kraus/Simon (2022), Rn. 57.

operative und strategische Sanierung des Unternehmens finanziert und eine nachhaltig tragbaren Kapitalstruktur des Unternehmens hergestellt werden soll. Es ist damit möglich, dass Maßnahmen eine kurzfristige Sicherung eines Krisenunternehmens ermöglichen, jedoch im weiteren Verlauf der Sanierung keinen wesentlichen Einfluss entwickeln, da sie nicht zur dauerhaften Bereinigung der Schieflage beitragen. Der Maßnahmeneinsatz wird daher in eine frühe und eine späte Sanierungsphase untergliedert.[549]

Wie dargestellt, beginnt der Sanierungsprozess im ersten Jahr (t_0) des technischen Indikatoranschlags.[550] Sanierungsmaßnahmen, die in t_0 und t_1 eingesetzt wurden, werden als frühe Maßnahmen gewertet, wohingegen Maßnahmen ab t_2 als späte Maßnahmen klassifiziert werden.[551] Dieser Ansatz basiert auf dem Erhebungsschema von Eichner (2010), der im Rahmen einer Untersuchung verschiedener Restrukturierungsstrategien zwischen einer *Retrenchment Stage* in den Jahren t_0 bis t_1 und einer *Recovery Stage* in den Jahren ab t_2 unterscheidet,[552] und hierdurch die Wirksamkeit des Maßnahmeneinsatzes vor dem Hintergrund des zeitlichen Aspekts analysiert. Ein ähnliches Vorgehen verfolgen Sudarsanam/Lai (2001), die den Einsatz und die Wirksamkeit eingesetzter Maßnahmen für die Perioden t_0 bis t_2 einzeln prüfen.[553] Der Sanierungsprozess ist in Abb. 11 graphisch dargestellt.

---

549 Nachfolgend wird die frühe Sanierungsphase auch als Sanierung in der kurzen Frist und die späte Sanierungsphase als Sanierungen in der mittleren bis langen Frist bezeichnet.

550 Für die Unternehmen wird geprüft, ob ein qualitativer Indikator bereits unmittelbar vor dem Anschlag des technischen Indikators vorlag. Der Beginn des Sanierungsprozesses wird in wenigen Fällen (31 von 328) auf diesen Zeitpunkt gesetzt.

551 Die Maßnahmen werden ab Beginn des Jahres des Indikatoranschlags erhoben, da eine tag- oder monatsgenaue Abgrenzung der Maßnahmen aufgrund der Datenlage für viele Einsätze nicht möglich ist. Auch ist davon auszugehen, dass am ersten Tag des Indikatoranschlags die Krise für einige Kapitalmarktteilnehmer, z.B. durch einen Pressebericht evident wird, diese aber bereits, ggfs. unter Mitwissen der Geschäftsführung oder anderer Unternehmensinsider, mindestens latent vorlag.

552 Vgl. Eichner (2010), S. 70–71. Die Ableitung des empirischen Prozesses beruht auf der von Robbins/Pearce (1992) entwickelten und von Pearce/Robbins (1993) weiterentwickelten Terminologie hinsichtlich der Phasen eines Restrukturierungsprozesses.

553 Vgl. Sudarsanam/Lai (2001), S. 191–195.

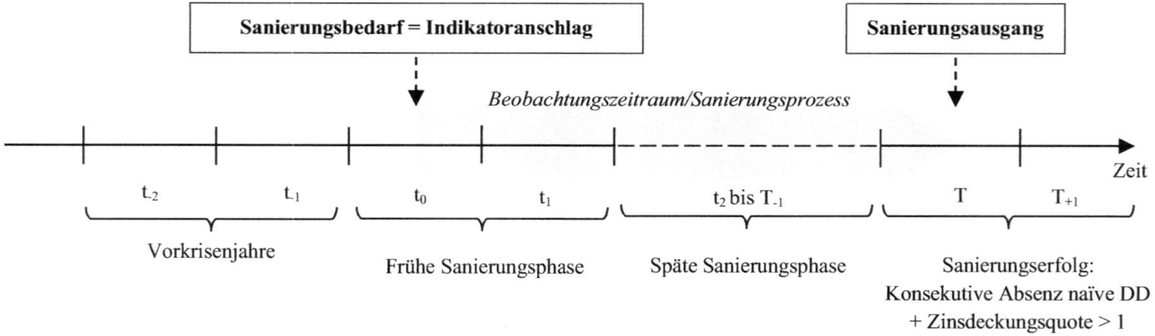

Abb. 11: Darstellung der technischen Definition eines Sanierungsprozesses

Die Abb. stellt die technische Definition eines Sanierungsprozesses dar. t_{-2} und t_{-1}: Fiskaljahre vor dem Beginn des Sanierungsprozesses; t_0: Fiskaljahr zu Beginn des Sanierungsprozesses; t_0 und t_1: Fiskaljahre der frühen Sanierungsphase; ab t_2: Fiskaljahre der späten Sanierungsphase; T: Fiskaljahr am Ende des Sanierungsprozesses; T_{+1}: Fiskaljahr nach dem Ende des Sanierungsprozesses.

Ein Teilaspekt der vorliegenden Arbeit ist darüber hinaus die Analyse der Beteiligung der verschiedenen Kapitalgebergruppen eines Unternehmens am Sanierungsprozess und die damit einhergehenden Erfolgsaussichten. Es wird also untersucht, durch welche Maßnahmen sich bestimme Finanziers am Sanierungsversuch beteiligen, und ob diese (unterschiedlich) zum Sanierungserfolg beitragen. Die eingesetzten Sanierungsmaßnahmen werden daher den verschiedenen Kapitalgebergruppen zugeordnet. Hierzu werden die Gruppen *bestehende Eigenkapitalgeber* (EK), *bestehende Fremdkapitalgeber* (FK), sowie *externe Eigenkapitalgeber* (EXEK) und *externe Fremdkapitalgeber* (EXFK) gebildet. Bestehende Kapitalgeber sind diejenigen, die bereits vor Sanierungsbeginn im Unternehmen engagiert sind. Externe Kapitalgeber sind diejenigen, die sich während des Sanierungsprozesses im Unternehmen neu engagieren.

Im Zusammenhang mit einer solchen Erhebung ist es problematisch, dass i.d.R. keine oder nur in eingeschränktem Umfang detaillierte Unternehmensinformationen zu den entsprechenden Gruppen, sowie ihren Positionen vor und während des Sanierungsprozesses vorliegen. Die Differenzierung zwischen externen und bestehenden Eigenkapitalgebern erfolgt in der vorliegenden Studie auf Basis der Daten zur Aktionärsstruktur.[554] Die Unterscheidung zwischen externen und bestehenden Fremdkapitalgebern ist weitaus schwieriger, da i.d.R. keine genaue bzw. namentliche Auflistung der Gläubigerstruktur vorliegt. Hier werden die Informationen aus der Nachrichtensuche und den Geschäftsberichten verwendet. Wenn bspw. keine Änderung der Gläubigerstruktur zu erkennen ist, und von einer Verhandlung mit den Hausbanken berichtet wird, wird das u.U. gewährte Instrument den bestehenden Gläubigern zugeordnet.[555] Wird dagegen erkannt, dass ein neues Kreditinstitut die Fremdfinanzierung übernimmt, wird die Maßnahme den zuvor externen Fremdkapitalgebern zugeordnet.[556]

---

554 Vgl. für die Darstellung der Erhebung der Aktionärsstrukturen Kapitel 4.1. Ausnahmen bilden hier die Zeichnung von Bezugsrechtskapitalerhöhungen und die Durchführung von Kapitalherabsetzungen unter der Beteiligung von Aktionären, die nach Beginn des Sanierungsprozesses mit unter 5 % am Unternehmen beteiligt waren, da hierzu keine Daten vorlagen. Diese wurden den bestehenden Eigenkapitalgebern zugeordnet, wenn keine anderen Informationen vorlagen.

555 Dies gilt auch für Instrumente, die z.B. von einem Bankenpool gewährt wurden, der sich lediglich geringfügig verändert hat.

556 Eine Ausnahme bilden hier Instrumente, die von Anleihegläubigern gewährt werden, wenn die Anleihe vor Beginn des Sanierungsprozesses emittiert wurde. Diese werden den bestehenden Fremdkapitalgebern zugeordnet, soweit keine anderen Informationen vorliegen.

Um das Erhebungsschema der Sanierungsprozesse zu veranschaulichen, wird es im Folgenden am Beispiel der Loewe AG verdeutlicht. Die Auswahl beruht darauf, dass die Loewe AG zwei Sanierungsprozesse mit unterschiedlichen Krisenenden aufweist. Der erste Sanierungsprozess (2003 bis 2005) wird mit der Klassifizierung *Fortführung* abgeschlossen, während der zweite Sanierungsprozess (2011 bis 2013) mit einer Insolvenz und anschließender Liquidation des alten Rechtsträgers im Rahmen einer übertragenden Sanierung endet. Abb. 12 stellt die naïve DD und die Zinsdeckungsquote der Loewe AG, sowie die naïve DD der jeweils aktuellen CDAX-Unternehmen, über den Berechnungszeitraum der naïve DD (1999 bis 2019) dar. Zusätzlich sind die vorgenommenen Sanierungsmaßnahmen eingetragen, die durch die jeweiligen Kapitalgebergruppen gewährt werden.[557]

Der erste Indikatoranschlag auf Basis der naïve DD ist im Jahr 2003 zu beobachten. In diesem Jahr erhielt die Loewe AG ein langfristiges Darlehen durch die Hausbanken, also die vor Sanierungsbeginn bereits im Unternehmen engagierten Fremdkapitalgeber (FK durch Gläubiger/Früh/FK).[558] Im Februar 2004 erfolgte die Einigung der Hausbanken und der sonstigen Finanziers der Loewe AG auf ein Finanzierungskonzept, das die Verlängerung der Kreditlinien, sowie eine Ausweitung um 10 Mio. € umfasste (Prolongation & FK durch Gläubiger/Früh/FK).[559] Am 23.06.2004 gab das Unternehmen per Ad-Hoc-Mitteilung die Beteiligung des neuen Ankerinvestors Sharp K.K., also eines zuvor externen Eigenkapitalgebers, bekannt. Hierzu wurden 700.000 Aktien zum Ausgabepreis von jeweils 6,14 € unter Ausschluss des Bezugsrechts platziert (Kapitalerhöhung/Früh/EXEK).[560] Am 08.12.2004 wurde eine Kapitalerhöhung mit Bezugsrecht im Verhältnis 8:3 angekündigt,[561] welche im Jahr 2005 unter der Beteiligung von Bestandsaktionären und Sharp K.K. abgeschlossen wurde (Kapitalerhöhung/Früh/EK & EXEK). Hierbei konnten nicht alle 2.800.000 zum Bezug angebotenen Aktien zum Preis von 6,50 € je Aktie platziert werden, sondern nur 2.530.783 Aktien.[562] Ende 2004 wurde eine Prolongation der Finanzierungsvereinbarungen durch die bestehenden Gläubiger der Loewe AG gewährt (Prolongation/Früh/FK).[563] Am 06.10.2005 meldete die Loewe AG eine bevorstehende

---

557 Es wird folgende Systematisierung genutzt: Maßnahme(n)/Einsatzzeitpunkt/Kapitalgebergruppe(n).

558 Siehe Loewe AG, Geschäftsbericht 2003, S. 89.

559 Siehe Loewe AG, Geschäftsbericht 2003, S. 48.

560 Siehe Loewe AG, Ad-Hoc-Mitteilung vom 23.06.2004.

561 Siehe Loewe AG, Ad-Hoc-Mitteilung vom 08.12.2004.

562 Siehe Loewe AG, Geschäftsbericht 2004, S. 73.

563 Siehe Loewe AG, Geschäftsbericht 2004, S. 43.

Kapitalerhöhung mit Bezugsrecht im Verhältnis 4:1.[564] Es wurden alle 2.601.846 Aktien zum Bezugspreis von 9,60 € von den Aktionären, dem Investor Sharp K. K. sowie institutionellen Investoren im Rahmen einer Privatplatzierung bezogen (Kapitalerhöhung/Spät/EK & EXEK).[565] Alle Maßnahmen mit Ausnahme dieser Kapitalerhöhung (in t_2) werden als „früh" klassifiziert, da sie in t_0 und t_1 des Sanierungsprozesses der Loewe AG stattfanden. Nach Abschluss der Maßnahmen liegen über zwei Jahre konsekutiv kein Anschlag der naïve DD, sowie eine Zinsdeckungsquote von größer eins vor. Damit wurde die finanzielle Schieflage behoben und der Sanierungsprozess wird als *Fortführung* klassifiziert.

Der zweite Sanierungsprozess beginnt mit dem technischen Indikatoranschlag im Jahr 2011. Am 01.07.2012 wurde mit den Finanzierungspartnern ein erneuerter Konsortialkreditvertrag im Volumen von 30 Mio. € abgeschlossen,[566] es erfolgte also eine „frühe" Umschuldung durch die bestehenden Fremdkapitalgeber in t_1 (Umschuldung/Früh/FK). Der unbefriedigende Geschäftsverlauf im zweiten Halbjahr 2012 führte zu einem Covenantbruch, jedoch verzichteten die Gläubiger noch in t_1 per Standstill auf ihre vertraglichen Kündigungsrechte bis zum 30.04.2013 (Stillhalteabkommen/Früh/FK). Am 08.03.2013, und damit in t_2, wurde eine Verlängerung des Standstills bis zum 31.03.2014 abgeschlossen (Stillhalteabkommen/Spät/FK).[567] Nach der Anzeige des hälftigen Verlusts des Grundkapitals gem. § 92 Abs. 1 AktG per Ad-Hoc-Mitteilung am 11.06.2013, wurde am 16.07.2013 Insolvenzantrag gestellt und der Schutzschirm beantragt.[568] Im Schutzschirm erfolgte im Sommer 2013 eine Kapitalherabsetzung, welche, ebenso wie der Übergang in das Eigenverwaltungsverfahren am 01.10.2013, keine entscheidenden Sanierungsbeiträge liefern konnte.[569] Am 21.03.2014 wurde die Übernahme des gesamten Geschäftsbetriebs der Loewe AG und Loewe Opta GmbH durch den Investor Stargate Capital im Rahmen einer übertragenden Sanierung bzw. eines Asset-Deals verkündet,[570] und damit die Liquidation des alten Rechtsträgers eingeleitet. Das Ende des Sanierungsprozesses wird daher als *Insolvenz – Liquidation* gewertet.

564 Siehe Loewe AG, Ad-Hoc-Mitteilung vom 06.10.2005.

565 Siehe Loewe AG, Ad-Hoc-Mitteilung vom 26.10.2005.

566 Siehe Loewe AG, Geschäftsbericht 2012, S. 38.

567 Siehe Loewe AG, Geschäftsbericht 2012, S. 53.

568 Siehe Loewe AG, Ad-Hoc-Mitteilungen vom 11.06.2013 und vom 16.07.2013.

569 Siehe Loewe AG, Ad-Hoc-Mitteilungen vom 07.08.2013 und vom 01.10.2013. Die Maßnahme wird nicht mehr in die Untersuchungsgrundlage aufgenommen, da sie bereits nach Eintritt in den Schutzschirm stattfand.

570 Siehe Loewe AG, Ad-Hoc-Mitteilung vom 21.03.2014.

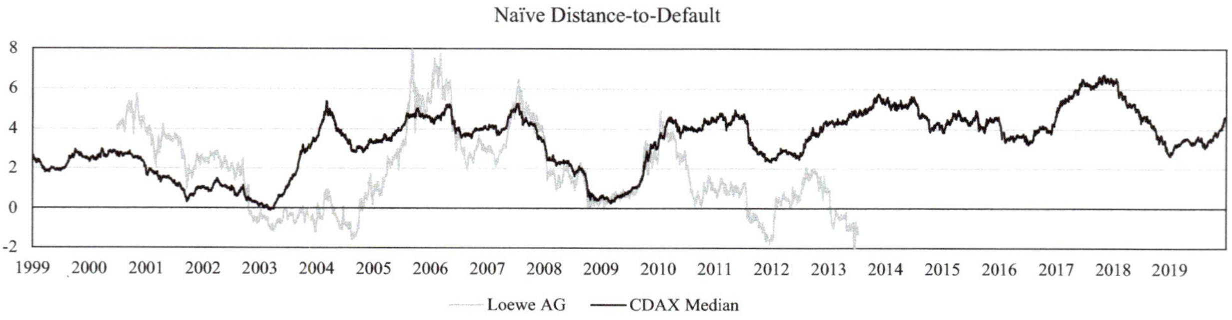

ZP*					t_0	t_1	t_2						t_0	t_1	t_2						
DD					X	X							X	X	X						
ZD	6,4	11,3	12,4	9,8	-11,4	-4,0	2,2	4,8	7,8	10,3	4,3	-2,5	-4,0	-7,3	-	-	-	-	-	-	-

Loewe AG I: 2003-2005 (Fortführung)

- **FK**: Gewährung eines langfristigen Darlehens durch Hausbanken (FK durch Gläubiger 2003)
- **FK**: Hausbanken und sonstige Finanziers einigen sich auf Finanzierungskonzept: Verlängerung Kreditlinien und Ausweitung um 10 Mio. € (Prolongation & FK durch Gläubiger 02/2004)
- **EXEK**: Platzierungskapitalerhöhung durch neuen Investor Sharp (06/2004)
- **EK & EXEK**: Bezugsrechtskapitalerhöhung unter Beteiligung von Sharp (12/2004)
- **FK**: Verlängerung der Finanzierungsvereinbarung durch Finanziers (Prolongation Q4/2004)
- **EK & EXEK**: Bezugsrechtskapitalerhöhung unter Beteiligung von Sharp (10/2005)

Loewe AG II: 2011-2013 (Insolvenz – Liquidation)

- **FK**: Abschluss eines erneuerten Konsortialkreditvertrags mit verändertem Gesamtvolumen von 30 Mio. € (Umschuldung 07/2012)
- **FK**: Covenantbruch & Stillhalteabkommen (SHA/CW 2. HJ/2012)
- **FK**: Verlängerung des Stillhalteabkommens (SHA/CW 03/2013)
- Verlustanzeige gem. § 92 Abs. I AktG am 11.06.2013
- 16.07.2013: Insolvenzantrag (Schutzschirm)
- **EK**: Kapitalherabsetzung im Verhältnis 4:1 (08/2013)
- 01.10.2013: Übergang in Eigenverwaltung
- 21.03.2014: Übernahme Geschäftsbetrieb durch Stargate Capital und Liquidation des Rechtsträgers (übertragende Sanierung)

Abb. 12: Darstellung des Erhebungsschemas am Beispiel der Sanierungsprozesse der Loewe AG

* ZP bezeichnet den Zeitpunkt im definierten Sanierungsprozess. *DD* bezeichnet den Indikatoranschlag auf Basis der naïve *DD*. *ZD* bezeichnet die Zinsdeckungsquote berechnet als EBIT/Zinsaufwand. (*EX*)*EK* bezeichnet (vor Sanierungsbeginn externe) Eigenkapitalgeber. (*EX*)*FK* bezeichnet (vor Sanierungsbeginn externe) Fremdkapitalgeber.

4.2.4 Prüfung der Validität des Sanierungsindikators

Sanierungsindikatoren bzw. der technisch definierte Sanierungsprozess sind einer Prüfung hinsichtlich ihrer Qualität zu unterziehen, um die Repräsentativität der untersuchten Krisenunternehmen zu validieren. Ein Blick in zahlreiche empirische Studien im Themenbereich „Unternehmen in finanzieller Schieflage" zeigt, dass Autoren meist Indikatoren verwenden, die sich zwar grundsätzlich mit einer Schieflage in Verbindung bringen lassen, jedoch eine Überprüfung der Repräsentativität bzw. Relevanz im Hinblick auf die jeweilige Forschungsfrage schuldig bleiben. Als Beispiel sei die Zinsdeckungsquote genannt, die z.B. bei jungen Wachstumsunternehmen oder Unternehmen, die über ausreichende Cashflows oder hohe Reserven an liquiden Mitteln verfügen,[571] nicht zwangsläufig auf eine finanzielle Schieflage hindeutet.

Es stellt sich daher die Frage, was ein geeignetes Distress-Kriterium ausmacht. Ein guter Indikator soll Unternehmen in finanzieller Schieflage erkennen (1) ohne dabei einen signifikanten Teil der Grundgesamtheit systematisch nicht zu beobachten (2).[572] Darüber hinaus, sollte das Kriterium den tatsächlichen Zeitpunkt des Beginns der finanziellen Schieflage identifizieren, um die zeitliche Dimension des Sanierungsprozesses zu berücksichtigen (3).

Die Prüfung der Punkte (1) und (2) kann durch das Verhältnis der Fehlklassifizierungen erfolgen. Diese Teststatistiken sind wie folgt definiert:[573]

- Fehler 1. Art: Unternehmen, die nicht in finanzieller Schieflage sind, werden als in finanzieller Schieflage befindlich klassifiziert.
- Fehler 2. Art: Unternehmen in finanzieller Schieflage werden nicht erkannt.

Eine Prüfung des Fehlers 1. Art erfolgt dadurch, dass Unternehmen, die über einen technischen Indikator identifiziert werden, auf die Durchführung von (finanziellen) Sanierungsmaßnahmen geprüft werden. Die technischen Anschläge ohne qualitativen Sanierungsindikator sind dann der Gesamtzahl an Anschlägen gegenüber zu stellen. Für den Fehler 2. Art bilden die im Vorfeld einer Insolvenz identifizierten Unternehmen in Bezug auf alle Insolvenzen der CDAX-Unternehmen das zentrale Beurteilungskriterium. Das liegt darin begründet, dass die Gesamtheit an Unternehmen in finanzieller Schieflage nicht bzw. nur mit erheblichem manuellem Aufwand beobachtbar ist.[574] Dagegen

571 Letztere sind dem sog. *Economic Distress* zuzuordnen.

572 Vgl. Jostarndt (2007), S. 13.

573 Vgl. Elsas/Mielert (2010), S. 27.

574 Vgl. Elsas/Mielert (2010), S. 28–29. Es müssten alle CDAX-Unternehmen für den ganzen Erhebungszeitraum auf das Vorliegen eines qualitativen Indikators geprüft werden.

sind Insolvenzunternehmen, die sich nachweislich in finanzieller Schieflage befunden haben, leichter erfassbar, und ermöglichen damit eine Prüfung des Indikators in Bezug auf den Fehler 2. Art.[575] Die Qualität des Indikators ergibt sich abschließend aus der Gesamtschau der beiden Teststatistiken.

Für die weitere Überprüfung des Indikators gem. Punkt (3) ist die Frage von Bedeutung, ob mit dessen Anschlag tatsächlich eine deutliche Verschlechterung der wirtschaftlichen Konstitution, und damit ein Übergang des Unternehmens in den Zustand der Sanierungsbedürftigkeit, verbunden ist (Trigger-Funktion).[576] Für eine solche Prüfung werden verschiedene Kennzahlen im Vorfeld und nach dem Indikatoranschlag hinsichtlich wesentlicher Unterschiede analysiert. Sudarsanam/Lai (2001) untersuchen z.B. die Umsatzrendite, die Eigen- und Gesamtkapitalrendite, die Verschuldung sowie das EBITDA im Verhältnis zum eingesetzten Kapital, und finden für alle Kennzahlen signifikante Rückgänge.[577] Eichner (2010) verwendet für seine Beurteilung die Bilanzsumme, das Umsatzwachstum, die Verschuldung, das Tobinsche Q, die Gesamtkapitalrendite, und den Z-Score.[578] Hiervon erfahren die drei letztgenannten Kennzahlen eine signifikante Verschlechterung bei Eintritt in die Untersuchungsgrundlage.

Im Folgenden wird die Analyse der Validität des in dieser Studie angewandten Sanierungsindikators bzw. des definierten Sanierungsprozesses anhand der in vorangegangenen Abschnitten erläuterten Kriterien, d.h. auf Basis der Fehler 1. und 2. Art, sowie der Trigger-Funktion, durchgeführt. Für die Prüfung der Trigger-Funktion kommen in der vorliegenden Studie die Dimensionen Profitabilität, Liquidität bzw. operative Leistungsfähigkeit und Verschuldung zum Einsatz. Hierzu werden die Gesamtkapitalrendite, die Rendite des operativen Cashflows und die Verschuldungsquote geprüft. Da die Kennzahlenausprägungen u.U. von der jeweiligen Industrie beeinflusst sind, werden jeweils auch industrieadjustierte Werte berechnet.

---

575 Vgl. Jostarndt (2007), S. 13–14; Elsas/Mielert (2010), S. 27–28. Ein weiteres mögliches Beurteilungskriterium stellt die Verlustanzeige gem. § 92 Abs. 1 AktG dar. Diese kann jedoch als dem Insolvenzkriterium unterlegen angesehen werden, da nur ein Teil der Insolvenzunternehmen diese Anzeige vornimmt. In der vorliegenden Untersuchungsgrundlage zeigen 59 von 137 Insolvenzunternehmen den hälftigen Verlust des Grundkapitals an. Im gesamten Sample zeigen 108 von 328 Unternehmen den hälftigen Verlust des Grundkapitals an.

576 Vgl. hierzu auch Eichner (2010), S. 202–204 sowie Sudarsanam/Lai (2001), S. 190.

577 Vgl. Sudarsanam/Lai (2001), S. 190.

578 Vgl. Eichner (2010), S. 202–203. Siehe für den Z-Score den Beitrag von Altman (1968).

Den Startpunkt der Studie bilden alle Unternehmen, die zum Untersuchungsbeginn im CDAX notiert waren, sowie ehemalige CDAX-Unternehmen, deren Notierung eingestellt wurde. Hierzu werden die Bestandslisten, sowie Zu- und Abgangslisten aus der Finanzdatenbank Refinitiv abgerufen und bereinigt. Für 1.017 Unternehmen können grundlegende Daten abgerufen werden (CDAX-Gesamt). Wie bereits oben beschrieben, sind Finanzunternehmen und Versorger kein Bestandteil des vorliegenden Beitrags und werden daher entfernt (256 Unternehmen). Nach der Kalkulation des technischen Sanierungsindikators zeigen 375 Unternehmen einen Anschlag.[579] Diese vergleichsweise hohe Anzahl an potenziell sanierungsbedürftigen Unternehmungen ist auf zwei Umstände zurückzuführen: Einerseits ist der betrachtete Zeitraum mit 21 Jahren sehr lang.[580] Die Wahrscheinlichkeit, in dieser Zeitspanne eine Krisensituation in einem Unternehmen zu beobachten, ist generell als nicht gering einzustufen. Damit ergibt sich, dass auch für einen wesentlichen Teil der Unternehmen Krisensituationen vorliegen können. Andererseits deckt der Erhebungszeitraum die extreme Emissionsaktivität (und die anschließende Insolvenzwelle) am Neuen Markt ab, weshalb diese Unternehmen einen signifikanten Teil der (ehemaligen) CDAX-Unternehmen darstellen. Folglich wird ein quantitativer Indikatoranschlag bei einer Vielzahl dieser teilweise hochdefizitären Gesellschaften verzeichnet. Darüber hinaus muss darauf hingewiesen werden, dass 198 der 761 (ca. 26 %) CDAX-Unternehmen ohne Finanzunternehmen und Versorger im Betrachtungszeitraum einen Insolvenzantrag stellten.[581] Unter Beachtung des Umstands, dass diese nur einen Teil der zu betrachtenden sanierungsbedürftigen Unternehmen darstellen, muss festgestellt werden, dass Krisensituationen und/oder Insolvenzen für CDAX-Unternehmen kein vermeintlich seltenes Ereignis sind. Die Anzahl an potenziell sanierungsbedürftigen Unternehmen kann daher insgesamt als realistisch betrachtet werden.

Von den 375 identifizierten Unternehmen weisen 42 Unternehmen einen mehrmaligen Indikatoranschlag im Beobachtungszeitraum auf. 38-mal werden zwei Sanierungsprozesse und 4-mal drei Sanierungsprozesse eines Unternehmens erfasst.[582] Die Anzahl an Sanierungsfällen erhöht sich damit von

579 Jostarndt (2007) identifiziert für alle börsennotierten deutschen Unternehmen ohne Aktien im Freiverkehr über den Zeitraum 1996–2004 insgesamt 267 Unternehmen in finanzieller Schieflage. Vgl. Jostarndt (2007), S. 3.

580 Der technische Indikator wurde über den Zeitraum 1999 bis 2019 (21 Jahre) berechnet. Qualitative Sanierungsmaßnahmen liegen über den Zeitraum 1998 bis Q2 2023 (25,5 Jahre) vor.

581 Zwei dieser Insolvenzen wurde im Jahr 1997 beobachtet.

582 Die Anzahl erhöht sich damit auf 46 (38 + 8) technische Anschläge.

375 potenziell sanierungsbedürftigen Unternehmen auf 421 potenzielle Sanierungsprozesse. Im weiteren Verlauf müssen 68 Prozesse auf Basis individueller Gründe ausgeschlossen werden, z.B. weil die Unternehmen unter Betrugsverdacht stehen (24) oder die Datenlage unzureichend ist bzw. Geschäftsberichte fehlen (20). Von den verbleibenden 353 Fällen können in 303 Prozessen eine finanzielle Sanierung i.S. eines (versuchten) Einsatzes von Sanierungsmaßnahmen beobachtet werden. Zusätzlich liegen für 25 Stück Berichte über Restrukturierungen und Vorstandswechsel vor. 25 quantitative Anschläge weisen keinerlei qualitativen Indikator auf. Der Fehler 1. Art beträgt somit lediglich 7,1 % (25/353). Insgesamt liegen detaillierte Daten für 328 Unternehmenssanierungsprozesse von 288 Unternehmen vor.

Abb. 13 stellt den erläuterten Erhebungsverlauf zur Erstellung der Untersuchungsgrundlage afisch dar.

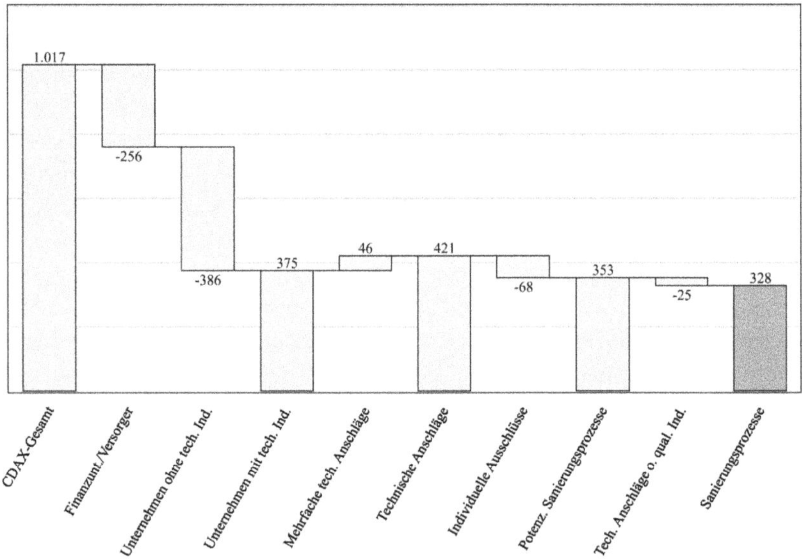

Abb. 13: Schritte zur Identifikation von sanierungsbedürftigen Unternehmen

Die Abb. zeigt die Schritte zur Identifikation von sanierungsbedürftigen Unternehmen. *CDAX-Gesamt* sind alle zu Erhebungsbeginn aktuellen und ehemaligen CDAX-Unternehmen. *Finanzunt./Versorger* ist die Anzahl an Unternehmen, die gem. Industrieklassifikation der Finanz- und Versorgungsbranche zugehörig sind. *Unternehmen ohne tech. Ind.* ist die Anzahl an Unternehmen für die kein Anschlag des technischen Indikators (naïve DD) im Beobachtungszeitraum vorliegt. *Unternehmen mit tech. Ind.* ist die Anzahl an Unternehmen für die ein Anschlag des technischen Indikators (naïve DD) im Beobachtungszeitraum vorliegt.

Mehrfache tech. Anschläge ist die Anzahl an Unternehmen für die mehrmals ein Anschlag des tech. Indikators (naïve DD) erfasst wurde, ohne dass sich diese bereits im Sanierungsprozess befanden. *Technische Anschläge* ist die Gesamtzahl an technischen Anschlägen (naïve DD). *Individuelle Ausschlüsse* ist die Anzahl an technischen Anschlägen (naïve DD) ohne Möglichkeit der Erfassung des Sanierungsprozesses, z.B. aufgrund einer unzureichenden Datengrundlage oder Betrugsverdachts. *Potenz. Sanierungsprozesse* ist die Anzahl an technischen Anschlägen mit einer Möglichkeit der Erfassung des Sanierungsprozesses. *Tech. Anschläge o. qual. Ind.* ist die Anzahl an technischen Anschlägen ohne qualitativen Sanierungsindikator, d.h. den Einsatz finanzieller Sanierungsmaßnahmen oder die Durchführung einer Restrukturierung, sowie eines Vorstandswechsels. *Sanierungsprozesse* ist die Anzahl an Anschlägen des technischen Indikators für die ein qualitativer Indikator vorliegt.

Für den Fehler 2. Art werden alle aktuellen und ehemaligen CDAX-Unternehmen auf das Vorliegen eines Insolvenzantrags untersucht. Da die Gesamtheit an Unternehmen in finanzieller Schieflage das eigentliche Ziel der Anwendung des Indikators ist, werden diejenigen Unternehmen, die durch die Insolvenzanmeldung nachweislich einer finanziellen Schieflage unterlagen, als Approximation verwendet. Der Indikator und der sich anschließende Sanierungsprozess identifizieren 160 von insgesamt 187 Insolvenzen (85,6 %) für die Daten zur Verfügung stehen.[583] Der Fehler 2. Art liegt damit lediglich bei 14,4 %. Abb. 14 zeigt die identifizierten und nicht identifizierten CDAX-Unternehmen im Zeitablauf:

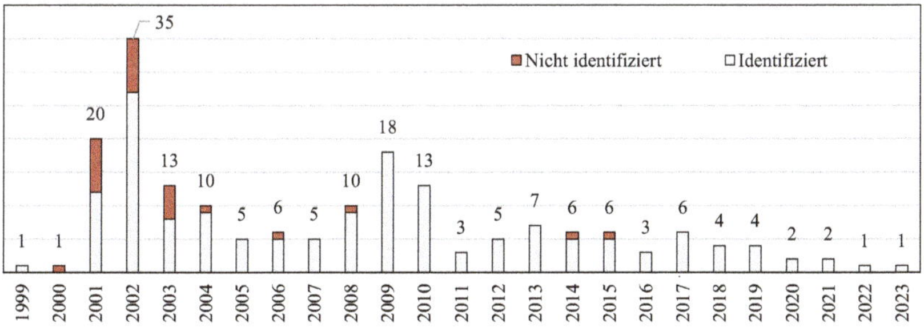

Abb. 14: Identifizierte und nicht identifizierte Insolvenzen von CDAX-Unternehmen im Zeitraum 1999 bis 2023

Die Abb. zeigt die Anzahl an identifizierten und nicht identifizierten Insolvenzen von CDAX-Unternehmen ohne Finanzunternehmen und Versorger im Zeitraum 1999 bis 2023. Insgesamt sind 187 Insolvenzen beobacht- und prognostizierbar. Es werden 160 Insolvenzen im Vorfeld der Insolvenzantragsstellung identifiziert.

583 Für elf zusätzliche Insolvenzen liegt keine ausreichende Datengrundlage vor, weshalb diese im Vorfeld der Insolvenzanmeldung nicht prognostizierbar sind. Nach

Das Kriterium weist im Zeitraum 2000 bis 2003 die geringste Güte auf. Das ist u.a. darauf zurückzuführen, dass das Kriterium eine 10-tägige naïve Distance-to-Default im untersten 10 %-Perzentil der Querschnittsverteilung der CDAX-Unternehmen erfordert, welche in diesem Krisenzeitraum des Platzens der Dotcom-Blase für einige Unternehmen aufgrund der Masse an Krisenunternehmen nicht vorliegt. Ab 2004 werden dagegen ca. 96 % aller Insolvenzunternehmen im Vorfeld identifiziert. Insgesamt kann festgehalten werden, dass der Sanierungsindikator bzw. der definierte Sanierungsprozess auf Basis dieser Prüfung über eine höhere Leistungsfähigkeit als die in vergleichbaren Studien zugrunde gelegten Indikatoren verfügt.[584] Darüber hinaus liegt für das Kriterium eine hohe Güte für einen weitaus längeren Zeitraum als in den erwähnten Studien vor.[585] Abschließend soll darauf hingewiesen werden, dass für einige nicht identifizierte Insolvenzunternehmen der Verdacht des Bilanzbetrugs vorliegt,[586] und daher der technische Indikator für diese Unternehmen über eingeschränkte Aussagekraft verfügt.

Wie oben dargestellt werden für die Prüfung des dritten Qualitätsmerkmals, der Trigger-Funktion, die Kennzahlen Gesamtkapitalrendite (Return on Assets; ROA), die Rendite des operativen Cashflows (OCF) sowie der Verschuldungsgrad (Leverage; Lev) ausgewählt. Es muss festgehalten werden, dass v.a. für einige Insolvenzunternehmen die Kennzahlenausprägungen nach dem Indikatoranschlag nicht berechnet werden können, wenn der Indikatoranschlag und die Insolvenzantragsstellung zu nahe beieinander liegen, da meist die Berichterstattung der Unternehmen eingestellt wird. Die nachfolgenden Darstellungen zeigen daher um den Indikatoranschlag tendenziell zu hohe Renditen und zu geringe Verschuldungsgrade im Hinblick auf die tatsächliche Kennzahlenausprägung der untersuchten Unternehmen. Die Profitabilitätsentwicklung der Unternehmen ist für die Perioden t_{-3} bis t_3 in Abb. 15 dargestellt.[587]

Kenntnis des Autors überprüfen lediglich die Studien von Jostarndt (2007), Elsas/Mielert (2010) sowie Chu et al. (2019), wie viele Insolvenzen der untersuchten Gesamtheiten im Vorfeld der Antragsstellung durch den Distress-Indikator identifiziert werden. Die Quoten betragen 85 %, 82 % und 70 %. Vgl. Jostarndt (2007), S. 14; Elsas/Mielert (2010), S. 27–28; Chu et al. (2019), S. 8–9.

584 Siehe hierzu die vorstehende Fußnote. Die Insolvenzen ab 2020 müssten nicht zwangsläufig identifiziert werden, da die Berechnung des technischen Indikators nur inklusive 2019 vorgenommen wird.

585 Untersuchungszeiträume der Studien: Jostarndt (2007), S. 11: 1996–2004; Elsas/Mielert (2010), S. 28: 1993–2007; Chu et al. (2019), S. 2: 2000–2014.

586 Hierzu zählen bspw. die Ceyoniq AG und die Phenomedia AG.

587 Vgl. für die zugrundeliegenden Daten und Signifikanztests Anh. 3.

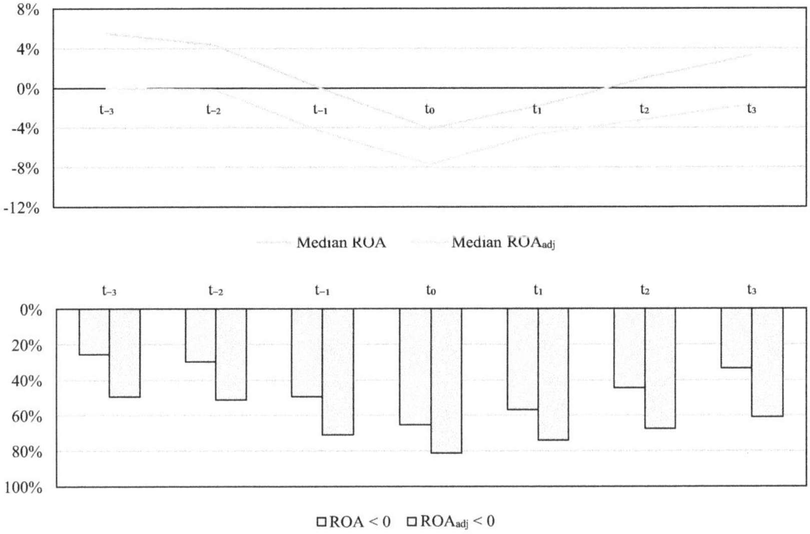

Abb. 15: Operative Entwicklung der Krisenunternehmen auf Basis der Gesamtkapitalrendite (ROA) vor und ab Beginn des Sanierungsprozesses

Die Abb. zeigt die operative Entwicklung der Krisenunternehmen auf Basis der Gesamtkapitalrendite (ROA) im Zeitablauf. t_{-3}, t_{-2}, t_{-1}: Fiskaljahre vor dem Beginn des Sanierungsprozesses; t_0: Fiskaljahr zu Beginn des Sanierungsprozesses; t_1, t_2, t_3: Fiskaljahre nach Beginn des Sanierungsprozesses. *Median ROA* bezeichnet den Median des ROA der Unternehmen zum entsprechenden Zeitpunkt im Sanierungsprozess. *Median* ROA_{adj} bezeichnet den industrieadjustierten Median des ROA der Unternehmen zum entsprechenden Zeitpunkt im Sanierungsprozess. *ROA < 0* bezeichnet den Anteil der Krisenunternehmen mit einem ROA kleiner null zum entsprechenden Zeitpunkt im Sanierungsprozess. $ROA_{adj} < 0$ bezeichnet den Anteil der Krisenunternehmen mit einem industrieadjustierten ROA kleiner null zum entsprechenden Zeitpunkt im Sanierungsprozess. $ROA_{t0} = EBIT_{t0} / (Bilanzsumme_{t-1} + Bilanzsumme_{t0})$.

Der obere Teil der Grafik zeigt die Höhe des Return on Assets, sowie des um den Industrie-Median des entsprechenden Jahres adjustierten Return on Assets. Die Krisenunternehmen weisen drei Jahre vor Indikatoranschlag im Median eine Profitabilität von 5,5 % und damit auf dem Niveau der jeweiligen Industrie auf. Die Kennzahl geht kontinuierlich zurück und erreicht im Jahr des Indikatoranschlags ihren Tiefpunkt mit -4,1 % (industrieadjustiert: -7,8 %). Beide Kennzahlen sind auf Basis eines t-Tests signifikant verschieden von null auf dem 1 %-Niveau. Der untere Teil der Grafik zeigt den Anteil der Unternehmen, die im entsprechenden Krisenjahr eine (industrieadjustierte) Gesamtkapitalrendite kleiner null erwirtschaften. Im Zeitpunkt t_0 weisen bspw. 65,2 % der Unternehmen eine negative Profitabilität auf. Industrieadjustiert beträgt ihr Anteil 81,1 %, d.h. etwa vier von fünf Unternehmen weisen eine geringere Profitabilität als das Medianunternehmen der jeweiligen Industrie im entsprechenden Fiskaljahr auf. In den späteren Jahren steigt die Profitabilität an, da Unternehmen mit erfolgreicher Sanierung meist eine Rückkehr zu Profitabilität erreichen, während später insolvente Unternehmen mit i.d.R. sehr niedriger bzw. negativer Gesamtkapitalrendite im Zeitablauf zunehmend eine Antragsstellung vornehmen. Ein t-Test zeigt einen signifikanten Unterschied der Renditen zwischen dem Zeitpunkt t_{-1} und Zeitpunkt t_0 auf dem 1 %-Niveau, und bestätigt somit einen wesentlichen Rückgang der operativen Leistungsfähigkeit bzw. eine deutliche Verschlechterung des Unternehmenszustandes zu Beginn des Sanierungsprozesses bzw. zum Zeitpunkt des Indikatoranschlags. Das zeigt außerdem, dass die Unternehmen im fortgeschrittenen Krisenstadium, aber vor der Insolvenzreife in das Sample eintreten. Die Unternehmen befinden sich im Hinblick auf den typisierten Krisenverlauf wohl in der Erfolgs- oder Liquiditätskrise und wären tatsächlich als Sanierungsfall zu klassifizieren.[588] Die absolute Höhe der Kennzahlen legt das Vorliegen von *Economic Distress* und *Financial Distress* nahe, da aus negativen bzw. geringen operativen Überschüssen weder die vertraglichen Zins- und Tilgungsansprüche der Fremdkapitalgeber, noch die Renditeforderung der Eigentümer aus dem verbleibenden Residual bedient werden kann.[589]

Neben der Gesamtkapitalrendite wird auch die Entwicklung der operativen Cashflow-Rendite im zeitlichen Ablauf geprüft. Dies dient zur Analyse des Zustands des Kerngeschäfts bei gleichzeitiger Eliminierung buchhalterischer Gestaltungsspielräume.[590] Die Entwicklung der Kennzahl kann Abb. 16 entnommen werden.[591] Im Vergleich zur Gesamtkapitalrendite liegt der Median

588 Vgl. zum typisierten Krisenverlauf die Ausführungen in Kapitel 2.1.2. I.d.R. führt eine niedrige bzw. negative operative Profitabilität bei fremdfinanzierten Unternehmen zwangsläufig in die finanzielle Schieflage und damit in die Liquiditätskrise.

589 Selbstverständlich ist zwischen buchhalterischen und cashflow-basierten Kennzahlen zu differenzieren.

590 Bspw. zeigt Schulte (2016), dass Unternehmen Spielräume in der Rechnungslegung nutzen, um das berichten negativer EBITDA zu vermeiden. Gleichzeitig liefert der operative Cashflow ein früheres Signal im Hinblick auf eine bevorstehende Insolvenz. Vgl. Schulte (2016), S. 194–196.

591 Vgl. für die zugrundeliegenden Daten und Signifikanztests Anh. 4.

jeweils in einem schmaleren Korridor. Der operative Cashflow fällt nicht unter null, während der industrieadjustierte operative Cashflow konstant unterhalb der Nulllinie verläuft. Im Median erwirtschaften die Unternehmen daher vergleichsweise kleine operative Überschüsse (in t_0: 3,8 %), wobei durchgehend eine geringere Leistungsfähigkeit vorliegt als für das Median-Unternehmen der jeweiligen Industrie im entsprechenden Fiskaljahr (in t_0: -2,7 %). Wie im Fall der Gesamtkapitalrendite deutet die Kennzahlausprägung darauf hin, dass sowohl *Economic Distress* als auch *Financial Distress* für die Unternehmen vorliegen. Der Unterschied der Renditen in t_{-1} und t_0, und damit der Rückgang zu Beginn, sind auf Basis eines t-Tests nicht signifikant. Jedoch ist ein Vergleich der Renditen aus t_{-2} und t_{-1} auf dem 5 %- (OCF) bzw. dem 10 %-Niveau (OCF_{adj}) signifikant. Das kann dahingegen interpretiert werden, dass die Unternehmen zunächst einen operativen Rückgang erleiden und in der Folge Sanierungsbedarf entsteht. In t_0 weisen ca. zwei Drittel der Unternehmen eine industrieadjustierte Rendite des operativen Cashflows unter null auf.

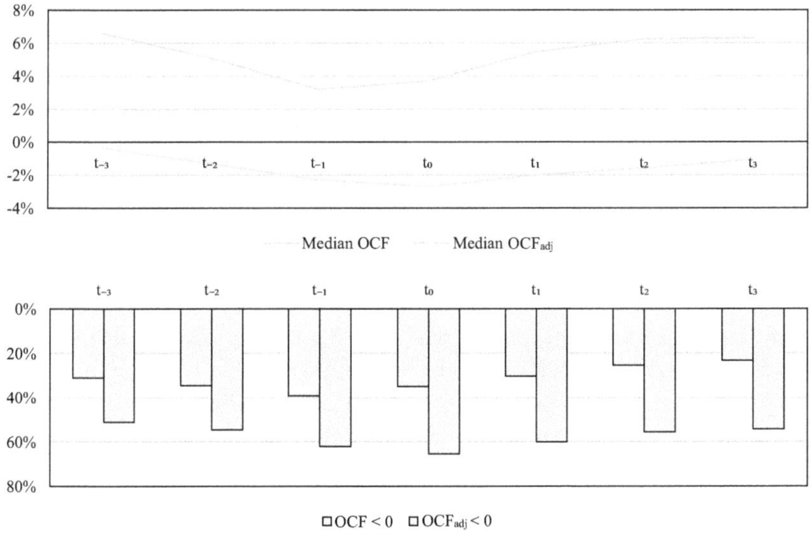

Abb. 16: Operative Entwicklung auf Basis der Rendite des operativen Cashflows (OCF) vor und ab Beginn des Sanierungsprozesses

Die Abb. zeigt die operative Entwicklung der Krisenunternehmen auf Basis der Rendite des operativen Cashflows (OCF) im Zeitablauf. t_{-3}, t_{-2}, t_{-1}: Fiskaljahre vor dem Beginn des Sanierungsprozesses; t_0: Fiskaljahr zu Beginn des Sanierungsprozesses; t_1, t_2, t_3: Fiskaljahre nach Beginn des Sanierungsprozesses. *Median OCF* bezeichnet den Median der OCF der

Unternehmen zum entsprechenden Zeitpunkt im Sanierungsprozess. *Median* OCF_{adj} bezeichnet den industrieadjustierten Median der OCF der Unternehmen zum entsprechenden Zeitpunkt im Sanierungsprozess. *OCF < 0* bezeichnet den Anteil der Krisenunternehmen mit einer OCF kleiner null zum entsprechenden Zeitpunkt im Sanierungsprozess. $OCF_{adj} < 0$ bezeichnet den Anteil der Krisenunternehmen mit einer industrieadjustierten OCF kleiner null zum entsprechenden Zeitpunkt im Sanierungsprozess. OCF_{t0} = Operativer Cashflow vor $Zinsen_{t0}$ / ($Bilanzsumme_{t-1}$ + $Bilanzsumme_{t0}$).

Abb. 17 präsentiert die Entwicklung der Verschuldungssituation der Unternehmen im Zeitablauf.[592] Der obere Teil der Grafik zeigt einen deutlichen Anstieg des Verschuldungsgrads von t_{-2} (46,6 %) zu t_{-1} (59,5 %), sowie von t_{-1} zu t_0 (74,5 %). Insofern kann davon ausgegangen werden, dass die Unternehmen vorgelagerte Krisenstadien durchschreiten, bevor sie durch den Sanierungsindikator als sanierungsbedürftig gekennzeichnet werden. Da der finanzielle Sanierungsbedarf i.d.R. erst im deutlich fortgeschrittenen Krisenstadium bzw. in der Liquiditätskrise entsteht,[593] scheint auch hier eine gute Eignung des Indikators für die Erhebung der eingesetzten Maßnahmen von Unternehmen in finanzieller Schieflage vorzuliegen. Deutlich wird das auch durch die Betrachtung der industrieadjustierten Verschuldungsgrade: Zu den Zeitpunkten t_{-3} und t_{-2} liegt im Median in etwa ein Leverage auf Niveau der jeweiligen Industrie vor. Zum Zeitpunkt t_{-1} steigt dieser auf 13,4 %, und in der Folge deutlich auf 23,2 % im Zeitpunkt t_0 und 22,7 % im Zeitpunkt t_1. Auch bei dieser Kennzahl zeigt ein t-Test einen signifikanten Unterschied beider betrachteter Varianten des Verschuldungsgrads zwischen Zeitpunkt t_{-1} und Zeitpunkt t_0 auf dem 1 %-Niveau, und unterstreicht somit die Trigger-Funktion des Indikators. Des Weiteren scheinen sich die Unternehmen aufgrund der Kennzahlenausprägungen im fortgeschrittenen Krisenstadium zu befinden, d.h. in der Erfolgs- oder Liquiditätskrise und damit sanierungsbedürftig zu sein. Die deutlich erhöhten Verschuldungsgrade – im Zeitpunkt t_0 weisen 90,9 % aller Unternehmen einen höheren Verschuldungsgrad als der Median der jeweiligen Industrie im entsprechenden Fiskaljahr auf – legen das Vorhandensein von *Financial Distress* nahe.[594]

---

592 Vgl. für die zugrundeliegenden Daten und Signifikanztests Anh. 5.

593 Vgl. Hommel et al. (2018), S. 1252.

594 69,0 % der Unternehmen, für die die Zinsdeckungsquote (EBIT/Zinsaufwand) zum Zeitpunkt t_0 berechnet werden konnte, weisen eine Zinsdeckungsquote kleiner eins auf.

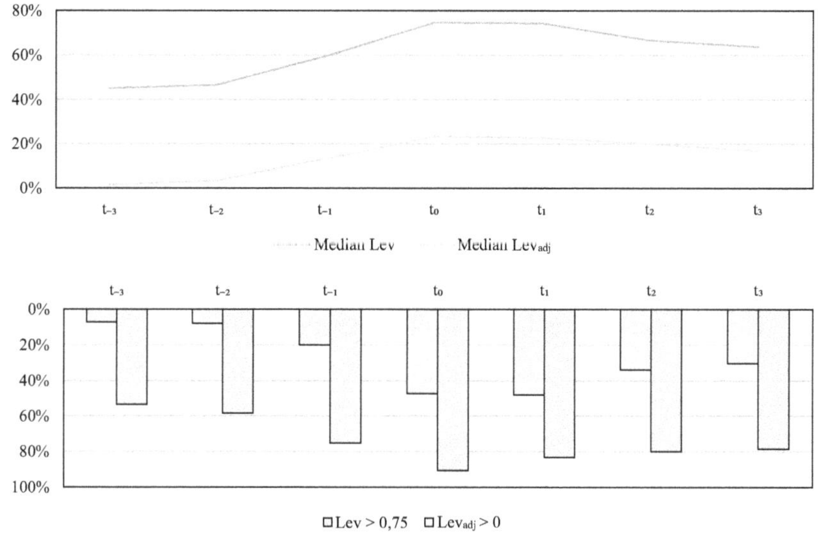

Abb. 17: Entwicklung des Verschuldungsgrades (Lev) vor und ab Beginn des Sanierungsprozesses

Die Abb. zeigt die Entwicklung der Verschuldung der Krisenunternehmen auf Basis des Verschuldungsgrades zu Marktwerten (Lev) im Zeitablauf. t_{-3}, t_{-2}, t_{-1}: Fiskaljahre vor dem Beginn des Sanierungsprozesses; t_0: Fiskaljahr zu Beginn des Sanierungsprozesses; t_1, t_2, t_3: Fiskaljahre nach Beginn des Sanierungsprozesses. *Median Lev* bezeichnet den Median des Lev der Unternehmen zum entsprechenden Zeitpunkt im Sanierungsprozess. *Median* Lev_{adj} bezeichnet den industrieadjustierten Median des Lev der Unternehmen zum entsprechenden Zeitpunkt im Sanierungsprozess. $Lev < 0$ bezeichnet den Anteil der Krisenunternehmen mit einem Lev kleiner null zum entsprechenden Zeitpunkt im Sanierungsprozess. $Lev_{adj} < 0$ bezeichnet den Anteil der Krisenunternehmen mit einem industrieadjustierten Lev kleiner null zum entsprechenden Zeitpunkt im Sanierungsprozess. Lev_{t0} = $Gesamtverbindlichkeiten_{t0}$ / (Marktwert des $Eigenkapitals_{t0}$ + $Gesamtverbindlichkeiten_{t0}$).

Es muss darauf hingewiesen werden, dass keine Grenzwerte für eine Einzelkennzahl oder Kennzahlensysteme zur Krisenidentifikation bzw. zur Einordnung des jeweiligen Unternehmens in eine Krisenphase des typisierten Krisenverlaufs oder zur Sanierungsbedürftigkeit vorliegen. In der Gesamtschau deuten die Ausprägungen aller betrachteten Kennzahlen in ihren jeweiligen Varianten für die Untersuchungsgrundlage allerdings auf eine gute Eignung des Indikators zur Identifikation von Unternehmen zum Zeitpunkt des Eintritts der Sanierungsbedürftigkeit hin.

Zu Beginn dieses Kapitels wurden drei kritische Dimensionen zur Beurteilung der Validität eines Sanierungskriteriums genannt. Dieses soll Unternehmen in finanzieller Schieflage identifizieren (1) ohne dabei einen signifikanten Teil der Grundgesamtheit systematisch nicht zu beobachten (2) und den Zeitpunkt des Beginns der finanziellen Schieflage korrekt identifizieren (3). Vor dem Hintergrund der niedrigen Fehlerquoten (Fehler 1. Art: 7,1 %, Fehler 2. Art: 14,4 %), und der Analyse der Trigger-Funktion ist der Indikator als äußerst valide zu betrachten. Die hohe Anzahl an beobachteten Sanierungsmaßnahmen kann ebenfalls als Bestätigung der Güte des gewählten Sanierungsindikators interpretiert werden.[595]

4.3 Beschreibung der Untersuchungsgrundlage

Wie in vorherigen Abschnitten beschrieben, werden Firmen als Krisenunternehmen gekennzeichnet und daher der Untersuchungsgrundlage zugeteilt, sobald ein technischer Indikatoranschlag vorliegt, und während des anschließenden Beobachtungszeitraums ein Einsatz finanzieller Sanierungsmaßnahmen oder ein Vorstandswechsel und eine Restrukturierung zu verzeichnen sind. Tab. 5 zeigt die Krisenbeginne der Unternehmen, sowie die jeweilige Industriezugehörigkeit. Wenig überraschend, liegen die drei Jahre mit der höchsten Anzahl an beginnenden Sanierungsprozessen im Zeitraum der Dotcom-Krise (2001: 50, 2002: 43) und der Finanzkrise (2008: 35). Während die Kriseneintritte in 2001 und 2002 v.a. von Unternehmen der Industrien *Software- & Tech-Dienste* und *Medien* geprägt sind, sind die Unternehmen, die 2008 in das Sample eintraten, gleichmäßiger über unterschiedliche Industrien verteilt. Trotzdem stellen die Industrien *Software- & Tech-Dienste* (60) und *Medien* (43) die meisten Krisenunternehmen bzw. Kriseneintritte für die gesamte Untersuchungsgrundlage dar.[596] Das spiegelt v.a. die enorme Anzahl an Börsengängen zur Zeit des Neuen Markts wider, die in vielen Fällen in der Insolvenz endeten.

Die Untersuchungsgrundlage ist außerdem von vergleichsweise alten Sanierungsfällen geprägt. Etwa 53,0 % der Krisenbeginne sind im Zeitraum 1998 bis 2004 zu verorten. Speziell ab 2010 sind darüber hinaus nur noch wenige Kriseneintritte (71) zu verzeichnen. Das kann u.a. auf die gute wirtschaftliche Entwicklung der vergangenen Jahre zurückgeführt werden. Interessanterweise steigt die Anzahl an Krisenstarts in 2018 dennoch auf vergleichsweise hohe 15 Stück.

---

595 Siehe Kapitel 5.

596 Einige Unternehmen treten während des Untersuchungszeitraums zwei oder dreimal in einen Sanierungsprozess, wie oben definiert, ein.

Tab. 5: Unternehmen im Sanierungsprozess je Krisenbeginn und Industrie

	Software- & Tech-Dienste	Industrie-produkte	Medien	Telekom-munikation	Gesundheits-wesen	Industrielle Dienstleis-tungen	Techn.-Hardware & Halb-leiter	Einzel- & Großhandel (Gebrauchs-güter)	Erneu-erbare Energie	Produkte (Gebrauchs-güter)	Rohstoffe	Dienstleis-tungen (Gebrauchs-güter)	Basiskon-sumgüter	Einzel- & Groß-handel (Basis-güter)	Σ
1998	0	1	0	0	0	0	0	0	0	0	0	0	0	0	1
1999	1	2	0	1	0	3	0	2	0	7	2	0	2	0	20
2000	3	4	3	0	0	0	0	0	0	7	0	0	0	1	18
2001	19	4	10	1	0	1	7	2	0	3	1	2	0	0	50
2002	8	4	9	1	1	3	6	2	0	2	3	3	0	1	43
2003	6	4	1	0	2	5	1	0	2	0	1	2	1	0	25
2004	7	1	1	0	3	0	4	0	0	1	0	0	0	0	17
2005	1	0	0	0	0	0	2	0	0	2	0	1	0	0	6
2006	1	1	2	0	2	0	2	1	0	0	0	0	0	0	9
2007	2	2	2	0	2	1	1	1	2	2	0	0	1	0	16
2008	3	5	6	1	2	1	3	2	2	4	4	2	0	0	35
2009	1	3	2	1	0	1	1	0	4	4	0	0	0	0	17
2010	0	0	0	0	0	0	0	0	0	0	0	0	0	0	0
2011	2	0	1	0	2	1	3	0	5	0	0	0	1	0	15
2012	1	0	2	1	0	0	0	0	4	2	2	0	0	0	12
2013	1	0	0	0	0	0	0	0	1	0	0	0	0	0	2
2014	0	1	1	0	0	1	0	0	1	1	0	1	0	0	6
2015	2	0	0	0	0	0	0	3	1	0	0	0	0	0	6
2016	0	1	0	0	0	0	0	0	1	1	1	2	0	0	6
2017	0	0	1	0	0	0	0	0	1	0	0	0	0	0	2
2018	1	1	2	0	1	0	1	3	0	3	2	1	0	0	15
2019	1	0	0	0	0	0	0	3	0	3	0	0	0	0	7
Σ	60	34	43	6	15	17	31	19	24	42	16	14	5	2	328

Die Tab. zeigt die Anzahl an Sanierungsprozessen nach Beginn und Industriezugehörigkeit. Der Eintritt in die Untersuchungsgrundlage erfolgt nach dem in Kapitel 4.2.3 beschriebenen Vorgehen. Zur Klassifikation wurde das Bloomberg Industry Classification System (BICS) Level 2 verwendet.

Nach dem Kriseneintritt verweilen die Unternehmen im definierten Sanierungsprozess bis die Krise überwunden ist, Insolvenzantrag gestellt wird, oder ein sonstiger Krisenausgang, der eine weitere Beobachtung verhindert, wie z.B. ein Squeeze-Out, vorliegt. Tab. 6 zeigt die Länge der Krisenprozesse für die jeweiligen Krisenausgänge. Insgesamt ist eine deutlich rechtsschiefe Verteilung zu erkennen. 225 bzw. 68,6 % und damit ein Großteil der Sanierungsprozesse endet nach vier abgeschlossenen Krisenjahren. Die außergerichtlichen Sanierungsprozesse der Untersuchungsgrundlage, die mit der Stellung eines Insolvenzantrags enden, sind zu 61,3 % in den Jahren t_0 bis t_2 zu verordnen. Die Jahre t_0 und t_1 enthalten keine Fortführungen, da qua definitionem mindestens zwei abgeschlossene Krisenjahre vorliegen müssen. Insolvenzanträge bzw. sonstige Krisenausgänge, wie z.B. Verschmelzungen, finden dagegen auch während der ersten beiden Krisenjahre statt. In den Jahren t_3 bis t_5 haben Fortführungen ein deutliches Übergewicht, während bei Sanierungsprozessen mit mehr als fünf abgeschlossenen Krisenjahren kein eindeutiges Muster zu erkennen ist bzw. die geringe Fallzahl für weitere Rückschlüsse wenig geeignet ist. Durchschnittlich verweilen die Unternehmen ca. vier Jahre (Median: drei Jahre) im Sanierungsprozess. Es sei darauf hingewiesen, dass außergerichtliche Liquidationen für die empirischen Analysen den sonstigen Krisenenden zugeordnet werden.[597]

Tab. 6: Anzahl an Sanierungsprozessen nach abgeschlossenen Jahren im Sanierungsprozess und Krisenausgang

t	Fortführung	Insolvenz	Sonstige	Nicht Abgeschlossen	Σ	Prozesse in %	Kumuliert in %
0	0	14	1	0	15	4,6 %	4,6 %
1	0	41	2	0	43	13,1 %	17,7 %
2	24	29	5	0	58	17,7 %	35,4 %
3	46	13	4	0	63	19,2 %	54,6 %
4	27	12	3	4	46	14,0 %	68,6 %
5	15	3	4	3	25	7,6 %	76,2 %
6	9	9	3	1	22	6,7 %	82,9 %
7	6	7	3	0	16	4,9 %	87,8 %

597 Der Grund hierfür ist, dass alle drei Sanierungsversuche, die mit einer Liquidation enden, finanzielle Sanierungsinstrumente beinhalten, die einen Insolvenzantrag verhindern, aber das Überleben des Unternehmens nicht dauerhaft sicherstellen. Vgl. bereits Fn. 557.

Tab. 6: Fortsetzung

t	Fortführung	Insolvenz	Sonstige	Nicht Abgeschlossen	Σ	Prozesse in %	Kumuliert in %
8	7	2	1	2	12	3,7 %	91,5 %
9	5	4	0	0	9	2,7 %	94,2 %
≥10	9	3	1	6	19	5,8 %	100,0 %
Σ	148	137	27	16	328	100,0 %	

Die Tab. zeigt die Anzahl an Sanierungsprozessen nach abgeschlossenen Jahren im Sanierungsprozess und Krisenausgang. *t* bezeichnet die Anzahl an abgeschlossenen Jahren im Sanierungsprozess. *Fortführung* bezeichnet die Anzahl an Sanierungsprozessen von fortgeführten Unternehmen. *Insolvenz* bezeichnet die Anzahl an Sanierungsprozessen von insolventen Unternehmen. *Sonstige* bezeichnet die Anzahl an Sanierungsprozessen von Unternehmen mit sonstigem Krisenausgang. *Nicht abgeschlossen* bezeichnet die Anzahl an Sanierungsprozessen von Unternehmen, deren Sanierungsprozess zum Ende der Erhebung noch nicht abgeschlossen war.

Abb. 18 zeigt die Übersicht der Prozesse nach qualitativem Ende der Sanierung. Im Rahmen der Datenerhebung wird berücksichtigt, ob eine mehrheitliche Übernahme des jeweiligen Krisenunternehmens während des Beobachtungszeitraums stattfindet, um z.B. etwaige Einflüsse aus dem Engagement eines neuen Großinvestors zu beachten.[598] Insgesamt werden 328 gültige Sanierungsprozesse von 288 Krisenunternehmen registriert und verzeichnet. In knapp 20 % (= 64/328) aller Beobachtungen findet eine mehrheitliche Übernahme statt. Nach Übernahmen wird in 28,1 % der Fälle (= 18/64) ein Insolvenzantrag gestellt. Der Vergleichswert für Prozesse ohne Übernahme liegt bei etwa 45,1 % (= 119/264). Es könnte daher geschlussfolgert werden, dass sich ein Investoreneinstieg über den Erwerb einer Mehrheit am Grundkapital der Gesellschaft senkend auf die Insolvenzwahrscheinlichkeit im vorliegenden Sample auswirkt. Alternativ kann argumentiert werden, dass wohl eher Übernahmen von Unternehmen

598 Denkbar wäre z.B. auch, auf den Erwerb einer Kontrollmehrheit i.S. von § 29 Abs. 2 WpÜG abzustellen. In einigen Fällen war eine alleinige Kontrollausübung aufgrund weiterer Ankerinvestoren allerdings nicht gegeben, weshalb die Quote von mehr als 50 % gewählt wurde. Die Schwellen von 75 % bzw. 95 %, die für den Abschluss eines Beherrschungs- und Gewinnabführungsvertrages (§§ 291, 293 AktG) bzw. für einen Ausschluss von Minderheitsaktionären (Squeeze-Out; § 327a AktG) notwendig sind, werden dagegen als zu streng erachtet.

mit besseren Sanierungschancen stattfinden. Insgesamt wird in 137 von 328 Sanierungsprozessen der Untersuchungsgrundlage ein Insolvenzantrag gestellt (41,8 %).[599] Dieser vergleichsweise hohe Anteil an Insolvenzunternehmen kann als weitere Bestätigung des Potenzials des formulierten Indikators im Hinblick auf die Identifikation sanierungsbedürftiger Unternehmen interpretiert werden. Auch die oft anzutreffende Annahme, dass Unternehmen grundsätzlich auf unbestimmte Zeit existieren und daher Insolvenzen eher selten vorkommen würden,[600] wird hierdurch infrage gestellt. Insolvenzgefahr und damit Unternehmenskrisen und Sanierungsbedarf scheinen über einen längeren Zeitraum – wie den hier betrachteten – nicht selten aufzutreten. Von besonderem Interesse sind auch die Fortführungen im bzw. nach dem Insolvenzverfahren: nur 15 aller insolventen Unternehmen werden durch einen Insolvenzplan mit oder ohne vorgeschaltetem Schutzschirm bzw. mit einer Eigenverwaltung fortgeführt.[601] Der relativ große Anteil an Insolvenzplänen ohne Eigenverwaltung (9) verdeutlicht zudem, dass ein Insolvenzplanverfahren nicht automatisch mit der Eigenverwaltung gleichzusetzen ist. Außerdem unterstreichen die Ergebnisse die eher geringe Bedeutung der Sanierung im Insolvenzverfahren. Zwar finden in 15 weiteren Sanierungsprozessen, die mit der Liquidation im Insolvenzverfahren endeten, zunächst eine Anwendung des Schutzschirms bzw. eine Eigenverwaltung statt. Der geringe Anteil an nach Insolvenzantrag (als Ganzes) fortgeführten Unternehmen deutet aber darauf hin, dass der Rettungsversuch sanierungsfähiger und -würdiger Unternehmen regelmäßig außergerichtlich durchgeführt wird, da die freie Sanierung ggü. der gerichtlichen Sanierung, z.B. aufgrund der Vermeidung des Stigmas einer formalen Insolvenz, vorzuziehen ist. Die Vermutung, dass Eintritte in das gesetzliche Verfahren für außergerichtlich nicht sanierte oder sanierbare Krisenunternehmen i.d.R. zu spät erfolgen, was dazu führt, dass

599 In der Untersuchungsgrundlage der vergleichbaren Studie von Jostarndt (2007) stellten ca. 28 % der Unternehmen einen Insolvenzantrag. Vgl. Jostarndt (2007), S. 13–14.

600 Vgl. Baetge et al. (2022), Rn. 1. Z.B. wird in der Unternehmensbewertung meist auf die Annahme der Unternehmensfortführung (Going Concern), d.h. die Fortführung des Geschäftsbetriebs in absehbarer Zeit, zurückgegriffen. Vgl. Mondello (2017), S. 4.

601 Die angesprochenen Insolvenzplanverfahren enthalten auch vier Fälle, die keine Sanierung des ursprünglichen Geschäftsbetriebes im eigentlichen Sinne enthalten, sondern lediglich eine Sanierung des Börsenmantels, ggfs. unter Einbringung operativer Geschäftsbereiche anderer Unternehmen in den Rechtsträger. Insgesamt werden in 21 Fällen ein Schutzschirm bzw. eine Eigenverwaltung angeordnet.

in der Insolvenz oft übertragende Sanierungen oder Liquidationen beobachtet werden,[602] liegt auch hier nahe. Der sog. Liquidations-Bias der bisherigen Gesetzgebung kann für den vorliegenden Datensatz bestätigt werden, und unterstreicht daher die Relevanz der außergerichtlichen Sanierung empirisch und damit den Fokus der vorliegenden Studie.

Es gilt zu beachten, dass die sog. übertragende Sanierung die in der bisherigen Praxis am häufigsten zu beobachtende Sanierungsform im Insolvenzverfahren darstellt.[603] Für die liquidierten Unternehmen wird daher überprüft, ob Teile des Geschäftsbetriebs an bestehende oder neue Investoren veräußert werden. Hierdurch kann den Gläubigern nicht nur ein Zerschlagungswert, sondern ein Ertragswert aus den fortgeführten Aktivitäten (ggfs. i.V.m. einem Unternehmensverkauf) zufließen.[604] Übertragenden Sanierungen lassen sich nur schwer vergleichen, da je nach Sanierung unterschiedliche Bandbreiten an Vermögenswerten in die Auffanggesellschaft übernommen werden. So kann z.B. der gesamte Geschäftsbetrieb eines insolventen Unternehmens, lediglich eine kleine Tochtergesellschaft oder einige werthaltige Vermögenswerte und wenige Mitarbeiter übergehen. Ersteres ist wohl eher als Sanierung des vorherigen Unternehmens zu betrachten, während die letzteren Varianten eher einer „klassischen" Liquidation i.S. der Verwertung der einzelnen Vermögensgegenstände des vorherigen Unternehmens nahekommen. Tatsächlich liegt – auch im vorliegenden Sample – jedoch oftmals eine Mischung aus realisiertem Ertrags- und Zerschlagungswert vor, wenn z.B. einzelne profitable Teilbetriebe als Ganzes veräußert werden, und Vermögensgegenstände aus nicht profitablen Geschäftsbereichen einzeln liquidiert werden.

Empirisch berichten Jostarndt/Sautner (2010) für ihr Sample eine Liquidationsquote von 84 %, wobei übertragende Sanierungen nicht als Liquidationen gewertet werden, während Davydenko/Franks (2008) eine Liquidationsquote von 56,9 % beobachten und offenbar übertragende Sanierungen ebenfalls nicht als Liquidation werten.[605] In der vorliegenden Studie werden insgesamt

602 Vgl. Drukarczyk/Schüler (2021), S. 337.

603 Vgl. Schluck-Amend (2023b), Rn. 5.12; Steffan (2022), Rn. 451; Schmidt (2023b), Rn. 6.221 m.w.N.

604 Vgl. Schmidt (2023b), Rn. 6.221.

605 Vgl. bereits Fn. 524. Die Statistik aus letzterer Studie enthält nach Auskunft der Autoren auch außergerichtliche Liquidationen. Diesen kommt i.d.R. allerdings keine große Bedeutung zu, sodass deren Anzahl in der Untersuchungsgrundlage der Autoren gering sein dürfte.

89 übertragende Sanierungen, und damit nur eine Liquidationsquote von 35,0 % in Bezug auf alle Insolvenzen beobachtet, wenn der Definition der vorgenannten Autoren gefolgt wird. Das kann auf die divergierenden Definitionen einer übertragenden Sanierung zurückzuführen sein. Denn im vorliegenden Sample werden übertragende Sanierungen bereits dann als solche klassifiziert, wenn z.B. Nachweise vorliegen, dass eher kleine Teile des Geschäftsbetriebs weitergeführt werden. Bei gesellschaftsrechtlich korrekter Einbeziehung der übertragenden Sanierungen in die Fälle der Liquidationen ergibt sich eine Liquidationsquote von 89,1 % in Bezug auf alle Insolvenzen. Der damit verbundene vergleichsweise hohe Anteil an fortgeführten Unternehmen im Insolvenzverfahren ist wohl darauf zurückzuführen, dass es sich in der vorliegenden Untersuchungsgrundlage um eher große Unternehmen handelt, die im Falle einer Insolvenzanmeldung größere Chancen auf eine Fortführung haben dürften als Kleinunternehmen.[606] Aktuelle Rettungsquoten (inkl. übertragender Sanierungen) für insolvente Großunternehmen in den Jahren 2021 und 2022 betragen mehr als 60 % und liegen damit sehr nahe am Wert des Samples.[607]

Im Rahmen der sonstigen Krisenausgänge dominieren Squeeze-Outs mit 18 von 24 Fällen (75 %).[608] Hier befinden sich Unternehmen noch formal im definierten Sanierungsprozess, werden allerdings durch zwangsweisen Ausschluss der Minderheitsaktionäre komplett übernommen. In der Folge werden die Börsennotierungen eingestellt, und Datenabrufe, sowie Berechnung der benötigten Kennzahlen sind nicht mehr möglich. Für die nicht abgeschlossenen Prozesse (16) wird bis zum Ende der Datenerhebung kein Ende des Sanierungsprozesses festgestellt.

---

606 Vgl. Davydenko/Franks (2008), S. 590–591; Jostarndt/Sautner (2010), S. 662. In Fn. 398 wurde dargestellt, dass der Anteil der Eigenverwaltungen an den eröffneten Unternehmensinsolvenzverfahren nach Inkrafttreten des ESUG auf 1,9 % angestiegen ist.

607 Siehe FINANCE Magazin, 5 nach 12 Insolvenzreport Q3/2023, S. 4.

608 Wie bereits oben erwähnt, werden die Liquidationen (3) nachfolgend den sonstigen Krisenenden zugeschlagen. Daher erhöht sich die Anzahl von 24 auf 27.

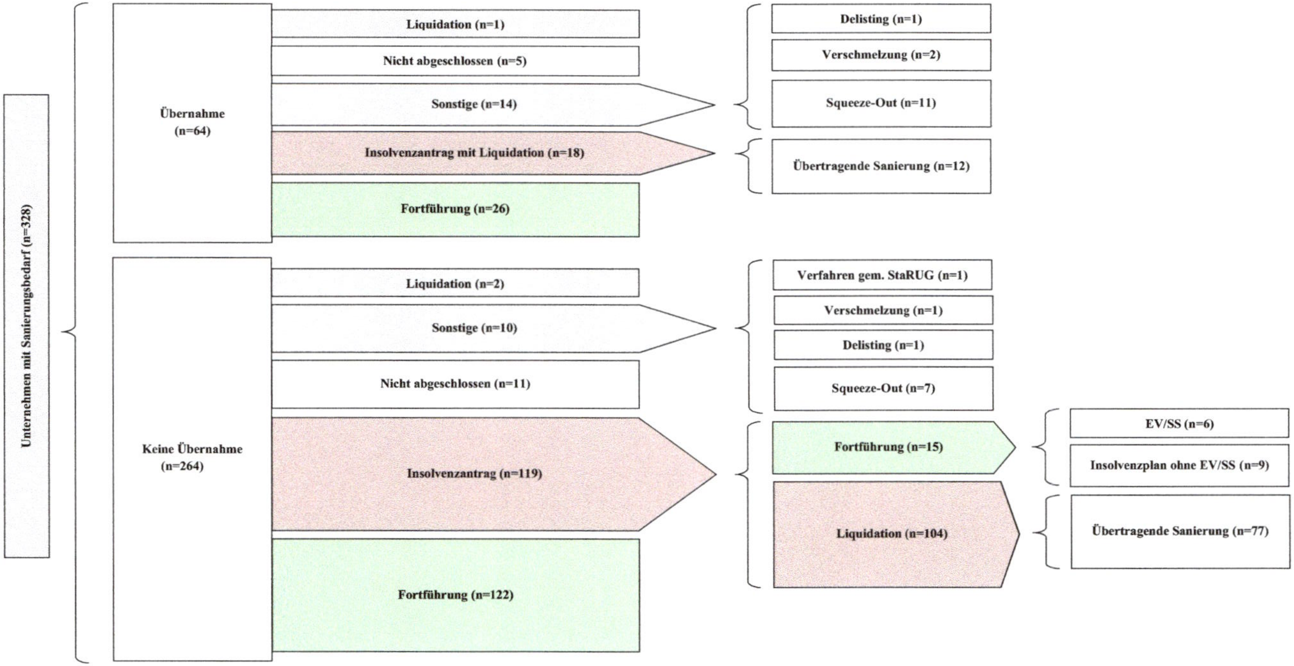

Abb. 18: Übersicht der Sanierungsprozesse je Krisenausgang

Die Abb. zeigt die Übersicht der Sanierungsprozesse je Krisenausgang. *Fortführung* bezeichnet die Anzahl an Sanierungsprozessen von fortgeführten Unternehmen. *Insolvenzantrag* bezeichnet die Anzahl an Sanierungsprozessen von insolventen Unternehmen (Fortführung mit oder ohne Eigenverwaltung/Schutzschirm, Liquidation und/oder übertragende Sanierung im Insolvenzverfahren). *Sonstige* bezeichnet die Anzahl an Sanierungsprozessen von Unternehmen mit sonstigem Krisenausgang (Verfahren gem. StaRUG, Verschmelzung, Delisting, Squeeze-Out). *Nicht abgeschlossen* bezeichnet die Anzahl an Sanierungsprozessen von Unternehmen, deren Sanierungsprozess zum Ende der Erhebung noch nicht abgeschlossen war. *Liquidation* bezeichnet die Anzahl an Sanierungsprozessen von liquidierten Unternehmen ohne Insolvenzverfahren. *EV/SS* bezeichnet die Anzahl an Sanierungsprozessen mit Schutzschirm und/oder Eigenverwaltung nach der Insolvenzanmeldung.

5 Finanzielle Sanierung: Zur Maßnahmenanwendung in der Sanierungspraxis

Das folgende Kapitel befasst sich mit der empirischen Analyse des Einsatzes finanzieller Sanierungsmaßnahmen und ihrer Auswirkungen auf den Sanierungserfolg. Anhand einer umfangreichen Datengrundlage, die mehr als 300 außergerichtliche Sanierungsversuche von deutschen börsennotierten Krisenunternehmen umfasst, werden die Instrumente zunächst auf univariater Basis hinsichtlich ihrer individuellen Verbindungen mit dem Sanierungserfolg untersucht. In diesem Zusammenhang werden auch Differenzierungen bzgl. des Einsatzzeitpunktes und der gewährenden Kapitalgebergruppen vorgenommen. Weiterhin werden die Effektivität dieser Maßnahmen auf multivariater Basis, d.h. vor dem Hintergrund des Sanierungskontextes, geprüft und wirkungsvolle Maßnahmenkombinationen für unterschiedliche Unternehmenstypen identifiziert. Die Analyse umfasst sowohl die Phase der kurzfristigen Stabilisierung als auch den gesamten Sanierungsprozess. Neben den detaillierten Ergebnissen zu Einsatzhäufigkeiten und Erfolgsquoten finanzieller Sanierungsmaßnahmen, verdeutlicht die Untersuchung v.a., dass die eingesetzten Instrumente nur vereinzelt signifikante Auswirkungen auf die kurzfristige Stabilisierung sowie den nachhaltigen Sanierungserfolg von krisengeplagten Unternehmen haben. In beiden Perspektiven zeigt sich, dass spezifische Faktoren des Sanierungskontextes, wie die Unternehmensgröße, der Zustand des Kerngeschäfts, oder das Vorliegen einer Branchen- bzw. Wirtschaftskrise, einen entscheidenden Einfluss auf den Ausgang eines freien Sanierungsversuchs haben.

5.1 Einführung

Liegt in einem Unternehmen eine finanzielle Schieflage vor, wird regelmäßig ein außergerichtlicher Sanierungsversuch in Betracht gezogen. Die Beurteilung, ob ein Unternehmen nicht nur sanierungsbedürftig, sondern auch sanierungsfähig ist, erfolgt auf Basis eines Sanierungskonzepts, dessen Umsetzung die Fortführung des Geschäftsbetriebs sicherstellen soll. Gem. dem IDW S 6 ist im Rahmen der Prüfung der Sanierungsfähigkeit einerseits zu beurteilen, ob eine Durchfinanzierung i.S. einer positiven insolvenzrechtlichen Fortbestehensprognose im Prognosezeitraum des Konzepts vorliegt (Stufe 1: Fortführungsfähigkeit). Andererseits ist zu prüfen, ob die geplanten Maßnahmen objektiv geeignet sind, die Gesellschaft in überschaubarer Zeit durchgreifend zu sanieren, d.h. die Wettbewerbsfähigkeit nachhaltig wiederherzustellen (Stufe 2: nachhaltige Fortführungsfähigkeit/Wettbewerbsfähigkeit).[609] Die Bewertung der Sanierungsmethoden stellt auf beiden Stufen ein Prognoseurteil dar, da abgeschätzt werden soll, ob erstens, die Finanzierung des Unternehmens während des Sanierungszeitraums sichergestellt ist, und zweitens, ob das Unternehmen zu einer nachhaltigen Fortführungsfähigkeit am Ende des Sanierungszeitraums zurückkehren kann. Das zentrale Kriterium bildet hierbei die überwiegende Wahrscheinlichkeit. M.a.W. muss bei objektiver Betrachtung der Sanierungserfolg wahrscheinlicher sein als der Misserfolg.[610] Scheitert der freie Sanierungsversuch trotz der Durchführung des Sanierungskonzepts auf einer der genannten Stufen, wird über kurz oder lang mit dem Auslösen der Insolvenzantragspflicht gem. § 15a InsO zu rechnen sein.

Einen wesentlichen Teil der für die Sanierungen von Krisenunternehmen erforderlichen Maßnahmen stellen i.d.R. finanzielle Instrumente dar. Diese sollen kurzfristig die Fortsetzung der Geschäftstätigkeit durch die Vermeidung der Insolvenztatbestände der (drohenden) Zahlungsunfähigkeit und Überschuldung gewährleisten, und mittel- bis langfristig die Finanzierung der weiteren Umsetzung des Sanierungskonzepts sowie die Wiederherstellung einer wettbewerbsfähigen Kapitalstruktur ermöglichen.[611] In diesem Kontext stellt sich die Frage, ob signifikante Einflüsse einzelner Instrumente auf die Wahrscheinlichkeit der kurzfristigen und nachhaltigen Fortführungsfähigkeit bestehen. Eine systematische Erhebung oder empirische Analyse dieser Sanierungsbeiträge existieren nach Kenntnis des Autors nicht.[612] Das Ziel dieses Beitrags ist es, diese Forschungslücke zu schließen.

Der Fokus der Analyse liegt auf den sog. heteronomen Maßnahmen bzw. Maßnahmen der Außenfinanzierung, die den Unternehmen vonseiten der

---

609 Vgl. Institut der Wirtschaftsprüfer (2023), Rn. 18, 24. Entscheidend sind die wirtschaftlichen und finanziellen Verhältnisse am Ende des Betrachtungszeitraums.

610 Vgl. Institut der Wirtschaftsprüfer (2023), Rn. 17–19, 21, (2018), S. 846.

611 Vgl. Crone/Kreide (2021), S. 218; Knecht/Hermanns (2022), Rn. 11, 15; Hermanns (2022), Rn. 348; Böckenförde (1996), S. 138. In diesem Zusammenhang gilt es auch Kapital für die leistungswirtschaftliche und strategische Sanierung bereitzustellen. Vgl. Beckmann/Pausenberger (1961), S. 79; Brandstätter (1993), S. 253; Kudla (2005), S. 111.

612 Vgl. hierzu bereits Kapitel 1.1.

Kapitalgeber in außergerichtlichen Sanierungsversuchen gewährt werden.[613] Zwar sind meist auch autonome Maßnahmen bzw. Maßnahmen der Innenfinanzierung, also solche die vom Unternehmen selbst umgesetzt werden, Teil der Sanierung. Die entscheidenden Sanierungsbeiträge liefern im Regelfall allerdings erstere.[614] Diese werden im Rahmen von vorinsolvenzlichen Sanierungsprozessen untersucht, da diese ihren gerichtlichen Pendants vorgeschaltet sind, und den geläufigsten Weg zum Erhalt des ursprünglichen Unternehmens i.S. des Rechtsträgers darstellen.[615]

Für die empirische Untersuchung liegen Daten aus 328 Sanierungsprozessen deutscher, börsennotierter Krisenunternehmen vor. Die durchgeführten Maßnahmen werden im ersten Hauptteil der Studie einer univariaten Analyse unterzogen. Zunächst erfolgt eine Dokumentation der empirischen Relevanzen der einzelnen Instrumente sowie deren Erfolgsbilanzen. Da davon auszugehen ist, dass der Bedrohungsgrad, der Handlungsdruck und die Aufgabenkomplexität im Krisenverlauf zunehmen,[616] wird außerdem untersucht, ob die verschiedenen Methoden in der frühen oder späten Phase der Sanierungsversuche zum Einsatz kommen, und ob der Einsatzzeitpunkt die Wirksamkeit der Maßnahmen beeinflusst. Hierbei ist zum einen zu unterscheiden, ob der Maßnahmeneinsatz in der frühen oder späten Sanierungsphase differierende Wirkungen auf den Gesamtausgang der Sanierung hat, und zum anderen, ob die Maßnahmen zur kurzfristigen Unternehmenssicherung und/oder zur nachhaltigen Sanierung beitragen.[617] Der letzte Teil der univariaten Untersuchung befasst sich

---

613 Maßnahmen durch die Altgesellschafter werden nachfolgend auch als heteronome Maßnahmen behandelt. Zur Begründung vgl. Kapitel 2.2.3.3. Eine Ausnahme bilden Kapitalherabsetzungen, da sie für den Kapitalschnitt von Bedeutung sind.

614 Vgl. Dirschedl (2015), S. 51; Hommel et al. (2018), S. 1253. Für die Umsetzung autonomer Maßnahmen bzw. Maßnahmen der Innenfinanzierung liegen im fortgeschrittenen Krisenstadium meist keine Potenziale mehr vor, weil bspw. das gesamte nicht betriebsnotwendige Vermögen bereits veräußert wurde. Vgl. Kapitel 2.2.3.3.

615 Für einen empirischen Nachweis siehe z.B. die äußerst geringe Anzahl an erfolgreichen Sanierungen durch das Insolvenzplanverfahren der Untersuchungsgrundlage in Kapitel 4.3. Wie bereits oben erwähnt, sind übertragende Sanierungen trotz des gegenteiligen Wortlauts keine Genesungen des jeweiligen Krisenunternehmens, da der alte Rechtsträger liquidiert wird.

616 Vgl. Institut der Wirtschaftsprüfer (2023), Rn. 32; Kudla (2005), S. 90.

617 Empirisch zeigt Eichner (2010) für verschiedene, nicht nur finanzielle Maßnahmen, dass ihr Sanierungsbeitrag in Bezug auf den nachhaltigen Sanierungserfolg teilweise von der zeitlichen Dimension abhängig ist, d.h. ob sie frühzeitig oder später im Sanierungsprozess umgesetzt werden. Vgl. Eichner (2010), S. 213, 287.

mit den am Sanierungsversuch beteiligten Kapitalgebern. Es ist zwar bekannt, dass bestehende Kapitalgeber auch in Krisensituationen die Hauptfinanzierungsquellen des Unternehmens darstellen, jedoch hat in den letzten Jahren die Bedeutung von externen Finanziers, d.h. von auf Unternehmensschieflagen spezialisierten Finanzinvestoren (sog. *Vulture Investors* bzw. *Distress Investors*), zugenommen.[618] Diese verfügen i.d.R. über Sanierungs-Knowhow und zusätzliche Managementressourcen. Daneben kommt oftmals auch die Beteiligung strategischer Investoren in Betracht. Deren Engagements bieten dem Unternehmen neben finanziellen Sanierungsbeiträgen möglicherweise zusätzliche Vorteile ggü. Engagements der bestehenden Kapitalgeber in Form von Branchenkenntnissen oder Synergiepotenzialen.[619] Es ist weiter denkbar, dass die Konditionen, zu denen Sanierungsinstrumente gewährt werden, regelmäßig zwischen den verschiedenen Gruppen variieren und dies Rückwirkungen auf die Effektivität der Maßnahmen verursacht. Daher stellt sich insgesamt die Frage, durch welche Instrumente sich unterschiedliche Finanziers an Unternehmenssanierungen beteiligen, und ob die Erfolgsaussichten der einzelnen Maßnahmen von der jeweiligen Kapitalgebergruppe abhängen.

Im zweiten Hauptteil wird eine multivariate Analyse der ergriffenen Sanierungsmaßnahmen durchgeführt, um deren tatsächliche Auswirkungen auf den Sanierungserfolg zu ermitteln. Dies ist notwendig, da der Ausgang des Sanierungsversuchs von endogenen und exogenen Faktoren abhängig sein kann.[620] Es findet daher eine Prüfung der Wirksamkeit der einzelnen Maßnahmen unter Kontrolle der Einflüsse des Sanierungskontextes durch logistische Regressionsmodelle statt. Diese zeigen zudem, ob auf Basis der Daten signifikante Einflüsse in Bezug auf eine Prognose der (nachhaltigen) Fortführungsfähigkeit bestehen. Darüber hinaus gehend, sind nicht nur die Erfolgspotenziale der Einzelmaßnahmen von Interesse, sondern auch diejenigen der Maßnahmenkombinationen. Wie die Analysen darlegen werden, liegt hierfür eine große Bandbreite an Möglichkeiten vor. Daher werden mit Hilfe von Clusteranalysen erfolgreiche Maßnahmenkombinationen für unterschiedliche Unternehmenstypen identifiziert. Auf Basis der Ergebnisse können dann Schlussfolgerungen für die

618 Vgl. Knecht/Hermanns (2022), Rn. 37. In diesem Zusammenhang sind nicht nur Eigenkapitalinvestoren, sondern auch Distressed-Debt-Investoren zu beachten. Vgl. hierzu z.B. Haghani/Eschmann (2022), Rn. 103–119.

619 Vgl. Fröhlich (2022), Rn. 41–42a; Hermanns (2022), Rn. 371.

620 Bspw. zeigt Jostarndt (2007) für sein Sample, dass der Ausgang der untersuchten Sanierungsversuche u.a. von der Unternehmensprofitabilität (endogen) und dem Zustand der Industrie (exogen) abhängig ist. Vgl. Jostarndt (2007), S. 183–185.

Sanierungspraxis abgeleitet werden. Beide Analysearten werden nachfolgend für die kurze Frist, d.h. in Bezug auf den Beitrag der Sanierungsmaßnahmen zur Fortführungsfähigkeit, sowie für den gesamten Sanierungsprozess, d.h. in Bezug auf den Beitrag der Sanierungsmaßnahmen zur nachhaltigen Fortführungsfähigkeit, angewandt.

Die Untersuchung ist wie folgt strukturiert. Das Kapitel 5.2 enthält grundlegende Vorüberlegungen. Kapitel 5.3 umfasst die empirische Analyse, welche sich in die Beschreibung der Datenbasis in Kapitel 5.3.1, die univariate Analyse in Kapitel 5.3.2 und die multivariate Analyse in Kapitel 5.3.3 untergliedert. Die univariate Analyse stellt zunächst in Kapitel 5.3.2.1 die angewandten Sanierungsmaßnahmen und Erfolgsquoten in der Gesamtschau dar. In Kapitel 5.3.2.2 befasst sich die Analyse mit der Effektivität der Maßnahmen vor dem Hintergrund ihres Einsatzzeitpunktes. Im Fokus der Untersuchung in Kapitel 5.3.2.3 stehen die Sanierungsbeiträge der Kapitalgebergruppen und ihre zugehörigen Erfolgsquoten. Die multivariate Analyse befasst sich in Kapitel 5.3.3.1. zuerst mit der Maßnahmeneffektivität und den -kombinationen vor dem Hintergrund der kurzfristigen Stabilisierung der Unternehmen. Die entsprechenden Prüfungen für die Gesamtperspektive sind in Kapitel 5.3.3.2 zu finden. Die Robustheit der Ergebnisse wird in Kapitel 5.3.3.3. diskutiert. Die Untersuchung schließt mit der Zusammenfassung der Ergebnisse in Kapitel 5.4.

5.2 Vorüberlegungen

Ein wesentlicher Teil der Grundlagen, z.B. zum Ablauf von Unternehmenssanierungen, und der zugehörigen Überlegungen und Begründungen, z.B. zum Design der Erhebungsmethodik, sind in den vorstehenden Kapiteln dargelegt worden, weshalb an dieser Stelle auf eine ausführliche Wiederholung verzichtet wird.

Einen zentralen Punkt, der in den bisherigen Ausführungen allerdings nicht enthalten ist, stellt die Art und Weise der Auswertung der eingesetzten Maßnahmen dar. Hierzu findet eine Unterscheidung zwischen der Anzahl der einzelnen Instrumente in den Sanierungsprozessen (Maßnahmenperspektive) und den Sanierungsprozessen, die mindestens eine Anwendung der entsprechenden Sanierungsmaßnahmen aufweisen (Prozessperspektive) statt. Diese Unterscheidung wird vorgenommen, da der Zusammenhang zwischen der Anzahl der durchgeführten Maßnahmen und dem Sanierungserfolg weder eindeutig positiv noch eindeutig negativ ist. Selbst bei sonst vergleichbaren Unternehmen kann z.B. eine relativ große Kapitalerhöhung eine stärkere Sanierungswirkung erzielen als zwei kleinere Kapitalerhöhungen. Dennoch ist das Gelingen mehrerer Kapitalerhöhungen dem Sanierungserfolg wohl nicht prinzipiell abträglich. Diese Maxime lässt sich ebenso auf andere Maßnahmen übertragen. So könnten bspw. mehrere kurzfristige Stundungen im Vergleich zu einer langfristigen Stundung eher kontraproduktiv sein. Die Notwendigkeit einer zusätzlichen Maßnahme kann auch Ergebnis einer unzureichenden Sanierungswirkung einer zuvor eingesetzten Maßnahme sein. Zudem ist zu beachten, dass Informationen zum finanziellen Umfang und zur zeitlichen Gestaltung der Einzelmaßnahmen, abgesehen von den Kapitalerhöhungen, i.d.R. nicht verfügbar sind. Die Betrachtung beider Perspektiven findet allerdings nur in der univariaten Untersuchung statt, während in der multivariaten Untersuchung auf die Prozessperspektive zurückgegriffen wird. Diese Wahl wird im entsprechenden Abschnitt erläutert.

Für die nachfolgenden uni- und multivariaten Analysen ist außerdem die Definition des Sanierungserfolgs zu klären. Hier liegen zwei Probleme vor. Erstens wäre eine durchgreifende Sanierung i.S. des IDW S 6 und der zugehörigen Rechtsprechung, d.h. eine Widerherstellung der Rentabilität der unternehmerischen Tätigkeit,[621] nur in der Gesamtschau mit operativen und strategischen Maßnahmen prüfbar, da sie im Gegensatz zur finanziellen Sanierung nicht die Rettung des Unternehmens vor Illiquidität und Überschuldung zum Hauptziel haben.[622] Der nachhaltige Erfolg finanzieller Rettungsversuche wird daher zunächst als Fortführung des Krisenunternehmens am Ende des gesamten außergerichtlichen Sanierungsprozesses definiert. Dies führt allerdings zu einem zweiten Problem, da eine freie Unternehmenssanierung nicht ausschließlich mit den möglichen Endpunkten *Fortführung* und *Insolvenz* verknüpft ist, wie im Rahmen der Beschreibung der Untersuchungsgrundlage in Kapitel 4.3 dargelegt wurde. Auch sonstige Krisenausgänge, wie z.B. Squeeze-Outs gem. §§ 327a ff. AktG, liegen vor und können nicht in jedem Fall mit einer eigenständigen Fortführung

621 Vgl. Institut der Wirtschaftsprüfer (2023), Rn. 24–30.

622 Bspw. erheben Studien wie von Ofek (1993), Sudarsanam/Lai (2001), Jostarndt (2007), Eichner (2010) und Naujoks (2012) auch nicht-finanzielle Maßnahmen vor dem Hintergrund unterschiedlicher Fragestellungen. Dies geschieht teilweise auf Basis von (differierenden) Kennzahlendefinitionen bzw. Kennzahlenänderungen über oder im Krisenzeitraum und teilweise anhand von Nachrichtenartikeln. Die Samplegröße ist mit Ausnahme der Studie von Ofek (1993) jedoch deutlich geringer. Außerdem ist eine Erhebung von z.B. operativen Maßnahmen nach Meinung des Autors mit deutlichen Unsicherheiten, u.a. im Hinblick auf die Genauigkeit der Beobachtungen und die Variablendefinition, verbunden. Vgl. hierzu bereits Fn. 126 und Fn. 142.

des ursprünglichen Unternehmens gleichgesetzt werden. Trotzdem schaffen es diese Unternehmen i.d.R. eine Insolvenz, die oftmals mit der Liquidation verbunden ist, abzuwenden und so den Geschäftsbetrieb aufrechtzuerhalten. Für die deskriptive Auswertung des Maßnahmeneinsatzes wird daher auf die Kennzahlen Fortführungsquote (FF-Quote) und Insolvenzabwendungsquote (IA-Quote) zurückgegriffen, welche als Sanierungserfolgsquoten bezeichnet werden. Aus der Maßnahmenperspektive setzt die FF-Quote die Beobachtungszahl der jeweiligen Einzelmaßnahme für die fortgeführten Unternehmen in das Verhältnis zu der Anzahl aller Beobachtungen der Einzelmaßnahme (z.B. Kapitalerhöhung). Die IA-Quote berechnet den Anteil des entsprechenden Instruments aus Sanierungsprozessen ohne Insolvenzanmeldung an der Gesamtzahl des beobachteten Instruments. Höhere Quoten deuten daher auf einen positiven Sanierungsbeitrag der eingesetzten Maßnahmen hin. Im Rahmen der Prozessperspektive erfolgt die Berechnung der Quoten entsprechend.

Es gilt darüber hinaus zu berücksichtigen, dass für die Durchführung der Testverfahren drei Grundkonstellationen betrachtet werden. Konstellation (I) vergleicht die fortgeführten Unternehmen mit den insolventen Unternehmen. In der univariaten Analyse werden somit Unterschiede im Maßnahmeneinsatz zwischen diesen beiden Gruppen betrachtet. In der multivariaten Analyse dient die Insolvenzabwendung als abhängige Variable. In Konstellation (II) erfolgt die gleiche Analyse unter Einbezug der Sanierungsprozesse, die mit einem sonstigen Krisenausgang enden. Diese werden als erfolgreiche Sanierungen betrachtet. Im Zusammenhang mit Konstellation (III) werden die fortgeführten Unternehmen denjenigen gegenübergestellt, die einen sonstigen Krisenausgang oder eine Insolvenz verzeichnen. Die abhängige Variable, die den Sanierungserfolg kennzeichnet, ist in diesem Fall die eigenständige Unternehmensfortführung.

5.3 Empirische Analyse

Auf Basis der oben dargestellten Vorüberlegungen, wird nachfolgend geprüft, welche Maßnahmen in der Sanierungspraxis gewählt werden, und mit welchem Krisenausgang diese verbunden sind. Die empirische Untersuchung beginnt mit der Vorstellung der Datenbasis und geht in der Folge in die univariate Analyse über, welche eine Analyse aus Gesamtperspektive, sowie differenziert nach Einsatzzeitpunkten und Kapitalgebergruppen, vornimmt. Der multivariate Studienteil ermittelt für den kurzfristigen und den gesamten Sanierungsprozess die Effektivität der Einzelmaßnahmen und beschreibt auf Basis der Clusteranalyse erfolgreiche Sanierungsgestaltungen.

5.3.1 Datenbasis

Die ausführliche Darstellung der Datenerhebung findet sich in Kapitel 4 dieser Arbeit. Daher wird an dieser Stelle lediglich auf Aspekte eingegangen, die für diese Untersuchung von hervorgehobener Relevanz sind.

Die Datengrundlage umfasst 328 freie Sanierungsprozesse von CDAX-Unternehmen aus dem Zeitraum von 1998 bis 2023. Die Unternehmen stehen ab dem Anschlag des Sanierungsindikators (Zeitpunkt t_0) bis zum definierten Ende des Sanierungsprozesses unter Beobachtung (Zeitpunkt T).[623] Während des Beobachtungszeitraums werden die finanziellen Sanierungsmaßnahmen detailliert erhoben. Eine Maßnahme wird dabei als „früh" klassifiziert, wenn der Einsatz in den Jahren t_0 oder t_1 des definierten Sanierungsprozesses zu verzeichnen ist. Erfolgt der Maßnahmeneinsatz ab Krisenjahr t_2 oder später, so wird dieser in der Gesamtzahl des Maßnahmeneinsatzes über den vollen Sanierungsprozess erfasst. Darüber hinaus werden die Maßnahmen den Kapitalgebergruppen zugeordnet, welche in vor Sanierungsbeginn externe und bestehende Eigen- und Fremdkapitalgeber unterteilt sind.[624]

Von den erfassten Sanierungsprozessen enden 148 mit einer eigenständigen Fortführung der Unternehmen, 137 schließen mit der Stellung eines Insolvenzantrags ab, 27 enthalten ein sonstiges Ende des Prozesses (z.B. Squeeze-Out), und in 16 Fällen ist die Sanierung zum Zeitpunkt des Endes der Datenerhebung noch nicht abgeschlossen. Für laufende Sanierungen kann kein abschließendes Urteil über den Sanierungserfolg gefällt werden. Die Untersuchungsgrundlage mindert sich daher in den entsprechenden Analysen, die sich mit dem Erfolg der gesamten Sanierung – nicht aber mit der kurzfristigen Stabilisierung der Unternehmen – befassen, von 328 auf 312 Sanierungsversuche.[625] Für die Unternehmensrettung in der kurzen Frist ist der Zustand der Unternehmen am Ende von t_1 relevant. Hier teilen sich die 328 Datensätze in 270 Fortführungen, 55 Insolvenzen und drei sonstige Krisenausgänge auf.

---

623 Der technische Indikator wird für den Zeitraum 1999–2019 berechnet. Ein Unternehmen weist qualitative Sanierungsaktivitäten bereits im Jahr 1998 auf.

624 Siehe für die detaillierte Definitionen des Sanierungsprozess und der Zuordnungen Abschnitt 4.2.3.

625 Das ist deshalb möglich, weil die kurzfristige Sanierungsphase für alle laufenden Sanierungen bereits abgeschlossen ist.

5.3.2 Univariate Analyse

Die nachfolgend berichtete univariate Analyse untersucht, ob es signifikante Unterschiede im Einsatz finanzieller Maßnahmen in Sanierungsprozessen mit unterschiedlichen Krisenausgängen gibt. Neben der Analyse der nachhaltigen Fortführung werden auch zeitliche Aspekte des Maßnahmeneinsatzes und die Beteiligungen verschiedener Kapitalgebergruppen untersucht. Es ist wichtig zu beachten, dass die präsentierten Ergebnisse keine abschließende Aussage zur Effektivität des jeweiligen Instruments erlauben, da der Sanierungskontext nicht kontrolliert wird. Auch werden die Maßnahmen einzeln betrachtet, ohne Kombinationen zu untersuchen. Dennoch bieten solche Darstellungen Erkenntnisse hinsichtlich der Einsatzhäufigkeiten sowie eine erste Indikation in Bezug auf die Erfolgsaussichten des jeweiligen Sanierungsinstruments. Im Zuge der Auswertung werden jeweils ein t-Test sowie ein Wilcoxon-Mann-Whitney-Test bzw. ein χ^2-Test zur Prüfung der Gruppenunterschiede durchgeführt.

5.3.2.1 Gesamter Sanierungsprozess und Krisenausgang

Tab. 7 zeigt die Häufigkeiten und Durchschnitte der eingesetzten finanzwirtschaftlichen Maßnahmen je Krisenausgang, die jeweiligen FF- und IA-Quoten, und die Ergebnisse der Signifikanztests, die prüfen, ob ein signifikanter Unterschied zwischen den Krisenausgängen im Hinblick auf die Anzahl der eingesetzten Maßnahmen je Instrument besteht (Maßnahmenperspektive). Die Daten der Tab. können beispielhaft wie folgt interpretiert werden: Die mit Abstand häufigste Sanierungsmaßnahme stellt die Kapitalerhöhung mit 314 Beobachtungen dar, welche in ca. 52 % der Fälle mit einer Fortführung verbunden ist, aber auch in etwa 37 % der Fälle (IA-Quote: 63 %) eine spätere Insolvenz zur Folge hat.[626] Die Kapitalerhöhung wird in allen Gruppen am häufigsten beobachtet. In Prozessen mit anschließend unveränderten Fortführungen werden durchschnittlich 1,10, in solchen mit Insolvenzen 0,84 und in denjenigen mit sonstigem Ende 1,33 Kapitalerhöhungen durchgeführt. Mit Blick auf die Fremdkapitalseite ist insb. auffällig, dass Maßnahmen, die größere Zugeständnisse der Finanziers erfordern, wie z.B. FK durch Gläubiger (103) oder Forderungsverzichte (100), in deutlich geringerem Umfang beobachtet werden als

626 Die Anzahl der 314 Kapitelerhöhungen entspricht nicht der in Kapitel 7 berichteten 356 Kapitalerhöhungen. Das ist darauf zurückzuführen, dass zum Ende der Datenerhebung nicht abgeschlossene Sanierungsprozesse nicht Teil der Analyse des Kapitels 5 sind. Siehe für eine exakte Darstellung Fn. 1011.

kleinere Zugeständnisse, wie z.B. Prolongationen (170) oder Umschuldungen (161). Insgesamt sind 1.678 Maßnahmen in 266 Sanierungsversuchen erfasst.[627] Wie bereits oben erwähnt, kann die hohe Anzahl der identifizierten finanziellen Instrumente als Bestätigung der Qualität des gewählten Sanierungsindikators betrachtet werden.[628]

Bzgl. der Effektivität ist zu konstatieren, dass Anleiheemissionen und Schuldübernahmen mit 83 % und 100 % die höchsten IA-Quoten aufweisen. Im Falle von Anleiheemissionen kann der hohe Erfolgsquotient auf unternehmensindividuelle Eigenschaften der Emittenten zurückzuführen sein. Bspw. zeigt ein t-Test, dass emittierende Unternehmen auf dem 1 %-Niveau signifikant größer sind als nicht-emittierende Unternehmen. Gleichzeitig wird die Unternehmensgröße oftmals mit einer geringeren Insolvenzwahrscheinlichkeit in Verbindung gebracht.[629] Die Quote der selten durchgeführten Schuldübernahme ist dagegen aufgrund der tiefgreifenden Wirkung des Instruments wenig überraschend. Es kann außerdem beobachtet werden, dass die Zuführungen neuen Fremdkapitals durch Dritte und Gesellschafter im Sample deutlich häufiger mit der Fortführung bzw. der Insolvenzabwendung verbunden sind als diejenigen durch die bestehenden Gläubiger (FF-Quote: 59 %/54 %/49 %; IA-Quote: 63 %/66 %/57 %). Des Weiteren sind relativ geringe Zugeständnisse eher mit dem Scheitern des Sanierungsprozesses verbunden, wie die geringen IA-Quoten für Stillhalteabkommen/Covenant Waiver bzw. Zinsstundungen zeigen (51 %/38 %). Erstaunlich ist, dass das theoretisch starke Sanierungsinstrument des Forderungsverzichts mit 46 % bzw. 57 % unterdurchschnittliche Quoten aufweist. Das kann darauf zurückzuführen sein, dass im Rahmen dieser Maßnahme zwar auf Ansprüche verzichtet wird, aber keine neuen Mittel für die weitere Sanierung bereitgestellt werden. Möglicherweise fallen auch die Verzichte zu gering aus oder werden zu spät gewährt. Letzterer Aspekt wird später näher beleuchtet. Für den Debt-Equity-Swap (61 %/68 %), der eine

---

627 Das Delta zur Gesamtzahl der 312 abgeschlossenen Sanierungsprozesse ergibt sich aus der Summe der gescheiterten finanziellen Sanierungsversuche ohne Maßnahmengewährung, sowie Sanierungen, in denen lediglich nicht-finanzielle Maßnahmen durchgeführt werden.

628 Siehe für eine ausführliche Diskussion der Validität des gewählten Sanierungsindikators Kapitel 4.2.4.

629 Vgl. hierzu z.B. Eichner (2010), S. 120, sowie die Ergebnisse der multivariaten Analyse in Kapitel 5.3.3.

ähnliche Funktion erfüllt - Verbesserung der Eigenkapitalbasis ohne Liquiditätszufuhr - werden deutlich höhere Quoten erfasst. Der Grund hierfür kann sein, dass sich die Interessen der Fremdkapitalgeber, die ihre Ansprüche in Eigenkapital wandeln, und diejenigen der bestehenden Gesellschafter durch einen Swap angleichen.[630] Swaps werden aber oftmals auch zur Wandlung von Gesellschafterdarlehen eingesetzt, weshalb anzunehmen ist, dass dieses besondere Engagement der Eigenkapitalgeber ebenfalls zum Erfolg der Sanierung beiträgt.[631]

630 Vgl. für ähnliche Ergebnisse Buschmann (2006), S. 191–194.
631 Vgl. hierzu Kapitel 5.3.2.3.1. und 5.3.2.3.2.

Tab. 7: Analyse der Anzahl finanzieller Sanierungsmaßnahmen nach Art und Krisenausgang

<table>
<tr><th></th><th>(1)</th><th>(2)</th><th>(3)</th><th>(4)</th><th>(1)/(4)</th><th>((1)+(3))/(4)</th><th colspan="2">(1) vs. (2)</th><th colspan="2">(1) + (3) vs. (2)</th><th colspan="2">(1) vs. (2) + (3)</th></tr>
<tr><th>Maßnahme</th><th>Fortführung (n =148)</th><th>Insolvenz (n =137)</th><th>Sonstige (n =27)</th><th>Gesamt (n =312)</th><th>FF-Quote</th><th>IA-Quote</th><th>t-Test</th><th>W.-M.-W.-Test</th><th>t-Test</th><th>W.-M.-W.-Test</th><th>t-Test</th><th>W.-M.-W.-Test</th></tr>
<tr><td>Kapitalerhöhung</td><td>163|1,10</td><td>115|0,84</td><td>36|1,33</td><td>314|1,01</td><td>52 %</td><td>63 %</td><td></td><td></td><td>*</td><td></td><td></td><td></td></tr>
<tr><td>Prolongation</td><td>89|0,60</td><td>65|0,47</td><td>16|0,59</td><td>170|0,55</td><td>52 %</td><td>62 %</td><td></td><td></td><td></td><td></td><td></td><td></td></tr>
<tr><td>Umschuldung</td><td>97|0,66</td><td>53|0,39</td><td>11|0,41</td><td>161|0,52</td><td>60 %</td><td>67 %</td><td>***</td><td>***</td><td>**</td><td>***</td><td>***</td><td>***</td></tr>
<tr><td>Mezzanine-Kapital</td><td>58|0,39</td><td>57|0,42</td><td>9|0,33</td><td>124|0,40</td><td>47 %</td><td>54 %</td><td></td><td></td><td></td><td></td><td></td><td></td></tr>
<tr><td>Gesellschafterdarlehen</td><td>67|0,45</td><td>42|0,31</td><td>14|0,52</td><td>123|0,39</td><td>54 %</td><td>66 %</td><td></td><td></td><td></td><td></td><td></td><td></td></tr>
<tr><td>SHA/CW</td><td>49|0,33</td><td>56|0,41</td><td>9|0,33</td><td>114|0,37</td><td>43 %</td><td>51 %</td><td></td><td></td><td></td><td></td><td></td><td></td></tr>
<tr><td>Stundung (T)</td><td>57|0,39</td><td>43|0,31</td><td>4|0,15</td><td>104|0,33</td><td>55 %</td><td>59 %</td><td></td><td></td><td></td><td></td><td></td><td></td></tr>
<tr><td>FK durch Gläubiger</td><td>50|0,34</td><td>44|0,32</td><td>9|0,33</td><td>103|0,33</td><td>49 %</td><td>57 %</td><td></td><td></td><td></td><td></td><td></td><td></td></tr>
<tr><td>Forderungsverzicht</td><td>46|0,31</td><td>43|0,31</td><td>11|0,41</td><td>100|0,32</td><td>46 %</td><td>57 %</td><td></td><td></td><td></td><td></td><td></td><td></td></tr>
<tr><td>FK durch Dritte</td><td>55|0,37</td><td>35|0,26</td><td>4|0,15</td><td>94|0,30</td><td>59 %</td><td>63 %</td><td></td><td></td><td></td><td></td><td>*</td><td></td></tr>
<tr><td>Kapitalherabsetzung</td><td>30|0,20</td><td>33|0,24</td><td>9|0,33</td><td>72|0,23</td><td>42 %</td><td>54 %</td><td></td><td></td><td></td><td></td><td></td><td></td></tr>
<tr><td>Zinserlass</td><td>26|0,18</td><td>12|0,09</td><td>8|0,30</td><td>46|0,15</td><td>57 %</td><td>74 %</td><td></td><td></td><td></td><td></td><td></td><td></td></tr>
</table>

	(1)	(2)	(3)	(4)	(1)/(4)	(1)+(3)/(4)	(1) vs. (2)		(1) + (3) vs. (2)		(1) vs. (2) + (3)	
Maßnahme	**Fortführung (n =148)**	**Insolvenz (n =137)**	**Sonstige (n =27)**	**Gesamt (n =312)**	**FF-Quote**	**IA-Quote**	**t-Test**	**W.-M.-W.-Test**	**t-Test**	**W.-M.-W.-Test**	**t-Test**	**W.-M.-W.-Test**
Stundung (Z)	14|0,10	24|0,18	1|0,04	39|0,13	36 %	38 %				*		
Debt-Equity-Swap	23|0,16	12|0,09	3|0,11	38|0,12	61 %	68 %		*		*		*
Anleiheemission	30|0,20	6|0,04	0|0,00	36|0,12	83 %	83 %	***	***	**	**	***	***
Rangrücktritt	10|0,07	10|0,07	9|0,33	29|0,09	34 %	66 %						
Debt-Mezz.-Swap	5|0,03	2|0,02	0|0,00	7|0,02	71 %	71 %						
Schuldübernahme	3|0,02	0|0,00	1|0,04	4|0,01	75 %	100 %						

Die Tab. zeigt die Anzahl der gewährten Sanierungsmaßnahmen und den Mittelwert je Krisenausgang sowie die Sanierungserfolgsquoten. *Fortführung* bezeichnet die Gesamtzahl der Maßnahmen in den Sanierungsprozessen von fortgeführten Unternehmen. *Insolvenz* bezeichnet die Gesamtzahl der Maßnahmen in den Sanierungsprozessen von insolventen Unternehmen. *Sonstige* bezeichnet die Gesamtzahl der Maßnahmen in den Sanierungsprozessen von Unternehmen mit sonstigem Krisenausgang. *FF-Quote* bezeichnet die Fortführungsquote: (1)/(4). *IA-Quote* bezeichnet die Insolvenzabwendungsquote: [(1)+(3)]/(4). Die Untersuchungsgrundlage umfasst 148 Fortführungen, 137 Insolvenzen und 27 sonstige Krisenenden (Summe: 312). *t-Test* ist die Teststatistik auf Basis des Zweistichproben-t-Tests gem. Welch. *W.-M.-W.-Test* ist die Teststatistik auf Basis des Wilcoxon-Mann-Whitney-Tests. Das Signifikanzniveau auf dem 10 %-, 5 %- und 1 %-Niveau ist jeweils mit *, ** und *** gekennzeichnet.

Signifikante Unterschiede in den Durchschnittswerten sind in Bezug auf die Nutzung von Anleiheemissionen und Umschuldungen festzustellen. Diese Maßnahmen werden vermehrt von Unternehmen eingesetzt, die entweder ihren Betrieb fortsetzen oder einen anderen Ausgang aus der Krise verzeichnen, im Vergleich zu Unternehmen, die später insolvent werden. Der t-Test zeigt einen signifikanten Unterschied auf dem 10 %-Niveau zwischen den fortführenden und den weiteren Unternehmen hinsichtlich der zusätzlichen Fremdkapitalfinanzierung durch Dritte. Gleiches gilt für Kapitalerhöhungen in Konstellation (II). Bei den Debt-Equity-Swaps sind in allen Konstellationen geringfügig signifikant höhere Werte für erfolgreiche Sanierungen auf Basis des Wilcoxon-Mann-Whitney-Tests zu beobachten.

In Tab. 8 sind die Ergebnisse für die einzelnen Instrumente aus sanierungsstrategischer Sicht für den Gesamtprozess abgetragen, d.h. es wird lediglich betrachtet, ob das jeweilige Instrument mindestens einmal im Prozess festzustellen ist (Prozessperspektive).[632] Insgesamt enthalten 149 bzw. etwa 48 % der Sanierungsversuche mindestens eine Kapitalerhöhung. Diese Prozesse enden zu 58 % mit einer Insolvenzabwendung. Die liquiditätssteigernde und bilanzverbessernde Wirkung des Sanierungsbeitrags scheint aufgrund der eher durchschnittlichen Quote allerdings nur partiell zum Tragen zu kommen. Hierauf deutet auch hin, dass zwar Kapitalerhöhungen in der Hälfte (73 von 148) der Sanierungsversuche mit anschließender Fortführung durchgeführt werden, allerdings auch in fast der Hälfte (62 von 137) derjenigen mit anschließender Stellung eines Insolvenzantrags. Prominent vertreten sind außerdem Umschuldungen (107) und Prolongationen (90), wobei insb. erstere mit 61 % eine relativ hohe FF-Quote besitzen.

Von den weiteren Maßnahmen mit umfangreicheren Beobachtungen weisen Sanierungsprozesse, in denen Anleiheemission (76 %), Debt-Equity-Swap (63 %) und Mezzanine-Kapital (55 %) zum Einsatz kommen, die höchsten Fortführungsquoten auf. Wie bereits erwähnt, kann die Erfolgsquote der Anleiheemissionen u.U. eher auf die Unternehmenseigenschaften als auf die sanierende Wirkung des Instruments zurückzuführen sein. Die Quotienten der Debt-Equity-Swaps, sowie der Zuführungen von Mezzanine-Kapital sind dagegen plausibel. Beide Instrumente weisen eine i.d.R. bilanzverbessernde

632 Die Vorgehensweise orientiert sich an dem Vorgehen von Eichner (2010), der die Effektivität von nicht nur finanziellen Sanierungsmaßnahmen untersucht. Siehe z.B. Eichner (2010), S. 198.

und liquiditätsfördernde Wirkung auf. Darüber hinaus deuten sie auf ein großes Engagement seitens der (übernehmenden) Gläubiger hin. Zudem kann durch den Debt-Equity-Swap oder Wandelanleihen ein Investoreneinstieg inkl. des Einsatzes weiterer Maßnahmen und dem Transfer von Know-how ermöglicht werden.[633] 59 % bzw. 48 % aller Sanierungen, die Zinsstundungen bzw. Stillhalteabkommen/Covenant Waiver enthalten, enden mit der Stellung eines Insolvenzantrags.[634] Auch Kapitalherabsetzungen erzielen, wohl aufgrund ihrer rein bilanzbereinigenden Wirkung, mit 52 % eine vergleichsweise geringe IA-Quote. Erneut bemerkenswert ist, dass auch das theoretisch tiefgreifende Instrument des Forderungsverzichts in 42 % der Sanierungsversuche mit der Stellung eines Insolvenzantrags verbunden ist. Der Grund kann – wie oben angesprochen – z.B. eine zu späte Gewährung, eine zu geringe Verzichtshöhe oder das Fehlen frischer Mittel sein. Des Weiteren fällt auf, dass Prozesse, die in einer Insolvenz enden und die entsprechenden Maßnahmen beinhalten, mit Ausnahme der Zinsstundung eine Minderheit darstellen.

633 Durch den Debt-Equity-Swap wird keine Liquidität zugeführt, allerdings die Liquidität durch das Wegfallen der fixen Fremdkapitalansprüche geschont.

634 Berechnung: 1 – IA-Quote.

Tab. 8: Analyse des Einsatzes finanzieller Sanierungsmaßnahmen nach Krisenausgang

	(1)	(2)	(3)	(4)	(1)/(4)	((1)+(3))/(4)	(1) vs. (2)		(1) + (3) vs. (2)		(1) vs. (2) + (3)	
Maßnahme	**Fortführung (n =148)**	**Insolvenz (n =137)**	**Sonstige (n =27)**	**Gesamt (n =312)**	**FF-Quote**	**IA-Quote**	**t-Test**	**χ^2-Test**	**t-Test**	**χ^2-Test**	**t-Test**	**χ^2-Test**
Kapitalerhöhung	73|49 %	62|45 %	14|52 %	149|48 %	49 %	58 %						
Umschuldung	65|44 %	35|26 %	7|26 %	107|34 %	61 %	67 %	***	**	**	**	***	***
Prolongation	45|30 %	37|27 %	8|30 %	90|29 %	50 %	59 %						
FK durch Gläubiger	38|26 %	37|27 %	7|26 %	82|26 %	46 %	55 %						
Mezzanine-Kapital	42|28 %	29|21 %	5|19 %	76|24 %	55 %	62 %						
Gesellschafterdarlehen	33|22 %	27|20 %	9|33 %	69|22 %	48 %	61 %						
FK durch Dritte	36|24 %	28|20 %	4|15 %	68|22 %	53 %	59 %						
Forderungsverzicht	31|21 %	28|20 %	8|30 %	67|22 %	46 %	58 %						
SHA/CW	28|19 %	32|23 %	6|22 %	66|21 %	42 %	52 %						
Stundung (T)	29|20 %	30|22 %	4|15 %	63|20 %	46 %	52 %						
Kapitalherabsetzung	23|16 %	29|21 %	8|30 %	60|19 %	38 %	52 %						
Debt-Equity-Swap	20|14 %	9|7 %	3|11 %	32|10 %	63 %	72 %	*	*	**	*	*	*

Maßnahme	(1) Fortführung (n =148)	(2) Insolvenz (n =137)	(3) Sonstige (n =27)	(4) Gesamt (n =312)	(1)/(4) FF-Quote	[(1)+(3)]/(4) IA-Quote	(1) vs. (2) t-Test	(1) vs. (2) χ^2-Test	(1) + (3) vs. (2) t-Test	(1) + (3) vs. (2) χ^2-Test	(1) vs. (2) + (3) t-Test	(1) vs. (2) + (3) χ^2-Test
Stundung (Z)	10|7 %	16|12 %	1|4 %	27|9 %	37 %	41 %				*		
Zinserlass	11|7 %	10|7 %	5|19 %	26|8 %	42 %	62 %						
Anleiheemission	19|13 %	6|4 %	0|0 %	25|8 %	76 %	76 %	**	**	**	**	***	***
Rangrücktritt	10|7 %	10|7 %	5|19 %	25|8 %	40 %	60 %						
Debt-Mezzanine-Swap	5|3 %	2|2 %	0|0 %	7|2 %	71 %	71 %						
Schuldübernahme	3|2 %	0|0 %	1|4 %	4|1 %	75 %	100 %						

Die Tab. zeigt die Anzahl an Sanierungsprozessen mit mindestens einem Einsatz der jeweiligen Maßnahme und den Anteil je Krisenausgang sowie die Sanierungserfolgsquoten. *Fortführung* bezeichnet Sanierungsprozesse von fortgeführten Unternehmen mit mindestens einem Einsatz der jeweiligen Maßnahme. *Insolvenz* bezeichnet Sanierungsprozesse von insolventen Unternehmen mit mindestens einem Einsatz der jeweiligen Maßnahme. *Sonstige* bezeichnet Sanierungsprozesse von Unternehmen mit sonstigem Krisenausgang mit mindestens einem Einsatz der jeweiligen Maßnahme. *FF-Quote* bezeichnet die Fortführungsquote: (1)/(4). *IA-Quote* bezeichnet die Insolvenzabwendungsquote: [(1)+(3)]/(4). Die Untersuchungsgrundlage umfasst 148 Fortführungen, 137 Insolvenzen und 27 sonstige Krisenenden (Summe: 312). *t-Test* ist die Teststatistik auf Basis des Zweistichproben-t-Tests gem. Welch. *χ^2-Test* ist die Teststatistik auf Basis des Chi-Quadrat-Tests. Das Signifikanzniveau auf dem 10 %-, 5 %- und 1 %-Niveau ist jeweils mit *, ** und *** gekennzeichnet.

Hinsichtlich der sonstigen Krisenausgänge ist zu erwähnen, dass häufig Prozesse mit mindestens einer Kapitalerhöhung (52 %) bzw. einer Kapitalherabsetzung (30 %) zu beobachten sind. Das ist u.a. darauf zurückzuführen, dass in einigen Fällen (neue) Ankerinvestoren das Unternehmen nach einer Kapitalherabsetzung zunächst mit einer wesentlichen Beteiligung stützen und im weiteren Sanierungsverlauf einen Squeeze-Out durchführen. In diesem Zusammenhang werden oft auch Gesellschafterdarlehen gewährt (33 %). Mit Blick auf die univariaten Testverfahren scheinen Umschuldungen, Anleiheemissionen und Debt-Equity-Swaps mit der erfolgreichen Sanierung eines Krisenunternehmens verbunden zu sein.

5.3.2.2 Einsatzzeitpunkt und Krisenausgang

Im Hinblick auf die Effektivität außergerichtlicher Sanierungsmaßnahmen ist man mit der Frage nach dem zeitlichen Einfluss konfrontiert, da diese Instrumente, sofern keine Insolvenzantragsgründe vorliegen, grundsätzlich zu verschiedenen Zeitpunkten im Sanierungsprozess in Betracht gezogen werden können. Wenn jedoch Kapitalgeber größere, aber notwendige Zugeständnisse zur Sanierung zurückhalten, sei es in der Hoffnung auf eine Verbesserung der Situation oder auf Beiträge anderer Kapitalgeber, ist denkbar, dass dies die Effektivität bestimmter Maßnahmen reduziert. Diese Beeinträchtigung kann auftreten, weil die Unternehmenskrise fortschreitet und die Erfolgspotenziale sowie der Unternehmenswert im Zeitablauf (weiter) abnehmen. Unter gleichen Bedingungen kann hypothesiert werden, dass bspw. ein Forderungsverzicht weniger wirksam ist, wenn Gläubiger zu lange mit einem Schuldenschnitt warten. Zusätzlich sollte beachtet werden, dass finanzielle Maßnahmen v.a. der kurzfristigen Sicherung des Unternehmens dienen, jedoch allein regelmäßig nicht ausreichen, um eine durchgreifende Sanierung zu erreichen. Daher ist es wichtig, eine zeitliche Untergliederung vorzunehmen, was im Folgenden geschieht.

5.3.2.2.1 Früher Sanierungsprozess

Tab. 9 präsentiert die Ergebnisse für die Anzahl der frühzeitig, d.h. in den Jahren t_0 und t_1, im Sanierungsprozess durchgeführten Maßnahmen. Die Instrumente sind nach dem Krisenausgang in der kurzen Frist sortiert, das bedeutet, der Zustand des Unternehmens am Ende von t_1 wird betrachtet. Zu diesem Zeitpunkt liegen Daten für 328 Sanierungsprozesse vor. Hiervon sind 270 mit der unveränderten Unternehmensfortführung, 55 mit der Stellung eines Insolvenzantrags und drei mit einem sonstigen Ende des Sanierungsprozesses verbunden.

Die am häufigsten frühzeitig ergriffene Maßnahme ist die Kapitalerhöhung (142), gefolgt von der Prolongation (77) und der Umschuldung (73). Im Gegensatz dazu sind Debt-Equity- (7) bzw. Debt-Mezzanine-Swaps (3) und Schuldübernahmen (2) sehr selten. Generell liegen die FF- und IA-Quoten deutlich über den Werten der vorherigen Gesamtbetrachtung. Das bedeutet, dass Unternehmen, deren Kapitalgeber frühzeitig Maßnahmen ergreifen, in vielen Fällen die kurzfristige Fortführung des Geschäftsbetriebs sicherstellen können.

Tab. 9: Analyse der Anzahl finanzieller Sanierungsmaßnahmen im frühen Sanierungsprozess nach Krisenausgang

	(1)	(2)	(3)	(4)	(1)/(4)	(1)+(3)/(4)	(1) vs. (2)		(1) + (3) vs. (2)		(1) vs. (2) + (3)	
Maßnahme	**Fortführung (n =270)**	**Insolvenz (n =55)**	**Sonstige (n =3)**	**Gesamt (n =328)**	**FF-Quote**	**IA-Quote**	**t-Test**	**W.-M.-W.-Test**	**t-Test**	**W.-M.-W.-Test**	**t-Test**	**W.-M.-W.-Test**
Kapitalerhöhung	113|0,42	28|0,51	1|0,33	142|0,43	80 %	80 %						
Prolongation	69|0,26	7|0,13	1|0,33	77|0,23	90 %	91 %	*	**	*	**		*
Umschuldung	66|0,24	6|0,11	1|0,33	73|0,22	90 %	92 %	***	**	***	**	**	*
FK durch Gläubiger	51|0,19	16|0,29	1|0,33	68|0,21	75 %	76 %						*
SHA/CW	58|0,22	6|0,11	1|0,33	65|0,20	89 %	91 %	*		*		*	
FK durch Dritte	49|0,18	5|0,09	0|0,00	54|0,16	91 %	91 %	*		*		*	
Mezzanine-Kapital	43|0,16	10|0,18	0|0,00	53|0,16	81 %	81 %						
Gesellschafterdarlehen	44|0,16	8|0,15	0|0,00	52|0,16	85 %	85 %						
Stundung (T)	38|0,14	7|0,13	1|0,33	46|0,14	83 %	85 %						
Forderungsverzicht	30|0,11	7|0,13	0|0,00	37|0,11	81 %	81 %						
Kapitalherabsetzung	14|0,05	7|0,13	1|0,33	22|0,07	64 %	68 %		*		*	*	**
Anleiheemission	21|0,08	0|0,00	0|0,00	21|0,06	100 %	100 %	***	*	***	*	***	*
Stundung (Z)	13|0,05	1|0,02	1|0,33	15|0,05	87 %	93 %						

	(1)	(2)	(3)	(4)	(1)/(4)	((1)+(3))/(4)	(1) vs. (2)		(1) + (3) vs. (2)		(1) vs. (2) + (3)	
Maßnahme	Fortführung (n =270)	Insolvenz (n =55)	Sonstige (n =3)	Gesamt (n =328)	FF-Quote	IA-Quote	t-Test	W.-M.-W.-Test	t-Test	W.-M.-W.-Test	t-Test	W.-M.-W.-Test
Zinserlass	10|0,04	0|0,00	1|0,33	11|0,03	91 %	100 %	***		***			
Rangrücktritt	9|0,03	1|0,02	1|0,33	11|0,03	82 %	91 %						
Debt-Equity-Swap	7|0,03	0|0,00	0|0,00	7|0,02	100 %	100 %	***		***		***	
Debt-Mezz.-Swap	3|0,01	0|0,00	0|0,00	3|0,01	100 %	100 %	*		*		*	
Schuldübernahme	1|0,00	0|0,00	1|0,33	2|0,01	50 %	100 %						

Die Tab. zeigt die Anzahl der früh gewährten Sanierungsmaßnahmen und den Mittelwert je Krisenausgang sowie die Sanierungserfolgsquoten. *Fortführung* bezeichnet die Gesamtzahl der Maßnahmen in den Sanierungsprozessen von fortgeführten Unternehmen. *Insolvenz* bezeichnet die Gesamtzahl der Maßnahmen in den Sanierungsprozessen von insolventen Unternehmen. *Sonstige* bezeichnet die Gesamtzahl der Maßnahmen in den Sanierungsprozessen von Unternehmen mit sonstigem Krisenausgang. *FF-Quote* bezeichnet die Fortführungsquote: (1)/(4). *IA-Quote* bezeichnet die Insolvenzabwendungsquote: [(1)+(3)]/(4). Die Untersuchungsgrundlage umfasst 270 Fortführungen, 55 Insolvenzen und drei sonstige Krisenenden zum Ende von t_1 (Summe: 328). *t-Test* ist die Teststatistik auf Basis des Zweistichproben-t-Tests gem. Welch. *W.-M.-W.-Test* ist die Teststatistik auf Basis des Wilcoxon-Mann-Whitney-Tests. Das Signifikanzniveau auf dem 10 %-, 5 %- und 1 %-Niveau ist jeweils mit *, ** und *** gekennzeichnet.

Von den bedeutenderen Maßnahmen in der oberen Tabellenhälfte weisen Umschuldungen (92 %), Prolongationen, Stillhalteabkommen/Covenant Waiver und FK durch Dritte (jeweils 91 %) die höchsten IA-Quoten auf. Die insgesamt niedrigsten IA-Quoten sind für FK durch Gläubiger (76 %) und die Kapitalherabsetzung (68 %) zu verzeichnen. Eine Erklärung für erstere Quote kann sein, dass Banken u.U. finanzielle Mittel in zu geringem Umfang und/oder zu anspruchsvollen Konditionen gewähren und dies nur tun, um – möglicherweise sittenwidrig – eine Bestellung zusätzlicher Sicherheiten zu veranlassen, sich aus den Sicherheiten ungehindert zu befriedigen oder das Auslaufen insolvenzrechtlicher Anfechtungsfristen abzuwarten. Andererseits ist auch denkbar, dass in einigen Fällen Überbrückungskredite für den Zeitraum bis zur Erstellung eines Sanierungsgutachtens ausgereicht werden, Sanierungskredite aufgrund eines negativen Gutachtenurteils jedoch nicht vergeben werden. Die niedrige Quote der Kapitalherabsetzung ist darauf zurückzuführen, dass zahlreiche Unternehmen der Untersuchungsbasis eine Kapitalherabsetzung durchführen, die anschließende Kapitalerhöhung zur Vollendung des Kapitalschnitts jedoch scheitert. Mit Blick auf die t-Tests deuten die Ergebnisse darauf hin, dass insb. Umschuldungen, Anleiheemissionen, Zinserlässe und Debt-Equity-Swaps zur kurzfristigen Sicherung des Unternehmens beitragen, wie die entsprechenden Signifikanzen auf dem 1 %-Niveau verdeutlichen.

Tab. 10 zeigt die Ergebnisse für die Prozessperspektive des frühen Maßnahmeneinsatzes. Die Ergebnisse weisen weitgehende Parallelen zu den vorstehenden Ergebnissen aus der Maßnahmenperspektive auf. In knapp einem Drittel (31 %) der Sanierungsprozesse ist mindestens eine kurzfristige Kapitalerhöhung zu verzeichnen. Die höchsten IA-Quoten der populäreren Maßnahmen verzeichnen Prozesse mit frühen Prolongationen (93 %) und Umschuldungen (91 %). Frühe Kapitalherabsetzungen (67 %) und FK durch Gläubiger (75 %) sind in der geringsten Anzahl an nicht-insolventen Unternehmen zu verzeichnen. Erneut bestätigen die Signifikanztests einen vergleichsweise hohen Anteil von (kurzfristig) sanierten Unternehmen, bei denen Kapitalgeber Umschuldungen, Anleiheemissionen, Zinserlässe oder Debt-Equity-Swaps gewähren. Die Prolongation erweist sich im Rahmen des t-Tests nun auf dem 1 %-Niveau signifikant, während dies für die Umschuldung nur noch auf dem 5 %-Niveau gilt.

Tab. 10: Analyse des Einsatzes finanzieller Sanierungsmaßnahmen im frühen Sanierungsprozess nach Krisenausgang

	(1)	(2)	(3)	(4)	(1)/(4)	((1)+(3))/(4)	(1) vs. (2)		(1) + (3) vs. (2)		(1) vs. (2) + (3)	
Maßnahme	**Fortführung (n =270)**	**Insolvenz (n =55)**	**Sonstige (n =3)**	**Gesamt (n =328)**	**FF-Quote**	**IA-Quote**	**t-Test**	**χ^2-Test**	**t-Test**	**χ^2-Test**	**t-Test**	**χ^2-Test**
Kapitalerhöhung	83|31 %	17|31 %	1|33 %	101|31 %	82 %	83 %						
Umschuldung	62|23 %	6|11 %	1|33 %	69|21 %	90 %	91 %	**	**	**	**	**	*
Prolongation	54|20 %	4|7 %	1|33 %	59|18 %	92 %	93 %	***	**	***	**	**	**
FK durch Gläubiger	42|16 %	14|26 %	1|33 %	57|17 %	74 %	75 %		*		*		*
SHA/CW	43|16 %	6|11 %	1|33 %	50|15 %	86 %	88 %						
FK durch Dritte	40|15 %	5|9 %	0|0 %	45|14 %	89 %	89 %						
Gesellschafterdarlehen	35|13 %	7|13 %	0|0 %	42|13 %	83 %	83 %						
Mezzanine-Kapital	35|13 %	7|13 %	0|0 %	42|13 %	83 %	83 %						
Stundung (T)	28|10 %	5|9 %	1|33 %	34|10 %	82 %	85 %						
Forderungsverzicht	26|10 %	6|11 %	0|0 %	32|10 %	81 %	81 %						
Kapitalherabsetzung	13|5 %	7|13 %	1|33 %	21|6 %	62 %	67 %	*	**		**	*	**
Anleiheemission	17|6 %	0|0 %	0|0 %	17|5 %	100 %	100 %	***	*	***	*	***	**
Stundung (Z)	11|4 %	1|2 %	1|33 %	13|4 %	85 %	92 %						
Rangrücktritt	9|3 %	1|2 %	1|33 %	11|3 %	82 %	91 %						
Zinserlass	8|3 %	0|0 %	1|33 %	9|3 %	89 %	100 %	***		***			

(*fortgeführt*)

Tab. 10: Fortsetzung

	(1)	(2)	(3)	(4)	(1)/(4)	[(1)+(3)]/(4)	(1) vs. (2)		(1) + (3) vs. (2)		(1) vs. (2) + (3)	
Maßnahme	**Fortführung (n =270)**	**Insolvenz (n =55)**	**Sonstige (n =3)**	**Gesamt (n =328)**	**FF-Quote**	**IA-Quote**	**t-Test**	**χ^2-Test**	**t-Test**	**χ^2-Test**	**t-Test**	**χ^2-Test**
Debt-Equity-Swap	7|3 %	0|0 %	0|0 %	7|2 %	100 %	100 %	***		***		***	
Debt-Mezz.-Swap	3|1 %	0|0 %	0|0 %	3|1 %	100 %	100 %	*		*		*	
Schuldübernahme	1|0 %	0|0 %	1|33 %	2|1 %	50 %	100 %						

Die Tab. zeigt die Anzahl an Sanierungsprozessen mit mindestens einem frühen Einsatz der jeweiligen Maßnahme und den Anteil je Krisenausgang sowie die Sanierungserfolgsquoten. *Fortführung* bezeichnet Sanierungsprozesse von fortgeführten Unternehmen mit mindestens einem Einsatz der jeweiligen Maßnahme. *Insolvenz* bezeichnet Sanierungsprozesse von insolventen Unternehmen mit mindestens einem Einsatz der jeweiligen Maßnahme. *Sonstige* bezeichnet Sanierungsprozesse von Unternehmen mit sonstigem Krisenausgang mit mindestens einem Einsatz der jeweiligen Maßnahme. *FF-Quote* bezeichnet die Fortführungsquote: (1)/(4). *IA-Quote* bezeichnet die Insolvenzabwendungsquote: [(1)+(3)]/(4). Die Untersuchungsgrundlage umfasst 270 Fortführungen, 155 Insolvenzen und drei sonstige Krisenenden zum Ende von t_1 (Summe: 328). *t-Test* ist die Teststatistik auf Basis des Zweistichproben-t-Tests gem. Welch. *χ^2-Test* ist die Teststatistik auf Basis des Chi-Quadrat-Tests. Das Signifikanzniveau auf dem 10 %-, 5 %- und 1 %-Niveau ist jeweils mit *, ** und *** gekennzeichnet.

5.3.2.2.2 Später Sanierungsprozess

Tab. 11 stellt die Ergebnisse für die Anzahl der in der Spätphase der Sanierungsversuche ergriffenen Maßnahmen dar. Wie oben dargestellt, werden Maßnahmen als „spät" klassifiziert, wenn sie in t_2 oder später im Sanierungsprozess zu beobachten sind. Im Gegensatz zur kurzfristigen Betrachtung mindert sich die Datengrundlage von 328 auf 312 abgeschlossene Sanierungsprozesse.
In den fortgeschrittenen Stadien des Sanierungsprozesses sind erneut Kapitalerhöhungen (177), Prolongationen und Umschuldungen (je 94) am häufigsten anzutreffen. Ähnlich wie in der frühen Phase sind Debt-Mezzanine-Swaps (4) und Schuldübernahmen (2) selten. Hingegen ist der Debt-Equity-Swap nun mit 31 Fällen deutlich häufiger vertreten. Erwartungsgemäß sind die Sanierungserfolgsquoten deutlich niedriger als in der kurzfristigen Betrachtung. Maßnahmen wie Zinsstundungen und Stillhalteabkommen/Covenant Waiver zeigen mit 33 % bzw. 45 % die niedrigsten IA-Quoten, wobei Zinsstundungen den stärksten Rückgang der Quote im Vergleich zur kurzen Frist aufweisen (33 % - 93 % = -60 %).[635]

Bemerkenswert ist, dass die späte IA-Quote für den vermeintlich hochwirksamen Forderungsverzicht nur bei 53 % liegt, während sie im Rahmen der kurzfristigen Unternehmenssicherung 81 % beträgt. Dies könnte auf eine zu späte Gewährung von Forderungsverzichten zurückzuführen sein. Mit Blick auf die besonders häufig eingesetzten Maßnahmen weisen späte Kapitalerhöhungen mit 71 % die höchste IA-Quote auf, welche sich im Verhältnis zur kurzen Frist zudem nur um vergleichsweise geringe 10 Prozentpunkte (71 % – 80 %) reduziert.[636] Späte Kapitalerhöhungen scheinen auch mit Blick auf die univariaten Testverfahren einen signifikanten Beitrag zur Insolvenzabwendung zu leisten. Die Durchschnittswerte für nicht-insolvente Unternehmen sind signifikant höher als für insolvente Unternehmen. Auch späte Umschuldungen, Debt-Equity-Swaps und Anleiheemissionen scheinen eher mit einer Sanierung des Unternehmens verbunden zu sein.

---

635 Siehe dazu Tab. 9.

636 Es liegt eine Rundungsdifferenz vor.

Tab. 11: Analyse der Anzahl finanzieller Sanierungsmaßnahmen im späten Sanierungsprozess nach Krisenausgang

	(1)	(2)	(3)	(4)	(1)/(4)	(1)+(3)/(4)	(1) vs. (2)		(1) + (3) vs. (2)		(1) vs. (2) + (3)	
Maßnahme	**Fortführung (n =148)**	**Insolvenz (n =137)**	**Sonstige (n =27)**	**Gesamt (n =312)**	**FF-Quote**	**IA-Quote**	**t-Test**	**W.-M.-W.-Test**	**t-Test**	**W.-M.-W.-Test**	**t-Test**	**W.-M.-W.-Test**
Kapitalerhöhung	101|0,68	52|0,38	24|0,89	177|0,57	57 %	71 %	**	**	**	**		
Prolongation	45|0,30	38|0,28	11|0,41	94|0,30	48 %	60 %						
Umschuldung	53|0,36	33|0,24	8|0,30	94|0,30	56 %	65 %		**		**		**
Gesellschafterdarlehen	43|0,29	24|0,18	7|0,26	74|0,24	58 %	68 %						
Mezzanine-Kapital	32|0,22	35|0,26	6|0,22	73|0,23	44 %	52 %						
Forderungsverzicht	30|0,20	31|0,23	5|0,19	66|0,21	45 %	53 %						
Stundung (T)	31|0,21	26|0,19	1|0,04	58|0,19	53 %	55 %						
SHA/CW	21|0,14	29|0,21	3|0,11	53|0,17	40 %	45 %						
Kapitalherabsetzung	24|0,16	18|0,13	8|0,30	50|0,16	48 %	64 %						
FK durch Dritte	23|0,16	21|0,15	2|0,07	46|0,15	50 %	54 %						
FK durch Gläubiger	21|0,14	15|0,11	3|0,11	39|0,13	54 %	62 %						
Zinserlass	19|0,13	10|0,07	6|0,22	35|0,11	54 %	71 %						
Debt-Equity-Swap	19|0,13	10|0,07	2|0,07	31|0,10	61 %	68 %		*		*		*

	(1)	(2)	(3)	(4)	(1)/(4)	[(1)+(3)]/(4)	(1) vs. (2)		(1) + (3) vs. (2)		(1) vs. (2) + (3)	
Maßnahme	**Fortführung (n =148)**	**Insolvenz (n =137)**	**Sonstige (n =27)**	**Gesamt (n =312)**	**FF-Quote**	**IA-Quote**	**t-Test**	**W.-M.-W.-Test**	**t Test**	**W.-M.-W.-Test**	**t-Test**	**W.-M.-W.-Test**
Stundung (Z)	8|0,05	16|0,12	0|0,00	24|0,08	33 %	33 %		**		**		
Rangrücktritt	7|0,05	5|0,04	6|0,22	18|0,06	39 %	72 %						
Anleiheemission	14|0,10	3|0,02	0|0,00	17|0,05	82 %	82 %	**	*	*		**	**
Debt-Mezz.-Swap	3|0,02	1|0,01	0|0,00	4|0,01	75 %	75 %						
Schuldübernahme	2|0,01	0|0,00	0|0,00	2|0,01	100 %	100 %						

Die Tab. zeigt die Anzahl der spät gewährten Sanierungsmaßnahmen und den Mittelwert je Krisenausgang sowie die Sanierungserfolgsquoten. *Fortführung* bezeichnet die Gesamtzahl der Maßnahmen in den Sanierungsprozessen von fortgeführten Unternehmen. *Insolvenz* bezeichnet die Gesamtzahl der Maßnahmen in den Sanierungsprozessen von insolventen Unternehmen. *Sonstige* bezeichnet die Gesamtzahl der Maßnahmen in den Sanierungsprozessen von Unternehmen mit sonstigem Krisenausgang. *FF-Quote* bezeichnet die Fortführungsquote: (1)/(4). *IA-Quote* bezeichnet die Insolvenzabwendungsquote: [(1)+(3)]/(4). Die Untersuchungsgrundlage umfasst 148 Fortführungen, 137 Insolvenzen und 27 sonstige Krisenenden (Summe: 312). *t-Test* ist die Teststatistik auf Basis des Zweistichproben-t-Tests gem. Welch. *W.-M.-W.-Test* ist die Teststatistik auf Basis des Wilcoxon-Mann-Whitney-Tests. Das Signifikanzniveau auf dem 10 %-, 5 %- und 1 %-Niveau ist jeweils mit *, ** und *** gekennzeichnet.

Prolongationen, Kapitalherabsetzungen, Debt-Mezzanine-Swaps und Zinserlässe weisen im Vergleich zur kurzfristigen Stabilisierung nun keinerlei Signifikanzen mehr auf. Außerdem sind Zinsstundungen eher nicht mit der Fortführung eines Krisenunternehmens verbunden. Insgesamt liegen allerdings wenige signifikante Ergebnisse vor. Das kann daran liegen, dass finanzielle Instrumente allein meist nicht ausreichen, um die Sanierung eines Unternehmens abzuschließen.

Tab. 12 zeigt die statistische Auswertung hinsichtlich der Beobachtung mindestens eines Einsatzes des jeweiligen Sanierungsinstruments in der mittleren bis langen Frist. Wie zuvor scheint der späte Einsatz von Kapitalerhöhungen einen signifikant positiven Einfluss auf die Vermeidung von Insolvenzen zu haben, wie die IA-Quote von 63 % und die signifikanten Testergebnisse auf dem 5 %-Niveau zeigen. Dieses Ergebnis deckt sich mit den Befunden von Sudarsanam/Lai (2001), während Eichner (2010) keinen Einfluss später Kapitalerhöhungen auf den Sanierungserfolg berichtet.[637] Späte Umschuldungen sind nun ebenfalls in beiden Testvarianten auf dem 1 %-Niveau signifikant, und sind tendenziell mit der Insolvenzabwendung assoziiert. Der Einsatz mindestens eines späten Debt-Equity-Swaps ist auf dem 5 % bzw. 10 %-Signifikanzniveau mit einer Vermeidung der Insolvenz verbunden. Letzteres entspricht den Ergebnissen von Eichner (2010).[638] Sanierungsversuche mit späten Zinsstundungen sind signifikant häufiger bei Nicht-Fortführungsunternehmen zu beobachten. Im Vergleich zur kurzen Frist (siehe Tab. 10) zeigen sich nun die Mittelwerte der Kapitalerhöhungen signifikant höher und der Zinsstundungen signifikant niedriger für sanierte Unternehmen, während für Prolongationen, Kapitalherabsetzungen und Zinserlässe keine signifikanten Unterschiede mehr festgestellt werden. Für Umschuldungen, Debt-Equity-Swaps und Anleihemissionen liegen in der frühen und späten Phase (teilweise) signifikant höhere Mittelwerte für erfolgreiche Sanierungsversuche vor.

---

637 Vgl. Sudarsanam/Lai (2001), S. 192; Eichner (2010), S. 213. Die Definition des Sanierungserfolgs unterscheidet sich allerdings in den genannten von der vorliegenden Studie.

638 Vgl. Eichner (2010), S. 213.

Tab. 12: Analyse des Einsatzes finanzieller Sanierungsmaßnahmen im späten Sanierungsprozess nach Krisenausgang

	(1)	(2)	(3)	(4)	(1)/(4)	((1)+(3))/(4)	(1) vs. (2)		(1) + (3) vs. (2)		(1) vs. (2) + (3)	
Maßnahme	**Fortführung (n =148)**	**Insolvenz (n =137)**	**Sonstige (n =27)**	**Gesamt (n =312)**	**FF-Quote**	**IA-Quote**	**t-Test**	**χ^2-Test**	**t-Test**	**χ^2-Test**	**t-Test**	**χ^2-Test**
Kapitalerhöhung	28|19 %	19|14 %	5|19 %	52|16 %	54 %	63 %	**	**	**	**		
Umschuldung	25|17 %	15|11 %	4|15 %	44|13 %	57 %	66 %	***	***	***	**	**	**
Kapitalherabsetzung	17|12 %	15|11 %	7|26 %	39|12 %	44 %	62 %						
Forderungsverzicht	17|12 %	17|12 %	3|11 %	37|11 %	46 %	54 %						
Mezzanine-Kapital	19|13 %	14|10 %	3|11 %	36|11 %	53 %	61 %						
Prolongation	12|8 %	17|12 %	3|11 %	32|10 %	38 %	47 %						
Gesellschafterdarlehen	16|11 %	10|7 %	4|15 %	30|9 %	53 %	67 %						
FK durch Dritte	13|9 %	14|10 %	2|7 %	29|9 %	45 %	52 %						
FK durch Gläubiger	15|10 %	10|7 %	3|11 %	28|9 %	54 %	64 %						
Stundung (T)	13|9 %	15|11 %	1|4 %	29|9 %	45 %	48 %						
Debt-Equity-Swap	16|11 %	7|5 %	2|7 %	25|8 %	64 %	72 %	**	**	*	*	*	*
SHA/CW	8|5 %	10|7 %	0|0 %	18|6 %	44 %	44 %						
Zinserlass	5|3 %	9|7 %	3|11 %	17|5 %	29 %	47 %						
Stundung (Z)	4|3 %	10|7 %	0|0 %	14|4 %	29 %	29 %	**	**	**	**	*	*

(*fortgeführt*)

Tab. 12: Fortsetzung

	(1)	(2)	(3)	(4)	(1)/(4)	[(1)+(3)]/(4)	(1) vs. (2)		(1) + (3) vs. (2)		(1) vs. (2) + (3)	
Maßnahme	**Fortführung (n =148)**	**Insolvenz (n =137)**	**Sonstige (n =27)**	**Gesamt (n =312)**	**FF-Quote**	**IA-Quote**	**t-Test**	**χ^2-Test**	**t-Test**	**χ^2-Test**	**t-Test**	**χ^2-Test**
Rangrücktritt	7|5 %	5|4 %	2|7 %	14|4 %	50 %	64 %						
Anleiheemission	7|5 %	3|2 %	0|0 %	10|3 %	70 %	70 %	*				*	*
Debt-Mezz.-Swap	3|2 %	1|1 %	0|0 %	4|1 %	75 %	75 %						
Schuldübernahme	2|1 %	0|0 %	0|0 %	2|1 %	100 %	100 %						

Die Tab. zeigt die Anzahl an Sanierungsprozessen mit mindestens einem späten Einsatz der jeweiligen Maßnahme und den Anteil je Krisenausgang sowie die Sanierungserfolgsquoten. *Fortführung* bezeichnet Sanierungsprozesse von fortgeführten Unternehmen mit mindestens einem Einsatz der jeweiligen Maßnahme. *Insolvenz* bezeichnet Sanierungsprozesse von insolventen Unternehmen mit mindestens einem Einsatz der jeweiligen Maßnahme. *Sonstige* bezeichnet Sanierungsprozesse von Unternehmen mit sonstigem Krisenausgang mit mindestens einem Einsatz der jeweiligen Maßnahme. *FF-Quote* bezeichnet die Fortführungsquote: (1)/(4). *IA-Quote* bezeichnet die Insolvenzabwendungsquote: [(1)+(3)]/(4). Die Untersuchungsgrundlage umfasst 148 Fortführungen, 137 Insolvenzen und 27 sonstige Krisenenden (Summe: 312). *t-Test* ist die Teststatistik auf Basis des Zweistichproben-t-Tests gem. Welch. *χ^2-Test* ist die Teststatistik auf Basis des Chi-Quadrat-Tests. Das Signifikanzniveau auf dem 10 %-, 5 %- und 1 %-Niveau ist jeweils mit *, ** und *** gekennzeichnet.

5.3.2.2.3 Vergleichende Betrachtung nach Einsatzzeitpunkten

Wie aus den vorherigen Darstellungen ersichtlich ist, liegen Unterschiede in der Häufigkeit und den Erfolgsquoten der Anwendung von Sanierungsmaßnahmen in den frühen und späten Phasen des Sanierungsprozesses vor. Nachfolgend wird nun keine Differenzierung zwischen früher und später Maßnahmengewährung, sowie dem Ausgang der frühen Phase und dem Gesamtausgang der Sanierung vorgenommen, sondern lediglich die frühe und späte Maßnahmengewährung in Bezug auf den Gesamtausgang betrachtet. Um einen kompakten Vergleich zu ermöglichen, präsentiert Tab. 13 die entsprechenden Verteilungen der Maßnahmen (Maßnahmenperspektive), sowie die zugehörigen Erfolgsquoten für den kurzfristigen und den gesamten Einsatz in Bezug auf den Ausgang der 312 vollendeten Sanierungen.[639] Darüber hinaus wird die Differenz (Δ) zwischen den Quoten für den frühen und insgesamten Einsatz dargestellt. Ein positives Delta zeigt höhere Sanierungsquoten des Instruments für frühe Maßnahmeneinsätze an und legt eine höhere Wirksamkeit des Instruments bei kurzfristiger Maßnahmengewährung nahe.

In relativer Betrachtung ist besonders die Bereitstellung neuen FKs durch Gläubiger (62 %) häufig im frühen Prozess zu verzeichnen, wobei dies mit eher unterdurchschnittlichen Erfolgsquoten (FF-Quote früh: 45 %; IA-Quote früh: 55 %) einhergeht. Wie erwähnt, kann das z.B. auf die Gewährung von Überbrückungskrediten zurückzuführen sein, um Zeit zur Unternehmensevaluation zu gewinnen, ohne dass Sanierungskredite zur Finanzierung einer durchgreifenden Sanierung bereitgestellt werden. FK durch Dritte und Gesellschafterdarlehen werden dagegen nur zu 51 % bzw. 40 % im frühen Sanierungsprozess bereitgestellt. Auch Stillhalteabkommen/Covenant Waiver werden eher frühzeitig eingesetzt (54 %). Forderungsverzichte (34 %) und Zinserlässe (24 %) sind tendenziell in der späten Sanierungsphase zu beobachten. Beide Maßnahmen weisen mit +8 Prozentpunkten deutlich höhere frühe IA-Quoten auf. Die vor dem Hintergrund der theoretischen Effektivität des Instruments geringen Erfolgsquoten legen nahe, dass Forderungsverzichte tendenziell zu spät ausgesprochen werden. Auch Anspruchsverzichte der Eigenkapitalgeber im Rahmen einer Kapitalherabsetzung erfolgen erst spät (31 %) und weisen eine deutlich

639 Aus diesem Grund sind die Daten für die frühzeitigen Beobachtungen nicht mit denjenigen der Analyse in Kapitel 5.3.2.2.1 identisch. Die Daten für die Gesamtschau stimmen hingegen mit der Analyse in Kapitel 5.3.2.1 überein.

niedrigere IA-Quote für die Stabilisierungsphase auf (-22 Prozentpunkte).[640] Besonders spät werden Debt-Equity-Swaps durchgeführt. So finden nur sieben der 38 Einsätze (18 %) in den Jahren t_0 und t_1 der Sanierungsprozesse statt. Die Erfolgsquoten aus Gesamtperspektive sind mit 61 % und 68 % zwar leicht überdurchschnittlich, könnten bei einem früheren Einsatz aber vermutlich noch gesteigert werden. Das Instrument zeigt aber immer noch höhere Quoten als andere vermeintlich hochwirksame Maßnahmen wie z.B. Kapitalerhöhungen oder Forderungsverzichte, an. Insgesamt sind mit Blick auf die besonders häufigen Maßnahmen in der oberen Tabellenhälfte für die zeitliche Perspektive eher geringe Veränderungen in der IA-Quote zu berichten. Eine Ausnahme bildet die Kapitalerhöhung, welche mit -9 Prozentpunkten den höchsten Rückgang zu verzeichnen hat, wenn nicht der gesamte, sondern allein der frühe Einsatz betrachtet wird.

Tab. 14 stellt die Prozessperspektive dar. Wie zu erwarten, zeigt sich auch hier, dass Sanierungsprozesse mit mindestens einem frühen Einsatz von Stillhalteabkommen/Covenant Waivern weit häufiger zu beobachten sind als Sanierungsprozesse mit einem späten Einsatz (73 %). Der Anstieg ggü. der Maßnahmenperspektive veranschaulicht, dass in der späten Phase oft mehrere Stillhalteabkommen/Covenant Waiver gewährt werden. Selbiges gilt für Sanierungen mit einer Gewährung von FK durch Gläubiger (66 %) und Dritte (57 %), wenn auch in geringerem Umfang. Sanierungsprozesse mit frühen Debt-Equity-Swaps stellen mit 22 % erneut einen geringen Anteil an allen Sanierungsprozessen mit diesem Instrument dar, wobei die FF- und die IA-Quote mit 63 % und 72 % vergleichsweise hoch ausfallen. Auch hier kann vermutet werden, dass eine höhere Effektivität dieses Sanierungsinstruments im Falle einer frühzeitigen Anwendung erreicht werden könnte. Das gilt trotz der Tatsache, dass die frühen Quoten ähnlich zur Gesamtquote ausfallen, denn es liegen eher wenige Sanierungsfälle mit frühen Swaps und damit eine eingeschränkte Vergleichbarkeit vor. Auch Forderungsverzichte werden in nur 45 % der Sanierungen, und damit in eher geringem Umfang, früh ausgesprochen. Die hier vorliegenden Daten deuten im Gegensatz zur Maßnahmenperspektive aber nicht auf eine höhere Wirksamkeit früher Forderungsverzichte hin,

640 Kapitalherabsetzungen können als Anspruchsverzichte der Gesellschafter interpretiert werden, vgl. Höll/Jostarndt (2008), S. 186.

da die Erfolgsquoten für die frühe Phase und die Gesamtquote annähernd gleich sind und eine Vergleichbarkeit aufgrund der hohen Anzahl an Beobachtungen gegeben sein dürfte. Das liegt allerdings auch daran, dass besonders in der späten Sanierungsphase deutlich häufiger mehrere Forderungsverzichte gewährt werden, wie die vorherige Analyse gezeigt hat. Es ist trotzdem erwähnenswert, dass dieses relativ starke Instrument mindestens einmal in 39 % der Versuche eingesetzt wird, die mit der Stellung eines Insolvenzantrags enden. Sanierungsprozesse mit späten Kapitalherabsetzungen sind weit häufiger als diejenigen mit frühen Kapitalherabsetzungen (100 % – 35 % = 65 %). Hierfür kann der vergleichsweise langwierige Vorgang verantwortlich sein, der z.B. eine Einberufung der Hauptversammlung verlangt und regelmäßig zeitraubende Aktionärsklagen infolge des Beschlusses enthält. Generell sind auch aus Prozessperspektive für die häufigen Einsätze eher geringe Veränderungen der Erfolgsquoten zu verzeichnen. Die höchste Abweichung weisen in Bezug auf die IA-Quote frühe Prolongationen mit +7 Prozentpunkten auf.

Tab. 13: Analyse der Anzahl finanzieller Sanierungsmaßnahmen nach Einsatzzeitpunkt und Krisenausgang

Maßnahme	**Fortführung (1)**	**davon früh (2)**	**in %**	**Insolvenz (3)**	**davon früh (4)**	**in %**	**Sonstige (5)**	**davon früh (6)**	**in %**	**Gesamt (9)**	**davon früh (10)**	**in %**	**FF-Quote**	**FF-Quote früh**	**Δ FF-Quote**	**IA-Quote**	**IA-Quote früh**	**Δ IA-Quote**
Kapitalerhöhung	163	62	38 %	115	63	55 %	36	12	33 %	314	137	44 %	52 %	45 %	-7 %	63 %	54 %	-9 %
Prolongation	89	44	49 %	65	27	42 %	16	5	31 %	170	76	45 %	52 %	58 %	6 %	62 %	64 %	3 %
Umschuldung	97	44	45 %	53	20	38 %	11	3	27 %	161	67	42 %	60 %	66 %	5 %	67 %	70 %	3 %
Mezzanine-Kapital	58	26	45 %	57	22	39 %	9	3	33 %	124	51	41 %	47 %	51 %	4 %	54 %	57 %	3 %
Gesellschafterdarlehen	67	24	36 %	42	18	43 %	14	7	50 %	123	49	40 %	54 %	49 %	-5 %	66 %	63 %	-3 %
SHA/CW	49	28	57 %	56	27	48 %	9	6	67 %	114	61	54 %	43 %	46 %	3 %	51 %	56 %	5 %
Stundung (T)	57	26	46 %	43	17	40 %	4	3	75 %	104	46	44 %	55 %	57 %	2 %	59 %	63 %	4 %
FK durch Gläubiger	50	29	58 %	44	29	66 %	9	6	67 %	103	64	62 %	49 %	45 %	-3 %	57 %	55 %	-3 %
Forderungsverzicht	46	16	35 %	43	12	28 %	11	6	55 %	100	34	34 %	46 %	47 %	1 %	57 %	65 %	8 %
FK durch Dritte	55	32	58 %	35	14	40 %	4	2	50 %	94	48	51 %	59 %	67 %	8 %	63 %	71 %	8 %
Kapitalherabsetzung	30	6	20 %	33	15	45 %	9	1	11 %	72	22	31 %	42 %	27 %	-14 %	54 %	32 %	-22 %
Zinserlass	26	7	27 %	12	2	17 %	8	2	25 %	46	11	24 %	57 %	64 %	7 %	74 %	82 %	8 %
Stundung (Z)	14	6	43 %	24	8	33 %	1	1	100 %	39	15	38 %	36 %	40 %	4 %	38 %	47 %	8 %
Debt-Equity- Swap	23	4	17 %	12	2	17 %	3	1	33 %	38	7	18 %	61 %	57 %	-3 %	68 %	71 %	3 %
Anleiheemission	30	16	53 %	6	3	50 %	0	0	-	36	19	53 %	83 %	84 %	1 %	83 %	84 %	1 %
Rangrücktritt	10	3	30 %	10	5	50 %	9	3	33 %	29	11	38 %	34 %	27 %	-7 %	66 %	55 %	-11 %
Debt-Mezz.-Swap	5	2	40 %	2	1	50 %	0	0	-	7	3	43 %	71 %	67 %	-5 %	71 %	67 %	-5 %
Schuldübernahme	3	1	33 %	0	0	-	1	1	100 %	4	2	50 %	75 %	50 %	-25 %	100 %	100 %	0 %

Die Tab. zeigt die Anzahl der gewährten Sanierungsmaßnahmen nach Einsatzzeitpunkt sowie die Sanierungserfolgsquoten. *Fortführung* bezeichnet die Gesamtzahl der Maßnahmen in den Sanierungsprozessen von fortgeführten Unternehmen. *Insolvenz* bezeichnet die Gesamtzahl der Maßnahmen in den Sanierungsprozessen von insolventen Unternehmen. *Sonstige* bezeichnet die Gesamtzahl der Maßnahmen in den Sanierungsprozessen von Unternehmen mit sonstigem Krisenausgang. *Davon früh* bezeichnet die Anzahl an Maßnahmen, die in den Sanierungsprozessen mit dem jeweiligen Krisenausgang zu einem frühen Einsatzzeitpunkt, d.h. in bzw. zwischen den Zeitpunkten t_0 und t_1, beobachtet wurden. *In %* bezeichnet das Verhältnis der frühen zu der gesamten Maßnahmenanzahl. *FF-Quote* bezeichnet die Fortführungsquote: (1)/(9). *IA-Quote* bezeichnet die Insolvenzabwendungsquote: [(1)+(5)]/(9). *FF-Quote früh* bezeichnet die Fortführungsquote auf Basis früher Sanierungsmaßnahmen: (2)/(10). *IA-Quote früh* bezeichnet die Insolvenzabwendungsquote auf Basis früher Sanierungsmaßnahmen: [(2)+(6)]/(10). Die Differenz aus den gesamten und den frühen Maßnahmen ergibt die nicht abgetragene Anzahl an späten Maßnahmen. Die Δ-Werte sind die Differenzen der entsprechenden gesamten und der frühen Quoten. Etwaige Abweichungen der Δ-Werte sind auf Rundungsdifferenzen zurückzuführen. Die Untersuchungsgrundlage umfasst 148 Fortführungen, 137 Insolvenzen und 27 sonstige Krisenenden (Summe: 312).

Tab. 14: Analyse des Einsatzes finanzieller Sanierungsmaßnahmen nach Einsatzzeitpunkt und Krisenausgang

Maßnahme	**Fortführung (1)**	**davon früh (2)**	**in %**	**Insolvenz (3)**	**davon früh (4)**	**in %**	**Sonstige (5)**	**davon früh (6)**	**in %**	**Gesamt (9)**	**davon früh (10)**	**in %**	**FF-Quote**	**FF-Quote früh**	**Δ FF-Quote**	**IA-Quote**	**IA-Quote früh**	**Δ IA-Quote**
Kapitalerhöhung	73	45	62 %	62	43	69 %	14	9	64 %	149	97	65 %	49 %	46 %	-3 %	58 %	56 %	-3 %
Umschuldung	65	40	62 %	35	20	57 %	7	3	43 %	107	63	59 %	61 %	63 %	3 %	67 %	68 %	1 %
Prolongation	45	33	73 %	37	20	54 %	8	5	63 %	90	58	64 %	50 %	57 %	7 %	59 %	66 %	7 %
FK durch Gläubiger	38	23	61 %	37	27	73 %	7	4	57 %	82	54	66 %	46 %	43 %	-4 %	55 %	50 %	-5 %
Mezzanine-Kapital	42	23	55 %	29	15	52 %	5	2	40 %	76	40	53 %	55 %	58 %	2 %	62 %	63 %	1 %
Gesellschafterdarlehen	33	17	52 %	27	17	63 %	9	5	56 %	69	39	57 %	48 %	44 %	-4 %	61 %	56 %	-4 %
FK durch Dritte	36	23	64 %	28	14	50 %	4	2	50 %	68	39	57 %	53 %	59 %	6 %	59 %	64 %	5 %
Forderungsverzicht	31	14	45 %	28	11	39 %	8	5	63 %	67	30	45 %	46 %	47 %	0 %	58 %	63 %	5 %
SHA/CW	28	20	71 %	32	22	69 %	6	6	100 %	66	48	73 %	42 %	42 %	-1 %	52 %	54 %	3 %
Stundung (T)	29	16	55 %	30	15	50 %	4	3	75 %	63	34	54 %	46 %	47 %	1 %	52 %	56 %	4 %
Kapitalherabsetzung	23	6	26 %	29	14	48 %	8	1	13 %	60	21	35 %	38 %	29 %	-10 %	52 %	33 %	-18 %
Debt-Equity-Swap	20	4	20 %	9	2	22 %	3	1	33 %	32	7	22 %	63 %	57 %	-5 %	72 %	71 %	0 %
Stundung (Z)	10	6	60 %	16	6	38 %	1	1	100 %	27	13	48 %	37 %	46 %	9 %	41 %	54 %	13 %
Zinserlass	11	6	55 %	10	1	10 %	5	2	40 %	26	9	35 %	42 %	67 %	24 %	62 %	89 %	27 %

Maßnahme	Fortführung (1)	davon früh (2)	in %	Insolvenz (3)	davon früh (4)	in %	Sonstige (5)	davon früh (6)	in %	Gesamt (9)	davon früh (10)	in %	FF-Quote	FF-Quote früh	Δ FF-Quote	IA-Quote	IA-Quote früh	Δ IA-Quote
Anleiheemission	19	12	63 %	6	3	50 %	0	0	-	25	15	60 %	76 %	80 %	4 %	76 %	80 %	4 %
Rangrücktritt	10	3	30 %	10	5	50 %	5	3	60 %	25	11	44 %	40 %	27 %	-13 %	60 %	55 %	-5 %
Debt-Mezz.-Swap	5	2	40 %	2	1	50 %	0	0	-	7	3	43 %	71 %	67 %	-5 %	71 %	67 %	-5 %
Schuldübernahme	3	1	33 %	0	0	-	1	1	100 %	4	2	50 %	75 %	50 %	-25 %	100 %	100 %	0 %

Die Tab. zeigt die Anzahl an Sanierungsprozessen mit mindestens einem Einsatz der jeweiligen Maßnahme nach Einsatzzeitpunkt sowie die Sanierungserfolgsquoten. *Fortführung* bezeichnet Sanierungsprozesse von fortgeführten Unternehmen mit mindestens einem Einsatz der jeweiligen Maßnahme. *Insolvenz* bezeichnet Sanierungsprozesse von insolventen Unternehmen mit mindestens einem Einsatz der jeweiligen Maßnahme. *Sonstige* bezeichnet Sanierungsprozesse von Unternehmen mit sonstigem Krisenausgang mit mindestens einem Einsatz der jeweiligen Maßnahme. *Davon früh* bezeichnet die Anzahl an Sanierungsprozessen mit dem jeweiligen Krisenausgang in denen die jeweilige Sanierungsmaßnahme zu einem frühen Einsatzzeitpunkt, d.h. in bzw. zwischen den Zeitpunkten t_0 und t_1, beobachtet wurden. *In %* bezeichnet das Verhältnis der frühen zu der gesamten Prozessanzahl. *FF-Quote* bezeichnet die Fortführungsquote: (1)/(9). *IA-Quote* bezeichnet die Insolvenzabwendungsquote: [(1)+(5)]/(9). *FF-Quote früh* bezeichnet die Fortführungsquote auf Basis von Sanierungsprozessen mit einer frühen Beobachtung der jeweiligen Sanierungsmaßnahmen: (2)/(10). *IA-Quote früh* bezeichnet die Insolvenzabwendungsquote auf Basis von Sanierungsprozessen mit einer frühen Beobachtung der jeweiligen Sanierungsmaßnahmen: [(2)+(6)]/(10). Die Differenz aus den gesamten und den frühen Beobachtungen im Sanierungsprozess ergibt die nicht abgetragene Anzahl an späten Sanierungsprozessen in denen die jeweilige Sanierungsmaßnahme beobachtet wurde. Die Δ-Werte sind die Differenzen der entsprechenden gesamten und der frühen Quoten. Etwaige Abweichungen der Δ-Werte sind auf Rundungsdifferenzen zurückzuführen. Die Untersuchungsgrundlage umfasst 148 Fortführungen, 137 Insolvenzen und 27 sonstige Krisenenden (Summe: 312).

5.3.2.3 Kapitalgebergruppen und Krisenausgang

Es folgt die Analyse der Sanierungsbeiträge der Finanziers. Differenziert wird zwischen Eigen- und Fremdkapitalgeber, ebenso wie zwischen Kapitalgebern, die bereits vor Beginn der Sanierung im Unternehmen engagiert waren, und solchen, die keine vorherige Verbindung zum Unternehmen hatten. Da Gesellschafter- und Gläubiger typischerweise unterschiedliche Sanierungsmaßnahmen gewähren, liegt ein besonderer Fokus darauf, die Unterschiede im Sanierungsverhalten zwischen den bestehenden und den externen Investoren (EK bzw. EXEK) einerseits und den bestehenden und den externen Gläubigern (FK bzw. EXFK) andererseits zu analysieren.[641] Vor Beginn der Analyse sei außerdem darauf hingewiesen, dass die folgenden Maßnahmenhäufigkeiten, die nach Kapitalgebergruppen aufgeschlüsselt werden, sich nicht zu den Gesamtmaßnahmen des vorherigen Abschnitts summieren. Dies liegt daran, dass Einzelmaßnahmen u.U. von mehreren Kapitalgebergruppen gleichzeitig gewährt werden. Bspw. beträgt die Gesamtsumme der Kapitalerhöhungen in diesem Abschnitt 430, da Eigenkapitalgeber 195, externe Eigenkapitalgeber 234 und ein Fremdkapitalgeber eine Kapitalerhöhung zeichnen. In der Gesamtbetrachtung sind jedoch nur 314 Kapitalerhöhungen (in der Maßnahmenperspektive) in abgeschlossenen Sanierungsprozessen erfasst, da Sanierungskapitalerhöhungen oft sowohl von bestehenden als auch von zuvor externen Investoren durchgeführt werden.[642] Selbiges gilt auch für die Anzahl der Sanierungsprozesse mit mindestens einem Einsatz des entsprechenden Instruments (Prozessperspektive), sowie für weitere Sanierungsmaßnahmen. Außerdem muss erwähnt werden, dass sich die Beteiligungen verschiedener Kapitalgebergruppen nicht gegenseitig ausschließen, d.h. ein Sanierungsprozess kann bspw. eine Gewährung eines Gesellschafterdarlehens durch Altgesellschafter (EK), eine Kapitalerhöhung durch einen neuen Investor (EXEK), sowie einen Forderungsverzicht durch die engagierten Kreditinstitute (FK) enthalten. Zudem werden in diesem Abschnitt, im Gegensatz zu den vorherigen Analysen, die Maßnahmen- und die Prozessperspektive ohne die Verwendung univariater Teststatistiken dargestellt.[643]

---

641 Für den Spezialfall des Debt-Equity-Swaps wird unterschieden, ob dieser von genuinen Fremdkapitalgebern, wie z.B. Kreditinstituten (FK bzw. EXFK), oder Investoren, die eine (zusätzliche) Eigenkapitalbeteiligung am Unternehmen anstreben (EK bzw. EXEK), durchgeführt wird.

642 Vgl. hierzu Kapitel 5.3.2.1.

643 Ausschlaggebend hierfür sind Übersichtsgründe und Schwierigkeiten hinsichtlich der Interpretation, da nur in wenigen Fällen Einzelmaßnahmen durch

5.3.2.3.1 Bestehende Eigenkapitalgeber

Tab. 15 enthält die Anzahl der durch die bereits vor Beginn des Sanierungsversuchs im jeweiligen Unternehmen engagierten Eigenkapitalgeber bewilligten Maßnahmen zusammen mit den Sanierungserfolgsquoten aus der Maßnahmenperspektive. Altgesellschafter beteiligen sich v.a. durch die Zeichnung von Kapitalerhöhungen (195) und die Gewährung von Gesellschafterdarlehen (77) am Sanierungsprozess.[644] Kapitalherabsetzungen (70) werden ebenfalls vergleichsweise häufig durchgeführt. Letzteres geschieht meist im Zusammenhang mit der Durchführung von Sanierungskapitalerhöhungen, um die aufgelaufenen Verluste der Gesellschaft zu decken und somit die Aktienzeichnung für externe Eigenkapitalgeber attraktiver zu gestalten. Altaktionäre verzichten damit, ähnlich wie bei einem Forderungsverzicht auf der Fremdkapitalseite, auf einen Teil ihrer Ansprüche. Andere Fremdkapitalmaßnahmen als Gesellschafterdarlehen werden erwartungsgemäß seltener beobachtet, da i.d.R. nur Unternehmen mit Anker- und/oder Mehrheitsaktionären eine Fremdfinanzierung durch Anteilseigner aufweisen.[645] Besonders relevant aus empirischer Sicht ist der Verzicht auf Forderungen, insb. nach der Gewährung von Gesellschafterdarlehen, mit 34 Beobachtungen. Die Ergebnisse zeigen aber insgesamt, dass Eigenkapitalgeber in vielen Fällen auch Fremdkapitalpositionen halten und fremdkapitalseitige Sanierungsinstrumente gewähren. Im Gegensatz dazu engagieren sich Fremdkapitalgeber nicht über Eigenkapitalinstrumente, obwohl sie teilweise auch Eigenkapitalpositionen innehaben.[646] Damit ist eine einfache Unterteilung in reine Eigen- und Fremdkapitalgeber in einigen Sanierungssituationen der vorliegenden Untersuchungsgrundlage nicht gegeben.

Einzelinvestoren auftreten. Es muss folglich auf Tendenzen bzw. deskriptive Auswertungen abgestellt werden.

644 Die Zahl der Gesellschafterdarlehen liegt höher, da Gesellschafterdarlehen mit Rangrücktritt dem Mezzanine-Kapital zugeordnet sind.

645 Die anschließende Analyse in Kapitel 5.3.3.2.2 legt außerdem nahe, dass eher vergleichsweise kleine Unternehmen durch Gesellschafter (erfolgreich) fremdfinanziert werden.

646 Vgl. für die Sanierungsmaßnahmen der bestehenden und externen Fremdkapitalgeber die Kapitel 5.3.2.3.3 und 5.3.2.3.4. Bspw. halten Kreditinstitute in 44 von 312 Prozessen einen Anteil von 5 % oder mehr am Stammkapital der jeweiligen Unternehmen zu Sanierungsbeginn. Hiervon kann allerdings nicht zwangsläufig auf eine Fremdkapitalfinanzierung durch das entsprechende Institut geschlossen werden.

In Bezug auf das Sanierungsende sind z.B. 96 von 195 Kapitalerhöhungen durch die bestehenden Eigenkapitalgeber mit einer (eigenständigen) Unternehmensfortführung nach dem Sanierungsprozess verbunden. I.S. einer erfolgreichen Insolvenzabwendung liegt die Erfolgsquote bei 65 %. Von den häufig zubeobachteten Maßnahmen in der oberen Tabellenhälfte hat der Debt-Equity-Swap mit 67 % (FF-Quote) bzw. 75 % (IA-Quote) die höchsten Sanierungsquoten, wobei das Instrument vergleichsweise selten eingesetzt wird. Bemerkenswert ist, dass diese Maßnahme dennoch häufiger durch Altgesellschafter (12) als durch Altgläubiger (9) durchgeführt wird.[647] Damit wandeln bestehende Anteilsinhaber häufiger Forderungen in Eigenkapital um als dies Gläubiger tun. Das Ergebnis zeigt außerdem die Wichtigkeit der Erfassung von gewährenden Kapitalgebergruppen für die Deutung der Sanierungswirkung, denn die Wirksamkeit des Instruments kann in zahlreichen Fällen nicht auf die angesprochene Angleichung der Interessen von Eigen- und Fremdkapitalgebern zurückgeführt werden. Eine besonders geringe sanierende Wirkung scheint von Zinsstundungen in Folge der Gewährung von Gesellschafterdarlehen auszugehen (FF-Quote: 33 %; IA-Quote: 44 %). Insgesamt werden 548 Maßnahmen in 172 Sanierungsprozessen durch die bestehenden Eigenkapitalgeber beobachtet.

Tab. 15: Analyse der Anzahl der von bestehenden Eigenkapitalgebern gewährten finanziellen Sanierungsmaßnahmen nach Krisenausgang

	(1)	(2)	(3)	(4)	(1)/(4)	((1)+(3))/(4)
Maßnahme	**Fortführung (n =148)**	**Insolvenz (n =137)**	**Sonstige (n =27)**	**Gesamt (n =312)**	**FF-Quote**	**IA-Quote**
Kapitalerhöhung	96|0,65	69|0,50	30|1,11	195|0,63	49 %	65 %
Gesellschafterdarlehen	37|0,25	29|0,21	11|0,41	77|0,25	48 %	62 %
Kapitalherabsetzung	30|0,20	31|0,23	9|0,33	70|0,22	43 %	56 %
Mezzanine-Kapital	31|0,21	29|0,21	5|0,19	65|0,21	48 %	55 %
Forderungsverzicht	13|0,09	12|0,09	9|0,33	34|0,11	38 %	65 %
Prolongation	14|0,10	12|0,09	6|0,22	32|0,10	44 %	63 %

647 Siehe hierzu Kapitel 5.3.2.3.3.

Tab. 15: Fortsetzung

Maßnahme	(1) Fortführung (n =148)	(2) Insolvenz (n =137)	(3) Sonstige (n =27)	(4) Gesamt (n =312)	(1)/(4) FF-Quote	(1)+(3)/(4) IA-Quote
Rangrücktritt	4|0,03	4|0,03	9|0,33	17|0,05	24 %	76 %
Debt-Equity-Swap	8|0,05	3|0,02	1|0,04	12|0,04	67 %	75 %
Umschuldung	5|0,03	6|0,04	1|0,04	12|0,04	42 %	50 %
Zinserlass	4|0,03	2|0,02	6|0,22	12|0,04	33 %	83 %
Stundung (T)	3|0,02	4|0,03	3|0,11	10|0,03	30 %	60 %
Stundung (Z)	3|0,02	5|0,04	1|0,04	9|0,03	33 %	44 %
Anleiheemission	1|0,01	0|0,00	0|0,00	1|0,00	100 %	100 %
SHA/CW	0|0,00	1|0,01	0|0,00	1|0,00	0 %	0 %
Schuldübernahme	1|0,01	0|0,00	0|0,00	1|0,00	100 %	100 %

Die Tab. zeigt die Anzahl der durch die vor Beginn des Sanierungsprozesses bestehenden Eigenkapitalgeber gewährten Sanierungsmaßnahmen und den Mittelwert je Krisenausgang sowie die Sanierungserfolgsquoten. *Fortführung* bezeichnet die Gesamtzahl der Maßnahmen in den Sanierungsprozessen von fortgeführten Unternehmen. *Insolvenz* bezeichnet die Gesamtzahl der Maßnahmen in den Sanierungsprozessen von insolventen Unternehmen. *Sonstige* bezeichnet die Gesamtzahl der Maßnahmen in den Sanierungsprozessen von Unternehmen mit sonstigem Krisenausgang. *FF-Quote* bezeichnet die Fortführungsquote: (1)/(4). *IA-Quote* bezeichnet die Insolvenzabwendungsquote: [(1)+(3)]/(4). Die Untersuchungsgrundlage umfasst 148 Fortführungen, 137 Insolvenzen und 27 sonstige Krisenenden (Summe: 312).

In Tab. 16 ist die Anzahl an Sanierungsversuchen in deren Verlauf sich bestehende Eigenkapitalgeber mit mindestens einem Einsatz des entsprechenden Sanierungsinstruments engagieren (Prozessperspektive) abgetragen. Das zentrale Instrument stellt auch hier die Kapitalerhöhung dar: In 114 Sanierungsprozessen, d.h. in 37 % der Fälle, wird mindestens eine Kapitalerhöhung durch Altgesellschafter beobachtet. Insgesamt ergibt sich eine ähnliche Reihenfolge wie in der Maßnahmenperspektive. Bestehende Gesellschafter beteiligen sich neben den Kapitalerhöhungen zumeist durch Kapitalherabsetzungen (58), Gesellschafterdarlehen (50) und Mezzanine-Kapital (42) an der Unternehmenssanierung.

Sanierungsprozesse in denen mindestens ein Debt-Equity-Swap durchgeführt wird, weisen mit 64 % (FF-Quote) und 73 % (IA-Quote) besonders vielversprechende Sanierungsquoten auf. Bestehende Eigenkapitalgeber engagieren sich in elf Sanierungsprozessen mit Debt-Equity-Swaps, wohingegen dies nur in neun durch bestehende Fremdkapitalgeber geschieht.[648] Mit Ausnahme des Gesellschafterdarlehens und des Mezzanine-Kapitals ist die Anzahl der Sanierungsversuche, die eine Fremdkapitalmaßnahme durch Eigenkapitalgeber enthalten, überschaubar.[649]

Tab. 16: Analyse des Einsatzes der von bestehenden Eigenkapitalgebern gewährten finanziellen Sanierungsmaßnahmen nach Krisenausgang

	(1)	(2)	(3)	(4)	(1)/(4)	[(1)+(3)]/(4)
Maßnahme	**Fortführung (n =148)**	**Insolvenz (n =137)**	**Sonstige (n =27)**	**Gesamt (n =312)**	**FF-Quote**	**IA-Quote**
Kapitalerhöhung	57|39 %	45|33 %	12|44 %	114|37 %	50 %	61 %
Kapitalherabsetzung	23|16 %	27|20 %	8|30 %	58|19 %	40 %	53 %
Gesellschafterdarlehen	21|14 %	21|15 %	8|30 %	50|16 %	42 %	58 %
Mezzanine-Kapital	23|16 %	16|12 %	3|11 %	42|14 %	55 %	62 %
Forderungsverzicht	12|8 %	10|7 %	6|22 %	28|9 %	43 %	64 %
Prolongation	11|7 %	8|6 %	3|11 %	22|7 %	50 %	64 %
Rangrücktritt	4|3 %	4|3 %	5|19 %	13|4 %	31 %	69 %
Debt-Equity-Swap	7|5 %	3|2 %	1|4 %	11|4 %	64 %	73 %
Umschuldung	5|3 %	4|3 %	1|4 %	10|3 %	50 %	60 %
Stundung (T)	3|2 %	3|2 %	3|11 %	9|3 %	33 %	67 %
Stundung (Z)	3|2 %	3|2 %	1|4 %	7|2 %	43 %	57 %
Zinserlass	2|1 %	2|2 %	3|11 %	7|2 %	29 %	71 %
Anleiheemission	1|1 %	0|0 %	0|0 %	1|0 %	100 %	100 %
SHA/CW	0|0 %	1|1 %	0|0 %	1|0 %	0 %	0 %
Schuldübernahme	1|1 %	0|0 %	0|0 %	1|0 %	100 %	100 %

Die Tab. zeigt die Anzahl an Sanierungsprozessen mit mindestens einem Einsatz der jeweiligen Maßnahme durch die vor Beginn des Sanierungsprozesses bestehenden Eigenkapitalgeber und den Anteil je Krisenausgang sowie die Sanierungserfolgsquoten. *Fortführung* bezeichnet Sanierungsprozesse von fortgeführten Unternehmen mit mindestens einem Einsatz der jeweiligen Maßnahme. *Insolvenz* bezeichnet Sanierungsprozesse von insolventen Unternehmen mit mindestens einem Einsatz der jeweiligen Maßnahme. *Sonstige* bezeichnet Sanierungsprozesse von Unternehmen mit sonstigem Krisenausgang mit mindestens einem Einsatz der jeweiligen Maßnahme. *FF-Quote* bezeichnet die Fortführungsquote: (1)/(4). *IA-Quote* bezeichnet die Insolvenzabwendungsquote: [(1)+(3)]/(4). Die Untersuchungsgrundlage umfasst 148 Fortführungen, 137 Insolvenzen und 27 sonstige Krisenenden (Summe: 312).

---

648 Siehe hierzu erneut Kapitel 5.3.2.3.3.

649 In diesem Kontext sei darauf hingewiesen, dass die ergriffenen Instrumente einander nicht ausschließen. Dies bedeutet u.a., dass einige Prozesse nach der

5.3.2.3.2 Externe Eigenkapitalgeber

Tab. 17 enthält die Anzahl der durch die vor Beginn des Sanierungsprozesses externen Eigenkapitalgeber gewährten Sanierungsmaßnahmen. Zusätzlich zu den vorstehenden Darstellungen sind die Differenzen (Δ-Werte) bzgl. des Maßnahmeneinsatzes und den Erfolgsquoten im Vergleich zu den bestehenden Eigenkapitalgebern abgetragen.

Wenig verwunderlich ist die Prominenz der Kapitalerhöhung (234), da sie für externe Eigenkapitalgeber ein zentrales Instrument zum Einstieg in das jeweilige Krisenunternehmen darstellt.[650] Auch die im Vergleich zu den bestehenden Eigenkapitalgebern geringe Anzahl an Kapitalherabsetzungen (18 bzw. -52 Stück im Vergleich zu EK) ist naheliegend, da i.d.R. vor Sanierungsbeginn beteiligte Gesellschafter diese umsetzen, um die Attraktivität eines Einstiegs für neue Investoren zu erhöhen.[651] Gesellschafterdarlehen (48) stellen wie im Fall der bereits bestehenden Investoren die am zweithäufigsten verwendete Sanierungsmaßnahme dar, werden aber weniger häufig gewährt (77 bzw. -29 Stück). Mit Blick auf die obere Tabellenhälfte scheinen die Maßnahmen der neuen Gesellschafter häufiger mit einem einer eigenständigen Fortführung verbunden zu sein. So ist bspw. die FF-Quote nach Gesellschafterdarlehen (65 %) durch Neuinvestoren um 17 Prozentpunkte höher als diejenige nach der Gewährung von Gesellschafterdarlehen durch Altgesellschafter. In der Gesamtschau sind 459 Maßnahmen in 130 Sanierungsprozessen durch die externen Eigenkapitalgeber zu verbuchen. Unter Ausblendung der Kapitalerhöhung, spielt die absolute Anzahl an Maßnahmen eine deutlich geringere Rolle ggü. den bestehenden Eigenkapitalgebern (225 zu 353 Maßnahmen). Es zeigt sich empirisch, dass eher Altgesellschafter als Neuinvestoren Sanierungsbeiträge leisten.

Bereitstellung von Gesellschafterdarlehen weitere Fremdkapitalmaßnahmen, wie etwa Stundungen, enthalten.

650 Es handelt sich um Platzierungen bei neuen Investoren oder Bezugsrechtsemissionen unter Beteiligung von Investoren, die sich nach Beginn des Sanierungsprozesses im Unternehmen engagieren.

651 Zuvor externe Eigenkapitalgeber setzen in einigen Fällen Kapitalherabsetzungen um, da sie sich im Sanierungsprozess engagieren, aber im weiteren Verlauf z.B. ein Kapitalschnitt notwendig ist.

Tab. 17: Analyse der Anzahl der von externen Eigenkapitalgebern gewährten finanziellen Sanierungsmaßnahmen nach Krisenausgang

	(1)	(2)	(3)	(4)		(1)/(4)		[(1)+(3)]/(4)	
Maßnahme	Fortführung (n=148)	Insolvenz (n=137)	Sonstige (n=27)	Gesamt (n=312)	Δ Gesamt (zu EK)	FF-Quote	Δ FF-Quote (zu EK)	IA-Quote	Δ IA-Quote (zu EK)
Kapitalerhöhung	130|0,88	88|0,64	16|0,59	234|0,75	39	56 %	6 %	62 %	-2 %
Gesellschafterdarlehen	31|0,21	14|0,10	3|0,11	48|0,15	-29	65 %	17 %	71 %	8 %
Umschuldung	16|0,11	10|0,07	1|0,04	27|0,09	15	59 %	18 %	63 %	13 %
Mezzanine-Kapital	12|0,08	11|0,08	1|0,04	24|0,08	-41	50 %	2 %	54 %	-1 %
Prolongation	11|0,07	11|0,08	0|0,00	22|0,07	-10	50 %	6 %	50 %	-13 %
Kapitalherabsetzung	8|0,05	5|0,04	5|0,19	18|0,06	-52	44 %	2 %	72 %	17 %
Forderungsverzicht	9|0,06	9|0,07	0|0,00	18|0,06	-16	50 %	12 %	50 %	-15 %
Debt-Equity-Swap	11|0,07	3|0,02	1|0,04	15|0,05	3	73 %	7 %	80 %	5 %
Zinserlass	13|0,09	2|0,02	0|0,00	15|0,05	3	87 %	53 %	87 %	3 %
SHA/CW	0|0,00	12|0,09	0|0,00	12|0,04	11	0 %	0 %	0 %	0 %
Stundung (T)	4|0,03	5|0,04	0|0,00	9|0,03	-1	44 %	14 %	44 %	-16 %
Stundung (Z)	3|0,02	6|0,04	0|0,00	9|0,03	0	33 %	0 %	33 %	-11 %
Rangrücktritt	4|0,03	1|0,01	0|0,00	5|0,02	-12	80 %	56 %	80 %	4 %
Schuldübernahme	1|0,01	0|0,00	1|0,04	2|0,01	1	50 %	-50 %	100 %	0 %
Debt-Mezz.-Swap	1|0,01	0|0,00	0|0,00	1|0,00	1	100 %	-	100 %	-

Die Tab. zeigt die Anzahl der durch die vor Beginn des Sanierungsprozesses externen Eigenkapitalgeber gewährten Sanierungsmaßnahmen und den Mittelwert je Krisenausgang sowie die Sanierungserfolgsquoten und Δ-Werte. *Fortführung* bezeichnet die Gesamtzahl der Maßnahmen in den Sanierungsprozessen von fortgeführten Unternehmen. *Insolvenz* bezeichnet die Gesamtzahl der Maßnahmen in den Sanierungsprozessen von insolventen Unternehmen. *Sonstige* bezeichnet die Gesamtzahl der Maßnahmen in den Sanierungsprozessen von Unternehmen mit sonstigem Krisenausgang. *FF-Quote* bezeichnet die Fortführungsquote: (1)/(4). *IA-Quote* bezeichnet die Insolvenzabwendungsquote: [(1)+(3)]/(4). Die Δ-Werte sind die Differenzen der entsprechenden Anzahlen und Quoten der von bestehenden und externen Eigenkapitalgebern eingesetzten Sanierungsmaßnahmen. Etwaige Abweichungen der Δ-Werte sind auf Rundungsdifferenzen zurückzuführen. Die Untersuchungsgrundlage umfasst 148 Fortführungen, 137 Insolvenzen und 27 sonstige Krisenenden (Summe: 312).

Tab. 18 präsentiert die Anzahl an Sanierungsprozessen in denen sich die zuvor externen Eigenkapitalgeber mit mindestens einem Einsatz des jeweiligen Sanierungsinstruments beteiligt haben. Die Kapitalerhöhungen dominieren auch in der Prozesssichtweise. In 116 Prozessen werden Kapitalerhöhungen durch externe Eigenkapitalgeber gezeichnet, die in 52 % der Fälle mit (eigenständigen) Fortführungen und in 59 % der Fälle mit einer Insolvenzabwendung einhergehen. Die große Differenz im Vergleich zur Maßnahmenperspektive belegt, dass Sanierungsversuche unter Einbezug von Neuinvestoren oft mehrere Kapitalerhöhungen beinhalten. Die Anzahl der Sanierungsprozesse mit anderen finanziellen Sanierungsmaßnahmen durch diese Kapitalgebergruppe ist vergleichsweise gering, z.B. werden Gesellschafterdarlehen nur in 18 % (23/131) der Prozesse unter Beteiligung diese Kapitalgeber angewandt, während der Wert für bestehende Eigenkapitalgeber bei 29 % (50/172) liegt. Es ist damit auch hier ein deutlicher Rückgang im Vergleich zur Maßnahmenperspektive zu erkennen. Interessanterweise führten 91 % der Prozesse mit Debt-Equity-Swaps zu einer Insolvenzvermeidung, z.B. weil entweder das Unternehmen eigenständig fortgeführt wurde, ein Delisting oder ein Squeeze-Out stattfand. Auch hier zeigt sich in der Gesamttendenz, dass die Erfolgsquoten eher über denjenigen der Altgesellschafter liegen, d.h. nach Gewährung von Sanierungsinstrumenten neuer Gesellschafter erfolgt eher eine Unternehmensrettung.

Tab. 18: Analyse des Einsatzes der von externen Eigenkapitalgebern gewährten finanziellen Sanierungsmaßnahmen nach Krisenausgang

	(1)	(2)	(3)	(4)		(1)/(4)		((1)+(3))/(4)	
Maßnahme	Fortführung (n =148)	Insolvenz (n =137)	Sonstige (n =27)	Gesamt (n =312)	Δ Gesamt (zu EK)	FF-Quote	Δ FF-Quote (zu EK)	IA-Quote	Δ IA-Quote (zu EK)
Kapitalerhöhung	60|41 %	48|35 %	8|30 %	116|37 %	2	52 %	2 %	59 %	-2 %
Gesellschafterdarlehen	13|9 %	8|6 %	2|7 %	23|7 %	-27	57 %	15 %	65 %	7 %
Umschuldung	13|9 %	7|5 %	1|4 %	21|7 %	11	62 %	12 %	67 %	7 %
Mezzanine-Kapital	11|7 %	8|6 %	1|4 %	20|6 %	-22	55 %	0 %	60 %	-2 %
Kapitalherabsetzung	7|5 %	5|4 %	4|15 %	16|5 %	-42	44 %	4 %	69 %	15 %
Debt-Equity-Swap	9|6 %	1|1 %	1|4 %	11|4 %	0	82 %	18 %	91 %	18 %
Forderungsverzicht	7|5 %	4|3 %	0|0 %	11|4 %	-17	64 %	21 %	64 %	-1 %
Prolongation	4|3 %	5|4 %	0|0 %	9|3 %	-13	44 %	-6 %	44 %	-19 %
Rangrücktritt	4|3 %	1|1 %	0|0 %	5|2 %	-8	80 %	49 %	80 %	11 %
Zinserlass	3|2 %	2|2 %	0|0 %	5|2 %	-2	60 %	31 %	60 %	-11 %
Stundung (T)	2|1 %	3|2 %	0|0 %	5|2 %	-4	40 %	7 %	40 %	-27 %
Stundung (Z)	2|1 %	2|2 %	0|0 %	4|1 %	-3	50 %	7 %	50 %	-7 %
SHA/CW	0|0 %	3|2 %	0|0 %	3|1 %	2	0 %	0 %	0 %	0 %
Schuldübernahme	1|1 %	0|0 %	1|4 %	2|1 %	1	50 %	-50 %	100 %	0 %
Debt-Mezz.-Swap	1|1 %	0|0 %	0|0 %	1|0 %	1	100 %	-	100 %	-

Die Tab. zeigt die Anzahl an Sanierungsprozessen mit mindestens einem Einsatz der jeweiligen Maßnahme durch die vor Beginn des Sanierungsprozesses externen Eigenkapitalgeber und den Anteil je Krisenausgang, sowie die Sanierungserfolgsquoten und Δ-Werte. *Fortführung* bezeichnet Sanierungsprozesse von fortgeführten Unternehmen mit mindestens einem Einsatz der jeweiligen Maßnahme. *Insolvenz* bezeichnet Sanierungsprozesse von insolventen Unternehmen mit mindestens einem Einsatz der jeweiligen Maßnahme. *Sonstige* bezeichnet Sanierungsprozesse von Unternehmen mit sonstigem Krisenausgang mit mindestens einem Einsatz der jeweiligen Maßnahme. *FF-Quote* bezeichnet die Fortführungsquote: (1)/(4). *IA-Quote* bezeichnet die Insolvenzabwendungsquote: [(1)+(3)]/(4). Die Δ-Werte sind die Differenzen der entsprechenden Anzahlen und Quoten der von bestehenden und externen Eigenkapitalgebern eingesetzten Sanierungsmaßnahmen. Etwaige Abweichungen der Δ-Werte sind auf Rundungsdifferenzen zurückzuführen. Die Untersuchungsgrundlage umfasst 148 Fortführungen, 137 Insolvenzen und 27 sonstige Krisenenden (Summe: 312).

5.3.2.3.3 Bestehende Fremdkapitalgeber

Tab. 19 zeigt die Anzahl an finanziellen Instrumenten, die von den vor Beginn des Sanierungsprozesses bereits bestehenden Fremdkapitalgebern dem jeweiligen Krisenunternehmen bewilligt werden. Innerhalb der fünf beliebtesten Maßnahmen sind mit der Prolongation (109), der Umschuldung (102), dem Stillhalteabkommen/Covenant Waiver (95) und der Tilgungsstundung (82) vier vergleichsweise niederschwellige Zugeständnisse der Gläubiger zu finden. Diese Dominanz kann als Bestätigung des in den vergangenen Jahren zu beobachtenden Trends aufseiten der Kreditinstitute interpretiert werden, Verlustrealisierungen und zugehörigen Abschreibungsbedarf durch sich u.U. wiederholende Amend-and-Extend-Prozesse zu vermeiden.[652] Größere Zugeständnisse stellen die zusätzliche Gewährung von Fremdkapital (89) oder Forderungsverzichten (49) dar, und sind dementsprechend in reduziertem Umfang zu beobachten. Von den genannten Maßnahmen weist v.a. die Umschuldung mit einer FF-Quote von 62 % und einer IA-Quote von 71 % vergleichsweise hohe Sanierungsquoten auf. Das kann darauf zurückzuführen sein, dass hier meist eine langfristige und umfassende Neustrukturierung der Fremdfinanzierung im Einklang mit der speziellen Situation des krisengeplagten Unternehmens erfolgt, während z.B. Stillhalteabkommen/Covenant Waiver oftmals nur kurzfristig ausgerichtet sind bzw. die Mittel nur kurzfristig im Unternehmen belassen.

Im Gegensatz dazu scheint der Forderungsverzicht durch die Altgläubiger trotz seiner positiven Auswirkungen auf die Liquidität und Bilanz eine eher moderate Sanierungswirkung zu haben. Wie bereits erwähnt, könnte dies darauf zurückzuführen sein, dass die gewährten Verzichte entweder zu gering sind oder zu spät gewährt werden. Debt-Equity-Swaps (9) und Debt-Mezzanine-Swaps (6) durch bestehende Fremdkapitalgeber spielen in dieser Stichprobe eine untergeordnete Rolle. Da die Fremdfinanzierung der untersuchten Krisenunternehmen zu großen Teilen durch Kreditinstitute erfolgt, und diese i.d.R. kein Interesse daran haben, unternehmerische Beteiligungen einzugehen,[653] ist dieses Ergebnis wenig verwunderlich. Die geringen empirische Fallzahlen für diese Maßnahmen lassen daher auch wenig repräsentative Rückschlüsse auf die Erfolgsaussichten zu. Insgesamt führen die bestehenden Fremdkapitalgeber 591 Maßnahmen in 180 Prozessen durch. Sie sind somit

(*fortgeführt*)

652 Vgl. hierzu Judenhahn/Hug (2014), S. 121–122. Hierdurch verbleibt dem jeweiligen Krisenunternehmen oftmals eine nicht dauerhaft tragbare Schuldenlast.

653 Das gilt v.a. für europäische bzw. deutsche Banken, jedoch nicht für US-Banken. Vgl. Judenhahn/Hug (2014), S. 110.

die Kapitalgebergruppe, die sowohl in Bezug auf die Anzahl der Maßnahmen als auch auf die Anzahl der Sanierungsprozesse am häufigsten an Unternehmenssanierungen beteiligt ist.

Tab. 19: Analyse der Anzahl der von bestehenden Fremdkapitalgebern gewährten finanziellen Sanierungsmaßnahmen nach Krisenausgang

	(1)	(2)	(3)	(4)	(1)/(4)	[(1)+(3)]/(4)
Maßnahme	**Fortführung (n =148)**	**Insolvenz (n =137)**	**Sonstige (n =27)**	**Gesamt (n =312)**	**FF-Quote**	**IA-Quote**
Prolongation	58|0,39	41|0,30	10|0,37	109|0,35	53 %	62 %
Umschuldung	63|0,43	30|0,22	9|0,33	102|0,33	62 %	71 %
SHA/CW	42|0,28	44|0,32	9|0,33	95|0,30	44 %	54 %
FK durch Gläubiger	42|0,28	38|0,28	9|0,33	89|0,29	47 %	57 %
Stundung (T)	48|0,32	33|0,24	1|0,04	82|0,26	59 %	60 %
Forderungsverzicht	26|0,18	21|0,15	2|0,07	49|0,16	53 %	57 %
Stundung (Z)	7|0,05	13|0,10	0|0,00	20|0,06	35 %	35 %
Zinserlass	7|0,05	7|0,05	2|0,07	16|0,05	44 %	56 %
Debt-Equity-Swap	4|0,03	4|0,03	1|0,04	9|0,03	44 %	56 %
Rangrücktritt	3|0,02	4|0,03	0|0,00	7|0,02	43 %	43 %
Debt-Mezz.-Swap	4|0,03	2|0,02	0|0,00	6|0,02	67 %	67 %
Mezzanine-Kapital	2|0,01	4|0,03	0|0,00	6|0,02	33 %	33 %
Kapitalerhöhung	0|0,00	1|0,01	0|0,00	1|0,00	0 %	0 %

Die Tab. zeigt die Anzahl der durch die vor Beginn des Sanierungsprozesses bestehenden Fremdkapitalgeber gewährten Sanierungsmaßnahmen und den Mittelwert je Krisenausgang sowie die Sanierungserfolgsquoten. *Fortführung* bezeichnet die Gesamtzahl der Maßnahmen in den Sanierungsprozessen von fortgeführten Unternehmen. *Insolvenz* bezeichnet die Gesamtzahl der Maßnahmen in den Sanierungsprozessen von insolventen Unternehmen. *Sonstige* bezeichnet die Gesamtzahl der Maßnahmen in den Sanierungsprozessen von Unternehmen mit sonstigem Krisenausgang. *FF-Quote* bezeichnet die Fortführungsquote: (1)/(4). *IA-Quote* bezeichnet die Insolvenzabwendungsquote: [(1)+(3)]/(4). Die Untersuchungsgrundlage umfasst 148 Fortführungen, 137 Insolvenzen und 27 sonstige Krisenenden (Summe: 312).

Tab. 20 stellt die Anzahl der Sanierungsprozesse dar, in denen sich die bereits im Unternehmen engagierten Fremdkapitalgeber durch mindestens einen Einsatz der entsprechenden Maßnahme an der Sanierung beteiligen. Auffällig ist hier, dass die Prozessanzahl für die eher leichteren Zugeständnisse der

Fremdkapitalgeber im Vergleich zur Maßnahmenanzahl deutlich zurückgeht, z.B. wurden 109 Prolongationen in 68 Prozessen gewährt. Dagegen werden einschneidende Maßnahmen wie z.B. Forderungsverzichte (49/42), oder Debt-Equity- (9/9) bzw. Debt-Mezzanine-Swaps (6/6) i.d.R. nur einmal pro Prozess durchgeführt.

Tab. 20: Analyse des Einsatzes der von bestehenden Fremdkapitalgebern gewährten finanziellen Sanierungsmaßnahmen nach Krisenausgang

	(1)	(2)	(3)	(4)	(1)/(4)	(1)+(3)/(4)
Maßnahme	**Fortführung (n =148)**	**Insolvenz (n =137)**	**Sonstige (n =27)**	**Gesamt (n =312)**	**FF-Quote**	**IA-Quote**
Umschuldung	44|30 %	23|17 %	6|22 %	73|23 %	60 %	68 %
FK durch Gläubiger	33|22 %	33|24 %	7|26 %	73|23 %	45 %	55 %
Prolongation	35|24 %	28|20 %	5|19 %	68|22 %	51 %	59 %
SHA/CW	26|18 %	30|22 %	6|22 %	62|20 %	42 %	52 %
Stundung (T)	24|16 %	24|18 %	1|4 %	49|16 %	49 %	51 %
Forderungsverzicht	22|15 %	18|13 %	2|7 %	42|14 %	52 %	57 %
Stundung (Z)	6|4 %	11|8 %	0|0 %	17|5 %	35 %	35 %
Zinserlass	7|5 %	6|4 %	2|7 %	15|5 %	47 %	60 %
Debt-Equity-Swap	4|3 %	4|3 %	1|4 %	9|3 %	44 %	56 %
Rangrücktritt	3|2 %	4|3 %	0|0 %	7|2 %	43 %	43 %
Debt-Mezz.-Swap	4|3 %	2|2 %	0|0 %	6|2 %	67 %	67 %
Mezzanine-Kapital	2|1 %	4|3 %	0|0 %	6|2 %	33 %	33 %
Kapitalerhöhung	0|0 %	1|1 %	0|0 %	1|0 %	0 %	0 %

Die Tab. zeigt die Anzahl an Sanierungsprozessen mit mindestens einem Einsatz der jeweiligen Maßnahme durch die vor Beginn des Sanierungsprozesses bestehenden Fremdkapitalgeber und den Anteil je Krisenausgang sowie die Sanierungserfolgsquoten. *Fortführung* bezeichnet Sanierungsprozesse von fortgeführten Unternehmen mit mindestens einem Einsatz der jeweiligen Maßnahme. *Insolvenz* bezeichnet Sanierungsprozesse von insolventen Unternehmen mit mindestens einem Einsatz der jeweiligen Maßnahme. *Sonstige* bezeichnet Sanierungsprozesse von Unternehmen mit sonstigem Krisenausgang mit mindestens einem Einsatz der jeweiligen Maßnahme. *FF-Quote* bezeichnet die Fortführungsquote: (1)/(4). *IA-Quote* bezeichnet die Insolvenzabwendungsquote: [(1)+(3)]/(4). Die Untersuchungsgrundlage umfasst 148 Fortführungen, 137 Insolvenzen und 27 sonstige Krisenenden (Summe: 312).

(fortgeführt)

Aus der Sanierungsprozesssicht weisen Sanierungsversuche mit Umschuldungen durch die Altgläubiger die höchste IA-Quote (68 %) auf. Geringere Quoten liegen für eher kleinere Sanierungsbeiträge, wie z.B. Tilgungs- und Zinsstundungen vor (51 % bzw. 35 %). Auch die Gewährung zusätzlicher Mittel führt nur in 55 % der Fälle zu einer Insolvenzvermeidung.

5.3.2.3.4 Externe Fremdkapitalgeber

Die Ergebnisse der Erhebung der Anzahl der eingesetzten finanziellen Instrumente für die externen Fremdkapitalgeber zeigt Tab. 21. Diese Kapitalgebergruppe stellt zumeist frische Mittel in Form von klassischem Fremdkapital (95 + 16 = 111),[654] Mezzanine-Kapital (68) oder durch die Zeichnung von Anleihen (36) zur Verfügung. Die Anleiheemission weist mit je 83 % vergleichsweise hohe Erfolgsquoten auf. Wie oben diskutiert, liegt die Vermutung nahe, dass dies eher auf die Unternehmenseigenschaften als auf die Sanierungswirkung des Instruments zurückzuführen ist. Mit Blick auf die jeweiligen Delta-Werte liegen die Sanierungsquoten insgesamt meist oberhalb derjenigen der Altgläubiger. Es besteht jedoch u.a. aufgrund der eher geringen Anzahl der weiteren Sanierungsinstrumente eine Einschränkung hinsichtlich der Vergleichbarkeit.

---

654 Die Bereitstellung von finanziellen Mitteln wurde als *FK durch Dritte* (95) gewertet, wenn die jeweiligen Kapitalgeber vor der Kreditgewährung noch nicht als Gläubiger im Unternehmen engagiert sind. Wenn die Gläubiger erst nach dem Beginn des Sanierungsprozesses im Unternehmen engagiert sind, aber dann neue Mittel bereitstellten, wurde dies als *FK durch Gläubiger* (16) gewertet.

Tab. 21: Analyse der Anzahl der von externen Fremdkapitalgebern gewährten finanziellen Sanierungsmaßnahmen nach Krisenausgang

	(1)	(2)	(3)	(4)		(1)/(4)		((1)+(3))/(4)	
Maßnahme	**Fortführung (n =148)**	**Insolvenz (n =137)**	**Sonstige (n =27)**	**Gesamt (n =312)**	**Δ Gesamt (zu FK)**	**FF-Quote**	**Δ FF-Quote (zu FK)**	**IA-Quote**	**Δ IA-Quote (zu FK)**
FK durch Dritte	56|0,38	35|0,26	4|0,15	95|0,30	95	59 %	-	63 %	-
Mezzanine-Kapital	36|0,24	28|0,20	4|0,15	68|0,22	62	53 %	20 %	59 %	25 %
Anleiheemission	30|0,20	6|0,04	0|0,00	36|0,12	36	83 %	-	83 %	-
Umschuldung	18|0,12	10|0,07	0|0,00	28|0,09	-74	64 %	3 %	64 %	-6 %
FK durch Gläubiger	9|0,06	7|0,05	0|0,00	16|0,05	-73	56 %	9 %	56 %	-1 %
Prolongation	11|0,07	4|0,03	0|0,00	15|0,05	-94	73 %	20 %	73 %	11 %
Forderungsverzicht	9|0,06	6|0,04	0|0,00	15|0,05	-34	60 %	7 %	60 %	3 %
Stundung (T)	6|0,04	4|0,03	0|0,00	10|0,03	-72	60 %	1 %	60 %	0 %
SHA/CW	8|0,05	2|0,02	0|0,00	10|0,03	-85	80 %	36 %	80 %	26 %
Stundung (Z)	2|0,01	4|0,03	0|0,00	6|0,02	-14	33 %	-2 %	33 %	-2 %
Debt-Equity-Swap	1|0,01	3|0,02	1|0,04	5|0,02	-4	20 %	-24 %	40 %	-16 %
Zinserlass	2|0,01	2|0,02	0|0,00	4|0,01	-12	50 %	6 %	50 %	-6 %
Schuldübernahme	1|0,01	0|0,00	0|0,00	1|0,00	1	100 %	-	100 %	-
Rangrücktritt	0|0,00	1|0,01	0|0,00	1|0,00	-6	0 %	-43 %	0 %	-43 %

Die Tab. zeigt die Anzahl der durch die vor Beginn des Sanierungsprozesses externen Fremdkapitalgeber gewährten Sanierungsmaßnahmen und den Mittelwert je Krisenausgang sowie die Sanierungserfolgsquoten und Δ-Werte. *Fortführung* bezeichnet die Gesamtzahl der Maßnahmen in den Sanierungsprozessen von fortgeführten Unternehmen. *Insolvenz* bezeichnet die Gesamtzahl der Maßnahmen in den Sanierungsprozessen von insolventen Unternehmen. *Sonstige* bezeichnet die Gesamtzahl der Maßnahmen in den Sanierungsprozessen von Unternehmen mit sonstigem Krisenausgang. *FF-Quote* bezeichnet die Fortführungsquote: (1)/(4). *IA-Quote* bezeichnet die Insolvenzabwendungsquote: [(1)+(3)]/(4). Die Δ-Werte sind die Differenzen der entsprechenden Anzahlen und Quoten der von externen und bestehenden Fremdkapitalgebern eingesetzten Sanierungsmaßnahmen. Etwaige Abweichungen der Δ-Werte sind auf Rundungsdifferenzen zurückzuführen. Die Untersuchungsgrundlage umfasst 148 Fortführungen, 137 Insolvenzen und 27 sonstige Krisenenden (Summe: 312).

Es sind 310 Maßnahmeneinsätze in 114 Sanierungsprozessen durch externe Fremdkapitalgeber erfasst. Die Kapitalgebergruppe weist auf Basis dieser Zahlen das geringste Engagement in Sanierungsprozessen der vorliegenden Untersuchungsgrundlage auf.

Tab. 22 präsentiert den Maßnahmeneinsatz durch die vor Sanierungsbeginn externen Fremdkapitalgeber je Prozess. Auch aus der Prozessperspektive dominieren die Instrumente zur Bereitstellung frischer Mittel (FK: 68 + 12 = 80; Mezzanine-Kapital: 41; Anleiheemission: 24). Nach der Bereitstellung von Fremdkapital durch externe Gläubiger, schießen oftmals weitere externe Fremdkapitalgeber zusätzliche Fremdmittel während des Prozesses nach. Das kann dadurch festgestellt werden, dass die Anzahl der Maßnahme FK durch Dritte die Anzahl der Prozesse, in denen sie beobachtet wird, deutlich überschreitet (95/68). Forderungsverzichte sind bei externen Fremdkapitalgebern kaum durchsetzbar. Sie sind nur in acht Prozessen zu verzeichnen. Die geringe Zahl ist zwar auch darauf zurückzuführen, dass neue Fremdkapitalgeber oftmals erst zeitlich später in den Sanierungsprozess eingreifen[655] und das u.U. auch nur, wenn die bestehenden Fremdkapitalgeber bereits einen solchen Verzicht ausgesprochen haben. Die Anzahl erscheint dennoch gering.

---

655 Vgl. hierzu auch Kapitel 5.3.2.2.3.

Tab. 22: Analyse des Einsatzes der von externen Fremdkapitalgebern gewährten finanziellen Sanierungsmaßnahmen nach Krisenausgang

	(1)	(2)	(3)	(4)		(1)/(4)		[(1)+(3)]/(4)	
Maßnahme	**Fortführung (n =148)**	**Insolvenz (n =137)**	**Sonstige (n =27)**	**Gesamt (n =312)**	**Δ Gesamt (zu FK)**	**FF-Quote**	**Δ FF-Quote (zu FK)**	**IA-Quote**	**Δ IA-Quote (zu FK)**
FK durch Dritte	36|24 %	28|20 %	4|15 %	68|22 %	68	53 %	-	59 %	-
Mezzanine-Kapital	24|16 %	15|11 %	2|7 %	41|13 %	35	59 %	25 %	63 %	30 %
Anleiheemission	18|12 %	6|4 %	0|0 %	24|8 %	24	75 %	-	75 %	-
Umschuldung	13|9 %	7|5 %	0|0 %	20|6 %	-53	65 %	5 %	65 %	-3 %
FK durch Gläubiger	7|5 %	5|4 %	0|0 %	12|4 %	-61	58 %	13 %	58 %	4 %
Prolongation	6|4 %	4|3 %	0|0 %	10|3 %	-58	60 %	9 %	60 %	1 %
Stundung (T)	5|3 %	3|2 %	0|0 %	8|3 %	-41	63 %	14 %	63 %	11 %
Forderungsverzicht	4|3 %	4|3 %	0|0 %	8|3 %	-34	50 %	-2 %	50 %	-7 %
Stundung (Z)	2|1 %	4|3 %	0|0 %	6|2 %	-11	33 %	-2 %	33 %	-2 %
SHA/CW	3|2 %	2|2 %	0|0 %	5|2 %	-57	60,0 %	18 %	60 %	8 %
Debt-Equity-Swap	1|1 %	2|2 %	1|4 %	4|1 %	-5	25 %	-19 %	50 %	-6 %
Zinserlass	1|1 %	2|2 %	0|0 %	3|1 %	-12	33 %	-13 %	33 %	-27 %
Schuldübernahme	1|1 %	0|0 %	0|0 %	1|0 %	1	100 %	-	100 %	-
Rangrücktritt	0|0 %	1|1 %	0|0 %	1|0 %	-6	0 %	-43 %	0 %	-43 %

Die Tab. zeigt die Anzahl an Sanierungsprozessen mit mindestens einem Einsatz der jeweiligen Maßnahme durch die vor Beginn des Sanierungsprozesses externen Fremdkapitalgeber und den Anteil je Krisenausgang, sowie die Sanierungserfolgsquoten und Δ-Werte. *Fortführung* bezeichnet Sanierungsprozesse von fortgeführten Unternehmen mit mindestens einem Einsatz der jeweiligen Maßnahme. *Insolvenz* bezeichnet Sanierungsprozesse von insolventen Unternehmen mit mindestens einem Einsatz der jeweiligen Maßnahme. *Sonstige* bezeichnet Sanierungsprozesse von Unternehmen mit sonstigem Krisenausgang mit mindestens einem Einsatz der jeweiligen Maßnahme. *FF-Quote* bezeichnet die Fortführungsquote: (1)/(4). *IA-Quote* bezeichnet die Insolvenzabwendungsquote: [(1)+(3)]/(4). Die Δ-Werte sind die Differenzen der entsprechenden Anzahlen und Quoten der von bestehenden und externen Fremdkapitalgebern eingesetzten Sanierungsmaßnahmen. Etwaige Abweichungen der Δ-Werte sind auf Rundungsdifferenzen zurückzuführen. Die Untersuchungsgrundlage umfasst 148 Fortführungen, 137 Insolvenzen und 27 sonstige Krisenenden (Summe: 312).

Im Hinblick auf die Erfolgsquoten ist insb. die Bereitstellung von Mezzanine-Kapital durch neue Gläubiger deutlich vielversprechender als durch Altgläubiger. Die Gewährung von Fremdkapital klassischer Form weist etwas höhere Quoten für die Insolvenzabwendung wie im Fall der bestehenden Fremdkapitalgeber auf (59 % bzw. 58 % zu 55 %).[656]

5.3.3 Multivariate Analyse

Die univariaten Analysen in den vorangegangenen Kapiteln haben gezeigt, dass einige Sanierungsmaßnahmen eher mit einer erfolgreichen Sanierung assoziiert werden als andere. Jedoch liegt die Vermutung nahe, dass die Effektivität der Maßnahmen bzw. der Sanierungserfolg von endogenen, d.h. unternehmensinternen, und exogenen, d.h. unternehmensexternen, Faktoren des Sanierungsversuchs beeinflusst ist. Der tatsächliche Sanierungsbeitrag der Einzelmaßnahmen unter Kontrolle des Sanierungskontexts wird daher nun per multivariater Analyse geprüft.

Wie zuvor betont, dienen die hier untersuchten Instrumente üblicherweise dazu, die kurzfristige Stabilität des Unternehmens zu sichern. Mittel- bis langfristig sollen sie dazu beitragen, die Finanzierung zu sichern und eine wettbewerbsfähige Kapitalstruktur zu erreichen. Ebenso haben die univariaten Analysen gezeigt, dass die Sanierungserfolgsquoten in der kurzen Frist und für den gesamten Sanierungsversuch variieren. Im ersten Schritt wird daher untersucht, inwieweit Maßnahmen, die früh im Sanierungsprozess ergriffen werden, die unmittelbare Stabilisierung sanierungsbedürftiger Unternehmen sicherstellen. Im zweiten Schritt wird überprüft, ob der Einsatz dieser Instrumente einen wesentlichen Beitrag zum nachhaltigen Erfolg der Sanierung leistet. In beiden Betrachtungen wird eine logistische Regression zur Identifikation der Einzelbeträge, sowie eine Clusteranalyse zur Identifikation erfolgreicher Maßnahmenkombinationen, durchgeführt.

Im Kontext der multivariaten Analyse stellt sich die Frage nach der Operationalisierung der finanziellen Sanierungsstrategien. Die Einzelinstrumente können entweder basierend auf der zu beobachtenden Anzahl (Maßnahmenperspektive) oder auf Grundlage erfasster Sanierungsprozesse, in denen das jeweilige Instrument mindestens einmal eingesetzt wird (Prozessperspektive), als unabhängige Variablen in die multivariate Analyse einfließen. Diese Unterscheidung zwischen Anzahl und generellem Einsatz ist, wie bereits oben erwähnt, nicht trivial. Um die Frage zu beantworten, lohnt sich zunächst ein

656 Siehe Tab. 20.

Blick in die empirische Literatur. Relevante Studien, die sich mit dem Einsatz von finanziellen und nicht-finanziellen Maßnahmen befassen, sind u.a. Sudarsanam/Lai (2001), Jostarndt (2007), Eichner (2010) oder Naujoks (2012). Sudarsanam/Lai (2001) untersuchen den Einsatz verschiedener finanzieller und nicht-finanzieller Maßnahmen, sowie den Einfluss unterschiedlicher Unternehmenscharakteristika im Hinblick auf eine Widerherstellung des finanziellen Gleichgewichts von Krisenunternehmen für ein Sample britischer Krisenunternehmen.[657] Die Autoren nutzen eine Kombination aus dichotomen Variablen (z.B. Managementwechsel) und Verhältniskennzahlen (z.B. Erlöse aus dem Verkauf von Vermögenswerten im Verhältnis zur Bilanzsumme), um die Effektivität der jeweiligen Maßnahmen zu beurteilen.[658] Jostarndt (2007) erhebt einige operative und finanzielle Maßnahmen je Einsatz und Anzahl für Sanierungen deutscher, börsennotierter Unternehmen, wobei in der multivariaten Analyse bzgl. des Überlebens der jeweiligen Firmen Indikatorvariablen in die Analyse einfließen.[659] Die Datenverarbeitung von Eichner (2010) erfolgt für sein internationales Sample von sanierungsbedürftigen Unternehmen aus der verarbeitenden Industrie ausschließlich auf Basis von dichotomen Variablen. Allerdings wird zwischen einem frühen und einem späten Einsatz bzw. Beobachtungszeitpunkt der jeweiligen Maßnahmen differenziert.[660] Ebenso geht Naujoks (2012) in seiner Untersuchung US-amerikanischer Sanierungsfälle gem. Chapter 11 vor, indem er Indikatorvariablen für verschiedene Strategien verwendet und zwischen den Einsatzzeitpunkten inner- und außerhalb des Verfahrens unterscheidet.[661] Insgesamt kann daher aus der Literatur abgeleitet werden, dass eine Dominanz der dichotomen Kodierung bzw. Verwendung der jeweiligen Variablen in den Modellen besteht, d.h. es wird untersucht, ob eine Maßnahme mindestens einmal eingesetzt wird. Dies entspricht damit der Prozessperspektive.

Unabhängig vom Blick in die existierende Literatur ist auch die Formulierung folgenden theoretischen Gedankengangs möglich: Einerseits kann argumentiert werden, dass ceteris paribus eine höhere Anzahl durchgeführter Maßnahmen eher zu einem Sanierungserfolg führt als eine geringere Anzahl.

---

657 Die Wiederherstellung des finanziellen Gleichgewichts wird in dieser Studie für den Fall eines positiven Z Scores gem. Taffler (1983) angenommen. Vgl. Sudarsanam/Lai (2001), S. 196.

658 Vgl. Sudarsanam/Lai (2001), S. 188–196.

659 Vgl. Jostarndt (2007), S. 22, 177–185.

660 Vgl. Eichner (2010), S. 70–75, 138, 213 ff.

661 Vgl. Naujoks (2012), S. 46, 109.

Andererseits muss berücksichtigt werden, dass wiederholte Anwendungen von Maßnahmen nicht zwangsläufig mit einem Sanierungserfolg einhergehen. Z.B. kann – wie bereits zuvor dargelegt – eine vergleichsweise große Kapitalerhöhung u.U. eher zu einer erfolgreichen Sanierung beitragen als zwei kleinere Kapitalerhöhungen oder mehrere kurzfristige Stundungen im Vergleich zu einer langfristigen Stundung eher kontraproduktiv sein. Aufgrund dieser Überlegungen und der Vorgehensweise in der vorhandenen Literatur wird für die folgende multivariate Analyse auf den dichotomen Variableneinsatz zurückgegriffen.

Um das Krisenausmaß bzw. den Sanierungskontext zu erfassen, erfolgt eine Einbeziehung von Kontrollvariablen in die Regression. Ein positiver Effekt sollte von der Profitabilität bzw. dem Zustand des Kerngeschäfts des Unternehmens ausgehen.[662] Dieser Einfluss wird durch die industrieadjustierte operative Cashflow-Rendite operationalisiert. Eine weitere Einflussgröße stellen mögliche Wachstumschancen des Krisenunternehmens dar. Diese können nur realisiert werden, wenn das Unternehmen fortgeführt wird und sollten daher die Insolvenzabwendung begünstigen.[663] Für die Prüfung wird das Tobinsche Q als dichotome Variable verwendet.[664] Unternehmen mit Werten größer eins werden als Wachstumsunternehmen gekennzeichnet. Die Verschuldung des Krisenunternehmens sollte ebenfalls Auswirkungen auf die Sanierungschancen der Unternehmen haben. In diesem Zusammenhang kann argumentiert werden, dass hohe Verschuldungsgrade zwar die Wahrscheinlichkeit einer finanziellen Schieflage erhöhen, innerhalb dieser jedoch eine disziplinierende Wirkung auf das Verhalten des Managements haben. Dieses reagiert schneller auf einen Rückgang der Unternehmensperformance, da bereits ein kleiner Rückgang einen Ausfall des Fremdkapitaldiensts zur Folge haben kann. Dadurch wird ein höherer Anteil am Unternehmenswert gesichert und die Chance eines Sanierungserfolgs erhöht.[665] Zusätzlich haben die Kreditgeber

662 Vgl. z.B. Eichner (2010), S. 123, 229; Jostarndt (2007), S. 183–185; Turetsky/McEwen (2001), S. 333.

663 Vgl. Eichner (2010), S. 122–123; Gilson et al. (1990), S. 320.

664 Die Kennzahl ist definiert als Marktwert des Unternehmens im Verhältnis zu den Wiederherstellungskosten des Unternehmensvermögens. Da letztere oftmals schwer zu ermitteln sind, erfolgt die Berechnung in empirischen Studien zumeist anhand folgender Formel: (Nominalwert des Fremdkapitals + Marktwert des Eigenkapitals) / Bilanzsumme.

665 Vgl. Jensen (1989), S. 42; Jostarndt (2007), S. 89, 167–168; Eichner (2010), S. 121–122. Empirisch zeigt Ofek (1993), dass höhere Verschuldungsgrade vor Schieflage

eher Anreize, einer außergerichtlichen Einigung zuzustimmen, da eine Insolvenz eines hoch verschuldeten Unternehmens bereits dann eintreten kann, wenn der Fortführungswert noch weit über dem Liquidationswert liegt. Die relativen Kosten einer Insolvenz sind für Gläubiger dieser Unternehmen folglich höher.[666] Empirisch zeigen einige Studien allerdings, dass der Verschuldungsgrad einen positiven Einfluss auf die Insolvenzwahrscheinlichkeit hat,[667] sodass die prognostizierte Wirkrichtung nicht eindeutig ist. Die Messung erfolgt durch den industrieadjustierten Verschuldungsgrad zu Marktwerten. Zudem wird die Liquidität der Unternehmen anhand der industrieadjustierten Current-Ratio (Liquidität 3. Grades) kontrolliert.[668] In der vorliegenden Studie werden außerdem exogene Einflüsse gesamtwirtschaftlicher Krisen sowie von Industriekrisen modelliert. Beide sollten einen negativen Einfluss auf die Sanierungschancen des Unternehmens haben und werden auf Basis von Indikatorvariablen gekennzeichnet. Dagegen kann eine positive Wirkung von einer Übernahme des Krisenunternehmens ausgehen. Ein Eigentümerwechsel stellt häufig ein geeignetes Sanierungsinstrument dar, wenn bspw. Altgesellschafter keinen Beitrag zur Krisenlösung leisten (können) oder sogar zur Verursachung der Krise beitragen.[669] Auch hier erfolgt der Einsatz einer dichotomen Variable. Da die gesetzlichen Regelungen der gerichtlichen Verfahren von den an einer außergerichtlichen Sanierung Beteiligten in ihr jeweiliges Kalkül einbezogen werden, liegt die Vermutung nahe, dass wesentliche Änderungen dieser Regelungen Auswirkungen auf die außergerichtlichen Verfahren haben.[670] Eine solche wesentliche Änderung wurde im Beobachtungszeitraum v.a. durch das Inkrafttreten des ESUG vorgenommen, welches die Chancen einer Sanierung

---

sich z.B. positiv auf einen schnellen Einsatz operativer Sanierungsmaßnahmen auswirken. Vgl. Ofek (1993), S. 14–16.

666 Vgl. Eichner (2010), S. 121–122.

667 Vgl. Jostarndt (2007), S. 183–184; Turetsky/McEwen (2001), S. 331–333; Ofek (1993), S. 15–16.

668 Z.B. weist Jostarndt (2007) einen negativen Einfluss hoher Liquiditätsbestände auf die Insolvenzwahrscheinlichkeit nach. Vgl. Jostarndt (2007), S. 183–185.

669 Vgl. Wohlenberg (2018), S. 562. Der Einfluss von Übernahmen wird nur für den Gesamterfolg der Sanierung kontrolliert, da in der kurzen Frist alle übernommenen Unternehmen eine Insolvenzabwendung erreichen. Die qualitativen Ergebnisse der Untersuchung der Stabilisierungsphase ändern sich bei deren Ausschluss nicht.

670 Vgl. Drukarczyk/Schöntag (2020), Rn. 51.

im Insolvenzverfahren verbessern sollte.[671] Insb. wurde vom Gesetzgeber das Planverfahren als essenzieller Bestandteil der Sanierung in Insolvenzfällen gestärkt.[672] Aus diesem Grund wird für alle Sanierungsversuche, die diesen möglichen Einflüssen unterliegen, eine Indikatorvariable in der Regression verwendet wird. Als letzte Variable findet die Unternehmensgröße Aufnahme in das Regressionsmodell. Großunternehmen wird oftmals eine geringere Insolvenzwahrscheinlichkeit zugeschrieben,[673] weshalb auch dieser mögliche unternehmensindividuelle Einfluss als Kontrollvariable in die Untersuchung einfließt.[674]

5.3.3.1 Früher Sanierungsprozess

Der erste Teil der multivariaten Analyse befasst sich mit der Effektivitätsprüfung finanzieller Sanierungsmaßnahmen im kurzen Zeithorizont. Dies erfolgt zunächst durch die Anwendung einer logistischen Regression. Im weiteren Verlauf werden Maßnahmenkombinationen analysiert, die zur kurzfristigen Stabilisierung der untersuchten Unternehmen beitragen. Abschließend wird ein Klassifikationsverfahren durchgeführt, um erfolgreiche Sanierungsstrategien für unterschiedliche Unternehmensprofile zu identifizieren.

5.3.3.1.1 Effektivität der Einzelmaßnahmen

In die logistische Regression fließen die Maßnahmen, die früh im Sanierungsprozess eingesetzt werden, d.h. in den Zeitpunkten t_0 oder t_1, als unabhängige Variablen ein. Als abhängige Variable dient für die kurzfristige Liquiditätssicherung der Zustand des Unternehmens zum Ende von t_1. Außerdem wird bei

671 Vgl. Bork (2019), Rn. 17; Gesetz zur weiteren Erleichterung der Sanierung von Unternehmen vom 07.12.2011, BGBl. I, S. 2582. Das Inkrafttreten des StaRUG im Jahr 2021 liegt nahe dem Ende des Beobachtungszeitraums und betrifft potenziell nur sehr wenige Sanierungsprozesse. Es wird daher kein Einfluss geprüft.

672 Vgl. Steffan (2022), Rn. 5.

673 Vgl. z.B. Shumway (2001), S. 121–122; Rajan/Zingales (1995), S. 1456. Davon abweichend Turetsky/McEwen (2001), S. 332–333.

674 Eine weitere potenzielle Einflussgröße hinsichtlich der Insolvenzprognose könnte der Anteil des Sachanlagevermögens darstellen. Allerdings ist die hypothesierte Wirkrichtung im Zusammenhang mit der Forschungsfrage des vorliegenden Abschnitts nach Meinung des Autors nicht eindeutig. Auch finden z.B. Turetsky/McEwen (2001) keinen empirischen Nachweis eines Effekts. Vgl. Turetsky/McEwen (2001), S. 331–334. Nicht abgetragenen Analysen zeigen zudem keinen signifikanten Einfluss an.

Fortführung, Insolvenz oder sonstigem Krisenausgang zwischen den bekannten Konstellationen (I), (II) und (III) differenziert. Des Weiteren sind diejenigen Unternehmen aus der Untersuchung ausgeschlossen, deren Kapitalgeber eine Schuldübernahme, einen Debt-Equity-/Debt-Mezzanine-Swap, eine Anleiheemission oder einen Zinserlass im Zeitraum t_0 bis t_1 durchgeführt haben. Diese Maßnahmen können jeweils ein vorübergehendes Überleben des Unternehmens in allen Sanierungsfällen erreichen. Dies bestätigt die theoretische Wirksamkeit von Schuldübernahmen, Swaps und in gewissem Maße von Zinserlassen zur kurzfristigen Unternehmenssicherung.[675] Im Rahmen der Regression können allerdings keine weiteren Erkenntnisse aus diesen Datensätzen gewonnen werden. Gleiches gilt für Beobachtungen mit unzureichenden Daten. Zudem wurde ein extremer Ausreißer entfernt. Die Untersuchungsgrundlage reduziert sich für diese Teilanalyse daher von 328 auf 287 Sanierungen.

Tab. 23 stellt die Ergebnisse der logistischen Regression für die kurzfristige Betrachtung dar. Es werden zunächst die vollen Modelle präsentiert, und anschließend die Modelle, welche durch eine schrittweise Reduktion der jeweils am geringsten signifikanten Variablen gewonnen werden. Im Hinblick auf die finanziellen Sanierungsinstrumente ist zunächst festzustellen, dass kaum signifikant positive Einflüsse auf die kurzfristige Unternehmenssicherung zu verzeichnen sind. Die frühe Vergabe von Fremdkapital durch die Gläubiger weist sogar einen signifikant negativen Koeffizienten in allen sechs Modifikationen auf. Wie bereits im Rahmen der univariaten Analyse angesprochen, ist es verwunderlich, warum zusätzliches Fremdkapital der Gläubiger auf Basis der Daten nicht zum kurzfristigen Sanierungserfolg beiträgt. Möglicherweise stellen die Finanziers zu wenig Mittel bereit und/oder tun dies nur zu strapaziösen Bedingungen. Auch können die Einräumung von (weiteren) Sicherheiten, die ungehinderte Befriedigung aus den bestellen Sicherheiten oder das Warten auf das Auslaufen insolvenzrechtlicher Anfechtungsfristen mögliche Beweggründe für eine zusätzliche Kreditgewährung sein. Es gilt allerdings zu berücksichtigen, dass oftmals Überbrückungskredite, die dem Unternehmen die Erstellung eines Sanierungsgutachtens ermöglichen sollen, vergeben werden, jedoch eine weitere Unterstützung durch Sanierungskredite bei negativem Prüfungsurteil nicht möglich ist. Dagegen sind frühzeitige Prolongationen offenbar dazu

675 Wie bereits erläutert, kann die vermeintliche Wirksamkeit von Anleiheemissionen darauf zurückzuführen sein, dass die Emittenten relativ große Unternehmen sind, die unter ansonsten gleichen Bedingungen mit einer geringeren Insolvenzwahrscheinlichkeit in Verbindung gebracht werden.

geeignet, Krisenunternehmen kurzfristig zu stabilisieren, wie der jeweils auf dem 1 %-Niveau signifikante Koeffizient anzeigt. Des Weiteren weisen Kapitalerhöhungen und Kapitalschnitte[676] durchwegs positive Koeffizienten auf, wobei lediglich die Koeffizienten der Kapitalerhöhungen auf dem 5 %-Niveau signifikant sind. Damit scheinen Kapitalerhöhungen einen essenziellen Sanierungsbeitrag in der kurzen Frist zu leisten. Neben dem Kapitalschnitt sind insignifikante Einflüsse insb. für den Forderungsverzicht überraschend, da beide in der Theorie vergleichsweise starke Instrumente darstellen. Im Fall von Forderungsverzichten, die sogar einen negativen Koeffizienten aufweisen, kann dies daran liegen, dass sie i.d.R. erst in einem sehr ausgeprägten und späten Stadium vergeben werden, dem Unternehmen aber gleichzeitig keine neuen liquiden Mittel zufließen. Es gilt für die genannten und alle anderen Instrumente allerdings zu bedenken, dass die individuelle Ausgestaltung einen weiteren entscheidenden Einfluss auf den Erfolg der Maßnahmen ausüben kann.

Die begrenzte Signifikanz der durchgeführten Sanierungsmaßnahmen lässt sich aber v.a. auch anhand der weiteren Kennzahlen, d.h. dem Sanierungskontext, erklären. Wachstumsunternehmen weisen eine auf dem 5 %-Niveau signifikante geringere Wahrscheinlichkeit auf, eine Insolvenzabwendung zu erreichen. Die Variable hat damit den gegenteiligen Effekt in Bezug auf die vermutete Wirkrichtung. Wenn Wachstumschancen als Risiko der zukünftigen Unternehmensentwicklung interpretiert werden, kann das Ergebnis dahingehend gedeutet werden, dass risikoarme Unternehmen eher einen Sanierungserfolg erreichen. Das Vorhandensein einer Industriekrise beeinflusst den Krisenausgang ebenfalls auf einem Signifikanzniveau von 1 % negativ, während dies nicht für allgemeine Wirtschaftskrisen gilt. Der marktbasierte Verschuldungsgrad und der Zustand des operativen Geschäfts haben einen signifikanten Einfluss, wie ein Blick auf die Variablen Lev_{adj} und OCF_{adj} zeigt. Während die Ergebnisse bzgl. des betrieblichen Zustands der prognostizierten Richtung entsprechen, liegen interessanterweise positive Koeffizienten für den Verschuldungsgrad vor. Dies deutet in Richtung einer eher disziplinierenden Wirkung

---

676 Im Rahmen der multivariaten Analyse werden keine Kapitalherabsetzungen betrachtet, sondern Kapitalschnitte, d.h. Kapitalherabsetzungen mit anschließender Kapitalerhöhung. Konsequenterweise reduziert sich die Anzahl der Kapitalerhöhungen um vorgenommene Kapitalschnitte.

hoher Fremdkapitalbestände. Erwartungsgemäß beeinflusst die Liquidität des Unternehmens den Sanierungsausgang ebenfalls auf dem 5 %-Niveau positiv. Höchstsignifikant ist zudem der positive Einfluss der Unternehmensgröße. Die Änderung des Rechtsrahmens durch das ESUG hat in der vorliegenden Analyse keinen signifikanten Einfluss auf den kurzfristigen Sanierungserfolg.

Insgesamt zeigt sich deutlich, dass die kurzfristige Stabilisierung des Unternehmens und die Prognose seiner Fortführungsfähigkeit insb. von den Merkmalen des Unternehmens bzw. des Sanierungskontextes abhängen. Finanzielle Sanierungsinstrumente tragen gelegentlich signifikant zur Sanierungsprognose bei. Basierend auf den dargelegten Erkenntnissen wird empfohlen, Kapitalerhöhungen durchzuführen und bestehende Fremdfinanzierungen zu verlängern, um den Geschäftsbetrieb kurzfristig zu sichern. Hingegen ist davon abzuraten, frisches Fremdkapital vonseiten der bestehenden Gläubiger aufzunehmen.

Tab. 23: Effektivität finanzieller Sanierungsmaßnahmen im frühen Sanierungsprozess

	Konstellation (I)		**Konstellation (II)**		**Konstellation (III)**	
Modell	**(1)**	**(2)**	**(3)**	**(4)**	**(5)**	**(6)**
Maßnahmen						
FK durch Dritte	0,162		0,155		0,191	
	(0,621)		(0,620)		(0,621)	
FK durch Gläubiger	-1,168**	-1,128**	-1,178**	-1,139**	-1,126**	-1,088**
	(0,469)	(0,463)	(0,470)	(0,464)	(0,466)	(0,459)
Forderungs-verzicht	-0,433		-0,444		-0,393	
	(0,667)		(0,667)		(0,665)	
Gesellschafter-darlehen	0,385		0,383		0,393	
	(0,574)		(0,575)		(0,571)	
Kapitalerhöhung	0,950**	0,941**	0,946**	0,934**	0,967**	0,971**
	(0,473)	(0,432)	(0,474)	(0,433)	(0,469)	(0,429)
Kapitalschnitt	0,361		0,357		0,378	
	(1,252)		(1,254)		(1,244)	
Mezzanine-Kapital	-0,003		-0,008		0,017	
	(0,539)		(0,541)		(0,530)	
Prolongation	2,415***	2,320***	2,416***	2,311***	2,411***	2,358***
	(0,896)	(0,767)	(0,899)	(0,766)	(0,888)	(0,773)
Rangrücktritt	0,128		0,122		0,153	
	(1,645)		(1,644)		(1,651)	
SHA/CW	-0,379		-0,397		-0,308	

(*fortgeführt*)

Tab. 23: Fortsetzung

	Konstellation (I)		**Konstellation (II)**		**Konstellation (III)**	
Modell	**(1)**	**(2)**	**(3)**	**(4)**	**(5)**	**(6)**
	(0,695)		(0,696)		(0,692)	
Stundung (T)	-0,150		-0,146		-0,169	
	(0,668)		(0,669)		(0,663)	
Stundung (Z)	0,095		0,099		0,087	
	(1,182)		(1,186)		(1,171)	
Umschuldung	0,270		0,265		0,294	
	(0,586)		(0,586)		(0,584)	
Operative Unternehmenseigenschaften						
OCF_{adj}	2,009**	2,005**	1,966*	1,968**	2,188**	2,161**
	(1,023)	(0,967)	(1,019)	(0,961)	(1,034)	(0,987)
TQ	-1,276**	-1,227**	-1,267**	-1,218**	-1,315**	-1,264**
	(0,552)	(0,536)	(0,552)	(0,537)	(0,550)	(0,534)
Vermögens- und Kapitalstruktur						
Lev_{adj}	2,614**	2,548**	2,614**	2,543**	2,625**	2,576**
	(1,317)	(1,220)	(1,322)	(1,223)	(1,301)	(1,210)
CR_{adj}	0,468**	0,474**	0,455**	0,463**	0,521**	0,522**
	(0,207)	(0,209)	(0,204)	(0,204)	(0,222)	(0,229)
Exogene Einflüsse						
Krise	-0,229	-0,211	-0,256	-0,237	-0,123	-0,112
	(0,397)	(0,393)	(0,396)	(0,392)	(0,397)	(0,393)
Industriekrise	-2,122***	-2,079***	-2,131***	-2,086***	-2,086***	-2,055***
	(0,484)	(0,481)	(0,485)	(0,481)	(0,483)	(0,479)
Kontrollvariablen						
ESUG	0,230	0,288	0,208	0,265	0,320	0,381
	(0,531)	(0,540)	(0,531)	(0,539)	(0,531)	(0,545)
Größe	0,368***	0,353***	0,377***	0,361***	0,335**	0,324**
	(0,139)	(0,137)	(0,139)	(0,137)	(0,138)	(0,136)
Modellgüte						
N	286	286	287	287	287	287
Pseudo R^2	0,261	0,254	0,260	0,254	0,259	0,252
$\chi 2$	57,44***	53,65***	57,41***	53,57***	57,12***	53,80***
AIC	246,70	228,55	247,12	228,98	249,77	231,63

Die Tab. zeigt die Ergebnisse der logistischen Regressionen (Maximum-Likelihood-Schätzung) für den frühen Sanierungsprozess. Es werden Koeffizienten und cluster-robuste Standardfehler auf dem Unternehmenslevel in Klammern berichtet. In Konstellation (I) nimmt die abhängige Variable den Wert eins an, wenn das Unternehmen am Ende von t_1 keine Insolvenz anmeldet, wobei Sanierungsprozesse mit sonstigem Krisenausgang ausgeschlossen sind. Die abhängige

Tab. 23: Fortsetzung

Variable nimmt in Konstellation (II) den Wert eins an, wenn das Unternehmen bis zum Ende von t_1 keine Insolvenz anmeldet. In Konstellation (III) nimmt die abhängige Variable den Wert eins an, wenn das Unternehmen am Ende von t_1 unverändert fortgeführt wird. Die Indikatorvariablen der finanziellen Sanierungsmaßnahmen nehmen den Wert eins an, wenn min. ein Maßnahmeneinsatz in t_0 oder t_1 beobachtet wird. Die Definitionen der Sanierungsmaßnahmen können Kap. 2.2.3.3 entnommen werden. OCF_{adj} ist der industrieadjustierte operativen Cashflow vor Zinsen im Verhältnis zur durchschnittlichen Bilanzsumme des aktuellen und des Vorjahres. *TQ* ist eine Indikatorvariable, die den Wert eins annimmt, wenn das Tobinsche Q größer eins ist. Lev_{adj} ist die industrieadjustierte Verschuldungsquote zu Marktwerten. CR_{adj} ist die industrieadjustierte Current-Ratio (Liquidität dritten Grades). *Krise* ist eine Indikatorvariable, die den Wert eins annimmt, wenn in einem der beiden Jahre t_0 oder t_1 ein negatives Realwachstum des BIP vorliegt sowie in den Jahren 2001 und 2008. *Industriekrise* ist eine Indikatorvariable, die den Wert eins annimmt, wenn in einem der beiden Jahre t_0 oder t_1 der Median-OCF der Unternehmen in der jeweiligen Industrie kleiner null ist. *ESUG* ist eine Indikatorvariable, die für alle Sanierungsprozesse ab 2012 den Wert eins annimmt. *Größe* entspricht der logarithmierten und deflationierten Bilanzsumme. Alle Indikatorvariablen nehmen den Wert null an, wenn die jeweiligen Bedingungen nicht erfüllt sind. Ausführliche Definitionen der unabhängigen Variablen können Anh. 6 entnommen werden. Die Daten stammen aus dem letzten verfügbaren Fiskaljahr vor Sanierungsbeginn. Die Konstante ist nicht abgetragen. *Pseudo-*R^2 gem. McFadden stellt ein Maß für die Modellanpassung dar. $\chi 2$ ist der globale Likelihood-ratio-chi-square-Test zur Prüfung der Hypothese, dass alle Koeffizienten gleich null sind. *AIC* ist das Akaike-Informationskriterium zum Modellvergleich. Das Signifikanzniveau auf dem 10 %-, 5 %- und 1 %-Niveau ist jeweils mit *, ** und *** gekennzeichnet.

5.3.3.1.2 Effektive Maßnahmenkombinationen

Die Ergebnisse der vorherigen Abschnitte verdeutlichen, dass Sanierungsversuche oft eine Vielzahl unterschiedlicher finanzieller Instrumente enthalten und Einzelmaßnahmen nur begrenzten Einfluss auf den Erfolg der Sanierung haben. Daher ist es fraglich, ob erstens eine höhere Anzahl eingesetzter Maßnahmen oder Maßnahmenarten mit einer höheren Wahrscheinlichkeit einer gelungenen Sanierung einhergeht, zweitens, welche Maßnahmenkombinationen erfolgreich angewendet werden, und ob es drittens möglich ist, spezifische Maßnahmenkombinationen für unterschiedliche Unternehmenstypen zu identifizieren, die regelmäßig zur Bewältigung einer Krise beitragen. Um diese Fragestellungen zu beantworten, werden zunächst Kennzahlen zur Anzahl der eingesetzten Instrumente und Maßnahmenarten in der frühen Sanierungsphase präsentiert. Darüber hinaus werden häufig beobachtete Maßnahmenkombinationen aufgezeigt. Aufgrund der Vielfalt erfolgreicher Maßnahmenkombinationen und Unternehmensprofile wird im letzten Schritt eine Clusteranalyse der in der Untersuchungsgrundlage vorhandenen Strategien durchgeführt, um erfolgreiche Sanierungsgruppen zu identifizieren.

Abb. 19 präsentiert die Summe der Sanierungsversuche gem. der erfassten Maßnahmenanzahl in der frühen Sanierungsphase. Die relative Mehrheit stellen Sanierungsversuche mit ein bis zwei Maßnahmeneinsätzen (128) dar. Etwa ein Drittel der Prozesse weist drei oder mehr Maßnahmen auf. Es werden zwar mit Ausnahme der Prozesse mit mehr als sechs Maßnahmen Erhöhungen der FF- und IA-Quote mit dem Anstieg der eingesetzten Maßnahmen beobachtet, jedoch sind diese vergleichsweise moderat. Die Quoten steigen von etwa 80 % (keine Maßnahmen) auf etwa 90 % (fünf bis sechs Maßnahmen). Da auch kein eindeutiger Trend vorliegt, ist festzuhalten, dass kein unmittelbarer Zusammenhang zwischen Maßnahmenanzahl und kurzfristiger Unternehmensrettung vorzuliegen scheint.

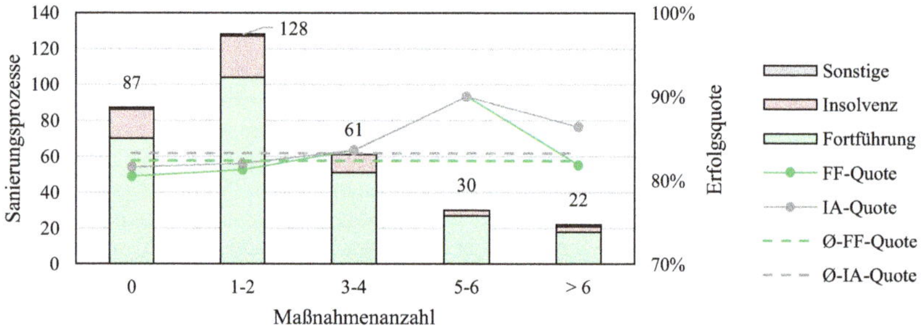

Abb. 19: Verteilung der Sanierungsprozesse je Maßnahmenanzahl im frühen Sanierungsprozess

Die Abb. zeigt die Verteilung der Anzahl der eingesetzten Maßnahmen in den 328 analysierten Sanierungsprozessen und die dazugehörigen Krisenausgänge und Erfolgsquoten für den frühen Sanierungsprozess. *FF-Quote* bezeichnet die Fortführungsquote. *IA-Quote* bezeichnet die Insolvenzabwendungsquote. Die Untersuchungsgrundlage umfasst 270 Fortführungen, 55 Insolvenzen und drei sonstige Krisenenden.

Abb. 20 zeigt die Verteilung der Anzahl der kurzfristig eingesetzten Maßnahmenarten. Bspw. werden in der frühen Phase in 87 Sanierungsversuchen keine Maßnahmen und in 144 Sanierungsversuchen ein bis zwei Maßnahmenarten eingesetzt. Prozesse mit mehr als zwei Maßnahmenarten sind in deutlich geringerem Umfang zu beobachten. Auch hier zeigen sich mit Ausnahme der Quoten für mehr als sechs Maßnahmenarten leichte Anstiege in den Sanierungserfolgsquoten von ca. 80 % (keine Maßnahmen) auf etwa 90 % (fünf bis sechs Maßnahmenarten). Die IA-Quote bei mehr als sechs Maßnahmenarten liegt gar bei 100 %. Die Anzahl der Arten korreliert für alle Sanierungsversuche stark mit der Anzahl der beobachteten Maßnahmen (Korrelationskoeffizient: 0,922; signifikant auf dem 1 %-Niveau). Insgesamt ist festzustellen, dass eine höhere Anzahl an Maßnahmenarten eher mit einer Insolvenzabwendung in der kurzen Frist verbunden ist.[677]

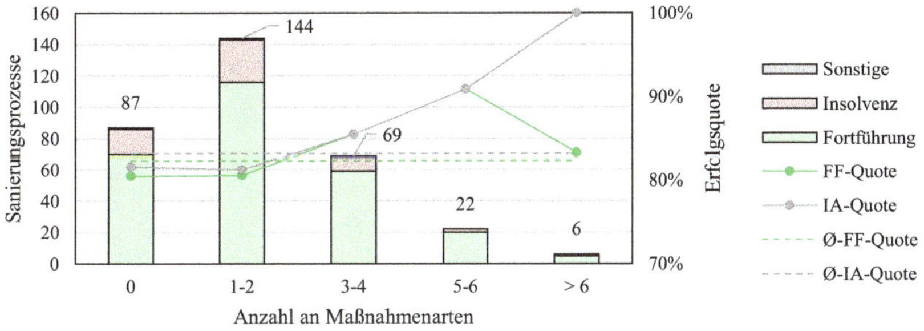

Abb. 20: Verteilung der Sanierungsprozesse je Maßnahmenartenanzahl im frühen Sanierungsprozess

Die Abb. zeigt die Verteilung der Anzahl der eingesetzten Maßnahmenarten in den 328 analysierten Sanierungsprozessen und die dazugehörigen Krisenausgänge und Erfolgsquoten für den frühen Sanierungsprozess. *FF-Quote* bezeichnet die Fortführungsquote. *IA-Quote* bezeichnet die Insolvenzabwendungsquote. Die Untersuchungsgrundlage umfasst 270 Fortführungen, 55 Insolvenzen und drei sonstige Krisenenden.

Es soll nun untersucht werden, ob bestimmte Maßnahmenkombinationen höhere Sanierungschancen mit sich bringen als andere. Problematisch ist hierbei, dass teilweise sehr stark unterschiedliche Kompositionen verwendet werden. Um einen ersten Eindruck zu erhalten, welche Kombinationen mit einer erfolgreichen Sanierung in Verbindung stehen, stellt Tab. 24 die Anzahl der jeweiligen Zweierkombinationen an finanziellen Sanierungsmaßnahmen für Sanierungsprozesse, die mit einer Fortführung des Unternehmens enden, in einer sog. Heatmap, dar. Die mit Abstand häufigste erfolgreiche Maßnahmenkombination stellen Kapitalerhöhungen und Umschuldungen mit 29 Beobachtungen dar. Da beide Maßnahmen zu den auch insgesamt am zahlreichsten in der kurzen Frist eingesetzten Maßnahmen gehören, ist das Ergebnis wenig überraschend. Trotzdem ist diese Kombination nur in ca. 11 % der Fortführungen vorzufinden. Beide Instrumente werden auch zusammen mit anderen Instrumenten am häufigsten in erfolgreichen Sanierungen erfasst. Bspw. sind beide Maßnahmen in Kombination mit Stillhalteabkommen/Covenant Waivern in 19 Sanierungsprozessen zu beobachten. In 20 Fällen findet eine Kombination von Kapitelerhöhung und FK durch Gläubiger statt.

677 Dieses Ergebnis stützt damit die Verwendung der Prozessperspektive ggü. der Maßnahmenperspektive in der multivariaten Analyse.

Tab. 24: Erfolgreiche Maßnahmenkombinationen im frühen Sanierungsprozess [a]

	(1)	(2)	(3)	(4)	(5)	(6)	(7)	(8)	(9)	(10)	(11)	(12)	(13)	(14)	(15)	(16)	(17)	(18)
(1) Anleiheemission																		
(2) Debt-Equity-Swap	0																	
(3) Debt-Mezz.-Swap	0	1																
(4) FK durch Dritte	4	5	0															
(5) FK durch Gläubiger	2	2	2	8														
(6) Forderungsverzicht	0	0	1	4	5													
(7) Gesellschafterdarl.	0	3	1	7	9	11												
(8) Kapitalerhöhung	7	2	0	11	20	10	17											
(9) Kapitalschnitt	0	0	0	1	2	3	3	3										
(10) Mezzanine-Kapital	2	1	0	13	8	3	5	16	1									
(11) Prolongation	1	3	1	9	11	8	7	16	3	8								
(12) Rangrücktritt	0	0	0	1	3	4	5	3	2	1	6							
(13) Schuldübernahme	0	0	0	1	1	1	1	0	0	0	0	0						
(14) SHA/CW	5	1	1	6	9	5	3	19	1	5	16	1	0					
(15) Stundung (T)	0	2	2	4	9	8	6	12	2	1	9	1	1	10				
(16) Stundung (Z)	0	1	1	3	4	2	2	4	2	1	5	4	0	4	6			
(17) Umschuldung	6	4	1	15	18	9	13	29	3	9	12	4	1	19	9	3		
(18) Zinserlass	0	1	1	0	3	4	4	3	1	0	5	3	0	2	3	3	3	

Die Tab. zeigt die Maßnahmenkombinationen für den frühen Sanierungsprozess für Unternehmen, die am Ende von t_1 fortgeführt werden. Die Untersuchungsgrundlage umfasst 270 Fortführungen. Die Maßnahmenkombinationen schließen sich gegenseitig nicht aus.

[a] Eine vom Krisenausgang unabhängige Darstellung der beobachteten Maßnahmenkombinationen im frühen Sanierungsprozess findet sich in Anh. 11.

Auf Basis der bisherigen Analysen zeigt sich, dass wenig allgemein gültige Aussagen hinsichtlich der Effektivität von Einzelmaßnahmen oder Maßnahmenkombinationen für den kurzfristigen Sanierungsprozess abgeleitet werden können. Um Strukturen erfolgreicher Maßnahmeneinsätze herauszuarbeiten, erfolgt daher eine Clusteranalyse. Diese dient dazu aus einer Datengrundlage Gruppen zu bilden, die innerhalb eine relativ hohe Homogenität (Intragruppen-Homogenität) und zwischen den Gruppen eine vergleichsweise hohe Heterogenität (Intergruppen-Heterogenität) aufweisen.[678]

Für die Untersuchungsgrundlage werden Sanierungsversuche ausgeschlossen, die eine Schuldübernahme, einen Debt-Equity-/Debt-Mezzanine-Swap, eine Anleiheemission oder einen Zinserlass zu den Zeitpunkten t_0 oder t_1 beinhalten, da im Anschluss an diese Maßnahmen alle Firmen eine kurzfristige Unternehmensfortführung sicherstellen können. Der Ausschluss erfolgt daher in Analogie zu Kapitel 5.3.3.1.1. Diese Maßnahmen sind darüber hinaus nur in sehr wenigen Sanierungsprozessen in der kurzen Frist zu beobachten. Die Verwendung von Clustervariablen, die bei allen Objekten eine nahezu gleiche Ausprägung oder Null-Werte aufweisen, sollte vermieden werden, da sie zu einer Nivellierung der Unterschiede führen können und somit möglicherweise Verzerrungen bei der Fusionierung hervorrufen.[679] Die Datenbasis inklusive Unternehmen, die in der kurzen Frist Insolvenz anmelden, mindert sich nach diesen Schritten auf 288 Sanierungsversuche bzw. 233 Sanierungen von Unternehmen, die am Ende von t_1 eine Unternehmensfortführung erreichen.

Im ersten Schritt wird zur Prüfung von Ausreißern die Clustermethode auf Basis der Nächstgelegener-Nachbar-Methode (Single-Linkage) durchgeführt und das zugehörige Dendrogramm analysiert. Es sind drei Ausreißer zu beobachten, die eliminiert werden. Insgesamt stehen somit 230 Sanierungen für das Klassifikationsverfahren zur Verfügung. Im zweiten Schritt erfolgt die Berechnung der Cluster anhand der Ward-Methode.[680] Mit Blick auf das Dendrogramm und den sog. Elbow-Chart können Lösungen mit zwei, vier oder sechs Clustern in Betracht gezogen werden.[681] Vor dem Hintergrund des Forschungsdesigns wird eine Lösung mit sechs Clustern präferiert und nachfolgend überprüft. Die Cluster sind inkl. der Variablen des Sanierungskontextes in Tab. 25 dargestellt. Die berichteten Abweichungen (Δ) dienen der Charakterisierung

678 Vgl. Backhaus et al. (2021), S. 490.
679 Vgl. Backhaus et al. (2021), S. 496.
680 Siehe hierzu auch Kapitel 3.2.3.
681 Der Elbow-Chart für den frühen Sanierungsprozess findet sich in Anh. 13. Das Dendrogramm ist nicht abgetragen.

des jeweiligen Clusters ggü. der Datengrundlage. Außerdem sind signifikante Unterschiede entsprechend gekennzeichnet.[682] Alle nachfolgenden Beschreibungen beziehen sich i.d.R. auf signifikante Unterschiede der Cluster in Bezug zur Untersuchungsgrundlage.

Mit Blick auf die Ergebnisse ist zunächst festzustellen, dass sich bedeutende Unterschiede zwischen den sechs identifizierten Unternehmensclustern bzw. zwischen diesen und der für diese Teiluntersuchung vorliegenden Untersuchungsgrundlage zeigen. Dies gilt sowohl für die eingesetzten Maßnahmen, als auch für den Sanierungskontext. Cluster eins besteht aus 67 Beobachtungen und zeichnet sich durch Unternehmen aus, deren operatives Geschäft sich in vergleichsweise gutem Zustand befindet, wie der signifikante t-Test auf dem 5 %-Niveau für OCF_{adj} (-0,02) zeigt. Die Gruppe weist zudem einen unterdurchschnittlichen Wert der Variable *TQ* auf. Abgesehen von Zinsstundungen in unerheblichem Umfang sind keine kurzfristigen Maßnahmen auf der Eigen- oder Fremdkapitalseite zu erkennen und damit deutlich weniger Maßnahmen im Vergleich zur Gesamtstichprobe.

Die zweite Gruppe umfasst relativ kleine Unternehmen (11,24) mit einem niedrigen industrieadjustieren Verschuldungsgrad zu Marktwerten (0,07). Das Kerngeschäft der Sanierungskandidaten befindet sich zu Beginn allerdings in relativ schlechtem Zustand (-0,12) und es liegen teilweise Wirtschaftskrisen vor (0,40). Für diese Unternehmen ist besonders auffällig, dass sich die (neuen) Anteilseigner durch die Gewährung von Gesellschafterdarlehen (0,42) und Kapitalerhöhungen (0,71) überdurchschnittlich engagieren, während Tilgungsstundungen (0,27) vergleichsweise häufig gewährt werden. Die hohe Bereitschaft der Investoren Kapitalerhöhungen zu zeichnen, ist wenig verwunderlich, da für diese Unternehmensgruppe i.d.R. ein eher geringer *Debt-Overhang*, d.h. mögliche Vermögenstransfers der Zeichner von Kapitalerhöhungen an die Gläubiger eines Unternehmens aufgrund eines überhöhten Fremdkapitalbestands, vorliegt.[683] FK durch Gläubiger (0,07), Prolongationen (0,02) und Stillhalteabkommen/Covenant Waiver (0,02) weisen dagegen signifikant geringere Einsätze auf.

Das dritte Cluster ist von Großunternehmen (12,94) geprägt, die im Hinblick auf die sonstigen Einflussfaktoren nur geringfügige Unterschiede in Bezug auf das Gesamtsample aufweisen. Die Unternehmen führen in allen

682 Ein ähnliches Vorgehen findet sich in den Studien von Eichner (2010), S. 253–264, Lafrenz (2004), S. 223–233 und Schmuck (2013), S. 117–123.

683 Vgl. hierzu im Detail die Analyse der Sanierungskapitalerhöhungen in Kapitel 7.

Fällen kurzfristig mindestens eine Umschuldung (1,00) und in knapp der Hälfte der Fälle mindestens eine Kapitalerhöhung (0,48) durch, wobei in 39 % der Fälle Stillhalteabkommen/Covenant Waiver beobachtet werden. Es scheint ein Zusammenspiel zwischen der Bereitstellung frischer Eigenmittel durch die Gesellschafter und der langfristigen Umfinanzierung des Fremdkapitals vorzuliegen.[684] Gesellschafterdarlehen finden sich für diese Unternehmen nicht, ebenso wie Zinsstundungen und Kapitalschnitte (jeweils 0,00). Auch Forderungsverzichte (0,03) werden nur in sehr geringem Umfang beobachtet.

In Cluster vier erfolgt die kurzfristige Stabilisierung oftmals durch eine Finanzierung auf Basis von FK durch Dritte (0,68) und Mezzanine-Kapital (0,54). Diese Maßnahmen werden gewährt, während das operative Geschäft (-0,02) sich ggü. dem Gesamtsample in einem guten Zustand befindet. Auch liegen kaum Industriekrisen vor (0,04). Kapitalerhöhungen (0,14), Forderungsverzichte, Gesellschafterdarlehen, Kapitalschnitte, Rangrücktritte, Tilgungsstundungen und Stillhalteabkommen/Covenant Waiver (jeweils 0,00) weisen signifikant geringere bzw. keine Einsätze auf.

Das fünfte Cluster ist mit 18 Beobachtungen das kleinste Cluster. Hier ist besonders auffällig, dass die Unternehmen kaum Unterschiede im Sanierungskontext zur Datengrundlage aufweisen, die Gläubiger jedoch in allen Fällen frische Mittel gewähren (1,00). Dagegen werden Fremdfinanzierungen durch Dritte und Kapitalschnitte (beide 0,00) nicht als Finanzierungsquellen genutzt. Das gilt allerdings nicht für Kapitalerhöhungen, die in 44 % der Fälle zu beobachten sind.[685] Rangrücktritte und Zinsstundungen sind in diesem Teilsample ebenfalls nicht enthalten (beide 0,00).

Cluster Nummer sechs bilden Unternehmen mit vergleichsweise guter Rendite des operativen Cashflows (-0,03), aber einem erhöhten adjustiertem Verschuldungsgrad (0,20). Trotz der vergleichsweise guten Cashflows ist die Unternehmensliquidität unterdurchschnittlich (-0,45). Für diese Unternehmen werden im Sample am häufigsten Forderungsverzichte (0,32) ausgesprochen. Auch Stillhalteabkommen/Covenant Waiver (0,41) und Prolongationen (0,66) sind überdurchschnittlich oft erfasst. Dagegen scheuen sich die Gläubiger neues Fremdkapital bereitzustellen (0,02) und eine Umschuldung (0,02) vorzunehmen. Mezzanine-Kapital (0,02) wird ebenfalls kaum gewährt.

---

684 Die relativ häufigen Kombinationen von Kapitalerhöhungen und Umschuldungen können auch Tab. 24 entnommen werden.

685 Diese Abweichung vom Samplemittelwert ist nicht signifikant.

Insgesamt kann mit Blick auf die Variablen des Maßnahmeneinsatzes und des Sanierungskontextes von einer relativ hohen Intergruppen-Heterogenität gesprochen werden.[686] Zudem ist auffällig, dass alle Cluster – mit Ausnahme von eins und sechs, die über einen eher guten Zustand des operativen Geschäfts verfügen – oft frische Mittel ohne Beteiligung der bestehenden Gläubiger einwerben, um die kurzfristige Stabilisierung des Unternehmens sicherzustellen. Dies geschieht in Cluster zwei und drei insb. über Eigenkapitalgeber (Gesellschafterdarlehen & Kapitalerhöhung), in Cluster vier über Dritte und alternative Finanzierungsformen (FK durch Dritte & Mezzanine-Kapital). Unternehmen des fünften Clusters erhalten dagegen alle zusätzliche Finanzierungen durch die bereits im Unternehmen engagierten Fremdkapitalgeber (FK durch Gläubiger).

686 Vgl. für die Intragruppen-Homogenität das Kapitel 5.3.3.3.

Tab. 25: Clusteranalyse im frühen Sanierungsprozess

Cluster	**Alle**	(1)		(2)		(3)		(4)		(5)		(6)	
Maßnahmen	**Ø**	**Ø**	**Δ**	**Ø**	**Δ**	**Ø**	**Δ**	**Ø**	**Δ**	**Ø**	**Δ**	**Ø**	**Δ**
FK durch Dritte	0,12	0,00***	-	0,07		0,10		0,68***	+	0,00***	-	0,07	
FK durch Gläubiger	0,16	0,00***	-	0,07**	-	0,19		0,11		1,00***	+	0,02***	-
Forderungsverzicht	0,09	0,00***	-	0,11		0,03*	-	0,00***	-	0,11		0,32**	+
Gesellschafterdarlehen	0,12	0,00***	-	0,42***	+	0,00***	-	0,00***	-	0,17		0,10	
Kapitalerhöhung	0,29	0,00***	-	0,71***	+	0,48*	+	0,14**	-	0,44		0,20	
Kapitalschnitt	0,03	0,00***	-	0,07		0,00***	-	0,00***	-	0,00***	-	0,05	
Mezzanine-Kapital	0,14	0,00***	-	0,18		0,13		0,54***	+	0,11		0,02***	-
Prolongation	0,17	0,00***	-	0,02***	-	0,19		0,14		0,28		0,66***	+
Rangrücktritt	0,02	0,00***	-	0,02		0,03		0,00***	-	0,00***	-	0,05	
SHA/CW	0,14	0,00***	-	0,02***	-	0,39**	+	0,00***	-	0,22		0,41***	+
Stundung (T)	0,09	0,00***	-	0,27**	+	0,03		0,00***	-	0,06		0,17	
Stundung (Z)	0,03	0,01		0,02		0,00***	-	0,04		0,00**	-	0,05	
Umschuldung	0,19	0,00***	-	0,20		1,00***	+	0,11		0,11		0,02***	-
Operative Unternehmenseigenschaften													
OCF_{adj}	-0,06	-0,02**	+	-0,12*	-	-0,03		-0,02*	+	-0,04		-0,03*	+
TQ	0,68	0,57*	-	0,69		0,71		0,57		0,61		0,66	
Vermögens- und Kapitalstruktur													
Lev_{adj}	0,12	0,13		0,07**	-	0,16		0,17		0,12		0,20***	+
CR_{adj}	-0,15	0,05		0,18		-0,28		-0,21		-0,33		-0,45***	-
Exogene Einflüsse													
Krise	0,53	0,54		0,40*	-	0,55		0,50		0,61		0,54	

(fortgeführt)

Tab. 25: Fortsetzung

Cluster	**Alle**	**(1)**		**(2)**		**(3)**		**(4)**		**(5)**		**(6)**	
Maßnahmen	**Ø**	**Ø**	**Δ**	**Ø**	**Δ**	**Ø**	**Δ**	**Ø**	**Δ**	**Ø**	**Δ**	**Ø**	**Δ**
Industriekrise	0,13	0,09		0,11		0,10		0,04**	-	0,11		0,10	
Kontrollvariablen													
ESUG	0,18	0,12		0,18		0,29		0,14		0,11		0,27	
Größe	11,98	12,20		11,24***	-	12,94***	+	12,52		12,00		12,14	
Beobachtungen													
N	288	67		45		31		28		18		41	

Die Tab. zeigt die Ergebnisse der Clusteranalyse für den frühen Sanierungsprozess. Es werden Mittelwerte (Ø) und Signifikanzniveaus auf Basis des Zweistichproben-t-Tests gem. Welch für die sechs Cluster berichtet. In der zweiten Spalte wird die Richtung der signifikanten Abweichung des Mittelwerts des jeweiligen Clusters vom Gesamtmittelwert (Δ) präsentiert. Die Indikatorvariablen der finanziellen Sanierungsmaßnahmen nehmen den Wert eins an, wenn mindestens ein Maßnahmeneinsatz in t_0 oder t_1 beobachtet wird. Die Definitionen der Sanierungsmaßnahmen können Kap. 2.2.3.3 entnommen werden. OCF_{adj} ist der industrieadjustierte operative Cashflow vor Zinsen im Verhältnis zur durchschnittlichen Bilanzsumme des aktuellen und des Vorjahres. *TQ* ist eine Indikatorvariable, die den Wert eins annimmt, wenn das Tobinsche Q größer eins ist. Lev_{adj} ist die industrieadjustierte Verschuldungsquote zu Marktwerten. CR_{adj} ist die industrieadjustierte Current-Ratio (Liquidität dritten Grades). *Krise* ist eine Indikatorvariable, die den Wert eins annimmt, wenn in einem der beiden Jahre t_0 oder t_1 ein negatives Realwachstum des BIP vorliegt sowie in den Jahren 2001 und 2008. *Industriekrise* ist eine Indikatorvariable, die den Wert eins annimmt, wenn in einem der beiden Jahre t_0 oder t_1 der Median-OCF der Unternehmen in der jeweiligen Industrie kleiner null ist. *ESUG* ist eine Indikatorvariable, die für alle Sanierungsprozesse ab 2012 den Wert eins annimmt. *Größe* entspricht der logarithmierten und deflationierten Bilanzsumme. Alle Indikatorvariablen nehmen den Wert null an, wenn die jeweiligen Bedingungen nicht erfüllt sind. Ausführliche Definitionen der unabhängigen Variablen können Anh. 6 entnommen werden. Die Daten stammen aus dem letzten verfügbaren Fiskaljahr vor Sanierungsbeginn. Die Untersuchungsgrundlage umfasst 288 Sanierungsprozesse bzw. 230 erfolgreiche Sanierungen für die die jeweiligen Daten zur Verfügung stehen und die im Haupttext genannten Bedingungen zutreffen. Das Signifikanzniveau auf dem 10 %-, 5 %- und 1 %-Niveau ist jeweils mit *, ** und *** gekennzeichnet.

5.3.3.2 Gesamter Sanierungsprozess

Gegenstand des folgenden Abschnittes ist die Effektivität finanzieller Sanierungsmaßnahmen im gesamten Sanierungsverlauf. In Analogie zur vorstehenden Analyse der kurzen Frist, wird ebenfalls eine logistische Regression angewandt, die Maßnahmenkombinationen im Gesamtprozess analysiert und eine Clusteranalyse vorgenommen, um erfolgreiche Sanierungsstrategien bestimmter Unternehmensgruppen zu ermitteln.

5.3.3.2.1 Effektivität der Einzelmaßnahmen

Wie bereits zuvor werden die dargestellten Konstellationen (I), (II) und (III) unterschieden. Für die Auswertung der Effektivität sind außerdem die Unternehmen auszuschließen, deren Kapitalgeber eine Schuldübernahme durchgeführt haben. Ursächlich hierfür ist, dass diese Unternehmen allesamt eine Insolvenz abwenden können und die Maßnahme nur in sehr geringem Umfang eingesetzt wird. Auch bleiben die nicht abgeschlossenen Sanierungsprozesse unbeachtet, da für diese keine finalen Urteile feststehen. Außerdem werden vier starke Ausreißer eliminiert. Die Untersuchungsgrundlage weist nach diesen Bereinigungen 297 Sanierungsversuche auf. Da der Gegenstand der folgenden Analyse die Effektivität finanzieller Sanierungsinstrumente in Bezug auf den Gesamtausgang des Sanierungsprozesses ist, stellt der Zustand des Unternehmens im Zeitpunkt T die abhängige Variable dar.[687]

Tab. 26 präsentiert die vollen und reduzierten Modelle für den gesamten Sanierungsverlauf. Ähnlich wie im Bereich der kurzfristigen Liquiditätssicherung, zeigen sich eher geringe Signifikanzwerte der Einzelmaßnahmen.[688] Es gibt Hinweise auf signifikant positive Einflüsse für eher starke Instrumente wie Debt-Equity-Swaps und Anleiheemissionen.[689] Während die Sanierungswirkung des Debt-Equity-Swaps plausibel erscheint, ist die Interpretation des

---

687 V.a. in einigen Insolvenzfällen wird der gesamte Sanierungsprozess bereits in t_0 oder t_1 beendet.

688 Ebenso wie in der vorstehenden Analyse der kurzfristigen Stabilisierung weist eine Regressionsanalyse unter Verwendung einer gemeinsamen Variable für Kapitalerhöhungen und -schnitte qualitativ ähnliche Ergebnisse auf.

689 Für Debt-Equity-Swaps kann argumentiert werden, dass diese – neben ihrer liquiditätsschonenden und bilanzbereinigenden Wirkung – besonders sanierungsförderlich sind, da sich die Interessen der Fremd- und Eigenkapitalgeber angleichen. Vgl. Buschmann (2006), S. 194. Das ist vorliegend selten der Fall, da oftmals Eigenkapitalgeber oder vor Sanierungsbeginn externe Eigenkapitalgeber Gesellschafterdarlehen in Eigenkapital wandeln. Siehe hierzu Kapitel 5.3.2.3.

Koeffizienten der Anleiheemission mit Vorsicht zu behandeln. Zwar kann eine Anleihe möglicherweise äußerst flexibel ausgestaltet werden, was den Sanierungsverlauf begünstigen kann. Jedoch ist nicht auszuschließen, dass eine Platzierung nur gelingt, wenn bereits die gesicherte Aussicht auf einen Sanierungserfolg besteht.[690]

Hingegen zeigen sich durchwegs signifikant negative Einflüsse für die eher schwachen Maßnahmen Stillhalteabkommen/Covenant Waiver und Zinsstundungen. Diese Instrumente leisten damit nicht nur keinen Sanierungsbeitrag, sondern wirken sich nachteilig auf den Sanierungsverlauf aus. Gleiches gilt in Konstellation (III) für Kapitalschnitte. Hier liegt die Vermutung nahe, dass diese bei Unternehmen durchgeführt werden mussten, die von vornherein wenig Aussicht auf einen Sanierungserfolg hatten.

Im Gegensatz zur zuvor behandelten kurzen Frist, sind die insgesamt eher geringen Einflüsse der Maßnahmen weniger überraschend, da ihr Gelingen für die mittel- bis langfristige Unternehmensfortführung i.d.R. eine notwendige, aber keine hinreichende Bedingung darstellt.[691] Das manifestiert sich auch in der Tatsache, dass Kapitalerhöhungen und Prolongationen nun keinen signifikanten, positiven Einfluss mehr ausüben. Es kann davon ausgegangen werden, dass für den mittel- bis langfristigen Sanierungserfolg meist zusätzlich operative und strategische Maßnahmen notwendig sind.

Allerdings wird erneut deutlich, dass der Kontext der Sanierung eine entscheidende Rolle spielt. Insb. die externen Faktoren, d.h. das Vorliegen einer gesamtwirtschaftlichen Krise oder einer Industriekrise, beeinflussen den Sanierungsausgang bzw. die Prognose der nachhaltigen Fortführungsfähigkeit auf Basis der Daten signifikant negativ. Der im Vergleich zu anderen Studien lange Erhebungszeitraum der vorliegenden Untersuchung erweist sich hier als vorteilhaft, da eine Vielzahl an Sanierungsversuchen in verschiedenen Wirtschaftsphasen untersucht werden. Die sich daraus ergebenden Implikationen sind jedoch dramatisch für Unternehmensleitungen, Sanierungsberater und weitere Stakeholder, da das Unternehmensschicksal zu großen Teilen von Faktoren abhängig ist, die durch sie nicht beeinflusst werden können. Zudem zeigt die veränderte Insolvenzrechtsgesetzgebung durchwegs negative Koeffizienten. Hier könnte sich andeuten, dass nach dem Inkrafttreten des ESUG eher eine

690 Unter Auslassung der Unternehmen mit einer Anleiheemission ändern sich die sonstigen Ergebnisse nicht materiell.

691 Vgl. Hommel et al. (2018), S. 1252.

Sanierung per Insolvenzplan in Betracht gezogen wird. Dennoch ist in keinem Model eine Signifikanz auf den entsprechenden Niveaus vorhanden.

Mit Blick auf die internen Faktoren sind – vergleichbar zur vorherigen Analyse – größere Unternehmen eher dazu in der Lage, eine Insolvenz abzuwenden, wie der signifikante Einfluss der Variable *Größe* in den Konstellationen (I) und (II) darlegt. Gleiches gilt für Unternehmen mit einem vergleichsweise guten operativen Zustand des Unternehmens zu Sanierungsbeginn. Dagegen weist der Verschuldungsgrad nur noch einen schwach signifikanten Einfluss in Konstellation (III) auf. Letzterer ist jedoch ebenso wie in der kurzen Frist eher positiv, was nahelegt, dass hochverschuldete Unternehmen zeitiger und umfassender auf den Eintritt der finanziellen Schieflage reagieren. Die Liquidität des Unternehmens zu Sanierungsbeginn entwickelt dagegen den erwarteten positiven Einfluss auf den Sanierungserfolg, ebenso wie die Unternehmensübernahme während des Sanierungsprozesses, wie v.a. für Konstellation (II) aufzeigt.

Die hier vorgebrachten Ergebnisse in Bezug auf den gesamten Sanierungserfolg sind, im Gegensatz zu denjenigen in der kurzen Frist, Einschränkungen unterworfen. Das ist deshalb der Fall, da insb. die Unternehmenskennzahlen, wie z.B. die industrieadjustierte operative Cashflow-Rendite, einer im Zeitablauf wohl zunehmenden Veränderung unterliegen.[692] Des Weiteren sind, wie erwähnt, finanzielle Sanierungsmaßnahmen zwar der Grundbaustein einer Sanierung. In der mittel- bis langfristigen Perspektive sind jedoch operative und strategische Instrumente einzusetzen, um den Fortbestand der Unternehmen nachhaltig zu sichern. Auf diese Umstände weisen auch die zwar nicht unmittelbar vergleichbaren, aber geringeren Maße der Modellgüte hin. Es zeigt sich, dass die finanziellen Maßnahmen in der vorliegenden Studie nur einen begrenzten Einfluss auf die Prognose der nachhaltige Fortführungsfähigkeit entwickeln. Dennoch kann auf Basis der Ergebnisse eine Empfehlung hinsichtlich der Durchführung von Debt-Equity-Swaps für Unternehmen in finanzieller Schieflage ausgesprochen werden.

692 Der Mittelwert (Median) der Dauer der Sanierungsprozesse beträgt über alle 312 Beobachtungen ca. vier (drei) Jahre.

Tab. 26: Effektivität finanzieller Sanierungsmaßnahmen im gesamten Sanierungsprozess

	Konstellation (I)		**Konstellation (II)**		**Konstellation (III)**	
Modell	**(1)**	**(2)**	**(3)**	**(4)**	**(5)**	**(6)**
Maßnahmen						
Anleiheemission	2,573***	2,442***	2,409***	2,149***	2,771***	2,691***
	(0,716)	(0,688)	(0,722)	(0,669)	(0,681)	(0,632)
Debt-Equity-Swap	1,657**	1,786***	1,429**	1,605***	1,269**	1,444***
	(0,713)	(0,553)	(0,633)	(0,517)	(0,589)	(0,515)
Debt-Mezz.-Swap	0,155		-0,040		0,529	
	(1,120)		(1,145)		(1,020)	
FK durch Dritte	0,103		0,046		0,092	
	(0,399)		(0,383)		(0,374)	
FK durch Gläubiger	-0,037		0,000		-0,187	
	(0,349)		(0,339)		(0,343)	
Forderungsverzicht	-0,003		0,029		-0,284	
	(0,469)		(0,431)		(0,408)	
Gesellschafter-darlehen	0,428		0,562		0,470	
	(0,470)		(0,409)		(0,417)	
Kapitalerhöhung	0,030		-0,126		0,160	
	(0,340)		(0,325)		(0,312)	
Kapitalschnitt	-0,860*		-0,412		-0,969**	-0,837*
	(0,515)		(0,475)		(0,450)	(0,438)
Mezzanine-Kapital	0,307		0,241		0,424	
	(0,415)		(0,394)		(0,377)	
Prolongation	0,394		0,169		0,452	
	(0,405)		(0,386)		(0,357)	
Rangrücktritt	0,070		0,423		0,254	
	(0,709)		(0,648)		(0,658)	
SHA/CW	-0,928**	-0,889**	-0,843*	-0,827**	-0,862*	-0,823*
	(0,467)	(0,440)	(0,438)	(0,409)	(0,445)	(0,425)
Stundung (T)	-0,281		-0,241		-0,023	
	(0,474)		(0,407)		(0,443)	
Stundung (Z)	-1,537**	-1,564***	-1,808***	-1,535***	-1,145*	-1,234**
	(0,724)	(0,561)	(0,697)	(0,534)	(0,677)	(0,568)
Umschuldung	0,258		0,109		0,566	0,636*
	(0,385)		(0,367)		(0,354)	(0,342)
Zinserlass	-0,496		0,225		-0,835	
	(0,897)		(0,698)		(0,721)	

Tab. 26: Fortsetzung

	Konstellation (I)		Konstellation (II)		Konstellation (III)	
Modell	**(1)**	**(2)**	**(3)**	**(4)**	**(5)**	**(6)**
Operative Unternehmenseigenschaften						
OCF_{adj}	1,723**	1,672**	1,645**	1,535**	1,774**	1,464*
	(0,837)	(0,795)	(0,803)	(0,764)	(0,808)	(0,774)
TQ	-0,287	-0,268	-0,098	-0,111	-0,527	-0,525*
	(0,349)	(0,337)	(0,344)	(0,330)	(0,325)	(0,317)
Vermögens- und Kapitalstruktur						
Lev_{adj}	1,774	1,626	1,379	1,279	1,757*	1,731*
	(1,111)	(1,085)	(1,060)	(1,052)	(1,004)	(0,989)
CR_{adj}	0,556**	0,443**	0,416**	0,334*	0,580***	0,484**
	(0,222)	(0,203)	(0,208)	(0,187)	(0,208)	(0,205)
Exogene Einflüsse						
Krise	-1,270***	-1,154***	-1,386***	-1,250***	-0,945***	-0,833***
	(0,363)	(0,329)	(0,345)	(0,315)	(0,353)	(0,318)
Industriekrise	-1,852***	-1,911***	-1,929***	-1,940***	-1,513***	-1,408***
	(0,531)	(0,537)	(0,522)	(0,523)	(0,485)	(0,499)
Kontrollvariablen						
Übernahme	0,544	0,753*	0,848**	1,016***	-0,376	-0,213
	(0,500)	(0,431)	(0,404)	(0,391)	(0,395)	(0,357)
ESUG	-0,383	-0,241	-0,202	-0,071	-0,615	-0,452
	(0,420)	(0,373)	(0,395)	(0,360)	(0,395)	(0,356)
Größe	0,310**	0,331***	0,362***	0,342***	0,158	0,150
	(0,135)	(0,123)	(0,129)	(0,114)	(0,109)	(0,100)
Modellgüte						
N	272	272	297	297	297	297
Pseudo R^2	0,247	0,229	0,238	0,224	0,220	0,201
$\chi 2$	76,50***	68,89***	78,28***	76,42***	80,66***	75,58***
AIC	336,99	317,64	362,82	342,67	374,87	360,72

Die Tab. zeigt die Ergebnisse der logistischen Regressionen (Maximum-Likelihood-Schätzung) für den gesamten Sanierungsprozess. Es werden Koeffizienten und cluster-robuste Standardfehler auf dem Unternehmenslevel in Klammern berichtet. In Konstellation (I) nimmt die abhängige Variable den Wert eins an, wenn das Unternehmen am Ende von T keine Insolvenz anmeldet, wobei Sanierungsprozesse mit sonstigem Krisenausgang ausgeschlossen sind. Die abhängige Variable nimmt in Konstellation (II) den Wert eins an, wenn das Unternehmen bis zum Ende von T keine Insolvenz anmeldet. In Konstellation (III) nimmt die abhängige Variable den Wert eins an, wenn das Unternehmen am Ende von T unverändert fortgeführt wird. Die Indikatorvariablen der finanziellen Sanierungsmaßnahmen nehmen den

(*fortgeführt*)

Tab. 26: Fortsetzung

Wert eins an, wenn min. ein Maßnahmeneinsatz während dem Sanierungsprozess beobachtet wird. Die Definition der Sanierungsmaßnahmen kann Kap. 2.2.3.3 entnommen werden. OCF_{adj} ist der industrieadjustierte operative Cashflow vor Zinsen im Verhältnis zur durchschnittlichen Bilanzsumme des aktuellen und des Vorjahres. *TQ* ist eine Indikatorvariable, die den Wert eins annimmt, wenn das Tobinsche Q größer eins ist. Lev_{adj} ist die industrieadjustierte Verschuldungsquote zu Marktwerten. CR_{adj} ist die industrieadjustierte Current-Ratio (Liquidität dritten Grades). *Krise* ist eine Indikatorvariable, die den Wert eins annimmt, wenn in T_{-1} oder T ein negatives Realwachstum des BIP vorliegt sowie in den Jahren 2001 und 2008. *Industriekrise* ist eine Indikatorvariable, die den Wert eins annimmt, wenn in T_{-1} oder T der Median-OCF der Unternehmen in der jeweiligen Industrie kleiner null ist. *Übernahme* ist eine Indikatorvariable, die den Wert eins annimmt, wenn während des Sanierungsprozesses min. 50 % des Stammkapitals von einem anderen Unternehmen erworben werden. *ESUG* ist eine Indikatorvariable, die für alle Sanierungsprozesse ab 2012 den Wert eins annimmt. *Größe* entspricht der logarithmierten und deflationierten Bilanzsumme. Alle Indikatorvariablen nehmen den Wert null an, wenn die jeweiligen Bedingungen nicht erfüllt sind. Ausführliche Definitionen der unabhängigen Variablen können Anh. 6 entnommen werden. Die Daten stammen aus dem letzten verfügbaren Fiskaljahr vor Sanierungsbeginn. Die Konstante ist nicht abgetragen. *Pseudo-R^2* gem. McFadden stellt ein Maß für die Modellanpassung dar. $\chi 2$ ist der globale Likelihood-ratio-chi-square-Test zur Prüfung der Hypothese, dass alle Koeffizienten gleich null sind. *AIC* ist das Akaike-Informationskriterium zum Modellvergleich. Das Signifikanzniveau auf dem 10 %-, 5 %- und 1 %-Niveau ist jeweils mit *, ** und *** gekennzeichnet.

5.3.3.2.2 *Effektive Maßnahmenkombinationen*

Abb. 21 zeigt die Verteilung der Anzahl der eingesetzten Maßnahmen in den Sanierungsprozessen und die dazugehörigen Krisenausgänge und Erfolgsquoten. Von den Prozessen mit eher geringerer Anzahl an Maßnahmen sind solche mit ein bis zwei eingesetzten Maßnahmen (78) am häufigsten zu beobachten. Die relative Mehrheit der Sanierungsversuche stellen jedoch diejenigen mit mehr als sechs Maßnahmen (90) dar. Auffällig ist, dass eine erhöhte Maßnahmenanzahl mit höheren Erfolgsquoten einhergeht: Die FF-Quote steigt von ca. 35 % (keine Maßnahmen) auf etwa 53 % (mehr als sechs Maßnahmen), wobei die Quote für diejenigen Prozesse, mit fünf bis sechs Maßnahmen mit 49 % etwas abfällt. Die IA-Quote steigt dagegen kontinuierlich von 50 % (keine Maßnahmen) auf 63 % (mehr als sechs Maßnahmen) an. Beide Quoten liegen in etwa ab drei bis vier Maßnahmen nahe oder über den durchschnittlichen Erfolgsquoten (FF-Quote: 47 %, IA-Quote: 56 %). Das ist insb. deshalb beachtlich, da der Zustand von Krisenunternehmen stark variieren kann, und daher eine hohe Anzahl beobachteter Maßnahmen eng mit dem Stadium der Krise zusammenhängen kann. Eine Vielzahl von Maßnahmen muss daher nicht zwangsläufig erfolgversprechender sein.

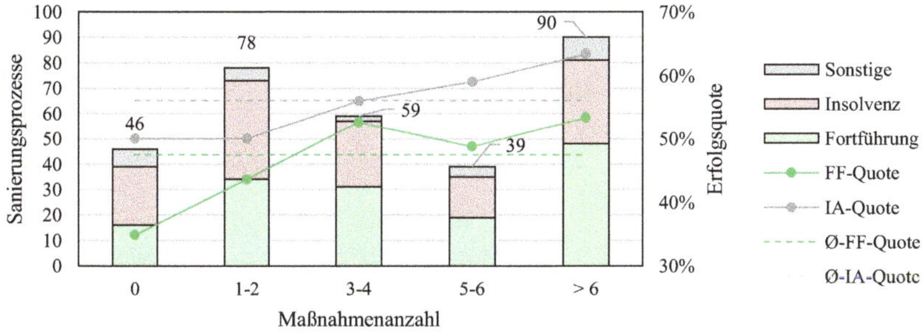

Abb. 21: Verteilung der Sanierungsprozesse je Maßnahmenanzahl im gesamten Sanierungsprozess

Die Abb. zeigt die Verteilung der Anzahl der eingesetzten Maßnahmen in den 312 analysierten Sanierungsprozessen und die dazugehörigen Krisenausgänge und Erfolgsquoten für den gesamten Sanierungsprozess. *FF-Quote* bezeichnet die Fortführungsquote. *IA-Quote* bezeichnet die Insolvenzabwendungsquote. Die Untersuchungsgrundlage umfasst 148 Fortführungen, 137 Insolvenzen und 27 sonstige Krisenenden.

Zudem besteht ein Zusammenhang zwischen der Maßnahmenanzahl und der Dauer der Sanierung.[693] Zusätzlich kann angenommen werden, dass eine hohe Anzahl bestimmter Maßnahmen sich eher negativ auswirken kann. Z.B. könnten mehrere aufeinanderfolgende Covenant-Waiver wenig förderlich für die Sanierung sein, wenn in der Zwischenzeit keine tragfähige Finanzierungsstruktur entwickelt wird. Es ist ebenso möglich, dass nicht die Anzahl einer einzelnen Maßnahme, sondern die Diversität der angewendeten Maßnahmenarten den in der Grafik ersichtlichen Trend maßgeblich beeinflusst.

Abb. 22 präsentiert die Verteilung der Anzahl der eingesetzten Maßnahmenarten. Relativ sind ein bis zwei Maßnahmenarten je Sanierung (103) am häufigsten zu beobachten. Die höchsten Erfolgsquoten sind in Prozessen mit dem Einsatz von drei bis vier unterschiedlichen Maßnahmen zu verzeichnen, so beträgt die FF-Quote hier ca. 59 % und die IA-Quote etwa 65 %. Damit liegt diese Kategorie als Einzige für beide Erfolgsquoten deutlich über den jeweiligen Durchschnitten. Für Sanierungsprozesse mit mehr als sechs Maßnahmenarten liegt die IA-Quote (62 %) deutlich, die FF-Quote (51 %) leicht über dem Mittelwert. Ein eindeutiger Trend, wie im Rahmen der Anzahl an eingesetzten Maßnahmen kann daher nicht beobachtet werden. Grundsätzlich ist aber von

693 Korrelationskoeffizient: 0,713; signifikant auf dem 1 %-Niveau.

einem Zusammenhang von Anzahl an eingesetzten Maßnahmen und Maßnahmentypen auszugehen.[694] Die Zahl der Maßnahmenarten korreliert außerdem ebenfalls mit dem Zeitraum in Schieflage.[695]

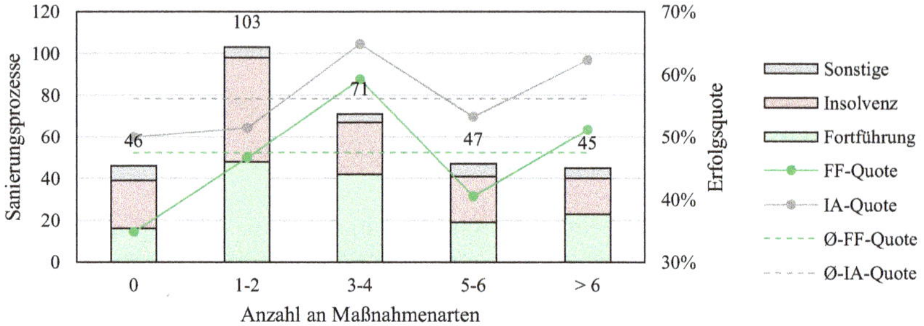

Abb. 22: Verteilung der Sanierungsprozesse je Maßnahmenartenanzahl im gesamten Sanierungsprozess

Die Abb. zeigt die Verteilung der Anzahl der eingesetzten Maßnahmenarten in den 312 analysierten Sanierungsprozessen und die dazugehörigen Krisenausgänge und Erfolgsquoten für den gesamten Sanierungsprozess. *FF-Quote* bezeichnet die Fortführungsquote. *IA-Quote* bezeichnet die Insolvenzabwendungsquote. Die Untersuchungsgrundlage umfasst 148 Fortführungen, 137 Insolvenzen und 27 sonstige Krisenenden.

Analog zur kurzen Frist stellt Tab. 27 die Anzahl der jeweiligen Zweierkombinationen an finanziellen Instrumenten für Sanierungsversuche, die mit der Fortführung des Unternehmens am Ende des Sanierungsversuchs abgeschlossen werden, dar. Die mit Abstand häufigste erfolgreiche Maßnahmenkombination sind – wie in der kurzen Frist – Kapitalerhöhungen/Umschuldungen mit 33 Beobachtungen. Auch hier ist dieses Ergebnis wenig verwunderlich, da beide Instrumente in der Gesamtschau zu den populärsten Methoden zählen. Die Maßnahmen werden auch in Kombination mit anderen am häufigsten in erfolgreichen Sanierungen eingesetzt. Bspw. sind sie zusammen mit Prolongationen in jeweils 24 Sanierungsprozessen zu beobachten. Die Zufuhr von Mezzanine-Kapital unter Anwendung weiterer Sanierungsmaßnahmen ist ebenfalls besonders häufig in erfolgreichen Sanierungen zu beobachten. So sind bspw. 26 Sanierungen mit dem gemeinsamen Einsatz von Mezzanine-Kapital und Kapitalerhöhungen zu verzeichnen, was einem Anteil von ca. 18 % an allen Fortführungen (148) entspricht.

694 Korrelationskoeffizient: 0,882; signifikant auf dem 1 %-Niveau.
695 Korrelationskoeffizient: 0,630; signifikant auf dem 1 %-Niveau.

Tab. 27: Erfolgreiche Maßnahmenkombinationen im gesamten Sanierungsprozess [a]

	(1)	(2)	(3)	(4)	(5)	(6)	(7)	(8)	(9)	(10)	(11)	(12)	(13)	(14)	(15)	(16)	(17)	(18)
(1) Anleiheemission																		
(2) Debt-Equity-Swap	1																	
(3) Debt-Mezz.-Swap	1	4																
(4) FK durch Dritte	7	7	1															
(5) FK durch Gläubiger	5	7	2	13														
(6) Forderungsverzicht	1	8	4	9	13													
(7) Gesellschafterdarl.	0	9	3	12	12	17												
(8) Kapitalerhöhung	15	13	3	17	20	20	17											
(9) Kapitalschnitt	0	5	1	3	5	8	5	9										
(10) Mezzanine-Kapital	5	11	4	17	16	12	12	26	5									
(11) Prolongation	5	9	1	13	15	13	14	24	6	16								
(12) Rangrücktritt	0	3	1	5	3	8	7	5	4	3	5							
(13) Schuldübernahme	0	1	0	1	3	3	3	0	2	0	2	1						
(14) SHA/CW	7	5	1	7	7	5	5	14	1	8	13	1	1					
(15) Stundung (T)	2	8	3	9	14	16	14	17	7	12	14	5	3	7				
(16) Stundung (Z)	0	4	1	4	6	7	6	5	3	2	4	4	2	2	7			
(17) Umschuldung	14	17	5	21	22	21	17	33	8	21	24	7	3	18	19	8		
(18) Zinserlass	0	7	1	1	5	7	7	6	2	4	7	3	2	3	6	6	10	

Die Tab. zeigt die Maßnahmenkombinationen für den gesamten Sanierungsprozess für fortgeführte Unternehmen. Die Untersuchungsgrundlage umfasst 148 Fortführungen. Die Maßnahmenkombinationen schließen sich gegenseitig nicht aus.

[a] Eine vom Krisenausgang unabhängige Darstellung der beobachteten Maßnahmenkombinationen im gesamten Sanierungsprozess findet sich in Anh. 12.

Die zweite Clusteranalyse befasst sich mit dem finalen Sanierungsausgang der Unternehmen. Aus der Gesamtheit der 312 abgeschlossenen Sanierungsprozesse folgt ein Ausschluss derjenigen, in denen eine Schuldübernahme zu verzeichnen ist. Dies wird analog zu Kapitel 5.3.3.2.1 durchgeführt, da Schuldübernahmen durchgehend mit einer Insolvenzabwendung verbunden sind. Des Weiteren sind sie nur in vier Sanierungen zu beobachten und könnten daher eine Verzerrung der Ergebnisse verursachen. Zudem müssen einige Fälle aufgrund Datenmangels für die Analyse außen vor bleiben. Die Datengrundlage besteht daher aus 301 Sanierungsversuchen, wovon 145 mit einem Sanierungserfolg enden. Für die Prüfung von Ausreißern kommt zunächst erneut die Single-Linkage-Methode zum Einsatz. Im Dendrogramm ist ein Ausreißer zu erkennen, der aus dieser Untersuchung der Fortführungen ausgeschlossen wird. Für die Clusteranalyse auf Basis der Ward-Methode werden daher 144 Sanierungserfolge verwendet. Der Elbow-Chart zeigt mögliche Lösungen für drei, fünf oder sieben Cluster an. Auf Basis des Dendrogramm wird eine sieben Cluster-Lösung gewählt. Diese Gruppen sind zusammen mit den jeweiligen Variablenausprägungen und den zugehörigen Signifikanzen und Δ-Werten und in Tab. 28 abgetragen. Zur Einordnung der Ergebnisse sind in dieser Tab. zusätzlich die Zeiträume der Schieflage, d.h. die Dauer der Sanierungsprozesse, verzeichnet.

Die Ergebnisse bzgl. des gesamten Sanierungserfolgs weisen ebenfalls deutliche Differenzen zwischen den sieben Unternehmensclustern bzw. zum gesamten Sample auf. Das erste Cluster erfolgreicher Sanierungen wird von vergleichsweise kleinen Unternehmen gebildet (11,34). Deren Kapitalgeber gewähren überdurchschnittlich oft Forderungsverzichte (0,58) und Tilgungsstundungen (1,00). Wenig überraschend werden Anleiheemissionen durch diesen Unternehmenstyp nicht genutzt, ebenso wie FK durch Dritte und Debt-Equity-Swaps (alle 0,00). Häufig werden auch Gesellschafterdarlehen (0,42), Kapitalerhöhungen (0,58) und Prolongationen (0,50) eingesetzt, jedoch zeigen sich die Unterschiede nicht signifikant. Die Unternehmen verbringen durchschnittlich mehr als fünf Jahre im Sanierungsprozess.

In Cluster zwei sind Unternehmen vertreten, die im Sanierungskontext kaum andere Eigenschaften aufweisen als das Gesamtsample. Hier erfolgt fast in allen Prozessen (0,81) der Einsatz mindestens einer Kapitalerhöhung, während beinahe alle anderen Maßnahmen nicht oder kaum genutzt werden. Ausnahme bilden moderate Zuführungen von Mezzanine-Kapital (0,38) und Prolongationen (0,31). Die Sanierungen werden mit im Mittel ca. 3,58 Jahren relativ früh abgeschlossen, allerdings ist der Wert nicht signifikant.

Im dritten Cluster finden sich lediglich zehn Beobachtungen und damit die geringste Anzahl in allen Gruppen. Diese sind sehr große Unternehmen (15,01) mit einem vergleichsweise gut laufenden operativen Geschäft (-0,01), aber einer angespanntem Liquiditätssituation (-0,39). Als Sanierungsinstrumente werden Anleiheemissionen, Kapitalerhöhungen (beide 1,00), Stillhalteabkommen/Covenant Waiver (0,60) und Umschuldungen (0,90) relativ häufig eingesetzt. Andere Maßnahmen sind für diese Unternehmen im vorliegenden Sample kaum mit einer Fortführung verbunden. Insb. sind mit Ausnahme der Kapitalerhöhung keine bilanzverbessernden Maßnahmen zu verzeichnen. In geringfügigem Umfang sind allerdings FK durch Gläubiger (0,20) und Prolongationen (0,10) zu beobachten. Der Zeitraum der Schieflage ist für diese Unternehmen mit durchschnittlich ca. drei Jahren am kürzesten, jedoch ist dieser Unterschied nicht signifikant. Interessanterweise liegen in dieser Gruppe mit 70 % der Sanierungen am häufigsten gesamtwirtschaftliche Krisen im Sanierungskontext vor.

Das vierte Cluster stellt mit 49 Beobachtungen die größte Gruppe dar und enthält ebenfalls eher große Unternehmen (12,59), die operativ eher geringe Probleme aufweisen (0,00), allerdings über kaum Wachstumspotenzial verfügen (0,43) und einen hohen industrieadjustierten Verschuldungsgrad haben (0,17). Trotzdem liegen für diese Unternehmen kaum Industriekrisen vor (0,04). Maßnahmeneinsätze finden nur verhalten statt, dennoch sind Fremdkapitalzuführungen durch Dritte (0,20) und Gesellschafter (0,16), sowie Prolongationen (0,22), Stillhalteabkommen/Covenant-Waiver (0,16) und Umschuldungen (0,29) in durchschnittlichem Umfang zu beobachten.

Im Cluster Nummer fünf setzt sich aus sehr kleinen Unternehmen (11,00) zusammen. Diese werden vergleichsweise oft über Debt-Equity-Swaps (0,55), FK durch Dritte (0,64), Forderungsverzichte (0,82), Gesellschafterdarlehen (0,91), Kapitalerhöhungen (0,73), Mezzanine-Kapital (0,55) Rangrücktritte (0,36), Umschuldungen (0,82) und Zinserlässe (0,36) saniert. Allerdings dauert der Sanierungsprozess dieser Unternehmen mit 7,55 Jahren sehr lange. Das kann darauf zurückzuführen sein, dass insb. Debt-Equity-Swaps, Forderungsverzichte und Zinserlässe, die eher tiefgreifende Sanierungsinstrumente darstellen, häufig in der späten Phase der Sanierung gewährt werden. Es liegt deshalb die Vermutung nahe, dass die Sanierungen durch das Zögern der Finanziers unnötig verlängert werden.

Cluster sechs umfasst die operativ erfolgreichsten Unternehmen (0,01) für die gleichzeitig keine Industriekrisen vorliegen (0,00). Deren Sanierungen sind dadurch geprägt, dass die Fremdkapitalgeber in allen Fällen Sanierungskredite bzw. zusätzliche Mittel gewähren (1,00). Auch sind z.B. Fremdfinanzierungen über Dritte (0,29), Kapitalerhöhungen (0,35) und Umschuldungen (0,53) nicht unüblich, aber statistisch nicht signifikant verschieden vom Mittelwert des Samples. Debt-Mezzanine-Swaps, Prolongationen, Zinserlässe (alle 0,00) und Stillhalteabkommen/Covenant-Waiver (0,06) kommen hier nicht bzw. kaum zum Einsatz.

Im siebten Cluster befinden sich etwas größere, aber sonst durchschnittliche Krisenunternehmen, deren Sanierung nicht von Industriekrisen (0,00) beeinflusst wird. Die Unternehmen ähneln auf Basis des Sanierungskontextes daher dem zweiten Cluster. In dieser Gruppe finden sich allerdings bedeutend mehr Maßnahmeneinsätze, wie die überdurchschnittlich häufigen Einsätze von Debt-Equtiy-Swaps (0,42), FK durch Dritte (0,53), Prolongationen (0,79), Stillhalteabkommen/Covenant-Waivern (0,42), Umschuldungen (0,89), Kapitalerhöhungen und Mezzanine Kapital (beide 0,74) zeigen. Das liegt darin begründet, dass diese Unternehmen mit etwa 6,3 Jahren einen sehr langen Zeitraum im sanierungsbedürftigen Zustand verbringen.[696] Gesellschafterdarlehen (0,05), Rangrücktritte und Zinsstundungen (jeweils 0,00) sind dagegen kaum bzw. nicht zu beobachten.

Wie bereits im Rahmen der logistischen Regression angesprochen, unterliegen die in diesem Abschnitt gewonnen Erkenntnisse Einschränkungen. Das gilt einerseits deshalb, weil die genannten finanziellen Sanierungsmaßnahmen zwar notwendige, aber nicht hinreichende Bedingungen einer nachhaltigen Sanierung sind, und andererseits die verwendeten Unternehmenskennzahlen im Zeitablauf einer (wohl zunehmenden) Veränderung unterliegen dürften. Das gilt insb. für die vergleichsweise langen Sanierungsprozesse der Cluster eins, fünf und sieben.[697]

Insgesamt zeigen sich jedoch in Bezug auf die eingesetzten Maßnahmen sowie den Sanierungskontext sehr heterogene Gruppen, die Rückschlüsse auf erfolgreiche Sanierungsstrategien für spezifische Unternehmenstypen zulassen. Damit kann ein Ziel der Clusteranalyse – die Identifikation von Gruppen mit hoher Intergruppen-Heterogenität – als erreicht betrachtet werden. Ob das weitere Ziel der Clusteranalyse – die Identifikation von Gruppen mit hoher Intragruppen-Homogenität – verwirklicht ist, ist Teil der nachfolgenden Prüfung der Robustheit der Ergebnisse.

---

696 Eine nicht abgetragene Analyse zeigt, dass die Prozesse des zweiten Clusters eher frühe Kapitalerhöhungen enthalten und die Kapitalerhöhungen durchschnittlich einen höheren Bruttoemissionserlös (im Verhältnis zur Bilanzsumme) einwerben.

697 Die Zeiträume der Schieflage weichen im Median für alle Cluster nur unwesentlich vom Mittelwert ab. Cluster eins bis sieben: 5/3/3/3/7/3/5 Jahre im Median.

Tab. 28: Clusteranalyse im gesamten Sanierungsprozess

Cluster	**Alle**	**(1)**		**(2)**		**(3)**		**(4)**		**(5)**		**(6)**		**(7)**	
Maßnahmen	**Ø**	**Ø**	**Δ**	**Ø**	**Δ**	**Ø**	**Δ**	**Ø**	**Δ**	**Ø**	**Δ**	**Ø**	**Δ**	**Ø**	**Δ**
Anleiheemission	0,08	0,00***	-	0,04		1,00***	+	0,06		0,00***	-	0,06		0,21	
Debt-Equity-Swap	0,10	0,00***	-	0,08		0,00***	-	0,02***	-	0,55**	+	0,06		0,42**	+
Debt-Mezzanine-Swap	0,02	0,08		0,00**	-	0,00**	-	0,00**	-	0,18		0,00**	-	0,11	
FK durch Dritte	0,22	0,00***	-	0,08**	-	0,00***	-	0,20		0,64**	+	0,29		0,53**	+
FK durch Gläubiger	0,26	0,33		0,08***	-	0,20		0,02***	-	0,18		1,00***	+	0,32	
Forderungsverzicht	0,21	0,58**	+	0,04***	-	0,00***	-	0,06***	-	0,82***	+	0,18		0,21	
Gesellschafterdarlehen	0,22	0,42		0,08**	-	0,00***	-	0,16		0,91***	+	0,18		0,05***	-
Kapitalerhöhung	0,45	0,58		0,81***	+	1,00***	+	0,04***	-	0,73*	+	0,35		0,74**	+
Kapitalschnitt	0,11	0,33		0,08		0,00***	-	0,00***	-	0,09		0,06		0,16	
Mezzanine-Kapital	0,25	0,25		0,38		0,00***	-	0,08***	-	0,55*	+	0,24		0,74***	+
Prolongation	0,29	0,50		0,31		0,10		0,22		0,09*	-	0,00***	-	0,79***	+
Rangrücktritt	0,08	0,08		0,00***	-	0,00***	-	0,04		0,36*	+	0,06		0,00***	-
SHA/CW	0,21	0,08		0,08**	-	0,60**	+	0,16		0,09		0,06**	-	0,42*	+
Stundung (T)	0,19	1,00***	+	0,00***	-	0,00***	-	0,00***	-	0,45		0,18		0,26	
Stundung (Z)	0,08	0,08		0,04		0,00***	-	0,00***	-	0,27		0,12		0,00***	-
Umschuldung	0,35	0,25		0,00***	-	0,90***	+	0,29		0,82***	+	0,53		0,89***	+
Zinserlass	0,08	0,08		0,00***	-	0,00***	-	0,00***	-	0,36*	+	0,00***	-	0,16	
Operative Unternehmenseigenschaften															
OCF_{adj}	-0,06	-0,01		-0,07		-0,01*	+	0,00***	+	-0,08		0,01**	+	-0,06	
TQ	0,68	0,75		0,69		0,80		0,43***	-	0,64		0,59		0,79	
Vermögens- und Kapitalstruktur															
Lev_{adj}	0,12	0,11		0,15		0,15		0,17**	+	0,09		0,11		0,11	

(*fortgeführt*)

Tab. 28: Fortsetzung

Cluster	**Alle**	**(1)**		**(2)**		**(3)**		**(4)**		**(5)**		**(6)**		**(7)**	
Maßnahmen	**Ø**	**Ø**	**Δ**	**Ø**	**Δ**	**Ø**	**Δ**	**Ø**	**Δ**	**Ø**	**Δ**	**Ø**	**Δ**	**Ø**	**Δ**
CR_{adj}	-0,20	-0,08		-0,13		-0,39**	-	-0,12		0,64		-0,27		-0,23	
Exogene Einflüsse															
Krise	0,56	0,42		0,42		0,70		0,63		0,45		0,53		0,37	
Industriekrise	0,11	0,08		0,08		0,10		0,04**	-	0,09		0,00***	-	0,00***	-
Kontrollvariablen															
Übernahme	0,19	0,25		0,12		0,20		0,10*	-	0,45		0,12		0,21	
ESUG	0,29	0,25		0,15*	-	0,20		0,37		0,27		0,12*	-	0,32	
Größe	12,13	11,34*	-	12,24		15,01***	+	12,59*	+	11,00**	-	12,17		12,75*	+
ZS	3,79	5,17*	+	3,58		3,20		3,82		7,55***	+	3,76		6,32***	+
Beobachtungen															
N	301	12		26		10		49		11		17		19	

Die Tab. zeigt die Ergebnisse der Clusteranalyse für den gesamten Sanierungsprozess. In der ersten Spalte werden jeweils Mittelwerte (Ø) und Signifikanzniveaus auf Basis des Zweistichproben-t-Tests gem. Welch für die sieben Cluster berichtet. In der zweiten Spalte wird die Richtung der signifikanten Abweichung des Mittelwerts des jeweiligen Clusters vom Gesamtmittelwert (Δ) präsentiert. Die Indikatorvariablen der finanziellen Sanierungsmaßnahmen nehmen den Wert eins an, wenn min. ein Maßnahmeneinsatz während dem Sanierungsprozess beobachtet wird. Die Definition der Sanierungsmaßnahmen kann Kap. 2.2.3.3 entnommen werden. OCF_{adj} ist der industrieadjustierte operative Cashflow vor Zinsen im Verhältnis zur durchschnittlichen Bilanzsumme des aktuellen und des Vorjahres. *TQ* ist eine Indikatorvariable, die den Wert eins annimmt, wenn das Tobinsche Q größer eins ist. Lev_{adj} ist die industrieadjustierte Verschuldungsquote zu Marktwerten. CR_{adj} ist die industrieadjustierte Current-Ratio (Liquidität dritten Grades). *Krise* ist eine Indikatorvariable, die den Wert eins annimmt, wenn in T_{-1} oder T ein negatives Realwachstum des BIP vorliegt sowie in den Jahren 2001 und 2008. *Industriekrise* ist eine Indikatorvariable, die den Wert eins annimmt, wenn in T_{-1} oder T der Median-OCF der Unternehmen in der jeweiligen Industrie kleiner null ist. *Übernahme* ist eine Indikatorvariable, die den Wert eins annimmt, wenn während des Sanierungsprozesses min. 50 % des Stammkapitals von einem anderen Unternehmen erworben werden. *ESUG* ist eine Indikatorvariable, die für alle Sanierungsprozesse ab 2012 den Wert eins annimmt. *Größe* entspricht der logarithmierten und deflationierten Bilanzsumme. *ZS* ist der Zeitraum der Schieflage in Jahren. Alle Indikatorvariablen nehmen den Wert null an, wenn die jeweiligen Bedingungen nicht erfüllt sind. Ausführliche Definitionen der unabhängigen Variablen können Anh. 6 entnommen werden. Die Daten stammen aus dem letzten verfügbaren Fiskaljahr vor Sanierungsbeginn. Die Untersuchungsgrundlage umfasst 301 Sanierungen bzw. 144 erfolgreiche Sanierungen für die die jeweiligen Daten zur Verfügung stehen und die im Haupttext genannten Bedingungen zutreffen. Das Signifikanzniveau auf dem 10 %-, 5 %- und 1 %-Niveau ist jeweils mit *, ** und *** gekennzeichnet.

5.3.3.3 Robustheit der Ergebnisse

Die vorgelegten Ergebnisse werden umfassend bzgl. ihrer Robustheit überprüft. Nachfolgend geschieht dies für die logistischen Regressionen beispielhaft anhand der jeweiligen Modelle Nr. 2 in der kurzen Frist und der Gesamtsicht. Diese stellen aufgrund der genannten Kennzahlen der Modellgüte relativ vielversprechende Modelle dar. Der Box-Tidwell-Test zeigt an, dass für alle kontinuierlichen Variablen die Nullhypothese, dass Linearität der Logits vorliegt, nicht verworfen werden kann. Die Grenzwerte für die Korrelationen (< 0,7) sowie die Varianz-Inflations-Faktoren (< 5) werden für die unabhängigen Variablen nicht überschritten.[698] Es werden damit keine problematischen Werte beobachtet. Die Pearson-Residuen und Pregibon-Betas zeigen für wenige Beobachtungen geringfügige Überschreitungen. Die konservative Grenze der Residuen wird in der kurzen Frist von 14 von 286 und in der langen Frist von fünf von 272 Beobachtungen geringfügig überschritten. Eine Prüfung der Datensätze auf fehlerhafte Kodierungen und Eingaben ergibt keine Fehler, weshalb diese Datenpunkte nicht eliminiert werden. Der kritische Wert von eins für das Pregibon-Beta wird in keinem Fall beider Betrachtungsweisen überschritten. Alle definierten Grenzen bzgl. der Anzahl an Beobachtungen und der Anzahl an Variablen werden eingehalten. Eine Prüfung möglicher Endogenität, insb. der Maßnahmeneinsätze in der kurzen Frist und der Anleiheemissionen in der Gesamtschau, durch den Durbin-Wu-Hausman-test basierend auf den Empfehlungen von Davidson/MacKinnon (1993),[699] weist für die zusätzlichen Regressoren lediglich Insignifikanzen auf, weshalb keine Endogenitätsproblematik festgestellt wird.

Zur Prüfung der Ergebnisgüte der Clusteranalyse liegen ggü. der Regressionsanalyse nur wenige Verfahren vor.[700] Wie oben dargelegt, ist eine Prüfung der Korrelationen der zur Clusterbildung verwendeten Variablen durchzuführen. Die entsprechenden Matrizen können für die kurze Frist Anh. 15 und für die gesamt Perspektive Anh. 16 entnommen werden. Beide Tabellen weisen

---

698 Die Korrelationsmatrizen für alle unabhängigen Variablen können Anh. 7 und Anh. 8 entnommen werden. Die Varianzinflationskoeffizienten finden sich in Anh. 9 und Anh. 10.

699 Vgl. Davidson/MacKinnon (1993), S. 237–242; Eichner (2010), S. 173. Dieser Test inkludiert die Residuen der potenziell endogenen Variablen regressiert als eine Funktion der exogenen Variablen (Schritt 1) in das ursprüngliche Regressions-Modell (Schritt 2), wobei eine Insignifikanz der zusätzlichen Regressoren auf eine Exogenität der Variable hinweist.

700 Vgl. Eichner (2010), S. 261.

relativ geringe Korrelationskoeffizienten für alle Maßnahmenkombinationen auf, weshalb keine Problematik in Bezug auf Kollinearität festgestellt wird. Eine weitere Möglichkeit der Modellprüfung stellen sog. F-Tests dar, die die Homogenität der gebildeten Gruppen prüfen.[701] Die entsprechenden Auswertungen für die verwendeten Clustervariablen und die Variablen des Sanierungskontextes finden sich in Anh. 17 und Anh. 18. In der frühen Sanierungsphase sind nicht alle Cluster komplett homogen, jedoch weisen im Mittel nur zwei von sechs Clustern F-Werte größer eins auf. In der gesamten Sanierung liegen ebenfalls keine komplett homogenen Cluster vor, allerdings sind hier nur für zwei von sieben Clustern mittlere F-Werte größer als eins zu verzeichnen. Es kann daher geschlossen werden, dass die Analyse vergleichsweise homogene Cluster liefert und somit robuste Ergebnisse bildet. Zusätzlich zeigen auch die meist hochsignifikanten t-Tests in beiden Konfigurationen signifikante Unterschiede an, und unterstreichen daher die Qualität der Ergebnisse.

5.4 Fazit

In diesem Kapitel wurden über 300 Sanierungsprozesse hinsichtlich des Einsatzes finanzieller Sanierungsmaßnahmen analysiert. Zunächst erfolgte eine allgemeine Auswertung der Einsatzhäufigkeiten finanzieller Sanierungsmaßnahmen. Die Kapitalgeber setzten grundsätzlich eine große Bandbreite an unterschiedlichen Instrumenten ein. Jedoch wurde u.a. dargelegt, dass finanzielle Sanierungen v.a. durch Kapitalerhöhungen, Prolongationen und Umschuldungen geprägt sind, wobei speziell letztere oft mit einem Sanierungserfolg in Verbindung gebracht werden. Tiefgreifende Maßnahmen wie z.B. Debt-Equity-Swaps oder Forderungsverzichte kommen in eher geringerem Umfang zum Einsatz. Erstere stellen auf Basis der Sanierungserfolgsquoten allerdings eine vielversprechende Sanierungsoption dar. Eine detaillierte Analyse wurde außerdem hinsichtlich des Einsatzzeitpunkts der Instrumente, sowie in Bezug auf die Sanierungsbeiträge gewährenden Kapitalgebergruppen vorgenommen. Es wird festgestellt, dass die eingesetzten finanziellen Maßnahmen i.d.R. mit einer Stabilisierung des Geschäftsbetriebs in der kurzen Frist verbunden sind. In Bezug auf den Ausgang des gesamten Sanierungsprozesses verringern sich die jeweiligen Sanierungserfolgsquoten jedoch deutlich. Hier zeigt sich empirisch, dass zur nachhaltigen Sanierung meist weitere Maßnahmen auf operativer und strategischer Ebene notwendig sind. Die Auswertungen belegen außerdem, dass einige Instrumente in unterschiedlichen Phasen

701 Vgl. Backhaus et al. (2021), S. 533.

des Sanierungsprozesses eingesetzt werden. So werden z.B. Debt-Equity-Swaps typischerweise spät gewährt. Hinsichtlich des insgesamten Sanierungsausgangs sind für frühe Maßnahmeneinsätze im Allgemeinen keine wesentlich höheren Sanierungsquoten festzustellen. Die zentrale Kapitalgebergruppe in den Sanierungsversuchen stellen die bestehenden Fremdkapitalgeber dar, während externe Fremdkapitalgeber das geringste Krisenengagement aufweisen. Altgesellschafter und neue Investoren beteiligen sich dagegen hauptsächlich über Kapitalerhöhungen. Die Erfolgsaussichten der Sanierungsmaßnahmen scheinen für Neugesellschafter etwas höher zu liegen als für Altgesellschafter. Gleiches gilt für die Neu- und Altgläubiger.

Im zweiten Teil der Untersuchung wurde eine multivariate Untersuchung in Bezug auf die kurzfristige und gesamte Effektivität der Sanierungsmaßnahmen durchgeführt. Die Analyse dokumentiert, dass finanzielle Instrumente nur vereinzelt den Ausgang einer Unternehmenssanierung signifikant beeinflussen. Daher gestaltet sich die Prognose der (nachhaltigen) Fortführungsfähigkeit basierend auf finanziellen Sanierungsbeiträgen als herausfordernd. Für die kurzfristige Stabilisierung erweisen sich lediglich Kapitalerhöhungen und Verlängerungen von Kreditlaufzeiten als sanierungswirksam, während neue Kredite der bestehenden Gläubiger negative Auswirkungen haben. Im Hinblick auf den Gesamterfolg der Sanierung leisten Anleiheemissionen und Debt-Equity-Swaps einen wesentlichen Sanierungsbeitrag, während Stillhalteabkommen/Covenant Waiver und Zinsstundungen die Erfolgschancen signifikant negativ beeinflussen. Von entscheidender Bedeutung sowohl für die kurzfristige als auch für die gesamte Perspektive sind allerdings Faktoren des Sanierungskontextes. Insb. das Vorliegen von gesamtwirtschaftlichen Krisen und solchen der Unternehmensindustrie zeigen signifikante negative Auswirkungen auf den Verlauf einer Sanierung. Die Unternehmensgröße und ein relativ guter Zustand des operativen Geschäftsbetriebs erweisen sich dagegen als sanierungsförderlich. Zudem wurde gezeigt, dass hohe Verschuldungsgrade mit einer erhöhten Sanierungswahrscheinlichkeit einhergehen. Dies legt nahe, dass das Fremdkapital disziplinierend wirkt, und dadurch zu einer schnelleren Umsetzung von Sanierungsmaßnahmen beiträgt. Zusätzlich wurden verschiedene Sanierungsstrategien für unterschiedliche Unternehmensarten identifiziert. Die Clusteranalyse ergab sechs Unternehmensgruppen für die Stabilisierungsphase und sieben Unternehmensgruppen für die gesamte Sanierungsphase. Diese Gruppierungen bieten anhand ihrer spezifischen Merkmale wertvolle Anhaltspunkte für erfolgreiche Maßnahmenkombinationen in der Sanierungspraxis.

6 Fremdkapitalsanierung: Gläubigerverhandlungen in der finanziellen Unternehmenskrise

Das nachfolgende Kapitel analysiert Verhandlungen von Unternehmen in finanzieller Schieflage mit ihren bestehenden Finanzgläubigern und deren Erfolgsdeterminanten. Das Ziel der Gläubigerverhandlungen ist es, eine Insolvenzanmeldung durch eine außergerichtliche Einigung (Workout) zu vermeiden. Die Datengrundlage bildet eine umfassende Erhebung von 386 Gläubigerverhandlungen von CDAX-Unternehmen zwischen 1999 und 2022. In 73,8 % der Verhandlungen gewähren die Gläubiger Sanierungsbeiträge, die in der Folge eine Insolvenzabwendung ermöglichen. Erfolgreiche Verhandlungen werden von Unternehmen geführt, die über eine vergleichsweise hohe operative Leistungsfähigkeit und eine starke Gläubigerkoordination verfügen. Darüber hinaus tragen Sanierungszugeständnisse anderer Stakeholder wesentlich zum Verhandlungserfolg bei. Das Unternehmensrisiko, überhöhte Verschuldungsgrade, Wirtschafts- und Industriekrisen wirken sich dagegen negativ auf den Verhandlungsausgang aus.

6.1 Einführung

Die finanzielle Schieflage von Krisenunternehmen ist regelmäßig durch eine zu hohe Verschuldung sowie einen geringen Liquiditätsstatus gekennzeichnet. Gleichzeitig sind der laufende und i.d.R. fixe Kapitaldienst, also Zins- und Tilgungszahlungen, an die Finanzgläubiger zu entrichten, sowie fällige Verbindlichkeiten ggü. weiteren Gläubigern zu begleichen. Zeichnet sich ab, dass der Kapitaldienst nicht geleistet werden kann, oder besteht die Notwendigkeit (zusätzliche) finanzielle Mittel zur Durchführung der operativen und strategischen Sanierung bereitzustellen, besteht Sanierungsbedarf im Bereich des Fremdkapitals.[702] Es muss dann eine Anpassung der Finanzierungsstruktur an die aktuellen Finanzbedarfe, sowie die zukünftige finanzielle

702 Darüber hinaus kann aus der Verletzung von kreditvertraglichen Nebenabsprachen, oder auf Basis der in den allgemeinen Geschäftsbedingungen genannten wichtigen Gründe, eine Kreditkündigung drohen. Vgl. Drukarczyk/Schöntag (2020), Rn. 13 ff.

Leistungsfähigkeit des Krisenunternehmens erfolgen, um eine drohende Insolvenz abzuwenden. Die Geschäftsführung wird in einer solchen Situation, ggfs. unter Zuhilfenahme von externen Finanz- und Sanierungsberatern, Verhandlungen mit den bestehenden Fremdkapitalgebern führen (müssen).[703] Die zentrale Rolle spielen dabei Banken und andere Finanzgläubiger, die meist eine höhere Konzentration und Homogenität ihrer Ansprüche aufweisen als etwa Lieferanten. Dadurch sind wesentliche Beiträge, wie z.B. Sanierungskredite, eher durchsetzbar.[704]

Die außergerichtlichen Gläubigerverhandlungen, welche denjenigen nach Insolvenzanmeldung vorgeschaltet sind, leisten einen Beitrag zum Erhalt des Gesamtunternehmens, da eine formale Insolvenz oftmals mit einer Liquidation gleichzusetzen ist. Es verbleibt jedoch die Option, die Verhandlungen abzubrechen, und in ein gesetzliches Verfahren mit dem Ziel der Sanierung einzutreten. Insofern finden die außergerichtlichen Bemühungen im Schatten jener Verfahren statt, da die Beteiligten die Wirkung gesetzlicher Regelungen auf die eigene Vermögensposition beachten.[705] Ein solches gesetzliches Verfahren kann die Sanierung per Insolvenzplan oder seit 2021 ein Sanierungsverfahren gem. StaRUG sein.[706] Ein Eintritt in das sog. Regelverfahren ist dagegen mit der Zerschlagung des ursprünglichen Unternehmens verbunden. Es gilt des Weiteren zu beachten, dass eine außergerichtliche Einigung mit den Gläubigern eine erneute finanzielle Schieflage nicht ausschließt und die Notwendigkeit bestehen kann, Folgeverhandlungen anzustoßen.[707] Abb. 23 stellt den Ablauf von Gläubigerverhandlungen in finanzieller Schieflage schematisch dar.

---

703 In der Sanierungspraxis kommen diese Verhandlungen zumeist nur auf Druck der Gläubiger zustande. Ursächlich hierfür ist einerseits, dass das Management eine interne Lösung der Finanzprobleme zu realisieren versucht, und andererseits eine u.U. sehr komplexe Verschuldungsstruktur. Vgl. Drukarczyk/Schöntag (2020), Rn. 38.

704 Vgl. Hohberger et al. (2019), S. 417.

705 Vgl. Drukarczyk/Schöntag (2020), Rn. 8; Kuder/Unverdorben (2023b), Rn. 7.71.

706 Am Ende des Insolvenzplanverfahrens muss nicht zwangsläufig die Fortführung des „alten" Unternehmens stehen, sondern es können auch von den gesetzlichen Regelungen abweichende Vereinbarungen getroffen werden, die eine Liquidation oder übertragende Sanierung des Unternehmens zum Ziel haben. Vgl. bereits Kapitel 2.2.4.2.1.

707 Das wäre auch für zunächst erfolgreiche Verfahren gem. StaRUG oder im Rahmen des Insolvenzplans denkbar, jedoch wurde auf eine Darstellung in Abb. 23 verzichtet. Ein Beispiel stellt hier z.B. die Gerry Weber AG dar, welche 2019 im Insolvenzplanverfahren saniert wurde und im April 2023 eine Sanierung im StaRUG-Verfahren

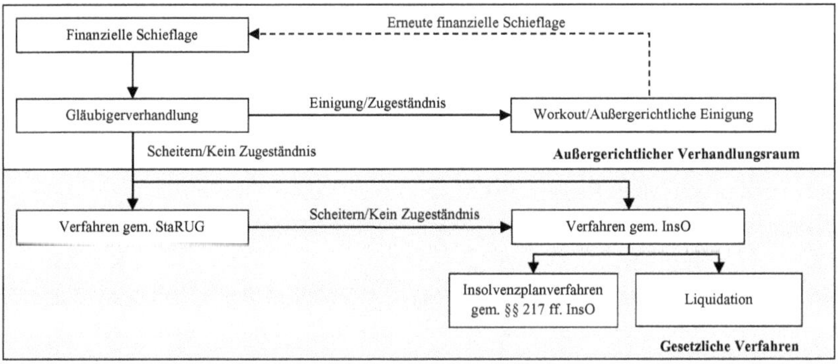

Abb. 23: Übersicht zum Ablauf von Gläubigerverhandlungen in finanzieller Schieflage

Die Abb. zeigt einen typisierten Ablauf von Gläubigerverhandlungen in finanzieller Schieflage. Der weiße Bereich stellt den außergerichtlichen Verhandlungsraum dar, während der graue Bereich den Verlauf der gesetzlichen Verfahren beschreibt.

Um die entscheidenden Einflüsse auf den Verhandlungserfolg zu identifizieren, werden im Folgenden Gläubigerverhandlungen von Unternehmen in Krisensituationen, sowie die Reaktion der Fremdkapitalgeber untersucht. Hierzu werden die mutmaßlichen Determinanten eines erfolgreichen Verhandlungsausgangs dargestellt und im Anschluss geprüft, um die relevanten, d.h. empirisch signifikanten, Faktoren von den eher weniger bedeutenden Faktoren zu isolieren und Rückschlüsse für die Sanierungspraxis abzuleiten.

Die Datengrundlage bildet ein Sample von 386 Gläubigerverhandlungen, das den Zeitraum seit Inkrafttreten der InsO im Jahre 1999 bis zum Jahr 2022 umfasst. Die bestehende Literatur wird dahingehend erweitert, dass eine umfassende Zahl an Unternehmen über einen vergleichsweise langen Zeitraum, der u.a. die Insolvenzrechtsreform durch das Inkrafttreten des ESUG im Jahr 2012 enthält, analysiert werden, und teilweise neue Determinanten geprüft und identifiziert werden. Die vorliegenden Daten ermöglichen zudem erstmals die Modellierung der Zugeständnisse anderer Stakeholder im Zuge der Verhandlungen. Dadurch wird eine realistische Abbildung des Verhandlungsprozesses erreicht, da die Entscheidungen der Finanzgläubiger von den Zugeständnissen anderer Sanierungsbeteiligter abhängig sein kann. So sollte

anzeigte. Siehe Gerry Weber AG: Ad-Hoc-Mitteilung vom 19.04.2023. Ebenso wurde die Abweisung mangels Masse in der Abb. nicht berücksichtigt.

z.B. ein entsprechend finanzstarker Anteilseigner, der wesentlich am Unternehmen beteiligt und am Sanierungserfolg interessiert ist, die Wahrscheinlichkeit erhöhen, dass die Gläubiger finanzielle Sanierungsmaßnahmen gewähren.[708] Weiter ist zu beachten, dass seit der Verabschiedung des ESUGs ein Eingriff in die Gesellschafterrechte mittels Insolvenzplan möglich ist, weshalb insb. wesentliche Gesellschafter ein Interesse daran haben sollten, die formale Insolvenz zu vermeiden, und daher kooperativ an den Verhandlungen mit den Gläubigern mitzuwirken. Neben den Beiträgen der bestehenden Kapitalgeber sind auch die Engagements Unternehmensexterner, wie z.B. von spezialisierten Distressed-Debt-Investoren oder durch Staatsbürgschaften, zu beachten. Eine zusätzliche Erweiterung der Literatur wird dadurch vorgenommen, dass auf Basis der relevanten Einflussfaktoren eine Prognose von Verhandlungsausgängen vorgenommen wird. Es erfolgt damit erstmalig nicht nur eine In-Sample-, sondern auch eine Out-of-Sample-Analyse des ausgewählten Modells.

Die vorliegende Studie ist wie folgt aufgebaut. In Kapitel 6.2.1 werden wichtige Sachverhalte und Problematiken im Zusammenhang mit Gläubigerverhandlungen in finanzieller Schieflage erläutert. Kapitel 6.2.2 enthält einen Überblick hinsichtlich der bestehenden empirischen Literatur. Im nächsten Kapitel 6.2.3 erfolgt die Formulierung der Forschungshypothesen aufgeteilt in Unterabschnitte nach den jeweiligen Teilbereichen der Einflussfaktoren. Die Beschreibung der Untersuchungsgrundlage findet sich in Kapitel 6.3.1. Kapitel 6.3.2 untersucht wesentliche Unterschiede zwischen gescheiterten und erfolgreichen Sanierungsverhandlungen auf Basis einer univariaten Analyse. Den Kern der Arbeit stellt die multivariate Analyse in Kapitel 6.3.3 dar, in deren Rahmen die signifikanten Einflussfaktoren in Bezug auf den Verhandlungsausgang identifiziert werden und ein Prognosemodell formuliert wird. Es folgt eine Prüfung der Robustheit des ausgewählten Modells in Kapitel 6.3.4, sowie die Validierung auf Basis der Prognosegüte in Kapitel 6.3.5. Das letzte Kapitel 6.4 fasst zusammen und schließt die vorliegende Studie ab.

6.2 Vorüberlegungen

Als nächstes werden verschiedene Vorüberlegungen dargelegt. Zuerst werden grundlegende Aspekte im Kontext von Gläubigerverhandlungen in finanzieller Schieflage diskutiert, und im weiteren Verlauf die bestehende Literatur rezipiert, sowie die Forschungshypothesen abgeleitet.

---

708 Vgl. Schiereck/Vogt (2018), S. 1326; Kudla (2005), S. 120.

6.2.1 Grundlagen der Gläubigerverhandlungen

In Bezug auf den Ausgang von Sanierungsverhandlungen mit den Fremdkapitalgebern müssen verschiedene Einflüsse, die sich aus der insolvenzrechtlichen Gesetzgebung, sowie Interessenkonflikte der verschiedenen Stakeholder ergeben, berücksichtigt werden. Diese werden im Folgenden beschrieben.

Das gerichtliche Insolvenzverfahren weist trotz seiner Vorteile, wie z.B. der Zahlung von Insolvenzgeld durch die Bundesagentur für Arbeit (§ 165 Abs. 3 SGB III), dem Schutz vor Vollstreckungsmaßnahmen (§ 89 InsO), der Möglichkeit zur Beendigung von unvorteilhaften Verträgen (§§ 103 ff. InsO) oder dem Obstruktionsverbot (§ 245 InsO),[709] einen sog. Liquidation-Bias auf, d.h. kommt es zur Insolvenzanmeldung ist damit i.d.R. die Liquidation des ursprünglichen Unternehmens i.S. des Rechtsträgers verbunden.[710] Das liegt u.a. darin begründet, dass sanierungsbedürftige Unternehmen bestrebt sind, das Stigma der Insolvenz durch die verpflichtende Publikation der Insolvenz zu vermeiden, um negative Folgen für den Geschäftsbetrieb (Kosten der finanziellen Schieflage) zu verhindern.[711] Die Literatur verweist darauf, dass sowohl die direkten als auch indirekten Kosten der finanziellen Schieflage im Rahmen eines gerichtlichen Insolvenzverfahrens mit dem Ziel der Sanierung deutlich höher ausfallen, als im Rahmen eines außergerichtlichen Workouts,[712] und daher den bereits erodierten Unternehmenswert stärker schmälern. Da ex-ante

709 Vgl. hierzu auch die Ausführungen in Kapitel 2.2.4.2

710 Im vorliegenden (Teil)Sample werden 13 von 101 Unternehmen nach Scheitern der Verhandlungen im Insolvenzverfahren saniert. Natürlich kann auch durch eine übertragende Sanierung zumindest teilweise eine Fortführung des Geschäftsbetriebs erreicht werden, jedoch wird auch hier der alte Rechtsträger – wenn keine Masseunzulänglichkeit vorliegt – durch den Insolvenzverwalter liquidiert, um dem übrigen Geschäftsbetrieb einen Neustart ohne Altlasten zu ermöglichen. Vgl. hierzu auch die Daten und Ausführungen in Kapitel 4.3.

711 Für eine detaillierte Aufschlüsselung siehe Kap. 2.2.4.1. Das gerichtliche Verfahren gem. StaRUG vermeidet zwar ein Insolvenzverfahren, sowie eine Publizität für nicht am Verfahren Beteiligte. Trotzdem wäre ein solches Stigma ggü. den am Verfahren beteiligten Gläubigern, sowie für z.B. große, börsennotierte Unternehmen aufgrund der kaum zu verhindernden Berichterstattung denkbar. Der zentrale Vorteil der unterbleibenden Publizität der Sanierung außerhalb des Insolvenzverfahrens besteht für börsennotierte bzw. große Unternehmen nicht bzw. nur eingeschränkt, wie das vorliegende Sample verdeutlicht.

712 Vgl. Jostarndt/Sautner (2010), S. 623; Altman et al. (2019), S. 83–84; Drukarczyk/Schöntag (2020), Rn. 10.

allerdings unklar ist, welche Kapitalgebergruppe welchen Anteil an diesen Kosten zu tragen hat, kann deren disziplinierende Wirkung i.S. einer Insolvenzvermeidung je nach Anspruchsgruppe divergieren.[713] Insolvenzverfahren werden daher auch regelmäßig zu spät ausgelöst, wie z.B. die verschwindend geringe Antragsstellung auf Basis des Insolvenzantragsgrundes drohende Zahlungsunfähigkeit (§ 18 InsO), die nur vom Schuldner genutzt werden kann, nahe legt.[714] In der Folge ist der Wert von Unternehmen, die unter Inanspruchnahme der sanierungserleichternden Regelungen der InsO bei frühem Verfahrenseintritt saniert werden könnten, bei Fortführung zu gering und es werden übertragende Sanierungen oder Liquidationen in der Insolvenz mit geringen Befriedigungsquoten für die Gläubiger durchgeführt.[715] Der verbleibende Unternehmenswert wird gem. der insolvenzrechtlichen Verteilungsregel nach der Rangfolge der Gläubiger verteilt, wobei der schließlich verbleibende Überschuss den Alteigentümern zufließen würde.[716] Auch bei Fortführung im Insolvenzverfahren gehen die Alteigentümer jedoch regelmäßig leer aus, da der Unternehmenswert meist unter den Ansprüchen der Gläubiger liegt.

Wie einführend angesprochen, kann eine Verhandlung mit Fremdkapitalgebern eine Vielzahl an Gläubigergruppen oder potenziellen Sanierungsinstrumenten umfassen. In einer Geschäftsbeziehung zum Krisenunternehmen stehen z.B. Alt- und Neugläubiger, gesicherte und ungesicherte Gläubiger. Es kann auch eine Unterscheidung in professionelle Gläubiger, wie Banken oder Distressed-Debt-Investoren, und nicht-professionelle Gläubiger, wie z.B. Lieferanten oder Arbeitnehmer, vorgenommen werden. Unter den (Finanz-)Gläubigern nehmen Banken eine herausragende Stellung ein, bedingt durch ihre Rolle als Haupt- oder Großgläubiger sowie ihren Informationsvorsprung durch die vertraglichen Informationspflichten des Schuldners. Diese Informationen können aufgrund der Fachkenntnisse der Banken effektiv genutzt werden.[717] Insb. da sie mit der ökonomischen Lage des Unternehmens vertraut sind, und die ausstehenden Zins- und Tilgungsleistungen ihrer bereits getätigten Engagements bedroht sind, kommen sie zur Liquiditätsgewinnung bzw. für Sanierungsbeiträge infrage.[718] Diese Zugeständnisse können nicht nur die Position

---

713 Vgl. Drukarczyk/Schöntag (2020), Rn. 10.

714 Vgl. Drukarczyk/Schöntag (2020), Rn. 36; Drukarczyk/Schüler (2021), S. 337.

715 Vgl. Drukarczyk/Schüler (2021), S. 337.

716 Vgl. Drukarczyk/Schüler (2021), S. 338. Relevante Regelungen finden sich insbesondere in §§ 1, 39, 53, 199, 245 und 247 InsO.

717 Vgl. Pinkwart et al. (2005), S. 155; Drukarczyk/Schöntag (2020), Rn. 11.

718 Vgl. Drukarczyk/Schöntag (2020), Rn. 82.

des Unternehmens bzw. der Eigenkapitalgeber stärken, sondern auch die Position der Fremdkapitalgeber selbst, da diese die Möglichkeit erhalten, später ihre bestehenden Nominalansprüche ggfs. in voller Höhe zu erlangen, oder zumindest einen größeren Anteil als durch die Liquidationsalternative zu erwarten wäre.[719] Darüber hinaus könnten bestehende Gläubiger nach erfolgreicher Durchführung der Maßnahmen durch zukünftige, profitable Geschäftsbeziehungen mit dem Unternehmen am Sanierungserfolg partizipieren, auch ohne eine Eigenkapitalposition im Unternehmen, z.B. durch einen Debt-Equity-Swap, einnehmen zu müssen.

Auf Basis dieser Feststellungen wären außergerichtliche Verhandlungslösungen für sanierungswürdige Unternehmen ceteris paribus optimal.[720] Es stellt sich daher die Frage, welche Unternehmen eine außergerichtliche Verhandlungslösung erreichen können. Gängige in der Literatur genannte Aspekte, die mit der Verhinderung einer außergerichtliche Verhandlungslösung verbunden sind, stellen die Gläubigerkoordination, die unterschiedliche Rechteausstattung der Gläubiger (z.B. besicherte und unbesicherte Gläubiger), sowie ein unterschiedlicher Informationsstand der Beteiligten dar.[721]

Koordinationsprobleme treten nicht nur unter verschiedenen Gläubigerklassen auf, sondern auch zwischen Gläubigern derselben Klasse. Sie entstehen dadurch, dass Gläubiger Anreize haben, auf Sanierungsbeiträge bzw. Zugeständnisse anderer Gläubiger, wie z.B. Forderungsverzichte oder Stundungen, zu warten,[722] und so ihre eigene Vermögensposition zu verbessern. Das individuelle Verhalten der Gläubiger kann zunächst als rational betrachtet werden, jedoch droht ein Scheitern der Sanierung und damit u.U. eine Vermögensposition, die derjenigen bei Fortführung nach Einbringung eines eigenen Sanierungsbeitrags unterlegen ist. Das Koordinationsproblem ist in außergerichtlichen Sanierungsverfahren deutlicher ausgeprägt, da freie Sanierungen

---

719 Die Insolvenz- bzw. Deckungsquote für Unternehmensinsolvenzen betrug für Insolvenzen, die 2011 eröffnet und bis 2018 beendet wurden, lediglich 6,1 %. Vgl. Fn. 8.

720 Das gilt auch für Liquidationen. Gegeben dem Fall, dass der Liquidationswert den Fortführungswert übersteigt, wäre eine außergerichtliche Liquidation vorzuziehen, wenn bindende Verträge zur Liquidation durch die Eigentümer geschrieben und durchgesetzt werden könnten. In der Realität stehen dem z.B. rechtliche Unsicherheiten, Koordinationsprobleme oder die unterschiedlichen Sicherungsrechte der Gläubiger entgegen. Vgl. Jostarndt/Sautner (2010), S. 634.

721 Vgl. Drukarczyk/Schöntag (2020), Rn. 3–6; Altman et al. (2019), S. 84.

722 Vgl. Drukarczyk/Schöntag (2020), Rn. 3; Jostarndt/Sautner (2010), S. 631.

Konsenslösungen sind, welche ein gewisses Maß an Kooperation der Beteiligten erfordern, und daher durch Trittbrettfahrer bzw. Akkordstörer bedroht sind, welche nicht durch vorgegebene Verfahrensregeln bspw. an eine Mehrheitsentscheidung gebunden werden können.[723] Die gerichtliche Planbestätigung gem. § 29 Abs. 2 Nr. 1 i.V.m. §§ 45 ff. StaRUG setzt hier an, indem sie eine Bindung von Minderheiten in dem vorinsolvenzlichen Verfahren ermöglicht, wenn die entsprechenden gesetzlichen Voraussetzungen erfüllt sind.

Besicherte Fremdkapitalgeber können ihre Verluste im Fall der Liquidation aufgrund ihrer bevorrechtigten Stellung im Insolvenzverfahren durch den Verwertungserlös ggfs. bestehender Sicherheiten begrenzen, und diesen Wert daher in ihrer Entscheidungsfindung als realisierbare Wertuntergrenze berücksichtigen. Diese Gläubiger haben daher Anreize ein gerichtliches Verfahren anzustreben, wenn der Wert der Sicherheiten durch eine Fortführung bedroht ist, oder nicht besicherte Gläubiger durch eine Fortführung auf Kosten der besicherten Gläubiger profitieren.[724] Gleichzeitig bestehen für nicht oder schlecht gesicherte Gläubiger Anreize, ein bestehendes Kreditengagement fortzuführen, z.B. weil sie eine weitere, ggfs. sittenwidrige Einräumung von (zusätzlichen) Sicherheiten anstreben, oder weil ihr Risiko zusätzlicher Verluste im bei Scheitern der Sanierung im Vergleich zum sofortigen Liquidationsszenario begrenzt ist. Die Liquidationsalternative ist für die jeweiligen Gläubiger allerdings vorteilhaft, wenn der ihnen zufließende Wert bei Liquidation größer ist als der Wert bei Fortführung.

Ein weiterer Einfluss auf den Verhandlungsausgang ist von der Unsicherheit bzgl. des Sanierungspotenzials des Unternehmens zu erwarten.[725] Ist eine verlässliche Einschätzung der Sanierungschancen bzw. des Eintritts des Sanierungserfolgs aufgrund hoher Unsicherheiten nicht möglich, werden z.B. Banken eher davon absehen, Sanierungskredite zu vergeben.[726] Unter sonst gleichen Bedingungen sehen sich Unternehmen, denen es nicht gelingt, Informationsasymmetrien abzubauen, einer höheren Insolvenzwahrscheinlichkeit gegenüber, da die Regelungen des Insolvenzverfahrens darauf abzielen, auf Basis zusätzlicher Pflichtpublikationen von Unternehmensinformationen

723 Vgl. Drukarczyk/Schöntag (2020), Rn. 3; Crone/Werner (2021b), S. 5; Uhlenbruck (2001), S. 1645. Eine Ausnahme stellen die Mehrheitsbeschlüsse im Fall von Schuldverschreibungen aus Gesamtemissionen gem. dem § 5 SchVG dar.

724 Vgl. Jostarndt/Sautner (2010), S. 634.

725 Vgl. Kudla (2005), S. 118.

726 Vgl. Schiereck/Vogt (2018), S. 1326.

Informationsunterschiede zu reduzieren.[727] Für Gläubiger kann das formale Verfahren bei Vorliegen starker Informationsasymmetrie daher vorteilhaft sein.[728] Insgesamt sind hier jedoch nicht nur Interessenkonflikte und Informationsunterschiede zwischen dem Unternehmen und den Gläubigern, sondern zwischen Management, Eigentümern und Gläubigern, sowie ggfs. weiteren Stakeholdern, zu beachten.[729]

Über die genannten Punkte hinaus sind auch rechtliche Regelungen zu würdigen, wie z.B. ein Blick auf die Sanierungsinstrumente bestätigt. Theoretisch kann im Hinblick auf die Maßnahmen innerhalb eines breiten Spektrums je nach Bedarf gewählt werden. So kann einerseits bereits der Verzicht auf eine Kreditkündigung per Covenant Waiver, dem Unternehmen die nötige Zeit einräumen, um die operative Sanierung anzustrengen, und in der Folge die kreditvertraglichen Absprachen einzuhalten. Andererseits werden regelmäßig umfassendere Maßnahmen, wie die Bereitstellung eines Sanierungskredits, notwendig sein, um dem Unternehmen eine Gesundung unter Vermeidung der formalen Insolvenz zu ermöglichen. Insb. die Vergabe von Sanierungskrediten unterliegt jedoch rechtlichen Risiken. Fremdkapitalgebern, die Kredite nicht in der Absicht gewähren, eine Sanierung des Unternehmens voranzutreiben, sondern um im Rahmen einer sittenwidrigen Insolvenzverschleppung z.B. bestehende Kredite zurückzuführen, sich weitere Sicherheiten bestellen zu lassen, Anfechtungsfristen zu überwinden oder die bestellten Sicherheiten zu verwerten, drohen Schadenersatzpflichten gem. § 826 BGB bzw. eine Insolvenzanfechtung gem. §§ 129 ff. InsO.[730] In diesem Fall ist es vielmehr nötig, ein Sanierungsgutachten (z.B. gem. IDW S 6) eines externen Dritten einzuholen, welches darlegt, dass die Gesellschaft sanierungsfähig ist und die geplanten Maßnahmen objektiv geeignet sind, die Gesellschaft durchgreifend zu sanieren.[731] Auch unterliegen z.B. Debt-Equity-Swaps im außergerichtlichen Verfahren Risiken aus der

---

727 Vgl. Jostarndt/Sautner (2010), S. 631. Das trifft z.B. auf die vom Insolvenzverwalter auf den Zeitpunkt der Eröffnung des Insolvenzverfahrens aufzustellende geordnete Vermögensübersicht gem. § 153 Abs. 1 InsO zu.

728 Vgl. Huang et al. (2013), S. 400.

729 Vgl. Hommel et al. (2018), S. 1252.

730 Vgl. Kuder/Unverdorben (2023b), Rn. 7.89; Löser (2019), Rn. 32; Drukarczyk/Schöntag (2020), Rn. 82. Darüber hinaus kann der § 138 Abs. 1 BGB z.B. Relevanz für den Sicherungsvertrag entwickeln, wenn sittenwidrige Knebelung oder Gläubigergefährdung vorliegen. Vgl. hierzu Kuder/Unverdorben (2023a), Rn. 4.152 ff.

731 Vgl. BGH-Urteil vom 21.11.2005 – II ZR 277/03, Rn. 19 m.w.N.; Kuder/Unverdorben (2023b), Rn. 7.92. Davon abzugrenzen ist z.B. ein sog. Überbrückungskredit,

Differenzhaftung.[732] Da der Unternehmensführung im Falle einer Insolvenzverschleppung (§ 15a InsO) strafrechtliche Konsequenzen[733] drohen, besteht ebenso die Möglichkeit, dass außergerichtliche Verhandlungen hinsichtlich einer Neuordnung der Verschuldungsstruktur aus diesem Grund scheitern, wenn keine zeitnahe Lösung gefunden werden kann.[734] Die ungehinderte Fortführung eines außergerichtlichen Sanierungsversuchs wird insb. von dem Eintritt der Zahlungsunfähigkeit und der Überschuldung limitiert.[735]

Vor dem Hintergrund der vorstehend ausgeführten Rahmenbedingungen sind eine Reihe von Einflussfaktoren auf die Chancen eines außergerichtlichen Verhandlungserfolgs und damit auf das Fortbestehen des Unternehmens denkbar. Hierzu gehört bspw. die Profitabilität des Geschäftsmodells bzw. die Aussichten darauf, diese wiederherzustellen, die relative Schuldenlast oder das wirtschaftliche Umfeld. Diese werden im Zusammenhang mit der Hypothesenbildung erörtert.

6.2.2 Empirie

Gläubigerverhandlungen in finanzieller Schieflage sind Gegenstand einiger wissenschaftlicher Publikationen. Besonders relevante Studien wurden dabei von Gilson et al. (1990), Asquith et al. (1994), Franks/Sussman (2005), Brunner/Krahnen (2008), Jostarndt/Sautner (2010), und in jüngerer Vergangenheit von Blazy et al. (2014) sowie Demiroglu/James (2015) vorgelegt. Tab. 29 fasst die Studien, sowie die darin identifizierten Einflussfaktoren im Hinblick auf den Verhandlungserfolg in einem Überblick zusammen.

Vier der genannten Studien beziehen sich auf angelsächsische Unternehmen, die i.d.R. weniger stark als deutsche Unternehmen von klassischer Bankenfinanzierung geprägt sind. Das umfassendste Sample in Bezug auf die jeweils untersuchten Gläubigerverhandlungen zur Abwendung einer Insolvenz beträgt 336, während der größte Beobachtungszeitraum 16 Jahre beträgt. Ebenfalls in

---

der befristet für den Zeitraum der Erstellung des Sanierungsgutachtens gewährt wird, um einen zwischenzeitlich drohenden Unternehmenszusammenbruch abzuwenden, ebenso wie – vorbehaltlich einer weiteren Sicherheitenbestellung – das Stillhalten oder Prolongieren eines (fast) ausgeschöpften Kreditrahmens. Vgl. Kuder/Unverdorben (2023b), Rn. 7.77–7.78, 7.96–7.97 m.w.N.

732 Vgl. Crone/Kreide (2021), S. 250; Schmidt (2023a), Rn. 7.53.

733 Es droht eine Freiheitsstrafe von bis zu drei Jahren oder eine Geldstrafe, vgl. § 15a Abs. 4 InsO.

734 Vgl. Jostarndt/Sautner (2007), S. 633.

735 Vgl. Drukarczyk/Schöntag (2020), Rn. 43.

vier der sieben Studien wurden börsennotierte Unternehmen und damit öffentlich beobachtbare und eigenständig erhobene Verhandlungen untersucht, während in den anderen Beiträgen Kreditdaten von Banken zur Verfügung gestellt wurden. Letztere haben oftmals den Vorteil, dass detaillierte Informationen hinsichtlich der kreditvertraglichen Ausgestaltungen vorliegen. Jedoch sind solche Datensätze nicht öffentlich zugänglich. Im Vergleich zu den bisherigen Studien enthält die vorliegende Untersuchung die größte Anzahl an Gläubigerverhandlungen (386), und deckt dabei den längsten Untersuchungszeitraum (1999 bis 2022) ab. Zudem beinhaltet die Untersuchungsgrundlage eine hohe Anzahl an aktuellen Verhandlungen.

Auf Basis der genannten Forschungsbeiträge zeichnet sich ab, dass v.a. die Verschuldungsstruktur eine wesentliche Determinante bzgl. der Erfolgswahrscheinlichkeiten von Workouts darstellt. So wirkt sich der Anteil der Verschuldung ggü. Banken im Verhältnis zur Gesamtverschuldung offenbar positiv auf die Wahrscheinlichkeit eines Workouts aus.[736] Gegenteilige Ergebnisse liegen in Bezug auf die Komplexität der Verschuldungsstruktur i.S. von ausstehenden Kreditverträgen bzw. Finanzierungsinstrumenten vor, welcher ein negativer Einfluss zugeschrieben wird, während die Konzentration der Verschuldung auf wenige Gläubiger eher eine positive Wirkung zu entfalten scheint.[737] Zur Überwindung dieser Koordinationsprobleme eignen sich auf Basis der empirischen Literatur Bankenpools, da deren Bildung bzw. Existenz im Zusammenhang mit den jeweiligen Verhandlungen eine vermeintlich positive Wirkung nach sich zieht.[738] Liegt ein höherer Anteil an besicherter Verschuldung vor, wird das Insolvenzverfahren offenbar der außergerichtlichen Sanierung vorgezogen.[739] Des Weiteren werden vereinzelte signifikante Einflüsse identifiziert, die teilweise mit dem Forschungsdesign der jeweiligen Studien zusammenhängen.

---

736 Vgl. Gilson et al. (1990), S. 339; Jostarndt/Sautner (2010), S. 648–650; Demiroglu/James (2015), S. 203–204. Gegenteilig finden Asquith et al. (1994) keine Hinweise, dass der Anteil der öffentlich gehandelten Fremdkapitalinstrumente an der Gesamtverschuldung die Wahrscheinlichkeit eines Workouts negativ beeinflusst. Vgl. Asquith et al. (1994), S. 653–655.

737 Vgl. Gilson et al. (1990), S. 339; Asquith et al. (1994), S. 654–655; Demiroglu/James (2015), S. 203–204.

738 Vgl. Brunner/Krahnen (2008), S. 436–437; Jostarndt/Sautner (2010), S. 649.

739 Vgl. Asquith et al. (1994), S. 654–655; Jostarndt/Sautner (2010), S. 649–650. Kein Einfluss wird dagegen von Franks/Sussman (2005) festgestellt. Vgl. Franks/Sussman (2005), S. 90.

Im Rahmen der folgenden theoretischen Argumentation wird ausführlicher auf die jeweiligen Kalküle hinter den Variablen eingegangen. Es bleibt jedoch zu beachten, dass Einflüsse u.U. länderspezifisch sein können, da die Gesetzgebung die Verhaltensweisen der Gläubiger in finanzieller Schieflage prägt.[740] Für die genannten US-Studien ist darüber hinaus zu berücksichtigen, dass oftmals zwischen einem Workout und dem Chapter-11-Verfahren, also einem Verfahren, das der deutschen Eigenverwaltung ähnelt und explizit auf die Fortführung des Unternehmens ausgerichtet ist, unterschieden wird. Das liegt u.a. daran, dass nach dem Scheitern eines Workoutversuchs regelmäßig ein Verfahren gem. Chapter 11 angestrebt wird.[741] Aus diesem Verfahren ist ein Übergang in das Chapter-7-Verfahren, das auf die Liquidation des Unternehmens abzielt, möglich. Gem. der bestehenden Literatur erfolgt dieser jedoch nur in einer Minderheit der Fälle.[742] Insofern sind die Rahmenbedingungen zu unterscheiden, da die Insolvenzanmeldung in den USA eher mit der Fortführung des Krisenunternehmens verbunden ist als in Deutschland.

Auch deshalb hat für die vorliegende Arbeit der Beitrag von Jostarndt/Sautner (2010), basierend auf einem Teil der Hochschulschrift von Jostarndt (2007), besondere Relevanz.[743] Es stellt sich insb. die Frage, inwieweit die Ergebnisse der Autoren validiert oder zusätzliche Einflüsse identifiziert werden können. Diese Prüfung fußt im Wesentlichen auf drei zentralen Gegebenheiten, die durch die vorliegende Untersuchungsgrundlage geprüft werden können.

Die Daten der Autoren stammen aus den Jahren 1997 bis 2004.[744] Dieser Zeitraum enthält das Entstehen und Platzen der sog. Dotcom-Blase, eine Zeit in der zahlreiche Unternehmen, v.a. aus dem Kommunikations- und

---

740 Für den Einfluss unterschiedlicher Ausprägungen der Gläubigerrechte auf Basis der Insolvenzrechtsregime in Frankreich, Deutschland und Großbritannien auf die Kreditvergabe- und Reorganisationspraktiken siehe die Studie von Davydenko/Franks (2008).

741 Vgl. Asquith et al. (1994), S. 625; Weiss (1990), S. 291. Bris et al. (2006) zeigen für US-Insolvenzen gem. Chapter 11 eine deutlich höhere Insolvenzquote als für Verfahren gem. Chapter 7. Vgl. Bris et al. (2006), S. 1287–1289.

742 Bspw. berichten Morse/Shaw (1988) von weniger als 25 % an liquidierten Unternehmen nach dem Eintritt in das Chapter-11-Verfahren. Vgl. Morse/Shaw (1988), S. 1197–1199. Im Sample von Weiss (1990) liegt eine Liquidationsquote von 14,3 % vor. Vgl. Weiss (1990), S. 291.

743 Gläubigerverhandlungen werden in Abschnitt 4: „An empirical study of distressed debt restructurings“ behandelt. Vgl. Jostarndt (2007), S. 71–126.

744 Vgl. Jostarndt/Sautner (2010), S. 640.

Technologiebereich, vornehmlich über den sog. „Neuen Markt“ an der Börse notiert wurden. Diese „Wachstumsunternehmen“ waren oftmals dadurch gekennzeichnet, dass der Break-Even, also eine Rentabilität des Geschäftsmodells nicht oder kaum vorlag, und die Anleger daher auf künftige Gewinne spekulierten. Es liegt also eine Grundlage vor, die von Unternehmen einer Branche und einer gesamtwirtschaftlichen Krisensituation geprägt ist.[745] Das hier verwendete Sample umfasst dagegen Krisenverhandlungen im Zeitraum 1999 bis 2022. Während der Zeitspanne können im Wesentlichen drei Krisen – Dotcom-Krise, Finanz- bzw. Staatsschuldenkrise und COVID-19-Pandemie – abgedeckt werden, sowie Verhandlungen in „normalen“ Zeiten bzw. Zeiten wirtschaftlichen Aufschwungs untersucht werden.

Des Weiteren gilt es, wie oben bereits dargestellt, die Einflüsse der Änderungen in der InsO und u.U. veränderte Kalküle der Fremdkapitalgeber zu berücksichtigen. Denn der Gesetzgeber spannt den Verhandlungsraum durch die vorgegebenen Regelungen auf, welche durch die Gläubiger in das Kalkül zur Entscheidung zwischen außergerichtlichem Workout und Übergang in ein gesetzliches Verfahren einbezogen bzw. antizipiert werden sollten.[746] Sobald zentrale Parameter gerichtlicher Verfahren modifiziert werden, liegt die Vermutung nahe, dass diese Änderungen Auswirkungen auf die außergerichtlichen Verfahren haben.[747] Der Gesetzgeber hat hier v.a. 1999 mit der Einführung der InsO, sowie 2012 und 2021 mit dem Inkrafttreten des ESUG bzw. des StaRUG, wesentliche Veränderungen vorgenommen.

Im Hinblick auf die Gesellschafterrechte ist davon auszugehen, dass die Insolvenzrechtsreform durch das ESUG die Durchführung freier Sanierungen erleichtert hat. Grund hierfür ist, dass durch den Eingriff in die Gesellschafterrechte im Insolvenzplanverfahren gem. §§ 217, 225a InsO ein Drohpotenzial ggü. den Eigentümern besteht, diese durch einen Kapitalschnitt unter Bezugsrechtsausschluss aus der Gesellschaft auszuschließen.[748] Selbiges Drohpotenzial

---

745 Bspw. machen Unternehmen der Branche „Information technology“ ca. 35 % aller Krisenunternehmen in der gesamten Untersuchungsgrundlage aus, die der Hochschulschrift von Jostarndt (2007) zugrunde liegt. Vgl. Jostarndt (2007), S. 19. Jostarndt/Sautner (2010) führen ähnliche Erwägungen aus. Vgl. Jostarndt/Sautner (2010), S. 626.

746 Vgl. Drukarczyk/Schöntag (2020), Rn. 9–10.

747 Vgl. Drukarczyk/Schöntag (2020), Rn. 51.

748 Vgl. Tresselt (2019), Rn. 20 m.w.N. Ähnliches gilt auch für das Verfahren gem. StaRUG, das gem. § 2 Abs. 4 einen Eingriff in die Gesellschafterrechte gestattet.

besteht ggü. opponierenden (Minderheiten-)Gläubigern, da ihre Zustimmung unter den Voraussetzungen des Obstruktionsverbots gem. § 245 Abs. 1 InsO als erteilt gilt.[749] Außerdem werden z.B. durch die veränderter Rechtslage vormalige Haftungsrisiken aus einer Überbewertung im Rahmen eines Debt-Equity-Swaps gem. § 254 Abs. 4 InsO ausgeschlossen.[750] Durch die vorliegende Untersuchungsgrundlage können Einflüsse der Änderungen der Gesetzgebung auf die Praxis der Gläubigerverhandlungen, die einen Teilbereich der Unternehmenssanierung darstellen, geprüft werden. Jostarndt/Sautner (2010) stellen selbst die Vermutung auf, dass nicht alle Stakeholder der Unternehmen in ihrem Sample, die bereits zeitlich der InsO unterliegen, sofort mit den Neuerungen der umfassenden Reform durch die Einführung der InsO vertraut waren, und die Gläubigerverhandlungen daher nur teilweise von diesen beeinflusst sind.[751] Für das vorliegende Sample an vergleichsweise aktuellen Gläubigerverhandlungen ist dieser Umstand deutlich weniger ausgeprägt. Die Untersuchung der Einflüsse des Verfahrens gem. StaRUG wird dagegen Gegenstand zukünftiger Studien sein, da die Gesetzgebung für das vorliegende Sample mit wenigen Ausnahmen keine Rolle spielt.[752]

---

749 Das StaRUG sieht hier gem. § 26 eine ähnliche Möglichkeit vor.

750 Vgl. Schmidt (2023a), Rn. 7.56.

751 Vgl. Jostarndt/Sautner (2010), S. 648.

752 Für elf Verhandlungen, die seit dem Inkrafttreten des StaRUG im Jahr 2021 beobachtet wurden, wäre ein Einfluss denkbar.

Tab. 29: Empirische Studien zu außergerichtlichen Gläubigerverhandlungen in finanzieller Schieflage

Studie	**Zeitraum**	**Land**	**Listing**	**Unternehmensgröße**	**Anzahl**	**Erfolgsquote**	**Signifikante Einflüsse**
Gilson et al. (1990)	1978 bis 1987	USA	Börsennotiert	Mittel bis Groß	169	47,3 %	• Fortführungswert/Tobinsches Q (+) • Anteil Bankverbindlichkeiten an Gesamtverbindlichkeiten (+) • Anzahl an Kreditverträgen (-)
Asquith et al. (1994)	1976 bis 1989	USA	Börsennotiert	Groß	102	58,9 %	• Liquidität (+) • Anzahl an öffentlich gehandelten Anleihen (-) • Anteil besicherte Verschuldung (-)
Franks/ Sussman (2005)	1997 bis 1998	Vereinigtes Königreich	Nicht börsennotiert	Klein bis Mittel	163	68,4 %	• Anteil Hauptbank an Gesamtverschuldung (+) • Managementwechsel (+) • Rückgang Lieferantenverbindlichkeiten (+)
Brunner/ Krahnen (2008)	1991 bis 1999	Deutschland	Nicht börsennotiert	Klein bis Groß	95	NA	• Bankenpool (+) • Anzahl an Banken im Bankenpool (-)
Jostarndt/ Sautner (2010)	1997 bis 2004	Deutschland	Börsennotiert	Groß	116	49,1 %	• Verschuldungsgrad (+) • Anteil Bankverbindlichkeiten an Gesamtverbindlichkeiten (+) • Zeitraum Schieflage (-) • Anteil besicherte Verschuldung an Finanzverbindlichkeiten (-) • Sicherheitenpool (+) • Mehrmalige Verhandlung (-)

(fortgeführt)

Tab. 29: Fortsetzung

Studie	Zeitraum	Land	Listing	Unternehmensgröße	Anzahl	Erfolgsquote	Signifikante Einflüsse
Blazy et al. (2014)	1988 bis 2004	Frankreich	Nicht börsennotiert	Klein bis Mittel	99	55,1 %	• Verhandlungsprozess wird von der Hauptgläubigerbank geleitet (-) • Fehlerhaftes Management in Kombination mit schlechtem Rating (-)
Demiroglu/ James (2015)	1999 bis 2012	USA	Börsennotiert	Groß	336	50,9 %	• U.a. Anteil Bankverbindlichkeiten an Gesamtverbindlichkeiten (+) • Anzahl an Kreditverträgen (-) • Ausstehende Credit-Default-Swaps (+) • Unternehmensgröße (-) • Zahlungen aus operativem Leasing (-) • Volatilität des Unternehmenswerts (-) • Pensionsunterfinanzierung (-)

Eigene Darstellung auf Basis von Gilson et al. (1990), S. 335–336, 338–339; Asquith et al. (1994), S. 628–629, 639; Franks/Sussman (2005), S. 66, 90; Brunner/Krahnen (2008), S. 423–424, 437; Jostarndt/Sautner (2010), S. 637–641, 649; Blazy et al. (2014), S. 253–256, 258; Demiroglu/James (2015), S. 195–199, 203. *Unternehmensgröße:* Es wurde eine Einschätzung auf Basis der publizierten Daten der Autoren, sowie der Empfehlung 2003/361/EG der EU-Kommission vom 6. Mai 2003 betreffend die Definition der Kleinstunternehmen sowie der kleinen und mittleren Unternehmen getroffen. *Anzahl:* Innerhalb einiger Studien liegen verschiedene Sample-Größen je nach Teilanalyse vor. Die Ausführungen sowie Tab. 28 beziehen sich auf die maximale Anzahl an untersuchten Gläubigerverhandlungen zur Abwendung einer Insolvenz innerhalb der jeweiligen Analyse. *Erfolgsquote:* Workouts / (Workouts + Unternehmen mit Insolvenzanmeldung). In der Studie von Brunner/Krahnen (2008) sind außerdem Verhandlungen, die zum Ende des Beobachtungszeitraums der Studie noch keinen Workout erzielen konnten, als Misserfolg klassifiziert. Vgl. Brunner/Krahnen (2008), S. 436. *Signifikante Einflüsse:* Die Symbole (+) und (–) dokumentieren einen signifikant positiven bzw. negativen Einfluss auf den Verhandlungsausgang mindestens auf dem 10 %-Niveau in der jeweiligen Studie. Die Signifikanzniveaus innerhalb der Einzelstudien variieren teilweise aufgrund Verwendung unterschiedlicher Modelle.

Wie ebenfalls oben bereits angesprochen wurde, besteht zudem ein Vorteil des vorliegenden Samples hinsichtlich der Datenstruktur. Die Referenzstudie von Jostarndt/Sautner (2010) und alle zuvor genannten Studien befassen sich in ihrer Analyse singulär mit den Gläubigerverhandlungen zwischen Fremdkapitalgebern und dem jeweiligen Unternehmen. Ein solches Vorgehen kann für einzelne Verhandlungen zutreffend sein, wenn keine anderen Kapitalgeber oder Interessengruppen zu Zugeständnissen bereit sind, oder z.B. aufgrund der eigenen finanziellen Situation dazu nicht in der Lage sind. In zahlreichen Fällen werden Gläubiger ihre Bereitschaft an der Sanierung mitzuwirken, und in der Folge Zugeständnisse zu gewähren, jedoch von Sanierungsbeiträgen anderer Stakeholder abhängig machen. In diesem Zusammenhang ist z.B. die Gewährung von Gesellschafterdarlehen durch die Anteilseigner, oder eine staatliche Bürgschaft vorstellbar. Diese Problematik wurde durch die Erhebungsmethodik berücksichtigt, indem wesentliche Zugeständnisse anderer Kapitalgebergruppen bzw. weiterer Stakeholder im Zusammenhang mit den Gläubigerverhandlungen erhoben wurden.

6.2.3 Ableitung und Formulierung der Forschungshypothesen

Für die Ableitung der Hypothesen gilt es, die vorliegende theoretische Literatur, aber auch die bisherigen empirischen Studienergebnisse, zu berücksichtigen. Die nachfolgende Hypothesenbildung baut daher auf der genannten Literatur auf, ordnet die Ergebnisse der vorliegenden empirischen Studien ein und zeigt die Operationalisierung anhand entsprechender Variablen auf. Die Hypothesen werden dabei in die Teilbereiche *Operative Unternehmenseigenschaften*, *Vermögens- und Kapitalstruktur*, *Exogene Einflüsse*, und *Charakteristika des Verhandlungsprozesses* unterteilt. Darüber hinaus finden zwei Kontrollvariablen Eingang in die Analyse.

6.2.3.1 Operative Unternehmenseigenschaften

Zustand des Kerngeschäfts/Wettbewerbsposition: Der Zustand des Kerngeschäfts bzw. wettbewerbsfähige Kompetenzen sollten kritisch für die Sanierungsfähigkeit sowie -würdigkeit und damit entscheidend für die Gewährung finanzieller Sanierungsmaßnahmen durch die Gläubiger sein. Sofern auf operativer und strategischer Seite Fehlentwicklungen zu verzeichnen sind, ist darauf zu achten, dass nach erfolgten operativen und strategischen Maßnahmen das Geschäftsmodell des Unternehmens tragfähig ist. Je schlechter aber der aktuelle Zustand des Kerngeschäfts bzw. die Wettbewerbsposition des Unternehmens ist, desto tiefgreifender und kostenintensiver sind die notwendigen Maßnahmen.[753] In der Folge werden Gläubiger von einer Gewährung von Sanierungsbeiträgen eher Abstand nehmen. Operativ profitablere Unternehmen, d.h. Unternehmen mit einem besseren Zustand des Geschäftsbetriebs sollten dagegen eine höhere Chance auf einen Sanierungsbeitrag der Gläubiger haben. Für diese Unternehmen liegt eher *Financial Distress* als *Economic Distress* vor.

Ein positiver Zusammenhang zwischen der Ertragslage des Unternehmens und einem positivem Sanierungsausgang findet sich bspw. bei Eichner (2010), während die Untersuchungen von Gläubigerverhandlungen durch Asquith et al. (1994), Jostarndt/Sautner (2010) und Demiroglu/James (2015) keinen eindeutig signifikanten Zusammenhang zwischen dem Verhandlungserfolg und der Profitabilität feststellen.[754] Es ist allerdings zu beachten, dass die Verwendung von GuV-basierten Profitabilitätskennzahlen kritisch zu sehen ist, da diese u.U. durch die Rechnungslegung beeinflusst sind. Bspw. zeigt Schulte (2016), dass Unternehmen i.d.R. bemüht sind (stark) negative EBITDA durch Ausnutzung buchhalterischer Spielräume zu vermeiden, und der operative Cashflow aufgrund seiner Unbeeinflussbarkeit ein deutlich früheres Signal in Bezug auf eine drohende Insolvenz liefert.[755] Für die Gläubiger ist aber gerade die Liquiditätsgenerierung und damit die Zinszahlungs- und Tilgungsfähigkeit von herausragender Bedeutung.[756]

Da keine Daten zur erwarteten Profitabilität nach Durchführung der Maßnahmen vorliegen und diese außerdem unsicher ist, findet die Profitabilität unmittelbar vor dem Verhandlungsbeginn Eingang in die Untersuchung. Es wird auf das Verhältnis des operativen Cashflows zur durchschnittlichen Bilanzsumme des aktuellen und des Vorjahres abgestellt. Darüber hinaus wird die Größe um den Industriemedian bereinigt, weil eine Industrieadjustierung Auskunft über die Qualität des Managements geben kann, da hierdurch ein Vergleich mit anderen Unternehmen der gleichen Industrie möglich ist. Unternehmen, die weniger als ihre Vergleichsgruppe erwirtschaften, können als schlechter geführt qualifiziert werden.[757] Folgende Hypothese ist somit zu prüfen:

---

753 Vgl. Kudla (2005), S. 115–116.

754 Vgl. Eichner (2010), S. 229; Jostarndt/Sautner (2010), S. 649; Demiroglu/James (2015), S. 203; Asquith et al. (1994), S. 654. Alle Studien nutzen die Definition EBITDA/Bilanzsumme im Rahmen der Analyse.

755 Vgl. Schulte (2016), S. 194–196, 203–205.

756 Vgl. Schiereck/Vogt (2018), S. 1328.

757 Vgl. Whitaker (1999), S. 126.

H1: Der Zustand des Kerngeschäfts/die Wettbewerbsposition der Unternehmen hat einen signifikant positiven Einfluss auf den Verhandlungserfolg.

Unsicherheit/Informationsasymmetrie: Ein weiterer Einfluss auf den Verhandlungsausgang ist von der Unsicherheit bzgl. des Sanierungspotenzials des Unternehmens bzw. der Sanierungswürdigkeit des Unternehmens zu erwarten.[758] Ist eine verlässliche Einschätzung der Sanierungschancen bzw. des Eintritts des Sanierungserfolgs aufgrund hoher Unsicherheiten nicht möglich, werden z.B. Banken eher davon absehen, Sanierungskredite zu vergeben.[759] Zwar können sich bestehende Fremdkapitalgeber durch geringfügigere Maßnahmen, wie z.B. Stundungen oder Zinserlässe, die Möglichkeit einer späteren, besser informierten Entscheidung offen lassen,[760] tendenziell kann jedoch vermutet werden, dass die Unsicherheit einen negativen Einfluss auf den Ausgang der gesamten Verhandlung hat. Ausschlaggebend hierfür sind auch Informationsasymmetrien. Diese können dadurch auftreten, dass Unternehmensleitung und Eigentümer in einer finanziellen Schieflage Anreize haben, den wahren Zustand ihres Geschäftsmodells zu verschleiern.[761] Kreditgeber, die vor der Entscheidung stehen, ihr Engagement im Unternehmen fortzuführen oder zu beenden, könnten in diesem Zusammenhang versuchen ihren Informationsrückstand durch ein besonders kritisches Screening oder den Einsatz externer Berater abzubauen.[762] Alternativ könnten Informationsasymmetrien der Kreditgeber durch die Beobachtung von Signalen anderer Kapitalgeber bzw. Stakeholder abgebaut werden. Solche Signale umfassen z.B. Eigenkapitalbeteiligungen bzw. -erhöhungen von Investoren, die eine hohe Qualität der Vermögensgegenstände und Zuversicht hinsichtlich der zukünftigen Geschäftsaussichten signalisieren.[763] Unternehmen, die nicht in der Lage sind, Informationsasymmetrien abzubauen, haben mit einer erhöhten Insolvenzwahrscheinlichkeit zu rechnen, da die Gläubiger das Insolvenzverfahren nutzen könnten, um durch die dann notwendigen Pflichtpublikationen von Unternehmensinformationen die Asymmetrien zu

758 Vgl. Kudla (2005), S. 118.
759 Vgl. Schiereck/Vogt (2018), S. 1326.
760 Vgl. Kudla (2005), S. 118; Kahl (2002), S. 159.
761 Vgl. Giammarino (1989), S. 40–41; Heinkel/Zechner (1993), S. 532–533; Hommel et al. (2018), S. 1261.
762 Vgl. Kudla (2005), S. 122–123.
763 Vgl. Leland/Pyle (1977), S. 384.

reduzieren.[764] Auch sind Haftungsansprüche ggü. den Banken zu beachten, falls eine Insolvenzverschleppung oder sittenwidrige Kreditgewährung erfolgt. Der Informationsstand der Banken über die ökonomische Struktur des Schuldnerunternehmens und seine Sanierungschancen kann deshalb verhandlungsentscheidend sein.[765]

Die Volatilität einer Aktie kann dahingegen interpretiert werden, dass es zu häufigen und unerwarteten Anpassungen des Marktes bzgl. des Eigenkapitalwerts kommt,[766] weshalb sie für Krisenunternehmen als Stellvertreter für die Unsicherheit hinsichtlich des Sanierungspotenzials bzw. der Unternehmensqualität interpretiert wird. Darüber hinaus wird die Kennzahl zur Messung der Informationsasymmetrien verwendet. Jostarndt/Sautner (2010) stellen allerdings keinen signifikanten Einfluss der Aktienvolatilität fest.[767] Da im vorliegenden Fall das Verhalten der Fremdkapitalgeber untersucht wird, erfolgt im Einklang mit dem Vorgehen von Demiroglu/James (2015) eine Operationalisierung anhand der Volatilität des Unternehmenswerts gem. Bharath/Shumway (2008).[768] Es wird folgende Hypothese abgeleitet:

H2: Die Höhe der Unsicherheit bzw. das Ausmaß der Informationsasymmetrien hat einen signifikant negativen Einfluss auf den Verhandlungserfolg.

Fortführungswert: Der Fortführungswert eines Unternehmens ist der Barwert der zukünftigen erwarteten bewertungsrelevanten Überschüsse aus dem Geschäftsbetrieb an die Kapitalgeber.[769] Die Fortführung eines Krisenunternehmens sollte sich ceteris paribus eher lohnen, wenn für das jeweilige Unternehmen Wachstumschancen bestehen. Sollte der Fortführungswert den Liquidationswert des Unternehmens übersteigen, ist es aus Gesamtsicht der Kapitalgeber rational, eine außergerichtliche Fortführung des Unternehmens einer gerichtlichen Liquidation im Insolvenzverfahren vorzuziehen, um Wertverluste zu vermeiden.[770] Zwar wäre auch eine Fortführung im

764 Vgl. Jostarndt/Sautner (2010), S. 631; Huang et al. (2013), S. 400. Informationsunterschiede können dennoch auch in insolvenzrechtlichen Verfahren weiterbestehen. Vgl. Drukarczyk/Schöntag (2020), Rn. 7.

765 Vgl. Drukarczyk/Schöntag (2020), Rn. 82.

766 Vgl. Jostarndt/Sautner (2010), S. 636.

767 Vgl. Jostarndt/Sautner (2010), S. 648–649.

768 Vgl. Demiroglu/James (2015), S. 209; Bharath/Shumway (2008), S. 1347.

769 Vgl. Schüler (2016a), S. 6.

770 Vgl. Eichner (2010), S. 122. Außergerichtliche Liquidationen sind theoretisch gerichtlichen Liquidationen vorzuziehen, vgl. Fn. 738. In der Untersuchungsgrundlage

Insolvenzverfahren möglich, jedoch erscheint gerade für Unternehmen mit vergleichsweise hohen Fortführungswerten diese Option aufgrund der Kosten der finanziellen Schieflage im Insolvenzverfahren besonders kostspielig, weil der Fortführungswert i.d.R. erheblich gemindert wird. Wachstumschancen oder firmenspezifische Investitionen verlieren in finanzieller Schieflage regelmäßig überproportional an Wert.[771] Es kann daher vermutet werden, dass Unternehmen mit relativ hohen Fortführungswerten eher in der Lage sein sollten, eine Insolvenz durch außergerichtliche Sanierungsverhandlungen mit den in ihren Ansprüchen bedrohten Gläubigern abwenden zu können.

Es gilt jedoch zu berücksichtigen, dass hohe Wachstumschancen auch mit einer hohen Wahrscheinlichkeit der Realisierung niedriger Cashflows und damit eines Zahlungsausfalles einhergehen.[772] Ein stabiler Cashflow stellt jedoch die Grundvoraussetzung einer (weiteren) Fremdfinanzierung dar.[773] Ob die Fremdkapitalgeber im fortgeschrittenen Krisenstadium zukünftige Ertragspotentiale beleihen erscheint mehr als fraglich. Zudem kann gem. Fischer (1999) argumentiert werden, dass Gläubiger risikoarme Sanierungen bevorzugen, da die Wertverluste der ihnen bei Fehlschlag des Versuchs und damit im Insolvenzfall zustehenden Vermögenswerte geringer ausfallen als bei Misslingen eines risikoreichen Sanierungsversuchs. Die Vorteile einer mit erheblichen Risiken, aber auch wesentlichen potenziellen Wertsteigerungen, verbundenen Sanierung kommen dagegen zu großen Teilen den Eigentümern zugute, die aufgrund dessen die risikoreiche Sanierung bevorzugen.[774] Es kann daher aus Gläubigersicht durchaus rational sein, das Insolvenzverfahren und eine dann ggfs. stattfindende Liquidation ggü. der Fortführung des Unternehmens zu bevorzugen.

In der empirischen Forschung wird häufig das Tobinsche Q als Proxy für die Wachstumschancen eines Unternehmens verwendet.[775] Für die vorliegende Untersuchung wurde auf eine Indikatorvariable abgestellt, die den Wert eins annimmt, wenn das Tobinsche Q den Wert eins überschreitet, und ansonsten

---

der Gläubigerverhandlungen wurde nur eine Liquidation bzw. in der gesamten Untersuchungsgrundlage der finanziellen Unternehmenssanierungen nur drei außergerichtliche bzw. freiwillige Liquidationen beobachtet (siehe Kapitel 4.3)

771 Vgl. Myers (1984), S. 581; Schäfer/Ott (2020), S. 718.

772 Vgl. Shleifer/Vishny (1992), S. 1359; Weiß (2022), S. 769.

773 Vgl. Hall/Lerner (2010), S. 617; Weiß (2022), S. 769.

774 Vgl. Fischer (1999), S. 17–18.

775 Vgl. Kogan/Papanikolaou (2014), S. 679; Jostarndt/Sautner (2010), S. 637; Eichner (2010), S. 122; Rajan/Zingales (1995), S. 1451; Frank/Goyal (2009), S. 8.

den Wert null annimmt. Diese Kodierung ist zum einen auf die Streuung der Kennzahl zurückzuführen, und andererseits darauf, dass lediglich zwischen diesen zwei Unternehmensgruppen, also Unternehmen mit Marktwerten über den Buchwerten und vice versa, unterschieden werden soll. Außerdem wird das Tobinsche Q i.d.R. an bestimmten Stichtagen gemessen. Aufgrund der wohl überdurchschnittlichen Schwankungen des zu beobachtenden Marktwerts von Unternehmen in finanzieller Schieflage, kann argumentiert werden, dass diese Differenzierung eine bessere Vergleichbarkeit erlaubt. Das gilt auch deshalb, da die Möglichkeit besteht, dass das Tobinsche Q von der Markteinschätzung hinsichtlich der Wahrscheinlichkeit des Sanierungserfolgs beeinflusst wird, und daher eventuell keine Aussagen hinsichtlich des tatsächlichen Fortführungswerts getroffen werden können.[776] Es soll insgesamt folgende Hypothese geprüft werden:

H3: Hohe Fortführungswerte der Unternehmen haben einen signifikant positiven Einfluss auf den Verhandlungserfolg.

6.2.3.2 Vermögens- und Kapitalstruktur

Sicherungswert: Eine weitere relevante Variable kann das Sachanlagevermögen bzw. der Sicherungswert darstellen. In der Literatur zur Kapitalstrukturpolitik wird üblicherrweise angenommen, dass das Sachanlagevermögen die Sicherheit der Gläubiger erhöht und in der Folge mit einem höheren Verschuldungsgrad einhergeht.[777] Ursächlich hierfür ist das Kalkül, dass diese Art der Vermögenswerte die sog. Agency-Kosten der Fremdkapitalgeber reduzieren, da eine Veränderung des Investitionsrisikos (sog. Asset-Substitution) erschwert wird, und im Falle einer Liquidation eine höhere Wertbeständigkeit als immaterielle Vermögenswerte aufweisen.[778] Erstes ist darauf zurückzuführen, dass die fixe Struktur der Vermögensgegenstände die Unternehmen in der Möglichkeit beschränkt, eine veränderte und u.U. gläubigerschädigende Strategie durchzuführen.[779] Zweites wird damit begründet, dass die Haftungsmasse

776 Vgl. Jostarndt/Sautner (2010), S. 637.

777 Vgl. für eine ausführliche Diskussion und Einordnung der bestehenden Literatur hinsichtlich der Kapitalstrukturtheorien Weiß (2022), S. 816–844. Vgl. für eine aktuelle europäische Studie bspw. Brunner-Kirchmair et al. (2020).

778 Vgl. Rajan/Zingales (1995), S. 1451; Frank/Goyal (2009), S. 9; Parsons/Titman (2008), S. 18.

779 Vgl. Weiß (2022), S. 823 Die Erhöhung des Investitionsrisikos führt zu einer Vermögensverschiebung auf Kosten der Gläubiger. Vgl. Drukarczyk (1987), S. 22.

durch die niedrigeren Kosten in der Insolvenz erhöht wird, da die Vermögensgegenstände leichter zu verwerten sind als bspw. immaterielle Vermögenswerte wie Marken und Patente, weil sie außerhalb des bestehenden Unternehmens Verwendung finden können.[780] Es besteht auch die Möglichkeit, das Sachanlagevermögen als Proxy für die Vermögensgegenstände, die notfalls zum Verkauf zur Verfügung stehen, zu interpretieren.[781] Außerhalb der Insolvenz kann es daher dazu dienen, Erlöse aus Notverkäufen von Unternehmensteilen zu generieren, um Zahlungsschwierigkeiten zu überwinden,[782] da durch sie z.B. Fremdkapitalbestände getilgt werden können. Innerhalb der Insolvenz können die Fremdkapitalgeber von diesem Sicherungswert profitieren, indem der Insolvenzverwalter z.B. Grundstücke und Maschinen verkauft und die Erträge an die Gläubiger verteilt.[783] Ein hoher Bestand an Sachanlagevermögen kann somit für die Gläubiger Anreize zur Liquidation liefern, oder aber auch als risikomindernder Rettungsanker interpretiert werden, dessen Wert dann realisiert werden kann, wenn die aktuell gewährte(n) Sanierungsmaßnahme(n) nicht zum Sanierungserfolg führen sollte(n). Unabhängig davon ist anzunehmen, dass die Fremdkapitalgeber die Haftungsmasse bzw. die Wertbeständigkeit der Vermögensgegenstände des Unternehmens in ihre Überlegungen hinsichtlich der Bewilligung von Sanierungsmaßnahmen einbeziehen. Außerdem sei darauf hingewiesen, dass das Pendant – der Bestand an immateriellen Vermögenswerten – in empirischen Studien oftmals als Proxy für die Informationsasymmetrie dient.[784]

Insgesamt wird mit dem Sachanlagevermögen eine eher konservative Schätzung für den gesamten Sicherungswert des Unternehmens gewählt, da vermutet wird, dass speziell das Sachanlagevermögen werthaltige Vermögensgegenstände enthält. Die Analyse von Demiroglu/James (2015) untersucht diesen

780 Vgl. Kudla (2005), S. 58; Weiß (2022), S. 817–818 m.W.n. Gem. Wohlschieß (1996) stellt der Anteil der immateriellen Vermögensgegenstände ein inverses Maß für den Sicherungswert dar. Vgl. Wohlschieß (1996), S. 189–190. In diesem Sinne argumentiert Gilson (2012), dass Unternehmen mit wertvollen immateriellen Vermögenswerten besonders stark von einem Rückgang des Fortführungswerts in einem Insolvenzverfahren betroffen wären. Vgl. Gilson (2012), S. 30.

781 Vgl. Demiroglu/James (2015), S. 199.

782 Vgl. Shleifer/Vishny (1992), S. 1359–1360; Parsons/Titman (2008), S. 16; Weiß (2022), S. 820.

783 Der Marktwert der Vermögensgegenstände bei Liquidation dient den Gläubigern als Beleihungsbasis. Vgl. Drukarczyk/Schüler (2021), S. 344.

784 Vgl. z.B. Farinha/Santos (2002).

Faktor und zeigt negative, aber nicht signifikante Koeffizienten.[785] In einer Studie zur Überlebenswahrscheinlichkeit von Unternehmen zeigen Franks/ Sanzhar (2006), dass das relative Sachanlagevermögen die Wahrscheinlichkeit einer Insolvenz bzw. Liquidation reduziert.[786] Die daraus abgeleitete Hypothese lautet:

H4: Der Anteil des Sachanlagevermögens am gesamten Unternehmensvermögen hat einen signifikant positiven Einfluss auf den Verhandlungserfolg.

Verschuldungsgrad: Der Einfluss der Kapitalstruktur auf den Erfolg der Krisenbewältigung eines Unternehmens wurde bereits in zahleichen Studien untersucht. Im Bereich der Fremdfinanzierung ist dabei auf zwei Dimensionen zu achten. Es kann hypothesiert werden, dass einerseits die Höhe der Verschuldung, andererseits die Struktur der Verschuldung die Sanierungschancen des Unternehmens beeinflussen. Zunächst soll nur die mögliche Richtwirkung der Höhe des Verschuldungsgrades diskutiert werden.

Sanierungsbedürftige Unternehmen haben i.d.R. mit einer hohen bilanziellen Verschuldung, sowie einer Liquiditätsknappheit aufgrund anhaltender Verluste zu kämpfen.[787] Darüber hinaus zehrt der zu leistende Kapitaldienst die Liquidität weiter auf. Auch ist mit steigenden indirekten Kosten der finanziellen Schieflage zu rechnen, je höher der Verschuldungsgrad steigt. Diese können als Opportunitätskosten verstanden werden, die den Unternehmenswert schmälern. Auslöser ist dabei der Verlust des Vertrauens der Stakeholder in den Fortbestand des Unternehmens, da viele Unternehmen und Privatpersonen das Insolvenzverfahren mit der Zerschlagung des Unternehmens in Verbindung bringen.[788] Daher wäre zunächst ein negativer Zusammenhang zwischen Verschuldungshöhe und Workouts zu vermuten. Gegenteilig argumentiert Jensen (1986), (1989), indem er die Vorteile hoher Verschuldungsgrade – namentlich die Kontrollfunktion des Fremdkapitals, sowie die Anreizsetzungsfunktion für das Management – hervorhebt. Beide würden zu einer schnelleren Reaktion des Managements führen, da bereits ein geringer Rückgang des Unternehmenswerts zu einem Ausfall führen würde.[789] Ein möglicherweise nach einem

785 Vgl. Demiroglu/James (2015), S. 203.

786 Vgl. Franks/Sanzhar (2006), S. 30. Anders dagegen Turetsky/McEwen (2001), S. 331–334.

787 Vgl. Kudla (2005), S. 119.

788 Vgl. hierzu Kapitel 2.2.4.1.

789 Vgl. Jensen (1986), S. 324, (1989), S. 42. Ausfall i.S. eines Rückgangs des Fortführungswertes unter den Nominalwert des Fremdkapitals.

solchen stattfindendes Insolvenzverfahren ist i.d.R. mit dem Kontrollverlust der Eigentümer und des von ihnen eingesetzten Managements verbunden.[790] Unternehmen mit hohen Verschuldungsquoten werden daher ceteris paribus schneller auf einen Rückgang ihrer operativen Leistungsfähigkeit mit Sanierungsmaßnahmen reagieren und können hierdurch u.U. den Fortführungswert des Unternehmens weitgehend erhalten.[791] Zudem ist zu beachten, dass wenn der Fortführungswert den Liquidationswert wesentlich übersteigt, ein Anstieg der Kosten im Falle einer Insolvenz wahrscheinlich ist.[792] Dies möchten sowohl Eigentümer als auch Gläubiger verhindern, da dies ihre Vermögensposition negativ beeinflussen würde. Eine hohe Verschuldung wirkt somit als Motivations- und Kontrollinstrument, die eine schnellere Sanierung der operativen und finanziellen Bereiche des Unternehmens bewirken kann, einen höheren Anteil des Fortführungswerts präserviert und die Wahrscheinlichkeit eines Verhandlungserfolgs erhöht.[793]

Ofek (1993) dokumentiert dieser Argumentation folgend in seiner Studie, einen positiven Zusammenhang zwischen erfolgreichen Gläubigerverhandlungen als Sanierungsstrategie und hohen Verschuldungsgraden vor finanzieller Schieflage, jedoch auch einen signifikanten Einfluss auf die Insolvenzanmeldung.[794] Jostarndt/Sautner (2010) weisen einen positiven Zusammenhang zwischen der Höhe des Verschuldungsgrades vor dem Beginn der finanziellen Schieflage und der Erfolgswahrscheinlichkeit eines Workout-Versuchs für ein Sample deutscher Unternehmen nach.[795] Demiroglu/James (2015) ermitteln dagegen einen negativen Einfluss der Verschuldung auf die Workout-Wahrscheinlichkeit, welcher jedoch nur schwache Signifikanz aufweist.[796] Elsas/Krahnen (2002) weisen für ein kleineres Sample an deutschen Unternehmen einen signifikant negativen Einfluss der Finanzverbindlichkeiten auf den Workout-Erfolg aus.[797]

790 Vgl. Jostarndt/Sautner (2007), S. 634.

791 Vgl. Jensen (1989), S. 41–43; Jostarndt/Sautner (2007), S. 634.

792 Vgl. Jensen (1989), S. 43.

793 Vgl. Jensen (1989), S. 41–44.

794 Vgl. Ofek (1993), S. 15–16.

795 Vgl. Jostarndt/Sautner (2010), S. 649–650.

796 Vgl. Demiroglu/James (2015), S. 203. Whitaker (1999) beobachtet darüber hinaus einen signifikant negativen Einfluss der Verschuldung auf die Behebung der finanziellen Schieflage insgesamt. Vgl. Whitaker (1999), S. 130.

797 Vgl. Elsas/Krahnen (2002), S. 29.

Für die vorliegende Studie sind die Zeitpunkte der Beendigung der Krisenverhandlungen bekannt. Es ist daher von Interesse, welchen Einfluss die Höhe der Verschuldung auf den Verhandlungserfolg hat, und nicht, ob die Verhandlung durch eine vergleichsweise hohe Verschuldung früher in Gang gesetzt wird und durch den zeitlichen Vorsprung hypothetisch eine höhere Erfolgschance aufweist. Grundsätzlich kann davon ausgegangen werden, dass die Verschuldung zu hoch ist, und Verhandlungen durch Initiation des Unternehmens oder der Gläubiger beginnen. Je höher die Verschuldung ist, desto mehr Zugeständnisse wären ceteris paribus vonseiten der Gläubiger nötig, um das Unternehmen nachhaltig zu sanieren bzw. kapitaldienstfähig zu machen. Darüber hinaus steigt mit der Zweifelhaftigkeit der Sanierungsfähigkeit und Sanierungswürdigkeit auch das Risiko einer möglichen Insolvenzverschleppung, z.B. aus der Vergabe von Sanierungskrediten. Je höher die Verschuldung, desto weniger aussichtsreich erscheint eine Lösung im außergerichtlichen Verfahren, da die Insolvenzeröffnungsgründe tendenziell näher liegen.

In Bezug auf die Verschuldung ist davon auszugehen, dass diese branchenabhängig ist.[798] Sie wird daher um den Median der jeweiligen Industrie im entsprechenden Jahr adjustiert. Es wird im vorliegenden Fall außerdem explizit auf die Verschuldung zu Buchwerten und nicht zu Marktwerten abgestellt. Der Grund hierfür ist einerseits, dass die Verschuldung zu Marktwerten eher die Einschätzung der Marktteilnehmer bzgl. der Sanierungschancen widerspiegeln könnte als die tatsächliche ökonomische Verschuldung.[799] Andererseits müssten Verschuldungsgrade zu Marktwerten z.B. an bestimmten Stichtagen (z.B. Ende des Fiskaljahres) gemessen werden oder Durchschnitte gebildet werden. In einer akuten Schieflage des Unternehmens ist u.U. mit enormen täglichen Schwankungen des Verschuldungsgrades zu Marktwerten zu rechnen, sodass ein Rekurrieren auf eine Einzelmessung im Zusammenhang mit der vorliegenden Forschungsfrage weniger sinnvoll erscheint.[800] Es wird daher folgende Hypothese überprüft:

H5: Die Höhe der industrieadjustierten Verschuldung der Unternehmen zu Buchwerten hat einen signifikant negativen Einfluss auf den Verhandlungserfolg.

---

798 Vgl. für einen empirischen Nachweis Brunner-Kirchmair et al. (2020), S. 22.

799 Myers (1984) bemerkt hierzu, dass „[...] book values reflect assets-in-place (tangible assets and working capital). Market values reflect intangibles and growth opportunities as well as assets-in-place“ Myers (1984), S. 586.

800 Marktwerte liegen für die meisten Unternehmen nur für das Eigenkapital vor. Der Wert des Fremdkapitals liegt in finanzieller Schieflage i.d.R. unter dem Nominalwert, auch wenn ein positiver Wert des Eigenkapitals vorliegt. Vgl. Drukarczyk/Schüler (2017), S. 67.

Gläubigerkoordination: Wie bereits dargelegt, kann die Gläubigerstruktur bzw. die Komplexität der Fremdkapitalstruktur einen entscheidenden Einfluss hinsichtlich der Finanzierungsentscheidung entwickeln. Ursächlich hierfür sind unterschiedliche Anreizkonstellationen sowie Koordinationsprobleme unter den Gläubigern.[801] Koordinationsprobleme treten zwischen verschiedenen Gläubigerklassen und innerhalb derselben Klasse auf. Das ist z.B. darauf zurückzuführen, dass Gläubiger Anreize haben durch einen Holdout ihre eigene Vermögensposition zu stärken. In der Folge droht ein Scheitern der Sanierung und damit eine schlechtere Vermögensposition als bei Fortführung und nach Erbringung eines eigenen Sanierungsbeitrags. Akkordstörer können außergerichtlich nicht zu einer Kooperation verpflichtet werden.[802] Im Rahmen eines Insolvenzverfahrens bzw. Insolvenzplanverfahrens ist dies unter der Vorrausetzung des Vorliegens der vorgeschriebenen Mehrheiten möglich. Außerdem verhindert das Obstruktionsverbot gem. § 245 InsO, dass eine Gläubigergruppe ihre Zustimmung aus nicht-wirtschaftlichen Erwägungen im Insolvenzplanverfahren verweigert. Ein ähnliches Vorgehen ermöglicht auch das StaRUG-Verfahren.[803]

Mit Blick auf die verschiedenen Gläubigergruppen kann sich ein hoher Bestand an Anleihen oder Verbindlichkeiten aus Lieferungen und Leistungen negativ auf die Erfolgswahrscheinlichkeit auswirken.[804] Im Falle von Anleihen bestanden durch das Schuldverschreibungsgesetz von 1899 zusätzlich rechtliche Problematiken.[805] So war z.B. ein Forderungsverzicht ausgeschlossen, weshalb freiwillige Tauschangebote durchgeführt wurden, die aufgrund des Hold-Out-Problems äußerst riskant waren.[806] Dieser Umstand wurde durch das neue Schuldverschreibungsgesetz behoben, sodass für Anleihen – auch solche, die vor dem 05. August 2009 begeben wurden –[807] eine große Bandbreite an Kapitalmaßnahmen bei Verabschiedung durch eine qualifizierte Mehrheit zur Verfügung steht.[808] In diesem Sinne konnte bis zur Einführung des

801 Vgl. Kudla (2005), S. 120.
802 Vgl. Uhlenbruck (2001), S. 1645; Drukarczyk/Schöntag (2020), Rn. 3.
803 Vgl. hierzu Kapitel 2.2.4.3.
804 Vgl. Gilson et al. (1990), S. 322–323; Hotchkiss et al. (2008), S. 27.
805 Vgl. Jostarndt (2007), S. 81.
806 Vgl. Jostarndt (2007), S. 81 f.
807 Sog. *Opt-in*. Es ist ein qualifizierter Mehrheitsbeschluss der Gläubiger sowie die Zustimmung des Schuldners nötig.
808 Für Beschlüsse, durch welche der wesentliche Inhalt (wie z.B. der Verringerung der Hauptforderung) der Anleihebedingungen geändert wird, ist eine Mehrheit von mindestens 75 % der teilnehmenden Stimmrechte nötig. Die Anleihebedingungen

StaRUG im Rahmen außergerichtlicher Verhandlungen sogar von einem Vorteil der Fremdfinanzierung durch Anleihen gesprochen werden, da ein vorinsolvenzliches Verfahren zur Bindung opponierender Minderheiten vorliegt.[809] Im Hinblick auf die Verbindlichkeiten aus Lieferungen und Leistungen besteht die Problematik darin, dass diese regelmäßig in Höhe, Laufzeit und anderen Eigenschaften stark divergieren, und zumeist ggü. Gläubigern bestehen, die nicht zu Zugeständnissen bereit sind.[810]

Im Gegensatz dazu sollte ein höherer Anteil an Verbindlichkeiten ggü. Kreditinstituten einen positiven Einfluss auf die Finanzierungsentscheidung haben. Banken sind erfahrene bzw. hochentwickelte Gläubiger, die eher zu Zugeständnissen bereit und damit einer außergerichtlichen Lösung zugänglich sind.[811] Des Weiteren ist die Verschuldung ggü. Banken im Vergleich zu anderen Verschuldungsarten auf eine geringe Zahl an Gläubigern konzentriert und weist i.d.R. eine geringe Varianz hinsichtlich ihrer Eigenschaften auf.[812] Eine intensive Gläubigerkoordination, sowie der Abbau der Informationsasymmetrie zwischen Gläubiger und Schuldner, erscheinen wahrscheinlicher, wenn das Unternehmen z.B. enge Bankbeziehungen pflegt, als im Fall weit verstreuter Anleihegläubiger.[813] Dieser Umstand ist in Deutschland aufgrund der vorherrschenden engen Beziehungen zwischen einem Unternehmen und der bzw. den Hausbank(en) besonders ausgeprägt.[814]

---

können für einzelne oder alle Maßnahmen eine höhere Mehrheit vorschreiben. Vgl. § 5 Abs. 4 SchVG.

809 Allerdings gestaltet sich das Erreichen der Beschlussfähigkeit bei Anleihen oft als äußerst herausfordernd. In der ersten Gläubgierversammlung müssen mindestens die Hälfte der ausstehenden Schuldverschreibungen vertreten sein (Zweite Versammlung: 25 Prozent), vgl. § 15 Abs. 3 SchVG.

810 Vgl. Gilson et al. (1990), S. 323; Jostarndt (2007), S. 82.

811 Vgl. Gilson et al. (1990), S. 323; Jostarndt (2007), S. 82; Demiroglu/James (2015), S. 192. Dieses Kalkül kann auch auf institutionelle Gläubiger wie Versicherungen oder auf Fremdkapitalgeber, die auf Unternehmensschieflagen spezialisiert sind, angewandt werden.

812 Vgl. Gilson et al. (1990), S. 334; Jostarndt (2007), S. 82.

813 Vgl. Gilson et al. (1990), S. 324; Jostarndt (2007), S. 82; Demiroglu/James (2015), S. 192; Hotchkiss et al. (2008), S. 27.

814 Vgl. Jostarndt (2007), S. 82. Verhandlungen mit Anleihegläubigern gewinnen allerdings auch durch die in den letzten Jahren zu beobachtende Emissionstätigkeit mittelständischer Unternehmen (sog. Mittelstandsanleihen) zunehmend an Bedeutung. Für eine ausführliche Analyse des Markts für Mittelstandsanleihen siehe Schüler/Aschauer (2017).

Die empirischen Studien bestätigen dieses Kalkül hinsichtlich der Verschuldung ggü. Kreditinstituten. Elsas/Krahnen (2002) zeigen, dass Hausbanken regelmäßig einen positiven Beitrag zur außergerichtlichen Sanierung eines Unternehmens leisten.[815] Gilson et al. (1990) weisen einen positiven Zusammenhang zwischen der außergerichtlichen Workout-Wahrscheinlichkeit und der relativen Bankverschuldung nach.[816] Für ein deutsche Untersuchungsgrundlage wird dieser Zusammenhang von Jostarndt/Sautner (2010) bestätigt.[817] Asquith et al. (1994) berichten für ein US-Sample, dass weniger der Anteil der Verschuldung ggü. Nichtbanken relevant ist, als vielmehr die Anzahl an öffentlich gehandelten Fremdkapitalinstrumenten einen negativen Einfluss auf die Gläubigerverhandlungen hat.[818] Die Ergebnisse der Studie von Demiroglu/James (2015) deuten darauf hin, dass die Erfolgswahrscheinlichkeit einer außergerichtlichen Verhandlung in finanzieller Schieflage u.a. positiv von dem Anteil traditioneller Bankkrediten, sowie negativ von der Komplexität der Verschuldungsstruktur beeinflusst wird.[819] Darüber hinaus argumentieren Schiereck/Vogt (2018) auf Basis ihrer empirischen Ergebnisse, dass Banken eher dazu tendieren, einen Sanierungskredit zu vergeben, sofern bereits eine relativ hohe Bankverschuldung vorliegt.[820]

Eine weitere Option zur Vermeidung von Koordinationsproblemen der Gläubiger bzw. zur Reduktion der Komplexität der Finanzierungstruktur können Konsortialkredite sein. Hierbei schließen sich mehrere Kreditgeber zu einem Konsortium unter Leitung eines Konsortialführers zusammen, um eine bankenseitige Risikostreuung vorzunehmen.[821] Diese Kredite sind einerseits relativ flexibel in Bezug auf Inanspruchnahmen, Erhöhungen oder Verlängerungen. Andererseits kann z.B. eine Bank die Kündigungs- und

815 Vgl. Elsas/Krahnen (2002), S. 30. Siehe auch Elsas/Krahnen (1998).

816 Vgl. Gilson et al. (1990), S. 338. Die relative Bankverschuldung ist definiert als Buchwert der Verbindlichkeiten ggü. Kreditinstituten und Versicherungen im Verhältnis zum Buchwert der Gesamtverbindlichkeiten.

817 Vgl. Jostarndt/Sautner (2010), S. 648–650.

818 Vgl. Asquith et al. (1994), S. 654 f.

819 Vgl. Demiroglu/James (2015), S. 203.

820 Vgl. Schiereck/Vogt (2018), S. 1336.

821 Im Rahmen eines echten Konsortialkredits besteht nur ein Kreditvertrag zwischen dem Konsortialführer und dem Schuldner, und es erfolgt eine Aufteilung der Volumina im Innenverhältnis der Banken. Im Zusammenhang mit einem unechten Konsortialkredits bestehen Kreditverträge zwischen dem Schuldner und den einzelnen Kreditgebern, jedoch verpflichten sich diese zu einem gemeinsamen Kreditmanagement. Vgl. Crone/Kreide (2021), S. 246.

Nachbesicherungsrechte nicht alleine, sondern nur in Abstimmung mit dem Konsortium ausüben.[822] Dieses gemeinsame Kreditmanagement sollte Koordinationsprobleme der Gläubiger reduzieren, und positive Auswirkungen auf den Verhandlungserfolg haben. Gleiches gilt, wenn die jeweiligen Krisenunternehmen allein durch einen Gläubiger finanziert werden, da keine Probleme hinsichtlich einer (Finanz-)Gläubigerkoordination vorliegen können.

Eine Stärkung der Gläubigerkoordination könnte darüber hinaus durch den Einsatz von sog. Sicherheitenpools vermutet werden. In einem solchen Pool schließen sich Gläubiger zusammen, um die Gesamtheit der Sicherheiten quotal zur Sicherung der Einzelkreditforderungen zu nutzen. Dieser ist mit verschiedenen Vorteilen in Bezug auf die Verhandlungen in finanzieller Schieflage verbunden, die im Wesentlichen eine gleichgerichtete Interessenlage erzeugen, und so ein abgestimmtes Vorgehen in Sanierungen ermöglichen, ohne z.B. der Gefahr einer Kündigung durch einzelne Kreditgeber ausgesetzt zu sein.[823] In einer außergerichtlichen Sanierung unter Beteiligung mehrerer Kreditgeber gilt der Sicherheitenpool als conditio sine qua non.[824] Empirisch zeigen sowohl Brunner/Krahnen (2008) als auch Jostarndt/Sautner (2010), dass die Bildung von Sicherheitenpools grundsätzlich mit einer erhöhten Workout-Wahrscheinlichkeit verbunden ist.[825] Jedoch differiert die Wirkrichtung offenbar je Poolgröße, da die Analyse der erstgenannten Autoren zeigt, dass Bankenpools mit wenigen Instituten positiv, solchen mit zahlreichen Instituten negativ zum Ausgang der Gläubigerverhandlungen beitragen.[826]

Für die Analyse der Gläubigerkoordination erfolgt ein Einbezug der relativen Bankverbindlichkeiten, sowie zweier Indikatorvariablen für die Präsenz von Konsortialkrediten und Sicherheitenpools. Insgesamt wird folgende Hypothese formuliert:

H6: Die Intensität der Gläubigerkoordination hat einen signifikant positiven Einfluss auf den Verhandlungserfolg.

Besicherung: Der Grad der Besicherung sollte Einfluss auf die außergerichtlichen Fortführungschancen des Unternehmens haben, da gut besicherte Gläubiger weniger Anreiz haben sich an der Sanierung zu beteiligen, als weniger

---

822 Vgl. Crone/Kreide (2021), S. 246.

823 Vgl. Kassow (1996), S. 41; Drukarczyk/Schöntag (2020), Rn. 98 m.w.N.; Kemper (2022), Rn. 60.

824 Vgl. Kassow (1996), S. 6.

825 Vgl. Brunner/Krahnen (2008), S. 436 f.; Jostarndt/Sautner (2010), S. 649.

826 Vgl. Brunner/Krahnen (2008), S. 436 f.

gut besicherte Gläubiger, die eher zu Konzessionen bereit sind.[827] Grund hierfür ist, dass sie im Insolvenzverfahren vorrangig bedient werden, und daher geringere Verluste durch die formale Insolvenz mit anschließender Liquidation fürchten müssen.[828] Unter der Voraussetzung, dass der Liquidationswert maximal die Ansprüche der gesicherten Gläubiger deckt und der unsichere Fortführungswert in einem zukünftigen Zustand den Liquidationswert überschreitet, ist es möglich, dass die ungesicherten Gläubiger, sowie die Alteigentümer eine Fortführung, die gesicherten Gläubiger dagegen eine Liquidation vorziehen. Deren Position bei Fortführung ist, z.B. aufgrund des Wertverlusts der bestellten Sicherheiten, (stärker) ausfallbedroht, und im Fall der Sanierung würde ihnen lediglich der Zinsertrag zufließen.[829] Ungesicherte Gläubiger und Eigentümer haben dagegen kaum noch zusätzliche Verlustrisiken zu tragen, während sie durch die einsetzende Wertaufholung ihrer Ansprüche bei gelingender Sanierung am meisten profitieren würden.[830] Trotzdem erscheint die Wirkrichtung der Sicherheiten auf den Verhandlungserfolg nicht eindeutig. Franks/Sussman (2005) argumentieren, z.B. dass Banken, wenn der Wert der Sicherheiten den des Kredits übersteigt, keinen Anreiz haben sollten, eine Liquidation des Unternehmens anzustreben.[831] In Bezug auf das Altkreditengagement könnten vergleichsweise gut besicherte Gläubiger daher zwar nicht unbedingt der Gewährung neuer Sanierungskredite, aber z.B. der Prolongation oder Stundung weitgehend risikolos zustimmen, wenn der Sicherungswert nicht (wesentlich) gemindert wird, und so eine Insolvenzabwendung ermöglichen. Auch Fischer (1999) bemerkt, dass gesicherte Gläubiger zwar einer risikoreichen Sanierung ablehnend gegenüberstehen werden, einer risikoarmen Strategie aber u.U. zustimmen könnten.[832]

Im Optimalfall wären Daten bzgl. der Sicherheitenbewertung durch die Kreditgeber, sowie ihr Anteil an der Gesamtverschuldung verfügbar, um den Einfluss der Sicherungsrechte auf den Verhandlungserfolg zu prüfen. Das liegt daran, dass Nominal- und Marktwerte der Sicherheiten, sowie der Nominalwert

827 Vgl. Kudla (2005), S. 121; Hommel et al. (2018), S. 1261; Hohberger et al. (2019), S. 421; Altman et al. (2019), S. 87.

828 Vgl. Jostarndt/Sautner (2010), S. 634.

829 Vgl. Drukarczyk/Schöntag (2020), Rn. 5; Jostarndt/Sautner (2010), S. 634; Fischer (1999), S. 23; Schäfer/Ott (2020), S. 719.

830 Vgl. Fischer (1999), S. 18–23; Schäfer/Ott (2020), S. 719.

831 Vgl. Franks/Sussman (2005), S. 92.

832 Vgl. Fischer (1999), S. 23.

der ausstehenden Verbindlichkeiten regelmäßig auseinanderfallen dürften.[833] Leider liegen hierzu keine Werte für die bestellten Sicherheiten vor, daher wurden Daten aus den Geschäftsberichten zur Besicherung bzw. der Rechtsausstattung erhoben. Es wird auf die Art der Sicherungsrechte abgestellt, weil der Anteil der besicherten Verschuldung an der Gesamtverschuldung nicht für alle Unternehmen verfügbar ist. Dieses Vorgehen ist auch deshalb vertretbar, da freie Sanierungen eine Konsenslösung erfordern, die durch den Widerstand einzelner Gläubiger bedroht ist.[834] Daher kann bereits eine Verweigerung eines gesicherten Gläubigers mit relativ geringem Anteil an der Gesamtverschuldung für das Scheitern der Verhandlung ursächlich sein.[835]

Im Rahmen der Sicherungsrechte ist zu differenzieren zwischen Personen- und Sachsicherheiten. Erstere werden in den Geschäftsberichten kaum genannt und dürften Unsicherheiten in Bezug auf die tatsächliche Werthaltigkeit unterliegen, weshalb sie nicht in die Analyse einbezogen werden. Die Sachsicherheiten können in immaterielle und materielle Sicherungsrechte unterschieden werden. Immaterielle Vermögenswerte sind mit enormen Unsicherheiten bzgl. ihrer potenziell realisierbaren Verwertungserlöse behaftet, was wiederum auf Bewertungs- und Verwertungsunsicherheiten zurückzuführen ist. Sie finden deshalb nur geringe Akzeptanz als Kreditsicherheiten.[836] Materielle Sicherungsrechte unterliegen kleineren Unsicherheiten, und erleichtern den Gläubigern, ihre Position im Falle einer drohenden Insolvenz abzuschätzen. Falls größere Unsicherheiten in Bezug auf den Fortführungswert des Krisenunternehmens bestehen, könnten gesicherte Gläubiger die Insolvenz der Sanierung vorziehen. Trotzdem besteht der Anreiz, Sanierungsmaßnahmen, wie z.B. eine Prolongation, zu gewähren, wenn die Sicherheiten den Nominalwert der Verbindlichkeiten nicht decken. Banken werden z.B. im Gegenzug für einen weiteren Kredit, zusätzliche Sicherheiten fordern. Im Rahmen der Besicherung solcher Neukredite ist darauf zu achten, dass diese nach objektiven Maßstäben mit gleichwertigen Sicherheiten hinterlegt werden, eine Sanierung beabsichtigt

833 Bspw. zeigen Grunert/Weber (2009) empirisch, dass der von einem Kreditinstitut angenommene Wert der Sicherheiten und der realisierte Verwertungserlös regelmäßig differieren.

834 Vgl. Seefelder (2012), S. 210.

835 Z.B. weil dann auch die ungesicherten Gläubiger kein zusätzliches Geld nachschießen, oder weil vonseiten der gesicherten Gläubiger der Zugriff auf ein zur Fortführung des Unternehmens notwendiges Sicherungsgut erfolgt.

836 Vgl. Zimmermann (2007), S. 109. Vgl. hierzu auch die vorstehenden Ausführungen zum hypothesierten Einfluss des Sachanlagevermögens.

ist und die Sanierungsfähigkeit bestätigt wurde.[837] Sollte die Vergabe allerdings sittenwidrig erfolgen, weil die Bank z.B. versucht, sich aus den Sicherheiten zum Nachteil der anderen Gläubiger zu befriedigen, drohen Schadensersatzansprüche.[838] Das ist z.B. der Fall, wenn die Sicherheitenbestellung nicht nur den Neukredit, sondern auch Altkredite im Nachhinein absichern soll.[839]

Die Studien von Asquith et al. (1994) und Jostarndt/Sautner (2010) zeigen empirisch jeweils einen negativen Zusammenhang zwischen dem Workout und dem Anteil der besicherten Verschuldung an der gesamten Verschuldung auf, wohingegen Franks/Sussman (2005) keinen Effekt nachweisen können.[840] Brunner/Krahnen (2008) ermitteln ebenfalls, dass kein Zusammenhang zwischen einem Workout, definiert als Überwindung eines bankeninternen Distress-Ratings, und dem Anteil der besicherten Kredite besteht.[841] Demiroglu/James (2015) stellen für ihr Sample auf Basis einer univariaten Analyse keinen signifikanten Unterschied im Hinblick auf den Anteil der besicherten Verschuldung zwischen Workouts und insolventen Unternehmen fest.[842] Insgesamt wird folgende Hypothese formuliert:

H7: Die teilweise materielle Besicherung der Verschuldung hat einen signifikant negativen Einfluss auf den Verhandlungserfolg.

6.2.3.3 Exogene Einflüsse

Gesamtwirtschaftliche Krise: Einen in bisherigen Untersuchungen nicht analysierten Faktor stellen die gesamtwirtschaftlichen Effekte dar. Derweil kann davon ausgegangen werden, dass die Finanzierungsmärkte und -möglichkeiten vom makroökonomischen Umfeld beeinflusst werden. Die allgemeinen Faktoren, welche Wirkungen in Bezug auf das Unternehmen entfalten, umfassen dabei Elemente wie die Konjunkturlage, die Inflationsrate sowie die

837 Vgl. Kemper (2022), Rn. 41 m.W.n.

838 Vgl. Sax/Amer (2019), Rn. 242, 259–260. Um Haftungsrisiken gem. § 826 BGB, eine Unwirksamkeit gem. § 138 BGB und eine Anfechtbarkeit der Sicherheiten zu vermeiden, ist ein positives Sanierungsgutachten notwendig. Vgl. Sax/Amer (2019), Rn. 460.

839 Vgl. Kemper (2022), Rn. 41. Es ist daher auf eine gestuft formulierte Zweckerklärung in Bezug auf Neu- und Altkredit zu achten. Vgl. Kemper (2011), S. 204

840 Vgl. Asquith et al. (1994), S. 654–656; Jostarndt/Sautner (2010), S. 649–650; Franks/Sussman (2005), S. 90–92.

841 Vgl. Brunner/Krahnen (2008), S. 435–437.

842 Vgl. Demiroglu/James (2015), S. 199.

Rahmenbedingungen hinsichtlich Steuer-, Insolvenz- und Kapitalmarktrecht. Des Weiteren beeinflusst das makroökonomische Umfeld die Finanzierungsmärkte und -möglichkeiten über die Zinspolitik und die damit verbundenen Auswirkungen auf die Kapitalkosten, z.B. durch Zinssenkungen der Zentralbank bei unvorteilhaftem Konjunkturverlauf.[843] Im Fall einer Verschlechterung des makroökonomischen Umfelds wäre eine geringere Bereitschaft der Kapitalgeber zu finanziellen Zugeständnissen denkbar. Bspw. könnten Eigenkapitalerhöhungen aufgrund der aktuellen Lage am Kapitalmarkt nicht mehr oder nicht zu adäquaten Konditionen durchführbar sein, oder Fremdkapitalgeber könnten selbst in die Nähe einer Schieflage geraten sein, und eine weitere Kreditvergabe nur unter restriktiven Bedingungen und teuren Konditionen gewähren. Des Weiteren ist zu beachten, dass in Rezessionen die Ertragsaussichten selbst für Unternehmen, die über eine vergleichsweise starke Marktposition verfügen, zurückgehen.[844] Verschlechtert sich das makroökonomische Umfeld, ist also von Auswirkungen auf die Zukunft des Unternehmens und damit dessen Sanierungswürdigkeit auszugehen.[845] Das vorliegende Sample erlaubt die Untersuchung des makroökonomischen Einflusses, da sowohl die sog. Dotcom-, die Finanz- und Staatschulden-, die COVID-19-Krise als auch vergleichsweise stabile wirtschaftliche Phasen bzw. Phasen wirtschaftlichen Aufschwungs abgedeckt werden.

Gegenteilig kann argumentiert werden, dass der Sanierungserfolg nicht wesentlich von makroökonomischen Faktoren bestimmt ist, da es sich bei Investitionen in Krisenunternehmen um sehr spezifische Transaktionen handelt.[846] Dementsprechend berichtet Nothardt (2001) keinen signifikanten Einfluss von Wirtschaftskrisen auf die Turnaround-Wahrscheinlichkeit. In einer anderen Studie stellt Buschmann (2006) allerdings einen negativ signifikanten Zusammenhang zwischen beiden fest.[847] Es wird daher vermutet, dass Fremdkapitalgeber in Krisensituationen eine rechtliche und finanzielle Risikoreduktion in gesteigertem Umfang anstreben. Im Zweifel sollte daher eher ein Insolvenzverfahren als Endergebnis der Gläubigerverhandlungen folgen. Die korrespondieren Indikatorvariable nimmt den Wert eins an, wenn im Verhandlungsjahr ein

843 Vgl. Kudla (2005), S. 113.

844 Vgl. Institut der Wirtschaftsprüfer (2018), S. 837.

845 Vgl. Schiereck/Vogt (2018), S. 1327.

846 Vgl. Kudla (2005), S. 114. Gem. der Studie von Schiereck/Vogt (2018) weisen Banken dem makroökonomischen Umfeld im Rahmen der Sanierungskreditvergabe untergeordnete Bedeutung zu. Vgl. Schiereck/Vogt (2018), S. 1327–1328.

847 Vgl. Nothardt (2001), S. 263–264; Buschmann (2006), S. 170.

negatives Realwachstum des BIP vorliegt sowie für die Jahre 2001 und 2008. Es wird folgende Hypothese geprüft:

H8: Gesamtwirtschaftliche Krisen haben einen signifikant negativen Einfluss auf den Verhandlungserfolg.

Industriekrise: Ratingagenturen beziehen die Unternehmensbranche im Hinblick auf die Konjunkturabhängigkeit, die Wettbewerbsintensität und das Wachstumspotenzial in ihr Urteil hinsichtlich der Unternehmensbonität mit ein.[848] Auch Banken erstellen i.d.R. Branchenratings auf Basis von Branchenanalysen. Diese haben Einfluss auf bestehende und zukünftige Engagements des jeweiligen Instituts in Unternehmen dieser Industrie.[849] Im Rahmen der Gläubigerverhandlungen kann unterstellt werden, dass eine geringere Wettbewerbsintensität mit einer höheren Wahrscheinlichkeit eines Sanierungserfolgs und damit einer erhöhten Attraktivität der Unternehmen für die Kapitalgeber einhergeht.[850] Daher könnten bspw. Banken eher dazu neigen, einen Sanierungskredit zu vergeben. Es ist aber fraglich, inwieweit die Wettbewerbsintensität oder der Zustand der Industrie die bestehenden Kapitalgeber signifikant beeinflusst. Diese werden prüfen, ob das Unternehmen nachhaltig im Wettbewerb mit seinen Konkurrenten fortbestehen kann, und damit eine weitere Finanzierung bzw. finanzielle Sanierungshilfen oder ein Ausstieg unter der Hinnahme von Verlusten für ihre jeweilige Vermögensposition erfolgversprechender erscheint. So können auch in kriselnden Branchen Unternehmen mit Wettbewerbsvorteilen erfolgreich agieren.

Der Einfluss von Industriekrisen auf den Ausgang von Gläubigerverhandlungen wird in der empirischen Literatur nach Kenntnis des Autors bisher nicht beachtet. In anderen Teilbereichen der Literatur zur finanziellen Schieflage der Unternehmung ist das allerdings der Fall. Bspw. zeigt Whitaker (1999) einen signifikanten Einfluss des Wachstums des operativen Einkommens der Industrie auf die Behebung einer Schieflage von Krisenunternehmen und damit einen positiven Einfluss des Zustands der Industrie.[851] Für ein Sample deutscher börsennotierte Unternehmen weist Nothardt (2001) einen signifikant negativen Einfluss von strukturellen Problemen der jeweiligen Industrie auf die Turnaround-Wahrscheinlichkeit

848 Vgl. Stäblein (2013), S. 383; Standard & Poor's (2021), S. 2; Fitch Ratings (2022), S. 2.
849 Vgl. Schiereck/Vogt (2018), S. 1327.
850 Vgl. Kudla (2005), S. 114 f.; Schiereck/Vogt (2018), S. 1327.
851 Vgl. Whitaker (1999), S. 130.

von Unternehmen nach.[852] In einem Working Paper berichtet Davydenko (2007) einen wesentlichen positiven Einfluss von Industriekrisen auf die Ausfallwahrscheinlichkeit von Emittenten von Hochrisikoanleihen.[853] Der Einfluss wird auf Basis einer Indikatorvariable modelliert, die den Wert eins annimmt, wenn im Verhandlungsjahr der Median-OCF der Unternehmen in der jeweiligen Industrie kleiner null ist. Somit wird das Nachfolgende untersucht:

H9: Industriekrisen haben einen signifikant negativen Einfluss auf den Verhandlungserfolg.

6.2.3.4 *Charakteristika des Verhandlungsprozesses*

Wiederholte Verhandlung: Gläubiger, die sich durch finanzielle Zugeständnisse an der Sanierung des Unternehmens beteiligen, werden dies nur tun, wenn die Notwenigkeit hierzu besteht. Sofern einmal Zugeständnisse gewährt werden, ist wohl tendenziell davon auszugehen, dass keine weiteren Zugeständnisse zu erwarten sind, da die Geduld der Gläubiger u.U. erschöpft ist. Des Weiteren eröffnet ein weiterer Verhandlungsversuch aufgrund eines nun höheren Informationsstandes, z.B. weil verstärktes Monitoring durch die Gläubiger durchgeführt wurde,[854] die Möglichkeit, die Entscheidung, sich an der Unternehmenssanierung zu beteiligen, zu revidieren.[855] Des Weiteren ist zu beachten, dass zum Zeitpunkt einer erneuten Verhandlung, z.B. aufgrund der aufgelaufenen Kosten der finanziellen Schieflage im Zeitablauf, eine Unternehmensrettung nicht mehr lohnenswert erscheinen kann und deshalb von einer weiteren Unterstützung Abstand genommen wird. Empirisch weisen Jostarndt/Sautner (2010) einen negativen Einfluss wiederholter Verhandlungen auf den Erfolg von Verhandlungen mit den Gläubigern für ihre Untersuchungsgrundlage nach.[856] Es wird folgende Hypothese abgeleitet:

H10: Wiederholte Verhandlungen haben einen signifikant negativen Einfluss auf den Verhandlungserfolg.

---

852 Vgl. Nothardt (2001), S. 263–264. Gleiches gilt für Buschmann (2006) der allerdings nur mit Korrelationen zwischen Turnaround-Wahrscheinlichkeit und Industriekrisen arbeitet. Vgl. Buschmann (2006), S. 171.

853 Vgl. Davydenko (2007), S. 44.

854 Im Krisenfall werden z.B. Kreditinstitute ein deutlich engmaschigeres Monitoring, z.B. auf Monats- oder Wochenbasis durchführen. Vgl. Sax/Amer (2019), Rn. 452.

855 Vgl. Jostarndt/Sautner (2010), S. 648.

856 Vgl. Jostarndt/Sautner (2010), S. 648.

Zugeständnisse anderer: Fremdkapitalgeber können im Sanierungsprozess die zentralen Ansprechpartner sein, trotzdem werden sich meist auch andere Kapitalgeber an den Sanierungsmaßnahmen beteiligen (müssen). Banken werden z.B. eine vorzeitige teilweise Rückzahlung der ausstehenden Kreditsumme im Gegenzug für eine Prolongation eines bestehenden Kreditvertrags verlangen. Oftmals ist dann die Bereitstellung von Kapital durch die bestehenden Gesellschafter eine entscheidende Bedingung von Kreditinstituten zur Aufrechterhaltung ihres Engagements.[857] Auch die Gewährung von Sanierungskrediten durch Banken erfolgt in der Sanierungspraxis meist nur, wenn ihr (zusätzliches) Risiko durch Sanierungsbeiträge der anderen Finanziers bzw., Dritter ausgeglichen wird.[858] Es ist daher notwendig zu prüfen, ob die Zugeständnisse der Gläubiger durch die diejenigen weiterer Kapitalgeber signifikant beeinflusst werden. Hierdurch wird eine Verzerrung auf Basis ausgelassener Variablen vermieden. Für die identifizierten Gläubigerverhandlungen wurde daher im Rahmen der Erhebung kontrolliert, ob im Vorfeld der Verhandlungen mit den Gläubigern aktiv Forderungen nach Sanierungszugeständnissen weiterer Stakeholder gestellt und erfüllt wurden. Neben den Zugeständnissen anderer Kapitalgeber wird hier v.a. die Gewährung von Staatsbürgschaften untersucht.

Problematisch kann die Wirkrichtung zwischen den Zugeständnissen anderer Stakeholder und denjenigen der Gläubiger bzgl. dem Workout empfunden werden. M.a.W. könnten Bedenken hinsichtlich der Exogenität der unabhängigen Variable in der logistischen Regression formuliert werden. Um dieses Problem zu lösen, wurde im Erhebungsprozess auf den zeitlichen Ablauf geachtet, sodass keine Maßnahmen von anderer Seite nach Abschluss der Gläubigerverhandlungen als Zugeständnis anderer gewertet werden. Auf dieser Basis wird folgende Hypothese abgeleitet:

H11: Zugeständnisse anderer Stakeholder haben einen signifikant positiven Einfluss auf den Verhandlungserfolg.

Zeitraum der finanziellen Schieflage: Eine weitere mögliche Einflussvariable auf den Verhandlungserfolg kann die bereits in Schieflage verbrachte Zeit darstellen. Bspw. weil im Zeitablauf Vermögenswerte und Erfolgspotenzial weiter erodiert sind, da bis zum Verhandlungsstart keine Gesundung des Unternehmens

857 Vgl. Haghani/Holzamer (2022), Rn. 59; Kraus/Simon (2022), Rn. 38–39. Eine Sachkapitalerhöhung, z.B. durch Einbringung von Forderungen ggü. der Sanierungsgesellschaft, würde zwar frisches Kapital zur Verfügung stellen, allerdings keine frischen liquiden Mittel.

858 Vgl. Kraus/Simon (2022), Rn. 23, 59.

durch eine operative und strategische Neuausrichtungen erreicht werden kann, oder weil die Gläubiger zunächst zu keinen oder nur geringfügigen Zugeständnissen bereit sind. Im Falle einer frühzeitigen Krisenidentifikation und konsequenter Handhabung, sollte eine erneute Steigerung des Handlungsdrucks, sowie eine weitere Erosion der Unternehmenssubstanz vermieden werden können, und dadurch bessere Erfolgsaussichten bestehen.[859] Gegenteilig kann argumentiert werden, dass die Liquiditätskrise oftmals auch durch ungünstige Ereignisse in der kurzen Frist, wie bspw. einen unerwarteten Preisverfall, starke Preissteigerungen der notwendigen Rohstoffe oder den Zusammenbruch von bedeutenden Kunden, ausgelöst wird.[860] Ein Unternehmen mit zuvor vergleichsweise robustem Geschäftsmodell und solider Kapitalstruktur kann folglich auch kurzfristig zur Verhandlungsaufnahme gezwungen sein, und u.U. schlechtere Erfolgsaussichten haben als ein schon länger kriselndes Unternehmen. Der zeitliche Zusammenhang ist damit nicht eindeutig, jedoch kann davon ausgegangen werden, dass eine im Krisenprozess spät erfolgende Verhandlung geringere Aussicht auf Erfolg hat als eine frühzeitige Verhandlung. Auf einen negativen Einfluss der Dauer der Schieflage deuten darüber hinaus die Ergebnisse von Jostarndt/Sautner (2010) hin.[861] Deshalb lautet die folgende Hypothese:

H12: Die Länge des Zeitraums in finanzieller Schieflage hat einen signifikant positiven Einfluss auf den Verhandlungserfolg.

6.2.3.5 Kontrollvariablen

Als erste Kontrollvariable wird die Unternehmensgröße gemessen als logarithmierte Bilanzsumme verwendet. Da es sich bei der Bilanzsumme um eine nominale Größe handelt und der Erhebungszeitraum eine vergleichsweise lange Spanne umfasst, sind Inflationseffekte zu berücksichtigen. Die Variable wird daher vor der Logarithmierung anhand des harmonisierten Verbraucherpreisindexes des deutschen statistischen Bundesamts auf das Niveau des Jahres 2015 normalisiert.[862] Ein möglicher Einfluss der Unternehmensgröße könnte dahingehend vermutet werden, dass größere Unternehmen über stärkere

---

859 Vgl. Knecht et al. (2018), S. 13.

860 Vgl. Müller (1986), S. 54; Kudla (2005), S. 119.

861 Vgl. Jostarndt/Sautner (2010), S. 649 f.

862 Das Jahr 2015 bildet mit einem Verbraucherpreisindexwert von 100 die Vergleichsbasis für die anderen Jahre.

Verhandlungsmacht verfügen, die den Verhandlungsprozess und das Bankverhalten in finanzieller Schieflage beeinflussen.[863] Das könnte u.a. auf die Größe der bestehenden Kreditengagements zurückzuführen sein, da einerseits die Geschäftsbeziehung für die Kreditinstitute von besonderer Relevanz ist, und andererseits bei einer Insolvenzanmeldung u.U. ein höheres Kreditvolumen der Finanzgläubiger bedroht ist. Ein weiteres Argument ist, dass speziell die direkten Kosten im Insolvenzverfahren für kleine Unternehmen besonders hoch sind (im Verhältnis zu den Vermögenswerten). Dabei ist jedoch zu beachten, dass die relativen Kosten in absoluten Beträgen für große Unternehmen eine beträchtliche Höhe annehmen können und die indirekten Kosten eine weit größere Rolle spielen sollten.[864] Außerdem finden sich Meinungen, die die Unternehmensgröße als inverses Maß für die Ausfallwahrscheinlichkeit oder die Informationsasymmetrie deuten, wobei beide für größere Unternehmen niedriger ausfallen.[865]

Eine weitere Kontrollvariable wird zur Untersuchung der Insolvenzrechtsreform durch das ESUG verwendet. Wie zuvor dargestellt, könnten Änderungen im gerichtlichen Verfahren Rückwirkungen auf die außergerichtlichen Verfahren auslösen. Durch eine Indikatorvariable wird eine Unterscheidung zwischen allen Verhandlungen vor und nach Inkrafttreten des ESUG im Jahr 2012 durchgeführt.

6.3 Empirische Analyse

Die nachfolgende empirische Analyse beginnt mit der Vorstellung der Datenbasis. Anschließend wird eine univariate Analyse in Bezug auf die erfolgreichen und gescheiterten Gläubigerverhandlungen bzw. die daran beteiligten Unternehmen durchgeführt. Die multivariate Analyse erfolgt anhand der logistischen Regression.[866] Diese dient einerseits dazu, die signifikanten Einflüsse auf den Verhandlungsausgang von den nicht signifikanten Einflüssen zu unterscheiden, und andererseits dazu, die Effektstärken zu quantifizieren. Die verschiedenen Modelle werden außerdem anhand ihrer Güte in Bezug auf das vorliegende Sample, u.a. auf Basis von ROC-Kurven, geprüft. Das gewählte Modell wird daraufhin einer Reihe von Robustheitstests unterzogen, und es

863 Vgl. Huang et al. (2013), S. 401.
864 Vgl. hierzu Altman et al. (2019), S. 78, sowie die dort genannten Studien.
865 Vgl. Rajan/Zingales (1995), S. 1456–1457.
866 Vgl. für eine ausführliche Vorstellung der Methodik Kapitel 3.2.1.1.

erfolgt eine Prüfung der Prognosegüte auf Basis einer Kreuzvalidierung (Out-of-Sample-Prognosegüte).

6.3.1 Datenbasis

Die Untersuchungsgrundlage bilden CDAX-Unternehmen in finanzieller Schieflage im Zeitraum 1999 bis 2022.[867] Eine außergerichtliche Gläubigerverhandlung wird definiert als eine Verhandlung eines Unternehmens in finanzieller Schieflage[868] mit den unmittelbar vor Verhandlungsbeginn bestehenden Fremdkapitalgebern,[869] in dessen Folge mindestens eine der genannten Sanierungsmaßnahmen gewährt oder Insolvenzantrag gestellt wird, wobei der Insolvenzantrag auf das Scheitern der Verhandlungen zurückzuführen ist. Mehrfache Verhandlungen eines Krisenunternehmens mit den Gläubigern werden als Einzelverhandlungen in das Sample aufgenommen, sobald zwischen den jeweiligen Verhandlungsenden in etwa ein Jahr liegt.[870] Mehrere Verhandlungen innerhalb dieses Zeitraums werden als eine Verhandlung gewertet, aber als mehrmalige Verhandlung bzw. Wiederholung gekennzeichnet. Als Insolvenzen sind Gläubigerverhandlungen klassifiziert, die mit der Stellung eines Insolvenzantrages enden. Workouts sind Gläubigerverhandlungen, die mit der Gewährung einer Sanierungsmaßnahme und der (vorläufigen) Fortführung des Unternehmens abgeschlossen werden.

Tab. 30 zeigt die 386 Gläubigerverhandlungen der Untersuchungsgrundlage zum jeweiligen Jahr des Verhandlungsendes, aufgeteilt nach Insolvenzen und Workouts. Die meisten Verhandlungen finden während bzw. in Folge der Dotcom-Krise (2002: 42, 2003: 28), sowie während der Finanzkrise (2009: 30,

---

867 Siehe Kapitel 4 für eine ausführliche Beschreibung der Erhebungsmethodik des Gesamtsamples.

868 Das Unternehmen befindet sich in finanzieller Schieflage, wenn es Teil der Untersuchungsgrundlage gem. der Darstellung des Sanierungsprozesses in Kapitel 4.2.3 ist.

869 Die Bezeichnung „unmittelbar vor Verhandlungsbeginn“ inkludiert auch Fremdkapitalgeber, die vor Beginn des Sanierungsprozesses unternehmensextern sind, die sich aber am Sanierungsprozess, z.B. durch einen Sanierungskredit beteiligen, und im weiteren Verlauf Zugeständnisse, wie z.B. eine Tilgungsstundung, gewähren.

870 Die Abgrenzung ist einigen Fällen aufgrund des Fehlens von detaillierten Informationen nicht exakt möglich.

2010: 30) statt bzw. enden in den jeweiligen Jahren. Das Auftreten der Verhandlung in Schieflage scheint daher im Zusammenhang mit makroökonomischen Schocks zu stehen.[871] Jedoch stellt sich die Frage, ob die konjunkturelle Lage auch Einfluss auf den Verhandlungsausgang nimmt. Hierzu kann der Vergleich der jeweiligen Workout-Quoten der Einzeljahre eine erste Einschätzung liefern. Während den zuvor genannten Krisen sind z.B. mit 50,0 % (2002), sowie 53,3 % (2009) stark unterdurchschnittliche Workout-Quoten zu beobachten.[872] Zum Vergleich beträgt die Gesamtquote über den Beobachtungszeitraum bzw. alle Verhandlungen 73,8 %.[873] Im Anschluss an die Krisenhöhepunkte ist jedoch eine klare Dominanz der Workouts zu beobachten. Es liegt somit die Vermutung nahe, dass die gesamtwirtschaftliche Lage nicht nur das Auftreten von Gläubigerverhandlungen in finanzieller Schieflage beeinflusst, sondern ebenfalls ihren Ausgang. 104 Verhandlungen enden vorl. mit einem Workout, jedoch muss in der Folge mindestens eine weitere Verhandlung durchgeführt werden, um die finanzielle Schieflage zu überwinden. In 67 Fällen werden Workouts zwar abgeschlossen, jedoch wird im Rahmen der letzten beobachteten Verhandlung ein Insolvenzantrag gestellt. Es liegen 101 gescheiterte Verhandlungen vor.

871 Es muss jedoch berücksichtigt werden, dass der relative Anteil an Krisenunternehmen im Zeitablauf (mit Ausnahme der jeweiligen gesamtwirtschaftlichen Krisenphasen) abnimmt. Auch die Anzahl der im CDAX notierten Unternehmen ist im Beobachtungszeitraum rückläufig.

872 Einzig das Jahr 2017 weist mit 50,0 % eine ähnlich niedrige Quote auf, wobei jedoch nur zehn Verhandlungen beobachtet werden.

873 Jostarndt/Sautner (2010) weisen für ihre vom Platzen der Dotcom-Blase geprägte Untersuchungsgrundlage eine deutlich geringere Erfolgsquote von 49,1 % aus. Vgl. Jostarndt/Sautner (2010), S. 640. Franks/Sussman (2005) berichten mit einer gewichteten Erfolgsquote (i.S. einer Insolvenzvermeidung) von 68,4 % für kleine und mittelgroße Unternehmen aus dem Vereinigten Königreich eine ähnliche Quote. Vgl. Franks/Sussman (2005), S. 77.

Tab. 30: Gläubigerverhandlungen in der finanziellen Schieflage nach Verhandlungsausgang und -jahren

	(1)	(2)	(3)	(4)	(5)	(6)	(7)
Jahr	**Workouts**	**Finale Workouts**	**Workouts mit Folge-workout**	**Workouts mit Folge-insolvenz**	**Insolven-zen**	**Σ**	**Erfolgs-quote**
1999	4	0	1	3	0	4	100,0 %
2000	1	1	0	0	0	1	100,0 %
2001	15	2	7	6	8	23	65,2 %
2002	21	7	10	4	21	42	50,0 %
2003	21	10	6	5	7	28	75,0 %
2004	19	11	6	2	5	24	79,2 %
2005	19	7	7	5	1	20	95,0 %
2006	16	6	4	6	2	18	88,9 %
2007	12	5	2	5	3	15	80,0 %
2008	11	2	5	4	3	14	78,6 %
2009	16	6	6	4	14	30	53,3 %
2010	19	11	5	3	11	30	63,3 %
2011	9	4	2	3	2	11	81,8 %
2012	19	5	9	5	3	22	86,4 %
2013	17	7	7	3	6	23	73,9 %
2014	7	4	2	1	3	10	70,0 %
2015	8	3	3	2	1	9	88,9 %
2016	10	4	3	3	2	12	83,3 %
2017	5	0	4	1	5	10	50,0 %
2018	9	1	6	2	0	9	100,0 %
2019	8	6	2	0	1	9	88,9 %
2020	9	4	5	0	2	11	81,8 %
2021	8	6	2	0	1	9	88,9 %
2022	2	2	0	0	0	2	100,0 %
Σ	285	114	104	67	101	386	73,8 %

Die Tab. zeigt Gläubigerverhandlungen von Unternehmen in finanzieller Schieflage mit ihren bestehenden Gläubigern je Jahr des Verhandlungsabschlusses. *Workouts* sind definiert als erfolgreiche Verhandlungen mit anschließender Insolvenzabwendung (1) = (2) + (3) + (4). (2) *Finale Workouts* sind erfolgreiche Verhandlungen mit anschließender Insolvenzabwendung, ohne dass eine erneute Gläubigerverhandlung beobachtet wurde. (3) *Workouts mit Folgeworkout* sind erfolgreiche Verhandlungen mit vorübergehender Insolvenzabwendung für die im Zeitablauf ausschließlich erfolgreiche Gläubigerverhandlungen und mindestens eine weitere Gläubigerverhandlung beobachtet wurde. (4) *Workouts mit Folgeinsolvenz* sind erfolgreiche Verhandlungen mit vorübergehender Insolvenzabwendung für die im Zeitablauf eine weitere gescheiterte Gläubigerverhandlung beobachtet wurde. (5) *Insolvenzen* sind gescheiterte Verhandlungen mit anschließender Insolvenzantragsstellung. (7) Die Erfolgsquote ist der Quotient aus (1) und (6).

In Tab. 31 sind die Gläubigerverhandlungen der Untersuchungsgrundlage je Industrie des jeweiligen Krisenunternehmens sowie nach dem entsprechenden Verhandlungsausgang abgetragen. Das Sample enthält insgesamt Unternehmen aus 14 Industrien, wobei *Produkte (Gebrauchsgüter)* mit 59 Verhandlungen die meisten Beobachtungen aufweist. Die niedrigste Workout-Quote verzeichnet *Industrielle Dienstleistungen* mit 55,6 %, während die Unternehmen aus dem *Gesundheitswesen* in allen Verhandlungen eine Insolvenzabwendung erreichen konnten. Von den stärker vertretenen Industrien weisen Unternehmen aus dem Bereich *Software- & Tech-Dienste* mit 58,1 % die geringste Erfolgsquote auf. Das ist u.a. auf das Platzen der Dotcom-Blase zurückzuführen, die eine Insolvenz zahlreicher Unternehmen dieser Branche zur Folge hatte.

Tab. 31: Gläubigerverhandlungen in der finanziellen Schieflage nach Verhandlungsausgang und Industriezugehörigkeit

	(1)	(2)	(3)	(4)	(5)	(6)	(7)
Industrie	**Workouts**	**Finale Workouts**	**Workouts mit Folgeworkout**	**Workouts mit Folgeinsolvenz**	**Insolvenzen**	**Σ**	**Erfolgsquote**
Produkte (Gebrauchsgüter)	43	15	17	11	16	59	72,9 %
Medien	43	13	19	11	14	57	75,4 %
Industrieprodukte	40	17	17	6	10	50	80,0 %
Software- & Tech-Dienste	25	16	5	4	18	43	58,1 %
Erneuerbare Energie	27	8	6	13	11	38	71,1 %
Technische Hardware & Halbleiter	21	9	10	2	10	31	67,7 %
Einzel- & Großhandel (Gebrauchsgüter)	17	6	5	6	9	26	65,4 %
Rohstoffe	23	9	10	4	1	24	95,8 %
Industrielle Dienstleistungen	10	3	3	4	8	18	55,6 %
Dienstleistungen (Gebrauchsgüter)	15	7	7	1	1	16	93,8 %
Gesundheitswesen	10	6	4	0	0	10	100,0 %
Basiskonsumgüter	4	2	0	2	1	5	80,0 %
Telekommunikation	4	3	1	0	1	5	80,0 %

(*fortgeführt*)

Tab. 31: Fortsetzung

	(1)	(2)	(3)	(4)	(5)	(6)	(7)
Einzel- & Großhandel (Basisgüter)	3	0	0	3	1	4	75,0 %
Σ	285	114	104	67	101	386	73,8 %

Die Tab. zeigt Gläubigerverhandlungen von Unternehmen in finanzieller Schieflage mit ihren bestehenden Gläubigern je Industrie. Zur Klassifikation wurde das Bloomberg Industry Classification System (BICS) Level 2 verwendet. *Workouts* sind definiert als erfolgreiche Verhandlungen mit anschließender Insolvenzabwendung (1) = (2) + (3) + (4). (2) *Finale Workouts* sind erfolgreiche Verhandlungen mit anschließender Insolvenzabwendung, ohne dass eine erneute Gläubigerverhandlung beobachtet wurde. (3) *Workouts mit Folgeworkout* sind erfolgreiche Verhandlungen mit vorübergehender Insolvenzabwendung für die im Zeitablauf ausschließlich erfolgreiche Gläubigerverhandlungen und mindestens eine weitere Gläubigerverhandlung beobachtet wurde. (4) *Workouts mit Folgeinsolvenz* sind erfolgreiche Verhandlungen mit vorübergehender Insolvenzabwendung für die im Zeitablauf eine weitere gescheiterte Gläubigerverhandlung beobachtet wurde. (5) *Insolvenzen* sind gescheiterte Verhandlungen mit anschließender Insolvenzantragsstellung. (7) Die Erfolgsquote ist der Quotient aus (1) und (6).

Für die gescheiterten Gläubigerverhandlungen liegen die Insolvenzantragsgründe gem. Unternehmensangaben vor (siehe Tab. 32). Eine der Beobachtungen endet mit einer außergerichtlichen Liquidation, weshalb anstatt 101 lediglich 100 Insolvenzanträge abtragen sind. 53 Anträge werden aufgrund von *Zahlungsunfähigkeit* gestellt. Mit großem Abstand folgt die *drohende Zahlungsunfähigkeit*. Sie wird insgesamt in 14 Fällen genannt, während die Überschuldung allein nur in sechs Fällen Erwähnung findet. Zwei Gründe könnten zur Erklärung der Verteilung herangezogen werden: Einerseits erfordert die *Überschuldung* eine vergleichsweise aufwendige Überschuldungsprüfung, die i.d.R. wohl schwieriger zu beurteilen ist als die Zahlungsunfähigkeit.[874] Des Weiteren lag in der Vergangenheit eine Überschneidung der Insolvenzantragsgründe *Überschuldung* und *drohende Zahlungsunfähigkeit* vor.[875] Die vergleichsweise geringe Anzahl des Insolvenzgrundes *drohende Zahlungsunfähigkeit* mit oder ohne *Überschuldung* zeigt zudem, dass die Insolvenzanmeldung eher zu spät erfolgt, und damit Chancen, die durch eine frühe Einleitung des

874 Vgl. Jostarndt/Sautner (2010), S. 643.

875 Vgl. Drukarczyk/Schüler (2019a), Rn. 89. Nach aktueller Rechtslage liegt im Falle einer negativen Fortbestehensprognose auf der ersten von zwei Stufen des Prüfsystems der Überschuldung mindestens drohende Zahlungsunfähigkeit und damit ein Antragsrecht vor. Vgl. Institut der Wirtschaftsprüfer (2022), Rn. 92.

Sanierungsverfahrens in Insolvenz bestehen würden, vergeben werden.[876] Die seit 2012 bestehende Möglichkeit der Nutzung des Schutzschirms wird aufgrund der Zugangsvoraussetzungen verpasst.[877] Die Schuldner scheinen das Stigma der Insolvenz, sowie den Kontrollverlust zu fürchten und handeln damit tendenziell entgegen den Interessen der Gläubiger, da der Wert der Vermögensgegenstände im Zeitablauf regelmäßig weiter erodiert.[878] Offenbar hat daran auch die mit zunehmender zeitlicher Dauer erhoffte Etablierung des Sanierungscharakters des Insolvenzrechts nach Einführung der InsO wenig geändert. Im Insolvenzplanverfahren werden insgesamt nur 13 Unternehmen fortgeführt.[879] Obwohl der alte Rechtsträger im Rahmen des Regelinsolvenzverfahrens liquidiert wird, bestehen aber zumindest einige Teilbereiche der Unternehmen fort. In 73 der 87 Unternehmensinsolvenzen mit anschließender Liquidation werden übertragende Sanierungen von Geschäftsbereichen auf Basis einer Nachrichtensuche beobachtet. Es muss jedoch darauf hingewiesen werden, dass die Spannweite einer übertragenden Sanierung von der Fortführung eines (fast) unveränderten Gesamtgeschäftsbetriebs bis zur Fortführung eines kleinen Teilbetriebs reicht, und daher in übertragenden Sanierungen eine große Heterogenität in Bezug auf den anteilig fortgeführten Geschäftsbetrieb besteht.

---

876 Trotz der begrenzten Anzahl ist der Anteil der Anträge aufgrund drohender Zahlungsunfähigkeit im untersuchten Sample vergleichsweise hoch. Dies könnte zum einen darauf zurückzuführen sein, dass es sich überwiegend um größere Unternehmen handelt, die eher eine Sanierung im Insolvenzverfahren anstreben. Zum anderen ist zu beachten, dass die genannten Gründe lediglich die vom Unternehmen selbst angegebenen sind und nicht mit den tatsächlich festgestellten Gründen übereinstimmen müssen.

877 Gem. § 270d InsO darf für die Gewährung eines Schutzschirms keine Zahlungsunfähigkeit vorliegen.

878 Vgl. Jostarndt/Sautner (2010), S. 643.

879 Hierin sind vier Fälle enthalten in denen andere Unternehmen in den Börsenmantel der insolventen Gesellschaft eingebracht wurden. Von einer Sanierung des ursprünglichen Unternehmens kann daher nur eingeschränkt gesprochen werden. Dies relativiert außerdem die hier vorliegende vergleichsweise hohe Quote an im Insolvenzverfahren sanierten Unternehmen.

Tab. 32: Insolvenzantragsgründe nach dem Scheitern der Gläubigerverhandlungen[a]

ZU	Unklar	DZU	Ü/ZU	Ü	Ü/DZU	Σ
53	17	14	7	6	3	100

Die Tab. zeigt die von den Krisenunternehmen publizierten Insolvenzantragsgründe in Folge gescheiterter Gläubigerverhandlungen. *ZU:* Zahlungsunfähigkeit; *Unklar:* Insolvenzantragsgrund nicht bekannt; *DZU:* Drohende Zahlungsunfähigkeit; *Ü/ZU:* Überschuldung und Zahlungsunfähigkeit; *Ü:* Überschuldung; *Ü/DZU:* Überschuldung und drohende Zahlungsunfähigkeit. Die Summe entspricht 100, da eine gescheiterte Verhandlung mit anschließender Liquidation außerhalb des Insolvenzverfahrens enthalten ist.

[a] Die Anzahl an Insolvenzanträgen infolge gescheiterter Verhandlungen mit den Gläubigern ist geringer als die Anzahl an Insolvenzanträgen im Gesamtsample wie in Kapitel 4 dargestellt, z.B. weil einige Unternehmen über keine Fremdfinanzierung i.S. zinstragenden Fremdkapitals verfügten oder aufgrund anderer Gründe als einem Scheitern von Gläubigerverhandlungen Insolvenzantrag stellen mussten (z.B. plötzliche Zahlungsausfälle von Großkunden, oder der Wegfall des Geschäftsmodells).

In den jeweiligen Verhandlungen können die bestehenden Gläubiger theoretisch aus einer Bandbreite an Sanierungsbeiträgen wählen. Abb. 24 stellt die finanziellen Sanierungsmaßnahmen, die von den Gläubigern in den Verhandlungen gewährt werden, unterteilt nach dem Ausgang der Verhandlungen, dar.[880] Teilweise werden mehrere Maßnahmen einer Art oder mehrere Maßnahmenarten in einer Verhandlung gewährt. Im Fall der Gewährung von Sanierungsmaßnahmen erfolgt zumeist ein Workout, wie der deutliche Überhang an Sanierungsmaßnahmen, die mit einem Workout verbunden sind, zeigt. Die rot eingefärbten Maßnahmen verdeutlichen aber, dass in einigen Fällen zunächst Maßnahmen gewährt werden, die Gläubiger jedoch dann, z.B. aufgrund einer Neubewertung der Lage, keine Instrumente mehr einsetzen und schließlich Insolvenz angemeldet wird.

880 Die Zahlen sind nicht mit denjenigen der vor Beginn des Sanierungsprozesses bestehenden Fremdkapitalgeber in Tab. 19 zu verwechseln. Das liegt daran, dass die hier gezeigten Maßnahmen von zu Sanierungsbeginn bestehenden Fremdkapitalgebern, aber auch von Fremdkapitalgeber, die zunächst als extern klassifiziert wurden und sich dann im Unternehmen engagiert haben, gewährt wurden. Auch Kombination dieser Gruppen liegen vor. Es handelt sich bei den abgetragenen Maßnahmen also um diejenigen Gläubiger, die unmittelbar vor Verhandlungsbeginn bestanden. Zudem sind auch abgeschlossene Gläubigerverhandlungen aus zum Erhebungsende nicht abgeschlossenen Sanierungsprozessen enthalten, welche nicht Teil der Analyse in Kapitel 5 sind. Siehe auch Fn. 869.

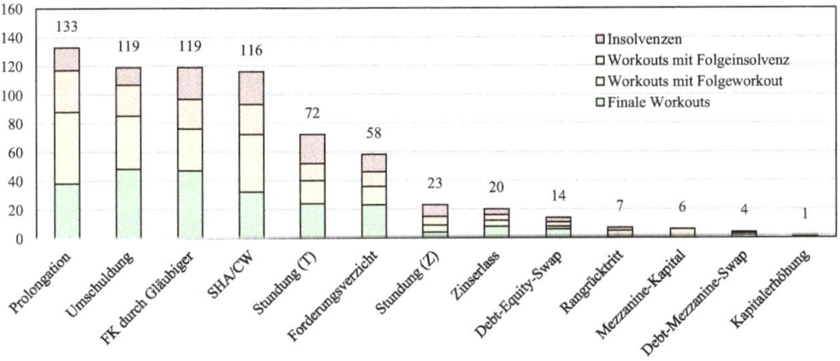

Abb. 24: Gewährte finanzielle Sanierungsmaßnahmen im Rahmen von Gläubigerverhandlungen

Die Abb. zeigt die gewährten Sanierungsinstrumente im Rahmen der Gläubigerverhandlungen von Unternehmen in finanzieller Schieflage mit ihren bestehenden Gläubigern. In einer Verhandlung können ein oder mehrere Instrumente gewährt werden. *Finale Workouts* sind erfolgreiche Verhandlungen mit anschließender Insolvenzabwendung, ohne dass eine erneute Gläubigerverhandlung beobachtet wurde. *Workouts mit Folgeworkout* sind erfolgreiche Verhandlungen mit vorübergehender Insolvenzabwendung für die im Zeitablauf weitere erfolgreiche Gläubigerverhandlungen beobachtet wurden. *Workouts mit Folgeinsolvenz* sind erfolgreiche Verhandlungen mit vorübergehender Insolvenzabwendung für die im Zeitablauf eine weitere gescheiterte Gläubigerverhandlung beobachtet wurde. *Insolvenzen* sind gescheiterte Verhandlungen mit anschließender Insolvenzantragsstellung. Die Beschreibung der Sanierungsmaßnahmen kann Kapitel 2.2.3.3 entnommen werden.

Gläubiger scheinen grundsätzlich oft zu Zugeständnissen bereit zu sein. Nur in 50 der 101 gescheiterten Verhandlungen wird keine einzige Maßnahme beobachtet, d.h. die Gläubiger genehmigen in der Hälfte der Insolvenzen zunächst Sanierungsbeiträge.[881] In Bezug auf die gesamte Datengrundlage wird nur in ca. 13,0 % der Verhandlungen kein Zugeständnis durch die Gläubiger erfasst. Unter den vier häufigsten Maßnahmen finden sich mit Prolongationen (133), Umschuldungen (119) und SHA/CW (116) drei eher geringe Zugeständnisse der Gläubiger. 119-mal wird jedoch auch eine Bereitstellung frischer Mittel durch die Fremdkapitalgeber beobachtet. Tendenziell umfassendere Sanierungsbeiträge durch Forderungsverzichte (58), Zinserlässe (20) oder Debt-Equity-Swaps (14) sind weniger oft zu verzeichnen. Die geringe Anzahl von Debt-Equity-Swaps korrespondiert mit den Beobachtungen von Jostarndt/

881 Siehe auch Tab. 34.

Sautner (2010).[882] Gründe hierfür können, wie bereits oben erläutert wurde, rechtliche Unsicherheiten bzgl. der Ermittlung der Werthaltigkeit von Forderungen in der Unternehmenskrise und den damit verbundenen Risiken aus der Differenzhaftung im Rahmen der außergerichtlichen Sanierung sein. Außerdem haben Banken i.d.R. wenig Interesse, sich am Unternehmen zu beteiligen, da z.B. aufsichtsrechtliche Probleme drohen, eine Abneigung ggü. der Beteiligungskonsolidierung in der eigenen Bilanz vorherrscht, u.U. nötige Ressourcen fehlen oder teures Eigenkapital gebunden wird. Des Weiteren droht den Altgesellschaftern der Kontrollverlust, weshalb diese ein anderes Instrument präferieren könnten. Die naheliegende Lösung des Einsatzes eines Debt-Mezzanine-Swaps (4) ist allerdings auch nur in eher geringem Umfang zu identifiziert. Eine Kapitalerhöhung durch Gläubiger wird nur in einem Fall beobachtet (Herlitz AG in 2001).[883] Besonders Zinsstundungen scheinen geringe sanierende Wirkung zu entfalten, so endeten 34,8 % aller Zinsstundungen mit der Stellung eines Insolvenzantrags zum Ende der Gläubigerverhandlungen. Sie haben daher wohl eher der Gewinnung von Zeit im Rahmen der Prüfung der Sanierungsfähigkeit der Schuldner gedient. Umschuldungen weisen dagegen mit 10,1 % die niedrigste Insolvenzquote auf.

Tab. 33 zeigt die Anzahl an Verhandlungen, die mindestens einmal die genannte Sanierungsmaßnahme enthalten. Es wird eine Unterscheidung vorgenommen für Gläubigerverhandlungen, die mindestens einmal das jeweilige Instrument enthalten und mit dem entsprechenden Verhandlungsausgang enden im Verhältnis zu allen Gläubigerverhandlungen mit dem jeweiligen Verhandlungsausgang (je Verhandlungsausgang), sowie hinsichtlich Gläubigerverhandlungen, die mindestens einmal das jeweilige Instrument enthalten und mit dem entsprechenden Verhandlungsausgang enden im Verhältnis zu allen Gläubigerverhandlungen, die das jeweilige Sanierungsinstrument mindestens einmal enthalten (je Maßnahme). So wird z.B. in 29,0 % aller Prozesse eine Prolongation vonseiten der Kreditgeber ausgesprochen. Speziell im Fall von Prolongationen muss oftmals erneut verhandelt werden, so folgt in

882 Vgl. Jostarndt/Sautner (2010), S. 644–645.

883 Zusätzlich fanden ein Debt-Mezzanine-Swap sowie eine Prolongation statt. Vgl. u.a. Herlitz AG (später Pelikan AG), Geschäftsbericht 2000, S. 28.

67 Fällen mindestens eine erneute Verhandlung, an deren Ende 42-mal eine Fortführung und 25-mal eine Insolvenzanmeldung des Unternehmens steht. In finalen Workouts (114) ist insgesamt 44-mal mindestens eine Umschuldung zu beobachten (44 / 114 = 38,6 %). Die Erfolgsquoten sind für Verhandlungen mit Debt-Equity-Swaps und Debt-Mezzanine-Swaps mit 46,2 % bzw. 75,0 % am höchsten. Aufgrund ihrer theoretischen Wirksamkeit überrascht dieses Ergebnis nicht, jedoch sind sie empirisch von untergeordneter Relevanz: Kreditgeber gewähren lediglich in 13 Verhandlungen Debt-Equity- und in vier Fällen Debt-Mezzanine-Swaps. Das Gegenstück hierzu bilden Zinsstundungen, die in 36,4 % der Verhandlungen, in denen sie mindestens einmal beobachtet werden, eine Insolvenz zur Folge haben. Auch hier liegt die Schlussfolgerung nahe, dass sie gewährt werden, um Zeit zur Unternehmensevaluation zu gewinnen, ohne dass ein eigentlicher Abschluss der Gläubigerverhandlung erfolgt. Zusätzliches Fremdkapital scheint dagegen eine zweischneidige Rolle innezuhaben: 32,5 % aller finalen Workouts, aber auch 18,8 % aller Insolvenzen sind mit einer zusätzlichen Gewährung liquider Mittel verbunden.

Tab. 34 stellt die Anzahl an Verhandlungen, die mindestens einmal die genannte Sanierungsmaßnahme enthalten sowie beobachtete Kombinationen der Maßnahmenarten dar. Die Tab. kann wie folgt interpretiert werden. Am häufigsten werden Verhandlungen mit einer (176) oder zwei Maßnahmenarten (93) registriert. Verhandlungen, die zu einer Gewährung von mehr als zwei Maßnahmenarten führen, werden in deutlich geringerem Umfang (67) erfasst. Als Einzelzugeständnisse werden Prolongationen (42) und Umschuldungen (40) am häufigsten beobachtet. 43-mal werden im Anschluss an eine Gläubigerverhandlung exakt zwei Maßnahmenarten gewährt, die eine Umschuldung enthalten. Umschuldungen werden nach insgesamt 113 Verhandlungen durchgeführt, während nur eine Kapitalerhöhung durch Gläubiger gezeichnet wird. Auf der rechten Seite sind die verschiedenen Maßnahmenkombinationen abgetragen. Die dargestellten Kombinationen schließen sich nicht gegenseitig aus. Am häufigsten wird in 31 Verhandlungen mindestens eine Prolongation, sowie mindestens eine Bereitstellung zusätzlichen Fremdkapitals gewährt. Debt-Equity-Swaps und Prolongationen werden bspw. dreimal in Kombination verzeichnet.

Tab. 33: Anzahl an Gläubigerverhandlungen in denen das jeweilige Sanierungsinstrument verwendet wird je Verhandlungsausgang und je Gesamtzahl an Gläubigerverhandlungen mit Sanierungsinstrument

			(1) Finale Workouts			**(2) Workouts mit Folgeworkout**			**(3) Workouts mit Folgeinsolvenz**			**(4) Insolvenz**		
	Σ	**386**		**114**			**104**			**67**			**101**	
	(5)	(6)	(7)	(8)	(9)	(10)	(11)	(12)	(13)	(14)	(15)	(16)	(17)	(18)
	Σ		**Anzahl**	**je V.-Ausgang**	**je Maßnahme**	**Anzahl**	**je V.-Ausgang**	**je Maßnahme**	**Anzahl**	**je V.-Ausgang**	**je Maßnahme**	**Anzahl**	**je V.-Ausgang**	**je Maßnahme**
Umschuldung	113	29,3 %	44	38,6 %	38,9 %	35	33,7 %	31,0 %	22	32,8 %	19,5 %	12	11,9 %	10,6 %
Prolongation	112	29,0 %	32	28,1 %	28,6 %	42	40,4 %	37,5 %	25	37,3 %	22,3 %	13	12,9 %	11,6 %
FK durch Gläubiger	99	25,6 %	37	32,5 %	37,4 %	25	24,0 %	25,3 %	18	26,9 %	18,2 %	19	18,8 %	19,2 %
SHA/CW	95	24,6 %	28	24,6 %	29,5 %	32	30,8 %	33,7 %	19	28,4 %	20,0 %	16	15,8 %	16,8 %
Stundung (T)	59	15,3 %	17	14,9 %	28,8 %	14	13,5 %	23,7 %	12	17,9 %	20,3 %	16	15,8 %	27,1 %
Forderungsverzicht	52	13,5 %	19	16,7 %	36,5 %	12	11,5 %	23,1 %	10	14,9 %	19,2 %	11	10,9 %	21,2 %
Stundung (Z)	22	5,7 %	4	3,5 %	18,2 %	5	4,8 %	22,7 %	5	7,5 %	22,7 %	8	7,9 %	36,4 %
Zinserlass	18	4,7 %	7	6,1 %	38,9 %	4	3,8 %	22,2 %	4	6,0 %	22,2 %	3	3,0 %	16,7 %
Debt-Equity-Swap	13	3,4 %	6	5,3 %	46,2 %	2	1,9 %	15,4 %	3	4,5 %	23,1 %	2	2,0 %	15,4 %
Rangrücktritt	7	1,8 %	1	0,9 %	14,3 %	1	1,0 %	14,3 %	3	4,5 %	42,9 %	2	2,0 %	28,6 %

			(1) Finale Workouts			(2) Workouts mit Folgeworkout			(3) Workouts mit Folgeinsolvenz			(4) Insolvenz		
	Σ	386	114			104			67			101		
	(5)	(6)	(7)	(8)	(9)	(10)	(11)	(12)	(13)	(14)	(15)	(16)	(17)	(18)
	Σ		Anzahl	je V.-Ausgang	je Maßnahme	Anzahl	je V.-Ausgang	je Maßnahme	Anzahl	je V.-Ausgang	je Maßnahme	Anzahl	je V.-Ausgang	je Maßnahme
Mezzanine-Kapital	6	1,6 %	0	0,0 %	0,0 %	2	1,9 %	33,3 %	4	6,0 %	66,7 %	0	0,0 %	0,0 %
Debt-Mezz.-Swap	4	1,0 %	3	2,6 %	75,0 %	0	0,0 %	0,0 %	0	0,0 %	0,0 %	1	1,0 %	25,0 %
Kapitalerhöhung	1	0,3 %	0	0,0 %	0,0 %	0	0,0 %	0,0 %	0	0,0 %	0,0 %	1	1,0 %	100,0 %

Die Tab. zeigt die Anzahl an Gläubigerverhandlungen in denen das jeweilige Sanierungsinstrument verwendet wird je Verhandlungsausgang und je Gesamtzahl an Gläubigerverhandlungen mit dem jeweiligen Sanierungsinstrument. Insgesamt werden 386 Gläubigerverhandlungen beobachtet. *Je Verhandlungsausgang*: Gläubigerverhandlungen, die mindestens einmal das jeweilige Instrument enthalten und mit dem jeweiligen Verhandlungsausgang im Verhältnis zu allen Gläubigerverhandlungen mit dem jeweiligen Verhandlungsausgang, z.B. (8) = (7) / (1). *Je Maßnahme:* Gläubigerverhandlungen, die mindestens einmal das jeweilige Instrument enthalten und mit dem jeweiligen Verhandlungsausgang im Verhältnis zu allen Gläubigerverhandlungen, die das jeweilige Sanierungsinstrument mindestens einmal enthalten, z.B. (9) = (7) / (5). Außerdem gilt (5) = (7) + (10) + (13) + (16) sowie (6) = (5) / 386.

Tab. 34: Anzahl an Gläubigerverhandlungen in denen das jeweilige Sanierungsinstrument verwendet wird sowie beobachtete Maßnahmenkombinationen

Anzahl Maßnahmenarten	**0**	**1**	**2**	**3**	**4**	**5**	**6**	**Σ**	**Gläubigerverhandlungen mit beobachteter Maßnahmenkombination**												
Anzahl Gläubigerverhandlungen	**50**	**176**	**93**	**40**	**18**	**5**	**4**	**386**	**(1)**	**(2)**	**(3)**	**(4)**	**(5)**	**(6)**	**(7)**	**(8)**	**(9)**	**(10)**	**(11)**	**(12)**	**(13)**
(1) Umschuldung	0	40	43	17	9	3	1	113													
(2) Prolongation	0	42	36	19	9	3	3	112	22												
(3) FK durch Gläubiger	0	33	36	16	9	3	2	99	30	31											
(4) SHA/CW	0	30	32	18	10	3	2	95	30	23	19										
(5) Stundung (T)	0	10	14	19	10	4	2	59	12	16	16	18									
(6) Forderungsverzicht	0	10	17	10	9	3	3	52	12	13	6	9	21								
(7) Stundung (Z)	0	2	2	5	7	2	4	22	3	4	6	8	14	11							
(8) Zinserlass	0	1	1	5	4	3	4	18	5	9	5	6	6	10	7						
(9) Debt-Equity-Swap	0	4	1	5	2	1	0	13	5	3	1	4	1	2	2	2					
(10) Rangrücktritt	0	0	2	2	1	0	2	7	0	4	1	1	2	4	3	4	0				
(11) Mezzanine-Kapital	0	3	1	1	1	0	0	6	1	1	1	1	0	1	1	0	0	0			
(12) Debt-Mezzanine-Swap	0	0	1	2	0	0	1	4	1	1	0	1	1	2	1	1	1	0	0		
(13) Kapitalerhöhung	0	0	0	1	0	0	0	1	0	1	0	0	0	0	0	0	0	0	0	1	

Die Tab. zeigt die Anzahl an Gläubigerverhandlungen in denen das jeweilige Sanierungsinstrument verwendet wird sowie beobachtete Maßnahmenkombinationen. Auf der linken Seite ist die Anzahl an Gläubigerverhandlungen mit der jeweiligen Anzahl an Maßnahmenarten oberhalb abgetragen. Unterhalb sind Gläubigerverhandlungen mit der entsprechenden Maßnahme sowie der entsprechenden Anzahl an Maßnahmenarten abgetragen. Auf der rechten Seite sind Kombinationen der verschiedenen Maßnahmen in einer Kreuztabelle abgetragen. Die beobachteten Kombinationen schließen sich nicht gegenseitig aus.

6.3.2 Univariate Analyse

Auf Basis der in Kapitel 6.2.3 abgeleiteten Hypothesen werden die entsprechenden Variablen kodiert. Es erfolgt eine Gegenüberstellung der jeweiligen Variablenausprägungen der Workouts und derjenigen der gescheiterten Verhandlungen bzw. Insolvenzen, sowie eine Prüfung hinsichtlich signifikanter Unterschiede durch die Anwendung eines parametrischen t-Tests, sowie eines nichtparametrischen Wilcoxon-Mann-Whitney-Tests (W.-M.-W.-Test). Für dichotome Variablen wird anstatt des letzteren Tests der nichtparametrische χ^2-Test angewandt. Die Variablen werden außerdem entsprechend der zu prüfenden Teilbereiche aufgeteilt. Es muss darauf hingewiesen werden, dass die univariate Untersuchung lediglich eingeschränkte Aussagekraft besitzt, die in der nachfolgenden multivariaten Analyse überprüft wird. Tab. 35 zeigt die Ergebnisse der univariaten Analyse der Gläubigerverhandlungen.

Tab. 35: Univariate Analyse für Gläubigerverhandlungen in finanzieller Schieflage

Variable	Workouts (n =285)			Insolvenzen (n =101)[a]			t-Test	W.-M.-W.-Test/ χ^2-Test
	Mittelwert	Median	Std. Abw.	Mittelwert	Median	Std. Abw.		
Operative Unternehmenseigenschaften								
OCF_{adj}	-0,032	-0,028	0,121	-0,074	-0,066	0,151	0,014**	0,002***
o_V	0,337	0,299	0,157	0,423	0,338	0,264	0,003***	0,004***
TQ	0,621	1	0,486	0,782	1	0,415	0,007***	0,004***
Vermögens- und Kapitalstruktur								
SAV	0,226	0,205	0,168	0,202	0,140	0,186	0,256	0,073*
FKQ_{adj}	0,223	0,190	0,216	0,315	0,313	0,293	0,005***	0,000***
VKI	0,345	0,351	0,210	0,333	0,313	0,221	0,623	0,563
KK	0,456	0	0,499	0,248	0	0,434	0,000***	0,000***
SP	0,189	0	0,393	0,178	0	0,385	0,802	0,802
SAbesV	0,639	1	0,481	0,624	1	0,487	0,792	0,790
Exogene Einflüsse								
Krise	0,488	0	0,501	0,713	1	0,455	0,000***	0,000***
Industriekrise	0,088	0	0,283	0,188	0	0,393	0,019**	0,006***
Charakteristika des Verhandlungsprozesses								
Wdh	0,544	1	0,499	0,733	1	0,445	0,001***	0,001***
ZGA	0,512	1	0,501	0,178	0	0,385	0,000***	0,000***
ZS	2,821	2	3,198	2,822	2	2,886	0,999	0,594
Kontrollvariablen								

(fortgeführt)

Tab. 35: Fortsetzung

Variable	Workouts (n =285)			Insolvenzen (n =101)[a]			t-Test	W.-M.-W.-Test/ χ^2-Test
	Mittelwert	**Median**	**Std. Abw.**	**Mittelwert**	**Median**	**Std. Abw.**		
ESUG	0,358	0	0,480	0,238	0	0,428	0,020**	0,027**
Größe	5,452	5,175	1,733	4,912	4,931	1,407	0,002***	0,026**

Die Tab. zeigt Mittelwerte, Mediane und Standardabweichungen je definierter Variable je Verhandlungsgruppe. Außerdem werden die Ergebnisse für den t-Test, den Wilcoxon-Mann-Whitney-Test und den χ^2-Test berichtet. Die Verhandlungsgruppen bestehen aus 285 Workouts und 101 gescheiterten Verhandlungen bzw. Insolvenzen. OCF_{adj} ist der industrieadjustierte operative Cashflow vor Zinsen im Verhältnis zur durchschnittlichen Bilanzsumme des aktuellen und des Vorjahres. o_V entspricht der Volatilität des Unternehmenswerts gem. Bharath/Shumway (2008). *TQ* ist eine Indikatorvariable, die den Wert eins annimmt, wenn das Tobinsche Q größer eins ist. *SAV* ist das Verhältnis des Sachanlagevermögens zur Bilanzsumme. FKQ_{adj} ist die industrieadjustierte Verschuldungsquote zu Buchwerten. *VKI* entspricht dem Verhältnis von Bankverbindlichkeiten zu Gesamtverbindlichkeiten. *KK* ist eine Indikatorvariable, die den Wert eins annimmt, wenn ein Konsortialkredit als wesentliche Finanzierungsquelle existiert oder nur ein Finanzgläubiger besteht. *SP* ist eine Indikatorvariable, die den Wert eins annimmt, wenn im Laufe der Verhandlungen ein Sicherheitenpool gebildet wird. *SAbesV* ist eine Indikatorvariable, die den Wert eins annimmt, wenn ein Teil der Verbindlichkeiten durch Sachanlagevermögen besichert ist. *Krise* ist eine Indikatorvariable, die den Wert eins annimmt, wenn im Verhandlungsjahr oder im Vorjahr ein negatives Realwachstum des BIP vorliegt sowie in den Jahren 2001 und 2008. *Industriekrise* ist eine Indikatorvariable, die den Wert eins annimmt, wenn im Verhandlungsjahr oder im Vorjahr der Median-OCF der Unternehmen in der jeweiligen Industrie kleiner null ist. *Wdh* ist eine Indikatorvariable, die den Wert eins annimmt, wenn vor der betrachteten Gläubigerverhandlung bereits eine Gläubigerverhandlung beobachtet wurde. *ZGA* ist eine Indikatorvariable, die den Wert eins annimmt, wenn während der Verhandlung oder in engem zeitlichem Zusammenhang wesentliche Zugeständnisse anderer Stakeholder beobachtet wurden. *ZS* entspricht der Anzahl an Jahren zwischen Eintritt in die Untersuchungsgrundlage und Verhandlungsende. *ESUG* ist eine Indikatorvariable, die für alle Verhandlungen ab 2012 den Wert eins annimmt. *Größe* entspricht der logarithmierten und deflationierten Bilanzsumme. Alle Indikatorvariablen nehmen den Wert null an, wenn die jeweiligen Bedingungen nicht erfüllt sind. Ausführliche Definitionen der unabhängigen Variablen können Anh. 6 entnommen werden. Die Daten stammen aus dem letzten verfügbaren Fiskaljahr vor Verhandlungsbeginn. Das Signifikanzniveau auf dem 10 %-, 5 %- und 1 %-Niveau ist jeweils mit *, ** und *** gekennzeichnet.

[a] Inklusive einer gescheiterten Verhandlung mit anschließender Liquidation außerhalb des Insolvenzverfahrens.

Unternehmen, die im Zusammenspiel mit den Gläubigern eine Insolvenz im vorliegenden Sample abwenden können, verfügen über höhere industrieadjustierte operative Cashflows, sowie über eine geringere Volatilität, d.h. der Zustand des Kerngeschäfts sowie die Informationsasymmetrie der Unternehmen sind im Fall von Workouts signifikant höher bzw. geringer. Die operative Cashflow-Rendite liegt darüber hinaus für beide Gruppen im Mittel bzw. Median merklich unterhalb des jeweiligen Industrie-Medians. Für Workouts liegt der Wert im Mittel (Median) um -3,2 (-2,8) Prozentpunkte, für Insolvenzen um -7,4 (-6,6) Prozentpunkte niedriger.

Im Gegensatz zur hypothesierten Wirkrichtung scheinen insolvente Unternehmen häufiger über ein Tobinsches Q größer eins zu verfügen als Workouts. Hinsichtlich des Sachanlagevermögens zeigt sich im Fall des W.-M.-W.-Tests ein Unterschied auf dem 10 %-Signifikanzniveau. Die industrieadjustierte Verschuldung zu Buchwerten ist in der Gruppe der Workouts deutlich geringer als in der Gruppe der Insolvenzen (1 %-Niveau). Beide Gruppen weisen jedoch im Mittel bzw. im Median deutlich höhere Fremdkapitalquoten als der Median der jeweiligen Industrie auf. Die Kennzahl liegt für Workouts im Mittel (Median) um 22,3 (19,0) Prozentpunkte höher, für Insolvenzen um 31,5 (31,3) Prozentpunkte. Im Hinblick auf die Instrumente zur Messung der Gläubigerkoordination besteht lediglich ein signifikanter Unterschied hinsichtlich des Vorliegens eines Konsortialkredits, dafür jedoch auf dem 1 %-Niveau. In ca. 45,6 % der außergerichtlichen Einigungen existiert ein Konsortialkredit als Hauptfinanzierungsquelle, während das nur für ca. 24,8 % der gescheiterten Verhandlungen der Fall ist. Wiederholte Verhandlungen, sowie Zugeständnisse anderer Kapitalgeber sind auf Basis der Daten in der Insolvenzgruppe weniger häufig vorzufinden. Dies gilt nicht für negative exogene Einflüsse: Krisen und Industriekrisen prägen v.a. das Teilsample der gescheiterten Gläubigerverhandlungen. So liegen z.B. für etwa 18,8 % der späteren Insolvenzen industrieweite Krisen vor, während das nur für 8,8 % der Workouts der Fall ist. Der Unterschied ist auf dem 5 %-Niveau signifikant. In Bezug auf den Zeitraum in finanzieller Schieflage besteht kein wesentlicher Unterschied zwischen den Gruppen. Workouts scheinen darüber hinaus häufiger nach der ESUG-Reform vorzukommen. Die Workout-Unternehmen sind anhand des Vergleichs der logarithmierten deflationierten Bilanzsummen außerdem größer als Insolvenzunternehmen. Insgesamt zeigt sich, dass beide Gruppen auf univariater Basis deutlich differieren.

6.3.3 Multivariate Analyse

Für die multivariate Analyse wird eine logistische Regression anhand der Maximum-Likelihood-Schätzung durchgeführt. Die abhängige Variable nimmt dabei die Ausprägung eins an, wenn im Rahmen der außergerichtlichen Verhandlungen mit den Gläubigern eine Einigung erzielt und eine Sanierungsmaßnahme gewährt wird. Scheitert die Verhandlung und wird Insolvenzantrag gestellt, so beträgt die abhängige Variable null. In der logistischen Regression werden robuste Standardfehler auf der Unternehmensebene verwendet, da keine Paneldaten vorliegen, aber die Clusterstruktur einiger Beobachtungen zu berücksichtigen, und für die Verletzung der Unabhängigkeitsannahme der logistischen Regression zu korrigieren ist.[884] Zuerst wird die Modellbildung, anschließend der Einfluss der unabhängigen Variablen diskutiert. Die Ergebnisse finden sich in Tab. 36.

In den Regressionsanalysen werden zu Beginn auch die in der univariaten Analyse zwischen den beiden Gruppen nicht-signifikant verschiedenen Variablen verwendet, da davon ausgegangen wird, dass in der multivariaten Betrachtung, d.h. unter Einbezug weiterer (Kontroll-)Variablen, Einflüsse beobachtet werden können, die von der univariaten Analyse der Unterschiede abweichen. Für die multivariate Untersuchung werden die logistischen Regressionen außerdem blockweise nach den jeweiligen Teilbereichen der formulierten Hypothesen in das Modell integriert. Das Modell 4 enthält alle Variablen, während Modell 5 und 6 die aus der vorhergehenden univariaten bzw. multivariaten Analyse mindestens auf dem 10 %-Niveau signifikanten Variablen enthält.[885] Modell 6 stellt – auch im Rahmen der Schätzung unterschiedlicher Modellkombinationen – das einzige Modell mit ausschließlich signifikanten Variablen dar. Der Modellfit (Pseudo-R^2) ist mit über 30 % für die Modelle 4 bis 6 am höchsten. Alle Modelle sind anhand des χ^2-Tests auf dem 1 %-Niveau signifikant.

Hinsichtlich der Modellbildung stellt die Sparsamkeit in Bezug auf die Prädikatorenanzahl ein wichtiges Kriterium dar. Grund hierfür ist, dass ein einfacheres Modell mit akzeptabler Modellgüte oftmals superiore Leistungen außerhalb einer Stichprobe liefert als ein komplexeres Modell, dass innerhalb

884 Vgl. Hilbe (2009), S. 138–139; Giesselmann/Windzio (2012), S. 178. Die Ergebnisse entsprechen denjenigen eines Generalized-Estimating-Equations-Models mit unabhängiger Korrelationsstruktur, das trotz der Unabhängigkeitsannahme konsistente Schätzer im Falle korrelierter Daten liefert. Vgl. Hilbe (2009), S. 448.

885 Hosmer et al. (2013) empfehlen im Rahmen der Modellselektion eine univariate Analyse der multivariaten Analyse vorzuschalten und Variablen mit einem p-Wert größer 0,25 in das multivariate Modell zu inkludieren. Vgl. Hosmer et al. (2013), S. 91. Dieser Entscheidungsregel folgend wäre die Variable *SAV* in Modell 5 einzubeziehen, die in einem nicht tabulierten Modell allerdings keine Signifikanz aufweist.

einer Stichprobe eine höhere Modellanpassung aufweist.[886] Zum Vergleich unterschiedlicher Modelle eignet sich das Akaike-Informationskriterium (AIC), welches erhöhte Modellkomplexität durch eine Korrekturgröße ahndet.[887] Es ist ein relatives Kriterium, das die Modellkomplexität und die Modellanpassung abwägt. Modelle mit geringeren AIC-Werten sind anhand des Kriteriums vorzugswürdig. Auf dessen Basis stellt Modell 6 das im Vergleich beste Modell dar. Die Prognosegüte präsentiert den Anteil der korrekt klassifizierten Fälle an allen Beobachtungen. Je nach Trennwert p kann diese Güte jedoch variieren. Für den Trennwert p = 0,5 sind die Modelle 4 bis 6 mit einer Ausprägung von jeweils mehr als 80 % als am leistungsstärksten zu beurteilen.

Eine Verallgemeinerung der Prognosegüte zum Vergleich von verschiedenen Modellen stellen sog. Receiver-Operating-Characteristic-Kurven (ROC-Kurven) dar. Jeder Punkt auf der Kurve gilt für einen spezifischen Trennwert und daher für eine spezifische Klassifizierungstabelle, d.h. die ROC-Kurve entsteht durch das Abtragen der Sensitivität über 1- Spezifität für verschiedene Trennwerte.[888] Je größer die ROC-Fläche bzw. die sog. Area under the curve (AUC) bzw. je näher die Kurve nach links oben reicht, desto besser ist die Prognosegüte des Modells. Die Diagonale stellt dagegen eine rein zufällige Prognose dar, die keine Diskrimination ermöglicht.[889] Die ROC-Kurven der Modelle 4 bis 6 sind nachfolgend in Abb. 25 abgetragen.

Auf Basis der ROC-Kurven bzw. der AUC haben alle Modelle eine ähnliche, aber vergleichsweise gute Prognosegüte mit einer Fläche von mehr als 87 %. Gem. der Beurteilungskriterien in Backhaus et al. (2021) und Hosmer et al. (2013) sind die Modelle als „exzellent“ zu klassifizieren.[890]

886 Vgl. Backhaus et al. (2021), S. 69, 356.

887 Vgl. Backhaus et al. (2021), S. 356; Jong/Heller (2008), S. 100; Hosmer et al. (2013), S. 120. Die AIC ist definiert als AIC = -2·LL+2·Anzahl der Koeffizienten, wobei LL: Log-Likelihood. Auf Basis des alternativ anwendbaren Bayes'sches Informationskriteriums (BIC) ist ebenfalls Modell 6 zu präferieren. Die AIC basiert auf dem Beitrag von Akaike (1974).

888 Vgl. Backhaus et al. (2021), S. 309; Jong/Heller (2008), S. 108–110; Hosmer et al. (2013), S. 173.

889 Vgl. Backhaus et al. (2021), S. 310; Jong/Heller (2008), S. 109; Hosmer et al. (2013), S. 173–174.

890 Vgl. Backhaus et al. (2021), S. 311; Hosmer et al. (2013), S. 177.

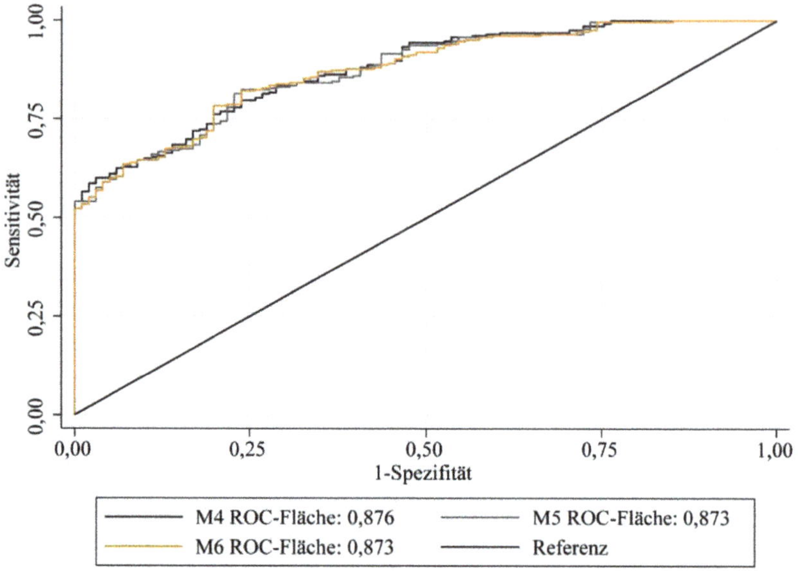

Abb. 25: ROC-Kurven für Modell 4 bis Modell 6

Die Abb. zeigt die ROC-Kurven für die Modelle 4 bis 6 (M4-M6). Die ROC-Fläche entspricht der Area under the curve (AUC). *Sensitivität:* Anteil der korrekt prognostizierten Workouts an allen prognostizierten Workouts. *Spezifität:* Anteil der prognostizierten Insolvenzen an allen Insolvenzen.

Die Ergebnisse in Bezug auf die einzelnen Hypothesen stellen sich wie folgt dar. Alle Koeffizienten haben mit Ausnahme der Variablen *TQ* und *ZS* die erwarteten Vorzeichen, jedoch entwickelt nur ein Teil der Variablen signifikante Einflüsse auf den Verhandlungsausgang. Positiv auf die Wahrscheinlichkeit einer erfolgreichen außergerichtlichen Sanierungsverhandlung wirkt sich der Zustand des Kerngeschäfts aus, wie die auf dem 1 %-Niveau signifikante Variable OCF_{adj} zeigt. Hier besteht eine Diskrepanz zu den Ergebnissen in Jostarndt/Sautner (2010) und Demiroglu/James (2015), die keinen eindeutig signifikanten Zusammenhang zwischen dem Verhandlungserfolg und der Profitabilität feststellen.[891] Eine mögliche Erklärung wäre, dass beide Studien auf buchhalterische und nicht auf cashflow-basierte Renditegrößen abstellen. Letztere sollten ein realistischeres Bild der Innenfinanzierungskraft des Unternehmens darstellen. Des Weiteren wurde im vorliegenden Fall eine Industrieadjustierung der Variable vorgenommen.

891 Vgl. Jostarndt/Sautner (2010), S. 649; Demiroglu/James (2015), S. 203.

Tab. 36: Koeffizienten der logistischen Regression für Gläubigerverhandlungen in finanzieller Schieflage

Modell	**(1)**	**(2)**	**(3)**	**(4)**	**(5)**	**(6)**
Operative Unternehmenseigenschaften						
OCF_{adj}	1,671*	2,456**	2,838**	4,135***	4,109***	4,360***
	(0,963)	(1,077)	(1,192)	(1,354)	(1,342)	(1,321)
σ_V	-1,299**	-1,811***	0,879	0,746	-0,752	
	(0,581)	(0,646)	(0,673)	(0,792)	(0,756)	
TQ	-0,543*	-0,438	-0,415	-0,944**	-0,895**	-0,989***
	(0,282)	(0,321)	(0,326)	(0,394)	(0,363)	(0,354)
Vermögens- und Kapitalstruktur						
SAV		0,415	0,495	0,177		
		(0,837)	(0,876)	(1,079)		
FKQ_{adj}		-1,674***	-1,841***	-2,331***	-1,963**	-1,954***
		(0,564)	(0,577)	(0,810)	(0,769)	(0,707)
VKI		-0,299	-0,121	0,462		
		(0,661)	(0,712)	(0,826)		
KK		1,005***	0,974***	1,074***	1,045***	1,088***
		(0,312)	(0,321)	(0,370)	(0,356)	(0,334)
SP		0,406	0,326	0,509		
		(0,339)	(0,340)	(0,444)		
SAbesV		-0,367	-0,391	-0,381		
		(0,291)	(0,297)	(0,357)		
Exogene Einflüsse						
Krise			-1,043***	-1,667***	-1,555***	-1,675***
			(0,334)	(0,434)	(0,441)	(0,334)
Industrie-krise			-0,864**	-1,644***	-1,733***	-1,850***
			(0,352)	(0,495)	(0,498)	(0,467)
Charakteristika des Verhandlungsprozesses						
Wdh				-1,961***	-1,821***	-1,797***
				(0,370)	(0,353)	(0,354)
ZGA				2,761***	2,736***	2,729***
				(0,375)	(0,371)	(0,374)
ZS				0,066		
				(0,061)		

(*fortgeführt*)

Tab. 36: Fortsetzung

Modell	**(1)**	**(2)**	**(3)**	**(4)**	**(5)**	**(6)**
Kontrollvariablen						
ESUG	0,480	0,348	-0,173	0,078	0,090	
	(0,293)	(0,334)	(0,417)	(0,512)	(0,510)	
Größe	0,093	-0,052	0,002	0,050	0,033	
	(0,075)	(0,085)	(0,092)	(0,116)	(0,121)	
Modellgüte						
N	386	386	386	386	386	386
Pseudo-R^2	0,062	0,112	0,146	0,352	0,342	0,339
$\chi 2$	26,71***	47,43***	58,57***	108,46***	106,19***	93,79***
AIC	428,44	418,23	406,81	321,41	315,80	311,11
Progno-següte	73,6 %	73,6 %	76,4 %	82,1 %	81,6 %	81,1 %

Die Tab. zeigt die Ergebnisse der logistischen Regressionen (Maximum-Likelihood-Schätzung). Es werden Koeffizienten und robuste Standardfehler auf dem Firmenniveau in Klammern berichtet. Die abhängige Variable nimmt den Wert eins an, wenn die Gläubigerverhandlung mit einem Workout endet und null, wenn die Verhandlung scheitert und folglich Insolvenzantrag gestellt wird. Die Verhandlungsgruppen bestehen aus 285 Workouts und 101 gescheiterten Verhandlungen bzw. Insolvenzen. OCF_{adj} ist der industrieadjustierte operative Cashflow vor Zinsen im Verhältnis zur durchschnittlichen Bilanzsumme des aktuellen und des Vorjahres. o_V entspricht der Volatilität des Unternehmenswertes gem. Bharath/Shumway (2008). *TQ* ist eine Indikatorvariable, die den Wert eins annimmt, wenn das Tobinsche Q größer eins ist. *SAV* ist das Verhältnis des Sachanlagevermögens zur Bilanzsumme. FKQ_{adj} ist die industrieadjustierte Verschuldungsquote zu Buchwerten. *VKI* entspricht dem Verhältnis von Bankverbindlichkeiten zu Gesamtverbindlichkeiten. *KK* ist eine Indikatorvariable, die den Wert eins annimmt, wenn ein Konsortialkredit als wesentliche Finanzierungsquelle existiert oder nur ein Finanzgläubiger besteht. *SP* ist eine Indikatorvariable, die den Wert eins annimmt, wenn im Laufe der Verhandlungen ein Sicherheitenpool gebildet wird. *SAbesV* ist eine Indikatorvariable, die den Wert eins annimmt, wenn ein Teil der Verbindlichkeiten durch Sachanlagevermögen besichert ist. *Krise* ist eine Indikatorvariable, die den Wert eins annimmt, wenn im Verhandlungsjahr oder im Vorjahr ein negatives Realwachstum des BIP vorliegt sowie in den Jahren 2001 und 2008. *Industriekrise* ist eine Indikatorvariable, die den Wert eins annimmt, wenn im Verhandlungsjahr oder im Vorjahr der Median-OCF der Unternehmen in der jeweiligen Industrie kleiner null ist. *Wdh* ist eine Indikatorvariable, die den Wert eins annimmt, wenn vor der betrachteten Gläubigerverhandlung bereits eine Gläubigerverhandlung beobachtet wurde. *ZGA* ist eine Indikatorvariable, die den Wert eins annimmt, wenn während der Verhandlung oder in engem zeitlichem Zusammenhang wesentliche Zugeständnisse anderer Stakeholder beobachtet wurden. *ZS* entspricht der Anzahl an Jahren zwischen Eintritt in die Untersuchungsgrundlage und Verhandlungsende. *ESUG* ist eine Indikatorvariable, die für alle Verhandlungen ab 2012 den Wert eins annimmt. *Größe* entspricht der logarithmierten und deflationierten Bilanzsumme. Alle Indikatorvariablen nehmen den Wert null an, wenn die jeweiligen Bedingungen nicht erfüllt sind. Ausführliche Definitionen der unabhängigen Variablen können Anh. 6 entnommen werden. Die Daten stammen aus dem letzten verfügbaren Fiskaljahr vor Verhandlungsbeginn. Die Konstante wurde nicht abgetragen. *Pseudo-R^2* gem.

Tab. 36: Fortsetzung

McFadden stellt ein Maß für die Modellanpassung dar. *χ2* ist der globale Likelihood-ratio-chi-square-Test zur Prüfung der Hypothese, dass alle Koeffizienten gleich null sind. *AIC* ist das Akaike-Informationskriterium zum Modellvergleich. Die *Prognosegüte* basiert auf einem Cut-off-Wert von 0,5. Das Signifikanzniveau auf dem 10 %-, 5 %- und 1 %-Niveau ist jeweils mit *, ** und *** gekennzeichnet.

Die Unsicherheit/Informationsasymmetrie scheint keinen signifikanten Einfluss auf Basis der Volatilität des Unternehmenswertes zu entwickeln, obwohl die Wirkrichtung wie prognostiziert ausfällt. Das ist im Einklang mit den Ergebnissen von Jostarndt/Sautner (2010) und gegenteilig zu den Ergebnissen von Demiroglu/James (2015).[892] Neben dem allgemeinen Problem der korrekten Variablenauswahl hinsichtlich der zu prüfende Hypothese, könnte der nicht signifikante Einfluss darauf zurückzuführen sein, dass im Modell für den Einsatz von Konsortialkrediten sowie für wiederholte Gläubigerverhandlungen kontrolliert wird. Beides sollte Informationsasymmetrien abbauen. Der Einsatz von Konsortialkrediten und eine damit einhergehende erhöhte Gläubigerkoordination trägt signifikant positiv zum Verhandlungserfolg bei, während wiederholte Verhandlungen einen signifikant negativen Einfluss aufweisen (jeweils auf dem 1 %-Niveau). Die Insignifikanz des Anteils der Bankverschuldung mindert die Interpretation mit Blick auf einzelne Anleiheverhandlungen des Samples sowie die Regelungen des § 5 Abs. 1 SchVG nicht, da diese für alle Gläubiger bindende Mehrheitsbeschlüsse erlauben, und daher die Holdout-Problematik durchbrochen werden kann. Im Fall von Bankverbindlichkeiten liegen diese potenziell weiterhin vor. Es ist insofern nachvollziehbar, dass die positiven Einflüsse auf die Workout-Wahrscheinlichkeit in der Arbeit von Jostarndt/Sautner (2010), deren Beobachtungszeitraum im Jahr 2004, und damit vor Inkrafttreten des neuen Schuldverschreibungsgesetzes, endet, für das vorliegende Sample nicht bestätigt werden.[893] Bspw. stellen Franks/Torous (1994) ebenfalls keinen höheren Anteil an Bankverbindlichkeiten für Workout-Unternehmen fest als für diejenigen, die eine finanzielle Sanierung im Insolvenzverfahren durchführen.[894]

---

892 Vgl. Jostarndt/Sautner (2010), S. 649; Demiroglu/James (2015), S. 203.

893 Vgl. Jostarndt/Sautner (2010), S. 648–650.

894 Vgl. Franks/Torous (1994), S. 353. Die Studie behandelt einen Vergleich erfolgreicher Verhandlungen im Rahmen außer- und gerichtlicher Verfahren und ist daher nur eingeschränkt mit der hier bearbeiteten Fragestellung vergleichbar.

In Bezug auf das Tobinsche Q sind die Ergebnisse überraschend, da hypothesiert wurde, dass Unternehmen mit einem Marktwert über dem Buchwert prinzipiell höhere Erfolgschancen haben. Naheliegend ist, die Kennzahl in vorliegender Analyse weniger als Fortführungswert zum Buchwert zu interpretieren, als vielmehr in Richtung einer Messzahl für den Risikogehalt der zukünftigen Unternehmensentwicklung. Unternehmen mit vergleichsweise hohen Wachstumschancen, aber auch hohem Risikogehalt, sind demnach weniger erfolgreich, ein Insolvenzverfahren abzuwenden. Zudem gilt es zu beachten, dass im vorliegenden Forschungskontext auch negative Werte des Eigenkapitals für das letzte verfügbare Fiskaljahr vor Verhandlungsbeginn vorliegen. Ist dies der Fall, übersteigt der Nominalwert des Fremdkapitals unabhängig vom Marktwert des Eigenkapitals die Bilanzsumme und zeigt ein Tobinsches Q über eins an. Für diese Unternehmen liegt offenbar noch keine Überschuldung gem. § 19 InsO vor, jedoch werden die Gläubigerverhandlungen wohl vor dem Hintergrund stattfinden, diese (erneut) abzuwenden. Das Risiko der Fremdkapitalgeber ist damit bereits sehr hoch. Dieser Zusammenhang wird in ähnlich gelagerten Studien, die keine Indikatorvariable verwenden,[895] erstaunlicherweise nicht erwähnt. Für die Interpretation der Regressionsergebnisse ändert sich im vorliegenden Fall nichts, da die Indikatorvariable diese Unternehmen den aus Sicht der Fremdkapitalgeber risikoreichen Unternehmen zuschlägt.[896]

Für die Höhe der industrieadjustierten Verschuldung zu Buchwerten liegt auf dem 1 %-Niveau ein eindeutig negativer Zusammenhang in Bezug auf die Workout-Wahrscheinlichkeit vor. Dieses Ergebnis ist gegenteilig zu demjenigen von Jostarndt/Sautner (2010), die je nach Modell einen positiven Zusammenhang auf dem 5 %- oder 10 %-Niveau konstatieren. Eine mögliche Erklärung hierfür ist, dass die Autoren auf die Verschuldung vor Beginn der finanziellen Schieflage abstellen, und nicht unmittelbar vor dem Abschluss der Gläubigerverhandlung.[897] Gem. den Argumenten von Jensen (1989) würde daher eine schnellere und mit höheren Erfolgsaussichten verbundene Neuverhandlung der Fremdfinanzierung durch hochverschuldete Unternehmen erfolgen. Zum einen kann aber für den Zeitraum der Schieflage kontrolliert werden, und zum

895 Vgl. z.B. Jostarndt/Sautner (2010), S. 638.

896 Nicht abgetragene Ergebnisse ohne die Gruppe der Unternehmen mit negativem Eigenkapital zeigen qualitativ gleiche Ergebnisse an, weshalb die hypothesierte Wirkrichtung der Indikatorvariable als korrekt erachtet wird. Das Problem bestand in Kapitel 5 nur in geringem Umfang, da dort Werte zu Beginn des Sanierungsprozesses einflossen.

897 Vgl. Jostarndt/Sautner (2010), S. 638, 649.

anderen, zeigt die obige Analyse, dass der Zeitraum der finanziellen Schieflage singulär betrachtet keinen signifikanten Einfluss auf den Verhandlungsausgang hat. Die Ergebnisse von Demiroglu/James (2015) deuten eher auf einen negativen Einfluss der unmittelbar zuvor bestehenden Verschuldungsquote hin, allerdings gemessen im Verhältnis zu Marktwerten des Eigenkapitals.[898] Auf Basis der Ergebnisse hat nicht der Umfang der (Bank-)Verschuldung, sondern deren Struktur Relevanz für den Verhandlungsausgang (siehe Konsortialkredit). Eine weitere Erklärung wäre, dass in der vorliegenden Studie explizit industriespezifische Verschuldungsgrade verwendet werden, die dem Umstand Rechnung tragen, dass Unternehmen verschiedener Branchen i.d.R. verschiedene Verschuldungsumfänge aufweisen und daher ein Vergleich von Unternehmen unterschiedlicher Branchen nicht ohne weiteres möglich ist.

Relevanz besitzt außerdem der Zustand der Branche, da für Industriekrisen ein signifikant negativer Einfluss ausgewiesen wird. Gleiches gilt für Wirtschaftskrisen, die ebenfalls auf dem 1 %-Niveau signifikant sind. Letzteres ist gerade deshalb erstaunlich, da in der Literatur durchaus Argumente vorliegen, dass die Entscheidung der Fremdkapitalgeber vom Zustand des spezifischen Unternehmens und nicht von der gesamtwirtschaftlichen Situation abhängt. Die Ergebnisse deuten jedoch daraufhin, dass Gläubigerverhandlungen in wirtschaftlichen Krisenzeiten ceteris paribus eher mit Insolvenzanmeldungen verbunden sind. Gläubiger scheinen daher das Unternehmen nicht unabhängig von der aktuellen gesamtwirtschaftlichen Situation zu beurteilen. In Bezug auf den bereits erwähnten Zeitraum der Schieflage sind die nicht signifikanten Ergebnisse weniger überraschend, da im Sample Unternehmen enthalten sind, die nach einigen Jahren in Schieflage noch Verhandlungserfolge erzielen können. Jostarndt/Sautner (2010) zeigen dagegen einen signifikant negativen Einfluss (auf dem 5 %- bzw. 10 %-Niveau).[899] Hier sei auf die Problematik der Zombie-Unternehmen verwiesen.[900] Eine eindeutige Wirkrichtung des relativen Sachanlagevermögens sowie der Besicherung kann nicht festgestellt werden. Wie oben dargelegt, kann das darauf zurückzuführen sein, dass Fremdkapitalgeber zwar im Fall einer notwendigen, weiteren Mittelgewährung eher zur Verwertung neigen, aber einer Prolongation unter der Voraussetzung, dass kein Wertverlust der Sicherheiten stattfindet, zustimmen könnten. Die

898 Vgl. Demiroglu/James (2015), S. 203, 207–208.
899 Vgl. Jostarndt/Sautner (2010), S. 649.
900 Vgl. Fn. 10.

Wirkung der Sicherheiten bzw. des Sicherungswertes kann daher von der notwendigen Sanierungsmaßnahme abhängig sein.

Eindeutig ist hingegen der Einfluss neuerlicher Verhandlungen. Sollten Unternehmen mit ihren Fremdkapitalgebern erneut verhandeln müssen, sinkt die Workout-Wahrscheinlichkeit signifikant. Außerdem ist festzuhalten, dass wesentliche Zugeständnisse anderer Stakeholder, wie z.B. Staatsbürgschaften für gewährte Kredite oder Gesellschafterdarlehen, einen hoch signifikanten positiven Einfluss auf den Verhandlungsausgang zu haben scheinen. Dies ist insb. deshalb relevant, da die bisher in der Literatur vorliegenden Studien nach Kenntnis des Autors diesen Einfluss nicht kontrollieren bzw. diesen modellieren. Aus der Sanierungspraxis ist jedoch bekannt, dass Gläubigerverhandlungen oftmals nicht singulär zwischen Management und Fremdkapitalgebern stattfinden, sondern z.B. Alt- oder Neugesellschafter an den Verhandlungen beteiligt sind. Die geleisteten Sanierungsbeiträge tragen neben ihrer eigentlichen Sanierungswirkung dazu bei, Informationsasymmetrien zwischen Unternehmen und bestehenden Gläubigern abzubauen, weil eine Signalsendung durch andere Stakeholder stattfindet. Dadurch erhöht sich die Erfolgswahrscheinlichkeit im Diskurs mit den Fremdkapitalgebern.

Die Kontrollvariablen für die Unternehmensgröße und den Einfluss der Insolvenzrechtsreform durch das ESUG sind entgegen der univariaten Analyse nicht signifikant. In Bezug auf das ESUG könnten einerseits die Reformen nicht tiefgreifend genug gewesen sein, um tatsächliche Einflüsse auf den Verhandlungserfolg zu generieren. Andererseits ist es möglich, dass die Operationalisierung der Reformeinflüsse auf Basis des Jahres 2012 als abgrenzendes Jahr nur teilweise zutreffend ist, da gesetzliche Reformen erst mit zeitlicher Verzögerung in der Sanierungspraxis angekommen sind, und einige Teilnehmer der Gläubigerverhandlungen nicht sofort mit der Umsetzung der Einzelregelungen der Reform vertraut waren. Die Zusammenfassung der Hypothesen und Ergebnisse ist in Tab. 38 zur Übersicht abgetragen. Insgesamt können sieben von zwölf Hypothesen bestätigt werden, während eine Hypothese abgelehnt wird, und in Bezug auf vier Hypothesen kein signifikanter Einfluss besteht.

Neben der Wirkrichtung der einzelnen Einflussgrößen ist deren Effektstärke von Interesse. Zur Interpretation der Effekte werden im Folgenden marginale Effekte aus der logistischen Regression präsentiert.[901] Hierzu wird einerseits auf die durchschnittlichen marginalen Effekte zurückgegriffen, andererseits auf die marginalen Effekte zu Durchschnittswerten. Erstere Effekte sind der Durchschnitt der berechneten Effekte auf Basis der Kovariatenmuster in der

901 Vgl. für deren Darstellung Kapitel 3.2.1.1.

vorliegenden Untersuchungsgrundlage. Letztere Effekte werden berechnet, wenn alle unabhängigen Variablen den Durchschnittswert der Untersuchungsgrundlage annehmen.[902] Die Effekte hängen insb. vom Niveau der unabhängigen Variablen ab. Daher ist die erste Darstellung für die Interpretation von besonderem Interesse.

Tab. 37: Marginale Effekte der logistischen Regression für Gläubigerverhandlungen in finanzieller Schieflage

	(1)		(2)	
	dy/dx	**Std. Abw.**	**dy/dx**	**Std. Abw.**
OCF_{adj}	0,526	(0,153)	0,581	(0,183)
TQ	-0,116	(0,039)	-0,119	(0,039)
FKQ_{adj}	-0,236	(0,084)	-0,261	(0,097)
KK	0,130	(0,039)	0,136	(0,043)
Krise	-0,200	(0,038)	-0,217	(0,045)
Industriekrise	-0,256	(0,065)	-0,360	(0,105)
Wdh	-0,210	(0,037)	-0,220	(0,045)
ZGA	0,322	(0,034)	0,337	(0,043)

Die Tab. zeigt die marginalen Effekte der logistischen Regression und Standardfehler in Klammern. Die abhängige Variable nimmt den Wert eins an, wenn die Gläubigerverhandlungen mit einem Workout enden und null, wenn die Verhandlung scheitert und folglich Insolvenzantrag gestellt wird. Es werden (1) die durchschnittlichen marginalen Effekte sowie (2) die Effekte auf Basis von Durchschnittswerten der unabhängigen Variablen berichtet. Alle Schätzungen basieren auf Modell 6 aus Tab. 36. OCF_{adj} ist der industrieadjustierte operative Cashflow vor Zinsen im Verhältnis zur durchschnittlichen Bilanzsumme des aktuellen und des Vorjahres. *TQ* ist eine Indikatorvariable, die den Wert eins annimmt, wenn das Tobinsche Q größer eins ist. FKQ_{adj} ist die industrieadjustierte Verschuldungsquote zu Buchwerten. *KK* ist eine Indikatorvariable, die den Wert eins annimmt, wenn ein Konsortialkredit als wesentliche Finanzierungsquelle existiert oder nur ein Finanzgläubiger besteht. *Krise* ist eine Indikatorvariable, die den Wert eins annimmt, wenn im Verhandlungsjahr oder im Vorjahr ein negatives Realwachstum des BIP vorliegt sowie in den Jahren 2001 und 2008. *Industriekrise* ist eine Indikatorvariable, die den Wert eins annimmt, wenn im Verhandlungsjahr oder im Vorjahr der Median-OCF der Unternehmen in der jeweiligen Industrie kleiner null ist. *Wdh* ist eine Indikatorvariable, die den Wert eins annimmt, wenn vor der betrachteten Gläubigerverhandlung bereits eine Gläubigerverhandlung beobachtet wurde. *ZGA* ist eine Indikatorvariable, die den Wert eins annimmt, wenn während der Verhandlung oder in engem zeitlichem Zusammenhang wesentliche Zugeständnisse anderer Stakeholder beobachtet wurden. Alle Indikatorvariablen nehmen den Wert null an, wenn die jeweiligen Bedingungen nicht erfüllt sind. Ausführliche Definitionen der unabhängigen Variablen können Anh. 6 entnommen werden. Die Daten stammen aus dem letzten verfugbaren Fiskaljahr vor Verhandlungsbeginn.

902 Vgl. Kohler/Kreuter (2017), S. 371–372

Tab. 38: Zusammenfassung der Hypothesen und Ergebnisse der multivariaten Analyse der Gläubigerverhandlungen in der finanziellen Unternehmenskrise

	Einflussgröße	**Beschreibung der Variablen**	**Variablenabkürzung**	**Variablenart**	**Hypothese**	**Ergebnis**
Operative Unternehmenseigenschaften						
H1	Zustand d. Kerngeschäfts/ Wettbewerbspos.	Industrieadj. Rendite des operativen Cashflows vor Zinsen	OCF_{adj}	Kontinuierliche Variable	+	+
H2	Unsicherheit/Informationsasymmetrie	Volatilität	σ_V	Kontinuierliche Variable	-	/
H3	Fortführungswert	Tobinsches Q > 1	TQ	Indikatorvariable	+	-
Vermögens- und Kapitalstruktur						
H4	Sicherungswert	Relatives Sachanlagevermögen	SAV	Kontinuierliche Variable	+	/
H5	Verschuldungsgrad	Industrieadjustierte (Netto-) Fremdkapitalquote zu Buchwerten	FKQ_{adj}	Kontinuierliche Variable	-	-
H6	Gläubigerkoordination	Anteil Bankverbindlichkeiten, Konsortialkredit, Sicherheitenpool	VKI, KK, SP	Kont. Var, Indikatorvar., Indikatorvar.	+, +, +	/,+,/
H7	Besicherung	Besicherung durch Sachanlagevermögen	SAbesV	Indikatorvariable	-	/

	Einflussgröße	Beschreibung der Variablen	Variablenabkürzung	Variablenart	Hypothese	Ergebnis
Exogene Einflüsse						
H8	Gesamtwirtschaftliche Krise	Reales BIP-Wachstum < 0	Krise	Indikatorvariable	-	-
H9	Industriekrise	Median-Rendite des op. Cashflows in jeweiliger Industrie < 0	Industriekrise	Indikatorvariable	-	-
Charakteristika des Verhandlungsprozesses						
H10	Wiederholte Verhandlung	Wiederholte Verhandlung mit Gläubigern	Wdh	Indikatorvariable	-	-
H11	Zugeständnisse anderer	Zugeständnisse anderer Stakeholder	ZGA	Indikatorvariable	+	+
H12	Zeitraum der finanziellen Schieflage	Zeitraum seit Eintritt in den Sanierungsprozess	ZS	Kontinuierliche Variable	-	/

Die Tab. zeigt die Einflussgrößen, deren Beschreibung, die in den Analysen verwendete Variablenabkürzung sowie die Art der Variable. Außerdem sind die hypothesierten Wirkrichtungen sowie die Ergebnisse der multivariaten Analyse abgetragen. Detaillierte Definitionen der unabhängigen Variablen können Anh. 6 entnommen werden. + stellt eine signifikant positive, – eine signifikant negative und / eine nicht signifikante Wirkrichtung der entsprechenden Variablenausprägung dar.

Die Ergebnisse der Analyse lassen sich anhand der Spalte (1) wie folgt interpretieren. Der durchschnittliche marginale Effekt auf die Wahrscheinlichkeit eines positiven Ausgangs der Gläubigerverhandlungen liegt bei 13,0 Prozentpunkten, wenn ein Konsortialkredit als Hauptfinanzierungsquelle vorliegt bzw. wenn das Unternehmen lediglich von einer Bank finanziert wird. Er ist damit vergleichsweise gering. Wenn im Rahmen der Verhandlungen Zugeständnisse durch andere Stakeholder gewährt werden, steigt die Wahrscheinlichkeit einer Insolvenzabwendung um 32,2 Prozentpunkte, und stellt damit den stärksten Effekt der Indikatorvariablen dar. Gegenteilig wirken sich Wiederholungen der Verhandlungen aus. Sie senken die durchschnittliche Wahrscheinlichkeit um 21,0 Prozentpunkte. Krisen und Industriekrisen haben einen Einfluss von -20,0 bzw. -25,6 Prozentpunkten. Der durchschnittliche marginale Effekt auf die Workout-Wahrscheinlichkeit einer Änderung der Indikatorvariable *TQ* von null auf eins liegt bei -11,6 Prozentpunkten. Im Rahmen der Indikatorvariablen stellen Zugeständnisse anderer Stakeholder damit den relevantesten Einfluss dar. Für die kontinuierlichen Variablen ist eine Interpretation schwieriger als für die Indikatorvariablen. Z.B. führt ein Anstieg des industrieadjustierten operativen Cashflows um die Höhe der Standardabweichung vom Mittelwert zu einem Anstieg der Workout-Wahrscheinlichkeit um etwa sechs Prozentpunkte.

6.3.4 Robustheit der Ergebnisse

Um die Robustheit der Modelle zu prüfen werden verschiedene Test auf Basis der in Kapitel 3.2.1.2 formulierten Vorgehensweise durchgeführt. Im Fokus der Prüfung steht dabei insb. das Modell 6.

Die Regressionsergebnisse beruhen auf der Exogenität der abhängigen Variablen. Diese kann durch den Prozess der Gläubigerverhandlungen als gegeben angesehen werden, da Unternehmen ihre Verschuldung festlegen und im Falle eines drohenden Zahlungsausfalls Verhandlungen mit den Gläubigern aufnehmen. Liegt Endogenität vor, zeigen die Ergebnisse lediglich Korrelationen.[903] Wie erwähnt, bestehen Bedenken in Bezug auf eine mögliche Endogenität der Variable *ZGA*. Hierzu wird ein Durbin-Wu-Hausman-Test basierend auf den Empfehlungen von Davidson/MacKinnon (1993) durchgeführt.[904] Aufgrund des p-Werts der zusätzlichen Variable von 0,163 kann geschlossen werden,

903 Vgl. Jostarndt/Sautner (2010), S. 650.

904 Vgl. Davidson/MacKinnon (1993), S. 237–242; Eichner (2010), S. 173 sowie Fn. 699.

dass keine Korrelation des Regressors mit dem Fehlerterm im Originalmodell besteht und folglich keine Endogenität vorliegt.

Zur Prüfung der Linearität der Logits wird ein nicht tabulierter Box-Tidwell-Test vorgenommen. Für die kontinuierlichen unabhängigen Variablen ist kein p-Wert auf einem Niveau von 10 % oder niedriger signifikant. Es kann daher bestätigt werden, dass eine Linearität des Logits vorliegt und damit eine weitere Annahme der logistischen Regression erfüllt ist. Im Rahmen der Analyse einer möglichen Kollinearität werden die Grenzwerte für die Korrelationen (< 0,7) sowie die Varianz-Inflations-Faktoren (< 5) nicht erreicht bzw. großzügig unterschritten. Die Korrelationsmatrix für alle unabhängigen Variablen kann Anh. 19 im Anhang entnommen werden, die Varianz-Inflations-Faktoren Anh. 20. Folglich liegt keine Verletzung der Annahmen durch eine mögliche Multikollinearität vor.

Für die Prüfung von sog. Ausreißern werden die Pearson-Residuen und das Pregibon-Beta geprüft. Für die Pearson-Residuen wird die konservative Grenze von (minus) zwei nur von 22 der 386 Beobachtungen in moderatem Umfang überschritten. Der kritische Wert von eins wird für das Pregibon-Beta von allen Beobachtungen unterschritten. Beobachtungen mit einem Pearson-Residuum größer als zwei, oder einem Pregibon-Beta größer als 0,2 werden auf fehlerhafte Kodierungen und Daten geprüft, und ergeben keinen Fehler. Auf eine Eliminierung der Datenpunkte wird daraufhin verzichtet, um künstlich überhöhte Pseudo-R^2-Werte zu vermeiden. Insgesamt wird geschlossen, dass keine Verzerrung durch Ausreißer vorliegt. Außerdem wird bestätigt, dass alle zuvor formulierten Grenzen hinsichtlich der Anzahl an Beobachtungen und an Variablen eingehalten werden.[905]

6.3.5 Prognosegüte

Um die Qualität eines Modells zu testen, kann dessen Prognosegüte einer Überprüfung unter Auslassung eines Teils des vorhanden Datensatzes unterzogen werden. Zwei bekannte Verfahren sind das Holdoutverfahren und die Kreuzvalidierung (k-fach). Erstes teilt die Stichprobe i.d.R. in zwei disjunkte Teildatensätze, während im zweiten Verfahren, der Datensatz in k gleich große Samples aufgeteilt wird. Beide Vorgehensweisen nutzen das Testsample zur Schätzung der Parameter, und den jeweils ausgeschlossenen Datensatz zur Prüfung. Letzteres Verfahren weist den Vorteil auf, dass die gesamte Anzahl an Beobachtungen zur finalen Schätzung verwendet wird und daher nicht von

905 Siehe Kapitel 3.2.1.2.

einer einmaligen Auswahl des Trainingssamples abhängig ist.[906] Die Prüfung der Prognosegüte ist im vorliegenden Fall von besonderer Bedeutung, da hierdurch Einschätzungen in Bezug auf Unternehmensinsolvenzen getroffen werden können. Solche Prognosen können von Regulierungsbehörden genutzt werden, um die finanzielle Gesundheit von Unternehmen zu überprüfen, von Praktikern, um die Bonität von Unternehmen bei der Kreditvergabe einzuschätzen oder von Akademikern, um verschiedene Forschungshypothesen zu prüfen.[907] Nach Kenntnis des Autors hat eine solche Prüfung in den bisherigen Studien im Bereich der Gläubigerverhandlungen in finanzieller Schieflage nicht stattgefunden. Um die Prognose-Güte der Ergebnisse zu bestätigen, wurden drei Ansätze konzipiert und durchgeführt:

- 50/50-Aufteilung: Die Untersuchungsgrundlage wird randomisiert in ein Trainings- und ein Testsample mit gleicher Größe aufgeteilt.
- 10-Gruppen: Es erfolgt eine zufällige Aufteilung in zehn Samples, wobei jeweils eine Gruppe als Testdaten und die restlichen Gruppen als Trainingsdaten fungieren.[908]
- Ab 2018: Um die Prognosekraft in Bezug auf aktuelle Daten zu prüfen, wird die Regression auf Basis der Daten bis 2017 (346 Verhandlungen) durchgeführt und die Prognosegüte für die Gläubigerverhandlungen ab 2018 (40 Verhandlungen) geprüft.

Für die Untersuchung wird jeweils auf das Modell 6 abgestellt. Nachfolgend zeigt Tab. 39 die Prognosegüte, d.h. die korrekt prognostizierten Beobachtungen im jeweiligen Testsample. Darüber hinaus wird die AUC abgetragen. Auf Basis der Prognose des Modells werden in allen Varianten über 80 % korrekte Klassifikationen vorgenommen. Diese entsprechen in etwa der Prognosegüte von 81,1 % für das Gesamtsample von Modell 6. Anhand des verallgemeinerten Konzepts der AUC werden Werte zwischen ca. 82 und 87 % erreicht. Diese liegen ebenfalls in einem ähnlichen Bereich wie die zuvor berichteten AUC von 87,3 % für das Gesamtsample von Modell 6. Die Modellgüte ist auf Basis der in der Literatur zu findenden Bewertungsmaßstäbe als „exzellent“ zu bezeichnen.[909]

906 Vgl. Kuhlmann (2009), S. 538–545.

907 Vgl. Shumway (2001), S. 103; Jones/Hensher (2004), S. 1011; Garcia (2022), S. 1.

908 Es können auch andere Aufteilungen vorgenommen werden, jedoch ist die 10-fache Kreuzvalidierung ein sehr geläufiges Verfahren. Vgl. Kuhlmann (2009), S. 545.

909 Vgl. für die Richtwerte Hosmer et al. (2013), S. 177; Backhaus et al. (2021), S. 311.

Tab. 39: Prognosegüte des Regressionsmodells

Validierungstest	50/50-Aufteilung	10-Gruppen	Ab 2018
Prognosegüte	81,3 %	80,8 %	85,0 %
AUC [a]	87,5 %	86,0 %	81,9 %
p-Wert	0,000***	0,000***	-
N (Training)	193	347 bis 348	346
N (Test)	193	38 bis 39	40

Die Tab. zeigt die Prognoseergebnisse der verschiedenen Verfahrensarten auf Basis eines p-Werts von 0,5. *Prognosegüte* bezeichnet die Anzahl der korrekt vorhergesagten Gläubigerverhandlungsenden. *AUC* bezeichnet die Area under the curve. Der *p-Wert* bezieht sich auf den Unterschied zwischen der ROC-Kurve und der Diagonalen. *N (Training)* bezeichnet die Anzahl an Verhandlungen im Trainingssample. *N (Test)* bezeichnet die Anzahl an Verhandlungen im Testsample.

[a] Für das 10-Gruppen-Modell wurde der Mittelwert der geschätzten AUCs der Modelle abgetragen.

6.4 Fazit

In der vorliegenden Studie wurden knapp 400 Gläubigerverhandlungen von CDAX-Unternehmen in finanzieller Schieflage über einen Zeitraum von 24 Jahren im Hinblick auf die eingesetzten Maßnahmen, sowie ihrer Erfolgsdeterminanten analysiert. Knapp dreiviertel der Unternehmen schaffen es durch die Verhandlungen mit ihren bestehenden Gläubigern, eine Insolvenz abzuwenden. Insgesamt gewähren Gläubiger eher unterschwellige, liquiditätssteigernde Maßnahmen wie z.B. Prolongationen oder Stillhalteabkommen/Covenant Waiver. Aber auch klassische Sanierungskredite werden häufig vereinbart. Bilanz- und liquiditätswirksame Maßnahmen wie Forderungsverzichte oder Debt-Equity-Swaps sind dagegen eher selten zu beobachten. Unternehmen, deren Gläubigerverhandlungen scheitern, werden Großteils im Regelverfahren liquidiert, wobei einzelne Geschäftsbereiche im Rahmen einer übertragenden Sanierung fortgeführt werden. Insgesamt deuten die Ergebnisse der vorliegenden Studie daraufhin, dass Insolvenzverfahren tendenziell zu spät ausgelöst werden, und eine Fortführung der Unternehmen durch erfolgreiche Gläubigerverhandlungen fast ausschließlich außerhalb des Insolvenzverfahrens geschieht. Dieser Umstand kann als Bestätigung der herrschenden Meinung in Bezug auf den Auslösezeitpunkt gelten, und führt dazu, dass regelmäßig nur noch ein Teil des operativen Geschäfts gerettet werden kann.

Zentrale positive Einflussgrößen auf den Verhandlungsausgang, und damit die Abwendung der Insolvenzanmeldung, sind eine relativ ausgeprägte operative Stärke des Unternehmens sowie ein hohes Maß an Gläubigerkoordination.

Ersteres zeigt, dass Gläubiger weniger bereit sind, Sanierungsbeiträge zu gewähren und somit eine Ergebniskrise abzufedern, je ausgeprägter die u.U. vorübergehende, operative Schwäche des Unternehmens ist. Unternehmen sollten daher – soweit die entsprechenden Potenziale noch nicht ausgeschöpft sind – frühzeitig leistungswirtschaftliche Sanierungsmaßnahmen implementieren. Letzteres demonstriert die Notwendigkeit eines außergerichtlichen Verfahrens wie dem StaRUG, das die Bindung opponierender Minderheiten erlaubt, und damit die Fortführung des Unternehmens sichert. Zudem verdeutlicht es die Wichtigkeit, Maßnahmen zur Sicherung einer effektiven Gläubigerkoordination in Gläubigerverhandlungen zu ergreifen. Negativ wirken sich dagegen im Industrievergleich überhöhte Verschuldungsgrade und wiederholte Verhandlungssituationen aus, die oftmals mit einer Insolvenzanmeldung verbunden sind. Es ist somit für Krisenunternehmen zentral, nachhaltige Zugeständnisse der Fremdkapitalgeber bereits in einer ersten Verhandlung zu erreichen und eine Folgeverhandlung zu vermeiden. Die Insolvenzwahrscheinlichkeit erhöht sich auch im Fall des Vorliegens von Krisensituation im Allgemeinen und innerhalb der jeweiligen Industrie. Diese Effekte erscheinen besonders drastisch, da externe Einflüsse den Verhandlungsausgang bestimmten, und weniger die unternehmensindividuelle Situation. In solchen Situationen kann es von besonderer Bedeutung sein, Vertrauen durch gezielte Maßnahmen, wie bspw. einer transparenten Krisenkommunikation, aufzubauen und die Gläubiger davon zu überzeugen, dass es sich lediglich um vorübergehende externe Einflüsse handelt. Die festgestellten Effekte zeigen zudem, dass empirische Untersuchungen im Bereich der finanziellen Schieflage von dem jeweiligen Erhebungszeitraum geprägt sein können.

Ergänzend zur bestehenden Literatur wird auf Basis der manuell erhobenen Daten außerdem dargelegt, dass der Ausgang von Gläubigerverhandlungen in finanzieller Schieflage entscheidend von den Sanierungsbeiträgen anderer Stakeholder abhängig ist, weshalb z.B. frühzeitig auf Beiträge der Gesellschafter oder externer Investoren hingewirkt werden sollte. Die Reform des Insolvenzrechts durch das ESUG hat dagegen keinen signifikanten Einfluss auf den Ausgang außergerichtlicher Gläubigerverhandlungen. Ähnliches gilt für das ESUG auch in Bezug auf Sanierungen im Insolvenzverfahren, welche weiterhin im Vergleich zur übertragenden Sanierung in deutlich geringerem Umfang zu beobachten sind. Auch hier zeigt sich die Notwendigkeit eines außergerichtlichen Verfahrens, welches für die Gläubiger höhere Befriedigungsquoten und für die weiteren Stakeholder bessere Ergebnisse erzielen kann. Inwiefern sich Einflüsse aus dem Inkrafttreten des StaRUG ergeben, ist allerdings eine Aufgabe für zukünftige Forschungsbeiträge.

Zudem wurde die Literatur dahingegen erweitert, dass erstmals eine Analyse der Prognosegüte des Modells vorgenommen wurde, die den Einfluss der identifizierten Determinanten bestätigt und sehr gute Ergebnisse in Bezug auf die Vorhersage des Verhandlungsausgangs für verschiedene Teilsamples liefert. Hierdurch wird nicht nur der statistische Einfluss für das Gesamtsample, sondern die Gültigkeit der Einflussgrößen außerhalb der Untersuchungsgrundlage bestätigt. Der Einsatz einer solchen Überprüfung sollte in zukünftigen Studien zur Absicherung der Ergebnisse vorgenommen werden und kann darüber hinaus ein methodischer Ausgangspunkt zur Identifikation weiterer Determinanten sein.

7 Eigenkapitalsanierung: Kapitalerhöhungen in der finanziellen Unternehmenskrise

In diesem Kapitel werden Eigenkapitalerhöhungen von Unternehmen in finanzieller Schieflage analysiert. Diese dienen dazu, Eigenkapital zur Senkung der Verschuldungsquote und zur Stärkung der Liquidität im Rahmen einer außergerichtlichen Sanierung einzuwerben. Das Kernelement der Studie ist die Identifikation der Determinanten, welche (1) die Durchführung einer Kapitalerhöhung und (2) das Emissionsvolumen beeinflussen. Die vorliegende Untersuchung beruht auf 355 einzelnen Kapitalerhöhungen bzw. 286 Kapitalerhöhungsvorgängen, die im Zeitraum von 1999 bis 2022 stattgefunden haben. Es kann gezeigt werden, dass Unternehmen, die aufgrund des sog. *Debt-Overhang* (Schuldenüberhang) hohe Vermögentransferrisiken von den (neuen) Eigenkapitalgebern zu den Fremdkapitalgebern aufweisen, Schwierigkeiten haben, frisches Eigenkapital zu akquirieren. Das Problem des *Debt-Overhang* kann insb. von Unternehmen überwunden werden, die über hohe Fortführungswerte verfügen, und deren Gläubiger die Sanierung durch Tilgungs- und Zinsverzichte, sowie Wandlungen des bestehenden Fremdkapitals in Eigen- oder Mezzaninekapital unterstützen. Im Rahmen der Untersuchung des Emissionsvolumens wird dargelegt, dass das Problem des Schuldenüberhangs weiter fortbesteht, d.h. Unternehmen mit potenziell hohen Vermögentransfers ceteris paribus nur mit einem geringeren Emissionserlös rechnen können.

7.1 Einführung

In der finanziellen Unternehmenskrise werden regelmäßig „frische" finanzielle Mittel, d.h. Kapital, das im Rahmen der Außenfinanzierung dem Unternehmen neu zugeführt wird, benötigt, um die Fortführung des Unternehmens zu gewährleisten und die Finanzierung der Sanierung zu sichern. Hierzu stehen grundsätzlich die Eigen- oder Fremdkapitalaufnahme, sowie die Finanzierung durch hybride Finanzierungsformen (Mezzanine-Kapital) zur Verfügung. Während Fremdfinanzierungen aufgrund der geringen Bonität eines sanierungsbedürftigen Unternehmens nur in eingeschränktem Umfang bzw. unter strengen Auflagen wie z.B. Covenants und/oder zu teuren Konditionen zur Verfügung stehen, bieten Eigen- und Mezzanine-Finanzierungen die Möglichkeit, eine (drohende) Zahlungsunfähigkeit oder Überschuldung zu vermeiden bzw. zu beseitigen, und dabei zeitgleich die zukünftigen fixen

Zahlungsverpflichtungen nicht zu erhöhen, da die Bedienung der Ansprüche dieser Kapitalgeber gewinnabhängig erfolgen kann.[910] Diese Substituierung von Festbetragsansprüchen durch Residualansprüche ist ein zu lösendes Kernproblem von Unternehmen in finanzieller Schieflage.[911] Darüber hinaus kann die Funktion des Eigenkapitals als Verlustpuffer und Fundament der Kreditwürdigkeit wiederhergestellt werden, und somit die Fremdfinanzierungskosten senken bzw. die Bonität des Unternehmens soweit verbessern, dass Fremdkapitalgeber weiterhin oder wieder finanzielle Mittel gewähren.[912]

Die zentrale Sanierungsmaßnahme der Eigenkapitalseite ist die Kapitalerhöhung, insb. die Barkapitalerhöhung,[913] wobei eine Ausgabe neuer Aktien an bestehende oder neue Investoren im Austausch gegen liquide Mittel erfolgt. Diese wird oftmals mit einer vereinfachten Kapitalherabsetzung gem. § 229 AktG kombiniert, um aufgelaufene Verluste bzw. eine Unterbilanz zu bereinigen (sog. Kapitalschnitt).[914] Die durch die Kapitalerhöhung gewonnene Liquidität kann zur Finanzierung der operativen und strategischen Sanierung dienen, bspw. um das Investitionsprogramm des Unternehmens zu optimieren, oder zur Rückführung von Verbindlichkeiten verwendet werden, wenn bspw. zukünftige Zinszahlungen reduziert werden sollen. Auch können Gläubiger eine (teilweise) Rückzahlung der Kredite zur Bedingung für die Unterstützung der finanziellen Sanierung machen.[915] Insgesamt ermöglicht die Kapitalerhöhung einem Krisenunternehmen flexibler zu agieren, und sein Insolvenzrisiko zu senken.

---

910 Mezzanine-Kapital-Instrumente können eigenkapitalähnlich ausgestaltet werden. Vgl. Hermanns (2022), Rn. 372. Im weiteren Verlauf des Kapitels werden diese nicht weiter betrachtet.

911 Vgl. Drukarczyk/Schöntag (2020), Rn. 61.

912 Vgl. Krumbholz (2022a), Rn. 6; Raschke/Warneke (2019), Rn. 175.

913 Krumbholz (2022a) bezeichnet sie als „Universalmaßnahme bei Sanierungen", Krumbholz (2022a), Rn. 6. Die Bedeutung ist für große (börsennotierte) Aktiengesellschaften tendenziell höher, da sie im Gegensatz zu kleinen (nicht börsennotierten) Aktiengesellschaften oder GmbHs über einen Zugang zum Kapitalmarkt, und damit zu einem liquideren Markt, verfügen, der nicht nur von wenigen Investoren bzw. Kapitalbeteiligungsgesellschaften geprägt ist. Vgl. Kudla (2005), S. 21–22; Perridon et al. (2022), S. 438.

914 Vgl. Raschke/Warneke (2019), Rn. 175; Krumbholz (2022a), Rn. 17; Böckenförde (1996), S. 149; Reger (2018), S. 1273. In beiden Fällen entfaltet sich eine liquiditätssteigernde und bilanzverbessernde Wirkung. Vgl. Krumbholz (2022a), Rn. 198.

915 Vgl. Haghani/Holzamer (2022), Rn. 61.

Die Durchführung einer Sanierungskapitalerhöhung ist jedoch mit zahlreichen Hindernissen verbunden. Die Bereitstellung neuen Eigenkapitals kann aufgrund gesetzlicher und formeller Anforderungen wie Hauptversammlungsbeschlüssen oder der Abwicklung des Bezugsrechtshandels deutlich mehr Zeit in Anspruch nehmen als eine Fremdfinanzierung.[916] Darüber hinaus sind diverse Unternehmenseigenschaften oder externe Einflüsse denkbar, die eine Emission potenziell behindern können. In theoretischer Hinsicht stellt der sog. *Debt-Overhang* die zentrale Herausforderung dar. Die Ausformulierung des Problems fußt auf der Grundlagenarbeit von Myers (1977) und beschreibt mögliche Vermögenstransfers der Zeichner von Kapitalerhöhungen an die Gläubiger eines Unternehmens aufgrund eines Schuldenüberhangs. Ausschlaggebend hierfür ist das Kalkül, dass der Unternehmensgesamtwert in finanzieller Schieflage und vor Sanierungsinvestitionen unter dem Nennwert des Fremdkapitals liegen wird. Eine Eigenkapitalzufuhr vermindert in diesem Szenario zunächst lediglich das Risiko der Fremdkapitalgeber, da freie Mittel zugeführt werden und das Insolvenzrisiko sinkt.[917] Der Residualanspruch der Eigenkapitalgeber ist allerdings nahezu wertlos, sofern nicht der ihnen zustehende Anteil am Fortführungswert nach Durchführung der Kapitalerhöhung die Vermögenstransfers an die Gläubiger übersteigt.[918] In diesem Zusammenhang kann es daher zu dem Problem der Unterinvestition kommen, d.h. aus Gesamtsicht der Kapitalgeber profitable Investitionsgelegenheiten unterbleiben.[919] I.S. dieser Argumentation werden die Aktionäre bzw. das Management eines Krisenunternehmens für das ein *Debt-Overhang* vorliegt keine Kapitalerhöhung umsetzen (können).

Die ggfs. bestehenden Hemmnisse der Sanierungskapitalerhöhung scheinen in vielen Krisensituationen überwindbar zu sein. Wie Kapitel 5 gezeigt hat, ist die Kapitalerhöhung das mit Abstand am häufigsten verwendete Sanierungsinstrument in der Untersuchungsgrundlage. Das unterstreicht die Bedeutung der Kapitalerhöhung im Sanierungsprozess und legt nahe, dass das Problem des *Debt-Overhang* für zahlreiche Unternehmen in der Sanierungspraxis nicht oder nur in geringem Umfang besteht. Allerdings hat die Auswertung auch gezeigt, dass viele Unternehmen keine Emission durchführen (können), oder nach einer Durchführung eine Insolvenzanmeldung vornehmen müssen. Für

916 Vgl. Drukarczyk/Schöntag (2020), Rn. 41.
917 Vgl. Höll/Jostarndt (2008), S. 180; Jostarndt (2009), S. 88; Altman et al. (2019), S. 82.
918 Vgl. Jostarndt (2009), S. 88.
919 Vgl. Höll/Jostarndt (2008), S. 180; Hommel et al. (2018), S. 1258.

letztere kann vermutet werden, dass das vereinnahmte Kapital zu gering ausfällt, um die Stabilisierung und die Finanzierung der leistungswirtschaftlichen Sanierung des Krisenunternehmens zu sicherzustellen.[920] Hieraus ergeben sich die beiden Forschungsfragen, die im Folgenden beantwortet werden sollen: Erstens, welche Faktoren beeinflussen die Durchführung einer Kapitalerhöhung signifikant? Zweitens, welche Einflüsse bestimmen den eingeworbenen Kapitalbetrag (Bruttoemissionserlös)?

Das Sample dieser Analyse enthält 355 einzelne Kapitalerhöhungen bzw. 286 Fiskaljahre mit Kapitalerhöhungsvorgängen von Unternehmen in finanzieller Schieflage über den Zeitraum 1999 bis 2022. Es erstreckt sich über einen vergleichsweise langen Zeitraum und eine Vielzahl an Unternehmen verschiedener Branchen. Dies stärkt die Repräsentativität der Ergebnisse und ermöglicht insb. die Prüfung unternehmensexogener Einflüsse. Weiter erlaubt die Datenstruktur, die das Ergebnis eines aufwendigen manuellen Erhebungsprozesses ist, die Identifikation von Einflüssen der Altaktionäre und Gläubiger.

Die Untersuchung ist wie folgt aufgebaut. Kapitel 7.2.1 erörtert grundlegende technische und theoretische Ausführungen zur Durchführung von Sanierungskapitalerhöhungen. Daran schließt in Kapitel 7.2.2 eine Übersicht und Zusammenfassung der bestehenden empirischen Literatur zum Themenbereich an. Die Forschungshypothesen werden in Kapitel 7.2.3 formuliert. In Kapitel 7.3.1 findet sich die deskriptive Analyse der Datenbasis. Die univariate Untersuchung in Bezug auf Krisenunternehmen mit und ohne Emission ist in Kapitel 7.3.2 enthalten. In Kapitel 7.3.3 wird der empirische Hauptteil der Arbeit, die multivariate Analyse der Emissionstätigkeit und des Emissionserlöses von Unternehmen in finanzieller Schieflage, behandelt. Kapitel 7.3.4 befasst sich mit der Durchführung von Robustheitstests und das Kapitel 7.4 zieht das Fazit zur vorliegenden Studie.

7.2 Vorüberlegungen

Nachfolgend werden zunächst Grundlagen der Sanierungskapitalerhöhung, sowie eine Übersicht zum Stand der empirischen Forschung präsentiert. Auch auf Basis dieser Erläuterung erfolgt im dritten Abschnitt dieses Unterkapitels die Ableitung der Forschungshypothesen.

---

920 Durch eine umfangreichere Erhöhung des Eigenkapitals können höhere Verluste ausgeglichen werden und der Unternehmensleitung i.d.R. mehr Zeit für die Umsetzung von z.B. operativen Maßnahmen zur nachhaltigen Sanierung verschafft werden. Vgl. Krumbholz (2022a), Rn. 6.

7.2.1 Grundlagen der Kapitalerhöhung

Eine Verbesserung der Eigenkapitalquote eines Krisenunternehmens kann durch Zuführung neuer liquider Mittel per Bareinlage oder durch sonstige einlagefähige Vermögensgegenstände per Sachkapitalerhöhung erfolgen.[921] Im Gegensatz zur Sacheinlage bietet die Bareinlage die Möglichkeit zur Liquiditätsstärkung, welche zunächst zur Vermeidung von Insolvenzantragsgründen beitragen kann. Im Optimalfall stellt sie die Bonität des Unternehmens soweit wieder her, dass Banken oder Dritte (erneut) zu dessen Finanzierung bereit sind.[922] Um neue Mittel zuzuführen, erfolgt entweder eine ordentliche Kapitalerhöhung (§§ 182 bis 191 AktG) oder eine Kapitalerhöhung aus genehmigtem Kapital (§§ 202 bis 206 AktG).[923] Letztere ist möglich, wenn die Hauptversammlung den Vorstand im Vorfeld für einen bestimmten Zeitraum ermächtigt hat, neue Aktien ohne deren (nochmalige) Zustimmung auszugeben, und erlaubt daher, dass zeitnah auf eine sich ggfs. verschärfende Krisensituation reagiert werden kann, ohne die zeitaufwendige und evtl. unsichere Genehmigung durch die Hauptversammlung einholen zu müssen.[924] Trotzdem werden im Rahmen von Sanierungen, also in einer Phase mit hohem Kapitalbedarf, möglicherweise ordentliche Kapitalerhöhungen gewählt, da diese ggfs. ein höheres Emissionsvolumen gestatten oder aber kein genehmigtes Kapital (mehr) besteht.

Daneben ist zwischen Bezugsrechtsemissionen und Platzierungen zu unterscheiden. Grundsätzlich hat gem. § 186 Abs. 1 AktG jeder Aktionär ein

921 Vgl. Schmidt (2023b), Rn. 6.1; Haghani/Holzamer (2022), Rn. 59. Grundlegende rechtliche Regelungen für Bar- und Sacheinlagen finden sich in §§ 27, 36 Abs. 2, 36a Abs. 1 sowie 54 AktG. Vgl. Dirschedl (2015), S. 66–67.

922 Vgl. Raschke/Warneke (2019), Rn. 175; Haghani/Holzamer (2022), Rn. 61.

923 Die bedingte Kapitalerhöhung (§§ 192 bis 201 AktG) und die Kapitalerhöhung aus Gesellschaftsmitteln (§§ 207 bis 220 AktG) spielen im Rahmen der Liquiditätsgewinnung eine untergeordnete bzw. keine Rolle. Erstere kann zwar genutzt werden, um z.B. Wandel- oder Optionsanleihen zu wandeln, jedoch sind die liquiden Mittel dann bereits zugeflossen. Im Fall letzterer findet lediglich eine (buchhalterische) Umwandlung gebildeter Rücklagen in dividendenberechtigtes Grundkapital, aber keine Zuführung frischer Mittel statt. Vgl. Thommen et al. (2017), S. 297, 299; Perridon et al. (2022), S. 454–455

924 Der Hauptversammlungsbeschluss für das genehmigte Kapital benötigt mindestens eine Dreiviertelmehrheit der anwesenden Stimmrechte, wobei die Ermächtigung für maximal fünf Jahre gilt und der Umfang die Hälfte des Grundkapitals, das zum Zeitpunkt der Ermächtigung vorhanden ist, nicht übersteigen darf, vgl. § 202 Abs. 2, 3 AktG.

Bezugsrecht, das dazu dient, den Verlust von Stimmrechten und Vermögen auszugleichen.[925] Dieses kann jedoch durch die Hauptversammlung ausgeschlossen werden, was in finanziellen Schieflagen, die eine schnelle Platzierung erfordern, von Vorteil ist.[926] Eine Kapitalerhöhung kann dann innerhalb weniger Tage abgeschlossen werden, da ein langwieriger Bezugsrechtshandel vermieden wird. Im Gegensatz dazu erfordert eine Kapitalerhöhung mit Bezugsrechten regelmäßig 50 Tage oder mehr.[927] Das liegt auch darin begründet, dass für Bezugsrechtsemissionen oftmals eine Prospektpflicht vorherrscht, die eine (zeitraubende) Abstimmung mit der BaFin verlangen kann.[928]

Allerdings ist zu beachten, dass die finanzielle Flexibilität der Höhe nach nicht unbegrenzt ist. Der Bezugsrechtsausschluss war in der Vergangenheit insb. dann zulässig, wenn ein Unternehmen gem. § 186 Abs. 3 S. 4 AktG a.F. maximal zehn Prozent des zum Zeitpunkt der Beschlussfassung bestehenden Grundkapitals emittierte (sog. vereinfachter Bezugsrechtsausschluss). Diese Grenze wurde im Jahr 2023 auf zwanzig Prozent angehoben.[929] Wird sie durch eine Kapitalerhöhung überschritten, oder werden mehrere Kapitalerhöhungen mit Bezugsrechtsausschluss in kurzem zeitlichem Abstand durchgeführt, ist der Bezugsrechtsausschluss u.U. nicht zulässig,[930] weil er „[…] im Zeitpunkt der Beschlussfassung auch bei gebührender Berücksichtigung der Folgen für die ausgeschlossenen Aktionäre durch sachliche Gründe im Interesse der Gesellschaft gerechtfertigt [sein muss]“[931]. Der geforderte sachliche Grund kann bei

---

925 Vgl. Thommen et al. (2017), S. 298.

926 Hierzu ist u.a. und i.d.R. eine Dreiviertelmehrheit des bei der Beschlussfassung vertretenen Kapitals (§ 186 Abs. 3 AktG) sowie eine sachliche Rechtfertigung erforderlich. Vgl. Thommen et al. (2017), S. 299; Koch (2023), Rn. 25. Im Fall von genehmigten Kapitalerhöhungen kann die Ermächtigung zur Ausgabe neuer Aktien den Vorstand zum Ausschluss des Bezugsrechts befähigen, vgl. § 203 Abs. 2 AktG.

927 Vgl. Thommen et al. (2017), S. 299.

928 Es bestehen verschiedenen Ausnahmen von der Prospektpflicht gem. Art. 1 Abs. 3 bis 5 ProspektVO, sowie gem. Art. 3 Abs. 1 ProspektVO i.V.m. § 3 WpPG. Innerhalb eines Zeitraums von zwölf Monaten können Aktien bis zu einem Volumen von 20 % der bisher zugelassenen Aktien ohne Prospekt emittiert werden, sofern sie bereits am gleichen geregelten Markt gehandelt werden. Vgl. Art. 1 Abs. 5 ProspektVO.

929 Vgl. Gesetz zur Finanzierung von zukunftssichernden Investitionen vom 11.12.2023, BGBl. 2023 I, Nr. 354, S. 14.

930 Vgl. Schürnbrand/Verse (2021), Rn. 139–140.

931 Vgl. BGH-Urteil vom 13.03.1978 – II ZR 142/76, S. 8. Siehe auch Schürnbrand/Verse (2021), Rn. 93.

Krisenunternehmen allerdings bestehen, wenn z.B. ein externer Investor eine bestimmte Stimmrechtsquote als Voraussetzung für sein Engagement an der notwendigen Eigenkapitalsanierung festlegt.[932] Es verbleiben jedoch rechtliche Risiken, da der Beschluss über den Bezugsrechtsausschluss der materiellen Beschlusskontrolle unterliegt.[933]

Für das genehmigte Kapital galt, dass das Bezugsrecht ausgeschlossen werden konnte, wenn die Maßnahme im wohlverstandenen Interesse der Gesellschaft lag und der Hauptversammlung allgemein und in abstrakter Form bekannt gegeben wurde.[934] Ohne die Zweckbestimmung der Sanierung war der Vorstand allerdings nicht ermächtigt, von diesem unter Ausschluss des Bezugsrechts Gebrauch zu machen.[935] Diese Anforderungen wurden gelockert. Laut neuerer Rechtsprechung ist es für den Ausschluss von Bezugsrechten beim genehmigten Kapital nicht mehr erforderlich, dass die Satzungsermächtigung eine abschließende Aufzählung von Gründen enthält. Stattdessen können die Zwecke beispielhaft und nicht abschließend in einem der Hauptversammlung zugänglich zu machenden Vorstandsbericht genannt werden.[936]

Außerdem ist zu bedenken, dass sich die Emission auch deshalb schwierig gestalten kann, weil die Aktien nach Maßgabe des § 186 Abs. 3 S. 4 AktG zu einem Ausgabebetrag emittiert werden müssen, welcher den Börsenpreis nicht wesentlich unterschreiten darf, und daher weniger preisliche Flexibilität als bei einer Bezugsrechtsemission besteht. Im Rahmen einer Platzierung kann somit unklar sein, ob ein Investor gefunden wird, der eine bestimmte Anzahl an Aktien zu diesem Ausgabepreis übernimmt. Bei Bezugsrechtsemissionen stellt sich hingegen die Frage, welche Anzahl von Bezugsrechten von den bestehenden Aktionären zum festgelegten Bezugskurs ausgeübt wird, und ob bspw. eine Festbezugserklärung, eine Backstop-Vereinbarung oder eine Vorwegplatzierung, ggfs. im Zusammenhang mit einer Clawback-Vereinbarung, abgeschlossen werden kann.[937]

---

932 Vgl. Reger (2018), S. 1284. Siehe auch Raschke/Warneke (2019), Rn. 184, Schmidt-Hern (2018), Rn. 87 m.w.N. sowie BGH-Urteil vom 19.04.1982 – II ZR 55/81, S. 15.

933 Vgl. Reger (2018), S. 1282 m.w.N. Eine materielle Beschlusskontrolle ist eine gerichtliche Prüfung des Beschlusses der Hauptversammlung bzgl. Gesellschaftszweck, Geeignetheit, Erforderlichkeit und Verhältnismäßigkeit. Vgl. Reger (2018), S. 1281, 1295.

934 BGH-Urteil vom 23.06.1997 – II ZR 132/93. Hierzu auch Schmidt-Hern (2018), Rn. 88.

935 Vgl. Schmidt-Hern (2018), Rn. 88.

936 Vgl. BGH-Urteil vom 23.05.2023 – II ZR 141/21, Rn. 12.

937 Vgl. hierzu etwa Singhof (2011), S. 1264–1267.

Neben den genannten Vorschriften, ist zu berücksichtigen, dass eine Ausgabe neuer Aktien unter dem Nennwert (unter pari) gem. § 9 AktG unzulässig ist, und folglich u.U. eine vereinfachte Kapitalherabsetzung gem. §§ 229 bis 236 AktG,[938] die einen Hauptversammlungsbeschluss benötigt, zur Durchführung der Kapitalerhöhung notwendig ist. In diesem Fall erfolgt keine Ausschüttung an die Aktionäre, sondern die jeweiligen Beträge dürfen gem. § 230 AktG nur dazu verwendet werden, Wertminderungen auszugleichen, sonstige Verluste zu decken und Beträge in die Kapitalrücklage oder in die gesetzliche Rücklage einzustellen. Den Alteigentümer werden damit die realisierten bilanziellen Verluste zugerechnet.[939] Gem. § 222 Abs. 1 S. 1 AktG muss auch hier eine Mehrheit i.H.v. mindestens drei Vierteln des bei der Beschlussfassung vertretenen Grundkapitals vorliegen. Im Extremfall kann eine Kapitalherabsetzung auf null erfolgen. Diese Herabsetzung unter den Mindestnennbetrag ist gem. § 228 Abs. 1 AktG nur dann zulässig, wenn der Mindestbetrag durch eine zugleich beschlossene Kapitalerhöhung wieder erreicht wird, und keine Sacheinlagen festgesetzt sind. Hier verlangt die Rechtsprechung allerdings, dass den Altaktionären nach Möglichkeit im Rahmen der Kapitalerhöhung wieder die Gelegenheit zur Mitgliedschaft in der Aktiengesellschaft gewährt wird.[940] Zudem ist zu beachten, dass möglicherweise der Untergang von Verlustvorträgen gem. § 8c AktG,[941] sowie die Verpflichtung zur Abgabe eines Pflichtangebots gem. §§ 35 Abs. 2, 29 Abs. 2 WpÜG drohen kann,[942] wenn keine adäquate Ausgestaltung der Kapitalerhöhung erfolgt.[943]

Abgesehen von den gesetzlichen Regelungen existieren unterschiedliche Spannungsfelder zwischen den bestehenden und neuen Anteilseignern sowie den Anteilseignern und den Gläubigern. So kann eine Sanierungskapitalerhöhung grundsätzlich durch externe Kapitalgeber, durch Altgesellschafter, oder eine Kombination beider, erfolgen.[944] Die Möglichkeiten zur Einlage frischer

938 Die ordentliche Kapitalherabsetzung (§ 222 bis 228 AktG) eignet sich aufgrund der strengen Gläubigerschutzvorschriften nicht als Sanierungsinstrument. Vgl. Reger (2018), S. 1276.

939 Vgl. Drukarczyk/Schöntag (2020), Rn. 64; Reger (2018), S. 1274.

940 Vgl. BGH-Urteil vom 05.07.1999 – II ZR 126/98, sowie Reger (2018), S. 1285 m.w.N.

941 Vgl. Krumbholz (2022a), Rn. 12–13.

942 Vgl. Raschke/Warneke (2019), Rn. 187.

943 Vgl. für die entsprechenden Ausnahmeregelungen § 8c Abs. 1a KStG (sog. Sanierungsklausel), § 8d KStG und § 9 S. 1 Nr. 3 WpÜG-AV. Siehe hierzu im Detail z.B. Geiwitz (2022), Rn. 215–228.

944 Fremdkapitalgeber zeichnen i.d.R. keine Kapitalerhöhungen, siehe die Ergebnisse in den Kapiteln 5.3.2.3.3 und 5.3.2.3.4.

Mittel durch die bestehenden Investoren sind jedoch häufig bereits ausgeschöpft, weshalb eine Außenfinanzierung unter Beteiligung neuer Gesellschafter vorgenommen werden muss.[945] Zunächst wird eine Kapitalerhöhung unter Beteiligung externer Kapitalgeber den Anteil der bestehenden Aktionäre, die ihre ggfs. bestehenden Bezugsrechte nicht ausüben, am Unternehmen und den Wert ihrer Anteile senken, da sich die Ansprüche der Eigenkapitalgeber auf eine größere Anzahl an Aktien verteilen. Die Zuführung neuen Eigenkapitals kann in der Gesamtschau diesen Wertverlust u.U. aber nicht nur kompensieren, sondern sogar den Wert der bestehenden Anteile erhöhen. Denn obwohl eine Sanierungskapitalerhöhung üblicherweise zu einer starken Verwässerung der Anteile der bestehenden Aktionäre führt, kann sie dem Unternehmen ermöglichen, sich aus der finanziellen Schieflage zu befreien, und so den Wert der bestehenden Anteile steigern.[946] Es besteht die Möglichkeit eines Vermögenstransfers von den Neu- zu den Altaktionären.[947] Die Alteigentümer akzeptieren daher die im Vergleich zur Kapitaleinlage hohen Renditeforderungen der schlechter informierten neuen Eigenkapitalgeber, besonders wenn sie nicht oder nur teilweise in der Lage sind, neue Mittel bereitzustellen. Das ist auch deshalb der Fall, da sie ein von den Gläubigern bestimmtes zeit- und kostenintensives Insolvenzverfahren zu vermeiden suchen.[948] In diesem Zusammenhang erfolgt oftmals der angesprochene Anspruchsverzicht der Altaktionäre durch die Kapitalherabsetzung, welche ihnen die aufgelaufenen Verluste zurechnet, aber zu einer Steigerung der Attraktivität für potenzielle Zeichner einer Kapitalerhöhung führt.[949]

Zusätzlich zu diesen Spannungsfeldern besteht, wie oben bereits erwähnt, das zentrale Problem des *Debt-Overhangs* zwischen (potenziellen) Anteilseignern und Gläubigern, welches die Durchführung einer Sanierungskapitalerhöhung unmöglich machen kann. Der Grundkonflikt ist der Umstand, dass für Unternehmen in finanzieller Schieflage und vor Sanierung regelmäßig ein Überhang des Fremdkapitals in Bezug auf den (noch vorhandenen) Unternehmensgesamtwert besteht. Das bedeutet, dass eine Zuführung von

945 Vgl. Hermanns (2022), Rn. 371; Dirschedl (2015), S. 54; Drukarczyk/Schöntag (2020), Rn. 62.

946 Vgl. Altman et al. (2019), S. 82. Jostarndt (2009) weist für den Tag der Ankündigung von Sanierungskapitalerhöhungen im Mittel eine positive abnormale Rendite i.H.v. 4,9 % (Median: 1,0 %) aus. Vgl. Jostarndt (2009), S. 103–104.

947 Vgl. Höll/Jostarndt (2008), S. 186.

948 Vgl. Drukarczyk/Schöntag (2020), Rn. 62.

949 Vgl. Reger (2018), S. 1274; Höll/Jostarndt (2008), S. 186–187; Haghani/Holzamer (2022), Rn. 53.

Eigenkapital zunächst nur eine Wertaufholung der Ansprüche der Fremdkapitalgeber bewirkt, deren Nominalansprüche den Marktwert des Unternehmens übersteigen. Nur im Fall eines Fortführungswerts nach Sanierung, der diesen Werttransfer kompensiert, und eine angemessene Rendite auf Basis der Residualansprüche verspricht, werden Eigenkapitalgeber Aktien zeichnen, sofern die Ansprüche der Gläubiger unverändert bestehen bleiben.[950] Das führt auch dazu, dass die bestehenden Eigenkapitalgeber, deren Anteile keinen Wert mehr aufweisen, einen Anreiz haben, riskante Projekte mit unwahrscheinlicher, aber hoher Rendite durchzuführen, da sie lediglich bei Realisation hoher Gewinne profitieren. Dadurch kann sich die Position der Fremdkapitalgeber verschlechtern.[951] Eine Möglichkeit zur Überwindung des *Debt-Overhang* stellt der Anspruchsverzicht der Gläubiger dar. Hierbei verzichten die Fremdkapitalgeber auf einen Teil ihrer Forderungen, und erhöhen so die Attraktivität des Investments für potenzielle Zeichner der neuen Aktien.[952] Das kann auch deshalb sinnvoll sein, da die Fremdkapitalgeber die Konditionen ihres Verzichts bestimmen, und keine fremdbestimmte Wertminderung durch die Umsetzung einer riskanten Sanierungsstrategie durch das Management bzw. die Gesellschafter hinnehmen müssen.

7.2.2 Empirie

Studien zu Sanierungskapitalerhöhungen sind im Vergleich zu anderen Thematiken im Kontext von sanierungsbedürftigen Unternehmen, wie z.B. Gläubigerverhandlungen oder Insolvenzprognosen, eher rar gesät. Bspw. berichten Senbet/Seward (1995), dass ihnen keine Studien zur Kapitalerhöhung in der finanziellen Schieflage bekannt sind, aber der Eindruck bestehe, dass dieses Sanierungsinstrument kaum zum Einsatz komme.[953] Gem. Höll/Jostarndt (2008) ist dieser Umstand allerdings auf den angloamerikanischen Kapitalmarkt beschränkt, da z.B. für den britischen und deutschen Markt Studien vorliegen.[954] Allerdings zeigen bereits Fama/French (2005), dass nicht und wenig profitable US-Firmen regelmäßig frisches Eigenkapital zur Finanzierung nutzen.[955] Trotzdem liegen insgesamt vergleichsweise wenige Studien vor, die

950 Vgl. Myers (1977), S. 152–155; Höll/Jostarndt (2008), S. 180; Jostarndt (2009), S. 88.
951 Vgl. Haghani/Holzamer (2022), Rn. 16.
952 Vgl. Höll/Jostarndt (2008), S. 186; Gertner/Scharfstein (1991), S. 1195.
953 Vgl. Senbet/Seward (1995), S. 942.
954 Vgl. Höll/Jostarndt (2008), S. 180–181.
955 Vgl. Fama/French (2005), S. 566–570.

sich explizit mit Krisenunternehmen und der Gewinnung von Eigenkapital befassen.

Als grundlegende Studie im Bereich der Kapitalerhöhungen in finanzieller Schieflage ist die Studie von Franks/Sanzhar (2006) zu bewerten. Diese umfasst britische börsennotierte Unternehmen aus dem Zeitraum 1989 bis 1998 mit erhöhten Verschuldungsquoten und Krisenunternehmen, d.h. Unternehmen mit negativem Eigenkapital oder einer Zinsdeckungsquote unter zwei. Sie legen dar, dass für diese nicht nur kein *Debt-Overhang*, sondern sogar eine erhöhte Emissionswahrscheinlichkeit vorliegt. Darüber hinaus vergleichen die Autoren 96 insolvente Unternehmen mit 111 nicht-insolventen Krisenunternehmen und stellen fest, dass die (später) insolventen Unternehmen einen geringeren Schuldenüberhang aufweisen. Allerdings zeigen die Autoren, dass im Fall potenziell hoher Vermögenstransfers auf Kosten der Zeichner von Kapitalerhöhungen tendenziell Konzessionen der Gläubiger gewährt werden, wobei dies nur in einem Drittel der Beobachtungen der Fall ist.[956] Eine Erklärung der Ergebnisse ist, dass das britische Insolvenzrecht vergleichsweise gläubigerfreundlich ist.[957] Das deutsche Insolvenzrecht ist dagegen weniger gläubigerorientiert, aber dennoch attraktiver für Fremdkapitalgeber als bspw. der französische Rechtsrahmen.[958]

Aufbauend auf dieser Studie untersucht Jostarndt (2009) 123 Kapitalerhöhungen deutscher Unternehmen in finanzieller Schieflage im Zeitraum 1996 bis 2004, wobei die Untersuchungsgrundlage v.a. von Emissionen im Zeitraum des Entstehens und Platzens der Dotcom-Blase geprägt ist.[959] Im Gegensatz zur Studie von Franks/Sanzhar (2006), befasst sich der Autor nicht nur mit der Durchführung von Kapitalerhöhungen, sondern auch mit dem realisierten Bruttoemissionserlös. Der Verfasser prüft im wesentlichen drei Hypothesen: (I) Hohe Vermögenstransfers und niedrige Wachstumschancen würden die Emissionswahrscheinlichkeit und die Emissionserlöse negativ beeinflussen, (II) effiziente Verhandlungen der verschiedenen Anspruchsgruppen (Aktionäre und Gläubiger) würden die Emissionswahrscheinlichkeit und die Emissionserlöse positiv beeinflussen, und (III) das Eigeninteresse des Managements würden die Emissionswahrscheinlichkeit und die Emissionserlöse determinieren, d.h. beides würde im Fall einer drohenden Übernahme positiv, und wenn eine hohe

956 Vgl. Franks/Sanzhar (2006), S. 4–5, 14–16, 18.

957 Vgl. Jostarndt (2009), S. 86.

958 Vgl. Davydenko/Franks (2008), S. 566.

959 Vgl. Jostarndt (2009), S. 93. Der Beitrag basiert auf Kapitel 5: „Claimholder conflicts in distressed equity offerings“ der Dissertationsschrift des Autors, vgl. Jostarndt (2007), S. 127–162.

Beteiligung des Managements am Unternehmen besteht, negativ beeinflusst werden.[960]

Im Einklang mit der ersten Hypothese des Autors zeigt sich, dass für die Unternehmen seiner Untersuchungsgrundlage ein signifikanter Einfluss des *Debt-Overhang* in Bezug auf den Bruttoemissionserlös vorliegt, d.h. die Bruttoemissionserlöse sind für hochverschuldete Unternehmen unter sonst gleichen Bedingungen geringer, während hohe Fortführungswerte sich signifikant positiv auswirken. Im Hinblick auf die Emissionswahrscheinlichkeit liegen gemischte Ergebnisse vor, da ein erhöhter Verschuldungsgrad die Wahrscheinlichkeit reduziert, während ein Verlust der Hälfte des Grundkapitals gem. § 92 Abs. 1 AktG diese steigert. Letzteres sollte gem. den Hypothesen des Autors einen gegenteiligen Effekt haben. Die zweite Hypothese wurde teilweise durch den signifikant positiven Einfluss der Zugeständnisse der Gläubiger in Bezug auf die Emissionswahrscheinlichkeit bestätigt, während für den Emissionserlös kein erheblicher Einfluss festgestellt wurde. Der nicht signifikante Effekt drohender Übernahmen und der positive Effekt des Unternehmensanteils des Managements auf die Durchführung einer Kapitalerhöhung führen zur Ablehnung der dritten Hypothese. Daneben zeigt der Autor, dass die Unternehmensliquidität die Emissionswahrscheinlichkeit und den Bruttoemissionserlös signifikant negativ beeinflusst.[961]

Neben den gennannten Studien liegen Untersuchungen vor, die sich mit dem unterschiedlichen Emissionsverhalten von Unternehmen in und ohne finanzieller Schieflage befassen. DeAngelo et al. (2010) untersuchen Kapitalerhöhungen von US-Unternehmen zwischen 1973 und 2001, und stellen u.a. fest, dass US-Unternehmen sehr wohl Kapitalerhöhungen in Finanznot durchführen, indem sie zeigen, dass das Hauptmotiv der Umsetzung oftmals ein immanenter Liquiditätsmangel ist.[962] Black et al. (2016) befassen sich mit Kapitalerhöhungen von US-Banken zwischen 2001 und 2014, und beschreiben u.a., dass Großbanken dieses Finanzierungsinstrument in den Jahren nach der Finanzkrise zum Verlustausgleich aus notleidenden Krediten verwendeten.[963] Park (2017) analysiert US-Kapitalerhöhungen im Zeitraum 1991 bis 2012, und legt dar, dass Krisenunternehmen die Emission von Eigenkapital in weit höherem

960 Vgl. Jostarndt (2009), S. 88–92.
961 Vgl. Jostarndt (2009), S. 100–102.
962 Vgl. DeAngelo et al. (2010), S. 287–288.
963 Vgl. Black et al. (2016), S. 21.

Ausmaß als Finanzierungsinstrument nutzen als Unternehmen, die sich nicht in einer Krise befinden. Des Weiteren wird für die gesamte Untersuchungsgrundlage festgestellt, dass weniger das *Debt-Overhang-Problem* den Kapitalerhöhungsprozess beeinflussen würde, sondern vielmehr Agency-Probleme zwischen dem Management und den Aktionären. Diese würden dazu führen, dass Manager unprofitable Investitionsgelegenheiten durch die Emission von Eigenkapital finanzieren, um ihre Tätigkeit im Unternehmen zu verlängern, und dadurch z.B. finanzielle Einbußen und einen Reputationsverlust zu vermeiden bzw. zu minimieren.[964] Park (2018) untersucht Kapitalerhöhungen in 32 Ländern von 1990 bis 2016, und berichtet dabei im Einklang mit der zuvor genannten Studie, dass Firmen in finanzieller Schieflage eine erhöhte Emissionswahrscheinlichkeit ggü. Unternehmen, die sich in keiner Krisenlage befinden, besitzen. Darüber hinaus scheinen v.a. Unternehmungen in Jurisdiktionen mit vergleichsweise gläubigerfreundlicher Gesetzgebung auf dieses Sanierungsinstrument zuzugreifen.[965] Walker/Wu (2019) untersuchen im Rahmen einer Event-Studie verschiedenen Hypothesen in Bezug auf Kapitalerhöhungen von US-Unternehmen in finanzieller Schieflage. Für ihr Sample aus dem Zeitraum 1994 bis 2015 stellen sie fest, dass zwar ein *Debt-Overhang* vorliegt, jedoch Kapitalerhöhungen einerseits ein verbreitetes Sanierungsinstrument sind, und andererseits dazu beitragen, eine operative Leistungssteigerung und Reduktion der Ausfallwahrscheinlichkeit herbeizuführen.[966]

Insgesamt zeigen die genannten Studien, dass Kapitalerhöhungen international sehr wohl als Sanierungsinstrument genutzt werden, und daher einer erhöhten Aufmerksamkeit der betriebswirtschaftlichen Forschung bedürfen. Die genannten Studien sind im Vergleich zu denjenigen von Franks/Sanzhar (2006) und Jostarndt (2009) für die vorliegenden Forschungsfragen aber von untergeordneter Relevanz, da sie teilweise einen anderen Forschungsfokus haben und/oder sich eher auf Unterschiede zwischen emittierende Unternehmen inner- und außerhalb der finanziellen Schieflage konzentrieren.

---

964 Vgl. Park (2017), S. 3–8. Die Ergebnisse des Autors sind insgesamt schwierig zu interpretieren, da offenbar nur von Bezugsrechtsemissionen ausgegangen wird, und daher keine Unterscheidung zwischen Alt- und Neuinvestoren vor dem Hintergrund ggfs. bestehender Werttransfers zwischen diesen vorgenommen wird.

965 Vgl. Park (2018), S. 3–4.

966 Vgl. Walker/Wu (2019), S. 490, 492. Die Ergebnisse sind nicht im Einklang mit Park (2017), S. 3–5.

7.2.3 Ableitung und Formulierung der Forschungshypothesen

Im Folgenden werden die Hypothesen in Bezug auf die Durchführung einer Kapitalerhöhung sowie die Höhe des realisierten Emissionserlöses formuliert. Die Hypothesen werden zur besseren Übersicht in die Teilbereiche *Operative Unternehmenseigenschaften, Vermögens- und Kapitalstruktur, Exogene Einflüsse,* und *Charakteristika des Kapitalerhöhungsprozesses* eingeordnet. Außerdem werden verschiedene Kontrollvariablen für die Analyse verwendet für die keine explizite Hypothese formuliert wird.

7.2.3.1 Operative Unternehmenseigenschaften

Zustand des Kerngeschäfts/Wettbewerbsposition: Wie oben dargelegt, besteht die Notwendigkeit einer Sanierungskapitalerhöhung insb. dann, wenn die Innenfinanzierungskraft des Unternehmens nicht ausreicht, um die fixen Zahlungsverpflichtungen zu decken. Die Innenfinanzierungskraft eines Unternehmens ist eng verknüpft mit der Fähigkeit des Unternehmens, operative Überschüsse zu erzielen. Ein Unternehmen, das geringere betriebliche Zuflüsse verzeichnet, hat ceteris paribus einen höheren Außenfinanzierungsbedarf, der eine Kapitalerhöhung erfordern kann. Umgekehrt würden Unternehmen mit einer guten Wettbewerbsposition, die verhältnismäßig hohe Cashflows aus dem operativen Geschäft erwirtschaften, eine Kapitalerhöhung eher vermeiden. Darüber hinaus sollte das benötigte Volumen im Fall vergleichsweise profitabler Unternehmen geringer ausfallen. Franks/Sanzhar (2006) nutzen den sog. Return on Sales als Profitabilitätskennzahl und zeigen, dass sich eine vergleichsweise hohe Umsatzrendite negativ auf die Wahrscheinlichkeit der Durchführung einer Kapitalerhöhung auswirkt.[967] Jostarndt (2009) berichtet auf Basis des Return on Assets, dass Krisenunternehmen mit einer vergleichsweise hohen Profitabilität, die Emission von Eigenkapital vermeiden.[968] Es wird daher folgende Annahme untersucht:

H1: Der Zustand des Kerngeschäfts/die Wettbewerbsposition der Unternehmen hat einen signifikant negativen Einfluss auf die Durchführung einer Kapitalerhöhung und den Bruttoemissionserlös.

967 Vgl. Franks/Sanzhar (2006), S. 28.

968 Vgl. Jostarndt (2009), S. 101–102. Es ist in beiden zuvor genannten Beiträgen der Unterschied zwischen GuV-basierten Kennzahlen und der Kapitalflussrechnung zu berücksichtigen.

Fortführungswert: Sollte eine Sanierung misslingen, und dies eine Insolvenz zur Folge haben, werden die Fremdkapitalgeber vorrangig bedient. Die Nachrangigkeit der Eigenkapitalgeber führt dazu, dass diese, soweit sie auf Basis finanzieller Motive agieren, im Fall einer Unternehmenskrise lediglich investieren, wenn ihre erwarteten Rückflüsse die Investition überschreiten. Die *Debt-Overhang-Problematik* sollte daher von Unternehmen mit vergleichsweise hohen Fortführungswerten bzw. Wachstumschancen überwunden werden können. Des Weiteren ist zu beachten, dass Manager, die ihr Unternehmen für unterbewertet halten, i.S. der Anteilseignerorientierung von einer Aktienemission absehen werden. Unternehmen mit vergleichsweise hohen Marktwerten neigen dagegen eher dazu, Eigenkapital zu emittieren.[969]

Zur Messung der Fortführungswerte wird auf das sog. Tobinsche Q zurückgegriffen, wobei eine Indikatorvariable angewandt wird. Sollte die Variable größer eins sein, und damit der Marktwert des Unternehmens dessen Buchwert übersteigen, wäre auf Basis der Ausführungen eine höhere Wahrscheinlichkeit zur Aktienemission naheliegend. Diese Unternehmen können als Wachstumsunternehmen bezeichnet werden. Problematisch ist, dass die Kennzahl von der Markteinschätzung hinsichtlich der Wahrscheinlichkeit des Sanierungserfolgs beeinflusst sein kann, und daher möglicherweise nicht den tatsächlichen Fortführungswert abbildet, der im Fall des Scheiterns nicht realisiert oder an die Gläubiger transferiert wird.[970] Die Verwendung der Indikatorvariable kann geeignet sein, diese Schwierigkeiten zu reduzieren.

Jostarndt (2009) weist in seiner Studie lediglich einen positiv-signifikanten Einfluss für den Bruttoemissionserlös nach, jedoch nicht für die Emissionswahrscheinlichkeit.[971] Franks/Sanzhar (2006) stellen keinen Einfluss des Tobinschen Qs auf die Emissionswahrscheinlichkeit fest.[972] Beide Studien greifen allerdings nicht auf eine Indikatorvariable zurück. Zudem wird eine wichtige Eigenschaft der Variable nicht berücksichtigt: Liegt ein negativer Buchwert des Eigenkapitals vor, kann die Kennzahl größer eins ausfallen, da der Nominalwert des Fremdkapitals die Bilanzsumme übersteigt. In diesem Fall kann aus Sicht der Eigenkapitalgeber ein *Debt-Overhang* vorliegen, und damit eher geringe Fortführungswerte, die potenziell von den Eigenkapitalgebern vereinnahmten werden könnten. Diese Unternehmen werden daher denjenigen

---

969 Vgl. Rajan/Zingales (1995), S. 1455.

970 Vgl. Jostarndt (2009), S. 95; Walker/Wu (2019), S. 493.

971 Vgl. Jostarndt (2009), S. 101–102.

972 Vgl. Franks/Sanzhar (2006), S. 29, 33.

Unternehmen mit einem Tobinschen Q kleiner null gleichgesetzt. Insgesamt kann folgende Hypothese abgeleitet werden:

H2: Hohe Fortführungswerte der Unternehmen haben einen signifikant positiven Einfluss auf die Durchführung einer Kapitalerhöhung und den Bruttoemissionserlös.

7.2.3.2 Vermögens- und Kapitalstruktur

Informationsasymmetrie: Unternehmen mit vergleichsweise hohem Sachanlagevermögen können mit geringeren Informationsasymmetrien in Verbindung gebracht werden. Typischerweise wird angenommen, dass das Sachanlagevermögen die Agency-Kosten für Fremdkapitalgeber reduziert indem es Veränderungen im Investitionsrisiko (sog. Asset-Substitution) erschwert und im Liquidationsfall einen höhere verwertbare Haftungsmasse als immaterielle Vermögenswerte bietet. Folglich weisen Unternehmen mit einem hohen Bestand regelmäßig höhere Verschuldungsgrade auf.[973] Das Sachanlagevermögen kann auch als Stellvertreter für Vermögenswerte betrachtet werden, die im Bedarfsfall verkauft werden können.[974] I.S. der Pecking-Order-Theory könnte insgesamt argumentiert werden, dass Unternehmen mit einem höheren Bestand an Sachanlagevermögen, die Innenfinanzierung durch den Verkauf von Vermögensgegenständen, oder eine Fremdfinanzierung, erreichen können, und eine Kapitalerhöhung in der Folge vermieden wird. Die geringere Informationsasymmetrie sorgt allerdings auch dafür, dass sich die Eigenfinanzierung vergünstigt und daher Kapitalerhöhungen eine attraktivere Finanzierungsform darstellen.[975]

Das Sachanlagevermögen wird in dieser Studie auch deshalb verwendet, da zahlreiche Datenpunkte hinsichtlich immaterieller Vermögenswerte fehlen, die oftmals als Proxy für die Informationsasymmetrie verwendet werden, und die zeitliche Messung der Aktienvolatilität, die als weiterer Proxy dienen kann,

---

973 Vgl. dazu bereits die Ausführungen bei Kapitel 6.2.3.2.

974 Vgl. Demiroglu/James (2015), S. 199. Die Vermögensgegenstände unterliegen jedoch möglicherweise Verfügungsbeschränkungen, weshalb die Desinvestitionsmaßnahmen mit den Finanziers abzustimmen sind. Im Fall von betriebsnotwendigen Vermögensgegenständen des Anlagevermögens kann eine Sale-and-Lease-back-Transaktion in Betracht gezogen werden, um vorübergehend Liquidität freizusetzen. Vgl. Hermanns (2022), Rn. 354–355; Böckenförde (1996), S. 145–146.

975 Vgl. Frank/Goyal (2009), S. 9.

zwischen emittierenden Unternehmen untereinander und zwischen emittierenden und nicht-emittierenden Unternehmen wohl divergieren müsste. Franks/Sanzhar (2006) berichten bis auf eine Ausnahme nicht signifikante Koeffizienten dieser Einflussgröße in Bezug auf die Emissionswahrscheinlichkeit von Krisenunternehmen.[976] Insgesamt lautet die nächste Hypothese:

H3: Niedrige Informationsasymmetrien der Unternehmen haben einen signifikant negativen Einfluss auf die Durchführung einer Kapitalerhöhung und den Bruttoemissionserlös.

Verschuldungsgrad: Wie oben bereits dargelegt, wird die Problematik des *Debt-Overhang* erstmals grundlegend im Beitrag von Myers (1977) thematisiert. Basierend auf der Annahme, dass ein Unternehmen über Investitionsmöglichkeiten mit positivem Nettokapitalwert und über ausfallrisikobehaftetes Fremdkapital verfügt, erfolgt zunächst ein Vermögenstransfer von den Eigenkapitalgebern zu den Fremdkapitalgebern, sofern neue Aktien emittiert werden bzw. Eigenkapital dem Unternehmen zugeführt wird. Das frische Kapital bzw. die Investition reduziert daher zunächst das Risiko der Fremdkapitalgeber, und lohnt sich daher nur im Fall hoher Fortführungswerte für die Eigenkapitalgeber.[977] Ansonsten erfolgt ein sofortiger Wertverlust für die (neuen) Gesellschafter.[978] Im Fall eines sanierungsbedürftigen Unternehmens sollten daher wenig Anreize für Eigenkapitalgeber bestehen, frisches Kapital in Form einer Kapitalerhöhung zur Verfügung zu stellen.

Insgesamt ist fraglich, wie der *Debt-Overhang* operationalisiert werden kann, auch deshalb, weil für eine Vielzahl an Unternehmen keine Marktwerte des Fremdkapitals vorliegen. Doch selbst in diesem Fall wäre zu prüfen, inwieweit Marktwerte dem tatsächlichen Wert der Ansprüche entsprechen. Z.B. weist der Marktwert des Eigenkapitals von insolventen oder insolvenznahen Unternehmen oftmals noch einen Wert deutlich über null auf.[979] Zur Messung des *Debt-Overhangs* wird trotzdem auf die Verschuldungsquote zu Marktwerten (des Eigenkapitals) abgestellt. Marktwerte erscheinen im vorliegenden Fall angemessen, da sie sich im Gegensatz zu Buchwerten auf die aktuellen Geschäftsaussichten des Unternehmens, und damit auch auf das Residual der Eigenkapitalgeber richten, und nicht auf die Finanzierungsstruktur der

---

976 Vgl. Franks/Sanzhar (2006), S. 29.

977 Vgl. Myers (1977), S. 152; Jostarndt (2009), S. 88.

978 Vgl. Altman et al. (2019), S. 82.

979 Vgl. Dirschedl (2015), S. 65 sowie die dort genannten Studien.

bestehenden Vermögenswerte.[980] Es kann hypothesiert werden, dass für Unternehmen deren Verschuldungsquote sich 100 % annähert unter sonst gleichen Umständen die Gefahr eines *Debt-Overhangs* steigt.

Wie oben dargestellt, liegen hinsichtlich des Einflusses des *Debt-Overhangs* empirisch gemischte Ergebnisse vor. Franks/Sanzhar (2006) zeigen für das ihnen vorliegende Sample, dass Unternehmen mit vergleichsweise hohen Verschuldungsgraden eher Eigenkapitaltitel emittieren. Für besonders hoch verschuldete Krisenunternehmen ist allerdings teilweise eine verringerte Emissionswahrscheinlichkeit zu beobachten.[981] In fast einem Drittel der Fälle werden jedoch Zugeständnisse der Fremdkapitalgeber gewährt, die potenziell die Lösung des Problems ermöglichen.[982] Jostarndt (2009) weist teilweise einen negativen Einfluss potenzieller Vermögenstransfers an die Gläubiger auf die Umsetzung von Kapitalerhöhungen bzw. den eingeworbenen Emissionserlös auf Basis der Verschuldungsquote zu Buchwerten nach. Ein signifikant negativer Einfluss der Anzeige des Verlusts der Hälfte des Grundkapitals gem. § 92 Abs. 1 AktG, welcher dort als Stellvertreter für einen Zahlungsausfall des Unternehmens verwendet wird, konnte allerdings nicht festgestellt werden.[983] Es wird folgende Hypothese geprüft:

H4: Der Verschuldungsgrad (*Debt-Overhang*) der Unternehmen hat einen signifikant negativen Einfluss auf die Durchführung einer Kapitalerhöhung und den Bruttoemissionserlös.

Liquidität: Übergeordnet zur bereits angesprochenen operativen Stärke des Unternehmens im gegebenen Jahr ist die im Unternehmen vorhandene Liquidität zu beachten. In diesem Zusammenhang ist es wichtig, ob liquide Mittel vorhanden sind und diese zur Deckung der fixen Zahlungsverpflichtungen in der kurzen Frist ausreichen. Unternehmen, die über einen vergleichsweise hohen Liquiditätsgrad verfügen, sollten dann eine geringere Wahrscheinlichkeit haben, eine Kapitalerhöhung durchzuführen bzw. im Fall der Durchführung einer Kapitalerhöhung geringere Erlöse generieren (müssen). Um eine Einschätzung der Unternehmensliquidität zu erreichen, wird daher die industrieadjustierte Current Ratio (Liquidität dritten Grades) für die Analyse herangezogen.[984] Die Kennzahl kann verwendet werden, um die Fristenkongruenz zu

980 Vgl. Myers (1977), S. 150.
981 Vgl. Franks/Sanzhar (2006), S. 5, 28.
982 Vgl. Franks/Sanzhar (2006), S. 11, 36.
983 Vgl. Jostarndt (2009), S. 100–101.
984 Die Current-Ratio stellt den kurzfristigen Vermögenswerten (inkl. liquider Mittel) die kurzfristigen Verbindlichkeiten gegenüber.

prüfen, d.h. inwiefern die kurzfristigen Vermögenswerte die kurzfristigen Verbindlichkeiten decken. Außerdem zeigt sich mögliches Potenzial zur Gewinnung von Liquidität z.B. durch den Abbau von Forderungen und Vorräten, sowie den Aufbau von Lieferantenverbindlichkeiten. Jostarndt (2009) berichtet für sein Sample, dass der Bestand an liquiden Mitteln sich signifikant negativ auf die Wahrscheinlichkeit der Durchführung einer Kapitalerhöhung sowie den Bruttoemissionserlös auswirkt. Der relative Anteil der kurzfristigen an den gesamten Verbindlichkeiten zeigt dagegen lediglich eine signifikante negative Wirkung in Bezug auf die Einnahmen.[985] Daher wird Folgendes formuliert:

H5: Die Liquidität der Unternehmen hat einen signifikant negativen Einfluss auf die Durchführung einer Kapitalerhöhung und den Bruttoemissionserlös.

7.2.3.3 Exogene Einflüsse

Gesamtwirtschaftliche Krise: Die Aufnahmebereitschaft des Kapitalmarktes ist der bedeutendste unternehmensexterne Bestimmungsfaktor hinsichtlich der Emission von Eigenkapital.[986] Jedoch findet sich in der Literatur auch die Behauptung, dass gesamtwirtschaftliche Einflüsse keinen bzw. nur im Einzelfall Einfluss auf die Finanzierungsbereitschaft der Kapitalgeber im Rahmen einer Sanierung von Krisenunternehmen hätten, da es sich um sehr spezielle Investitionen handle.[987] In gesamtwirtschaftlichen Krisensituationen wird aber der Anteil an Unternehmen mit Sanierungsbedarf steigen. Folglich würde einerseits die Beanspruchung von Kapitalgebern, die in einem oder gar mehreren Krisenunternehmen engagiert sind, zunehmen. Das kann auf den Finanzierungsbedarf der Beteiligungen, oder, wenn der Kapitalgeber außerhalb der Beteiligungen operativ tätig ist, auf Probleme im eigenen Unternehmen zurückzuführen sein. Andererseits wird die Verunsicherung in Bezug auf die künftigen wirtschaftlichen Aussichten des Krisenunternehmens wachsen. Beides sind Umstände, die sich womöglich negativ auf die Umsetzung einer Sanierungskapitalerhöhung auswirken. Andererseits könnten Investoren bei vergleichsweise niedrigen Einstiegskursen im Fall des Sanierungserfolgs hohe Renditen erwirtschaften. Die Prüfung des Einflusses erfolgt auf Basis einer Indikatorvariable, die den Wert eins annimmt, wenn im entsprechenden Jahr oder im Vorjahr ein

---

985 Vgl. Jostarndt (2009), S. 101.

986 Vgl. Thommen et al. (2017), S. 298.

987 Vgl. Kudla (2005), S. 113–114.

negatives Realwachstum des BIP vorliegt sowie in den Jahren 2001 und 2008. Insgesamt wird folgende Hypothese geprüft:

H6: Gesamtwirtschaftliche Krisen haben einen signifikant negativen Einfluss auf die Durchführung einer Kapitalerhöhung und den Bruttoemissionserlös.

Industriekrise: Grundsätzlich kann vermutet werden, dass auch das unternehmensspezifische externe Umfeld wesentliche Einflüsse auf die Sanierungsfinanzierung hat. So ist z.B. davon auszugehen, dass eine geringere Wettbewerbsintensität der Branche mit einer höheren Wahrscheinlichkeit eines Sanierungserfolgs einhergeht und daher Kapitalgeber eher zur Bereitstellung finanzieller Mittel neigen.[988] Ist das Unternehmen hingegen in einer Industrie oder Branche tätig, die sich in einer Krisensituation befindet, so würden sie tendenziell von einer Finanzierung absehen. Zur Modellierung des Einflusses wird eine Indikatorvariable verwendet, die den Wert eins annimmt, wenn im Verhandlungsjahr der Median der operativen Cashflows der Unternehmen in der jeweiligen Industrie kleiner null ist. Es gilt Folgendes zu prüfen:

H7: Industriekrisen haben einen signifikant negativen Einfluss auf die Durchführung einer Kapitalerhöhung und den Bruttoemissionserlös.

7.2.3.4 Charakteristika des Kapitalerhöhungsprozesses

Anspruchsverzicht der Gläubiger: Eine Möglichkeit bestehender Kapitalgeber, die Attraktivität der Zeichnung einer Sanierungskapitalerhöhung zu steigern, besteht in Zugeständnissen vonseiten der Gläubiger.[989] In finanzieller Schieflage ist davon auszugehen, dass der Fortführungs- oder Liquidationswert des Unternehmens unter dem Wert der Ansprüche der Fremdkapitalgeber bei vertragskonformer Bedienung liegt. Bei Fortführung würde daher ökonomische Überschuldung vorliegen. Der Wert der Ansprüche bestehender Eigenkapitalgeber oder potenzieller neuer Investoren wäre dann nahezu null. Wenn Fremdkapitalgeber jedoch auf Teile der ihnen zustehenden Ansprüche verzichten, sollten (Neu-)Gesellschafter Anreize haben, Eigenkapital zu zeichnen. Bspw. steigt durch den Anspruchsverzicht via Forderungsverzicht oder Debt-Equity-Swap die erwartete Vermögensposition der Zeichner von Kapitalerhöhungen, da Fremdkapitalgeber auf einen Anteil am Unternehmenswert verzichten.[990]

---

988 Vgl. Kudla (2005), S. 114–115; Schiereck/Vogt (2018), S. 1327.
989 Vgl. Höll/Jostarndt (2008), S. 186; Jostarndt (2009), S. 89.
990 Vgl. Höll/Jostarndt (2008), S. 186.

Die Problematik des Schuldenüberhangs wird reduziert, weil Vermögenstransfers an die Gläubiger gemindert werden. Darüber hinaus sollten Zugeständnisse der Fremdkapitalgeber zu einem Abbau der Informationsasymmetrie zwischen Eigenkapitalgebern und den Unternehmen beitragen. Gläubiger verfügen i.d.R. über einen relativ guten Informationsstand in Bezug auf die Unternehmensqualität,[991] weshalb ihre Beteiligung ein glaubwürdiges Signal zur Minderung möglicherweise bestehender Informationsasymmetrien an die (externen) Eigenkapitalgeber liefern sollte. Diese werden in der Folge eher gewillt sein, eine Kapitalerhöhung zu zeichnen. Durch das vorliegende Sample können Zugeständnisse der Fremdkapitalgeber geprüft und in die vorliegende Analyse eingebracht werden. Es sei zusätzlich darauf hingewiesen, dass eine klare Unterscheidung zwischen Gläubigern und Aktionären nicht immer stattfinden kann, da Aktionäre möglicherweise gleichzeitig Gläubiger sind, und daher z.B. durch einen Forderungsverzicht auf ein Gesellschafterdarlehen den Einstieg eines neuen Investors ermöglichen können.[992] Da der Verzicht der Fremdkapitalseite zuzuordnen ist, werden derartige Zugeständnisse als Anspruchsverzicht der Gläubiger gewertet. Zudem sind ausschließlich Zugeständnisse enthalten, die – sofern eine Kapitalerhöhung stattfindet – vor ebendieser ausgesprochen werden.

In der Studie von Jostarndt (2009) beeinflussen verschiedene Zugeständnisse der Fremdkapitalgeber die Emissionswahrscheinlichkeit positiv, während Forderungsverzichte keinen Einfluss auf den Bruttoemissionserlös entwickeln.[993] Franks/Sanzhar (2006) berichten, dass in fast einem Drittel der von ihnen untersuchten Kapitalerhöhungen in finanzieller Schieflage Verzichte oder Swaps der Fremdkapitalgeber beobachtet werden.[994] Damit ergibt sich Folgendes:

H8: Zugeständnisse der Gläubiger durch Forderungs- bzw. Zinsverzichte oder Debt-Equity- bzw. Debt-Mezzanine-Swaps haben einen signifikant positiven Einfluss auf die Durchführung einer Kapitalerhöhung und den Bruttoemissionserlös.

---

991 Vgl. Kudla (2005), S. 123.

992 Z.B. hat Kapitel 5.3.2 auch gezeigt, dass Debt-Equity-Swaps in der Untersuchungsgrundlage häufiger durch bestehende Eigenkapitalgeber als durch bestehende Fremdkapitalgeber durchgeführt werden.

993 Vgl. Jostarndt (2009), S. 100–101.

994 Vgl. Franks/Sanzhar (2006), S. 11, 36.

Anspruchsverzicht der Aktionäre: Wie oben angesprochen, ist eine weitere Möglichkeit bestehender Kapitalgeber, die Attraktivität der Zeichnung einer Sanierungskapitalerhöhung zu steigern, die Kapitalherabsetzung durch die Altgesellschafter.[995] Im Rahmen der Kapitalherabsetzung werden die realisierten bilanziellen Verluste den Alteigentümern zugerechnet.[996] Im Vorfeld einer Sanierungskapitalerhöhung kommt es daher oftmals zu einer vereinfachten Kapitalherabsetzung, um aufgelaufene Verluste zu bereinigen, sowie einen Emissionspreis über Nennwert zu ermöglichen, da eine Ausgabe neuer Aktien unter Nennwert bzw. unter dem anteiligen Betrag am gezeichneten Kapital (Stückaktien) unzulässig ist.[997] Des Weiteren stellt die Kapitalherabsetzung im Rahmen eines Kapitalschnitts einen Anspruchsverzicht der Altgesellschafter dar, welcher einem externen Investor ermöglicht, für eine bereitgestellte Summe an Eigenkapital einen größeren Anteil am Unternehmen bzw. am gezeichneten Kapital zu erwerben, und in der Folge seine erwartete Vermögensposition bzw. die erwarteten Auszahlungen im Fall eines Sanierungserfolgs zu steigern.[998] Darüber hinaus ist zu berücksichtigen, dass durch die Kapitalherabsetzung die Schwellenwerte der Ausschüttungssperren gem. §§ 57 Abs. 3, 150 Abs. 2 i.V.m. § 158 AktG gemindert werden, und daher im Vergleich zur Situation vor Kapitalherabsetzung frühere bzw. umfangreichere Ausschüttungen an die Investoren zu erwarten sind.[999] Folglich sollte eine Kapitalherabsetzung die Durchführung einer Kapitalerhöhung in finanzieller Schieflage begünstigen.

Ökonometrisch stellt sich die Frage nach der Exogenität der Variable, da argumentiert werden kann, dass die Durchführung einer Kapitalherabsetzung u.U. Ergebnis der Bemühungen um eine Kapitalerhöhung ist. Die Variable ist allerdings als exogen zu betrachten, weil einerseits die Kapitalherabsetzung in zeitlicher Sicht immer vorgelagert ist, und andererseits die Durchführung einer Kapitalherabsetzung keine automatische Kapitalerhöhung nach sich zieht.[1000]

---

995 Vgl. Reger (2018), S. 1274; Höll/Jostarndt (2008), S. 186–187; Haghani/Holzamer (2022), Rn. 53.

996 Vgl. Drukarczyk/Schöntag (2020), Rn. 64; Reger (2018), S. 1274.

997 Vgl. Reger (2018), S. 1273–1275; Witt (2019), Rn. 31.

998 Vgl. Höll/Jostarndt (2008), S. 186–187; Reger (2018), S. 1274–1275; Haghani/Holzamer (2022), Rn. 57.

999 Vgl. Reger (2018), S. 1273 Dies gilt trotz der zusätzlichen Ausschüttungssperre gem. § 233 Abs. 1 AktG.

1000 Im Fall einer Herabsetzung unter den gesetzlich vorgeschriebenen Mindestnennbetrag ist gem. § 228 Abs 1 AktG gleichzeitig eine Kapitalerhöhung ohne Sacheinlage zu beschließen.

Letzteres kann deshalb zustande kommen, da die Kapitalherabsetzung einerseits als Einzelmaßnahme ohne Kapitalerhöhung eingesetzt werden kann, und andererseits auch deswegen, weil angestrebte Kapitalerhöhungen nach Kapitalherabsetzungen keine Erfolgsgarantie im Hinblick auf ihre Durchführung besitzen.[1001] Es kann daher folgende Hypothese formuliert werden:

H9: Zugeständnisse der Altaktionäre durch Kapitalherabsetzungen haben einen signifikant positiven Einfluss auf die Durchführung einer Kapitalerhöhung und den Bruttoemissionserlös.

Eigentümerkonzentration: Eine zentrale Rolle in Bezug auf die Eigenkapitalemission ist von der Zusammensetzung der bisherigen Eigentümer zu erwarten. Eine Emission kann u.U. unterbleiben, wenn ein Eigentümer oder eine Investorengruppe in der Lage ist, finanzielle Mittel auf anderem, ggfs. schnellerem Weg, z.B. mittels eines Gesellschafterdarlehens, zur Verfügung zu stellen. Des Weiteren ist zu beachten, dass bspw. in Familienunternehmen wohl eher davon abgesehen wird, neue Gesellschafter aufzunehmen, um den eigenen Einfluss auf die Geschäftstätigkeit des Unternehmens nicht zu beschneiden.[1002] Ein ähnliches Kalkül kann auch für strategische Investoren gelten, die sich von der Zusammenarbeit mit dem Krisenunternehmen entscheidende Vorteile für das eigene Geschäftsmodell erhoffen. Aufseiten externer Investoren gilt außerdem zu beachten, dass erst eine ausreichend hohe Beteiligung eine aktive Gestaltung der Sanierung erlaubt.[1003] Sollten Altgesellschafter entsprechend hohe Beteiligungen aufweisen, wäre die Mitsprache trotz ggfs. bestehenden Verwässerungseffekten gemindert. Andererseits kann argumentiert werden, dass im Fall von konzentrierten Eigentümerstrukturen eher eine Kapitalerhöhung unter Beteiligung externer Investoren durchgeführt wird. Denn in der Unternehmenskrise sind die Mittel der Altgesellschafter oftmals aufgebraucht, weshalb eine Aufnahme neuer Gesellschafter in Erwägung gezogen wird.[1004] Zudem sollte eine höhere Konzentration die Koordination der Anteilseigner fördern.[1005]

1001 Eine Kapitalerhöhung kann scheitern, wenn z.B. keine Investoren zur Verfügung stehen oder keine Einlage geleistet wird. Vgl. das Beispiel der Loewe AG in Kapitel 4.2.3.

1002 Vgl. Jostarndt (2009), S. 89.

1003 Vgl. Dirschedl (2015), S. 55.

1004 Vgl. Hermanns (2022), Rn. 371; Dirschedl (2015), S. 54; Drukarczyk/Schöntag (2020), Rn. 62.

1005 Vgl. Jostarndt (2009), S. 89.

Jostarndt (2009) zeigt in seiner Analyse, dass das Bestehen von Mehrheitsaktionären keinen Einfluss auf die Emissionswahrscheinlichkeit hat.[1006] Um die Eigentümerkonzentration zu messen, wird der Herfindahl-Index auf Basis der Stimmrechte der Investoren mit einer Beteiligung von mehr als 5 % berechnet. Es wird insgesamt folgende Hypothese geprüft:

H10: Die Eigentümerkonzentration der Unternehmen hat einen signifikant negativen Einfluss auf die Durchführung einer Kapitalerhöhung und den Bruttoemissionserlös.

7.2.3.5 Kontrollvariablen

In die Analyse der Emissionsentscheidung findet die Variable *Größe* Eingang, um standardmäßig für die Unternehmensgröße zu kontrollieren.[1007] Diese kann im vorliegenden Zusammenhang i.S. der Pecking-Order-Theorie als inverses Maß für die Informationsasymmetrie interpretiert werden, weshalb Großunternehmen möglicherweise leichter Eigenkapital emittieren können. Dagegen kann i.S. der Trade-Off-Theorie argumentiert werden, dass Großunternehmen aufgrund der geringeren Insolvenzwahrscheinlichkeit eine höhere Verschuldungskapazität aufweisen und daher von einer Eigenkapitalemission absehen.[1008] Zudem findet eine Indikatorvariable für die wesentliche Veränderungen des Insolvenzrechts durch das ESUG Eingang in die Untersuchung. Ein möglicher Einfluss könnte z.B. dahingegen formuliert werden, dass das Management durch die Erleichterungen bzgl. der Durchführung eines Insolvenzplanverfahrens weniger Anreize hat, eine außergerichtliche Kapitalerhöhung durchzuführen, da bspw. eine Eigenverwaltung nicht zwangsläufig einen Arbeitsplatzverlust nach sich zieht.

Im Rahmen der linearen Regressionen im Teilbereich der Emissionserlöse werden zusätzliche Kontrollvariablen verwendet. Diese stellen zwar ebenso Charakteristika des Emissionsvorgangs dar, jedoch werden für diese eventuellen

---

1006 Vgl. Jostarndt (2009), S. 101. Derselbe weist im Hinblick auf die Aktionärsstruktur einen positiven Einfluss des Anteils des aktuellen Managements (Vorstand) nach. Nicht abgetragene Analysen zeigen für das vorliegende Sample keinen solchen Einfluss.

1007 In der linearen Regression wird auf die Variable verzichtet, da die abhängige Variable der (log-transformierte) relative Bruttoemissionserlös ist, d.h. Bruttoemissionserlös im Verhältnis zur Bilanzsumme der Vorperiode. Vgl. für ein ähnliches Vorgehen Jostarndt (2009), S. 95–98.

1008 Vgl. Rajan/Zingales (1995), S. 1456–1457.

Einflüsse keine expliziten Hypothesen formuliert. Generell ist aufgrund der gesetzlichen Vorschriften zum Ausschluss des Bezugsrechts davon auszugehen, dass eher kleinere Tranchen durch die Form einer Platzierung emittiert werden, und daher der Emissionserlös negativ beeinflusst wird. Außerdem ist anhand der folgenden Analyse in Tab. 43 davon auszugehen, dass wesentlich höhere relative Emissionserlöse für Bezugsrechtsemissionen verzeichnet werden.[1009] Tab. 44 zeigt darüber hinaus mögliche Unterschiede in Bezug auf die relativen Emissionserlöse für genehmigte und ordentliche Kapitalerhöhungen. Im Fall von mehrfachen Kapitalerhöhungen sind außerdem Kontrollen für die Kapitalerhöhungsvorgänge einzufügen. Es werden daher nachfolgend Variablen für die Emissions- und Genehmigungsart, sowie mehrfache Kapitalerhöhungen innerhalb eines Jahres in der Analyse berücksichtigt.

7.3 Empirische Analyse

Die empirische Untersuchung beginnt mit der Präsentation der Datenbasis. Es folgt die univariate Analyse, um wesentliche Unterschiede von Krisenunternehmen, die Sanierungskapitalerhöhungen durchführen bzw. diese nicht durchführen, in Bezug auf einzelne Variablen herauszuarbeiten. Es schließt sich die multivariate Analyse hinsichtlich der emittierenden und nicht-emittierenden Unternehmen, sowie der Höhe des relativen Bruttoemissionserlöses an. Für erstere Fragestellung erfolgt die Durchführung und Modellbildung auf Basis der logistischen Regression.[1010] Letztere Fragestellung wird anhand der linearen Regression bearbeitet.

7.3.1 Datenbasis

Als Untersuchungsgrundlage dienen 356 Kapitalerhöhungen aus 159 Sanierungsprozessen von CDAX-Unternehmen im Zeitraum 1999 bis 2022.[1011]

1009 Zur besseren Vergleichbarkeit werden die relativen Bruttoemissionserlöse, d.h. Bruttoemissionserlös im Verhältnis zur Bilanzsumme, untersucht.

1010 Vgl. für eine ausführliche Erläuterung Kapitel 3.2.1.1.

1011 Siehe für die Identifikation der Unternehmen in finanzieller Schieflage und den sich anschließenden technischen Sanierungsprozess sowie die Erhebungsmethodik des Maßnahmeneinsatzes Kapitel 4. Die Zahl der 356 Kapitalerhöhungen ist höher als die 314 Kapitalerhöhungen, die in Kapitel 5 dokumentiert wurden. Ursächlich hierfür ist, dass 47 Kapitalerhöhungen aus noch nicht abgeschlossenen Sanierungsprozessen in der Analyse in diesem Abschnitt enthalten sind. Außerdem werden fünf Kapitalerhöhungen ausgeschlossen, die bei wesentlichen

Daneben werden 169 Sanierungsprozesse ohne Aktienemission beobachtet. Die jeweiligen Krisenenden für die Sanierungsprozesse, sowie die Zahl an Sanierungsprozessen mit der entsprechenden Anzahl an Kapitalerhöhungen, sind in Tab. 40 abgetragen. Z.B. werden 35 Sanierungsprozesse mit einer Kapitalerhöhung erfasst, die mit einer Fortführung des Unternehmens in der bisherigen Form endeten. In 34 Fällen wird exakt eine Kapitalerhöhung beobachtet, jedoch muss in der Folge Insolvenzantrag gestellt werden. Insgesamt sind am häufigsten Sanierungsprozesse mit exakt einer Kapitalerhöhung (80) oder zwei Kapitalerhöhungen (40) zu verzeichnen. 72 Unternehmen werden insgesamt fortgeführt, während 62 Unternehmen Insolvenzantrag stellen, und für 25 Unternehmen ein sonstiger Ausgang des Sanierungsprozesses, wie z.B. ein Squeeze-Out, beobachtet wird.

Tab. 40: Ausgang und Verteilung der Sanierungsprozesse mit und ohne Kapitalerhöhungen in finanzieller Schieflage [a]

	(1)	(2)	(3)	(4)	(5)
Anzahl	**Fortführung**	**Insolvenz**	**Sonstige**	**Σ**	**KE-Vorgänge**
1	35	34	11	80	92
2	18	16	6	40	42
3	9	7	2	18	9
≥ 4	10	5	6	21	16
Σ	72	62	25	159	159
Ohne KE	76	78	15	169	0

Die Tab. zeigt den Ausgang und die Verteilung der Sanierungsprozesse mit und ohne Kapitalerhöhungen. Insgesamt wurde in 159 Sanierungsprozessen mindestens eine Kapitalerhöhung beobachtet. In 169 Sanierungsprozessen wurde keine Kapitalerhöhung beobachtet. Es gilt (1) + (2) + (3) = (4). *Fortführung* bezeichnet Unternehmen mit unveränderter Fortführung am Ende des Sanierungsprozesses. *Insolvenz* bezeichnet Unternehmen mit Insolvenzantragsstellung am Ende des Sanierungsprozesses. *Sonstige* bezeichnet Unternehmen mit einem sonstigen Krisenausgang (z.B. Squeeze-Out) am Ende des Sanierungsprozesses. *KE-Vorgänge* bezeichnet die Anzahl an Sanierungsprozessen mit der jeweiligen Anzahl an Kapitalerhöhungsvorgängen (Jahre mit mindestens einer Kapitalerhöhung). *Ohne KE* bezeichnet die Anzahl an Sanierungsprozessen ohne Kapitalerhöhung.

[a] Im Gegensatz zu den vorherigen Kapitel enthalten die Unternehmen mit sonstigem Krisenausgang in diesem Kapitel auch die zum Ende der Datenerhebung noch laufenden Sanierungsprozesse.

Tochtergesellschaften durchgeführt wurden, da keine detaillierten Daten vorliegen.

Der Anteil an im Sanierungsverlauf insolventen Unternehmen ist für die Sanierungsprozesse ohne Kapitalerhöhung höher (ca. 46 %). Jedoch ist auch der Anteil an später insolventen Unternehmen an denjenigen Unternehmen, die mindestens eine Kapitalerhöhung durchführen können, mit etwa 39 % enorm. Es kann daher für Zeichner von Sanierungskapitalerhöhungen ein sehr hohes Verlustrisiko konstatiert werden, da eine Insolvenz i.d.R. mit einem Totalverlust für den jeweiligen Investor einhergeht. Aus den 356 Einzelkapitalerhöhungen werden 286 Kapitalerhöhungsvorgänge (KE-Vorgänge) gebildet, indem Einzelkapitalerhöhungen eines Fiskaljahres zu einem Kapitalerhöhungsvorgang zusammengefasst werden. So führte bspw. die Alno AG im Geschäftsjahr 2007 eine Barkapitalerhöhung im März, sowie eine im Oktober durch.[1012] Beide Kapitalerhöhungen wurden unter Ausnutzung des genehmigten Kapitals vollzogen, jedoch wurde die erste Kapitalerhöhung ausschließlich bei einem Ankeraktionär platziert, während die spätere Kapitalerhöhung als Bezugsrechtsemission durchgeführt wurde. Die Zusammenfassung dient insb. der ökonometrischen Analyse in den Folgeabschnitten.[1013] Tab. 40 zeigt ebenfalls, wie viele Sanierungsprozesse mit der jeweiligen Anzahl an Kapitalerhöhungsvorgängen registriert sind. U.a. werden für 92 Unternehmen exakt ein Jahr und für 42 Unternehmen exakt zwei Jahre mit mindestens einer Kapitalerhöhung erfasst. Mit Blick auf die Unternehmen mit einer extrem ausgeprägten Emissionstätigkeit lässt sich feststellen, dass 21 Sanierungsprozesse mit vier oder mehr Kapitalerhöhungen enthalten sind, während lediglich 16 Sanierungsprozesse vier oder mehr Kapitalerhöhungsvorgänge, d.h. Jahre mit mindestens einer Kapitalerhöhung, aufweisen.[1014]

Tab. 41 enthält die Verteilungen der Kapitalerhöhungsvorgänge, und der Sanierungsprozesse mit und ohne Kapitalerhöhungen je Industrie. Kapitalerhöhungsvorgänge werden zu großen Teilen von Unternehmen, die Teil der Industrien *Software- & Tech-Dienste* und *Medien* sind, beobachtet.

1012 Vgl. Alno AG, Geschäftsbericht 2007, S. 44. Im Dezember 2007 bzw. Januar 2008 folgte außerdem ein Debt-Equity-Swap via Sachkapitalerhöhung durch die Einbringung von Gesellschafterdarlehen. Beispielsweise ist dieser nicht als Einfluss auf den Barkapitalerhöhungsvorgang modelliert, da er zeitlich nachgelagert ist.

1013 Für ein ähnliches Vorgehen vgl. Kim et al. (2019), S. 345–347.

1014 Die Zahl der Kapitalerhöhungsvorgänge ist niedriger als die Zahl der Kapitalerhöhungen, da die Unternehmen häufig mehrfache Kapitalerhöhungen innerhalb eines Jahres durchführen.

Tab. 41: Verteilungen der Kapitalerhöhungsvorgänge und Sanierungsprozesse mit und ohne Kapitalerhöhungen je Industrie

	(1)	(2)	(3)	(4)
Industrie	**Emission**	**Keine Emission**	**Sanierungs-prozesse**	**KE-Vorgänge**
Software- & Tech-Dienste	33	26	59	64
Medien	20	23	43	47
Produkte (Gebrauchsgüter)	17	25	42	27
Industrieprodukte	18	16	34	27
Techn.-Hardware & Halbleiter	12	20	32	18
Erneuerbare Energie	14	10	24	26
Einzel- & Großhandel (Gebrauchsgüter)	8	11	19	15
Industrielle Dienstleistungen	8	9	17	11
Rohstoffe	6	10	16	7
Gesundheitswesen	9	6	15	21
Dienstleistungen (Gebrauchsgüter)	9	5	14	14
Telekommunikation	1	5	6	4
Basiskonsumgüter	2	3	5	2
Einzel- & Großhandel (Basisgüter)	2	0	2	3
Σ	159	169	328	286

Die Tab. zeigt die Verteilungen der Kapitalerhöhungsvorgänge und Sanierungsprozesse mit und ohne Kapitalerhöhungen je Industrie. Insgesamt wurden 286 Kapitalerhöhungsvorgänge in 159 Sanierungsprozessen mit mindestens einer Kapitalerhöhung beobachtet. In 169 Sanierungsprozessen wurde keine Kapitalerhöhung beobachtet. Es gilt (1) + (2) = (3). *KE-Vorgänge* bezeichnet die Anzahl an Kapitalerhöhungsvorgängen, d.h. Jahre mit mindestens einer Kapitalerhöhung, je Sanierungsprozess.

Hinsichtlich der Verteilung der Sanierungsprozesse zeigt sich aber auch, dass viele Krisenunternehmen der genannten Industrien keine Kapitalerhöhung durchführen bzw. durchführen können. So liegen die Emissionsquoten in Bezug auf die Sanierungsprozesse bei ca. 56 % bzw. 47 %, und sind damit etwas über- bzw. leicht unterdurchschnittlich in Bezug auf die gesamte Untersuchungsgrundlage an Unternehmen in finanzieller Schieflage (ca. 48 %). Insgesamt ist ein Einfluss des Platzens der Dotcom-Blase zu erkennen, da Unternehmen aus den genannten Industrien mit und ohne Emission im Krisenzeitraum und im unmittelbaren Anschluss gehäuft im Sample zu beobachten sind.[1015]

Abb. 26 zeigt die Verteilung der Kapitalerhöhungen von Unternehmen in finanzieller Schieflage im Beobachtungszeitraum. Es handelt sich zu großen Teilen um reine Barkapitalerhöhungen, sowie in sehr geringem Maße um Kapitalerhöhungen mit kombinierter Bar- und Sacheinlage.[1016] Die enorme Gesamtzahl an Kapitalerhöhungen (356) unterstreicht die außerordentliche Bedeutung der Kapitalerhöhung als Sanierungsinstrument für börsennotierte Krisenunternehmen in Deutschland.[1017] In besonderer Häufung treten diese im Nachgang des Platzens der Doctom-Blase auf. So wurden in den Jahren 2004 und 2005 42 bzw. 44 Kapitalerhöhungen durchgeführt. Die Vermutung liegt nahe, dass Unternehmen eine Erholung der Kapitalmärkte nutzten, um die Kapitalerhöhungen zu verbesserten Konditionen zu platzieren. Der leichte Anstieg der Emissionstätigkeit in 2010, nachdem der Höhepunkt der Finanzkrise überwunden war, deutet ebenfalls daraufhin, dass die Unternehmen ein verbessertes Marktumfeld zur Emission genutzt haben. Ab 2012 liegt die Anzahl der Sanierungskapitalerhöhung allerdings deutlich unter dem Niveau der Vorjahre. Das ist u.a. darauf zurückzuführen, dass die Anzahl der Krisenunternehmen in der Untersuchungsgrundlage zu diesem Zeitpunkt deutlich geringer ist, als bspw. in den Jahren der Dotcom- oder Finanzkrise.[1018] Bzgl. der gesamten Emissionserlöse und der Zahl an Kapitalerhöhungen besteht offensichtlich wenig Zusammenhang. Trotz absoluter Dominanz hinsichtlich der Anzahl an Kapitalerhöhungen, ist der eingenommene Bruttobetrag in den Jahren 2004 und 2005 mit ca. 747 Mio. € (2004) bzw. ca. 309 Mio. € (2005) vergleichsweise gering. Im Jahr 2009 ist mit ca. 3.552 Mio. € der höchste Emissionserlös zu

1015 Das zeigen auch nicht abgetragene Analysen, sowie z.B. die Krisenbeginne in Tab. 5.

1016 Es wurde nur der Emissionserlös der Barkapitalerhöhungen berücksichtigt. Reine Kapitalerhöhungen aus Sacheinlagen sind nicht Bestandteil der Untersuchungsgrundlage.

1017 Kapitel 5 hat bereits gezeigt, dass die Kapitalerhöhung das am meisten beobachtete finanzielle Sanierungsinstrument in der gesamten Untersuchungsgrundlage darstellt.

1018 Siehe auch die Krisenbeginne in Tab. 5. Das ist einerseits auf einen geringeren relativen Anteil an Krisenunternehmen zurückzuführen (mit Ausnahme der jeweiligen gesamtwirtschaftlichen Krisenphasen). Andererseits nimmt die Anzahl der im CDAX notierten Unternehmen im Zeitablauf der Untersuchung ebenfalls ab. Vgl. bereits Fn. 889.

verzeichnen, welcher allerdings hauptsächlich auf eine einzelne Kapitalerhöhung zurückzuführen ist.

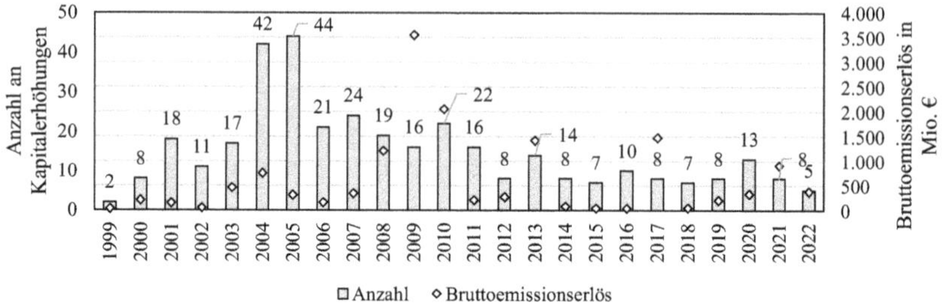

Abb. 26: Kapitalerhöhungen in finanzieller Schieflage nach Jahren und Bruttoemissionserlösen

Die Abb. zeigt die gesamten Bruttoemissionserlöse von 356 Kapitalerhöhungen von 159 Unternehmen in finanzieller Schieflage nach Jahren in Millionen Euro, sowie die Anzahl an Kapitalerhöhungen. Der Bruttoemissionserlös für eine Kapitalerhöhung ist definiert als ausgegebene Aktien mal Ausgabekurs. Es wird jeweils die Summe aller Einzelkapitalerhöhungen gebildet.

Tab. 42 stellt die gesamten Kapitalerhöhungsvorgänge (286) nach Jahren und die gesamten Bruttoemissionserlöse, sowie die jeweiligen Mittelwerte und Mediane, dar. Die Verteilung ist durch eine enorme Rechtsschiefe geprägt, d.h. der Mittelwert (51,24 Mio. €) ist deutlich größer als der Median (5,08 Mio. €). Das ist darauf zurückzuführen, dass im Sample wenige sehr große Kapitalerhöhungen zu verzeichnen sind. Über alle Jahre hinweg schwankt der Mittelwert zwischen 4,04 Mio. € und 273,26 Mio. €, und der Median zwischen 2,58 Mio. € und 28,04 Mio. €. Insgesamt sind Einnahmen aus den Kapitalerhöhungen der Unternehmen i.H.v. rd. 15.000 Mio. € zu verzeichnen. Auch das Gesamtvolumen unterstreicht damit die Bedeutung der Kapitalerhöhung als Sanierungsinstrument für börsennotierte Unternehmen in Deutschland.

Für eine bessere Vergleichbarkeit werden die Erlöse in den folgenden Analysen im Verhältnis zur Bilanzsumme abgebildet. In diesem Zusammenhang zeigt sich, dass im Fall von erfolgreichen Sanierungsversuchen auf Basis der Mittelwerte und Mediane höhere relative Bruttoemissionserlöse pro Kapitalerhöhungsvorgang (16,5 % bzw. 10,4 %) vereinnahmt werden als im Fall von späteren Insolvenzen (11,0 % bzw. 7,0 %). Das kann bedeuten, dass die Erlöshöhe sich kritisch auf die Stabilisierung und die Finanzierung der nachhaltigen Sanierung der entsprechenden Unternehmen auswirkt. Es scheint damit nicht nur relevant zu sein, ob eine Sanierungskapitalerhöhung durchgeführt werden kann, sondern ebenfalls wie erfolgreich das Emissionsverfahren gestaltet wird. Obwohl diese Erkenntnis trivial erscheinen mag, ist die Eindeutigkeit dennoch überraschend, wenn man bedenkt, dass eine Vielzahl an zusätzlichen Faktoren den Ausgang der Sanierungsversuche bestimmen sollte.

Tab. 42: Kapitalerhöhungsvorgänge in finanzieller Schieflage nach Jahren und Bruttoemissionserlösen

Jahr	BE in Mio. €	Mittelwert in Mio. €	Median in Mio. €	Anzahl	Jahr	BE in Mio. €	Mittelwert in Mio. €	Median in Mio. €	Anzahl
1999	29,17	14,59	14,59	2	2011	205,33	15,79	5,56	13
2000	203,80	29,11	28,04	7	2012	269,17	38,45	3,12	7
2001	143,47	9,56	6,02	15	2013	1.418,24	141,82	4,82	10
2002	44,44	4,04	3,77	11	2014	77,78	15,56	5,00	5
2003	457,86	30,52	4,50	15	2015	41,56	5,94	3,00	7
2004	746,64	26,67	3,68	28	2016	42,98	5,37	4,79	8
2005	309,42	9,38	4,45	33	2017	1.479,81	246,64	12,52	6
2006	157,09	8,73	2,58	18	2018	48,42	8,07	5,20	6
2007	339,29	19,96	3,79	17	2019	204,67	25,58	9,23	8
2008	1.210,95	71,23	13,45	17	2020	329,27	29,93	5,29	11
2009	3.552,34	273,26	4,54	13	2021	909,44	129,92	8,00	7
2010	2.053,18	114,07	8,43	18	2022	380,01	95,00	12,92	4
					Gesamt	14.654,33	51,24	5,08	286

Die Tab. zeigt die Bruttoemissionserlöse (BE) von 286 Kapitalerhöhungsvorgängen aus 159 Sanierungsprozessen in finanzieller Schieflage nach Jahren in Millionen Euro, sowie die Mittelwerte, die Mediane und die Anzahl an Kapitalerhöhungsvorgängen. Der Bruttoemissionserlös für eine Kapitalerhöhung ist definiert als ausgegebene Aktien mal Ausgabekurs. Bei mehrfachen Kapitalerhöhungen in einem Fiskaljahr wurde die Summe der Einzelkapitalerhöhungen gebildet.

Wie zuvor dargestellt, können Kapitalerhöhungen nach Emissionsart (Bezugsrechtsemission, Platzierung, beide Arten) und nach Genehmigungsart (Genehmigte Kapitalerhöhung, Ordentliche Kapitalerhöhung, beide Arten) unterschieden werden. Ob diese Ausgestaltungsmöglichkeiten mit unterschiedlichen Emissionserlösen verbunden sind, wird nachfolgend untersucht. Tab. 43 stellt die Bruttoemissionserlöse von Kapitalerhöhungsvorgängen in finanzieller Schieflage nach Kapitalerhöhungsart sowie den jeweiligen Kalenderjahren dar. Im Rahmen von Bezugsrechtsemissionen werden sowohl auf Basis des Mittelwerts (18,1 % zu 10,6 %) als auch des Medians (12,0 % zu 5,8 %) höhere relative

Erlöse erzielt als durch Platzierungen. Aufgrund der rechtlichen Erfordernisse und der damit verbundenen Limitation von Platzierungen in Bezug auf die Ausgabeanzahl von neuen Aktien ist diese Beobachtung nachvollziehbar. Jostarndt (2009) weist in seiner Studie im Median (15 % zu 6 %) höhere Einnahmen für Bezugsrechtsemissionen aus, allerdings nicht im Mittel (35 % zu 57 %).[1019] Für die spätere Analyse kann festgehalten werden, dass ein Unterschied zwischen den Emissionsarten in Bezug auf den Bruttoemissionserlös vorliegt. Das zeigt auch ein nicht abgetragener t-Test, der auf dem 1 %-Niveau einen signifikanten Unterschied ausweist. Darüber hinaus sind die Emissionserlöse über alle Emissionsarten hinweg substantiell und die Verteilung rechtsschief. Es werden im Mittel 18,1 % und im Median 9,2 % der Bilanzsumme des Vorjahres als liquide Mittel vor Abzug der Kosten der Kapitalerhöhung(en) vereinnahmt. Die Vergleichsdaten von Jostarndt (2009) betragen 47 % im Mittel und 8 % im Median,[1020] und zeigen daher eine stärkere Rechtsschiefe im Vergleich zu der hier vorliegenden Datengrundlage.

Auch die Kapitalerhöhungsvorgänge sind, ebenso wie die Einzelkapitalerhöhungen, in den Jahren nach dem Platzen der Dotcom-Blase am häufigsten erfasst (2004: 28; 2005: 33). Reine Platzierungen und reine Bezugsrechtsemissionen sind in 125 bzw. 123 Fällen zu beobachten und machen damit jeweils ca. 43,9 % bzw. 43,2 % aller Vorgänge aus. Bis zum Jahr 2004 dominieren eher Platzierungen ohne Bezugsrechtshandel, während in der Folge eher Bezugsrechtsemissionen durchgeführt wurden. Das ist im Einklang mit den Ergebnissen von Jostarndt (2009), der einen Überhang an Platzierungen für sein Sample, das aus dem Zeitraum von 1996 bis 2004 stammt, ausweist.[1021] Besonders in den Jahren 2004 und 2005 sind Kapitalerhöhungsvorgänge mit einer Kombination beider Emissionsarten zu verzeichnen, d.h. es wurde im selben Jahr mindestens eine Platzierung und eine Bezugsrechtsemission durchgeführt. Insgesamt ist die Anzahl an Kapitalerhöhungsvorgängen, die beide Emissionsarten enthalten, mit 38 Beobachtungen eher gering.

In Tab. 44 sind die Kapitalerhöhungsvorgänge nach Genehmigungsart abgetragen. Es ist ein deutlicher Überhang der genehmigten Kapitalerhöhungen zu konstatieren. Mit Ausnahme des Jahres 1999 stellt diese Form der Kapitalerhöhung jeweils mehr als 70 % und damit die mit weitem Abstand dominierende Form der Kapitalerhöhungsvorgänge in allen Beobachtungsjahren dar. Über

1019 Vgl. Jostarndt (2009), S. 96–97.
1020 Vgl. Jostarndt (2009), S. 96.
1021 Vgl. Jostarndt (2009), S. 96–97.

den gesamten Zeitraum stellen Kapitalerhöhungsvorgänge mit ausschließlich genehmigten Kapitalerhöhungen 84,6 % aller Beobachtungen. Das genehmigte Kapital soll insb. Flexibilität bieten, um kurzfristig zusätzliche finanzielle Mittel unter Vermeidung von Unsicherheiten, z.B. aufgrund einer erst zeitaufwendig zu planenden und später stattfindenden Hauptversammlung oder einer ungewissen Ausübungsquote der Bezugsrechte, zu generieren. Darüber hinaus wird eine u.U. teure und zeitraubende Abwicklung des Bezugsrechts vermieden. Für das vorliegende Sample scheint das genehmigte Kapital daher seiner genuinen Aufgabe gerecht zu werden, da die Unternehmen der Untersuchungsgrundlage zu großen Teilen auf diese Kapitalerhöhungsart zurückgreifen, um sich Eigenkapitalmittel zur Bewältigung der finanziellen Schieflage zu verschaffen. Viele ordentliche Kapitalerhöhungen finden in den Jahren nach dem Platzen der Dotcom-Blase statt. So wurden in 2004 und 2005 jeweils fünf bzw. sieben Kapitalerhöhungen über diesen Weg vorgenommen. Kombinationen beider Kapitalerhöhungsarten sind insgesamt nur fünf Mal zu beobachten. Der Bruttoemissionserlös bewegt sich im Mittel auf einem ähnlichen Niveau (16,7 % zu 18,1 %), während im Median durch ordentliche Kapitalerhöhungen ein deutlich höherer Erlös (14,4 %) als durch genehmigte Kapitalerhöhungen (8,4 %) erzielt wurde. Allerdings ist auf Basis eines nicht abgetragenen t-Tests die Nullhypothese, dass kein Unterschied hinsichtlich des relativen Bruttoemissionserlöses besteht, auf einem Signifikanzniveau von 10 % oder niedriger nicht abzulehnen.

Tab. 43: Bruttoemissionserlöse (in Prozent der Bilanzsumme) von Kapitalerhöhungsvorgängen in finanzieller Schieflage nach Emissionsart und Jahren

	(1)			(2)			(3)			(4)		
	Platzierungen			Bezugsrechtsemissionen			Kombination			Gesamt		
	Mittelwert	Median	Anzahl	Mittelwert	Median	Anzahl	Mittelwert	Median	Anzahl	Mittelwert	Median	Anzahl
1999	7,9 %	7,9 %	1	31,5 %	31,5 %	1	-	-	0	19,7 %	19,7 %	2
2000	9,8 %	7,0 %	3	12,1 %	12,6 %	4	-	-	0	11,1 %	7,0 %	7
2001	7,2 %	4,6 %	13	5,9 %	5,9 %	1	5,9 %	5,9 %	1	7,1 %	5,9 %	15
2002	8,8 %	9,5 %	9	3,7 %	3,7 %	2	-	-	0	7,9 %	7,7 %	11
2003	4,4 %	4,2 %	7	20,5 %	17,6 %	6	11,5 %	11,5 %	2	11,8 %	6,6 %	15
2004	22,6 %	6,2 %	14	15,0 %	7,5 %	9	19,2 %	16,8 %	5	19,5 %	8,4 %	28
2005	9,5 %	4,8 %	11	32,4 %	22,5 %	16	37,3 %	21,7 %	6	25,6 %	16,8 %	33
2006	15,7 %	13,3 %	10	24,5 %	20,5 %	8			0	19,6 %	15,2 %	18
2007	19,0 %	20,1 %	6	7,2 %	6,4 %	8	16,8 %	12,0 %	3	13,1 %	10,4 %	17
2008	10,8 %	2,0 %	7	13,2 %	9,6 %	8	11,3 %	11,3 %	2	12,0 %	8,0 %	17
2009	3,5 %	3,5 %	2	13,2 %	9,0 %	11	-	-	0	11,7 %	8,8 %	13
2010	3,6 %	3,5 %	6	12,5 %	14,5 %	8	145,9 %	33,7 %	4	39,2 %	6,2 %	18
2011	7,3 %	5,3 %	4	15,5 %	16,4 %	8	16,5 %	16,5 %	1	13,1 %	14,1 %	13
2012	8,4 %	8,4 %	2	9,0 %	3,4 %	4	10,2 %	10,2 %	1	9,0 %	4,0 %	7
2013	4,0 %	2,7 %	3	10,8 %	11,0 %	4	24,3 %	28,7 %	3	12,8 %	7,6 %	10
2014	3,6 %	3,6 %	2	14,2 %	14,2 %	2	313,2 %	313,2 %	1	69,8 %	10,7 %	5
2015	8,4 %	6,1 %	4	12,6 %	12,5 %	3	-	-	0	10,2 %	7,7 %	7

	(1)			(2)			(3)			(4)		
	Platzierungen			Bezugsrechtsemissionen			Kombination			Gesamt		
	Mittelwert	Median	Anzahl	Mittelwert	Median	Anzahl	Mittelwert	Median	Anzahl	Mittelwert	Median	Anzahl
2016	16,4 %	12,9 %	5	7,1 %	7,1 %	2	31,0 %	31,0 %	1	15,9 %	10,0 %	8
2017	7,4 %	7,4 %	2	6,9 %	6,9 %	2	44,1 %	44,1 %	2	19,5 %	10,1 %	6
2018	8,7 %	6,3 %	5	162,2 %	162,2 %	1	-	-	0	34,3 %	8,7 %	6
2019	2,7 %	3,1 %	3	18,6 %	9,8 %	3	18,9 %	18,9 %	2	12,7 %	3,6 %	8
2020	6,7 %	3,0 %	4	19,3 %	9,1 %	6	22,9 %	22,9 %	1	15,0 %	6,1 %	11
2021	-	-	0	21,4 %	24,2 %	5	21,5 %	21,5 %	2	21,4 %	24,2 %	7
2022	4,1 %	4,1 %	2	8,6 %	8,6 %	1	8,5 %	8,5 %	1	6,3 %	7,2 %	4
Gesamt	10,6 %	5,8 %	125	18,1 %	12,0 %	123	43,4 %	12,0 %	38	18,1 %	9,2 %	286

Die Tab. zeigt Kapitalerhöhungsvorgänge von Unternehmen in finanzieller Schieflage. Insgesamt wurden 356 Kapitalerhöhungen zu 286 Kapitalerhöhungsvorgängen zusammengefasst. Ein Kapitalerhöhungsvorgang enthält alle Kapitalerhöhungen des jeweiligen Fiskaljahres des Unternehmens. Der Bruttoemissionserlös wird in Prozent der Bilanzsumme des unmittelbar zuvor beendeten Fiskaljahres ausgedrückt. *Platzierungen* sind Kapitalerhöhungsvorgänge, die ausschließlich Kapitalerhöhungen mit Bezugsrechtsausschluss gem. § 186 Abs. 3 AktG enthalten. *Bezugsrechtsemissionen* sind Kapitalerhöhungsvorgänge, die ausschließlich Kapitalerhöhungen mit Bezugsrecht gem. § 186 Abs. 1 AktG enthalten. *Kombination* sind Kapitalerhöhungsvorgänge, die Platzierungen und Bezugsrechtsemissionen enthalten. In Bezug auf die Anzahl gilt: (1) + (2) + (3) = (4).

Tab. 44: Bruttoemissionserlöse (in Prozent der Bilanzsumme) von Kapitalerhöhungsvorgängen in finanzieller Schieflage nach Genehmigungsart und Jahren

	(1)			(2)			(3)			(4)		
	Genehmigt			Ordentlich			Kombination			Gesamt		
	Mittelwert	Median	Anzahl	Mittelwert	Median	Anzahl	Mittelwert	Median	Anzahl	Mittelwert	Median	Anzahl
1999	7,9 %	7,9 %	1	31,5 %	31,5 %	1	-	-	0	19,7 %	19,7 %	2
2000	10,1 %	7,0 %	5	13,7 %	13,7 %	2	-	-	0	11,1 %	7,0 %	7
2001	7,1 %	5,2 %	14	5,9 %	5,9 %	1	-	-	0	7,1 %	5,9 %	15
2002	8,3 %	7,7 %	9	6,2 %	6,2 %	2	-	-	0	7,9 %	7,7 %	11
2003	10,9 %	6,6 %	13	17,6 %	17,6 %	2	-	-	0	11,8 %	6,6 %	15
2004	19,3 %	6,9 %	22	11,5 %	9,6 %	5	64,8 %	64,8 %	1	19,5 %	8,4 %	28
2005	25,8 %	14,9 %	26	25,0 %	24,6 %	7	-	-	0	25,6 %	16,8 %	33
2006	20,5 %	15,4 %	17	-	-	0	5,5 %	5,5 %	1	19,6 %	15,2 %	18
2007	13,8 %	10,4 %	15	7,8 %	7,8 %	2	-	-	0	13,1 %	10,4 %	17
2008	10,3 %	7,5 %	16	38,5 %	38,5 %	1	-	-	0	12,0 %	8,0 %	17
2009	8,0 %	8,5 %	10	21,7 %	21,7 %	2	28,7 %	28,7 %	1	11,7 %	8,8 %	13
2010	45,1 %	5,9 %	14	11,3 %	14,6 %	3	40,0 %	40,0 %	1	39,2 %	6,2 %	18
2011	12,2 %	14,1 %	11	18,0 %	18,0 %	2	-	-	0	13,1 %	14,1 %	13
2012	6,1 %	2,9 %	5	16,4 %	16,4 %	2	-	-	0	9,0 %	4,0 %	7
2013	12,1 %	6,9 %	9	19,3 %	19,3 %	1	-	-	0	12,8 %	7,6 %	10
2014	8,9 %	7,9 %	4	-	-	0	313,2 %	313,2 %	1	69,8 %	10,7 %	5
2015	9,8 %	6,4 %	6	12,5 %	12,5 %	1	-	-	0	10,2 %	7,7 %	7

	(1)			(2)			(3)			(4)		
	Genehmigt			Ordentlich			Kombination			Gesamt		
	Mittelwert	Median	Anzahl	Mittelwert	Median	Anzahl	Mittelwert	Median	Anzahl	Mittelwert	Median	Anzahl
2016	17,2 %	12,9 %	7	7,1 %	7,1 %	1	-	-	0	15,9 %	10,0 %	8
2017	19,5 %	10,1 %	6	-	-	0	-	-	0	19,5 %	10,1 %	6
2018	34,3 %	8,7 %	6	-	-	0	-	-	0	34,3 %	8,7 %	6
2019	12,7 %	3,6 %	8	-	-	0	-	-	0	12,7 %	3,6 %	8
2020	11,0 %	5,0 %	9	33,3 %	33,3 %	2	-	-	0	15,0 %	6,1 %	11
2021	18,8 %	14,2 %	5	28,0 %	28,0 %	2	-	-	0	21,4 %	24,2 %	7
2022	6,3 %	7,2 %	4	-	-	0	-	-	0	6,3 %	7,2 %	4
Gesamt	16,7 %	8,4 %	242	18,1 %	14,4 %	39	90,4 %	40,0 %	5	18,1 %	9,2 %	286

Die Tab. zeigt Kapitalerhöhungsvorgängen von Unternehmen in finanzieller Schieflage. Insgesamt wurden 356 Kapitalerhöhungen zu 286 Kapitalerhöhungsvorgängen zusammengefasst. Ein Kapitalerhöhungsvorgang enthält alle Kapitalerhöhungen des jeweiligen Fiskaljahres des Unternehmens. Der Bruttoemissionserlös wird in Prozent der Bilanzsumme des unmittelbar zuvor beendeten Fiskaljahres ausgedrückt. *Genehmigt* sind Kapitalerhöhungsvorgänge, die ausschließlich genehmigte Kapitalerhöhungen gem. §§ 202 bis 206 AktG enthalten. *Ordentlich* sind Kapitalerhöhungsvorgänge, die ausschließlich ordentliche Kapitalerhöhungen gem. §§ 182 bis 191 AktG enthalten. *Kombination* sind Kapitalerhöhungsvorgänge, die genehmigte und ordentliche Kapitalerhöhungen enthalten. In Bezug auf die Anzahl gilt: (1) + (2) + (3) = (4).

7.3.2 Univariate Analyse

Die Hypothesen, die in Kapitel 7.2.3 entwickelt wurden, dienen als Grundlage für die Kodierung der entsprechenden Variablen. Es folgt eine Gegenüberstellung der jeweiligen Variablenausprägungen der Unternehmen in finanzieller Schieflage mit und ohne beobachtete Eigenkapitalemission, sowie eine Prüfung hinsichtlich signifikanter Unterschiede durch die Anwendung eines parametrischen t-Tests, sowie eines nicht-parametrischen Wilcoxon-Mann-Whitney-Tests. Für dichotome Variablen wird anstatt letzteren Tests der nicht-parametrische χ^2-Test angewandt. Die Variablen werden außerdem entsprechend den zu prüfenden Teilbereichen aufgeteilt.[1022]

Tab. 45 enthält die Ergebnisse der univariaten Analyse der Eigenkapitalemissionen. Die emittierenden Firmen verfügen im Mittel über einen niedrigeren operativen Cashflow, sowie eher über ein Tobinsches Q größer eins. Die Ergebnisse für das Tobinsche Q können dahingehend interpretiert werden, dass Unternehmen mit höheren Wachstumschancen eher eine Kapitalerhöhung platzieren (können).[1023] Die Gruppe der kapitalerhöhenden Unternehmen weist im Bereich der Vermögens- und Kapitalstruktur zudem ein niedrigeres Sachanlagevermögen und eine niedrigere industrieadjustierte Verschuldung auf. Erstes deutet auf höhere Informationsasymmetrien von emittierenden Unternehmen, letztes auf das Vorliegen des *Debt-Overhang* für nicht-emittierende Unternehmen hin. Außerdem ist für Emissionsunternehmen eine geringere Liquidität auf Basis der industrieadjustierten Current-Ratio zu verzeichnen. Das Ergebnis zeigt auch, dass beide Typen im Mittel und im Median eine geringere Liquidität als das Median-Unternehmen der jeweiligen Industrie im entsprechenden Jahr aufweisen. Im Hinblick auf die gesamtwirtschaftlichen Einflüsse scheinen geringere Unterschiede vorzuliegen, da lediglich der Industriekrisen-Indikator signifikant verschieden ist. Allerdings legt dieser eine höhere Emissionstätigkeit von Unternehmen in Krisenindustrien nahe. Relevant scheinen dagegen die Unterschiede in Bezug auf die Charakteristika des Kapitalerhöhungsprozesses zu sein: In 16,8 % der Fiskaljahre mit Kapitalerhöhung findet ein Anspruchsverzicht durch die Gläubiger in Form

---

1022 Die kontinuierlichen Variablen wurden zudem auf dem 1 %- und 99 %-Perzentil winsorisiert, um eine Beeinflussung der Modelle durch (potenziell falsche) Extremwerte zu unterbinden. Nicht abgetragene Analysen ohne diesen Schritt zeigen qualitativ ähnliche Ergebnisse an.

1023 Nicht berichtete Untersuchungen unter Ausschluss der Unternehmen mit einem negativen Eigenkapitalbuchwert weisen qualitativ vergleichbare Resultate aus.

eines Debt-Equity-/Debt-Mezzanine-Swaps oder eines Forderungsverzichts/ Zinserlasses statt. Kapitalherabsetzungen sind darüber hinaus signifikant häufiger in der Gruppe der emittierenden Unternehmen zu beobachten, weshalb ein Anspruchsverzicht der Altaktionäre offenbar ebenfalls die Durchführung einer Kapitalerhöhung erleichtert. Die Eigentümerkonzentration ist dagegen in der Gruppe der Beobachtungen ohne Kapitalerhöhung signifikant höher. Dies kann daraufhin deuten, dass diese Unternehmen entweder Kapital in anderer Form wie z.B. Gesellschafterdarlehen zur Verfügung gestellt bekommen, Großaktionäre aufgrund eigener finanzieller Engpässe keine Kapitalerhöhung zeichnen können, oder eine Kapitalerhöhung für Marktteilnehmer aufgrund des Einflusses von Ankeraktionären und den damit verbundenen verminderten Mitspracherechten nicht attraktiv erscheint. Insgesamt kann festgehalten werden, dass bis auf den Teilbereich *Gesamtwirtschaftliche Einflüsse* alle Variablengruppen signifikant zwischen den Kategorien zu variieren scheinen. Um den tatsächlichen Einfluss in Bezug auf die Wahrscheinlichkeit der Kapitalerhöhungsdurchführung zu untersuchen, wird nachfolgend die multivariate Analyse durchgeführt.

Tab. 45: Univariate Analyse für Kapitalerhöhungen in finanzieller Schieflage

Variable	**Emissionen (n =286)**			**Keine Emissionen (n =1.039)**			**t-Test**	**W.-M.-W.-Test/ χ^2-Test**
	Mittelwert	**Median**	**Std. Abw.**	**Mittelwert**	**Median**	**Std. Abw.**		
Operative Unternehmenseigenschaften								
OCF_{adj}	-0,127	-0,083	0,202	-0,046	-0,026	0,145	0,000***	0,000***
TQ	0,633	1	0,483	0,509	1	0,500	0,000***	0,000***
Vermögens- und Kapitalstruktur								
SAV	0,165	0,092	0,174	0,213	0,185	0,172	0,000***	0,000***
Lev_{adj}	0,178	0,200	0,189	0,215	0,227	0,180	0,004***	0,004***
CR_{adj}	-0,501	-0,603	0,684	-0,244	-0,325	0,769	0,000***	0,000***
Exogene Einflüsse								
Krise	0,479	0	0,500	0,525	1	0,500	0,174	0,173
Industriekrise	0,119	0	0,324	0,086	0	0,280	0,115	0,086*
Charakteristika des Kapitalerhöhungsprozesses								
FFDE	0,168	0	0,374	0,087	0	0,281	0,001***	0,000***
KH	0,157	0	0,365	0,025	0	0,156	0,000***	0,000***
EKZ	0,183	0,113	0,190	0,243	0,164	0,230	0,000***	0,000***
Kontrollvariablen								
ESUG	0,280	0	0,450	0,256	0	0,437	0,427	0,419
Größe	4,399	4,232	1,912	5,043	4,823	1,737	0,000***	0,000***

Die Tab. zeigt Mittelwerte, Mediane und Standardabweichungen je definierter Variable für Unternehmen mit und ohne Emission. Außerdem werden die Ergebnisse für den t-Test, den Wilcoxon-Mann-Whitney-Test und den χ^2-Test berichtet. Die Datengrundlage bilden 1.325 Fiskaljahre von Unternehmen in finanzieller Schieflage. In 286 Fiskaljahren wurden Kapitalerhöhungen (Emissionen) durchgeführt. In 1.039 Fiskaljahren wurde keine Kapitalerhöhung (Keine Emissionen) durchgeführt. Es handelt sich um 159 Sanierungsprozesse mit und 169 Sanierungsprozesse ohne Emission. OCF_{adj} ist der industrieadjustierte operative Cashflow vor Zinsen im Verhältnis zur durchschnittlichen Bilanzsumme des aktuellen und des Vorjahres. *TQ* ist eine Indikatorvariable, die den Wert eins annimmt, wenn das Tobins Q größer eins ist, außer für Unternehmen mit negativem Buchwert des Eigenkapitals. *SAV* ist das Verhältnis des Sachanlagevermögens zur Bilanzsumme. Lev_{adj} ist die industrieadjustierte Verschuldungsquote zu Marktwerten. CR_{adj} ist die industrieadjustierte Current-Ratio (Liquidität dritten Grades). *Krise* ist eine Indikatorvariable, die den Wert eins annimmt, wenn im entsprechenden Jahr oder im Vorjahr ein negatives Realwachstum des BIP vorliegt sowie in den Jahren 2001 und 2008. *Industriekrise* ist eine Indikatorvariable, die den Wert eins annimmt, wenn im entsprechenden Jahr oder im Vorjahr der Median-OCF der Unternehmen in der jeweiligen Industrie kleiner null ist. *FFDE* ist eine Indikatorvariable, die den Wert eins annimmt, wenn im laufenden Fiskaljahr ein Debt-Equity-Swap/Debt-Mezzanine-Swap oder ein Forderungsverzicht/Zinserlass beobachtet wurde. *KH* ist eine Indikatorvariable, die den Wert eins annimmt, wenn im laufenden Fiskaljahr eine Kapitalherabsetzung beobachtet wurde. *EKZ* entspricht der Eigentümerkonzentration auf Basis des Herfindahl-Index. *ESUG* ist eine Indikatorvariable, die für alle Verhandlungen ab 2012 den Wert eins annimmt. *Größe* entspricht der logarithmierten und deflationierten Bilanzsumme. Alle Indikatorvariablen nehmen den Wert null an, wenn die jeweiligen Bedingungen nicht erfüllt sind. Die Daten stammen aus dem letzten verfügbaren Fiskaljahr vor dem jeweiligen Jahr in finanzieller Schieflage. Es werden die Ergebnisse für den t-Test, den Wilcoxon-Mann-Whitney-Test und den χ^2-Test berichtet. Ausführliche Definitionen der unabhängigen Variablen können Anh. 6 entnommen werden. Das Signifikanzniveau auf dem 10 %-, 5 %- und 1 %-Niveau ist jeweils mit *, ** und *** gekennzeichnet.

7.3.3 Multivariate Analyse

Für die multivariate Analyse wird eine logistische Regression anhand der Maximum-Likelihood-Schätzung durchgeführt. Die abhängige Variable nimmt dabei die Ausprägung eins an, wenn eine Sanierungskapitalerhöhung im jeweiligen Jahr in finanzieller Schieflage durchgeführt wird. Ist keine Kapitalerhöhung zu verzeichnen, so beträgt die abhängige Variable null. Hierbei werden zunächst auch die in der univariaten Analyse zwischen den beiden Gruppen nicht signifikant divergierenden Variablen einbezogen. Die unterschiedlichen Bereiche werden für die multivariate Analyse blockweise in die Modelle integriert, und Modell 5 unter Auslassung nicht-signifikanter Variablen der vorherigen Modelle geschätzt. In Modell 6 werden darüber hinaus die Kontrollvariablen nicht berücksichtigt.

Die angewandte Modellvariante der logistischen Regression bedarf einer Begründung. Grundsätzlich handelt es sich vorliegend um eine Paneldatenstruktur, weshalb z.B. der Einsatz von Generalized-Estimating-Equations-(GEE), Fixed- oder Random-Effects-Modellen denkbar wäre.[1024] Im Hinblick auf die Annahmen der logistischen Regression, die u.a. eine Unabhängigkeit der Beobachtungen erfordert, kann dies im Fall der vorliegenden Datenstruktur notwendig sein. Dem ist folgendes zu entgegen: Fixed-Effects-Modelle können in der vorliegenden Analyse unabhängig von den theoretischen Überlegungen nicht verwendet werden, da einige Unternehmen keine Kapitalerhöhungen während des Sanierungsprozesses durchführen, und daher keine Veränderung der abhängigen Variable erfolgt. Es müsste somit auf einen Teil der Daten verzichtet werden, was je nach Fragestellung nicht zwangsläufig zu einer systematisch veränderten Stichprobe führt.[1025] Im Zusammenhang mit der vorliegenden Forschungsfrage, die insb. nach den Gründen für eine nicht erfolgte Sanierungskapitalerhöhung fragt, ist das Modell jedoch nicht zielführend. Das gilt auch deshalb, weil nicht die Veränderung der intraindividuellen Unternehmenseigenschaften im Zeitablauf, sondern die Unterschiede der interindividuellen Unternehmenseigenschaften, d.h. das generelle Niveau bestimmter Variablenausprägungen, von Interesse sind.[1026] In Bezug auf die Random-Effects-Schätzung wäre die

---

1024 Vgl. Hilbe (2009), S. 441–442; Jostarndt (2007), S. 47–48; Giesselmann/Windzio (2012), S. 142. Während die erste Modellvariante durchschnittliche Effekte schätzt, stellen letztere Modelle auf subjektspezifische Effekte ab. Vgl. Giesselmann/Windzio (2012), S. 175–176.

1025 Vgl. Giesselmann/Windzio (2012), S. 156.

1026 Ein Hausman-Test, der üblicherweise als Entscheidungshilfe zwischen Fixed- und Random-Effects-Modellen genutzt wird, ist in diesem Kontext nicht adäquat. Aus

Annahme zu treffen, dass der Random-Effect nicht mit den zeitvarianten erklärenden Variablen korreliert ist. Andernfalls wären die geschätzten Koeffizienten verzerrt.[1027] Diese Annahme ist oftmals unrealistisch.[1028] Zudem ist das Sample nicht balanciert, d.h. es liegt eine (teilweise sehr) unterschiedliche Anzahl an Beobachtungen für verschiedene Unternehmen vor, und es erfolgt eine Untersuchung stark intraindividuell variierender Variablen. In diesem Fall wäre ein einfaches logistisches Regressionsmodell mit korrigiertem Standardfehler dem Random-Effects-Modell vorzuziehen.[1029] Da im Rahmen der Prüfung des GEE-Modells Kennzahlanalysen die Vorzugswürdigkeit einer unabhängigen Korrelationsstruktur anzeigen,[1030] und dieses Modell dem einfachen Modell entsprechen würde, wird das einfache Modell gewählt.[1031]

Tab. 46 zeigt die Ergebnisse der logistischen Regressionen. Die Wahrscheinlichkeit, dass Eigenkapital emittiert wird, ist für Unternehmen mit einem niedrigeren industrieadjustierten operativen Cashflow und einem Tobinschen Q größer eins erhöht. Ersteres kann als Bestätigung der Ergebnisse der Studien von Franks/Sanzhar (2006) und Jostarndt (2009) interpretiert werden. Auch wenn zwischen Ertrags-/Bilanz- und Cashflowebene unterschieden werden muss, deuten beide Studien einen Vorzug der Innenfinanzierung an, soweit sie bei Krisenunternehmen (noch) möglich ist.[1032] Letzteres zeigt, dass die *Debt-Overhang-Problematik* von Unternehmen mit hohen Fortführungswerten tendenziell überwunden werden kann bzw. dass diese nicht besteht, da die Vorteile der Unternehmensfortführung die Nachteile möglicher Vermögenstransfers an die Gläubiger überwiegen.

---

der Perspektive der Fragestellung hätte ein Einsatz eines Fixed Effect Modells verzerrte Koeffizienten zur Folge. Vgl. Giesselmann/Windzio (2012), S. 113. Vgl. für eine Erläuterung des Hausman-Tests z.B. Poppe (2009), S. 263.

1027 Vgl. Giesselmann/Windzio (2012), S. 150.

1028 Vgl. Giesselmann/Windzio (2012), S. 151, 160.

1029 Vgl. Giesselmann/Windzio (2012), S. 91.

1030 Auf Basis der niedrigsten Ausprägungen der sog. QIC- und Trace-Kennzahlen. Vgl. zum Vorgehen Hilbe (2009), S. 460 ff.

1031 Ein einfaches logistisches Modell mit cluster-robusten Standardfehlern auf dem Unternehmenslevel findet auch im Zusammenhang mit ähnliche gelagerten Studien, wie z.B. Franks/Sanzhar (2006) und Jostarndt (2007), Verwendung. Vgl. Franks/Sanzhar (2006), S. 28–31; Jostarndt (2007), S. 181.

1032 Vgl. Franks/Sanzhar (2006), S. 31; Jostarndt (2009), S. 101–102 In Kapitel 6 wurde bereits dargelegt, dass Unternehmen in finanzieller Schieflage mit einer vergleichsweise hohen operativen Cashflow-Rendite, eine erhöhte Wahrscheinlichkeit haben, Gläubigerverhandlungen positiv abzuschließen. Daher könnten liquidere Unternehmen möglicherweise auch eher auf eine Fremdfinanzierung zurückgreifen und in der Folge auf eine Kapitalerhöhung verzichten.

Das Sachanlagevermögen zeigt einen negativen Koeffizienten, der allerdings eine schwächere statistische Signifikanz aufweist. Das Ergebnis kann darauf hindeuten, dass Unternehmen mit niedriger Informationsasymmetrie eher keine Kapitalerhöhungen durchführen. Es ist denkbar, dass diese Unternehmen eher noch Kapazitäten für eine zusätzliche Fremdfinanzierung haben, oder Sachanlagen im Rahmen der Innenfinanzierung verkauft werden können, und daher eine Kapitalerhöhung nicht durchgeführt werden muss. Hoch signifikant zeigt sich dagegen der negative Einfluss des Verschuldungsgrades. Es liegt damit die Schlussfolgerung nahe, dass für Unternehmen in finanzieller Schieflage ein *Debt-Overhang-Problem* besteht, und hierdurch eine Emission neuen Eigenkapitals verhindert wird. Das bedeutet, dass Krisenunternehmen mit vergleichsweise hohen Verschuldungsgraden Schwierigkeiten haben, diese durch Einwerbung frischer Mittel zu mindern. Des Weiteren besteht die Möglichkeit, dass hierdurch kapitalwertpositive Investitionen nicht durchgeführt, und eine aus Gesamtsicht der Kapitalgeber nachteilige Unternehmensliquidation erfolgt. Diese Erkenntnis der Studie von Jostarndt (2009) kann daher im Rahmen der vorliegenden Analyse bestätigt werden, allerdings nicht die Ergebnisse von Franks/Sanzhar (2006).[1033]

Die Resultate deuten außerdem darauf hin, dass Unternehmen in finanzieller Schieflage mit vergleichsweise hoher Liquidität eine Kapitalerhöhung vermeiden, denn die Variable CR_{adj} besitzt ein negatives Vorzeichen, und ist darüber hinaus in allen Spezifikationen auf dem 1 %-Niveau signifikant. Das Innenfinanzierungspotenzial zeigt sich dadurch, dass eine erhöhte Kennzahl der Current-Ratio einerseits einen hohen Bestand an liquiden Mitteln anzeigen kann, allerdings z.B. auch einen hohen Bestand an Forderungen und Vorräten. Diese können durch Factoring-Vereinbarungen oder verbesserte Lagerhaltung zu Liquiditätszuflüssen führen.[1034] Auf der Seite der Verbindlichkeiten besteht gegenläufig u.U. Potenzial zum Aufbau von Lieferantenverbindlichkeiten.[1035] Eine Interpretation wäre auch dahingegen möglich, dass für Unternehmen mit einer höheren Liquidität dritten Grades kein oder ein eher geringer (kurzfristiger) *Debt-Overhang* vorliegt, da das Verhältnis der kurzfristigen Vermögenswerte zu den kurzfristigen Verbindlichkeiten vergleichsweise hoch ist. Insgesamt deckt sich das Ergebnis mit demjenigen von Jostarndt (2009).[1036]

1033 Vgl. Jostarndt (2009), S. 100–101; Franks/Sanzhar (2006), S. 5.

1034 Vgl. anstelle vieler Hermanns (2022), Rn. 360.

1035 Diese sind selbstverständlich der Außenfinanzierung zuzuordnen.

1036 Vgl. Jostarndt (2009), S. 101–102.

In Bezug auf die exogenen Einflüsse sind dagegen keine signifikanten Einflüsse zu verzeichnen, d.h. die Emission neuen Aktienkapitals durch Krisenunternehmen scheint weitgehend unabhängig vom Einfluss der aktuellen wirtschaftlichen Lage oder des Industrieumfeldes zu sein. Speziell ersteres ist im Hinblick auf die vorstehenden Ausführungen zunächst überraschend. Da in Krisenzeiten jedoch ceteris paribus mit rückläufigen Markwerten des Eigenkapitals zu rechnen ist, kann vermutet werden, dass der Einfluss gesamtwirtschaftlicher Krisen bereits in den Verschuldungsgraden, die u.a. auf dem Marktwert des Eigenkapitals basieren, verarbeitet ist.

Eine relativ hohe Signifikanz ist wiederum für alle Charakteristika des Kapitalerhöhungsprozesses zu verzeichnen. Im Fall der Gewährung von Verzichten oder der Durchführung von Swaps durch die Gläubiger scheinen *Debt-Overhang-Probleme* überwunden zu werden, wie der positive und auf dem 5 %-Niveau signifikante Koeffizient in allen Modellen, die die Variable *FFDE* inkludieren, zeigt. Das Ergebnis ist im Einklang mit der Studie von Franks/Sanzhar (2006), die darauf hinweisen, dass zahlreiche Unternehmen in ihrer Untersuchungsgrundlage Zugeständnisse der Fremdkapitalgeber erhalten, und folglich die Durchführung einer Kapitalerhöhung ermöglicht wird.[1037] Ebenso kann ein weiteres Ergebnis der Studie von Jostarndt (2009) bestätigt werden, der einen positiven Einfluss von Zugeständnissen der Banken auf die Emissionswahrscheinlichkeit ausweist.[1038] Es zeigt sich darüber hinaus, dass ein Anspruchsverzicht der Eigenkapitalgeber via Kapitalherabsetzung eine positive Auswirkung auf die Durchführung einer Kapitalerhöhung hat. Folglich scheint tatsächlich eine signifikante Steigerung der Attraktivität der Emissionszeichnung durch dieses Sanierungsinstrument stattzufinden. Die letzte hypothesierte Einflussgröße, die Eigentümerkonzentration, weist einen negativen Koeffizienten auf dem 1 %-Niveau aus. Obwohl eine Einigung der Gesellschafter in Bezug auf eine Emission für Unternehmen mit hoher Konzentration grundsätzlich als wahrscheinlicher angenommen werden kann als für Unternehmen mit niedriger Konzentration, liegen doch einige relevante Punkte vor, die den negativen Einfluss erklären können. Einerseits kann das Ergebnis darauf hindeuten, dass externe Investoren eine geringe Mitbestimmung fürchten,

---

1037 Vgl. Franks/Sanzhar (2006), S. 2, 10–11.

1038 Vgl. Jostarndt (2009), S. 100–101. Der Autor stellt allerdings explizit nicht nur auf Zugeständnisse via Verzicht oder Swaps, sondern auch auf weitere mögliche Zugeständnisse im Sanierungsprozess, wie z.B. Stundungen, ab. Offenbar wurden nur Zugeständnisse von Banken in die Analyse integriert. Vgl. Jostarndt (2009), S. 101, 109.

und daher nicht zur Zeichnung bereit sind, oder bestehende Investoren den Einfluss externer Investoren fürchten, und daher keine Emission durchgeführt wird. Andererseits könnten die Krisenunternehmen mit vergleichsweise hoher Eigentümerkonzentration möglicherweise finanzielle Unterstützung durch Ankeraktionäre auf anderem, ggfs. zeit- und ressourcenschonenderem Wege, wie z.B. durch Gesellschafterdarlehen, erlangen. Das Ergebnis unterscheidet sich von demjenigen von Jostarndt (2009), der einen positiven Einfluss der Eigentümerkonzentration vermutet, jedoch keinen signifikanten Einfluss von Mehrheitsgesellschaftern auf die Emissionswahrscheinlichkeit feststellt.[1039] Insgesamt können sieben von zehn Hypothesen bestätigt werden, während für zwei Hypothesen kein Einfluss festgestellt werden kann und eine abgelehnt wird. Tab. 48 fasst die Hypothesen und Ergebnisse zusammen.

Tab. 46: Koeffizienten der logistischen Regression für Kapitalerhöhungen in finanzieller Schieflage

Modell	**(1)**	**(2)**	**(3)**	**(4)**	**(5)**	**(6)**
Operative Unternehmenseigenschaften						
OCF_{adj}	-2,231***	-2,302***	-2,278***	-2,049***	-2,060***	-2,250***
	(0,547)	(0,662)	(0,657)	(0,654)	(0,655)	(0,659)
TQ	0,492***	0,390**	0,373**	0,440***	0,448***	0,447***
	(0,146)	(0,157)	(0,160)	(0,167)	(0,164)	(0,164)
Vermögens- und Kapitalstruktur						
SAV		-1,057**	-1,043**	-0,874*	-0,884*	-1,005**
		(0,486)	(0,484)	(0,467)	(0,467)	(0,472)
Lev_{adj}		-1,347***	-1,321***	-2,034***	-2,064***	-1,995***
		(0,472)	(0,483)	(0,506)	(0,491)	(0,497)
CR_{adj}		-0,777***	-0,767***	-0,814***	-0,823***	-0,823***
		(0,188)	(0,187)	(0,184)	(0,185)	(0,187)
Exogene Einflüsse						
Krise			-0,108	-0,032		
			(0,183)	(0,186)		
Industriekrise			0,216	0,150		
			(0,253)	(0,256)		

1039 Vgl. Jostarndt (2009), S. 91–92, 100–101. Der Autor nutzt nicht die Eigentümerkonzentration, sondern eine Indikatorvariable für Unternehmen, die über einen Anteilseigner mit mehr als 50 % der Stimmrechte verfügen.

Tab. 46: Fortsetzung

Modell	**(1)**	**(2)**	**(3)**	**(4)**	**(5)**	**(6)**
Charakteristika des Kapitalerhöhungsprozesses						
FFDE				0,530**	0,535**	0,532**
				(0,234)	(0,234)	(0,228)
KH				1,914***	1,914***	1,925***
				(0,307)	(0,307)	(0,305)
EKZ				-1,364***	-1,380***	-1,343***
				(0,453)	(0,453)	(0,448)
Kontrollvariablen						
ESUG	0,100	0,176	0,128	0,260	0,273	
	(0,191)	(0,209)	(0,241)	(0,243)	(0,213)	
Größe	-0,135**	-0,073	-0,076	-0,043	-0,041	
	(0,058)	(0,054)	(0,054)	(0,056)	(0,056)	
Modellgüte						
N	1.325	1.325	1.325	1.325	1.325	1.325
Pseudo-R^2	0,054	0,092	0,093	0,147	0,147	0,144
$\chi 2$	43,71***	69,76***	71,90***	122,64***	119,66***	117,49***
AIC	1.317,69	1.271,29	1.274,07	1.205,30	1.201,71	1.201,02

Die Tab. zeigt die Ergebnisse der logistischen Regressionen (Maximum-Likelihood-Schätzung). Es werden Koeffizienten und cluster-robuste Standardfehler (auf dem Sanierungsprozesslevel) in Klammern berichtet. Die abhängige Variable nimmt den Wert eins an, wenn eine Kapitalerhöhung erfolgt, und null, wenn keine Kapitalerhöhung erfolgt. Die Datengrundlage bilden 1.325 Fiskaljahre aus Sanierungsprozessen. In 286 Fiskaljahren wurden Kapitalerhöhungen (Emissionen) durchgeführt. In 1.039 Fiskaljahren wurde keine Kapitalerhöhung (Keine Emissionen) durchgeführt. Es handelt sich um 159 Sanierungsprozesse mit und 169 Sanierungsprozesse ohne Emission. OCF_{adj} ist der industrieadjustierte operative Cashflow vor Zinsen im Verhältnis zur durchschnittlichen Bilanzsumme des aktuellen und des Vorjahres. *TQ* ist eine Indikatorvariable, die den Wert eins annimmt, wenn das Tobins Q größer eins ist, außer für Unternehmen mit negativem Buchwert des Eigenkapitals. *SAV* ist das Verhältnis des Sachanlagevermögens zur Bilanzsumme. Lev_{adj} ist die industrieadjustierte Verschuldungsquote zu Marktwerten. CR_{adj} ist die industrieadjustierte Current-Ratio (Liquidität dritten Grades). *Krise* ist eine Indikatorvariable, die den Wert eins annimmt, wenn im entsprechenden Jahr oder im Vorjahr ein negatives Realwachstum des BIP vorliegt sowie in den Jahren 2001 und 2008. *Industriekrise* ist eine Indikatorvariable, die den Wert eins annimmt, wenn im entsprechenden Jahr oder im Vorjahr der Median-OCF der Unternehmen in der jeweiligen Industrie kleiner null ist. *FFDE* ist eine Indikatorvariable, die den Wert eins annimmt, wenn im laufenden Fiskaljahr ein Debt-Equity-Swap/Debt-Mezzanine-Swap oder ein Forderungsverzicht/Zinserlass beobachtet wurde. *KH* ist eine Indikatorvariable, die den Wert eins annimmt, wenn im laufenden Fiskaljahr eine Kapitalherabsetzung beobachtet wurde. *EKZ* entspricht der Eigentümerkonzentration auf Basis des Herfindahl-Index. *ESUG* ist eine Indikatorvariable, die für alle Verhandlungen ab 2012 den Wert eins annimmt. *Größe* entspricht der logarithmierten und deflationierten Bilanzsumme.

(*fortgeführt*)

Tab. 46: Fortsetzung

Alle Indikatorvariablen nehmen den Wert null an, wenn die jeweiligen Bedingungen nicht erfüllt sind. Ausführliche Definitionen der unabhängigen Variablen können Anh. 6 entnommen werden. Die Daten stammen aus dem letzten verfügbaren Fiskaljahr vor dem jeweiligen Jahr in finanzieller Schieflage. Die Konstante wurde nicht abgetragen. $\chi 2$ ist der globale Likelihood-ratio-chi-square-Test zur Prüfung der Hypothese, dass alle Koeffizienten gleich null sind. AIC ist das Akaike-Informationskriterium zum Modellvergleich. Das Signifikanzniveau auf dem 10 %-, 5 %- und 1 %-Niveau ist jeweils mit *, ** und *** gekennzeichnet.

Für die Analyse der vereinnahmten Bruttoemissionserlöse wird eine lineare Regression auf Basis der Methode der kleinsten Quadrate gewählt. Des Weiteren werden die Erlöse ins Verhältnis zur Bilanzsumme des Vorjahres gesetzt, und zur Verbesserung des Modells transformiert, d.h. es wurde der Logarithmus des prozentualen Emissionserlöses als abhängige Variable verwendet. Im Vergleich zur vorherigen Analyse mindern sich die Kapitalerhöhungsvorgänge auf 285 Stück, da eine Kapitalerhöhung einen starken Ausreißer mit vergleichsweise großem Einfluss aufweist, und daher nicht Teil der Analyse ist. Eine automatische Löschung von Beobachtungen ist grundsätzlich nicht akzeptabel. Wenn jedoch Beweise vorliegen, dass der Ausreißer durch ein ungewöhnliches Ereignis außerhalb des Forschungskontextes verursacht wurde, kann die Beobachtung eliminiert werden.[1040] Auf Basis der qualitativen Informationen kann davon ausgegangen werden, dass der Fall für diese Beobachtung vorliegt.[1041]

Tab. 47 stellt die Ergebnisse der linearen Regression dar.[1042] Es werden erneut die verschiedenen Bereiche zunächst blockweise in die Modelle integriert, sowie Modell 5 unter Auslassung nicht-signifikanter Einflüsse und Modell 6 ohne die Kontrollvariable geschätzt. Insgesamt sind ähnliche Wirkrichtungen wie im Rahmen des Emissionsverhaltens zu berichten. Die Höhe des betrieblichen Cashflows wirkt sich negativ aus, was auf eine Präferenz für die Innenfinanzierung hindeutet. Zudem scheint der vereinnahmte Bruttoemissionserlös nicht

1040 Vgl. Backhaus et al. (2021), S. 134–135.

1041 Die eliminierte Beobachtung ist die Kapitalerhöhung mit dem geringsten nominalen und relativen Erlös.

1042 Für die Interpretation der Effekte sei auf die Log-Transformation der abhängigen Variable hingewiesen. Zudem sei auf den vorliegenden Selektionseffekt verwiesen. Das bedeutet, dass lediglich Aussagen in Bezug auf die tatsächlich angefallenen Bruttoemissionserlöse der emittierenden Unternehmen getroffen werden können.

signifikant von hohen Fortführungswerten beeinflusst zu werden, was nicht auf eine Minderung des *Debt-Overhang-Problems* für Wachstumsunternehmen hindeutet. Dies widerspricht der Wirkrichtung, welche für die Emissionswahrscheinlichkeit festgestellt wurde. Die Höhe des Sachanalagevermögens weist einen signifikant negativen Koeffizienten aus. Dies kann dahingegen interpretiert werden, dass Unternehmen mit hohem Sachanlagevermögen andere bzw. weitere Liquiditätsquellen zur Verfügung stehen. Auch zeigt sich erneut ein negativer Einfluss der Verschuldungsgrade der Unternehmen. Dieses Ergebnis kann als Bestätigung des Vorliegens eines *Debt-Overhang* interpretiert werden, d.h. Alt- oder Neuinvestoren erklären sich nur zur Zeichnung vergleichsweise kleiner Emissionen bereit. Für die industrieadjustierte Current-Ratio wird ein signifikant negativer Einfluss auf den Bruttoemissionserlös berichtet. Auch dies deutet daraufhin, dass Unternehmen, die über vergleichsweise hohe Liquidität verfügen, eher Kapitalerhöhungen mit geringeren relativen Bruttoemissionserlösen durchführen. Die Ergebnisse zum Fortführungswert stehen im Widerspruch zur Studie von Jostarndt (2009), während diejenigen bezüglich des Schuldenüberhangs und der Liquidität mit seinen Untersuchungen übereinstimmen.[1043]

Im Hinblick auf die exogenen Einflüsse, deuten die Ergebnisse der linearen Regression darauf hin, dass Unternehmen in Krisenindustrien keine signifikanten Einflüsse erfahren. Dagegen wirken sich gesamtwirtschaftliche Krisen auf dem 5 %-Niveau negativ aus. In Bezug auf die Charakteristika des Kapitalerhöhungsprozesses zeigt sich ein nicht signifikanter Einfluss von Gläubigerzugeständnissen, während ein signifikant positiver Einfluss durch Aktionärszugeständnisse in Form der Kapitalherabsetzung zu verzeichnen ist. Ersteres Ergebnis entspricht nicht demjenigen der logistischen Regression. Das bedeutet, dass der Schuldenüberhang durch Gläubigerzugeständnisse für die Emissionswahrscheinlichkeit, jedoch nicht für den Bruttoemissionserlös überwunden werden kann. Letzteres Ergebnis ist intuitiv nachvollziehbar, da im Rahmen von Kapitalschnitten i.d.R. vergleichsweise große Kapitalerhöhungen durchgeführt werden. Die Eigentümerkonzentration wirkt sich erneut negativ aus. Das kann, wie zuvor dargelegt, damit erklärt werden, dass Unternehmen mit Ankerinvestoren durch andere Instrumente Sanierungsbeiträge von ebendiesen erhalten, und daher geringere Beträge emittiert werden müssen. Allerdings kann das Ergebnis auch darauf hindeuten, dass eine hohe Konzentration der Altgesellschafter niedrigere Preise externer Investoren nach sich zieht, da deren Mitsprache limitiert ist, oder die Altgesellschafter, sofern sie die neuen

---

1043 Vgl. Jostarndt (2009), S. 100–102.

Aktien zeichnen, niedrigere Preise auf Kosten der Kleinaktionäre zahlen.[1044] Des Weiteren könnten Ankeraktionäre die Mitsprache externer Investoren fürchten, und daher lediglich eine kleinere Kapitalerhöhung genehmigen.[1045]

Die Kontrollvariablen zeigen sich mit Ausnahme von *ESUG* fast in allen Spezifikationen auf dem 1 %-Niveau signifikant. Platzierungen und ordentliche Kapitalerhöhungen sind mit einem niedrigeren bzw. höheren relativen Bruttoemissionserlös verbunden. Beide Ergebnisse sind auf Basis der Resultate in Tab. 43 und Tab. 44 wenig überraschend, und verdeutlichen die Relevanz einer Kontrolle der Emissions- bzw. Genehmigungsart im Rahmen der Schätzung von Erlösen aus Kapitalerhöhungsvorgängen. Ebenso ist für mehrfache Kapitalerhöhungen zu kontrollieren, da diese i.d.R. mit einem höheren Gesamtemissionserlös einhergehen, wie der auf dem 1 %-Niveau signifikante Einfluss darlegt. Im Rahmen dieses Abschnitts können sechs von zehn Hypothesen bestätigt werden. Die Zusammenfassung der Hypothesen und Ergebnisse findet sich ebenfalls in Tab. 48.

Tab. 47: Koeffizienten der linearen Regression für Kapitalerhöhungen in finanzieller Schieflage

Modell	**(1)**	**(2)**	**(3)**	**(4)**	**(5)**	**(6)**
Operative Unternehmenseigenschaften						
OCF_{adj}	-1,021***	-0,778***	-0,758***	-0,609***	-0,623***	-0,618***
	(0,315)	(0,229)	(0,210)	(0,193)	(0,198)	(0,197)
TQ	0,129	-0,050	-0,073	-0,031		
	(0,120)	(0,116)	(0,116)	(0,115)		
Vermögens- und Kapitalstruktur						
SAV		-1,056***	-1,022***	-0,909***	-0,916***	-0,914***
		(0,307)	(0,302)	(0,299)	(0,296)	(0,295)
Lev_{adj}		-1,834***	-1,842***	-1,946***	-1,955***	-1,968***
		(0,356)	(0,350)	(0,353)	(0,332)	(0,322)

1044 Jostarndt (2009) berichtet in diesem Zusammenhang, dass der Preisabschlag zum Börsenkurs bei Ankündigung wesentlich höher ist, wenn die Kapitalerhöhung beim Management oder Ankeraktionären platziert wird. Vgl. Jostarndt (2009), S. 97

1045 Nicht berichtete Analysen zeigen allerdings, dass die Eigentümerkonzentration keinen Einfluss auf die Emissionsart (Platzierung oder Bezugsrechtsemission) hat. Im Fall der Platzierung kann allerdings ebenfalls eine Zeichnung durch Altgesellschafter erfolgen.

Tab. 47: Fortsetzung

Modell	**(1)**	**(2)**	**(3)**	**(4)**	**(5)**	**(6)**
CR_{adj}		-0,174**	-0,169**	-0,192**	-0,178**	-0,182**
		(0,079)	(0,078)	(0,079)	(0,078)	(0,076)
Exogene Einflüsse						
Krise			-0,302***	-0,239**	-0,235**	-0,226**
			(0,110)	(0,110)	(0,106)	(0,103)
Industriekrise			-0,132	-0,145		
			(0,147)	(0,156)		
Charakteristika des Kapitalerhöhungsprozesses						
FFDE				-0,129		
				(0,155)		
KH				0,494***	0,486***	0,490***
				(0,184)	(0,183)	(0,181)
EKZ				-0,532*	-0,514*	-0,520*
				(0,284)	(0,281)	(0,285)
Kontrollvariablen						
PL	-0,553***	-0,700***	-0,670***	-0,630***	-0,648***	-0,646***
	(0,119)	(0,114)	(0,112)	(0,111)	(0,108)	(0,108)
OE	0,509***	0,646***	0,655***	0,508***	0,480**	0,481**
	(0,181)	(0,170)	(0,171)	(0,195)	(0,193)	(0,192)
Mehrfach	0,995***	0,831***	0,836***	0,795***	0,788***	0,788***
	(0,143)	(0,134)	(0,133)	(0,126)	(0,123)	(0,123)
ESUG	-0,068	0,023	-0,091	-0,062	-0,033	
	(0,118)	(0,116)	(0,121)	(0,121)	(0,115)	
Modellgüte						
N	285	285	285	285	285	285
R^2	0,321	0,418	0,437	0,462	0,459	0,459
F-Test	21,46***	28,18***	23,69***	20,05***	24,08***	26,42***

Die Tab. zeigt die Ergebnisse der linearen Regressionen (Kleinste Quadrate). Es werden Koeffizienten und Standardfehler in Klammern berichtet. Die abhängige Variable ist der Logarithmus der Bruttoemissionserlöse der Kapitalerhöhungsvorgänge im Verhältnis zur Bilanzsumme. Die Datengrundlage bilden 285 Kapitalerhöhungsvorgänge von Unternehmen in finanzieller Schieflage. OCF_{adj} ist der industrieadjustierte operative Cashflow vor Zinsen im Verhältnis zur durchschnittlichen Bilanzsumme des aktuellen und des Vorjahres. *TQ* ist eine Indikatorvariable, die den Wert eins annimmt, wenn das Tobins Q größer eins, außer für Unternehmen mit negativem Buchwert des Eigenkapitals. *SAV* ist das Verhältnis des Sachanlagevermögens zur Bilanzsumme. Lev_{adj} ist die industrieadjustierte Verschuldungsquote zu Marktwerten. CR_{adj} ist die industrieadjustierte Current-Ratio (Liquidität dritten Grades).

(*fortgeführt*)

Tab. 47: Fortsetzung

Krise ist eine Indikatorvariable, die den Wert eins annimmt, wenn im entsprechenden Jahr oder im Vorjahr ein negatives Realwachstum des BIP vorliegt sowie in den Jahren 2001 und 2008. *Industriekrise* ist eine Indikatorvariable, die den Wert eins annimmt, wenn im entsprechenden Jahr oder im Vorjahr der Median-OCF der Unternehmen in der jeweiligen Industrie kleiner null ist. *FFDE* ist eine Indikatorvariable, die den Wert eins annimmt, wenn im laufenden Fiskaljahr ein Debt-Equity-Swap/Debt-Mezzanine-Swap oder ein Forderungsverzicht/Zinserlass beobachtet wurde. *KH* ist eine Indikatorvariable, die den Wert eins annimmt, wenn im laufenden Fiskaljahr eine Kapitalherabsetzung beobachtet wurde. *EKZ* entspricht der Eigentümerkonzentration auf Basis des Herfindahl-Index. *PL* ist eine Indikatorvariable, die den Wert eins annimmt, wenn der Kapitalerhöhungsvorgang ausschließlich eine oder mehrere Platzierungen enthält. *OE* ist eine Indikatorvariable, die den Wert eins annimmt, wenn der Kapitalerhöhungsvorgang ausschließlich eine oder mehrere ordentliche Kapitalerhöhungen enthält. *Mehrfach* ist eine Indikatorvariable, die den Wert eins annimmt, wenn der Kapitalerhöhungsvorgang mehrere Kapitalerhöhungen enthält. *ESUG* ist eine Indikatorvariable, die für alle Verhandlungen ab 2012 den Wert eins annimmt. Alle Indikatorvariablen nehmen den Wert null an, wenn die jeweiligen Bedingungen nicht erfüllt sind. Ausführliche Definitionen der unabhängigen Variablen können Anh. 6 entnommen werden. Die Daten stammen aus dem letzten verfügbaren Fiskaljahr vor Emission. Die Konstante wurde nicht abgetragen. R^2 und *Adj.* R^2 stellen Maße für die Modellanpassung dar. *F-Test* entspricht dem globalen Test bzgl. der Signifikanz der Regressionsfunktion. Das Signifikanzniveau auf dem 10 %-, 5 %- und 1 %-Niveau ist jeweils mit *, ** und *** gekennzeichnet.

Tab. 48: Zusammenfassung der Hypothesen und Ergebnisse der multivariaten Analyse der Durchführung von Kapitalerhöhungen in der finanziellen Unternehmenskrise

	Einflussgröße	Beschreibung der Variablen	Variablenabkürzung	Variablenart	Hypothese		Ergebnis	
Operative Unternehmenseigenschaften					Emission	Erlös	Emission	Erlös
H1	Zustand d. Kerngeschäfts/ Wettbewerbspos.	Industrieadj. Rendite des operativen Cashflows vor Zinsen	OCF_{adj}	Kontinuierliche Variable	-	-	-	-
H2	Fortführungswert	Tobinsches Q > 1	TQ	Indikatorvariable	+	+	+	
Vermögens- und Kapitalstruktur								
H3	Informationsasymmetrie	Relatives Sachanlagevermögen	SAV	Kontinuierliche Variable	-	-	+	+
H4	Verschuldungsgrad	Industrieadj. Verschuldungsgrad zu Marktwerten	Lev_{adj}	Kontinuierliche Variable	-	-	-	-
H5	Liquidität	Industrieadj. Current-Ratio (Liquidität dritten Grades).	CR_{adj}	Kontinuierliche Variable	-	-	-	-
Exogene Einflüsse								
H6	Gesamtwirtschaftliche Krise	Reales BIP-Wachstum < 0	Krise	Indikatorvariable	-	-		-
H7	Industriekrise	Median-Rendite des op. Cashflows in jeweiliger Industrie < 0	Industriekrise	Indikatorvariable	-	-		

(*fortgeführt*)

Tab. 48: Fortsetzung

	Einflussgröße	**Beschreibung der Variablen**	**Variablenabkürzung**	**Variablenart**	**Hypothese**		**Ergebnis**	
Charakteristika des Kapitalerhöhungsprozesses								
H8	Anspruchsverzicht d. Gläubiger	Debt-Equity-Swap/ Debt-Mezzanine-Swap oder Forderungsverzicht/ Zinserlass durch Gläubiger	FFDE	Indikatorvariable	+	+	+	
H9	Anspruchsverzicht d. Aktionäre	Kapitalherabsetzung durch Aktionäre	KH	Indikatorvariable	+	+	+	+
H10	Eigentümerkonzentration	Konzentration der Aktionäre auf Basis des Herfindahl-Index	EKZ	Kontinuierliche Variable	-	-	-	-

Die Tab. zeigt die Einflussgrößen, deren Beschreibung, die in den Analysen verwendete Variablenabkürzung sowie die Art der Variable für die Analyse der Kapitalerhöhungen/Emissionen (Emission) sowie des Bruttoemissionserlöses (Erlös). Außerdem sind die hypothesierten Wirkrichtungen sowie die Ergebnisse der multivariaten Analyse abgetragen. Detaillierte Definitionen der unabhängigen Variablen können Anh. 6 entnommen werden. + stellt eine signifikant positive, – eine signifikant negative und / eine nicht signifikante Wirkrichtung der entsprechenden Variablenausprägung dar.

7.3.4 Robustheit der Ergebnisse

Ein mögliches Problem der vorliegenden Analyse der Eigenkapitalemission stellt die Kollinearität dar. Im Rahmen der Analyse zeigt sich, dass die Grenzwerte für die Korrelationen (< 0,7) sowie die Varianz-Inflations-Faktoren (< 5) nicht erreicht bzw. großzügig unterschritten werden. Die Korrelationsmatrix für alle unabhängigen Variablen kann Anh. 21 entnommen werden, die Varianz-Inflations-Faktoren Anh. 22. Es werden keine kritischen Werte beobachtet. Eine Problematik hinsichtlich einer möglichen Multikollinearität liegt daher nicht vor. Es kann außerdem bestätigt werden, dass alle zuvor formulierten Grenzen hinsichtlich der Anzahl an Beobachtungen und Variablen eingehalten werden.[1046] Der Box-Tidwell-Test zur Prüfung der Linearität der Logits zeigt gleichermaßen keine kritischen Werte an. Die Variablen *FFDE* und *KH* wurde zudem einer Exogenitätsprüfung durch den Durbin-Wu-Hausman-Test gem. den Empfehlungen von Davidson/MacKinnon (1993) unterzogen.[1047] Die Variablen zeigen auf dem 10 %-Niveau oder niedriger nicht signifikante zusätzliche Koeffizienten, weshalb die Exogenität der Variablen bestätigt wird.

Für die lineare Regression wird ebenso eine Prüfung der Annahmen durchgeführt. Zunächst wurde eine mögliche Multikollinearität der unabhängigen Variablen auf Basis einer Korrelationsmatrix, sowie der Varianz-Inflations-Faktoren geprüft. Sowohl die Korrelationsmatix, als auch die Varianz-Inflations-Faktoren weisen keine Werte auf, die auf eine Annahmenverletzung hindeuten.[1048] Des Weiteren wurde die Homoskedastizität, sowie die Normalverteilung der Residuen geprüft.[1049] Für ersteres sind der Breusch-Pagan-Test, sowie der White-Test verwendet worden. Da ersterer ein signifikantes Ergebnis auswies, und daher die Nullhypothese, dass Homoskedastizität vorliegt, verworfen werden könnte, wurden robuste Standardfehler verwendet. Zur Überprüfung der Normalverteilungsannahme der Residuen wurde ein Residuen-Plot herangezogen. Nachfolgend präsentiert Abb. 27 den Q-Q-Plot mit den standardisierten Residuen. Die grafische Darstellung zeigt keine Verletzung

1046 Siehe Kapitel 3.2.1.2.

1047 Vgl. Davidson/MacKinnon (1993), S. 237–242; Eichner (2010), S. 173 sowie Fn. 717.

1048 Siehe Anh. 23 und Anh. 24.

1049 Autokorrelation spielt im vorliegenden Fall aufgrund der Querschnittsdaten keine Rolle. Vgl. Backhaus et al. (2021), S. 144.

der Normalitätsannahme, oder extreme Ausreißer an.[1050] Eine Berechnung des Cook-Abstands zeigt zusätzlich keine übermäßig einflussreichen Beobachtungen an. Darüber hinaus wurde der Ramsey-Regression-Specification-Error-Test durchgeführt (RESET). Der Test weist keine Signifikanz für das 10 %-Niveau oder niedriger auf. Es kann daher geschlossen werden, dass keine Verletzung der Annahmen der Linearität, sowie der Vollständigkeit der erklärenden Variablen besteht.

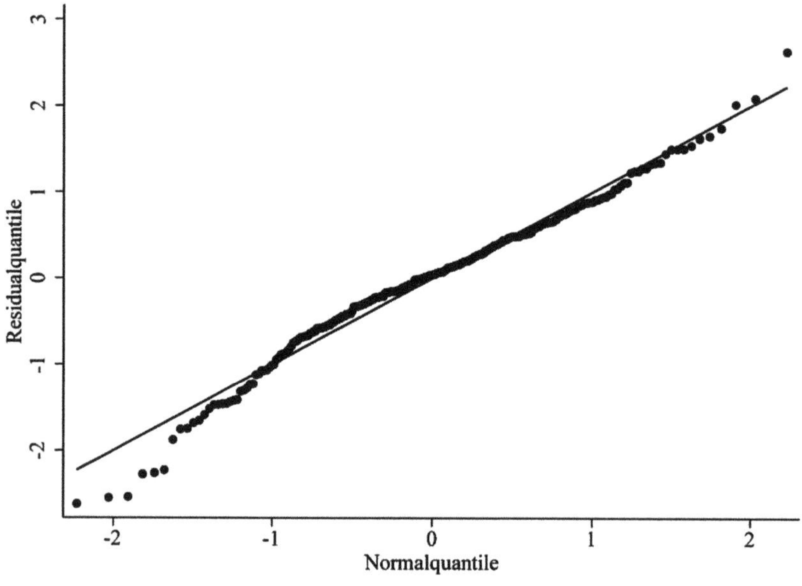

Abb. 27: Quantil-Quantil-Plot für die Untersuchung der Bruttoemissionserlöse
Die Abb. zeigt den Quantil-Quantil-Plot für die Residuen der Untersuchung der Bruttoemissionserlöse auf Basis von Modell 6.

1050 Des Weiteren kann aufgrund des zentralen Grenzwertsatzes in Kombination mit der Stichprobengröße eine Verletzung der Normalitätsannahme zurückgewiesen werden. Vgl. Backhaus et al. (2021), S. 120–121.

7.4 Fazit

In diesem Abschnitt wurde der Einsatz der Kapitalerhöhung als finanzielles Sanierungsinstrument von Krisenunternehmen untersucht. Bereits die Ergebnisse aus Kapitel 5 haben gezeigt, dass Kapitalerhöhungen für das vorliegende Gesamtsample das prominenteste finanzielle Sanierungsinstrument darstellen. Für die Analyse wurden 1.325 Fiskaljahre aus 328 Sanierungsprozessen von CDAX-Unternehmen in finanzieller Schieflage zwischen 1999 und 2022 im Hinblick auf die Determinanten einer Emission analysiert. Insgesamt wurden 356 Kapitalerhöhungen bzw. 286 Kapitalerhöhungsvorgänge verzeichnet. Die Emissionsarten der Sanierungskapitalerhöhungen, d.h. Platzierungen und Bezugsrechtsemissionen, weisen insgesamt eine ähnliche Anzahl auf, während als Genehmigungsart hauptsächlich das genehmigte Kapital verwendet wurde. Diese Kapitalerhöhungen können schneller platziert werden und sind daher für unter Zeitdruck stehende Krisenunternehmen vorteilhaft. Jedoch legt die Analyse den Schluss nahe, dass sie i.d.R. mit einem niedrigeren Emissionserlös verbunden sind, und für umfassende Sanierungskapitalerhöhungen, auch aufgrund der gesetzlichen Vorschriften, ordentliche Kapitalerhöhungen zu erfolgen haben. Es zeigt sich auch, dass Sanierungskapitalerhöhungen mit höheren Emissionserlösen eher mit einem Sanierungserfolg in Verbindung stehen, weshalb nicht allein das Gelingen der Umsetzung einer Kapitalerhöhung, sondern auch die vereinnahmten Erlöse im Vordergrund der Analyse stand.

Auf Basis der Ergebnisse kann festgestellt werden, dass Krisenunternehmen unter dem sog. *Debt-Overhang* leiden, d.h. Vermögenstransfers an die Gläubiger behindern das Aufnehmen neuen Eigenkapitals. Dieses Ergebnis gilt sowohl im Hinblick auf die Emissionswahrscheinlichkeit, als auch die Höhe der vereinnahmten Erlöse. Eine erhöhte Emissionswahrscheinlichkeit liegt jedoch für Unternehmen vor, die durch Zugeständnisse der Gläubiger oder der Alteigentümer Anreize schaffen, junge Aktien zu zeichnen. Letztere erhöhen darüber hinaus die Emissionserlöse. Weiter steigt die Emissionswahrscheinlichkeit für Unternehmen, die über einen vergleichsweise hohen Fortführungswert bzw. Wachstumschancen verfügen. Diese Unternehmen scheinen daher den *Debt-Overhang* überwinden zu können. Von Seiten der Geschäftsführung ist es möglicherweise entscheidend, Perspektiven für ein von Krisen geplagtes Unternehmen zu entwickeln und diese überzeugend gegenüber potenziellen (Neu-) Investoren darzulegen. Sollten die bestehenden Gesellschafter nicht in der Lage sein, Kapital einzuschießen, kann eine Kapitalherabsetzung einen wirksamen Beitrag zur Sanierung leisten. Die Eigentümerkonzentration beeinflusst sowohl die Emissionswahrscheinlichkeit, als auch den Bruttoemissionserlös negativ.

Einerseits könnten externe Investoren vor einer Investition in Krisenunternehmen zurückschrecken, wenn die Mitspracherechte limitiert sind, andererseits könnten Altgesellschafter mit hoher Beteiligung einer Mitsprache neuer Gesellschafter abneigend gegenüberstehen. Da wesentlichen Anteilseignern neben der Kapitalerhöhung weitere Sanierungsinstrumente zur Verfügung stehen, wäre eine Kapitalerhöhung, selbst wenn diese von den Altgesellschafter gezeichnet wird, aus Zeit- und Kostengründen möglicherweise nachteilig.

Im Hinblick auf die Sanierungspraxis zeigt sich, dass Unternehmen mit vergleichsweise hohen Verschuldungsgraden kaum auf die Durchführung von Kapitalerhöhungen als letzte Rettungschance setzen können. Es sollten daher insb. Vereinbarungen mit den Gläubigern getroffen werden, um entweder eine Kapitalerhöhung zu erleichtern, oder die Gläubiger am Sanierungserfolg, z.B. im Rahmen von Swaps, zu beteiligen. Hier bietet sich der Debt-Mezzanine-Swap an, welcher im Gegensatz zum Debt-Equity-Swap, aus Bankensicht eine attraktivere Lösung darstellt, und aus Unternehmenssicht eine ähnliche Sanierungswirkung entfaltet.

8 Gesamtfazit und Ausblick

Im letzten Kapitel werden die zentralen Erkenntnisse der einzelnen Teilabschnitte zusammengefasst, um das abschließende Fazit der Arbeit zu ziehen. Zunächst wird das Vorgehen zur Erarbeitung der Grundlagen des Forschungsansatzes dargestellt. Zudem erfolgt eine kurze Zusammenfassung der Erhebungsmethodik und eine kompakte Präsentation der Erfolgsfaktoren finanzieller Sanierungen, Gläubigerverhandlungen und Eigenkapitalerhöhungen in finanziellen Schieflagen. Die Erkenntnisse aus diesen Teilbereichen dienen dazu, Handlungsempfehlungen für die Sanierungspraxis abzuleiten. Abschließend wird ein Ausblick auf aktuelle Entwicklungen gegeben und es werden potenzielle Forschungslücken für zukünftige Untersuchungen im Themengebiet der finanziellen Schieflage bzw. der Sanierung von Krisenunternehmen benannt.

8.1 Gesamtfazit

Die theoretische Literatur zum Einsatz von Sanierungsmaßnahmen ist umfangreich. Es gibt zahlreiche theoretische Modelle, Lehrbücher und praxisnahe Ratgeber, die sich mit der außergerichtlichen und gerichtlichen Sanierung von Krisenunternehmen befassen. Im Gegensatz dazu ist der Bestand der empirischen Literatur zur Sanierung von Krisenunternehmen, insb. im Bereich der finanziellen Sanierung, deutlich geringer. Dies resultiert hauptsächlich aus dem Mangel an adäquaten Datengrundlagen. Die vorhandene empirische Literatur befasst sich darüber hinaus oft mit kleineren Datenbasen. An diesem Punkt setzte die vorliegende Arbeit an. Ihr Ziel war es, eine empirische Analyse der Anwendung finanzwirtschaftlicher Sanierungsmaßnahmen und ihrer Erfolgsdeterminanten durchzuführen. Hierzu wurden systematisch Unternehmen mit Sanierungsbedarf identifiziert, Maßnahmeneinsätze erfasst und Erfolgsfaktoren bestimmt.[1051]

Um die genannten Ziele zu erreichen, wurden im zweiten und dritten Kapitel zunächst die Grundlagen für die empirischen Teile der Studie erarbeitet. Kapitel 2 behandelte den Begriff, die Ursachen und den typischen Verlauf der Unternehmenskrise. Zudem wurden der Begriff der Unternehmenssanierung

1051 Nach der Zusammenfassung der Teilergebnisse in den vorherigen Kapiteln werden im Folgenden die Haupterkenntnisse lediglich überblicksartig präsentiert.

erläutert und verschiedene Sanierungsmaßnahmen aus dem strategischen und operativen Bereich, die von Krisenunternehmen ergriffen werden können, präsentiert. Zusätzlich wurden mögliche finanzielle Sanierungsmaßnahmen, die für die Arbeit von zentraler Bedeutung sind, hinsichtlich ihrer Wirkungsweisen und zu beachtender Regelungen detailliert erörtert. Besonderes Augenmerk lag hierbei auf den Maßnahmen der Außenfinanzierung, die i.d.R. die entscheidenden Beiträge für einen erfolgreichen Sanierungsversuch liefern. Von zentraler Bedeutung war außerdem die Darstellung der Sanierungspfade, da Kapitalgeber die gesetzlichen Regelungen in ihren jeweiligen Kalkülen bzgl. einer Beteiligung am freien Sanierungsversuch berücksichtigen. In diesem Zusammenhang wurden die Abläufe und die damit verbundenen Vor- und Nachteile der außergerichtlichen Sanierung sowie der gerichtlichen Sanierungsverfahren nach der InsO und dem StaRUG abgehandelt. In Kapitel 3 wurden die empirischen Methoden für uni- und multivariate Analysen der Folgekapitel erläutert. Von besonderer Bedeutung war hier die logistische Regression, aber auch die lineare Regression sowie die Clusteranalyse. Zudem wurden Robustheitstests präsentiert, um mögliche Fehlspezifikationen der Modelle zu prüfen und zu verhindern.

Kapitel 4 markierte den Beginn der empirischen Arbeit. Im ersten Schritt erfolgte Darstellung der Datenquellen. Im zweiten Schritt wurden verschiedene Methodiken zur Identifikation sanierungsbedürftiger Unternehmen aus der empirischen Literatur geprüft. Dabei zeigte sich, dass sich mit der sog. naive Distance-to-Default[1052] in Kombination mit der Zinsdeckungsquote ein technischer Sanierungsprozess definieren lässt, der mehr als 85 % aller Insolvenzen von CDAX-Unternehmen seit dem Jahr 1999 – mit Ausnahme von Finanzunternehmen und Versorgern – im Vorfeld identifiziert. Somit wies dieser Ansatz einen Fehler 2. Art, d.h. Unternehmen, die sich nachweislich in finanzieller Schieflage befanden, werden nicht erkannt, von weniger als 15 % auf. Unternehmen, die als finanziell in Schieflage klassifiziert wurden, haben zu etwa 93 % vorinsolvenzliche Sanierungsmaßnahmen ergriffen. Der Fehler 1. Art, der beschreibt, wie viele Unternehmen, die sich nicht im *Financial Distress* befinden, fälschlicherweise als in diesem Zustand klassifiziert werden, betrug damit lediglich ca. 7 %. Neben den Fehlerquoten erfolgte eine Untersuchung der Trigger-Funktion des Indikators, d.h. es wurde untersucht, ob bei

1052 Es wurde eine Abwandlung der von Bharath/Shumway (2008) vorgeschlagenen Vereinfachung des Merton-Modells angewandt. Vgl. Bharath/Shumway (2008), S. 1347–1348.

Indikatoranschlag eine wesentliche Verschlechterung der Zustände der Unternehmen zu verzeichnen ist. Auf Basis des ROA, des OCF und des Verschuldungsgrades wurde festgestellt, dass diese erfüllt ist. Eine Bestätigung erfolgte auch anhand der jeweiligen industrieadjustierten Größen. Durch die Validitätsprüfung konnte daher geschlossen werden, dass ein leistungsfähiger Indikator konstruiert wurde, der sanierungsbedürftige Unternehmen auf Basis sehr hoher Gütekriterien identifiziert. Dieser Sanierungsindikator bietet daher eine Grundlage für weitere Studien im Themenbereich der finanzielle Schieflage.

Im dritten Schritt erfolgte auf Basis des Sanierungsindikators die Datenerhebung und -auswertung. Neben dem Ausgang der jeweiligen Sanierungsversuche lag der Fokus auf den angewandten finanziellen Sanierungsmaßnahmen. Um eine detaillierte Analyse zu ermöglichen, wurden die Sanierungsinstrumente sowohl hinsichtlich ihres generellen Einsatzes im Sanierungsprozess – also ob die Maßnahmen mindestens einmal beobachtet wurden (Prozessperspektive) – als auch bezüglich ihrer Anzahl (Maßnahmenperspektive) erfasst und geprüft. Dies ist insb. relevant, da bisherige Studien mit größeren Fallzahlen oft nur auf die Prozessperspektive zurückgreifen. Zudem wurde untersucht, ob der Einsatz der Maßnahmen tendenziell früh oder spät im Sanierungsprozess erfolgte und welche Gruppe von Kapitalgebern die entsprechenden Instrumente bereitstellte. Insgesamt wurden über 300 Sanierungsprozesse aus einem Zeitraum von mehr als 20 Jahren sowie die dazugehörigen finanziellen Sanierungsmaßnahmen erfasst. Diese Erhebung stellt nach Kenntnis des Autors die umfangreichste und systematischste Erfassung finanzwirtschaftlicher Unternehmenssanierungen in der bestehenden Literatur dar.

Die empirische Analyse gliederte sich in drei Hauptbereiche, um aus dem manuell erhobenen Datensatz einen möglichst großen Erkenntnisgewinn zu erzielen. Der erste Abschnitt konzentrierte sich auf die Häufigkeit des Einsatzes und die Erfolgsbilanz der einzelnen Sanierungsmaßnahmen. Der zweite Teil widmete sich den Erfolgsfaktoren erfolgreicher Gläubigerverhandlungen in finanzieller Schieflage. Abschließend erfolgte im dritten Teil eine eingehende Untersuchung von Eigenkapitalerhöhungen, die im Rahmen von finanziellen Sanierungsversuchen durchgeführt wurden.

Der erste Hauptteil der empirischen Analyse findet sich in Kapitel 5. In diesem wurden die erhobenen Sanierungsprozesse hinsichtlich des Einsatzes finanzieller Sanierungsmaßnahmen analysiert. Die zentralen Erkenntnisse lassen sich wie folgt zusammenfassen: Die mit Abstand häufigste Maßnahme ist die Kapitalerhöhung. Zudem sind auf der Fremdkapitalseite sehr oft Prolongationen und Umschuldungen zu verzeichnen, wobei speziell letztere häufig in erfolgreichen Sanierungsversuchen beobachtet werden und als vielversprechende Sanierungsoption erscheinen. Tiefgreifende Maßnahmen wie Debt-Equity- bzw. Debt-Mezzanine-Swaps, Forderungsverzichte oder Schuldübernahmen kommen vergleichsweise selten vor. Zudem stehen kleinere Sanierungsbeiträge, wie z.B. Zinsstundungen oder Stillhalteabkommen/Covenant Waiver im Zusammenhang mit geringeren Erfolgsaussichten. Trotzdem führen die eingesetzten finanziellen Maßnahmen i.d.R. zu einer kurzfristigen Stabilisierung des Geschäftsbetriebs. Allerdings verzeichnen die Sanierungserfolgsquoten im Hinblick auf den Gesamtausgang der Sanierungsprozesse einen deutlichen Rückgang, was unterstreicht, dass die erfolgreiche Umsetzung von leistungswirtschaftlichen und strategischen Maßnahmen eine entscheidende Voraussetzung für eine nachhaltige Sanierung ist.

Die eingesetzten Instrumente variieren je nach Zeitpunkt der Krise und den Kapitalgebergruppen. So werden z.B. umfangreichere Maßnahmen wie Debt-Equity-Swaps und Forderungsverzichte tendenziell (zu) spät durchgeführt. Dies legt nahe, dass diese Maßnahmen bei früherem Einsatz eine größere Sanierungswirkung entfalten könnten. Insb. für Forderungsverzichte zeigt sich in der Folge auch, dass diese höhere Erfolgsquoten aufweisen, wenn sie im frühen Sanierungsprozess gewährt werden. Die Sanierungsquoten vieler anderer Einzelmaßnahmen im Hinblick auf den gesamten Sanierungsprozess scheinen jedoch wenig vom Zeitpunkt des Einsatzes beeinflusst zu sein. Bzgl. des Sanierungsverhaltens (potenzieller) Finanziers ist festzustellen, dass die bestehenden Fremd- und Eigenkapitalgeber die zentralen Kapitalgebergruppen darstellen. Wie zu erwarten, beteiligen sich erstere v.a. durch klassische Fremdkapitalmaßnahmen wie Prolognationen, Umschuldungen und Überbrückungs- bzw. Sanierungskredite, während letztere hauptsächlich Kapitalerhöhungen zeichnen und Gesellschafterdarlehen gewähren.

Die Effektivität der finanziellen Maßnahmen wurde einer multivariaten Analyse unterzogen. Innerhalb dieser wurde zwischen dem Sanierungsbeitrag der Maßnahmen in der kurzen Frist, d.h. in der Stabilisierungsphase des Unternehmens, und dem Beitrag der Maßnahmen im Hinblick auf den Gesamtausgang der Sanierung differenziert. Die Untersuchungen haben gezeigt, dass nur wenige Instrumente signifikanten Einfluss auf den Ausgang einer Unternehmenssanierung haben. Entscheidend für den Sanierungserfolg sind vor allem Faktoren im Kontext der Sanierung, insb. die Absenz von gesamt- und branchenspezifischen Krisen, die Unternehmensgröße und der Zustand des Kerngeschäfts. Dennoch können folgende Empfehlungen ausgesprochen werden: Zur kurzfristigen Unternehmensrettung eignen sich v.a. Kapitalerhöhungen und Prolongationen, während neues Fremdkapital vonseiten der Altgläubiger nach Möglichkeit vermieden werden sollte. Im Hinblick auf den nachhaltigen

Sanierungserfolg sind primär Debt-Equity-Swaps eine effektive Sanierungsoption. Die Analyse legte jedoch auch nahe, dass einzelne Maßnahmen auf unternehmensindividueller Ebene unterschiedlich effektiv sein können. Daher wurden Sanierungsstrategien verschiedener Unternehmenstypen sowohl für die Stabilisierungsphase als auch für die nachhaltige Sanierung identifiziert. Diese Erkenntnisse ermöglichen Schlussfolgerungen über wirkungsvolle Maßnahmenkombinationen für die Sanierungspraxis.

Ein Schlüsselergebnis des ersten empirischen Abschnitts war die begrenzte Auswirkung einzelner Sanierungsmaßnahmen auf den Erfolg der Gesamtsanierung. Daher erscheint es von größerer Bedeutung, eine Vereinbarung mit den bestehenden Kapitalgebern über die Umsetzung von Maßnahmen zu erzielen, anstatt auf ein spezielles Instrument zu setzen. Da die Gläubiger in vielen Sanierungsfällen die zentrale Kapitalgebergruppe darstellten,[1053] wurde im zweiten empirischen Hauptteil in Kapitel 6 untersucht, welche Faktoren den Ausgang von Sanierungsverhandlungen mit diesen Finanziers determinieren. Die Datenbasis bildeten knapp 400 Gläubigerverhandlungen von CDAX-Unternehmen in finanzieller Schieflage. Die Ergebnisse zeigten, dass knapp drei Viertel der Verhandlungen erfolgreich abgeschlossen werden konnten, d.h. Gläubiger sind oftmals zu Zugeständnissen bereit, um ein Insolvenzverfahren zu vermeiden. Dies führt allerdings dazu, dass eine Fortführung fast ausschließlich im außergerichtlichen Verfahren erfolgt, während die Einleitung eines Insolvenzverfahrens tendenziell zu spät erfolgt, wie die hohen Liquidationsquoten im Regelverfahren belegen.[1054] Es liegt die Schlussfolgerung nahe, dass die sanierungserleichternden Regelungen der InsO zumeist ungenutzt bleiben, weil das Stigma der Insolvenz vermieden werden soll. Folglich entsteht der Dualismus zwischen Verhandlungserfolg und Liquidation in der Insolvenz. Um zu verstehen, welche Einflüsse diese Entscheidung determinieren, wurde eine Regressionsanalyse durchgeführt. Die Ergebnisse zeigen, dass eine ausgeprägte operative Stärke des Unternehmens, eine effektive Koordination der Gläubiger und substantielle Zugeständnisse anderer Stakeholder, wie z.B. Bürgschaften oder Gesellschafterdarlehen, den Verhandlungsausgang signifikant positiv beeinflussen. Es sollten daher frühzeitig leistungswirtschaftliche Sanierungsinstrumente ergriffen werden, Maßnahmen zur Verbesserung der Kommunikation zwischen den Gläubigern durchgeführt, und Gespräche mit

1053 Vgl. Kapitel 5.3.2.3.

1054 Dieses Ergebnis kann auch der Beschreibung der Datengrundlage in Kapitel 4.3 entnommen werden.

Eigenkapitalgebern und ggfs. weiteren Stakeholdern zur Unterstützung der Sanierung geführt werden. Hohe Verschuldungsgrade und wiederholte Verhandlungssituationen wirken sich negativ aus, ebenso wie die Risikosituation der Unternehmen. Für Unternehmen ist es deshalb zentral, in einer ersten Verhandlung wesentliche Sanierungsbeiträge der Gläubiger zu erhalten, um nicht aufgrund von unzureichenden Maßnahmen erneut zur Verhandlungsaufnahme gezwungen zu sein. Höchst problematisch ist zudem, dass externe Faktoren, wie gesamtwirtschaftliche und branchenspezifische Krisen, die Einigungswahrscheinlichkeit signifikant negativ beeinflussen. In diesem Zusammenhang kann es von besonderer Bedeutung sein, durch gezielte Maßnahmen, wie z.B. einer transparenten Krisenkommunikation, Vertrauen aufzubauen, und die Gläubiger vom lediglich vorübergehenden Charakter der unternehmensexternen Einflüsse zu überzeugen.

Weitere Erkenntnisgewinne wurden durch die Analyse von Kapitalerhöhungen zur Sanierung von finanziell belasteten Unternehmen im dritten empirischen Hauptteil in Kapitel 7 erzielt. Die Untersuchung dieses Instruments erfolgte, da der erste empirische Abschnitt der Analyse gezeigt hat, dass Kapitalerhöhungen für das vorliegende Gesamtsample das prominenteste finanzielle Sanierungsinstrument darstellen und zu den wenigen Maßnahmen gehören, die signifikant positiv zur Stabilisierung von Unternehmen in Krisensituationen beitragen.[1055] Zudem genießen Kapitalerhöhungen aufgrund ihrer bilanzverbessernden und liquiditätsfördernden Wirkung eine theoretisch große Vorzugswürdigkeit ggü. anderen Maßnahmen.[1056] Die Untersuchung umfasste einerseits die Determinanten der Aktienemission sowie andererseits die Ermittlung der Einflüsse auf den Bruttoemissionserlös. Hierzu wurden mehr als 1.300 Fiskaljahre aus 328 Sanierungsversuchen mit 356 Kapitalerhöhungen bzw. 286 Kapitalerhöhungsvorgängen untersucht. Es konnte nachgewiesen werden, dass der Schuldenüberhang, der zu Vermögenstransfers von den Eigenkapitalgebern an die Fremdkapitalgeber führt, ein zentrales Hindernis für Eigenkapitalemissionen in der Sanierungspraxis darstellt. Dieser beeinträchtigt zudem den Emissionserlös, wenn eine Kapitalerhöhung durchgeführt wird. Das bedeutet, dass Unternehmen mit überhöhten Verschuldungsgraden im Vorfeld einer geplanten Eigenkapitalaufnahme auf eine Verzichtsvereinbarung mit den Gläubigern hinarbeiten sollten, um deren Durchführung zu sichern. Dies wurde auch empirisch nachgewiesen, da gezeigt werden konnte,

1055 Vgl. hierzu Kapitel 5.

1056 Siehe Kapitel 2.2.3.3.2.1.1

dass Anspruchsverzichte seitens der bestehenden Gläubiger die Emissionswahrscheinlichkeit erhöhen. Dagegen können Unternehmen die aufgrund hoher Fortführungswerte tendenziell geringe Vermögenstransfers aufweisen, eher mit einem Emissionserfolg rechnen. Aus Sicht des Managements gilt es daher die Zukunftschancen eines Krisenunternehmens durch entsprechende Konzepte auszuarbeiten und durch eine effektive Kommunikation den bestehenden und externen Investoren darzulegen. Sollten die bestehenden Gesellschafter keine Einlagen leisten können, so können sie durch entsprechende Anteilsverzichte dennoch einen Sanierungsbeitrag leisten, der den Einstieg externer Investoren erleichtert. Liegt in einem Unternehmen eine relativ hohe Konzentration der Gesellschafter und damit der Entscheidungsrechte vor, ist mit negativen Einflüssen auf die Emissionschancen und die erzielten Erlöse zu rechnen. Dies kann darauf hinweisen, dass dominante Gesellschafter eine Verwässerung der Anteile fürchten, oder dass Investoren dem Einfluss dominanter Anteilseigner mit Skepsis begegnen.

8.2 Ausblick

Wie zu Beginn der Arbeit festgestellt wurde, erfährt die deutsche Sanierungspraxis derzeit bedeutende Veränderungen aufgrund der sich wandelnden gesamtwirtschaftlichen Situation und der Modifikationen der gesetzlichen Rahmenbedingungen. Einerseits werden aktuell die Spätfolgen der Covid-19-Pandemie durch den Anstieg der Unternehmensinsolvenzen in Deutschland deutlich, wie die Daten der Jahre 2022 und 2023 zeigen.[1057] Auch das Ende der lockeren Geldpolitik der Europäischen Zentralbank und die gestiegenen Finanzierungskosten üben zunehmend Druck auf Unternehmen aus, die sich bisher durch vergleichsweise günstige Finanzierungen über Wasser halten konnten. Andererseits hat die Einführung und schrittweise Etablierung des gerichtlichen, vorinsolvenzlichen Verfahrens gem. StaRUG bedeutende Veränderungen in der rechtlichen Landschaft der Unternehmenssanierung hervorgebracht. Großverfahren, wie zum Beispiel bei der Leoni AG oder der Gerry Weber AG, lassen vermuten, dass dieses Verfahren Einflüsse auf die Sanierung von Krisenunternehmen entfaltet, die möglicherweise weitreichender sind als die vergleichsweise geringen Auswirkungen der Reform der Insolvenzordnung durch das ESUG und, dass die in der Literatur zu findende und salopp formulierte Meinung, es gäbe mehr Fachpublikationen zum StaRUG als tatsächlich

1057 Vgl. Kapitel 1.1.

durchgeführte Verfahren, nicht haltbar ist. Dies gilt umso mehr, als dass die wahre Bedeutung des StaRUG aufgrund der nicht verpflichtenden Publikation der Verfahren sowie seiner disziplinierenden Wirkung auf Akkordstörer in freien Sanierungsverhandlungen, die in der Folge einvernehmliche Lösungsansätze begünstigt, tendenziell unterschätzt wird.[1058] Diese Entwicklungen bilden einen interessanten Ausgangspunkt für nachfolgende Forschungsbeiträge und unterstreichen gleichzeitig auch die zukünftige Relevanz des Forschungsbereichs. In diesem Zusammenhang gilt es trotz der gewonnenen Erkenntnisse der Arbeit insb. empirische Forschungslücken zu schließen.

Einen ersten Bereich stellen die gerichtlichen Sanierungsverfahren dar. Z.B. existieren nach Kenntnis des Autors keine Studien, die sich im größeren Umfang mit der Sanierung von Unternehmen in den gerichtlichen Verfahren des deutschen Rechtsrahmens befassen. Dies ist im Zusammenhang mit dem StaRUG der vergleichsweise kurzen Bestandszeit des Verfahrens geschuldet. Für die Sanierung unter den Regelungen der InsO sollte jedoch eine Datenbasis vorhanden sein, die es zu erschließen gilt. Diesbezüglich wäre es – als Gegenstück zur vorliegenden Studie – z.B. von Bedeutung zu analysieren, welche Sanierungsmaßnahmen ergriffen werden, ob sie zu einem Sanierungserfolg im Verfahren beitragen und inwiefern eine nachhaltige Sanierung nach Abschluss des Verfahrens gewährleistet werden kann. Eine weitere Forschungslücke besteht bzgl. eines Effizienz- und Effektivitätsvergleichs der unterschiedlichen Sanierungsverfahren. Es wäre interessant zu untersuchen, ob die ggü. der freien Sanierung erhöhten Kosten der finanziellen Schieflage in den gerichtlichen Verfahren durch den Nutzen der gesetzlichen Maßnahmen für die zukünftige Unternehmensentwicklung kompensiert werden können oder sogar geringer ausfallen. Darüber hinaus wäre ein Vergleich der beiden gerichtlichen Verfahren im Hinblick auf die tatsächlichen Kosten nach Antragsstellung von Interesse. Dies könnte Aufschluss darüber geben, ob die jeweiligen Interessengruppen das StaRUG-Verfahren als bessere Alternative zur Insolvenz betrachten und ob das Stigma der Insolvenz durch diese Verfahrensart tatsächlich überwunden werden kann. In diesem Zusammenhang besteht allerdings ein weiterer zu bearbeitender Punkt. Denn die Frage, wie die indirekten Kosten der finanziellen Schieflage zu quantifizieren sind, ist nach wie vor ungeklärt. Das gilt zuvorderst für den zu definierenden Zeitraum. Ansätze wie derjenige von Andrade/Kaplan (1998) stellen bspw. auf ein qualitatives Ereignis als Startpunkt ab.[1059] Ein solches liegt für die gerichtlichen Verfahren durch die Anzeige

1058 Vgl. Schluck-Amend (2023a), S. 7.
1059 Vgl. Andrade/Kaplan (1998), S. 1446–1448.

bzw. Antragstellung eindeutig vor. Für die außergerichtliche Sanierung ist dies aber nicht gegeben, weshalb eine exakte Erfassung des Beginns der Schieflage anderweitig vorzunehmen ist.[1060] Gleiches gilt für den definitorischen Endpunkt der finanziellen Krise, welcher auch in den gerichtlichen Verfahren offen ist, da i.d.R. keine Identität zwischen dem Zeitpunkt der nachhaltigen Unternehmenssanierung und der Verfahrensaufhebung besteht. Zudem kann eine Fortentwicklung der Messinstrumente der Kosten der finanziellen Schieflage angebracht sein. Insgesamt verdeutlichen die genannten Punkte beispielhaft, dass die Sanierung von Krisenunternehmen eine Vielzahl an Fragestellungen bereithält, die durch zukünftige Forschungsbeiträge zu beantworten sind.

1060 Der in Kapitel 4.2.3 konstruierte Sanierungsindikator kann hierfür einen Ansatzpunkt darstellen.

Rechtsquellenverzeichnis

AktG Aktiengesetz vom 6. September 1965 (BGBl. I S. 1089); zuletzt geändert durch Artikel 13 des Gesetzes vom 11. Dezember 2023 (BGBl. 2023 I Nr. 354).

BGB Bürgerliches Gesetzbuch in der Fassung der Bekanntmachung vom 2. Januar 2002 (BGBl. I S. 42, 2909; 2003 I S. 738); zuletzt geändert durch Artikel 34 Absatz 3 des Gesetzes vom 22. Dezember 2023 (BGBl. 2023 I Nr. 411).

COVInsAG Gesetz zur vorübergehenden Aussetzung der Insolvenzantragspflicht und zur Begrenzung der Organhaftung bei einer durch die COVID-19-Pandemie bedingten Insolvenz (COVID19-Insolvenzaussetzungsgesetz – COVInsAG) vom 27. März 2020 (BGBl. I S. 569); zuletzt geändert durch Artikel 1 des Gesetzes vom 15. Februar 2021 (BGBl. I S. 237).

EStG Einkommensteuergesetz in der Fassung der Bekanntmachung vom 8. Oktober 2009 (BGBl. I S. 3366, 3862); zuletzt geändert durch Artikel 20 des Gesetzes vom 22. Dezember 2023 (BGBl. 2023 I Nr. 411).

ESUG Gesetz zur weiteren Erleichterung der Sanierung von Unternehmen vom 07.12.2011 (BGBl. S. 2582).

GmbHG Gesetz betreffend die Gesellschaften mit beschränkter Haftung in der im Bundesgesetzblatt Teil III, Gliederungsnummer 4123–1, veröffentlichten bereinigten Fassung; zuletzt geändert durch Artikel 9 des Gesetzes vom 22. Februar 2023 (BGBl. 2023 I Nr. 51).

HGB Handelsgesetzbuch in der im Bundesgesetzblatt Teil III, Gliederungsnummer 4100–1, veröffentlichten bereinigten Fassung; zuletzt geändert durch Artikel 34 Absatz 1 des Gesetzes vom 22. Dezember 2023 (BGBl. 2023 I Nr. 411).

InsO Insolvenzordnung vom 5. Oktober 1994 (BGBl. I S. 2866); zuletzt geändert durch Artikel 34 Absatz 13 des Gesetzes vom 22. Dezember 2023 (BGBl. 2023 I Nr. 411).

KStG Körperschaftsteuergesetz in der Fassung der Bekanntmachung vom 15. Oktober 2002 (BGBl. I S. 4144); zuletzt geändert durch Artikel 21 des Gesetzes vom 22. Dezember 2023 (BGBl. 2023 I Nr. 411).

MMVO Verordnung (EU) Nr. 596/2014 des Europäischen Parlaments und des Rates vom 16. April 2014 über Marktmissbrauch (Marktmissbrauchsverordnung) und zur Aufhebung der Richtlinie 2003/6/EG des Europäischen Parlaments und des Rates und der Richtlinien 2003/124/EG, 2003/125/EG und 2004/72/EG der Kommission.

SanInsFoG Gesetz zur Fortentwicklung des Sanierungs- und Insolvenzrechts (Sanierungs- und Insolvenzrechtsfortentwicklungsgesetz – SanInsFoG) vom 22.12.2020 (BGBl. I 2020, Nr. 66, S. 3256).

SanInsKG Sanierungs- und insolvenzrechtliches Krisenfolgenabmilderungsgesetz vom 27. März 2020 (BGBl. I S. 569); zuletzt geändert durch Artikel 9 des Gesetzes vom 31. Oktober 2022 (BGBl. I S. 1966).

SchVG Schuldverschreibungsgesetz vom 31. Juli 2009 (BGBl. I S. 2512); zuletzt geändert durch Artikel 5 des Gesetzes vom 3. Juni 2021 (BGBl. I S. 1423).

StaRUG Unternehmensstabilisierungs- und -restrukturierungsgesetz vom 22. Dezember 2020 (BGBl. I S. 3256); zuletzt geändert durch Artikel 34 Absatz 14 des Gesetzes vom 22. Dezember 2023 (BGBl. 2023 I Nr. 411).

WpÜG Wertpapiererwerbs- und Übernahmegesetz vom 20. Dezember 2001 (BGBl. I S. 3822); zuletzt geändert durch Artikel 8 des Gesetzes vom 11. Dezember 2023 (BGBl. 2023 I Nr. 354).

WpÜG-AV WpÜG-Angebotsverordnung vom 27. Dezember 2001 (BGBl. I S. 4263); zuletzt geändert durch Artikel 9 des Gesetzes vom 11. Dezember 2023 (BGBl. 2023 I Nr. 354).

ZuFinG Gesetz zur Finanzierung von zukunftssichernden Investitionen (Zukunftsfinanzierungsgesetz — ZuFinG) vom 11.Dezember 2023 (BGBl. 2023 I, Nr. 354)

Bundesgerichtshof:

Datum	Aktenzeichen	Fundstelle
08.01.1970	VII ZR 130/68	NJW 1970, 656
13.03.1978	II ZR 142/76	NJW 1978, 1316
09.07.1979	II ZR 118/77	NJW 1979, 1823
19.04.1982	II ZR 55/81	NJW 1982, 2444
11.11.1985	II ZR 109/84	NJW 1986, 837
12.12.1991	IX ZR 178/91	NJW 1992, 967
12.11.1992	IX ZR 236/91	NJW-RR 1993, 238
20.03.1995	II ZR 205/94	NJW 1995, 1739
23.06.1997	II ZR 132/93	NJW 1997, 2815
05.07.1999	II ZR 126/98	NJW 1999, 3197
24.05.2005	IX ZR 123/04	NJW 2005, 3062
21.11.2005	II ZR 277/03	NJW 2006, 1283
12.10.2006	IX ZR 228/03	ZIP 2006, 2222
19.07.2007	IX ZB 36/07	ZIP 2007, 1666
20.12.2007	IX ZR 93/06	ZIP 2008, 420
19.10.2009	II ZR 240/08	NJW 2010, 65
21.02.2013	IX ZR 52/10	ZIP 2013, 894
05.03.2013	IX ZR 133/14	NJW 2015, 1672
12.05.2016	IX ZR 65/14	BGHZ 210, 249
26.10.2017	IX ZR 285/14	NJW 2017, 1611
23.05.2023	II ZR 141/21	NJW-RR 2023, 952

Verzeichnis sonstiger Quellen

BT-Drs. 12/2443	Drucksache des Deutschen Bundestages 12/2443 vom 15. April 1992: Gesetzentwurf der Bundesregierung – Entwurf einer InsO (InsO)
BT-Drs. 19/24181	Entwurf eines Gesetzes zur Fortentwicklung des Sanierungs- und Insolvenzrechts (Sanierungs- und Insolvenzrechtsfortentwicklungsgesetz – SanInsFoG)
2003/361/EG	Empfehlung der Kommission vom 6.Mai 2003 betreffend die Definition der Kleinstunternehmen sowie der kleinen und mittleren Unternehmen
IV A 6-S 2140–8/0	Schreiben des Bundesministeriums der Finanzen vom 27.03.2003

Literaturverzeichnis

Abel, P. (2021): Das Insolvenzverfahren als Sanierungsinstrument. In: Crone, A./Werner, H. (Hrsg.), Modernes Sanierungsmanagement. Sanierung als ganzheitliche Aufgabe: strategische Neuausrichtung, operative Verbesserung und finanzielle Stabilisierung, 6. Aufl., Vahlen, München, S. 399–461.

Acharya, V./Davydenko, S. A./Strebulaev, I. A. (2012): Cash Holdings and Credit Risk. In: Review of Financial Studies, 25. Jg., Nr. 12, S. 3572–3609.

Akaike, H. (1974): A new look at the statistical model identification. In: IEEE Transactions on Automatic Control, 19. Jg., Nr. 6, S. 716–723.

Albuquerque, B./Iyer, R. (2023): The Rise of the Walking Dead: Zombie Firms Around the World. In: IMF Working Papers, 125. Jg., S. 1–67.

Allert, A. (2022): Distressed M&A. Kauf und Verkauf von mittelständischen Unternehmen in Krisenzeiten, Vahlen, München.

Altman, E. I. (1968): Financial Ratios, Discriminant Analysis and the Prediction of Corporate Bankruptcy. In: The Journal of Finance, 23. Jg., Nr. 4, S. 589–609.

Altman, E. I. (1984): A Further Empirical Investigation of the Bankruptcy Cost Question. In: The Journal of Finance, 39. Jg., Nr. 4, S. 1067–1089.

Altman, E. I./Hotchkiss, E./Wang, W. (2019): Corporate Financial Distress, Restructuring, and Bankruptcy, Wiley, Hoboken.

Amemiya, T. (1981): Qualitative Response Models: A Survey. In: Journal of Economic Literature, 19. Jg., Nr. 4, S. 1483–1536.

Andrade, G./Kaplan, S. N. (1998): How Costly is Financial (Not Economic) Distress? Evidence from Highly Leveraged Transactions that Became Distressed. In: The Journal of Finance, 53. Jg., Nr. 5, S. 1443–1493.

Andres, D. (2022): Möglichkeiten der Sanierung nach dem StaRUG. In: Buth, A. K./Hermanns, M. (Hrsg.), Restrukturierung, Sanierung, Insolvenz, 5. Aufl., C.H. Beck, München, § 25.

Asquith, P./Gertner, R./Scharfstein, D. (1994): Anatomy of Financial Distress: An Examination of Junk-Bond Issuers. In: The Quarterly Journal of Economics, 109. Jg., Nr. 3, S. 625–658.

Auer, B. R./Rottmann, H. (2020): Statistik und Ökonometrie für Wirtschaftswissenschaftler. Eine anwendungsorientierte Einführung, 4. Aufl., Gabler, Wiesbaden.

Backhaus, K./Erichson, B./Gensler, S./Weiber, R./Weiber, T. (2021): Multivariate Analysemethoden. Eine anwendungsorientierte Einführung, 16. Aufl., Gabler, Wiesbaden.

Baetge, J./Schmidt, M./Hater, A. (2022): Determinanten einer Unternehmenskrise. In: Thierhoff, M./Müller, R. (Hrsg.), Unternehmenssanierung, 3. Aufl., C.F. Müller, Heidelberg, S. 21–87.

Ballmann, A. (2022): Das Sanierungs- und insolvenzrechtliche Krisenfolgenabmilderungsgesetz. In: Der Betrieb, Nr. 50, S. M12-M14.

Baur, W. (1978): Sanierungen: Wege aus Unternehmenskrisen, Gabler, Wiesbaden.

Becker, R. (1986): Die Sanierungsfähigkeit der Unternehmung. Ein durch die Kommission für Insolvenzrecht aktualisierter Begriff in betriebswirtschaftlicher Sichtweise, Eul Verlag, Bergisch Gladbach.

Beckmann, L./Pausenberger, E. (1961): Gründungen, Umwandlungen, Fusionen, Sanierungen, Gabler, Wiesbaden.

Berk, J. B./DeMarzo, P. M. (2019): Grundlagen der Finanzwirtschaft, 4. Aufl., Pearson, Hallbergmoos.

Best, H./Wolf, C. (2010): Logistische Regression. In: Wolf, C./Best, H. (Hrsg.), Handbuch der sozialwissenschaftlichen Datenanalyse, Verlag für Sozialwissenschaften, Wiesbaden, S. 827–854.

Bharath, S. T./Shumway, T. (2008): Forecasting Default with the Merton Distance to Default Model. In: Review of Financial Studies, 21. Jg., Nr. 3, S. 1339–1369.

Bilstein, J. (2007): Finanzielle Restrukturierung in der Unternehmenskrise. In: Krystek, U./Moldenhauer, R. (Hrsg.), Handbuch Krisen- und Restrukturierungsmanagement. Generelle Konzepte, Spezialprobleme, Praxisberichte, Kohlhammer Verlag, Stuttgart, S. 229–258.

Bitter, G. (2021): Vor § 64. In: Scholz, F. (Hrsg.), GmbHG. Kommentar zum GmbH-Gesetz mit Anhang Konzernrecht, 12. Aufl., Otto Schmidt, Köln.

Black, F./Scholes, M. (1973): The Pricing of Options and Corporate Liabilities. In: Journal of Political Economy, 81. Jg., Nr. 3, S. 637–654.

Black, L./Floros, I. V./Sengupta, R. (2016): Raising Capital When the Going Gets Tough: U.S. Bank Equity Issuance from 2001 to 2014. In: Federal Reserve Bank of Kansas City Working Paper, Nr. 16–05.

Blazy, R./Martel, J./Nigam, N. (2014): The choice between informal and formal restructuring: The case of French banks facing distressed SMEs. In: Journal of Banking & Finance, 44. Jg., S. 248–263.

Böckenförde, B. (1996): Unternehmenssanierung, 2. Aufl., Schäffer-Poeschel Verlag, Stuttgart.

Bork, R. (2019): Einführung in das Insolvenzrecht, 9. Aufl., Mohr Siebeck, Tübingen.

Bortz, J./Schuster, C. (2010): Statistik für Human- und Sozialwissenschaftler, 7. Aufl., Springer, Berlin, Heidelberg.

Brandstätter, J. (1993): Die Prüfung der Sanierungsfähigkeit notleidender Unternehmen. Grundlagen, Durchführung und Unterstützung durch Expertensysteme, C.H. Beck, München.

Braun, E. (1989): Die Prüfung von Sanierungskonzepten. In: Die Wirtschaftsprüfung, Nr. 23/24, S. 683–694.

Bretzke, U. (1984): Der Begriff der "drohenden Zahlungsunfähigkeit" im Konkursstrafrecht. Analyse und Darlegung der Konsequenzen aus betriebswirtschaftlicher Sicht, Müller und Botermann, München, Köln.

Bris, A./Welch, I./Zhu, N. (2006): The Costs of Bankruptcy: Chapter 7 Liquidation versus Chapter 11 Reorganization. In: The Journal of Finance, 61. Jg., Nr. 3, S. 1253–1303.

Brunner, A./Krahnen, J. P. (2008): Multiple Lenders and Corporate Distress: Evidence on Debt Restructuring. In: Review of Economic Studies, 75. Jg., Nr. 2, S. 415–442.

Brunner-Kirchmair, T./Pernsteiner, H./Truffner, J. (2020): Determinanten der Kapitalstruktur europäischer Unternehmen. Eine Langzeitstudie von 1996–2015. In: Corporate Finance, Nr. 01–02, S. 18–22.

Buchalik, R. (2015): Sanieren statt Liquidieren. Neue Wege zur nachhaltigen Unternehmenssanierung, 2. Aufl., NWB-Verlag, Herne.

Bücker, T./Petersen, S. (2013): Kapitalmarkttransparenz bei Restrukturierungen. In: Zeitschrift für Unternehmens- und Gesellschaftsrecht, 42. Jg., Nr. 6, S. 802–831.

Buschmann, H. (2006): Turnaround-Management. Empirische Untersuchung mit Schwerpunkt auf den Einfluss der Stakeholder im Turnaround, Deutscher Universitätsverlag, Wiesbaden.

Buth, A. K./Hermanns, M. (2022a): Beurteilung von Sanierungskonzepten nach dem IDW S 6. In: Buth, A. K./Hermanns, M. (Hrsg.), Restrukturierung, Sanierung, Insolvenz, 5. Aufl., C.H. Beck, München, § 8.

Buth, A. K./Hermanns, M. (2022b): Finanzwirtschaftliche Aspekte bei Fortführung von Krisenunternehmen. In: Buth, A. K./Hermanns, M. (Hrsg.), Restrukturierung, Sanierung, Insolvenz, 5. Aufl., C.H. Beck, München, § 21.

Buth, A. K./Hermanns, M. (2022c): Restrukturierung/Sanierung im leistungswirtschaftlichen Bereich. In: Buth, A. K./Hermanns, M. (Hrsg.), Restrukturierung, Sanierung, Insolvenz, 5. Aufl., C.H. Beck, München, § 12.

Campbell, J. Y./Hilscher, J./Szilagyi, J. (2008): In Search of Distress Risk. In: The Journal of Finance, 63. Jg., Nr. 6, S. 2899–2939.

Choi, S.-S./Cha, S.-H./Tappert, C. (2010): A Survey of Binary Similarity and Distance Measures. In: Journal of Systemics, Cybernetics and Informatics, 8. Jg., Nr. 1, S. 43–48.

Chu, Y./Diep-Nguyen, H./Wang, J./Wang, W./Wang, W. (2019): Simultaneous Debt-Equity Holdings and The Resolution of Financial Distress. In: Kelley School of Business Research Paper, S. 1–56.

Cleff, T. (2015): Deskriptive Statistik und Explorative Datenanalyse. Eine computergestützte Einführung mit Excel, SPSS und STATA, Gabler, Wiesbaden.

Creditrefom (2023): Insolvenzen in Deutschland, Jahr 2023, abrufbar unter: https://www.creditreform.de/aktuelles-wissen/pressemeldungen-fachbeitraege/news-details/show/insolvenzen-in-deutschland-jahr-2023, abgerufen am 06.12.2023.

Crone, A. (2021): Erstellung von Sanierungskonzepten. In: Crone, A./Werner, H. (Hrsg.), Modernes Sanierungsmanagement. Sanierung als ganzheitliche Aufgabe: strategische Neuausrichtung, operative Verbesserung und finanzielle Stabilisierung, 6. Aufl., Vahlen, München, S. 83–130.

Crone, A./Kreide, R. (2021): Finanzwirtschaftliche Sanierungsmaßnahmen. In: Crone, A./Werner, H. (Hrsg.), Modernes Sanierungsmanagement. Sanierung als ganzheitliche Aufgabe: strategische Neuausrichtung, operative Verbesserung und finanzielle Stabilisierung, 6. Aufl., Vahlen, München, S. 217–262.

Crone, A./Werner, H. (2021a): Krisenursachen und Krisenstadien. In: Crone, A./Werner, H. (Hrsg.), Modernes Sanierungsmanagement. Sanierung als ganzheitliche Aufgabe: strategische Neuausrichtung, operative Verbesserung und finanzielle Stabilisierung, 6. Aufl., Vahlen, München, S. 15–26.

Crone, A./Werner, H. (2021b): Rechtliche Rahmenbedingungen für die Sanierung im Überblick. In: Crone, A./Werner, H. (Hrsg.), Modernes Sanierungsmanagement. Sanierung als ganzheitliche Aufgabe: strategische Neuausrichtung, operative Verbesserung und finanzielle Stabilisierung, 6. Aufl., Vahlen, München, S. 3–14.

Crosbie, P./Bohn, J. (2019): Modeling Default Risk. In: World Scientific Reference on Contingent Claims Analysis in Corporate Finance, 2. Jg., S. 471–506.

Davidson, R./MacKinnon, J. G. (1993): Estimation and inference in econometrics, Oxford University Press, New York.

Davydenko, S. A. (2007): When Do Firms Default? A Study of the Default Boundary. In: Working Paper.

Davydenko, S. A./Franks, J. R. (2008): Do Bankruptcy Codes Matter? A Study of Defaults in France, Germany, and the U.K. In: The Journal of Finance, 63. Jg., Nr. 2, S. 565–608.

DeAngelo, H./DeAngelo, L. (1990): Dividend Policy and Financial Distress: An Empirical Investigation of Troubled NYSE Firms. In: The Journal of Finance, 45. Jg., Nr. 5, S. 1415–1431.

DeAngelo, H./DeAngelo, L./Stulz, R. (2010): Seasoned equity offerings, market timing, and the corporate lifecycle. In: Journal of Financial Economics, 95. Jg., Nr. 3, S. 275–295.

Demiroglu, C./James, C. (2015): Bank loans and troubled debt restructurings. In: Journal of Financial Economics, 118. Jg., Nr. 1, S. 192–210.

Deutsche Börse AG (2023a): Amtlicher Markt, abrufbar unter: https://deutsche-boerse.com/dbg-de/unternehmen/wissen/boersenlexikon/boersenlexikon-article/Amtlicher-Markt-242864, abgerufen am 10.08.2023.

Deutsche Börse AG (2023b): Regulierter Markt, abrufbar unter: https://deutsche-boerse.com/dbg-de/unternehmen/wissen/boersenlexikon/boersenlexikon-article/Regulierter-Markt-244348, abgerufen am 02.04.2021.

Dirschedl, C. (2015): Maßnahmen finanzieller Restrukturierung. Rahmenbedingungen, Bewertungen und Ausgestaltung am Beispiel von Debt Equity Swaps, Peter Lang, Frankfurt am Main.

Drukarczyk, J. (1987): Unternehmen und Insolvenz, Gabler, Wiesbaden.

Drukarczyk, J. (1995): Verwertungsformen und Kosten der Insolvenz. In: Betriebswirtschaftliche Forschung und Praxis, 47. Jg., S. 40–58.

Drukarczyk, J./Schöntag, J. (2020): Außergerichtliche Sanierung. In: Gottwald, P./Haas, U./Adolphsen, J. (Hrsg.), Insolvenzrecht-Handbuch, 6. Aufl., C.H. Beck, München, § 3.

Drukarczyk, J./Schüler, A. (2006): Bewertung sanierungsbedürftiger Kapitalgesellschaften. In: Hommel, U./Knecht, T. C./Wohlenberg, H. (Hrsg.), Handbuch Unternehmensrestrukturierung, Springer, Wiesbaden, S. 709–737.

Drukarczyk, J./Schüler, A. (2017): Eröffnungsgründe: drohende Zahlungsunfähigkeit und Überschuldung. In: Zeitschrift für das gesamte Insolvenzrecht, 20. Jg., Nr. 3, S. 61–67.

Drukarczyk, J./Schüler, A. (2019a): Drohende Zahlungsunfähigkeit. In: Stürner, R./Eidenmüller, H./Schoppmeyer, H. (Hrsg.), Münchener Kommentar zur Insolvenzordnung, 4. Aufl., C.H. Beck, München, § 18.

Drukarczyk, J./Schüler, A. (2019b): Obstruktionsverbot. In: Stürner, R./Eidenmüller, H./Schoppmeyer, H. (Hrsg.), Münchener Kommentar zur Insolvenzordnung, 4. Aufl., C.H. Beck, München, § 245.

Drukarczyk, J./Schüler, A. (2019c): Überschuldung. In: Stürner, R../Eidenmüller, H./Schoppmeyer, H. (Hrsg.), Münchener Kommentar zur Insolvenzordnung, 4. Aufl., C.H. Beck, München, § 19.

Drukarczyk, J./Schüler, A. (2021): Unternehmensbewertung, 8. Aufl., Vahlen, München.

Eckstein, P. P. (2013): Repetitorium Statistik. Deskriptive Statistik – Stochastik – induktive Statistik, 7. Aufl., Springer, Wiesbaden.

Eichner, T. (2010): Restructuring and Turnaround of Distressed Manufacturing Firms. An international empirical study, Peter Lang, Frankfurt am Main, New York.

Eilers, S. (2018): Sanierungssteuerrecht: Steuerliche Konsequenzen in der Unternehmensrestrukturierung. In: Knecht, T. C./Hommel, U./Wohlenberg, H. (Hrsg.), Handbuch Unternehmensrestrukturierung. Grundlagen – Konzepte – Maßnahmen, 2. Aufl., Springer, Wiesbaden, S. 1365–1399.

Elsas, R./Krahnen, J. P. (1998): Is Relationship Lending Special? Evidence from Credit-file Data in Germany. In: Journal of Banking & Finance, 22. Jg., Nr. 10–11, S. 1283–1316.

Elsas, R./Krahnen, J. P. (2002): Collateral, Relationship Lending and Financial Distress: An Empirical Study on Financial Contracting. In: Working Paper.

Elsas, R./Mielert, S. (2010): Unternehmenskrisen und der Wirtschaftsfonds Deutschland. In: Schmalenbachs Zeitschrift für betriebswirtschaftliche Forschung, 62. Jg., Nr. 61, S. 18–37.

Fahrmeir, L./Heumann, C./Künstler, R./Pigeot, I./Tutz, G. (2016): Statistik. Der Weg zur Datenanalyse, 8. Aufl., Springer, Berlin.

Fama, E. F./French, K. R. (1992): The Cross-Section of Expected Stock Returns. In: The Journal of Finance, 47. Jg., Nr. 2, S. 427–465.

Fama, E. F./French, K. R. (2005): Financing Decisions: Who Issues Stock? In: Journal of Financial Economics, 76. Jg., Nr. 3, S. 549–582.

Farinha, L./Santos, J. (2002): Switching from Single to Multiple Bank Lending Relationships: Determinants and Implications. In: Journal of Financial Intermediation, 11. Jg., Nr. 2, S. 124–151.

Farre-Mensa, J./Ljungqvist, A. (2016): Do Measures of Financial Constraints Measure Financial Constraints? In: Review of Financial Studies, 29. Jg., Nr. 2, S. 271–308.

Fischer, T. R. (1999): Agency-Probleme bei der Sanierung von Unternehmen, Deutscher Universitätsverlag, Wiesbaden.

Fitch Ratings (2022): Corporate Rating Criteria, abrufbar unter: https://www.fitchratings.com/research/corporate-finance/corporate-rating-criteria-28-10-2022, abgerufen am 06.06.2023.

Frank, M. Z./Goyal, V. K. (2009): Capital Structure Decisions: Which Factors Are Reliably Important? In: Financial Management, 38. Jg., Nr. 1, S. 1–37.

Franks, J./Sussman, O. (2005): Financial Distress and Bank Restructuring of Small to Medium Size UK Companies. In: Review of Finance, 9. Jg., Nr. 1, S. 65–96.

Franks, J. R./Sanzhar, S. V. (2006): Evidence on Debt Overhang from Distressed Equity Issues. In: Working Paper.

Franks, J. R./Torous, W. N. (1994): A Comparison of Financial Recontracting in Distressed Exchanges and Chapter 11 Reorganizations. In: Journal of Financial Economics, 35. Jg., Nr. 3, S. 349–370.

Friel, A. (2019): Abschnitt 7 – Insolvenzplan. Einführung. In: Schmidt, A. (Hrsg.), Sanierungsrecht. Außergerichtliche Sanierung – präventive Restrukturierung – Insolvenzordnung: Kommentar, 2. Aufl., Carl Heymanns Verlag; Wolters Kluwer, Köln, S. 1074–1080.

Fritz, D. (2022): Präventive Restrukturierung nach dem StaRUG. In: Thierhoff, M./Müller, R. (Hrsg.), Unternehmenssanierung, 3. Aufl., C.F. Müller, Heidelberg, S. 385–417.

Fröhlich, A. (2022): Mergers & Acquisitions bei Krisenunternehmen (Distressed M&A). In: Buth, A. K./Hermanns, M. (Hrsg.), Restrukturierung, Sanierung, Insolvenz, 5. Aufl., C.H. Beck, München, § 40.

Garcia, J. (2022): Bankruptcy Prediction using Synthetic Sampling. In: Machine Learning with Applications, 9. Jg., Nr. 100343, S. 1–11.

Geiwitz, A. (2022): Kapitel F: Steuerliche Aspekte bei der Sanierung und in der Insolvenz von Unternehmen. In: Institut der Wirtschaftsprüfer (Hrsg.), Sanierung und Insolvenz. Rechnungslegung und Beratung in der Unternehmenskrise, 2. Aufl., IDW Verlag, Düsseldorf, S. 495–570.

Gertner, R./Scharfstein, D. (1991): A Theory of Workouts and the Effects of Reorganization Law. In: The Journal of Finance, 46. Jg., Nr. 4, S. 1189–1222.

Gessner, T. (2019): Stundungsmaßnahmen. In: Knops, K.-O./Bamberger, H. G./Lieser, J. (Hrsg.), Recht der Sanierungsfinanzierung, 2. Aufl., Springer, Berlin, Heidelberg, § 17.

Giammarino, R. M. (1989): The Resolution of Financial Distress. In: Review of Financial Studies, 2. Jg., Nr. 1, S. 25–47.

Giesselmann, M./Windzio, M. (2012): Regressionsmodelle zur Analyse von Paneldaten, Springer, Wiesbaden.

Giessler, J. W. (2018): Bedeutung des Unternehmenswerts für das Restrukturierungsmanagement. In: Knecht, T. C./Hommel, U./Wohlenberg, H. (Hrsg.), Handbuch Unternehmensrestrukturierung. Grundlagen – Konzepte – Maßnahmen, 2. Aufl., Springer, Wiesbaden, S. 115–141.

Gilson, S. (2012): Coming Through in a Crisis: How Chapter 11 and the Debt Restructuring Industry Are Helping to Revive the U.S. Economy. In: Journal of Applied Corporate Finance, 24. Jg., Nr. 4, S. 23–35.

Gilson, S. C. (1990): Bankruptcy, Boards, Banks, and Blockholders: Evidence on Changes in Corporate Ownership and Control When Firms Default. In: Journal of Financial Economics, 27. Jg., Nr. 2, S. 355–387.

Gilson, S. C./John, K./Lang, L. H. (1990): Troubled Debt Restructurings. In: Journal of Financial Economics, 27. Jg., Nr. 2, S. 315–353.

Gless, S.-E. (1996): Unternehmenssanierung. Grundlagen, Strategien, Massnahmen, Deutscher Universitätsverlag, Wiesbaden.

Goetker, U. (2018): Die Krise von Unternehmen aus der Sicht des Gesellschafters. In: Knecht, T. C./Hommel, U./Wohlenberg, H. (Hrsg.), Handbuch Unternehmensrestrukturierung. Grundlagen – Konzepte – Maßnahmen, 2. Aufl., Springer, Wiesbaden, S. 1613–1645.

Grunert, J./Weber, M. (2009): Recovery Rates of Commercial Lending: Empirical Evidence for German Companies. In: Journal of Banking & Finance, 33. Jg., Nr. 3, S. 505–513.

Habib, A./Costa, M. d'/Huang, H. J./Bhuiyan, M. B. U./Sun, L. (2020): Determinants and Consequences of Financial Distress: Review of the Empirical Literature. In: Accounting & Finance, 60. Jg., Nr. S1, S. 1023–1075.

Häger, M./Hiltner, E. (2018): Gutachterliche Kommentierung IDW-S6, BGH-Rechtsprechung und Restrukturierungsplanung. In: Knecht, T. C./Hommel, U./Wohlenberg, H. (Hrsg.), Handbuch Unternehmensrestrukturierung. Grundlagen – Konzepte – Maßnahmen, 2. Aufl., Springer, Wiesbaden, S. 289–345.

Haghani, S./Eschmann, J. (2022): Distressed Investments. In: Buth, A. K./Hermanns, M. (Hrsg.), Restrukturierung, Sanierung, Insolvenz, 5. Aufl., C.H. Beck, München, § 37.

Haghani, S./Holzamer, M. (2022): Finanzielle Restrukturierung und Financial Covenants. In: Buth, A. K./Hermanns, M. (Hrsg.), Restrukturierung, Sanierung, Insolvenz, 5. Aufl., C.H. Beck, München, § 24.

Haghani, S./Kraus, K.-J. (2004): Krisenverlauf und Krisenbewältigung – der aktuelle Stand. In: Bickhoff, N./Blatz, M./Eilenberger, G./Haghani, S./Kraus, K.-J. (Hrsg.), Die Unternehmenskrise als Chance. Innovative Ansätze zur Sanierung und Restrukturierung, Springer, Berlin, Heidelberg, S. 13–37.

Hall, B. H./Lerner, J. (2010): The Financing of R&D and Innovation. In: Hall, B. H./Rosenberg, N. (Hrsg.), Handbook of the economics of innovation, Elsevier, Amsterdam, S. 609–639.

Hartmann-Wendels, T./Pfingsten, A./Weber, M. (2019): Bankbetriebslehre, 7. Aufl., Springer, Berlin, Heidelberg.

Heinkel, R./Zechner, J. (1993): Financial Distress and Optimal Capital Structure Adjustments. In: Journal of Economics & Management Strategy, 2. Jg., Nr. 4, S. 531–565.

Hermanns, M. (2022): Kapitel B: Sanierungskonzepte. In: Institut der Wirtschaftsprüfer (Hrsg.), Sanierung und Insolvenz. Rechnungslegung und Beratung in der Unternehmenskrise, 2. Aufl., IDW Verlag, Düsseldorf, S. 41–259.

Hielscher, H. (2023): Was kann das neue Sanierungs-Verfahren?, abrufbar unter: https://www.wiwo.de/unternehmen/dienstleister/vorinsolvenzliches-sanierungsverfahren-starug-was-kann-das-neue-sanierungs-verfahren/28979296.html, abgerufen am 30.05.2023.

Hilbe, J. (2009): Logistic Regression Models, Routledge, Taylor & Francis Group, Boca Raton, London, New York.

Ho, P.-H./Huang, C.-W./Lin, C.-Y./Yen, J.-F. (2016): CEO Overconfidence and Financial Crisis: Evidence from Bank Lending and Leverage. In: Journal of Financial Economics, 120. Jg., Nr. 1, S. 194–209.

Hofmann, M. (2023): Mit Schutzschirmverfahren oder „nur“ vorläufiger Eigenverwaltung in die Sanierung: Welche Verfahrensart ist das Mittel der Wahl nach dem SanInsFoG? In: NZI-Beilage, Nr. 1, S. 15–18.

Hohberger, S./Damlachi, H. (2019): Unternehmenssanierung: Der Weg von der Krise zum Erfolg. In: Hohberger, S./Damlachi, H. (Hrsg.), Praxishandbuch Sanierung im Mittelstand, 4. Aufl., Springer, Wiesbaden, S. 1–31.

Hohberger, S./Damlachi, H./Steidte-Megerlin, K. (2019): Beteiligte Sanierungs-Subjekte. In: Hohberger, S./Damlachi, H. (Hrsg.), Praxishandbuch Sanierung im Mittelstand, 4. Aufl., Springer, Wiesbaden, S. 407–472.

Holder-Webb, L./Cohen, J. R. (2007): The Association between Disclosure, Distress, and Failure. In: Journal of Business Ethics, 75. Jg., Nr. 3, S. 301–314.

Höll, A./Jostarndt, P. (2008): Unternehmenssanierung durch Eigenkapitalemission. Eine ökonomische Analyse. In: Zeitschrift für Bankrecht und Bankwirtschaft, 20. Jg., Nr. 3, S. 180–190.

Hommel, U./Piper, M./Schneider, H. (2018): Begleitende Eigentümer-Gläubiger-Konflikte und alternative Restrukturierungsinstrumente. In: Knecht, T. C./Hommel, U./Wohlenberg, H. (Hrsg.), Handbuch Unternehmensrestrukturierung. Grundlagen – Konzepte – Maßnahmen, 2. Aufl., Springer, Wiesbaden, S. 1251–1269.

Hoshi, T./Kashyap, A./Scharfstein, D. (1990): The Role of Banks in Reducing the Costs of Financial Distress in Japan. In: Journal of Financial Economics, 27. Jg., Nr. 1, S. 67–88.

Hosmer, D. W./Lemeshow, S./Sturdivant, R. X. (2013): Applied Logistic Regression, 3. Aufl., John Wiley & Sons, Hoboken.

Hotchkiss, E. S./John, K./Thorburn, K. S./Mooradian, R. M. (2008): Bankruptcy and the Resolution of Financial Distress. In: SSRN Electronic Journal.

Huang, J.-C./Huang, C.-S./Lin, H.-C. (2013): Firm Debt Renegotiation, Reorganization Filing and Bank Relationships. In: International Finance, 16. Jg., Nr. 3, S. 393–422.

Hull, J. (2022): Optionen, Futures und andere Derivate, 11. Aufl., Pearson, München.

Institut der Wirtschaftsprüfer (2018): Fragen und Antworten: Zur Erstellung und Beurteilung von Sanierungskonzepten nach IDW S 6 (F & A zu IDW S 6). In: IDW Life, Nr. 8, S. 826–847.

Institut der Wirtschaftsprüfer (2022): IDW Standard: Beurteilung des Vorliegens von Insolvenzeröffnungsgründen (IDW S 11). In: IDW Life, Nr. 1, S. 107–120.

Institut der Wirtschaftsprüfer (2023): IDW Standard: Anforderungen an Sanierungskonzepte (IDW S 6). In: IDW Life, Nr. 12, S. 1159–1172.

Institut für Mittelstandsforschung (2020): IfM-Hintergrundinformation zum eigenverwalteten Insolvenzverfahren als Sanierungsweg, abrufbar unter: https://www.ifm-bonn.org/fileadmin/data/redaktion/statistik/gruendungen-und-unternehmensschliessungen/dokumente/Hintergrund_Eigenverwaltungen_05-2020.pdf, abgerufen am 12.07.2022.

Institut für Mittelstandsforschung (2023): Eigenverwaltungen in Unternehmensinsolvenzverfahren, abrufbar unter: https://www.ifm-bonn.org/fileadmin/data/redaktion/statistik/gruendungen-und-unternehmensschliessungen/dokumente/Eigenverwaltung_D_1999-2022.pdf, abgerufen am 12.07.2023.

Jann, B. (2009): Diagnostik von Regressionsschätzungen bei kleinen Stichproben (mit einem Exkurs zu logistischer Regression). In: Kriwy, P./Gross, C. (Hrsg.), Klein aber fein! Quantitative empirische Sozialforschung mit kleinen Fallzahlen, Verlag für Sozialwissenschaften, Wiesbaden, S. 93–125.

Jensen, M. C. (1986): Agency Cost Of Free Cash Flow, Corporate Finance, and Takeovers. In: The American Economic Review, 76. Jg., Nr. 2, S. 323–329.

Jensen, M. C. (1989): Active Investors, LBOs, and the Privatization of Bankruptcy. In: Journal of Applied Corporate Finance, 2. Jg., Nr. 1, S. 35–44.

John, K./Lang, L. H. P./Netter, J. (1992): The Voluntary Restructuring of Large Firms in Response to Performance Decline. In: The Journal of Finance, 47. Jg., Nr. 3, S. 891–917.

Jones, S./Hensher, D. A. (2004): Predicting Firm Financial Distress: A Mixed Logit Model. In: The Accounting Review, 79. Jg., Nr. 4, S. 1011–1038.

Jong, P. de/Heller, G. Z. (2008): Generalized Linear Models for Insurance Data, Cambridge University Press, Cambridge.

Jostarndt, P. (2007): Financial Distress, Corporate Restructuring and Firm Survival, Deutscher Universitätsverlag, Wiesbaden.

Jostarndt, P. (2009): Equity Offerings in Financial Distress – Evidence from German Restructurings. In: Schmalenbach Business Review, 61. Jg., Nr. 1, S. 84–111.

Jostarndt, P./Sautner, Z. (2007): Financial Distress, Corporate Control, and Management Turnover. In: Working Paper.

Jostarndt, P./Sautner, Z. (2010): Out-of-Court Restructuring versus Formal Bankruptcy in a Non-Interventionist Bankruptcy Setting. In: Review of Finance, 14. Jg., Nr. 4, S. 623–668.

Judenhahn, D./Hug, A. D. (2014): Neue Spielregeln in der finanziellen Restrukturierung. In: Evertz, D.-W./ Krystek, U. (Hrsg.), Unternehmen erfolgreich restrukturieren und sanieren. Herausforderungen und Lösungsansätze für den Turnaround, Schäffer-Poeschel Verlag, Stuttgart, S. 101–125.

Kahl, M. (2002): Economic Distress, Financial Distress, and Dynamic Liquidation. In: The Journal of Finance, 57. Jg., Nr. 1, S. 135–168.

Kaldenbach, S. (2019): Obstruktionsverbot. In: Schmidt, A. (Hrsg.), Sanierungsrecht. Außergerichtliche Sanierung – präventive Restrukturierung – Insolvenzordnung: Kommentar, 2. Aufl., Carl Heymanns Verlag; Wolters Kluwer, Köln, § 245.

Kassow, A. (1996): Der Bankenpool, Deutscher Universitätsverlag, Wiesbaden.

Kemper, R. (2011): Der Kontokorrentkredit in der Krise des Unternehmens, Nomos, Baden-Baden.

Kemper, R. (2022): Restrukturierungs-/Sanierungsmöglichkeiten aus der Sicht der finanzierenden Bank. In: Buth, A. K./Hermanns, M. (Hrsg.), Restrukturierung, Sanierung, Insolvenz, 5. Aufl., C.H. Beck, München, § 3.

Kim, W./Ko, Y./Wang, S.-F. (2019): Debt restructuring through equity issues. In: Journal of Banking & Finance, 106. Jg., S. 341–356.

Klein, J. (2008): Anforderungen an Sanierungskonzepte. Analyse bestehender Anforderungen und Leitfaden zur zukünftigen Ausgestaltung von Sanierungskonzepten, Gabler, Wiesbaden.

Klöhn, L. (2019): Antragspflicht bei juristischen Personen und rechtsfähigen Personengesellschaften. In: Stürner, R./Eidenmüller, H./Schoppmeyer, H. (Hrsg.), Münchener Kommentar zur Insolvenzordnung, 4. Aufl., C.H. Beck, München, § 15a.

Knabe, M. (2012): Die Berücksichtigung von Insolvenzrisiken in der Unternehmensbewertung, Eul Verlag, Lohmar.

Knecht, T. C./Hermanns, M. (2022): Quantifizierung des Leitbildes des sanierten Unternehmens. In: Buth, A. K./Hermanns, M. (Hrsg.), Restrukturierung, Sanierung, Insolvenz, 5. Aufl., C.H. Beck, München, § 6.

Knecht, T. C./Hommel, U./Wohlenberg, H. (2018): Restrukturierung der betrieblichen Unternehmenskrise. In: Knecht, T. C./Hommel, U./Wohlenberg, H. (Hrsg.), Handbuch Unternehmensrestrukturierung. Grundlagen – Konzepte – Maßnahmen, 2. Aufl., Springer, Wiesbaden, S. 3–44.

Knops, K.-O. (2019): Sanierungskredit und Überbrückungsdarlehen. In: Knops, K.-O./Bamberger, H. G./Lieser, J. (Hrsg.), Recht der Sanierungsfinanzierung, 2. Aufl., Springer, Berlin, Heidelberg, § 14.

Koch, J. (2023): Bezugsrecht. In: Aktiengesetz, 17. Aufl., C.H. Beck, München, § 186.

Kogan, L./Papanikolaou, D. (2014): Growth Opportunities, Technology Shocks, and Asset Prices. In: The Journal of Finance, 69. Jg., Nr. 2, S. 675–718.

Kohler, U./Kreuter, F. (2017): Datenanalyse mit Stata. Allgemeine Konzepte der Datenanalyse und ihre praktische Anwendung, 5. Aufl., De Gruyter, Berlin, Boston.

Kranzusch, P./Icks, A. (2018): Die Nutzung insolvenzrechtlicher Sanierungswege durch kleine und mittlere Unternehmen: Das Beispiel der Eigenverwaltung. In: Institut für Mittelstandsforschung: Daten und Fakten, 19. Jg., S. 1–41.

Kraus, K.-J./Simon, R. (2022): Sanierungskonzept und Umsetzungsmanagement einer nachhaltigen Unternehmenssanierung. In: Buth, A. K./Hermanns, M. (Hrsg.), Restrukturierung, Sanierung, Insolvenz, 5. Aufl., C.H. Beck, München, § 5.

Krumbholz, M. (2022a): Eigenkapitalmaßnahmen. In: Thierhoff, M./Müller, R. (Hrsg.), Unternehmenssanierung, 3. Aufl., C.F. Müller, Heidelberg, S. 197–209.

Krumbholz, M. (2022b): Fremdkapitalmaßnahmen. In: Thierhoff, M./Müller, R. (Hrsg.), Unternehmenssanierung, 3. Aufl., C.F. Müller, Heidelberg, S. 209–225.

Krystek, U. (1987): Unternehmungskrisen. Beschreibung, Vermeidung und Bewältigung Überlebenskritischer Prozesse in Unternehmungen, Gabler, Wiesbaden.

Krystek, U./Evertz, D. (2020): Betriebswirtschaftliche Aspekte der präventiven Restrukturierung. In: Der Betrieb, 73. Jg., Nr. 45, S. 2361–2368.

Krystek, U./Moldenhauer, R. (Hrsg.) (2007): Handbuch Krisen- und Restrukturierungsmanagement. Generelle Konzepte, Spezialprobleme, Praxisberichte, Stuttgart.

Kubinger, K./Rasch, D./Moder, K. (2009): Zur Legende der Voraussetzungen des t-Tests für unabhängige Stichproben. In: Psychologische Rundschau, 60. Jg., Nr. 1, S. 26–27.

Kuder, K./Unverdorben, M. (2023a): Bankgeschäfte in der Unternehmenskrise. In: Schmidt, K./Uhlenbruck, W. (Hrsg.), Die GmbH in Krise, Restrukturierung und Insolvenz. Gesellschaftsrecht, Insolvenzrecht, Restrukturierungsrecht, Steuerrecht, Arbeitsrecht, Bankrecht und Organisation bei Krisenvermeidung, Krisenbewältigung und Abwicklung, 6. Aufl., Verlag Dr. Otto Schmidt, Köln, § 4.

Kuder, K./Unverdorben, M. (2023b): Externe Sanierung. III. Die Rolle der Kreditinstitute. In: Schmidt, K./Uhlenbruck, W. (Hrsg.), Die GmbH in Krise, Restrukturierung und Insolvenz. Gesellschaftsrecht, Insolvenzrecht, Restrukturierungsrecht, Steuerrecht, Arbeitsrecht, Bankrecht und Organisation bei Krisenvermeidung, Krisenbewältigung und Abwicklung, 6. Aufl., Verlag Dr. Otto Schmidt, Köln, § 7.

Kudla, R. (2005): Finanzierung in der Sanierung. Innovative Lösungen für Krisenunternehmen, Deutscher Universitätsverlag, Wiesbaden.

Kuhlmann, J. (2009): Ausgewählte Verfahren der Holdout- und Kreuzvalidierung. In: Albers, S./Klapper, D./Konradt, U./Walter, A./Wolf, J. (Hrsg.), Methodik der empirischen Forschung, 3. Aufl., Gabler, Wiesbaden, S. 537–546.

Kulke, U. (2019): Sicherheitenverstärkung. In: Knops, K.-O./Bamberger, H. G./Lieser, J. (Hrsg.), Recht der Sanierungsfinanzierung, 2. Aufl., Springer, Berlin, Heidelberg, § 19.

Lafrenz, K. (2004): Shareholder Value-orientierte Sanierung. Ansatzpunkte und Wertsteigerungspotenzial beim Management von Unternehmenskrisen, Deutscher Universitätsverlag, Wiesbaden.

Leland, H. E./Pyle, D. H. (1977): Informational Asymmetries, Financial Structure, and Financial Intermediation. In: The Journal of Finance, 32. Jg., Nr. 2, S. 371–387.

Lenger, N. (2019): Steuerliche Folgen der beschriebenen Sanierungsmaßnahmen. In: Knops, K.-O./Bamberger, H. G./Lieser, J. (Hrsg.), Recht der Sanierungsfinanzierung, 2. Aufl., Springer, Berlin, Heidelberg, § 29.

Lichtenthäler, R. (2018): Stundung, Verzicht, Fresh Money und Bankenbeiträge. In: Knecht, T. C./Hommel, U./Wohlenberg, H. (Hrsg.), Handbuch Unternehmensrestrukturierung. Grundlagen – Konzepte – Maßnahmen, 2. Aufl., Springer, Wiesbaden, S. 1435–1453.

Liebig, M. (2010): Reaktivierungsmanagement von Not leidenden Unternehmen, Gabler, Wiesbaden.

Liebig, M./Witt, P. (2011): Unternehmenssanierung: Vor oder nach der Insolvenz? In: Der Betrieb, 64. Jg., Nr. 35, S. 1929–1935.

Lieser, J./Jüchser, A. (2019): Sanierungswege (gerichtlich und außergerichtlich). In: Knops, K.-O./Bamberger, H. G./Lieser, J. (Hrsg.), Recht der Sanierungsfinanzierung, 2. Aufl., Springer, Berlin, Heidelberg, § 7.

Long, J. S./Freese, J. (2001): Regression Models for Categorical Dependent Variables using Stata, Stata Press, College Station.

Löser, A. (2019): Sanierungsfinanzierung. Finanzwirtschaftliche Sanierung einschließlich ESUG. In: Knops, K.-O./Bamberger, H. G./Lieser, J. (Hrsg.), Recht der Sanierungsfinanzierung, 2. Aufl., Springer, Berlin, Heidelberg, § 2.

Lützenrath, C./Peppmeier, K./Schuppener, J. (2006): Bankstrategien für Unternehmenssanierungen. Erfolgskonzepte zur Früherkennung und Krisenbewältigung, 2. Aufl., Gabler, Wiesbaden.

Mann, G. (1970): Grundprobleme der externen Sanierungsprüfung. In: Linhardt, H./Penzkofer, P./Scherpf, P. (Hrsg.), Dienstleistungen in Theorie und Praxis, Stuttgart, S. 237–255.

Mann, H. B./Whitney, D. R. (1947): On a Test of Whether one of Two Random Variables is Stochastically Larger than the Other. In: The Annals of Mathematical Statistics, 18. Jg., Nr. 1, S. 50–60.

McGowan, M. A./Andrews, D./Millot, V. (2018): The Walking Dead? Zombie Firms and Productivity Performance in OECD Countries. In: Economic Policy, 33. Jg., Nr. 96, S. 685–736.

Menard, S. (2001): Applied Logistic Regression Analysis, Sage, Thousand Oaks.

Menard, S. W. (2010): Logistic Regression. From Introductory to Advanced Concepts and Applications, Sage, Thousand Oaks.

Merton, R. C. (1974): On the Pricing of Corporate Debt: The Risk Structure of Interest Rates. In: The Journal of Finance, 29. Jg., Nr. 2, S. 449–470.

Meyer, A. (2003): Die Beurteilung der Sanierungsfähigkeit von ertragsschwachen oder insolventen Unternehmen, Peter Lang, Bern.

Moldenhauer, R. (2021): Strategisches Restrukturierungskonzept. In: Crone, A./Werner, H. (Hrsg.), Modernes Sanierungsmanagement. Sanierung als ganzheitliche Aufgabe: strategische Neuausrichtung, operative Verbesserung und finanzielle Stabilisierung, 6. Aufl., Vahlen, München, S. 131–151.

Mondello, E. (2017): Aktienbewertung. Theorie und Anwendungsbeispiele, 2. Aufl., Springer, Wiesbaden.

Morse, D./Shaw, W. (1988): Investing in Bankrupt Firms. In: The Journal of Finance, 43. Jg., Nr. 5, S. 1193–1206.

Müller, R. (1986): Krisenmanagement in der Unternehmung. Vorgehen, Maßnahmen und Organisation, 2. Aufl., Peter Lang, Frankfurt am Main.

Myers, S. C. (1977): Determinants of Corporate Borrowing. In: Journal of Financial Economics, 5. Jg., Nr. 2, S. 147–175.

Myers, S. C. (1984): The Capital Structure Puzzle. In: The Journal of Finance, 39. Jg., Nr. 3, S. 574–592.

Naujoks, M. B. (2012): Restructuring Strategies and Post-Bankruptcy Performance, Dissertation der Technischen Universität München.

Nothardt, F. (2001): Corporate Turnaround and Corporate Stakeholders. An Empirical Examination of the Determinants of Corporate Turnaround in Germany with a Focus on Financial Stakeholder Theory, Difo-Druck, Bamberg.

Obermüller, M. (2011): Insolvenzrecht in der Bankpraxis, 8. Aufl., Schmidt, Köln.

Ofek, E. (1993): Capital Structure and Firm Response to poor Performance. In: Journal of Financial Economics, 34. Jg., Nr. 1, S. 3–30.

Opler, T. C./Titman, S. (1993): The Determinants of Leveraged Buyout Activity: Free Cash Flow vs. Financial Distress Costs. In: The Journal of Finance, 48. Jg., Nr. 5, S. 1985–1999.

Outecheva, N. (2007): Corporate Financial Distress: An Empirical Analysis of Distress Risk, Dissertation der Universität St. Gallen, St. Gallen.

Park, B. (2018): Equity Issues by Distressed Firms around the World. In: Working Paper.

Park, J. L. (2017): Equity Issuance of Distressed Firms: Debt Overhang or Agency Problem? In: Working Paper.

Parsons, C./Titman, S. (2008): Empirical Capital Structure: A Review. In: Foundations and Trends in Finance, 3. Jg., Nr. 1, S. 1–93.

Pearce, J. A./Robbins, D. K. (1993): Toward Improved Theory and Research on Business Turnaround. In: Journal of Management, 19. Jg., Nr. 3, S. 613–636.

Perridon, L./Steiner, M./Rathgeber, A. W. (2022): Finanzwirtschaft der Unternehmung, 18. Aufl., Vahlen, München.

Pinkwart, A./Kolb, S./Heinemann, D. (2005): Unternehmen aus der Krise führen. Die Turnaround-Balanced Scorecard als ganzheitliches Konzept zur Wiederherstellung des Unternehmenserfolgs von kleinen und mittleren Unternehmen, Deutscher Sparkassenverlag, Stuttgart.

Poppe, D. (2009): Endogenität und Instrumentenschätzer. In: Albers, S./Klapper, D./Konradt, U./Walter, A./Wolf, J. (Hrsg.), Methodik der empirischen Forschung, 3. Aufl., Gabler, Wiesbaden, S. 253–266.

Porter, M. E. (2014): Wettbewerbsvorteile. Spitzenleistungen erreichen und behaupten, 8. Aufl., Campus-Verlag, Frankfurt am Main.

Rajan, R./Zingales, L. (1995): What Do We Know about Capital Structure? Some Evidence from International Data. In: The Journal of Finance, 50. Jg., Nr. 5, S. 1421–1460.

Raschke, M./Warneke, N. (2019): Teil 1 – Außergerichtliche Sanierung. Abschnitt 4 B: Gesellschafterleistungen und Maßnahmen der Eigenkapitalstärkung. In: Schmidt, A. (Hrsg.), Sanierungsrecht. Außergerichtliche Sanierung – präventive Restrukturierung – Insolvenzordnung: Kommentar, 2. Aufl., Carl Heymanns Verlag; Wolters Kluwer, Köln, S. 121–162.

Reger, G. (2018): Kapitalherabsetzung und Kapitalerhöhung in der Unternehmensrestrukturierung. In: Knecht, T. C./Hommel, U./Wohlenberg, H. (Hrsg.), Handbuch Unternehmensrestrukturierung. Grundlagen – Konzepte – Maßnahmen, 2. Aufl., Springer, Wiesbaden, S. 1271–1299.

Reichelt, D. (2022): Das Insolvenzplanverfahren. In: Pape, G./Reichelt, D./Schultz, V./Voigt-Salus, J. (Hrsg.), Insolvenzrecht, 3. Aufl., C.H. Beck, München, § 37.

Riggert, R. (2022): Insolvenzplan. In: Braun, E. (Hrsg.), Insolvenzordnung (InsO). InsO mit EuInsVO (2015): Kommentar, 9. Aufl., C.H. Beck, München, § 284.

Robbins, D. K./Pearce, J. A. (1992): Turnaround: Retrenchment and Recovery. In: Strategic Management Journal, 13. Jg., Nr. 4, S. 287–309.

Roberts, M./Sufi, A. (2009): Renegotiation of Financial Contracts: Evidence from Private Credit Agreements. In: Journal of Financial Economics, 93. Jg., Nr. 2, S. 159–184.

Rödl, H./Mohr, B. (2018): Unternehmenskrisen in Deutschland – eine Betrachtung im Längsschnitt. In: Knecht, T. C./Hommel, U./Wohlenberg, H. (Hrsg.), Handbuch Unternehmensrestrukturierung.

Grundlagen – Konzepte – Maßnahmen, 2. Aufl., Springer, Wiesbaden, S. 143–159.

Rohrlack, C. (2009): Logistische und Ordinale Regression. In: Albers, S./Klapper, D./Konradt, U./Walter, A./Wolf, J. (Hrsg.), Methodik der empirischen Forschung, 3. Aufl., Gabler, Wiesbaden, S. 267–282.

Ruxton, G. D. (2006): The Unequal Variance t-Test is an Underused Alternative to Student's t-Test and the Mann-Whitney-U-Test. In: Behavioral Ecology, 17. Jg., Nr. 4, S. 688–690.

Sautner, Z./Vladimirov, V. (2018): Indirect Costs of Financial Distress and Bankruptcy Law: Evidence from Trade Credit and Sales. In: Review of Finance, 22. Jg., Nr. 5, S. 1667–1704.

Sax, S./Amer, H. (2019): Teil 1: Außergerichtliche Sanierung. Abschnitt 4 C: Maßnahmen der Kreditgeber. In: Schmidt, A. (Hrsg.), Sanierungsrecht. Außergerichtliche Sanierung – präventive Restrukturierung – Insolvenzordnung: Kommentar, 2. Aufl., Carl Heymanns Verlag; Wolters Kluwer, Köln, S. 162–242.

Schäfer, H.-B./Ott, C. (2020): Lehrbuch der ökonomischen Analyse des Zivilrechts, 6. Aufl., Springer, Berlin.

Scheid, S. (2017): Statistische Methoden in der Finanzwirtschaft. Grundlagen – Methoden – Beispiele: Mit 66 Bildern und zahlreichen Tabellen, Hanser, München.

Schiereck, D./Vogt, J. (2018): Prognosemöglichkeiten für die Vergabe von Sanierungskrediten. Evidenz aus dem deutschen Bankensektor. In: Knecht, T. C./Hommel, U./Wohlenberg, H. (Hrsg.), Handbuch Unternehmensrestrukturierung. Grundlagen – Konzepte – Maßnahmen, 2. Aufl., Springer, Wiesbaden, S. 1319–1342.

Schillerwein, D. (2014): Debt-Equity-Swaps im Spiegel bilanzieller Sanierungsinstrumente. Das Dogma der Forderungsbewertung als Sanierungshemmnis?, Duncker & Humblot, Berlin.

Schluck-Amend, A. (2023a): Die fehlende praktische Relevanz des StaRUG: Empfehlungen an den Gesetzgeber. In: NZI-Beilage, Nr. 1, S. 7–11.

Schluck-Amend, A. (2023b): Erfordernisse einer Unternehmenssanierung. Überblick und Wegweiser. In: Schmidt, K./Uhlenbruck, W. (Hrsg.), Die GmbH in Krise, Restrukturierung und Insolvenz. Gesellschaftsrecht, Insolvenzrecht, Restrukturierungsrecht, Steuerrecht, Arbeitsrecht, Bankrecht und Organisation bei Krisenvermeidung, Krisenbewältigung und Abwicklung, 6. Aufl., Verlag Dr. Otto Schmidt, Köln, § 5.

Schluck-Amend, A. (2023c): Freie (außergerichtliche) Sanierung. In: Schmidt, K./Uhlenbruck, W. (Hrsg.), Die GmbH in Krise, Restrukturierung und

Insolvenz. Gesellschaftsrecht, Insolvenzrecht, Restrukturierungsrecht, Steuerrecht, Arbeitsrecht, Bankrecht und Organisation bei Krisenvermeidung, Krisenbewältigung und Abwicklung, 6. Aufl., Verlag Dr. Otto Schmidt, Köln, § 9.

Schmidt, K. (2023a): Externe Sanierung. Debt-Equity-Swap im Besonderen. In: Schmidt, K./Uhlenbruck, W. (Hrsg.), Die GmbH in Krise, Restrukturierung und Insolvenz. Gesellschaftsrecht, Insolvenzrecht, Restrukturierungsrecht, Steuerrecht, Arbeitsrecht, Bankrecht und Organisation bei Krisenvermeidung, Krisenbewältigung und Abwicklung, 6. Aufl., Verlag Dr. Otto Schmidt, Köln, § 7.

Schmidt, K. (2023b): Interne Sanierung. 2. Übertragende Sanierung. In: Schmidt, K./Uhlenbruck, W. (Hrsg.), Die GmbH in Krise, Restrukturierung und Insolvenz. Gesellschaftsrecht, Insolvenzrecht, Restrukturierungsrecht, Steuerrecht, Arbeitsrecht, Bankrecht und Organisation bei Krisenvermeidung, Krisenbewältigung und Abwicklung, 6. Aufl., Verlag Dr. Otto Schmidt, Köln, § 6.

Schmidt, K. (2023c): Interne Sanierung. 4. Aufnahme neuer Gesellschafter. In: Schmidt, K./Uhlenbruck, W. (Hrsg.), Die GmbH in Krise, Restrukturierung und Insolvenz. Gesellschaftsrecht, Insolvenzrecht, Restrukturierungsrecht, Steuerrecht, Arbeitsrecht, Bankrecht und Organisation bei Krisenvermeidung, Krisenbewältigung und Abwicklung, 6. Aufl., Verlag Dr. Otto Schmidt, Köln, § 6.

Schmidt-Hern, K. (2018): Die AG/KGaA in der Krise. In: Drinhausen, F./Eckstein, H.-M. (Hrsg.), Beck'sches Handbuch der AG. Gesellschaftsrecht, Steuerrecht, Börsengang, 3. Aufl., C.H. Beck, München, § 17.

Schmuck, M. (2013): Financial Distress and Corporate Turnaround. An Empirical Analysis of the Automotive Supplier Industry, Springer, Wiesbaden.

Schneider, J./Loszynski, D. (2019): Grundlagen der finanzwirtschaftlichen Sanierung im Vergleich zur leistungswirtschaftlichen Sanierung. In: Knops, K.-O./Bamberger, H. G./Lieser, J. (Hrsg.), Recht der Sanierungsfinanzierung, 2. Aufl., Springer, Berlin, Heidelberg, § 9.

Schüler, A. (2013): Konzeptionelle Überlegungen zur Bewertung restrukturierungsbedürftiger Unternehmen. In: M&A Review, 24. Jg., Nr. 10, S. 389–394.

Schüler, A. (2016a): Bewertung von Kapitalgeberansprüchen im Rahmen eines Sanierungsversuchs. Entscheidung zwischen Liquidation und Fortführung. In: Krisen-, Sanierungs- und Insolvenzberatung, 12. Jg., Nr. 1, S. 5–9.

Schüler, A. (2016b): Finanzmanagement mit Excel. Grundlagen und Anwendungen, 2. Aufl., Vahlen, München.

Schüler, A./Aschauer, F. (2017): Der Markt für Mittelstandsanleihen – eine Diagnose. In: Zeitschrift für Bankrecht und Bankwirtschaft, 29. Jg., Nr. 4, S. 206–221.

Schulte, L.-P. (2016): Zum Beitrag von Insolvenzeröffnungsgründen und Financial Covenants zum Gläubigerschutz. Eine empirische Analyse ihrer Warnfunktion und ihres Einflusses auf den Wert der Ansprüche von Fremd- und Eigenkapitalgebern, Duncker & Humblot, Berlin.

Schultze & Braun (2021): Insolvenzrecht und Unternehmenssanierung – Jahrbuch 2021, abrufbar unter: https://www.https//www.schultze-braun.de/fileadmin/de/downloads/Fachbuecher/Insolvenzjahrbuecher/Insolvenzjahrbuch_2021/jahrbuch-2021-rz.pdf, abgerufen am 25.02.2023.

Schultze & Braun (2023): Unternehmensinsolvenzverfahren, abrufbar unter: https://www.schultze-braun.de/fileadmin/de/downloads/Download_Merkbl%C3%A4tter__Brosch%C3%BCren__Formulare/Regelinsolvenz/021-schema-unternehmensinsolvenzverfahren-iv-stand-2021-01-01.pdf, abgerufen am 18.03.2023.

Schürnbrand, J./Verse, D. A. (2021): Bezugsrecht. In: Goette, W./Habersack, M. (Hrsg.), Münchener Kommentar zum Aktiengesetz, 5. Aufl., C.H. Beck, München, § 186.

Seefelder, G. (2012): Unternehmenssanierung. Krisenursachen, außergerichtliche Unternehmenssanierung, Sanierung im Insolvenzverfahren, Arbeitsrecht, Steuerrecht, Haftungs- und Strafrechtsrisiken, 3. Aufl., Schäffer-Poeschel Verlag, Stuttgart.

Senbet, L. W./Seward, J. K. (1995): Financial Distress, Bankruptcy and Reorganization. In: Finance – Handbooks in Operations Research and Management Science, 9. Jg., S. 921–961.

Shleifer, A./Vishny, R. W. (1992): Liquidation Values and Debt Capacity: A Market Equilibrium Approach. In: The Journal of Finance, 47. Jg., Nr. 4, S. 1343–1366.

Shumway, T. (2001): Forecasting Bankruptcy More Accurately: A Simple Hazard Model. In: The Journal of Business, 74. Jg., Nr. 1, S. 101–124.

Simon, S./Brünkmans, C. (2018): Notwendigkeit und rechtliche Anforderungen an ein Sanierungskonzept. In: Knecht, T. C./Hommel, U./Wohlenberg, H. (Hrsg.), Handbuch Unternehmensrestrukturierung. Grundlagen – Konzepte – Maßnahmen, 2. Aufl., Springer, Wiesbaden, S. 347–373.

Singhof, B. (2011): Aktionärsvereinbarungen bei Kapitalerhöhungen. In: Burgard, U./Hadding, W./Mülbert, P. O./Welter, R. (Hrsg.), Festschrift für Uwe H. Schneider zum 70. Geburtstag, Otto Schmidt, Köln, S. 1261–1286.

Stäblein, W. (2013): Der Ratingprozess bei Standard & Poor's – Ein Praxisbeispiel. In: Hasler, P. T./Launer, M. A./Wilhelm, M. K. (Hrsg.), Praxishandbuch Debt Relations, Springer, Wiesbaden, S. 379–394.

Standard & Poor's (2021): How We Rate Nonfinancial Corporate Entities, abrufbar unter: https://www.spglobal.com/ratings/_division-assets/pdfs/041019_howweratenonfinancialcorporateentities.pdf, abgerufen am 06.06.2023.

Statistisches Bundesamt (2020): Bis 2018 beendete Insolvenzverfahren: Gläubiger müssen auf 96,2% ihrer Forderungen verzichten, abrufbar unter: https://www.destatis.de/DE/Themen/Branchen-Unternehmen/Unternehmen/Gewerbemeldungen-Insolvenzen/insolvenzverfahren-bis-2018.html, abgerufen am 28.04.2023.

Statistisches Bundesamt (2023a): Insolvenzverfahren (Unternehmen), Voraussichtliche Forderungen (Unternehmen), Arbeitnehmer: Deutschland, Jahre, abrufbar unter: https://www-genesis.destatis.de/genesis/online/link/Statistiktabellen/52411, abgerufen am 12.12.2023.

Statistisches Bundesamt (2023b): Insolvenzverfahren (Unternehmen): Deutschland, Jahre, Beantragte Verfahren, Rechtsformen, abrufbar unter: https://www-genesis.destatis.de/genesis/online/link/Statistiktabellen/52411, abgerufen am 06.12.2023.

Steffan, B. (2022): Kapitel C: Unternehmen in der Insolvenz. In: Institut der Wirtschaftsprüfer (Hrsg.), Sanierung und Insolvenz. Rechnungslegung und Beratung in der Unternehmenskrise, 2. Aufl., IDW Verlag, Düsseldorf, S. 261–410.

Sudarsanam, S./Lai, J. (2001): Corporate Financial Distress and Turnaround Strategies: An Empirical Analysis. In: British Journal of Management, 12. Jg., Nr. 3, S. 183–199.

Taffler, R. J. (1983): The Assessment of Company Solvency and Performance Using a Statistical Model. In: Accounting and Business Research, 13. Jg., Nr. 52, S. 295–308.

Taylor, D./Milton, J. (2019): Financial Market Data/Analysis Global Demand, abrufbar unter: https://www.wfic.net/wp-content/uploads/2021/05/Burton-Taylor-Financial-Market-Data-Analysis-Global-Demand.pdf, abgerufen am 28.02.2023.

The Boston Consulting Group (2018): Sechs Jahre ESUG. Durchbruch erreicht, abrufbar unter: http://image-src.bcg.com/Images/Focus-ESUG-study_tcm108-190947.pdf, abgerufen am 05.12.2019.

Theodossiou, P./Kahya, E./Saidi, R./Philippatos, G. (1996): Financial Distress and Corporate Acquisitions: Further Empirical Evidence. In: Journal of Business Finance & Accounting, 23. Jg., Nr. 5–6, S. 699–719.

Thielemann, M. (2019): Gesellschaftsrechtliche Maßnahmen. In: Knops, K.-O./Bamberger, H. G./Lieser, J. (Hrsg.), Recht der Sanierungsfinanzierung, 2. Aufl., Springer, Berlin, Heidelberg, § 10.

Thommen, J.-P./Achleitner, A.-K./Gilbert, D. U./Hachmeister, D./Kaiser, G. (Hrsg.) (2017): Allgemeine Betriebswirtschaftslehre. Umfassende Einführung aus managementorientierter Sicht, 8. Aufl., Wiesbaden.

Tobies, M. (2019): Leistungswirtschaftliche Maßnahmen mit Liquiditätswirkung und deren Umsetzung in der Praxis. In: Knops, K.-O./Bamberger, H. G./Lieser, J. (Hrsg.), Recht der Sanierungsfinanzierung, 2. Aufl., Springer, Berlin, Heidelberg, § 13.

Tresselt, M. (2019): Teil 1: Außergerichtliche Sanierung. Abschnitt 1: Grundlagen. In: Schmidt, A. (Hrsg.), Sanierungsrecht. Außergerichtliche Sanierung – präventive Restrukturierung – Insolvenzordnung: Kommentar, 2. Aufl., Carl Heymanns Verlag; Wolters Kluwer, Köln, S. 1–13.

Turetsky, H. F./McEwen, R. A. (2001): An Empirical Investigation of Firm Longevity: A Model of the Ex Ante Predictors of Financial Distress. In: Review of Quantitative Finance and Accounting, 16. Jg., Nr. 4, S. 323–343.

Tutz, G. (2012): Regression for Categorical Data, Cambridge University Press, New York.

Tyroller, M./Nienstedt, D. (2015): Unternehmensrestrukturierung aus Sicht der Fremdkapitalgeber. In: Baur, M./Kantowsky, J./Schulte, A. (Hrsg.), Stakeholder Management in der Restrukturierung. Perspektiven und Handlungsfelder in der Praxis, 2. Aufl., Springer, Wiesbaden, S. 63–96.

Uhlenbruck, W. (2001): Gerichtliche oder außergerichtliche Sanierung? – Eine Schicksalsfrage Not leidender Unternehmen. In: Betriebs-Berater, 56. Jg., Nr. 33, S. 1641–1648.

Uhlenbruck, W. (2007): Unternehmenssanierung durch Insolvenzverfahren. In: Krystek, U./Moldenhauer, R. (Hrsg.), Handbuch Krisen- und Restrukturierungsmanagement. Generelle Konzepte, Spezialprobleme, Praxisberichte, Kohlhammer Verlag, Stuttgart, S. 259–278.

Undritz, S.-H. (2022): Chancen und Risiken der Sanierung in der Insolvenz. In: Thierhoff, M./Müller, R. (Hrsg.), Unternehmenssanierung, 3. Aufl., C.F. Müller, Heidelberg, S. 419–434.

Vallender, H. (2021): Das Sanierungs- und Insolvenzrechtsfortentwicklungsgesetz (SanInsFoG). Neue Sanierungsoptionen für Unternehmen in der Krise. In: Monatsschrift für Deutsches Recht, 75. Jg., Nr. 4, S. 201–208.

Valta, P. (2012): Competition and the cost of debt. In: Journal of Financial Economics, 105. Jg., Nr. 3, S. 661–682.

Vassalou, M./Xing, Y. (2004): Default Risk in Equity Returns. In: The Journal of Finance, 59. Jg., Nr. 2, S. 831–868.

Veronesi, P. (Hrsg.) (2016): Handbook of Fixed-Income Securities, Hoboken, New Jersey.

Vogt, M. A. (1999): Sanierungsplanung. Eine Darstellung innerhalb und außerhalb des Insolvenzrechts, Deutscher Universitätsverlag, Wiesbaden.

Walker, M. D./Wu, Q. (2019): Equity Issues When in Distress. In: European Financial Management, 25. Jg., Nr. 3, S. 489–519.

Warner, J. B. (1977): Bankruptcy Costs: Some Evidence. In: The Journal of Finance, 32. Jg., Nr. 2, S. 337–347.

Weber, J. (2022): Kapitel D: Besondere Sanierungsverfahren. In: Institut der Wirtschaftsprüfer (Hrsg.), Sanierung und Insolvenz. Rechnungslegung und Beratung in der Unternehmenskrise, 2. Aufl., IDW Verlag, Düsseldorf, S. 411–445.

Weiß, L. (2022): Zur Legitimation alternativer Annahmen der Finanzierungspolitik in der Unternehmensbewertung, Peter Lang, Berlin.

Weiss, L. A. (1990): Bankruptcy resolution. In: Journal of Financial Economics, 27. Jg., Nr. 2, S. 285–314.

Welch, B. L. (1938): The Significance of the Difference Between Two Means when the Population Variances are Unequal. In: Biometrika, 29. Jg., Nr. 3/4, S. 350–362.

Westpfahl, L./Seibt, C. H. (2019): Anhang zu § 39: § 19 SchVG. In: Schmidt, A. (Hrsg.), Sanierungsrecht. Außergerichtliche Sanierung – präventive Restrukturierung – Insolvenzordnung: Kommentar, 2. Aufl., Carl Heymanns Verlag; Wolters Kluwer, Köln, S. 680–732.

Whitaker, R. B. (1999): The early stages of financial distress. In: Journal of Economics and Finance, 23. Jg., Nr. 2, S. 123–132.

Wieland-Blöse, H./Oberle, T. (2022): Kapitel A: Unternehmenskrise – ein Überblick über Ursachen, Risiken und Handlungsmöglichkeiten. In: Institut der Wirtschaftsprüfer (Hrsg.), Sanierung und Insolvenz. Rechnungslegung und Beratung in der Unternehmenskrise, 2. Aufl., IDW Verlag, Düsseldorf, S. 1–39.

Wilcoxon, F. (1945): Individual Comparisons by Ranking Methods. In: Biometrics Bulletin, 1. Jg., Nr. 6, S. 80–83.

Wilker, H. (2018): Statistische Hypothesentests in der Praxis. Leitfaden zur Anwendung von Hypothesentests für die Analyse von Unterschieden, Übereinstimmungen, Zugehörigkeiten, Zufälligkeiten und Zusammenhängen, 2. Aufl., Books on Demand, Norderstedt.

Witt, P. (2019): Sanierungs-/Finanzierungstheorien. In: Knops, K.-O./Bamberger, H. G./Lieser, J. (Hrsg.), Recht der Sanierungsfinanzierung, 2. Aufl., Springer, Berlin, Heidelberg, § 4.

Wohlenberg, H. (2018): Eigentümerwechsel als Sanierungsinstrument. In: Knecht, T. C./Hommel, U./Wohlenberg, H. (Hrsg.), Handbuch Unternehmensrestrukturierung. Grundlagen - Konzepte - Maßnahmen, 2. Aufl., Springer, Wiesbaden, S. 561–598.

Wohlschieß, V. (1996): Unternehmensfinanzierung bei asymmetrischer Informationsverteilung, Deutscher Universitätsverlag; Imprint, Wiesbaden.

Wooldridge, J. M. (2002): Econometric Analysis of Cross Section and Panel Data, MIT Press, Cambridge, London.

Wooldridge, J. M. (2010): Econometric Analysis of Cross Section and Panel Data, Second Edition, MIT Press, Cambridge, London.

Wruck, K. H. (1990): Financial Distress, Reorganization, and Organizational Efficiency. In: Journal of Financial Economics, 27. Jg., Nr. 2, S. 419–444.

Zimmermann, V. (2007): Immaterielle Vermögenswerte als Sicherheiten bei der Kreditvergabe. In: Mittelstands- und Strukturpolitik, Nr. 39, S. 81–119.

Anhang

Anh. 1: Studien zur finanziellen Schieflage mit ereignisorientiertem Kriterium

Studie	**Forschungsbereich**	**Untersuchungsg-rundlage**	**Indikator**
Gilson (1990)	Management Turnover und Eigentümerstruktur	111 börsennotierte US-Unternehmen (1979 bis 1984)	Gläubigerverhandlungen in Schieflage; Insolvenzantrag
Opler/Titman (1993)	Leveraged buy-outs	170 börsennotierte US-Unternehmen (1980 bis 1990)	Delisting
Theodossiou et al. (1996)	Übernahmen von Krisenunternehmen	86 börsennotierte US-Unternehmen (1980 bis 1989)	Zahlungsausfall; Gläubigerverhandlungen in Schieflage
Andrade/ Kaplan (1998)	Insolvenzkosten	31 börsennotierte US-Unternehmen (1980 bis 1989)	Zahlungsausfall; Gläubigerverhandlungen in Schieflage
Davydenko/ Franks (2008)	Kreditpolitik von Banken in der Unternehmenskrise	2.280 Verhandlungen von Unternehmen aus U.K., Frankreich und Deutschland (1984 bis 2003)	Zahlungsausfall
Campbell et al. (2008)	Krisenausgänge und Aktienbepreisung	1.614 börsennotierte US-Unternehmen (1963 bis 2003)	Insolvenzantrag, Delisting, Rating (D)

Anh. 2: Studien zur finanziellen Schieflage mit technischem Kriterium

Studie	**Forschungsbereich**	**Untersuchungsgrundlage**	**Indikator**
DeAngelo/ DeAngelo (1990)	Dividendenpolitik	80 börsennotierte US-Unternehmen (1980 bis 1985)	Drei negative Jahresüberschüsse im Beobachtungs-zeitraum
Asquith et al. (1994)	Gläubigerver-handlungen	102 börsennotierte US-Unternehmen (1976 bis 1990)	Zinsdeckungsquote < 1 in zwei Folgejahren oder in Zinsdeckungsquote < 0,8 in einem Jahr

(*fortgeführt*)

Anh. 2: Fortsetzung

Studie	Forschungsbereich	Untersuchungsgrundlage	Indikator
Turetsky/ McEwen (2001)	Insolvenzprognose	2.671 Verhandlungen von börsennotierten US-Unternehmen (1988 bis 1996)	Negativer betrieblicher Cashflow aus fortgeführten Geschäftsbereichen
Holder-Webb/ Cohen (2007)	Geschäftsbericht-erstattung	136 börsennotierte US-Unternehmen (1990 bis 1995)	Z-Score[a]
Jostarndt/ Sautner (2007)	Gläubigerver-handlungen	116 Verhandlungen von im regulierten Markt notierten Unternehmen (1997 bis 2004)	Zinsdeckungsquote < 1 in zwei Folgejahren
Elsas/Mielert (2010)	Identifikation von Krisenunternehmen	Alle deutschen, börsengehandelten Unternehmen	Merton-Modell

[a] Ebenso z.B. Sudarsanam/Lai (2001).

Anh. 3: Operative Entwicklung der Krisenunternehmen auf Basis der Gesamtkapitalrendite (ROA) im Zeitablauf

		t_{-3}	t_{-2}	t_{-1}	t_0	t_1	t_2	t_3
ROA	Median	5,5 %	4,3 %	0,1 %	-4,1 %	-1,9 %	1,0 %	3,3 %
	Anzahl ROA < 0[a]	25,6 %	29,8 %	49,4 %	65,2 %	57,0 %	44,6 %	33,5 %
	t-test	0,24	0,99	0,00***	0,00***	0,00***	0,00***	0,81
ROA_{adj}	Median	0,0 %	-0,2 %	-4,3 %	-7,8 %	-4,7 %	-3,2 %	-1,7 %
	Anzahl ROA_{adj} < 0	49,6 %	51,5 %	71,4 %	81,1 %	74,0 %	67,5 %	60,6 %
	t-test	0,03**	0,00***	0,00***	0,00***	0,00***	0,00***	0,01**

Das Signifikanzniveau auf dem 10 %-, 5 %- und 1 %-Niveau ist jeweils mit *, ** und *** gekennzeichnet. H_0 jeweils: ROA bzw. $ROA_{adj} = 0$.

[a] Anteil der Unternehmen mit negativem ROA bzw. ROA_{adj} an allen beobachteten Krisenunternehmen im entsprechenden Zeitpunkt.

Anh. 4: Operative Entwicklung der Krisenunternehmen auf Basis der Rendite des operativen Cashflows (OCF) im Zeitablauf

		t_{-3}	t_{-2}	t_{-1}	t_0	t_1	t_2	t_3
OCF	Median	6,6 %	5,1 %	3,5 %	3,8 %	5,5 %	6,3 %	6,3 %
	Anzahl OCF < 0[a]	31,1 %	34,7 %	38,4 %	34,5 %	30,2 %	25,4 %	23,3 %
	t-test	0,07*	0,32	0,82	0,79	0,00***	0,00***	0,00***
OCF_{adj}	Median	-0,4 %	-1,4 %	-2,2 %	-2,7 %	-2,1 %	-1,6 %	-1,1 %
	Anzahl OCF_{adj} < 0	51,4 %	54,7 %	61,6 %	65,2 %	60,1 %	55,6 %	54,4 %
	t-test	0,00***	0,00***	0,00***	0,04**	0,00***	0,10	0,05*

Das Signifikanzniveau auf dem 10 %-, 5 %- und 1 %-Niveau ist jeweils mit *, ** und *** gekennzeichnet. H_0 jeweils: OCF bzw. $OCF_{adj} = 0$.

[a] Anteil der Unternehmen mit negativem OCF bzw. OCF_{adj} an allen beobachteten Krisenunternehmen im entsprechenden Zeitpunkt.

Anh. 5: Entwicklung der Verschuldung der Krisenunternehmen auf Basis des Verschuldungsgrades (Lev) im Zeitablauf

		t_{-3}	t_{-2}	t_{-1}	t_0	t_1	t_2	t_3
Lev	Median	45,2 %	46,6 %	59,5 %	74,5 %	74,3 %	66,6 %	63,7 %
	Anzahl Lev > 0,75[a]	7,2 %	7,9 %	20,2 %	47,3 %	48,2 %	34,0 %	30,4 %
Lev_{adj}	Median	1,6 %	3,4 %	13,4 %	23,2 %	22,7 %	19,7 %	16,8 %
	Anzahl Lev_{adj} > 0	53,6 %	58,6 %	75,7 %	90,9 %	83,3 %	80,0 %	78,5 %
	t-test	0,01***	0,00***	0,00***	0,00***	0,00***	0,00***	0,00***

Das Signifikanzniveau auf dem 10 %-, 5 %- und 1 %-Niveau ist jeweils mit *, ** und *** gekennzeichnet. H_0: $Lev_{adj} = 0$.

[a] Anteil der Unternehmen mit Lev bzw. Lev_{adj} größer 0,75 an allen beobachteten Krisenunternehmen im entsprechenden Zeitpunkt.

Anh. 6: Abkürzungen und Herkunft der verwendeten Variablen [a]

Variable	Bedeutung	Herkunft
CR_{adj}	Current-Ratio (Liquidität 3. Grades) adjustiert um den Industrie-Median des jeweiligen Jahres; berechnet als kurzfristige Vermögenswerte zu kurzfristigen Verbindlichkeiten	Bloomberg
EKZ	Eigentümerkonzentration gem. Herfindahl-Index[b]	Hoppenstedt-Aktienführer, Eigene Kalk.
ESUG	Indikatorvariable, die für alle Sanierungsprozesse ab 2012 den Wert eins annimmt	Eigene Kalkulation
FFDE	Indikatorvariable, die den Wert eins annimmt, wenn im laufenden Fiskaljahr ein Debt-Equity-Swap/Debt-Mezzanine-Swap oder ein Forderungsverzicht/Zinserlass beobachtet wurde	Geschäftsberichte, Nachrichtenartikel
FKQ_{adj}	Buchwert des Fremdkapitals zu Bilanzsumme adjustiert um den Industrie-Median des jeweiligen Jahres	Bloomberg, Eigene Kalkulation
Größe	Logarithmierte und deflationierte Bilanzsumme; Bezugspunkt ist das Jahr 2015	Bloomberg, Eigene Kalkulation
Industriekrise	Indikatorvariable, die den Wert eins annimmt, wenn im entsprechenden Jahr oder im Vorjahr der Median-OCF der Unternehmen in der jeweiligen Industrie kleiner null ist[c]	Bloomberg, Eigene Kalkulation
KH	Indikatorvariable die den Wert eins annimmt, wenn im laufenden Fiskaljahr eine Kapitalherabsetzung beobachtet wurde	Geschäftsberichte, Nachrichtenartikel
KK	Existenz eines Konsortialkredits als wesentliche Finanzierungsquelle des Krisenunternehmens (Indikatorvariable)	Geschäftsberichte, Nachrichtenartikel
Krise	Indikatorvariable, die den Wert eins annimmt, wenn im entsprechenden Jahr oder im Vorjahr ein negatives Realwachstum des BIP vorliegt sowie die Jahre 2001 und 2008; Jahre mit negativem Realwachstum des BIP (2002, 2003, 2009, 2020)	Eigene Kalkulation, Statista
Lev_{adj}	Buchwert des Fremdkapitals zu Marktwert des Eigenkapitals plus Buchwert des Fremdkapitals adjustiert um den Industrie-Median des jeweiligen Jahres	Bloomberg, Eigene Kalkulation

Anh. 6: Fortsetzung

Variable	Bedeutung	Herkunft
Mehrfach	Indikatorvariable, die den Wert eins annimmt, wenn der Kapitalerhöhungsvorgang mehrere Kapitalerhöhungen enthält	Geschäftsberichte, Nachrichtenartikel
σ_V	Volatilität des Unternehmenswerts gem. Bharath/Shumway (2008)	Refinitiv, Bloomberg, Eigene Kalkulation
OCF_{adj}	Operativer Cashflow vor Zinsen zu durchschnittlicher Bilanzsumme adjustiert um den Industrie-Median des jeweiligen Jahres	Bloomberg, Eigene Kalkulation
OE	Indikatorvariable, die den Wert eins annimmt, wenn der Kapitalerhöhungsvorgang ausschließlich eine oder mehrere ordentliche Kapitalerhöhungen enthält	Geschäftsberichte, Nachrichtenartikel
PL	Indikatorvariable, die den Wert eins annimmt, wenn der Kapitalerhöhungsvorgang ausschließlich eine oder mehrere Platzierungen enthält	Geschäftsberichte, Nachrichtenartikel
ROA_{adj}	EBIT zu durchschnittlicher Bilanzsumme adjustiert um den Industrie-Median des jeweiligen Jahres	Bloomberg, Eigene Kalkulation
SAbesV	Indikatorvariable, die den Wert eins annimmt, wenn ein Teil der Finanzverbindlichkeiten durch Sachanlagevermögen besichert ist	Geschäftsberichte
SP	Indikatorvariable, die den Wert eins annimmt, wenn im Laufe der Verhandlungen ein Sicherheitenpool gebildet wird	Geschäftsberichte, Nachrichtenartikel
TQ	Indikatorvariable, die den Wert eins annimmt, wenn das Tobins Q größer eins ist; berechnet als Marktwert des Eigenkapital plus Buchwert des Fremdkapitals zu Bilanzsumme[d]	Bloomberg, Eigene Kalkulation
Übernahme	Indikatorvariable, die den Wert eins annimmt, wenn während des Sanierungsprozesses min. 50 % des Stammkapitals von einem anderen Unternehmen erworben werden	Geschäftsberichte, Hoppenstedt-Aktienführer
VKI	Bankverbindlichkeiten zu Gesamtverbindlichkeiten.	Bloomberg, Eigene Kalkulation

(*fortgeführt*)

Anh. 6: Fortsetzung

Variable	Bedeutung	Herkunft
Wdh	Indikatorvariable, die den Wert eins annimmt, wenn vor der betrachteten Gläubigerverhandlung bereits eine Gläubigerverhandlung innerhalb von 3 Jahren beobachtet wurde	Geschäftsberichte, Nachrichtenartikel
ZD	Zinsdeckung; berechnet als EBIT zu Zinsaufwand	Bloomberg, Eigene Kalkulation
ZGA	Indikatorvariable, die den Wert eins annimmt, wenn während der Verhandlung oder in engem zeitlichem Zusammenhang wesentliche Zugeständnisse anderer Stakeholder beobachtet wurden	Geschäftsberichte, Nachrichtenartikel
ZS	Zeitraum der Unternehmensschieflage seit Eintritt in die Untersuchungsgrundlage in ganzen Jahren	Eigene Kalkulation

[a] Alle Variablen basieren – soweit nicht anders beschrieben – auf dem unmittelbar vorangegangen bzw. letzten verfügbaren Fiskaljahr. Die nicht industrieadjustierten Variablen werden nicht ausgewiesen.

[b] Herfindahl-Index = $\sum_{i=1}^{N} A_i^2$, mit A_i = Anteil am Stammkapital

[c] Die vergleichsweise strenge Definition der Industriekrise bedarf einer Begründung. Einerseits wird auf die Cashflowebene abgestellt, da GuV-basierte Kennzahlen Bewertungsspielräume aufweisen. Andererseits sind in der Literatur zu findende Approximationen wie z.B. ein negativer Median des Umsatzwachstum oder negative Aktienkursrenditen der Industrie oftmals auf gesamtwirtschaftliche Krisen zurückzuführen, die bereits durch die Variable *Krise* abgedeckt werden. Durch die gewählte Kodierung sollen allein Industriekrisen erfasst werden.

[d] Eine Ausnahme gilt in Kapitel 7, welche dort beschrieben wird.

Anh. 7: Korrelationsmatrix der unabhängigen Variablen der Analyse des kurzfristigen Sanierungserfolgs

Variablen	(1)	(2)	(3)	(4)	(5)	(6)	(7)	(8)	(9)	(10)	(11)	(12)	(13)	(14)	(15)	(16)	(17)	(18)	(19)	(20)	(21)
(1) FK durch Dritte	1,000																				
(2) FK durch Gläubiger	0,008	1,000																			
(3) Forderungs-verzicht	0,026	-0,078	1,000																		
(4) Gesellschafter	0,028	0,013	0,288	1,000																	
(5) Kapitalerhö-hung	0,041	0,191	0,081	0,167	1,000																
(6) Kapitalschnitt	0,002	0,039	0,090	0,069	0,077	1,000															
(7) Mezzanine-Kapital	0,194	0,072	0,046	0,043	0,237	0,056	1,000														
(8) Prolongation	0,033	0,079	0,079	-0,020	0,020	0,038	0,040	1,000													
(9) Rangrücktritt	0,010	-0,009	0,181	0,222	-0,002	0,110	0,003	0,171	1,000												
(10) SHA/CW	0,000	0,088	0,005	0,004	0,131	0,052	-0,017	0,191	-0,065	1,000											
(11) Stundung (T)	-0,081	0,057	0,148	0,110	0,117	0,020	-0,090	0,021	-0,050	0,253	1,000										
(12) Stundung (Z)	0,066	-0,018	-0,055	0,069	0,031	0,100	-0,005	0,094	0,248	0,112	0,242	1,000									
(13) Umschuldung	0,093	0,100	0,028	0,099	0,161	0,027	-0,009	-0,001	0,097	0,211	0,003	-0,027	1,000								
(14) OCF_{adj}	0,006	-0,007	-0,033	-0,114	-0,192	-0,202	-0,081	0,034	-0,066	-0,072	0,048	-0,043	0,093	1,000							
(15) TQ	-0,044	0,099	0,066	0,064	0,060	0,070	-0,014	-0,016	0,059	0,043	0,085	0,070	0,041	-0,116	1,000						
(16) Lev_{adj}	-0,014	-0,028	-0,021	-0,063	-0,142	0,015	0,069	0,085	-0,027	0,089	-0,037	0,044	0,002	0,226	-0,308	1,000					
(17) CR_{adj}	-0,052	-0,121	-0,058	-0,040	-0,053	0,007	-0,070	-0,154	-0,077	-0,125	0,113	0,070	-0,021	-0,232	0,016	-0,384	1,000				
(18) Krise	0,069	0,034	-0,012	-0,049	-0,016	-0,097	-0,039	-0,033	0,011	-0,080	-0,072	0,072	0,000	0,019	0,208	-0,011	-0,013	1,000			
(19) Industriekrise	-0,048	0,026	0,018	0,052	0,164	-0,002	0,060	0,078	0,007	-0,008	0,023	-0,002	-0,026	-0,052	0,083	-0,064	-0,023	0,107	1,000		
(20) ESUG	0,025	-0,005	-0,054	0,031	0,007	0,090	-0,021	0,163	0,106	0,154	0,047	0,034	0,061	-0,114	0,017	0,053	-0,038	-0,365	-0,040	1,000	
(21) Größe	0,095	0,015	-0,145	-0,191	-0,107	-0,124	-0,007	0,110	-0,109	0,106	-0,046	-0,022	0,165	0,283	0,030	0,171	-0,019	0,026	0,023	0,029	1,000

Anh. 8: Korrelationsmatrix der unabhängigen Variablen der Analyse des gesamten Sanierungserf

Variablen	(1)	(2)	(3)	(4)	(5)	(6)	(7)	(8)	(9)	(10)	(11)	(12)
(1) Anleiheemission	1,000											
(2) Debt-Equity-Swap	0,056	1,000										
(3) Debt-Mezz.-Swap	0,043	0,266	1,000									
(4) FK durch Dritte	0,125	0,134	-0,025	1,000								
(5) FK durch Gläubiger	0,030	0,069	0,075	0,096	1,000							
(6) Forderungsverzicht	-0,094	0,125	0,161	0,117	-0,015	1,000						
(7) Gesellschafterdarlehen	-0,051	0,204	0,092	0,153	0,022	0,332	1,000					
(8) Kapitalerhöhung	0,207	0,206	0,010	0,153	0,138	0,148	0,169	1,000				
(9) KS	-0,071	0,183	0,096	0,051	0,080	0,191	0,164	0,166	1,000			
(10) Mezzanine-Kapital	0,061	0,269	0,131	0,223	0,192	0,136	0,135	0,298	0,085	1,000		
(11) Prolongation	0,038	0,166	0,014	0,159	0,191	0,148	0,126	0,180	0,101	0,202	1,000	
(12) Rangrücktritt	-0,086	0,106	0,048	0,059	-0,009	0,301	0,217	0,069	0,198	0,077	0,134	1,000
(13) SHACW	0,200	0,105	-0,019	0,034	0,114	-0,023	0,059	0,116	0,048	0,017	0,198	-0,010
(14) Stundung (T)	0,031	0,138	0,110	0,119	0,132	0,257	0,203	0,165	0,182	0,085	0,119	0,074
(15) Stundung (Z)	0,073	0,165	0,040	0,169	0,100	0,184	0,133	0,079	0,104	0,053	0,155	0,297
(16) Umschuldung	0,211	0,244	0,139	0,210	0,188	0,169	0,091	0,161	0,088	0,109	0,229	0,062
(17) Zinserlass	-0,043	0,307	0,048	0,032	0,018	0,271	0,189	0,117	0,160	0,077	0,187	0,459
(18) OCF_{adj}	0,086	0,006	0,006	0,010	0,079	-0,011	-0,032	-0,109	-0,132	-0,097	0,041	-0,080
(19) TQ	0,052	0,038	-0,007	0,031	0,122	0,033	0,001	0,102	0,026	0,003	0,050	0,064
(20) Lev_{adj}	0,018	-0,051	0,080	0,012	0,002	0,068	-0,019	-0,088	0,046	-0,001	0,029	-0,002
(21) CR_{adj}	-0,067	-0,013	-0,011	0,012	-0,116	-0,041	-0,077	0,003	-0,007	0,010	-0,136	0,002
(22) Krise	-0,049	-0,146	-0,012	-0,056	0,028	-0,107	-0,054	-0,182	-0,191	-0,102	-0,104	-0,025
(23) Industriekrise	-0,024	-0,005	-0,047	-0,093	-0,034	0,013	-0,030	0,067	-0,022	-0,005	0,018	-0,017
(24) Übernahme	0,001	0,084	-0,008	0,063	-0,033	0,157	0,261	0,149	0,207	0,085	0,065	0,165
(25) ESUG	0,135	0,042	-0,097	0,218	-0,002	-0,032	0,142	0,085	0,090	0,070	0,198	0,029
(26) Größe	0,402	-0,056	0,036	0,108	0,106	-0,174	-0,225	0,004	-0,123	0,045	0,104	-0,111

(13)	(14)	(15)	(16)	(17)	(18)	(19)	(20)	(21)	(22)	(23)	(24)	(25)	(26)
1,000													
0,246	1,000												
0,218	0,371	1,000											
0,241	0,197	0,152	1,000										
0,106	0,165	0,425	0,162	1,000									
0,026	0,046	0,014	0,118	-0,035	1,000								
-0,004	0,064	-0,039	0,127	-0,040	-0,115	1,000							
0,088	-0,039	0,052	0,052	0,005	0,220	-0,301	1,000						
-0,120	0,071	0,025	-0,006	0,048	-0,232	0,003	-0,368	1,000					
-0,184	-0,107	-0,106	-0,117	-0,073	0,091	0,058	-0,028	-0,080	1,000				
-0,053	-0,003	-0,028	-0,096	-0,097	-0,003	0,090	-0,085	-0,092	-0,008	1,000			
0,032	0,135	0,083	0,163	0,135	-0,077	0,029	-0,030	-0,003	-0,074	-0,083	1,000		
0,279	0,058	0,052	0,118	0,004	-0,114	0,059	0,005	0,021	-0,515	0,034	0,024	1,000	
0,208	-0,015	0,003	0,276	-0,047	0,260	0,048	0,152	-0,041	0,045	0,025	-0,111	0,081	1,000

Anh. 9: Varianz-Inflationsfaktoren der unabhängigen Variablen der Analyse des kurzfristigen Sanierungserfolgss

	VIF	R^2
(1) FK durch Dritte	1,11	0,10
(2) FK durch Gläubiger	1,10	0,09
(3) Forderungsverzicht	1,22	0,18
(4) Gesellschafter	1,21	0,17
(5) Kapitalerhöhung	1,29	0,22
(6) Kapitalschnitt	1,10	0,09
(7) Mezzanine-Kapital	1,15	0,13
(8) Prolongation	1,16	0,14
(9) Rangrücktritt	1,28	0,22
(10) SHA/CW	1,29	0,22
(11) Stundung (T)	1,30	0,23
(12) Stundung (Z)	1,25	0,20
(13) Umschuldung	1,19	0,16
(14) OCF_{adj}	1,36	0,26
(15) TQ	1,27	0,21
(16) Lev_{adj}	1,49	0,33
(17) CR_{adj}	1,41	0,29
(18) Krise	1,30	0,23
(19) Industriekrise	1,07	0,06
(20) ESUG	1,28	0,22
(21) Größe	1,27	0,22
Mittelwert	1,24	

Anh. 10: Varianz-Inflationsfaktoren der unabhängigen Variablen der Analyse des gesamten Sanierungserfolgs

	VIF	R^2
(1) Anleiheemission	1,35	0,26
(2) Debt-Equity-Swap	1,41	0,29
(3) Debt-Mezz.-Swap	1,18	0,15
(4) FK durch Dritte	1,25	0,20
(5) FK durch Gläubiger	1,18	0,15
(6) Forderungsverzicht	1,43	0,30
(7) Gesellschafterdarlehen	1,37	0,27
(8) Kapitalerhöhung	1,32	0,24
(9) KS	1,21	0,17
(10) Mezzanine-Kapital	1,28	0,22
(11) Prolongation	1,24	0,20
(12) Rangrücktritt	1,44	0,30
(13) SHACW	1,35	0,26
(14) Stundung (T)	1,39	0,28
(15) Stundung (Z)	1,50	0,34
(16) Umschuldung	1,42	0,30
(17) Zinserlass	1,65	0,39
(18) OCF_{adj}	1,26	0,21
(19) TQ	1,22	0,18
(20) Lev_{adj}	1,42	0,30
(21) CR_{adj}	1,35	0,26
(22) Krise	1,57	0,36
(23) Industriekrise	1,10	0,09
(24) Übernahme	1,18	0,15
(25) ESUG	1,71	0,41
(26) Größe	1,59	0,37
Mittelwert	1,36	

Anh. 11: Maßnahmenkombinationen im frühen Sanierungsprozess

	(1)	(2)	(3)	(4)	(5)	(6)	(7)	(8)	(9)	(10)	(11)	(12)	(13)	(14)	(15)	(16)	(17)	(18)
(1) Anleiheemission																		
(2) Debt-Equity-Swap	0																	
(3) Debt-Mezzanine-Swap	0	1																
(4) FK durch Dritte	4	5	0															
(5) FK durch Gläubiger	2	2	2	9														
(6) Forderungsverzicht	0	0	1	5	5													
(7) Gesellschafterdarlehen	0	3	1	8	10	15												
(8) Kapitalerhöhung	7	2	0	14	26	13	19											
(9) Kapitalschnitt	0	0	0	1	4	3	3	4										
(10) Mezzanine-Kapital	2	1	0	14	10	5	6	22	2									
(11) Prolongation	1	3	1	10	14	8	7	17	3	9								
(12) Rangrücktritt	0	0	0	1	4	5	6	3	3	1	6							
(13) Schuldübernahme	0	0	0	1	1	1	1	0	0	0	1	0						
(14) SHA/CW	5	1	1	6	12	5	5	21	3	6	16	2	0					
(15) Stundung (T)	0	2	2	4	11	9	9	13	3	2	9	2	1	14				
(16) Stundung (Z)	0	1	1	3	5	2	3	4	3	1	5	5	0	6	8			
(17) Umschuldung	6	4	1	15	21	9	14	30	4	9	13	5	1	21	11	4		
(18) Zinserlass	0	1	1	0	4	4	4	3	2	0	5	4	0	3	4	4	4	

Anh. 12: Maßnahmenkombinationen im gesamten Sanierungsprozess

	(1)	(2)	(3)	(4)	(5)	(6)	(7)	(8)	(9)	(10)	(11)	(12)	(13)	(14)	(15)	(16)	(17)	(18)
(1) Anleiheemission																		
(2) Debt-Equity-Swap	5																	
(3) Debt-Mezzanine-Swap	1	5																
(4) FK durch Dritte	11	15	2															
(5) FK durch Gläubiger	8	14	4	29														
(6) Forderungsverzicht	2	14	5	25	21													
(7) Gesellschafterdarlehen	5	19	4	29	25	37												
(8) Kapitalerhöhung	22	25	4	47	49	40	45											
(9) Kapitalschnitt	1	11	3	12	16	18	18	26										
(10) Mezzanine-Kapital	9	19	4	33	33	24	26	58	13									
(11) Prolongation	9	19	3	34	40	31	32	56	18	36								
(12) Rangrücktritt	0	5	1	8	7	16	14	14	9	9	13							
(13) Schuldübernahme	0	1	0	1	3	3	3	0	9	0	3	1						
(14) SHA/CW	14	14	2	20	27	15	22	41	12	19	34	5	1					
(15) Stundung (T)	6	14	4	24	28	31	29	39	17	20	28	8	3	28				
(16) Stundung (Z)	4	8	1	13	13	14	13	16	8	9	16	10	2	15	20			
(17) Umschuldung	19	25	5	43	46	37	36	64	19	36	51	12	3	42	37	18		
(18) Zinserlass	1	12	2	8	10	17	15	17	10	9	17	13	2	11	13	14	17	

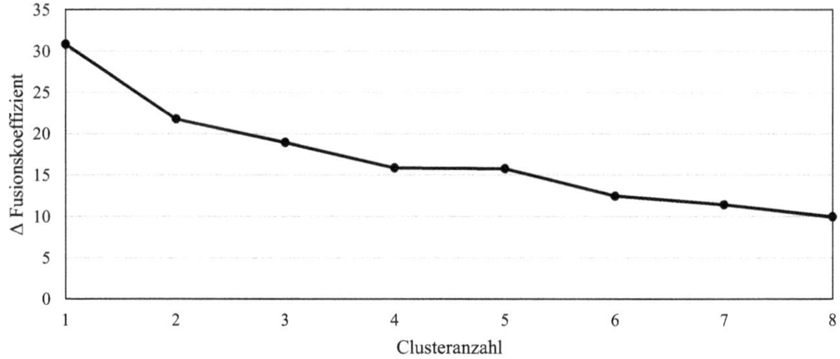

Anh. 13: Elbow-Chart der Clusteranalyse des kurzfristigen Sanierungserfolgs

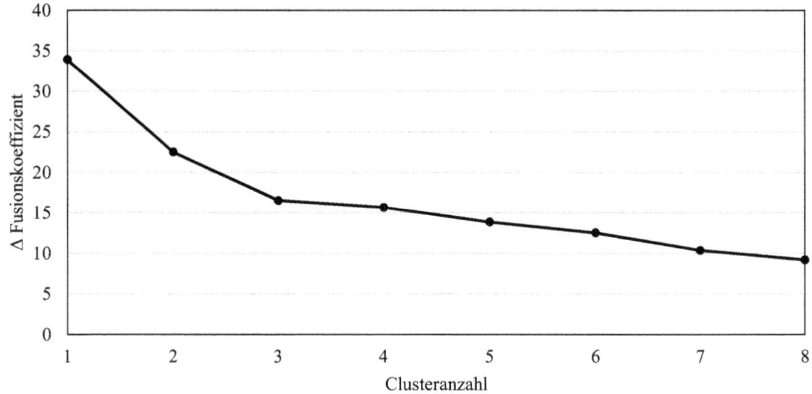

Anh. 14: Elbow-Chart der Clusteranalyse des gesamten Sanierungserfolgs

Anh. 15: Korrelationskoeffizienten der unabhängigen Variablen der Clusteranalyse im frühen Sanierungsprozess

Variablen	**(1)**	**(2)**	**(3)**	**(4)**	**(5)**	**(6)**	**(7)**	**(8)**	**(9)**	**(10)**	**(11)**	**(12)**	**(13)**
(1) FK durch Dritte	1,000												
(2) FK durch Gläubiger	0,016	1,000											
(3) Forderungsverzicht	0,017	-0,052	1,000										
(4) Gesellschafterdarlehen	0,046	0,026	0,305	1,000									
(5) Kapitalerhöhung	-0,006	0,171	0,117	0,163	1,000								
(6) Kapitalschnitt	-0,008	0,077	0,078	0,056	0,056	1,000							
(7) Mezzanine-Kapital	0,206	0,059	0,044	0,038	0,195	0,047	1,000						
(8) Prolongation	0,076	0,081	0,024	-0,017	0,007	0,017	0,040	1,000					
(9) Rangrücktritt	-0,014	0,065	0,196	0,218	0,001	0,185	-0,017	0,150	1,000				
(10) SHA/CW	-0,028	0,095	0,018	-0,048	0,114	0,084	-0,009	0,166	0,021	1,000			
(11) Stundung (T)	-0,033	0,104	0,150	0,106	0,082	0,066	-0,071	0,058	-0,003	0,263	1,000		
(12) Stundung (Z)	0,076	0,090	-0,006	0,030	0,016	0,164	-0,029	0,078	0,341	0,190	0,316	1,000	
(13) Umschuldung	0,083	0,148	0,039	0,070	0,142	0,058	-0,001	0,015	0,092	0,210	0,068	0,025	1,000

Anh. 16: Korrelationskoeffizienten der unabhängigen Variablen der Clusteranalyse im gesamten Sanierungsprozess

Variablen	**(1)**	**(2)**	**(3)**	**(4)**	**(5)**	**(6)**	**(7)**	**(8)**	**(9)**	**(10)**	**(11)**	**(12)**	**(13)**	**(14)**	**(15)**	**(16)**	**(17)**
(1) Anleiheemission	1,000																
(2) Debt-Equity-Swap	0,026	1,000															
(3) Debt-Mezzanine-Swap	0,046	0,270	1,000														
(4) FK durch Dritte	0,112	0,146	-0,018	1,000													
(5) FK durch Gläubiger	-0,005	0,058	0,079	0,092	1,000												
(6) Forderungsverzicht	-0,088	0,161	0,163	0,149	0,001	1,000											
(7) Gesellschafterdarlehen	-0,064	0,204	0,099	0,133	0,023	0,353	1,000										
(8) Kapitalerhöhung	0,180	0,170	0,016	0,106	0,110	0,171	0,146	1,000									
(9) Kapitalschnitt	-0,061	0,174	0,105	0,001	0,068	0,172	0,134	0,167	1,000								
(10) Mezzanine-Kapital	0,030	0,245	0,138	0,216	0,170	0,145	0,129	0,301	0,101	1,000							
(11) Prolongation	0,005	0,134	0,016	0,182	0,182	0,152	0,117	0,172	0,069	0,199	1,000						
(12) Rangrücktritt	-0,086	0,107	0,046	0,082	-0,005	0,306	0,234	0,081	0,217	0,087	0,141	1,000					
(13) SHA/CW	0,178	0,072	-0,016	0,001	0,084	-0,022	0,025	0,089	0,006	0,003	0,158	-0,002	1,000				
(14) Stundung (T)	0,013	0,120	0,111	0,129	0,155	0,273	0,195	0,171	0,160	0,090	0,122	0,075	0,241	1,000			
(15) Stundung (Z)	0,045	0,101	0,043	0,161	0,098	0,205	0,106	0,069	0,092	0,050	0,130	0,312	0,197	0,342	1,000		
(16) Umschuldung	0,226	0,272	0,147	0,191	0,194	0,185	0,079	0,149	0,068	0,117	0,254	0,071	0,239	0,196	0,137	1,000	
(17) Zinserlass	-0,038	0,280	0,049	0,030	0,031	0,287	0,184	0,119	0,145	0,095	0,179	0,470	0,096	0,146	0,412	0,160	1,000

Anh. 17: F-Tests der Clusteranalyse im fruhen Sanierungsprozess

Cluster	**1**	**2**	**3**	**4**	**5**	**6**
Maßnahmen						
FK durch Dritte	0,00	0,58	0,82	2,04	0,00	0,64
FK durch Gläubiger	0,00	0,46	1,14	0,70	0,00	0,17
Forderungsverzicht	0,00	1,16	0,37	0,00	1,16	2,55
Gesellschafterdarlehen	0,00	2,34	0,00	0,00	1,33	0,85
Kapitalerhöhung	0,00	0,99	1,21	0,59	1,20	0,76
Kapitalschnitt	0,00	2,30	0,00	0,00	0,00	1,72
Mezzanine-Kapital	0,00	1,25	0,96	2,12	0,84	0,20
Prolongation	0,00	0,15	1,11	0,87	1,42	1,59
Rangrücktritt	0,00	0,92	1,32	0,00	0,00	1,96
SHA/CW	0,00	0,18	1,94	0,00	1,42	1,99
Stundung (T)	0,00	2,38	0,38	0,00	0,64	1,72
Stundung (Z)	0,54	0,80	0,00	1,28	0,00	1,72
Umschuldung	0,00	1,05	0,00	0,63	0,65	0,16
Sanierungskontext						
OCF_{adj}	0,53	1,17	0,46	0,20	0,31	0,29
TQ	1,14	0,99	0,95	1,13	1,10	1,04
Lev_{adj}	0,72	0,84	0,78	1,05	0,70	1,02
CR_{adj}	1,64	1,84	0,36	0,24	0,17	0,25
Krise	1,00	0,96	1,00	1,00	0,96	1,00
Industriekrise	0,73	0,88	0,78	0,31	0,88	0,79
ESUG	0,72	1,00	1,41	0,84	0,68	1,35
Größe	0,94	0,82	0,55	1,57	0,71	0,97
Zusammenfassung						
Mittelwert	0,38	1,10	0,74	0,69	0,67	1,08
Median	0,00	0,99	0,78	0,63	0,70	1,00
Mittelwert Clustervar.	0,04	1,12	0,71	0,63	0,67	1,23
Median Clustervar.	0,00	0,99	0,82	0,59	0,65	1,59
Anzahl	67	45	31	28	18	41

Anh. 18: F-Tests der Clusteranalyse im gesamten Sanierungsprozess

Cluster	1	2	3	4	5	6	7
Maßnahmen							
Anleiheemission	0,00	0,50	0,00	0,78	0,00	0,75	2,27
Debt-Equity-Swap	0,00	0,79	0,00	0,22	2,76	0,62	2,72
Debt-Mezzanine-Swap	3,91	0,00	0,00	0,00	7,61	0,00	4,82
FK durch Dritte	0,00	0,41	0,00	0,95	1,35	1,21	1,46
FK durch Gläubiger	1,16	0,37	0,83	0,10	0,77	0,00	1,13
Forderungsverzicht	1,49	0,23	0,00	0,35	0,91	0,89	1,02
Gesellschafterdarlehen	1,44	0,42	0,00	0,81	0,49	0,86	0,29
Kapitalerhöhung	1,60	1,02	0,00	0,26	1,31	1,50	1,28
Kapitalschnitt	0,56	0,18	0,00	0,00	0,21	0,14	0,34
Mezzanine-Kapital	1,00	1,27	0,00	0,40	1,33	0,96	1,04
Prolongation	1,23	1,04	0,44	0,85	0,40	0,00	0,81
Rangrücktritt	1,04	0,00	0,00	0,53	3,15	0,75	0,00
SHA/CW	0,46	0,42	1,43	0,82	0,49	0,33	1,46
Stundung (T)	0,00	0,00	0,00	0,00	1,59	0,93	1,25
Stundung (Z)	1,00	0,49	0,00	0,00	2,60	1,36	0,00
Umschuldung	0,83	0,00	0,40	0,90	0,66	1,10	0,42
Zinserlass	1,08	0,00	0,00	0,00	3,28	0,00	1,88
Sanierungskontext							
OCF_{adj}	0,85	0,97	0,10	0,39	0,69	0,28	0,36
TQ	0,86	0,98	0,74	1,13	1,07	1,12	0,77
Lev_{adj}	1,16	0,82	0,18	0,55	1,15	0,61	2,04
CR_{adj}	0,64	1,00	0,04	0,49	7,79	0,41	0,43
Krise	0,99	0,99	0,85	0,94	1,01	1,01	0,95
Industriekrise	0,80	0,75	0,95	0,41	0,87	0,00	0,00
Übernahme	1,24	0,67	1,06	0,61	1,64	0,69	1,10
ESUG	0,91	0,63	0,77	1,12	0,96	0,50	1,04
Größe	0,60	1,22	0,94	1,12	0,48	0,82	0,79
ZS	0,51	0,24	0,21	0,70	1,16	0,23	0,94
Zusammenfassung							
Mittelwert	0,94	0,57	0,33	0,53	1,69	0,63	1,13
Median	0,91	0,50	0,04	0,53	1,07	0,69	1,02
Mittelwert Clustervar.	0,99	0,42	0,18	0,41	1,70	0,67	1,30
Median Clustervar.	1,00	0,41	0,00	0,35	1,31	0,75	1,13
Anzahl	12	26	10	49	11	17	19

Anh. 19: Korrelationskoeffizienten der unabhängigen Variablen der Analyse der Gläubigerverhandlungen

Variablen	**(1)**	**(2)**	**(3)**	**(4)**	**(5)**	**(6)**	**(7)**	**(8)**	**(9)**	**(10)**	**(11)**	**(12)**	**(13)**	**(14)**	**(15)**	**(16)**
(1) OCF_{adj}	1,000															
(2) $σ_V$	-0,175	1,000														
(3) TQ	-0,138	0,182	1,000													
(4) SAV	0,039	-0,236	-0,048	1,000												
(5) FKQ_{adj}	0,022	-0,038	0,344	-0,060	1,000											
(6) VKI	0,212	-0,133	-0,148	0,206	0,077	1,000										
(7) KK	-0,038	-0,123	-0,031	0,006	0,023	0,030	1,000									
(8) SP	0,018	-0,079	0,088	0,023	0,085	0,112	-0,148	1,000								
(9) SAbesV	0,071	-0,319	-0,154	0,387	-0,010	0,048	-0,026	0,115	1,000							
(10) Krise	0,005	0,259	0,001	0,021	-0,109	0,125	-0,156	0,049	-0,096	1,000						
(11) Industriekrise	0,073	0,278	-0,003	-0,106	-0,041	0,009	-0,028	-0,088	-0,050	0,048	1,000					
(12) Wdh	-0,037	-0,074	0,001	0,052	0,201	0,003	0,183	-0,010	0,007	-0,140	-0,052	1,000				
(13) ZGA	-0,115	0,026	0,180	0,011	0,096	-0,056	0,141	-0,021	-0,077	0,056	0,055	0,125	1,000			
(14) ZS	-0,075	-0,094	0,086	0,172	0,364	-0,109	0,095	0,004	0,141	-0,158	-0,168	0,300	0,075	1,000		
(15) ESUG	-0,023	-0,197	-0,007	0,036	0,047	-0,254	0,241	-0,149	0,000	-0,542	-0,006	0,149	-0,062	0,248	1,000	
(16) Größe	0,124	-0,309	-0,256	0,122	-0,257	0,013	0,276	-0,008	0,124	0,002	0,034	0,008	0,027	-0,165	0,075	1,000

Anh. 20: Varianz-Inflationsfaktoren der unabhängigen Variablen der Analyse der Gläubigerverhandlungen

	VIF	R^2
(1) OCF_{adj}	1,12	0,110
(2) o_V	1,56	0,360
(3) TQ	1,33	0,250
(4) SAV	1,35	0,262
(5) FKQ_{adj}	1,47	0,320
(6) VKI	1,32	0,240
(7) KK	1,26	0,203
(8) SP	1,10	0,088
(9) SAbesV	1,35	0,261
(10) Krise	1,53	0,347
(11) Industriekrise	1,17	0,147
(12) Wdh	1,17	0,144
(13) ZGA	1,12	0,105
(14) ZS	1,47	0,318
(15) ESUG	1,71	0,415
(16) Größe	1,41	0,291
Mittelwert	1,34	

Anh. 21: Korrelationskoeffizienten der unabhängigen Variablen der Analyse der Kapitalerhöhungen

Variablen	(1)	(2)	(3)	(4)	(5)	(6)	(7)	(8)	(9)	(10)	(11)	(12)
(1) OCF_{adj}	1,000											
(2) TQ	-0,042	1,000										
(3) SAV	0,197	-0,069	1,000									
(4) Lev_{adj}	0,214	-0,325	0,115	1,000								
(5) CR_{adj}	-0,115	0,043	-0,103	-0,399	1,000							
(6) Krise	0,067	-0,101	0,024	-0,080	-0,033	1,000						
(7) Industriekrise	-0,005	0,053	-0,046	-0,111	0,001	0,024	1,000					
(8) FFDE	-0,023	-0,054	-0,018	0,152	-0,154	0,015	0,002	1,000				
(9) KH	-0,090	-0,041	-0,028	0,111	-0,071	-0,037	-0,030	0,193	1,000			
(10) EKZ	0,061	0,061	0,132	0,006	-0,046	0,027	-0,094	0,074	-0,066	1,000		
(11) ESUG	-0,052	0,005	-0,035	0,131	0,033	-0,461	0,005	-0,045	-0,027	-0,045	1,000	
(12) Größe	0,311	-0,013	0,256	0,128	0,018	0,030	0,053	-0,112	-0,147	-0,076	0,056	1,000

Anh. 22: Varianz-Inflationsfaktoren der unabhängigen Variablen der Analyse der Kapitalerhöhungen

	VIF	**R^2**
(1) OCF_{adj}	1,19	0,16
(2) TQ	1,17	0,14
(3) SAV	1,13	0,12
(4) Lev_{adj}	1,51	0,34
(5) CR_{adj}	1,25	0,20
(6) Krise	1,31	0,23
(7) Industriekrise	1,03	0,03
(8) FFDE	1,09	0,08
(9) KH	1,09	0,08
(10) EKZ	1,07	0,06
(11) ESUG	1,31	0,24
(12) Größe	1,24	0,19
Mittelwert	1,20	

Anh. 23: Korrelationskoeffizienten der unabhängigen Variablen der Analyse der Bruttoemissionserlöse der Kapitalerhöhungen

Variablen	**(1)**	**(2)**	**(3)**	**(4)**	**(5)**	**(6)**	**(7)**	**(8)**	**(9)**	**(10)**	**(11)**	**(12)**	**(13)**	**(14)**
(1) OCF_{adj}	1,000													
(2) TQ	0,030	1,000												
(3) SAV	0,163	-0,003	1,000											
(4) Lev_{adj}	0,203	-0,317	0,182	1,000										
(5) CR_{adj}	-0,158	0,169	-0,196	-0,430	1,000									
(6) Krise	0,057	-0,114	0,030	-0,003	-0,004	1,000								
(7) Industriekrise	0,004	0,092	-0,012	-0,040	-0,110	0,106	1,000							
(8) FFDE	0,124	-0,066	0,065	0,276	-0,205	-0,020	-0,009	1,000						
(9) KH	-0,054	-0,171	0,032	0,269	-0,089	-0,064	-0,100	0,288	1,000					
(10) EKZ	0,206	0,017	0,206	0,136	-0,136	0,156	-0,081	0,057	0,012	1,000				
(11) PL	-0,080	0,076	-0,215	-0,177	0,080	0,040	0,176	-0,132	-0,266	-0,047	1,000			
(12) OE	0,159	-0,100	0,099	0,243	-0,046	0,042	-0,097	0,320	0,454	0,109	-0,339	1,000		
(13) Mehrfach	-0,092	0,003	-0,067	-0,145	-0,032	-0,007	0,022	-0,003	0,012	-0,144	-0,162	-0,102	1,000	
(14) ESUG	-0,086	0,083	-0,025	0,051	0,132	-0,299	-0,177	-0,152	-0,050	-0,003	-0,035	-0,044	-0,027	1,000

Anh. 24: Varianz-Inflationsfaktoren der unabhängigen Variablen der Analyse der Bruttoemissionserlöse der Kapitalerhöhungen

	VIF	**R^2**
(1) OCF_{adj}	1,16	0,14
(2) TQ	1,19	0,16
(3) SAV	1,15	0,13
(4) Lev_{adj}	1,61	0,38
(5) CR_{adj}	1,36	0,27
(6) Krise	1,18	0,15
(7) Industriekrise	1,11	0,10
(8) FFDE	1,25	0,20
(9) KH	1,43	0,30
(10) EKZ	1,15	0,13
(11) PL	1,30	0,23
(12) OE	1,51	0,34
(13) Mehrfach	1,13	0,11
(14) ESUG	1,22	0,18
Mittelwert	1,27	

Schriften zum Controlling, Finanz- und Risikomanagement

Herausgegeben von Prof. Dr. Andreas Brieden, Prof. Dr. Thomas Hartung, Prof. Dr. Bernhard Hirsch und Prof. Dr. Andreas Schüler

Band 1 Patrick Siklóssy: Vergleich der Durchführungswege der betrieblichen Altersversorgung aus Eigentümer- und Arbeitnehmersicht. 2009.

Band 2 Simon Krotter: Performance-Messung, Erwartungsänderungen und Analystenschätzungen. Theoretische Konzeption und empirische Umsetzung. 2009.

Band 3 Hans-Jürgen Straßer: DCF-Bewertung von Versicherungsunternehmen. 2009.

Band 4 Bernhard Christian Kübler: Risk Classification by Means of Clustering. 2010.

Band 5 Benjamin Asche: Jahresabschlussanalyse und Bilanzpolitik von Schaden-/Unfallversicherern. Änderungen aufgrund von IFRS 4 Phase II Insurance Contracts: ED/2010/8. 2012.

Band 6 Matthias Schoen: Vertrauen und Kreditentscheidungen. Eine empirische Analyse zum Einfluss von Vertrauen in Kreditbeziehungen zwischen öffentlichen Banken und kleinen und mittelständischen Unternehmen. 2013.

Band 7 Thomas Bornemann: Verschmelzungsverhältnisse. Eine ökonomische Analyse unter besonderer Berücksichtigung der deutschen Rechtsprechung. 2013.

Band 8 Frank Angermann: Die Bilanzierung von Alternativen Risikotransferinstrumenten nach HGB und IFRS. 2015.

Band 9 David Müller: Die Ausschüttungspolitik europäischer Unternehmen. Eine empirische Untersuchung. 2015.

Band 10 Carlo Dirschedl: Maßnahmen finanzieller Restrukturierung. Rahmenbedingungen, Bewertung und Ausgestaltung am Beispiel von Debt Equity Swaps. 2015.

Band 11 Ephraim Robbe: Geschäftsprozessorientiertes Risikomanagement in komplexen Systemen der maritimen Containerlogistik. 2015.

Band 12 Lothar Weiß: Zur Legitimation alternativer Annahmen der Finanzierungspolitik in der Unternehmensbewertung. 2022.

Band 13 Sean Wiesinger: Der Einfluss des Credit Ratings auf den Unternehmenswert. Eine konzeptionelle und empirische Analyse. 2022.

Band 14 Sebastian Karl Wünsche: Zur Sanierung von Krisenunternehmen. Eine empirische Analyse der Anwendung finanzwirtschaftlicher Sanierungsmaßnahmen und ihrer Erfolgsdeterminanten. 2024.

www.peterlang.com

www.ingramcontent.com/pod-product-compliance
Ingram Content Group UK Ltd.
Pitfield, Milton Keynes, MK11 3LW, UK
UKHW021821290926
8980IPUK00004B/187